Schweitzer's (früher Stahl's) Termin-Kalender für bayer. Juristen

1934

GEBRÜDER WETSCH

Schweitzers
(früher Stahls)

Terminkalender

für die

Bayerischen Juristen

auf das Jahr

1934.

Herausgegeben
von
J. Schiedermair,
Senatspräsident am Oberlandesgericht München.

---

70. Jahrgang.

München, Berlin und Leipzig.
J. Schweitzer Verlag (Arthur Sellier).

Druck von Dr. F. P. Datterer & Cie., Freising u. München.

Vorwort.

Der Kalender für das Jahr 1934 hat die frühere Anlage im wesentlichen beibehalten. Im einzelnen haben sich zahlreiche Umarbeitungen und Ergänzungen als notwendig erwiesen; so sind in die 1. Beilage „Gesetzesübersicht" drei neue Unterabschnitte eingefügt: Abschn. h), enthaltend die auf dem Ges. v. 24. März 1933 beruhenden Reichsgesetze, Abschn. h*), enthaltend die Gesetze gleicher Art, aber veröffentlicht im RGBl. Teil II, Abschn. i), enthaltend die bayer. Gesetze nach dem Gleichschaltungsgesetz. Erhebliche Ergänzungen erfuhr weiter die das bayer. Beamtenrecht enthaltende 3. Beil. Der Stand der Beilagen ist im allgemeinen der vom September 1933. Wiederum haben auch die Änderungen in der Organisation der Gerichte zahlreiche Umarbeitungen in der „Übersicht der Gerichte, der Notare und Rechtsanwälte" nach sich gezogen. Auf Unrichtigkeiten oder Unvollständigkeiten des Kalenders, die sich bei der derzeitigen raschen Rechtsschaffung nicht vermeiden lassen, bitten wir uns aufmerksam zu machen.

München im November 1933.

Herausgeber und Verleger.

Übersichts-Kalendarium

1933, 1934 und 1935.

Terminkalender.

Inhalts-Übersicht.

Der erste Teil des Terminkalenders enthält
I. einen Uebersichtskalender für 1933, 1934 und 1935.
II. den Schreibkalender 1934, enthaltend:

1. die Bezeichnung der Monate, Wochen und Tage, von welchen je 2 Tage mit leeren Zwischenräumen auf die Seite treffen;
2. die Namen der Katholiken und Protestanten, die ersteren voraus und beide durch einen Strich getrennt.
3. Sonnen-Aufgang (SA.) und Untergang (SU.) nach Stunden und Minuten (z.B. 8.13=8 Uhr 13 Min.)
4. Mond-Aufgang (MA.) und Untergang (MU.) nach Stunden und Minuten (z. B. 17.15 = 5 Uhr 15 Min. nachm.)
5. Tageslänge (Tl.) nach Stunden und Minuten;
6. das Eintreten der Sonnen- und Mondfinsternisse und der Jahreszeiten.

Sämtliche Zeiten sind in der durchgehenden Stundenzählung von 0—24 Uhr gegeben. Zeitangaben über 12 bedeuten also Nachmittagsstunden.

Die Verbesserung des alten verworrenen römischen Kalenders wurde im Jahre 46 v. Chr. Geb. eingeführt durch Julius Cäsar; man nennt das Jahr von 365¼ **Tagen** das Julianische Jahr und den darauf gegründeten Kalender den **Julianischen Kalender**, welcher jetzt auch von der griechisch-orthodoxen Kirche aufgegeben wurde. (Diese richtet sich nunmehr nach dem Neuen orientalischen Kalender, der mit dem Gregorianischen Kalender fast übereinstimmt. Erst im Jahre 2800 ergibt sich eine Abweichung in der Datierung. Auch das Osterfest der griech-orthod. Kirche trifft mit dem des Gregor. Kalenders in den nächsten 50 Jahren im allgemeinen zusammen, ausgenommen sind nur die Jahre 1924, 1927, 1943, 1954, 1962, 1967.)

Zur Zeit Gregors XIII. (1582) waren infolge der durch Cäsar angenommenen Jahreslänge (365¼) bereits 10 Tage zu viel eingeschaltet, da jedes durch 4 ohne Rest teilbare Jahr ein Schaltjahr von 366 Tagen sein sollte. Um diesen Fehler zu beseitigen, nahm man 1582 zehn Tage weg (es fiel damals die Frühlingsnachtgleiche statt auf den 21. März schon auf den 11. März) und bestimmte, dass in je 400 Jahren 3 Schalttage ausgelassen werden und zwar, wenn die Jahreszahl mit zwei Nullen endigt und nicht durch 400 ohne Rest teilbar ist. Auf diese Weise ist der neue (gregor.) Kalender von 1582 bis 1700 um 10 Tage vor dem alten (julian.) Kalender voraus, und diese Differenz beträgt von 1700–1800 11 Tage, von 1800—1900 12 Tage und von 1900 bis 2100 13 Tage, z. B.: 1. Jan. 1923 gregor. entspricht dem 19. Dez. 1922 julian.

Alle Zeitangaben sind in M. E. Z. = mitteleuropäische Zeit (bezogen auf den Meridian 15 Grad östlich von Greenwich) gemacht; die mittlere Ortszeit von München ist hinter der M. E. Z. um 13,6 Minuten zurück. Die Auf- und Untergangszeiten für Sonne und Mond gelten, ebenso wie die Tageslänge, für einen Ort des Münchner Meridians in 48° nördlicher Breite (Mitte von Südbayerns).

Phasen des Mondes.

8. Jan. Letztes Viertel
15. „ Neumond
22. „ Erstes Viertel
30. „ Vollmond

7. Febr. Letztes Viertel
14. „ Neumond
21. „ Erstes Viertel

1. März Vollmond
8. „ Letztes Viertel
15. „ Neumond
23. „ Erstes Viertel
31. „ Vollmond

7. April Letztes Viertel
14. „ Neumond
21. „ Erstes Viertel
29. „ Vollmond

6. Mai Letztes Viertel
13. „ Neumond
21. „ Erstes Viertel
28. „ Vollmond

4. Juni Letztes Viertel
12. „ Neumond
20. „ Erstes Viertel
27. „ Vollmond

3. Juli Letztes Viertel
11. „ Neumond
19. „ Erstes Viertel
26. „ Vollmond

2. Aug. Letztes Viertel
10. „ Neumond
18. „ Erstes Viertel
24. „ Vollmond
31. „ Letztes Viertel

9. Sept. Neumond
16. „ Erstes Viertel
23. „ Vollmond
30. „ Letztes Viertel

8. Okt. Neumond
15. „ Erstes Viertel
22. „ Vollmond
30. „ Letztes Viertel

7. Nov. Neumond
14. „ Erstes Viertel
21. „ Vollmond
29. „ Letztes Viertel

6. Dez. Neumond
13. „ Erstes Viertel
20. „ Vollmond
29. „ Letztes Viertel

Sonnen- und Mondfinsternisse im Jahre 1934.

Im Jahre 1934 finden zwei Sonnenfinsternisse und zwei Mondfinsternisse statt.

1. Partielle Mondfinsternis am 30. Januar. Sie beginnt mit dem Eintritt des Mondes in den Halbschatten um 15^{08} M. E. Z. und endet mit seinem Austritt um 20^{17} M. E. Z. Der Anfang der Finsternis ist sichtbar im Nordwesten von Nordamerika, im nördlichen Eismeer, im Stillen Ozean mit Ausnahme des südöstlichen Teiles, in Australien, Asien, im Indischen Ozean, im nordöstlichen Teil von Afrika und in Europa mit Ausnahme des Südwestens. Das Ende ist sichtbar im äußersten Nordwesten von Nordamerika, im nördlichen Eismeer, im Stillen Ozean mit Ausnahme des östlichen Teiles, in Australien, Asien, im Indischen Ozean, Europa und Afrika mit Ausnahme des Nordwestens.

2. Totale Sonnenfinsternis am 13.—14. Februar. Sie beginnt am 13. Februar um 23^{05} M. E. Z. und endigt am 14. Februar um 4^{11} M. E. Z. Die Finsternis ist sichtbar in Ostasien, im östlichen Teil des Indischeu Ozeans, auf den Sunda-Inseln, in Australien mit Ausnahme des Südens, im Stillen Ozean, an der Westküste der Vereinigten Staaten von Nordamerika, von Kanada und Alaska.

3. Partielle Mondfinsternis am 26. Juli. Sie beginnt mit dem Eintritt des Mondes in den Halbschatten um 10^{50} M. E. Z. und endet mit seinem Austritt um 15^{40} M. E. Z. Der Beginn der Finsternis ist sichtbar im Westen von Nord- und Südamerika, im Stillen Ozean, im südlichen Eismeer, in Australien und im äußersten Ostasien. Das Ende ist sichtbar im äußersten Nordwesten von Nordamerika, im Stillen Ozean, im südlichen Eismeer, in Australien, im Indischen Ozean, in Zentral- und Ostasien.

4. Ringförmige Sonnenfinsternis am 10. August. Sie beginnt um $6.^{51}$ M. E. Z. und endet um $12.^{24}$ M. E. Z. Die Finsternis ist sichtbar in Afrika mit Ausnahme der Gebiete von etwa $+20^{\circ}$ Breite, im südöstlichen Teil des Atlantischen Ozeans und im südwestlichen Teil des Indischen Ozeans.

(365 Tage). **1933.**

Januar		Februar		März		April		Mai		Juni	
1 S	**Neujahr**	1 M	Ignatius	1 M	**Ascherm.**	1 S	Hugo	1 M	**Phil. u. Jak.**	1 D	Juventius
2 M	Makarius	2 D	**M. Lichtm.**	2 D	Simplizius	2 S	**5. Judica**	2 D	Athanasius	2 F	Erasmus
3 D	Genoveva	3 F	Blasius	3 F	Kunigunde	3 M	Richard	3 M	Hl. † Auff.	3 S	Klotildis
4 M	Titus	4 S	Veronika	4 S	Kasimir	4 D	Isidor	4 D	Monika	4 S	**Pfingstfest**
5 D	Telesphor.	5 S	**5. n. Epiph.**	5 S	**1. Invoc.**	5 M	Vinzenz F.	5 F	Pius V.	5 M	**Pfingstmtg.**
6 F	**Hl. 3 Könige**	6 M	Dorothea	6 M	Fridolin	6 D	Sixtus	6 S	Joh. v. L.	6 D	Norbert
7 S	Valentin	7 D	Romuald	7 D	Thom. v. A.	7 F	Hermann	7 S	**3. Jubilate**	7 M	**† II. Quat.**
8 S	**1. n. Epiph.**	8 M	Joh. v. M.	8 M	**†I. Quatemb.**	8 S	Dionysius	8 M	Mich. Ersch.	8 D	Medardus
9 M	Marzellin.	9 D	Apollonia	9 D	Franziska	9 S	**6. Palmstg.**	9 D	Gregor v. N.	9 F	Primus
10 D	Agathon	10 F	Scholastika	10 F	40 Märt.	10 M	Ezechiel	10 M	Antonie	10 S	Margareta
11 M	Hyginus	11 S	Euphrosine	11 S	Rosina	11 D	Leo I.	11 D	Mamertus	11 S	**1. Hl. Dreif.**
12 D	Ernst	12 S	**Septuages.**	12 S	**2. Remin.**	12 M	Zeno	12 F	Pankratius	12 M	Basilides
13 F	Veron., Hil.	13 M	Kath. v. R.	13 M	Nicephorus	13 D	**† Gründstg.**	13 S	Servatius	13 D	Anton v. P.
14 S	Felix	14 D	Valentin	14 D	Mathilde	14 F	**† Karfreitag**	14 S	**4. Cantate**	14 M	Basilius
15 S	**2. n. Epiph.**	15 M	Faustinus	15 M	Longinus	15 S	**† Karsamst.**	15 M	Sophia, Is.	15 D	**Fronleichn.**
16 M	Marzellus	16 D	Juliana	16 D	Heribert	16 S	**Osterfest**	16 D	Joh. v. N.	16 F	Benno
17 D	Antonius	17 F	Donatus	17 F	Gertraud	17 M	**Ostermontg.**	17 M	Paschalis	17 S	Adolf
18 M	Priska	18 S	Simeon	18 S	Narzissus	18 D	Eleuther	18 D	Venantius	18 S	**2. n. Pfing.**
19 D	Kanut M.	19 S	**Sexages.**	19 S	**3. Oculi**	19 M	Emma	19 F	Petrus, Cöl.	19 M	Mark. u. Mc.
20 F	Fab. u. Seb.	20 M	Eucherius	20 M	Nicetas	20 D	Sulpitius	20 S	Bernh. v. S.	20 D	Silverius
21 S	Agnes	21 D	Donatus	21 D	Benediktus	21 F	Anselm	21 S	**5. Rogate**	21 M	Aloisius
22 S	**5. n. Epiph.**	22 M	Pet. Stuhlf.	22 M	Katharina	22 S	Cajus	22 M	Julia, Hel.	22 D	Paulinus
23 M	Verl. Mar.	23 D	Phil. Ben.	23 D	Viktorinus	23 S	**1. Quasim.**	23 D	Desiderius	23 F	Edeltraud
24 D	Timotheus	24 F	Matthias	24 F	Simon	24 M	Georg	24 M	Johanna	24 S	Joh. d. T.
25 M	Pauli Bek.	25 S	Walburga	25 S	Mar. Verk.	25 D	Markus	25 D	**Chr. Hmlf.**	25 S	**3. n. Pfing.**
26 D	Polykarp.	26 S	**Quinquag.**	26 S	**4. Laetare**	26 M	Cletus	26 F	Philipp N.	26 M	Joh. u. Paul
28 F	Joh. Chrys.	27 M	Leander	27 M	Rupert	27 D	Peregr.	27 S	Beda, Magd.	27 D	Ladislaus
27 S	Karl d. Gr.	28 D	**Fastnacht**	28 D	Guntram	28 F	Paul	28 S	**6. Exaudi**	28 M	Leo II.
29 S	**4. n. Epiph.**			29 M	Ludolf	29 S	Petrus	29 M	† Theodosia	29 D	**Peter u. Paul**
30 M	Martina			30 D	Quirinus	30 S	**2. Miseric.**	30 D	Ferdinand	30 F	Pauli Ged.
31 D	Petrus v. N.			31 F	Benjamin			31 M	Angela, Ptr.		

1933.

Juli		August		September		Oktober		November		Dezember	
1 S	Theobald	1 D	Petri Kettf.	1 F	Aegidius	1 S	**17. n. Pfing.**	1 M	**Allerheil.**	1 F	Eligius
2 S	**4. n. Pfing.**	2 M	Alfons v. L.	2 S	Stephan	2 M	Leodegar	2 D	Allerseelen	2 S	Bibiana
3 M	Eulogius	3 D	Steph. Auf.	3 S	**13. n. Pfing.**	3 D	Candidus	3 F	Hubert	3 S	**1. Advent**
4 D	Ulrich	4 F	Dominikus	4 M	Rosalia	4 M	Franz Ser.	4 S	Karl Borr.	4 M	Barbara
5 M	Domitius	5 S	Mar. Schnee	5 D	Laurentius	5 D	Plazidus	5 S	**22. n. Pfing.**	5 D	Sabas
6 D	Isaias	6 S	**9. n. Pfing.**	6 M	Magnus	6 F	Bruno	6 M	Leonhard	6 M	Nikolaus
7 F	Willibald	7 M	Afra, Caj.	7 D	Regina	7 S	Markus	7 D	Engelbert	7 D	Ambrosius
8 S	Kilian	8 D	Cyriakus	8 F	Mar. Geb.	8 S	**18. n. Pfing.**	8 M	Gottfried	8 F	**Mar. Empf.**
9 S	**5. n. Pfing.**	9 M	Romanus	9 S	Korbinian	9 M	Dionysius	9 D	Theodor	9 S	Leokadia
10 M	Amal., Fel.	10 D	Laurentius	10 S	**14. n. Pfing.**	10 D	Franz v. B.	10 F	Andreas A.	10 S	**2. Advent**
11 D	Pius I.	11 F	Susanna	11 M	Aemilian	11 M	Germanus	11 S	Martin B.	11 M	Damasius
12 M	Joh. Qualb.	12 S	Klara, Hild.	12 D	Guido	12 D	Maximilian	12 S	**23. n. Pfing.**	12 D	Synesius
13 D	Eugen	13 S	**10. n. Pfing.**	13 M	Tobias	13 F	Eduard	13 M	Stanislaus	13 M	Lucia
14 F	Bonavent.	14 M	Eusebius	14 D	Hl. † Erh.	14 S	Burkhard	14 D	Serapion	14 D	Nikasius
15 S	Heinrich	15 D	**Mar. Hmlf.**	15 F	Nikomedes	15 S	**19. n. Pfing.**	15 M	Leop., Alb.	15 F	Christiana
16 S	**6. n. Pfing.**	16 M	Rochus	16 S	Kornelius	16 M	Gallus	16 D	Ottmar	16 S	Adelheid
17 M	Alexius	17 D	Liberatus	17 S	**15. n. Pfing.**	17 D	Hedwig	17 F	Greg. d. W.	17 S	**3. Advent**
18 D	Friedrich	18 F	Helene	18 M	Thom. v. V.	18 M	Lukas	18 S	Otto, Abt	18 M	Wunibald
19 M	Vinz. v. P.	19 S	Sebald	19 D	Januarius	19 D	Petrus v. A.	19 S	**24. n. Pfing.**	19 D	Nemesius
20 D	Margareta	20 S	**11. n. Pfing.**	20 M	**† III. Quat.**	20 F	Wendelin	20 M	Korbinian	20 M	**† IV. Quat.**
21 F	Daniel, Jul.	21 M	Johanna	21 D	Matthäus	21 S	Ursula	21 D	Mar. Opfer.	21 D	Thomas
22 S	Mar. Magd.	22 D	Symphorius	22 F	Mauritius	22 S	**20. n. Pfing.**	22 M	Cäcilia	22 F	Demetrius
23 S	**7. n. Pfing.**	23 M	Philipp, Ben.	23 S	Thekla	23 M	Joh. v. Kp.	23 D	Clemens	23 S	Viktoria
24 M	Christina	24 D	Bartholm.	24 S	**16. n. Pfing.**	24 D	Erzg. Raph.	24 F	Joh. v. Kr.	24 S	**4. Advent**
25 D	Jakob	25 F	Ludwig	25 M	Kleophas	25 M	Krispinus	25 S	Katharina	25 M	**Hl. Christtag**
26 M	Anna	26 S	Zephyrinus	26 D	Cyprian	26 D	Evaristus	26 S	**25. n. Pfing.**	26 D	**Stephan**
27 D	Pantaleon	27 S	**12. n. Pfing.**	27 M	Kosm. u. D.	27 F	Sabina	27 M	Virgilius	27 M	Johs. Ap.
28 F	Innocenz	28 M	Augustin	28 D	Wenzeslaus	28 S	Sim. u. Jud.	28 D	Kreszentia	28 D	Unsch. Kd.
29 S	Martha	29 D	Joh. Enth.	29 F	Michael	29 S	**21. n. Pfing.**	29 M	Saturnin	29 F	Thomas
30 S	**8. n. Pfing.**	30 M	Rosa v. L.	30 S	Otto	30 M	Serapion	30 D	Andreas	30 S	David
31 M	Ignat. v. L.	31 D	Raimund			31 D	Wolfgang			31 S	**S. n. Weihn.**

(365 Tage) **1934.**

Januar			Februar			März		
1	M	**Neujahr**	1	D	Ignatius	1	D	Suitbert
2	D	Makarius	2	F	**M. Lichtm.**	2	F	Simplizius
3	M	Genoveva	3	S	Blasius	3	S	Kunigunde
4	D	Titus	4	**S**	**Sexages.**	4	**S**	**3. Oculi**
5	F	Telesphor.	5	M	Agatha	5	M	Friedrich
6	S	**Hl. 3 Kön.**	6	D	Dorothea	6	D	Fridolin
7	**S**	**1. n. Epiph.**	7	M	Romuald	7	M	Thom. v. A.
8	M	Erhard	8	D	Johann v.M.	8	D	Johann v.G.
9	D	Marzellinus	9	F	Apollonia	9	F	Franziska
10	M	Agathon	10	S	Scholastika	10	S	40 Märt.
11	D	Hyginus	11	**S**	**Quinquag.**	11	**S**	**4. Laetare**
12	F	Ernst	12	M	Eulalia	12	M	Gregor
13	S	Veron., Hil.	13	D	**Fastnacht**	13	D	Nicephorus
14	**S**	**2. n. Epiph.**	14	M	**Ascherm.**	14	M	Mathilde
15	M	Maurus	15	D	Faustinus	15	D	Longinus
16	D	Marzellus	16	F	Juliana	16	F	Heribert
17	M	Antonius	17	S	Donatus	17	S	Gertraud
18	D	Priska	18	**S**	**1. Invoc.**	18	**S**	**5. Judica**
19	F	Kanut, M.	19	M	Konrad	19	M	**Hl. Joseph**
20	S	Fab. u. Seb.	20	D	Eucherius	20	D	Nicetas
21	**S**	**3. n. Epiph.**	21	M	**† I. Quat.**	21	M	Benediktus
22	M	Vincentius	22	D	Petri Stuhlf.	22	D	Katharina
23	D	Verl. Mar.	23	F	Phil. Ben.	23	F	Viktorinus
24	M	Thimoths.	24	S	Matthias	24	S	Simon
25	D	Pauli Bek.	25	**S**	**2. Remin.**	25	**S**	**6. Palms.**
26	F	Polykarp.	26	M	Mechtildis	26	M	Castulus
27	S	Joh. Chrys.	27	D	Leander	27	D	Rupert
28	**S**	**Septuages.**	28	M	Romanus	28	M	Guntram
29	M	Franz v. Sal.				29	D	**† Gründst.**
30	D	Martina				30	F	**† Karfrtg.**
31	M	Petr. v. Nola				31	S	**† Karsmtg.**

Januar	Februar	März
8. Letzt. Viert.	7. Letzt. Viert.	1. Vollmond.
15. Neumond.	14. Neumond.	8. Letzt. Viert.
22. Erstes Viertel.	21. Erstes Viert.	15. Neumond.
30. Vollmond.		23. Erstes Viert.
		31. Vollmond.

1934.

April		Mai		Juni	
1 S	**Osterfest**	1 D	**Phil u. Jak.**	1 F	Juventius
2 M	Ostermtg.	2 M	Athanasius	2 S	Erasmus
3 D	Richard	3 D	Hl. † Auff.	3 S	**2. n. Pfing.**
4 M	Isidor	4 F	Monika	4 M	Quirinus
5 D	Vinzenz F.	5 S	Pius V.	5 D	Bonifazius
6 F	Sixtus	6 S	**5. Rogate**	6 M	Norbert
7 S	Hermann	7 M	Stanislaus	7 D	Robert
8 S	**1. Quasim.**	8 D	Mich. Ersch.	8 F	Medardus
9 M	Mr. Cleophä	9 M	Gregor v. N.	9 S	Primus
10 D	Ezechiel	10 D	**Chr. Hmlf.**	10 S	**3. n. Pfing.**
11 M	Leo I.	11 F	Mamertus	11 M	Barnabas
12 D	Zeno	12 S	Pankratius	12 D	Basilides
13 F	Hermeneg.	13 S	**6. Exaudi**	13 M	Anton v. P.
14 S	Tiburtius	14 M	Bonifazius	14 D	Basilius
15 S	**2. Miseric.**	15 D	Sophia, Is.	15 F	Benno
16 M	Eusebius	16 M	Johann v. N.	16 S	Adolf
17 D	Rudolf	17 D	Paschalis	17 S	**4. n. Pfing.**
18 M	Eleutherius	18 F	Venantius	18 M	Mark. u. Mc.
19 D	Emma	19 S	Petrus, Cöl.	19 D	Gervasius
20 F	Sulpitius	20 S	**Pfingstfest**	20 M	Silverius
21 S	Anselm	21 M	**Pfingstmt.**	21 D	Aloisius
22 S	**3. Jubilate**	22 D	Julia, Hel.	22 F	Paulinus
23 M	Adalbert	23 M	**† II. Quat.**	23 S	Edeltraud
24 D	Georg	24 D	Johanna	24 S	**5. n. Pfing.**
25 M	Markus	25 F	Urban	25 M	Prosper
26 D	Cletus	26 S	Philipp N.	26 D	Joh. u. Paul
27 F	Peregr.	27 S	**1. H. Dreif.**	27 M	Ladislaus
28 S	Paul	28 M	Germanus	28 D	Leo II.
29 S	**4. Cantate**	29 D	†Theodosia	29 F	**Pet. u. Pl.**
30 M	Kathar. v. S.	30 M	Ferdinand	30 S	Pauli Ged.
		31 D	**Fronleich.**		

April	Mai	Juni
7. Letzt. Viert.	6. Letzt. Viert.	4. Letztes Viert.
14. Neumond.	13. Neumond.	12. Neumond.
21. Erstes Viert.	21. Erstes Viert.	20. Erstes Viert.
29. Vollmond.	28. Vollmond.	27. Vollmond.

1934.

Juli		August		September	
1 S	**6. n. Pf.**	1 M	Petri Kettf.	1 S	Aegidius
2 M	Mar. Hmsg.	2 D	Alfons v. L.	**2 S**	**15. n. Pf.**
3 D	Eulogius	3 F	Steph. Auf.	3 M	Seraphia
4 M	Ulrich	4 S	Dominikus	4 D	Rosalia
5 D	Domitius	**5 S**	**11. n. Pf.**	5 M	Laurentius
6 F	Isaias	6 M	Verkl. Chr.	6 D	Magnus
7 S	Willibald	7 D	Afra, Caj.	7 F	Regina
8 S	**7. n. Pf.**	8 M	Cyriakus	8 S	Mar. Geb.
9 M	Cyrillus	9 D	Romanus	**9 S**	**16. n. Pf.**
10 D	Amal., Fel.	10 F	Laurentius	10 M	Nikol. v. T.
11 M	Pius I.	11 S	Susanna	11 D	Aemilian
12 D	Joh. Qualb.	**12 S**	**12. n. Pf.**	12 M	Guido
13 F	Eugen	13 M	Hippolyt C.	13 D	Tobias
14 S	Bonavent.	14 D	Eusebius	14 F	Hl. † Erh.
15 S	**8. n. Pf.**	15 M	**Mar. Hmlf.**	15 S	Nikomedes
16 M	Reinald	16 D	Rochus	**16 S**	**17. n. Pf.**
17 D	Alexius	17 F	Liberatus	17 M	Lampert
18 M	Friedrich	18 S	Helene	18 D	Thom. v. V.
19 D	Vinz. v. P.	**19 S**	**13. n. Pf.**	19 M	**† III. Quat.**
20 F	Margareta	20 M	Bernhard	20 D	Januarius
21 S	Daniel, Jul.	21 D	Johanna	21 F	Matthäus
22 S	**9. n. Pf.**	22 M	Symphorius	22 S	Mauritius
23 M	Liborius	23 D	Philipp, B.	**23 S**	**18. n. Pf.**
24 D	Christina	24 F	Bartholm.	24 M	Gerhard
25 M	Jakob	25 S	Ludwig	25 D	Kleophas
26 D	Anna	**26 S**	**14. n. Pf.**	26 M	Cyprian
27 F	Pantaleon	27 M	Gebhard, J.	27 D	Kosm. u. D.
28 S	Innocenz	28 D	Augustin	28 F	Wenzeslaus
29 S	**10. n. Pf.**	29 M	Joh. Enth.	29 S	Michael
30 M	Abd. u. Sen.	30 D	Rosa v. L.	**30 S**	**19. n. Pf.**
31 D	Ignat. v. L.	31 F	Raimund		
3.	Letzt. Viert.	2.	Letzt. Viert.	9.	Neumond.
11.	Neumond.	10.	Neumond.	16.	Erstes Viert.
19.	Erstes Viert.	18.	Erstes Viert.	23.	Vollmond.
26.	Vollmond.	24.	Vollmond.	30.	Letzt. Viert.
		31.	Letzt. Viert.		

1934.

Oktober		November		Dezember	
1 M	Remigius	1 D	**Allerhl.**	1 S	Eligius
2 D	Leodegar	2 F	Allerseelen	**2 S**	**1. Advent**
3 M	Candidus	3 S	Hubert	3 M	Franz Xav.
4 D	Franz Ser.	**4 S**	**24. n. Pf.**	4 D	Barbara
5 F	Placidus	5 M	Zach. u. El.	5 M	Sabas
6 S	Bruno	6 D	Leonhard	6 D	Nikolaus
7 S	**20. n. Pf.**	7 M	Engelbert	7 F	Ambrosius
8 M	Brigitta	8 D	Gottfried	8 S	**Mar. Epf.**
9 D	Dionysius	9 F	Theodor	**9 S**	**2. Advent**
10 M	Franz v. B.	10 S	Andreas A.	10 M	Melchiades
11 D	Germanus	**11 S**	**25. n. Pfin.**	11 D	Damasius
12 F	Maximil.	12 M	Martin Pp.	12 M	Synesius
13 S	Eduard	13 D	Stanislaus	13 D	Lucia
14 S	**21. n. Pf.**	14 M	Serapion	14 F	Nikasius
15 M	Theresia	15 D	Leop., Alb.	15 S	Christiana
16 D	Gallus	16 F	Ottmar	**16 S**	**3. Advent**
17 M	Hedwig	17 S	Greg. d. W.	17 M	Lazarus
18 D	Lukas	**18 S**	**26. n. Pf.**	18 D	Wunibald
19 F	Petrus v. A.	19 M	Elisabeth	19 M	**† IV. Quat.**
20 S	Wendelin	20 D	Korbinian	20 D	Christian
21 S	**22. n. Pf.**	21 M	Mar. Opfer.	21 F	Thomas
22 M	Kordula	22 D	Cäcilia	22 S	Demetrius
23 D	Joh. v. Kp.	23 F	Clemens	**23 S**	**4. Advent**
24 M	Erzg. Raph.	24 S	Joh. v. Kr.	24 M	Ad. u. Eva
25 D	Krispinus	**25 S**	**27. n. Pf.**	25 D	**Hl. Christ.**
26 F	Evaristus	26 M	Konrad	26 M	**Stephan**
27 S	Sabina	27 D	Virgilius	27 D	Johs. Ap.
28 S	**23. n. Pf.**	28 M	Kreszentia	28 F	Unsch. Kd.
29 M	Narzissus	29 D	Saturnin	29 S	Thomas
30 D	Serapion	30 F	Andreas	**30 S**	**S. n. Weih.**
31 M	Wolfgang			31 M	Sylvester
8.	Neumond.	7.	Neumond.	6.	Neumond.
15.	Erstes Viert.	14.	Erstes Viert.	13.	Erstes Viert.
22.	Vollmond.	21.	Vollmond.	20.	Vollmond.
30.	Letzt. Viert.	29.	Letzt. Viert.	29.	Letzt. Viert.

(Gemeinjahr 365 Tage) **1935.**

Januar		Februar		März		April		Mai		Juni	
1 D	**Neujahr**	1 F	Ignatius	1 F	Suitbert	1 M	Hugo	1 M	**Phil. u. Jak.**	1 S	Juventius
2 M	Makarius	2 S	**M. Lichtm.**	2 S	Simplizius	2 D	Franz v. Pl.	2 D	Athanasius	2 **S**	**6. Exaudi**
3 D	Genoveva	3 **S**	**4. n. Epiph.**	3 **S**	**Quinquag.**	3 M	Richard	3 F	Hl. † Auff.	3 M	Klotildis
4 F	Titus	4 M	Veronika	4 M	Kasimir	4 D	Isidor	4 S	Monika	4 D	Quirinus
5 S	Telesphor.	5 D	Agatha	5 D	**Fastnacht**	5 F	Vinzenz F.	5 **S**	**2. Miseric.**	5 M	Bonifazius
6 **S**	**Hl. 3 Könige**	6 M	Dorothea	6 M	**Ascherm.**	6 S	Sixtus	6 M	Joh. v. L.	6 D	Norbert
7 M	Valentin	7 D	Romuald	7 D	Thom. v. A.	7 **S**	**5. Judica**	7 D	Stanislaus	7 F	Robert
8 D	Erhard	8 F	Johann v. M.	8 F	Johann v. G.	8 M	Dionysius	8 M	Mich. Ersch.	8 S	Medardus
9 M	Marzellinus	9 S	Apollonia	9 S	Franziska	9 D	Mr. Cleophä	9 D	Gregor v. N.	9 **S**	**Pfingstfest**
10 D	Agathon	10 **S**	**5. n. Epiph.**	10 **S**	**1. Invoc.**	10 M	Ezechiel	10 F	Antonie	10 M	**Pfingstmtg.**
11 F	Hyginus	11 M	Euphrosine	11 M	Rosina	11 D	Leo I.	11 S	Mamertus	11 D	Barnabas
12 S	Ernst	12 D	Eulalia	12 D	Gregor	12 F	Zeno	12 **S**	**3. Jubilate**	12 M	**† II. Quat.**
13 **S**	**1. n. Epiph.**	13 M	Kath. v. R.	13 M	**† I. Quat.**	13 S	Hermeneg.	13 M	Servatius	13 D	Anton v. P.
14 M	Felix	14 D	Valentin	14 D	Mathilde	14 **S**	**6. Palmstg.**	14 D	Bonifazius	14 F	Basilius
15 D	Maurus	15 F	Faustinus	15 F	Longinus	15 M	Anastasia	15 M	Sophia, Is.	15 S	Vitus, Krsz.
16 M	Marzellus	16 S	Juliana	16 S	Heribert	16 D	Eusebius	16 D	Johann v. N.	16 **S**	**1. Hl. Dreif.**
17 D	Antonius	17 **S**	**Septuages.**	17 **S**	**2. Remin.**	17 M	Rudolf	17 F	Paschalis	17 M	Adolf
18 F	Priska	18 M	Simeon	18 M	Narzissus	18 D	**† Gründstg.**	18 S	Venantius	18 D	Mark. u. Mc.
19 S	Kanut, Marc.	19 D	Konrad	19 D	**Hl. Joseph**	19 F	**† Karfreitag**	19 **S**	**4. Cantate**	19 M	Gervasius
20 **S**	**2. n. Epiph.**	20 M	Eucherius	20 M	Nicetas	20 S	**† Karsamst.**	20 M	Bernh. v. S.	20 D	**Fronleichn.**
21 M	Agnes	21 D	Donatus	21 D	Benediktus	21 **S**	**Osterfest**	21 D	Konstantin	21 F	Aloisius
22 D	Vincentius	22 F	Petri Stuhlf.	22 F	Katharina	22 M	**Ostermontg.**	22 M	Julia, Hel.	22 S	Paulinus
23 M	Verl. Mar.	23 S	Phil. Ben.	23 S	Viktorinus	23 D	Adalbert	23 D	Desiderius	23 **S**	**2. n. Pfing.**
24 D	Timotheus	24 **S**	**Sexages.**	24 **S**	**3. Oculi**	24 M	Georg	24 F	Johanna	24 M	Joh. d. T.
25 F	Pauli Bek.	25 M	Walburga	25 M	Mar. Verk.	25 D	Markus	25 S	Urban	25 D	Prosper
26 S	Polykarp.	26 D	Mechtildis	26 D	Castulus	26 F	Cletus	26 **S**	**5. Rogate**	26 M	Joh. u. Paul
27 **S**	**3. n. Epiph.**	27 M	Leander	27 M	Rupert	27 S	Peregr.	27 M	Beda, Magd.	27 D	Ladislaus
28 M	Karl d. Gr.	28 D	Romanus	28 D	Guntram	28 **S**	**1. Quasim.**	28 D	Germanus	28 F	Leo II.
29 D	Franz v. S.			29 F	Ludolf	29 M	Petrus	29 M	Theodosia	29 S	**Peter u. Paul**
30 M	Martina			30 S	Quirinus	30 D	Kathar. v. S.	30 D	**Chr. Himlf.**	30 **S**	**3. n. Pfing.**
31 D	Petrus v. N.			31 **S**	**4. Laetare**			31 F	Angela, Petr.		

1935.

Juli		August		September		Oktober		November		Dezember	
1 M	Theobald	1 D	Petri Kettf.	1 S	**12. n. Pfing.**	1 D	Remigius	1 F	**Allerheil.**	1 S	**1. Advent**
2 D	Mar. Heims.	2 F	Allons v. L.	2 M	Stephan	2 M	Leodegar	2 S	Allerseelen	2 M	Bibiana
3 M	Eulogius	3 S	Steph. Auf.	3 D	Seraphia	3 D	Candidus	3 S	**21. n. Pfing.**	3 D	Franz Xaver
4 D	Ulrich	4 S	**8. n. Pfing.**	4 M	Rosalia	4 F	Franz Ser.	4 M	Karl Borr.	4 M	Barbara
5 F	Domitius	5 M	Mar. Schnee	5 D	Laurentius	5 S	Placidus	5 D	Zach. u. El.	5 D	Sabas
6 S	Isaias	6 D	Verkl. Chr.	6 F	Magnus	6 S	**17. n. Pfing.**	6 M	Leonhard	6 F	Nikolaus
7 S	**4. n. Pfing.**	7 M	Afra, Caj.	7 S	Regina	7 M	Markus	7 D	Engelbert	7 S	Ambrosius
8 M	Kilian	8 D	Cyriakus	8 S	**13. n. Pfing.**	8 D	Brigitta	8 F	Gottfried	8 S	**2. Advent**
9 D	Cyrillus	9 F	Romanus	9 M	Korbinian	9 M	Dionysius	9 S	Theodor	9 M	Leokadia
10 M	Amal., Fel.	10 S	Laurentius	10 D	Nikol. v. T.	10 D	Franz v. B.	10 S	**22. n. Pfing.**	10 D	Melchiades
11 D	Pius I.	11 S	**9. n. Pfing.**	11 M	Aemilian	11 F	Germanus	11 M	Martin B.	11 M	Damasius
12 F	Joh. Qualb.	12 M	Klara, Hild.	12 D	Guido	12 S	Maximilian	12 D	Martin Pp.	12 D	Synesius
13 S	Eugen	13 D	Hippolyt	13 F	Tobias	13 S	**18. n. Pfing.**	13 M	Stanislaus	13 F	Lucia
14 S	**5. n. Pfing.**	14 M	Eusebius	14 S	Hl. † Erh.	14 M	Burkhard	14 D	Serapion	14 S	Nikasius
15 M	Heinrich	15 D	**Mariä Hmlf.**	15 S	**14. n. Pfing.**	15 D	Theresia	15 F	Leop., Alb.	15 S	**3. Advent**
16 D	Reinald	16 F	Rochus	16 M	Kornelius	16 M	Gallus	16 S	Ottmar	16 M	Adelheid
17 M	Alexius	17 S	Liberatus	17 D	Lampert	17 D	Hedwig	17 S	**23. n. Pfing.**	17 D	Lazarus
18 D	Friedrich	18 S	**10. n. Pfing.**	18 M	**† III. Quat.**	18 F	Lukas	18 M	Otto, Abt.	18 M	**† IV. Quat.**
19 F	Vinz. v. P.	19 M	Sebald	19 D	Januarius	19 S	Petrus v. A.	19 D	Elisabeth	19 D	Christian
20 S	Margareta	20 D	Bernhard	20 F	Matthäus	20 S	**19. n. Pfing.**	20 M	Korbinian	20 F	Thomas
21 S	**6. n. Pfing.**	21 M	Johanna	21 S	Mauritius	21 M	Ursula	21 D	Mar. Opferg.	21 S	Demetrius
22 M	Maria Magd.	22 D	Symphor.	22 S	**15. n. Pfing.**	22 D	Kordula	22 F	Cäcilia	22 S	**4. Advent**
23 D	Liborius	23 F	Philipp, Ben.	23 M	Thekla	23 M	Joh. v. Kp.	23 S	Klemens	23 M	Viktoria
24 M	Christina	24 S	Bartholom.	24 D	Gerhard	24 D	Erzgl. Raph.	24 S	**24. n. Pfing**	24 D	Adam u. Eva
25 D	Jakob	25 S	**11. n. Pfing.**	25 M	Kleophas	25 F	Krispinus	25 M	Katharina	25 M	**Hl. Christtag**
26 F	Anna	26 M	Zephyrinus	26 D	Cyprian	26 S	Evaristus	26 D	Konrad	26 D	**Stephan**
27 S	Pantaleon	27 D	Gebhard, J.	27 F	Kosm. u. Dm.	27 S	**20. n. Pfing.**	27 M	Virgilius	27 F	Johs. Ap.
28 S	**7. n. Pfing.**	28 M	Augustin	28 S	Wenzeslaus	28 M	Sim. u. Jud.	28 D	Kreszentia	28 S	Unsch. Kd.
29 M	Martha	29 D	Joh. Enth.	29 S	**16. n. Pfing.**	29 D	Narzissus	29 F	Saturnin	29 S	**S. n. Weihn.**
30 D	Abd. u. Sen.	30 F	Rosa v. L.	30 M	Otto	30 M	Serapion	30 S	Andreas	30 M	David
31 M	Ignat v. L.	31 S	Raimund			31 D	Wolfgang			31 D	Sylvester

Januar 1934.

1. Montag (1.W.) Beschn. Christi — Neujahr. Jesus
SA. 8.04. SU. 16.31. — MU. 8.47. MA. 16.54 — Tl. 8.27
Läutordnung 5 Uhr.

2. Dienstag. Makarius. — Abel.
SA. 8.04. SU. 16.32 — MU. 9.17. MA. 18.02 — Tl. 8.28
Einweihung der Universität Würzburg 1582.

3. Mittwoch. Genoveva. — Enoch.
SA. 8.04. SU. 16.33. — MU. 9.41. MA. 19.10. — Tl. 8.29

4. Donnerstag. **Titus — Isabella.**
SA. 8.04. SU. 16.34. — MU. 10.01. MA. 20.19. — Tl. 8.30

5. Freitag. Telesphorus. — Simeon.
SA. 8.03. SU. 16.34. — MU. 10.18 MA. 21.28. — Tl. 8.31

6. Samstag. Hl. 3 Könige. Ersch. Christi.
SA. 8.03. SU. 16.36. — MU. 10.32. MA. 22.37. — Tl. 8.33
Festtag nach den örtlichen und Bekenntnisverhältnissen, ausschließlich der Pfalz und des Coburgschen Gebiets.

7. Sonntag. (1. W.) 1. S. n. Ep. Valentin. — Raimund.
SA. 8.03. SU. 16.37. — MU. 10.47. MA. 23.48. — Tl. 8.34

8. Montag. Erhard. — Erhard.
SA. 8.03. SU. 16.38. — MU. 11.02. — Tl. 8.35

9. Dienstag. Julian. — Martialis.
SA. 8.03. SU. 16.40. — MA. 1.01. MU. 11.21. — Tl. 8.37

10. Mittwoch. Agathon. — Paul d. E
SA. 8.02. SU. 16.41. — MA. 2.19. MU. 11.44. — Tl. 8.39

11. Donnerstag. Hyginus. — Mathilde..
SA. 8.02. SU. 16.42. — MA. 3.40. MU. 12.14. — Tl. 8.40

12. Freitag. Ernst. — Reinhold.
SA. 8.02. SU. 16.44. — MA. 5.03. MU. 12.56. — Tl. 8.42

13. Samstag. Veronika. — Gottfried.
SA. 8.01. SU. 16.45. — MA. 6.20. MU. 13.54. — Tl. 8.44

14. Sonntag. (2. W.) 2. S. n. Ep. **Felix** v. N. — Felix.
SA 8.00. SU. 16.46. — MA. 7.23. MU. 15.10. — Tl. 8.46

15. Montag. Maur. Paul. — Maurus.
SA. 8.00. SU. 16.48 — MU. 8.10. MA. 16.36. — Tl. 8.48

16. Dienstag. Namen Jesu. — Marzellus.
SA. 7.59. SU. 16.49. — MA. 8.45. MU. 18.06. — Tl. 8.50

17. Mittwoch. Anton. Abt. — Anton.
SA. 7.58. SU. 16.50. — MA. 9.11. MU. 19.33. — Tl. 8.52

18. Donnerstag. Petri Stuhlf. — Prisca.
SA. 7.58. SU. 16.52. — MA. 9.31. MU. 20.55. — Tl. 8.54

19. Freitag. Kanut. — Sara.
SA. 7.57. SU. 16.53. — MA. 9.49. MU. 22.14. — Tl. 8.56

20. Samstag. Fabian. — Sebastian.
SA. 7.56. SU. 16.54. — MA. 10.05. MU. 23.40. — Tl. 8.58

21. Sonntag. (3. W.) 3. S. n. Ep. Agnes. — Meinrad.
SA. 7.55. SU. 16.56. — MU. 10.22. — Tl. 9.01

22. Montag. Vincent. — Vinzenz.
SA. 7.54. SU. 16.57. — MU. 0.43. MA. 10.41. — Tl. 9.03

23. Dienstag. Verl. Marias. — Emer.
SA. 7.53. SU. 16.59. — MU. 1.56. MA. 11.04. — Tl. 9.06

24. Mittwoch. Thimotheus. — Thimotheus.
SA. 7.52. SU. 17.01. — MU. 3.06. MA. 11.31. — Tl. 9.09

25. Donnerstag. Pauli Bek. — Pauli Bek.
SA. 7.51. SU. 17.02. — MU. 4.14. MA. 12.06. — Tl. 9.11

26. Freitag. Polykarp. — Polykarp.
SA. 7.50. SU. 17.04. — MU. 5.14. MA. 12.49. — Tl. 9.14

27. Samstag. Joh. Chrysost. — Joh. Chrysost.
SA. 7.49. SU. 17.06. — MU. 6.06. MA. 13.43. — Tl. 9.17

28. Sonntag. (4 W.) Sept. **Karl d. Gr. — Karolina.**
SA. 7.48. SU. 17.07. — MU. 6.48. MA. 14.44. — Tl. 9.19

29. Montag. Franz v. S. — Valerius.
SA. 7.47. SU. 17.09. — MU. 7.20. MA. 15.51. — Tl. 9.22

30. Dienstag. Martina. — Adelgunde.
SA. 7.46. SU. 17.10. — MU. 7.46. MA. 17.00. — Tl. 9.24

Januar 1934.

31. Mittwoch. Petrus v. Nola. — Virgilius.
SA. 7.44. SU. 17.11. — MU. 8.07. MA. 18.09. — Tl. 9.27

Februar 1934.

1. Donnerstag. Ignatius. — Brigitta.
SA. 7.43. SU. 17.13. — MU. 8.24. MA. 19.19. — Tl. 9.30
Läutordnung 7 Uhr.

2. Freitag. Mariä Lichtmeß. — Mariä Rein.
SA. 7.42. SU. 17.14. — MU. 8.40. MA. 20.28. — Tl. 9.32

3. Samstag. Blasius. — Blasius.
SA. 7.14. SU. 17.16. — MU. 8.55. MA. 21.38. — Tl. 9.35

Februar 1934.

4. Sonntag. (5. W.) Sexagesima Andreas. — Veronika.
SA. 7.39. SU. 17.17. — MU. 9.10. MA 22.50. — Tl. 9.38

5. Montag. Agathe, Albin. — Agathe.
SA. 7.37. SU. 17.19. — MU. 9.27. — Tl. 9.42

6. Dienstag. Dorothea. — Dorothea.
SA. 7.36. SU. 17.21. — MA. 0.05. MU. 9.47. — Tl. 9.45

7. Mittwoch. Romuald. — Richard.
SA. 7.35. SU. 17.23. — MA. 1.23. MU. 10.13. — Tl. 9.48.

Februar 1934.

8. Donnerstag. Joh. v. M. — Salomon.
SA. 7.33 SU. 17.24 — MA. 2.42 MU. 1048. — Tl. 9.51

9. Freitag. Apollonia. — Apollonia.
SA. 7.32. SU. 17.26. MA. 4.00. MU. 11.37. — Tl. 9.54.

10. Samstag. Scholastika. — Scholastika.
SA. 7.30. SU. 17.27. — MA. 5.07. MU. 12.43. — Tl. 9.57

11. Sonntag. (6.W.) Quin. Euphrosine. — Euphrosine.
SA. 7.29. SU. 17.29. — MA. 6.00. MU. 14.02. — Tl. 10.00

12. Montag. Eulalia. — Eulalia.
SA. 7.27. SU. 17.31. — MA. 6.40. MU. 15.30. — Tl. 10.04

13. Dienstag. Katharina v. Ricci. — Jordan.
SA. 7.25. SU. 17.32. — MA. 7.10. MU. 16.58 — Tl. 10.07.

Fastnacht.

14. Mittwoch. Valentin. — Valentin.
SA. 7.24. SU. 17.34. — MA. 7.32. MU. 18.23. — Tl. 10.10
Aschermittwoch.

15. Donnerstag. Siegfried — **Faust.** d. J.
SA. 7.22. SU. 17.35. — MA. 7.52 MU. 19.46. — Tl. 10.13

16. Freitag. Juliana. — Juliana.
SA. 7.21. SU. 17.37. — MA. 8.09. MU. 21.04. — Tl. 10.16
Läutordnung ½7 Uhr.

17. Samstag. Donatus. — Konstantin.
SA. 7.19. SU. 17.39. — MA. 8.26. MU. 22.21. — Tl. 10.20

18. Sonntag. (7.W.) 1. Invoc. **Simeon. — Konkordia.**
SA. 7.17. SU. 17.40. — MA. 8.45. MU. 23.37. — Tl. 10.23

19. Montag. Konrad. — Konrad.
SA. 7.15 SU. 17.41 — MA. 9.06 — Tl. 10.26

20. Dienstag. Eucherius. — Eucherius.
SA. 7.13. SU. 17.43. — MU. 0.47. MA. 9.31. — Tl. 10.30

21. Mittwoch. Eleonore. Irene. — Eleonore.
SA. 7.11. SU. 17.45. — MU. 2.01. MA. 10.03. — Tl. 10.34

1. Quatember.

22. Donnerstag. Petri Stuhlf. — P. Stuhlf.
SA. 7.09. SU. 17.46. — MU. 3.06. MA. 10.44. — Tl. 10.37

23. Freitag. Milburgis. — Reinhard.
SA. 7.08. SU. 17.48. — MU. 4.01. MA. 11.34. — Tl. 10.40

24. Samstag. Matthias. — Matthias.
SA. 7.06. SU. 17.49. — MU. 4.46. MA. 12.34. — Tl. 10.43

25. Sonntag. (8. W.) 2. Remin. Walburga. — Nikla.
SA. 7.04. SU. 17.51. — MU. 5.21. MA. 13.39. — Tl. 10.47.

26. Montag. Mechtildis. — Nestor.
SA. 7.02. SU. 17.53. — MU. 5.50. MA. 14.47. — Tl. 10.51

27. Dienstag. Leander. Baldemar. — Leander.
SA. 7.00. SU. 17.55. — MU. 6.12. MA. 15.57. — Tl. 10.55

Februar 1934.

28. Mittwoch. Romanus. — Renata.
SA. 6.58. SU. 17.56. — MU. 6.31. MA. 17.07. — Tl. 10.56

März 1934.

1. Donnerstag. Suitbert. — Albin, Oskar.
SA. 6.57. SU. 17.57. — MU. 6.47. MA. 18.17. — Tl. 11.00
Läutordnung 1/2 7 Uhr.

März 1934.

2. Freitag. Simplicius. — Luise.
SA. 6.55. SU. 17.59. — MU. 7.02 MA. 19.27. — Tl. 11.04

3. Samstag. Kunigunde. — Kunigunde.
SA. 6.53. SU. 18.00. — MU. 7.17. MA. 20.39. — Tl. 11.07

4. Sonntag. (9. W.) 3. Oculi. Kasimir K. — Adrian.
SA. 6.51. SU. 18.02. — MU. 7.34. MA. 21.54. — Tl. 11.11

5. Montag. Friedrich. — Friedrich.
SA. 6.49. SU. 18.03. — MU. 7.53. MA. 23.12. — Tl. 11.14

6. Dienstag. Fridolin. — Fridolin.
SA. 6.47. SU. 18.05. — MU. 8.17. — Tl. 11.18

7. Mittwoch. Thomas v. Aqu. — **Felizitas.**
SA. 6.45. SU. 18.06. — MA. 0.30. MU. 8.49. — Tl. 11.21

8. Donnerstag. Joh. v. Gott. — Philemon.
SA. 6.43. SU. 18.08. — MA. 1.48. MU. 9.33. — Tl. 11.25

9. Freitag. Franziska. — 40 Ritter.
SA. 6.41. SU. 18.09. — MA. 2.57. MU. 10.30. — Tl. 11.28

10. Samstag. 40 Märtyrer. — Alexander.
SA. 6.39. SU. 18.11. — MA. 3.54. MU. 11.43. — Tl. 11.32

11. Sonntag. (10. W.) 4. Lätare. **Rosina.** — Rosina.
SA. 6.37. SU. 18.12. — MA. 4.36. MU. 13.05. — Tl. 11.35

12. Montag. Gregor. — Gregor.
SA. 6.35. SU. 18.14. — MA. 5.08. MU. 14.30. — Tl. 11.39

13. Dienstag. Nicephorus. Theodora. — Ernst.
SA. 6.33. SU. 18.15. — MA. 5.34. MU. 15.55. — Tl. 11.42

14. Mittwoch. Mathilde. — Zacharias.
SA. 6.31. SU. 18.17. — MA. 5.54. MU. 17.17. — Tl. 11.46

15. Donnerstag. Longinus. — Christoph.
SA. 6.29. SU. 18.19. — MA. 6.12. MU. 18.37. — Tl. 11.49

16. Freitag. Heribert — Henriette.
SA. 6.27. SU. 18.19. — MA. 6.29. MU. 19.55. — Tl. 11.52
Läutordnung 7 Uhr.

17. Samstag. Gertraud. — Gertraud.
SA. 6.25. SU. 18.21. — MA. 6.48. MU. 21.12. — Tl. 11.56

18. Sonntag. (11. W.) 5. Judica. Narzissus. — Anselm.
SA. 6.23. SU. 18.23. — MA. 7.08. MU. 22.29. — Tl. 12.06

19. Montag. Joseph. — Joseph.
SA. 6.20. SU. 18.24. — MA. 7.32. MU. 23.42. — Tl. 12.04

Patron der kath. Kirche und Deutschlands.

Festtag nach den örtlichen und Bekenntnisverhältnissen ausschließlich der Pfalz.

März 1934.

20. Dienstag. Nizetas. — Hubert.
SA. 6.19. SU. 18.26 — MA. 8.02. — Tl. 12.07

21. Mittwoch. Benediktus. — Benediktus.
SA. 6.17. SU. 18.27. — MU. 0.50. MA. 8.40. — Tl. 12.10
Frühlingsanfang 8.28.

22. Donnerstag. Katharina. — Kasimir.
SA. 6.15. SU. 18.28. — MU. 1.50. MA. 9.26. — Tl. 12.13

23. Freitag. Viktor. — Eberhard.
SA. 6.13. SU. 18.29. — MU. 2.40. MA. 10.23. — Tl. 12.16

24. Samstag. Gabriel. — Gabriel.
SA. 6.11. SU. 18.31. — MU. 3.20. MA. 11.25 — Tl. 12.20

25. Sonntag. (12.W.) 6. Palmsonntag. Maria Verkünd.
SA. 6.09. SU. 18.33. — MU. 3.51. MA. 12.32. — Tl. 12.24

26. Montag. Kastulus. — Emanuel.
SA. 6.07. SU. 18.34. — MU. 4.15. MA. 13.41. — Tl. 12.27

27. Dienstag. Rupert. — Rupert.
SA. 6.05. SU. 18.36. — MU. 4.35. MA. 14.50. — Tl. 12.31

28. Mittwoch. Guntram. — Malchus.
SA. 6.02. SU. 18.37. — MU. 4.52. MA. 16.00. — Tl. 12.35

29. Donnerstag. Ludolph. — Eustach.
SA. 6.00. SU. 18.38. — MA. 5.08. MU. 17.11. — Tl. 12.38
Gründonnerstag.

März 1934.

30. Freitag. Quirinus. — Guido.
SA. 5.58. SU. 18.39. — MU. 5.24. MA. 18.23. — Tl. 12.41
Karfreitag.

31. Samstag. Benjamin. — Traugott.
SA. 5.56. SU. 18.41. — MU. 5.40 MA. 19.38. — Tl. 12.45
Karsamstag.

April 1934.

1. Sonntag. (13. W.) Osterfest. Hugo. — Theodora.
SA. 5.54. SU. 18.42. — MU. 5.59. MA. 20.57. — Tl. 12.48

2. Montag. Ostermontag. Franz v. P. — Theodosia.
SA. 5.53. SU. 18.44. — MU. 6.22. MA. 22.17. — Tl. 12.51

3. Dienstag. Richard. — Rosamunde.
SA. 5.51. SU. 18.46. — MU. 6.52. MA. 23.36. — Tl. 12.55

4. Mittwoch. Isidor. — Ambrosius.
SA. 5.48. SU. 18.47. — MU. 7.32. — Tl. 12.59

5. Donnerstag. Vinz. Ferr. — Maximus.
SA. 5.46. SU. 18.49. — MA. 0.49. MU. 8.25. — Tl. 13.03

6. Freitag. Sixtus, Isolde. — Irenäus.
SA. 5.44. SU. 18.50. — MA. 1.40. MU. 9.33. — Tl 13.06

7. Samstag. Hermann. — Egesippus,
SA. 5.42. SU. 18.51. — MA. 2.35. MU. 10.52. — Tl. 13.09

8. Sonntag. (14. W.) 1. Quasim. Dionysios.—Albrecht.
SA. 5.40. SU. 18.52. — MA. 3.10. MU. 12.14. -- Tl. 13.12

9. Montag. Maria Cleophä. — Demetrius.
SA. 5.39. SU. 18.54. — MA. 3.37. MU. 13.37. — Tl. 13.15

10. Dienstag. Ezechiel. — Daniel.
SA. 5.37. SU. 18.56. — MA. 3.58. MU. 14 57. — Tl. 13.19

11. Mittwoch. Leo I. — Julius.
SA. 5.34. SU. 18.57. — MA. 4.17. MU. 16.15. — Tl. 13.23

12. Donnerstag. Zeno. Julius. — Eustorgius.
SA. 5.32. SU. 18.58. — MA. 4.34. MU. 17.32. — Tl. 13.26

13. Freitag. Hermeng. — Patricius.
SA. 5.30. SU. 19.00. — MA. 4.51. MU. 18.49. — Tl. 13.30

14. Samstag. Justinus. — Tiburtius.
SA. 5.28. SU. 19.01. — MA. 5.11. MU. 20.06. — Tl. 13.33

15. Sonntag. (15.W.) 2. Mis. Dom. Anastasia. — Olymp.
SA. 5.26. SU. 19.02. — MA. 5.33. MU. 21.20. — Tl. 13.36

16. Montag. Eusebius. — Aaron.
SA. 5.24. SU. 19.04. — MA. 6.01. MU. 22.32. — Tl. 13.40

17. Dienstag. Rudolf. — Rudolf.
SA. 5.23. SU. 19.06. — MA. 6.35. MU. 23.37. -- Tl. 13.43

18. Mittwoch. Eleutherius. — **Valerian**
SA. 5.21. SU. 19.07. — MA. 7.19. -- Tl. 13.46

19. Donnerstag. Werner, Emma. — Hermog.
SA. 5.19. SU. 19.09. — MU. 0.32. MA. 8.12. — Tl. 13.50

20. Freitag. Sulpitius. — Sulpitius.
SA. 5.17. SU. 19.10. — MU. 1.15. MA. 9.12. — Tl. 13.53

21. Samstag. Anselm. — Adolarius.
SA. 5.15. SU. 19.12. — MU. 1.50. MA. 10.18. — Tl. 13.57

22. Sonntag. (16. W.) 3. Jubilate. Soter u. Cajus.
SA. 5.13. SU. 19.13. — MA. 2.16. MU. 11.25. — Tl. 14.00

23. Montag. Adalbert B. — Albert.
SA. 5.11. SU. 19.14. — MU. 2.38. MA. 12.34. — Tl. 14.03

24. Dienstag. Georg. — Georg.
SA. 5.10. SU. 19.16. — MU. 2.56. MA. 13.42. — Tl. 14.06

25. Mittwoch. Markus. — Markus.
SA. 5.08. SU. 19.17. — MU. 3.13. MA. 14.52. — Tl. 14.09

26. Donnerstag. Kletus. — Kletus.
SA. 5.06. SU. 19.19. — MU. 3.29. MA. 16.03. — Tl. 14.13

27. Freitag. Peregrinus. — Anastasius.
SA. 5.04. SU. 19.20. — MU. 3.45. MA. 17.17. — Tl. 14.16

28. Samstag. Paul v. Kr. — Vitalis.
SA. 5.03. SU. 19.22. — MU. 4.02. MA. 18.35. — Tl. 14.19

29. **Sonntag.** (17.W.) 4. Cantate. Petr. Rob. — Sibylla.
SA. 5.01. SU. 19.23. — MU. 4.24 MA. 19.56. — Tl. 14.22

30. Montag. Katharina. v. S. — Eutropius.
SA. 4.59. SU. 19.24. — MU. 4.52. MA. 21.17. — Tl. 14.25

1. Dienstag. Philipp. u. Jakob. — Philipp. u. Jakob.
SA. 4.57. SU. 19.25. — MU. 5.29. MA. 22.35. — Tl. 14.28
Feiertag der nationalen Arbeit.

2. Mittwoch. Athanasius. — Sigismund.
SA. 4.55. SU. 19.27. — MU. 6.19. MA. 23.42. — Tl. 14.32

3. Donnerstag. Hl. † Auffindung. — Hl. † Auff.
SA. 4.54. SU. 19.29. — MU. 7.24. — Tl. 14.35

4. Freitag. Florian, Monika. — Florian.
SA. 4.52. SU. 19.30. — MA. 0.34. MU. 8.41. — Tl. 14.38

5. Samstag. Pius V. — Gotthard.
SA. 4.51. SU. 19.31. — MA. 1.12. MU. 10.04. — Tl. 14.40

6. Sonntag. (18. W.) 5. Rogate. Joh. v. d. L. Pf. — Dietr.
SA. 4.49. SU. 19.32. — MU. 1.39. MA. 11.25. — Tl. 14.43

7. Montag. Stanislaus. — Gottfried.
SA. 4.48. SU. 19.34. — MA. 2.03. MU. 12.46. — Tl. 14.46

8. Dienstag. Michaels Ersch. — Stanislaus.
SA. 4.46. SU. 19.35. — MA. 2.23. MU. 14.03. — Tl. 14.49

9. Mittwoch. Gregor v. N. — Hiob.
SA. 4.44. SU. 19.36. — MA. 2.40. MU. 15.19. — Tl. 14.52

10. Donnerstag. Antonius. — Viktoria.
SA. 4.43. SU. 19.38. — MA. 2.57. MU. 16.34. — Tl. 14.55
Chr. Himmelfahrt.

11. Freitag. Mamertus. — Adolf.
SA. 4.42. SU. 19.39. — MA. 3.15. MU. 15.49. — Tl. 14.57

12. Samstag. Pankratius. — Pankratius.
SA. 4.41. SU. 19.41. — MA. 3.36. MU. 19.03. — Tl. 15.00

13. Sonntag. (19. W.) 6. Exaudi — Servatius.
SA. 4.39. SU. 19.42. — SA. 4.02. MU. 20.16. — Tl. 15.03

14. Montag. Bonifatius. — Christian.
SA. 4.38. SU. 19.44. — MA. 4.33. MU. 21.23. — Tl. 15.06

15. Dienstag. Sophie. — Sophie.
SA. 4.36. SU. 19.45. — MA. 5.13. MU. 22.22. — Tl. 15.09

16. Mittwoch. Johann v. Nep. — Peregrinus.
SA. 4.35. SU. 19.46. — MA. 6.03. MU. 23.10. — Tl. 15.11
Läutordnung 1/2 9 Uhr (München 9 Uhr).

17. Donnerstag. Paschalis. — Eubertus.
SA. 4.34. SU. 19.48. — MA. 7.01. MU. 23.48. — Tl. 15.14

18. Freitag. Venantius. — Liborius.
SA. 4.33. SU. 19.49. — MA. 8.05. — Tl. 15.16

19. Samstag. Petrus Cöl. — Potentian.
SA. 4.32. SU. 19.50. — MU. 0.17. MA. 9.12. — Tl. 15.18

20. Sonntag. (20. W.) Pfingstfest. Bernh. v. S.—Athan.
SA. 4.30. SU. 19.51. — MU. 0.41. MA. 10.20. — Tl. 15.21

21. Montag. Pfingstm. Konstant. — Prudens
SA. 4.29. SU. 19.52. — MU. 1.00. MA. 11.27. — Tl. 15.23

22. Dienstag. Julia. — Helene.
SA. 4.28. SU. 19.53. — MU. 1.17. MA. 12.35. — Tl. 15.25

23. Mittwoch. Desiderius. — Desiderius.
SA. 4.27. SU. 19.55. — MU. 1.33. MA. 13.44. — Tl. 15.28
II. Quatember.

24. Donnerstag. Johanna. — Esther.
SA. 4.26. SU. 19.56. — MU. 1.48. MA. 14.55. — Tl. 15.30

25. Freitag. Urban. — Urban.
SA. 4.25. SU. 19.57. — MU. 2.05. MA. 16.09. — Tl. 15.32

26. Samstag. Philipp. Neri. — **Beda.** Eduard.
SA. 4.24. SU. 19.58. — MU. 2.24. MA. 17.29. — Tl. 15.34

27. Sonntag. (21. W.) Dreifaltigkeitstag. 1. S. n. Pf.
Beda, Magdalena. — Luzian.
SA. 4.23. SU. 19.59. — MU. 2.49. MA. 18.51. — Tl. 15.36

28. Montag. Germanus. — Wilhelm.
SA. 4.23. SU. 20.00. — MU. 3.22. MA. 20.12. — Tl. 15.37

Mai 1934.

29. Dienstag. Theodosius. — Christiana.
SA. 4.22. SU. 20.01. — MU. 4.06. MA. 21.26. — Tl. 15.39

30. Mittwoch. Ferdinand. Felix. — Wigand.
SA. 4.21. SU. 20.02. — MU. 5.07. MA. 22.25. — Tl. 15.41

Mai 1934.

31. Donnerstag. Fronleichn. Angela. — Petronilla.
SA. 4.20. SU. 20.03. — MU. 6.23. MA. 23.10. — Tl. 15.43
Festtage nach den örtlichen und Bekenntnisverhältnissen ausschließ- des Coburgischen Gebiets.

Juni 1934.

1. Freitag. Juventius. — Nikodemus.
SA. 4.19. SU. 20.04. — MU. 7.47. MA. 23.43. — Tl. 15.45
Läutordnung 9 Uhr.

2. Samstag. Erasmus. Armin. — Marquard.
SA. 4.18. SU. 20.05. — MU. 9.12. — Tl. 15.47

3. Sonntag. (22.W.) 2. S. n. Pf. Klotildis. — Erasmus.
SA. 4.18. SU. 20.06. — MA. 0.08. MU. 10.34. — Tl. 15.48

4. Montag. Quirinus. — Karpasius.
SA. 4.17. SU. 20.07. — MA. 0.29. MU. 11.53. — Tl. 15.51

5. Dienstag. Bonifazius. — Bonifazius.
SA. 4.17. SU. 20.08. — MA. 0.46. MU. 13.10. — Tl. 15.51

6. Mittwoch. Norbert. — Benignus.
SA. 4.16. SU. 20.09. — MA. 1.03. MU. 14.25. — Tl. 15.53

7. Donnerstag. Robert. — Lucretia.
SA. 4.15. SU. 20.10. — MA. 1.21. MU. 15.38. — Tl. 15.55

8. Freitag. Medardus. — Medardus.
SA. 4.15. SU. 20.11. — MA. 1.41. MU. 16.52. — Tl. 15.56

9. Samstag. Primus. — Primus.
SA. 4.15. SU. 20.12. — MA. 2.05. MU. 18.04. — Tl. 15.57

10. Sonntag. (23.W.). 3. S. n. Pf. Marg. — Onuphrius.
SA. 4.14. SU. 20.12. — MA. 2.33. MU. 19.12. — Tl. 15.58

11. Montag. Barnabas. — Barnabas.
SA. 4.14. SU. 20.13. — MA. 3.10. MU 20.14. — Tl. 15.59

12. Dienstag. Basilides. — Basilides.
SA. 4.14. SU. 20.13. — MA. 3.57. MU. 21.06. — Tl. 15.59

13. Mittwoch. Anton v. P. — Tobias.
SA. 4.14. SU. 20.14. — MA. 4.52. MU. 21.47. — Tl. 16.00

14. Donnerstag. Basilius. — Antonia.
SA. 4.13. SU. 20.14. — MA. 5.54. MU. 22.19. — Tl. 16.01

15. Freitag Vitus, Kresz. — Vitus.
SA. 4.13. SU. 20.15. — MA. 7.01. MU. 22.44. — Tl. 16.02

16. Samstag. Benno. — Justine.
SA. 4.13. SU. 20.15. — MA. 8.08. MU. 23.04. — Tl. 16.02

17. Sonntag. (24.W.) 4. S. n. Pf. **Adolf.** — **Volkmar.**
SA. 4.13. SU. 20.16. — MA. 9.15. MU. 23.22. — Tl. 16.03

18. Montag. Markus. — Arnulf.
SA. 4.13. SU. 20.16. — MA. 10.12. MU. 23.37. — Tl. 16.03

19. Dienstag. Gervas. — Gervasius.
SA. 4.14. SU. 20.17. — MA. 11.29. MU. 23.52. — Tl. 16.05

20. Mittwoch. Silverius. — Silverius.
SA. 4.14. SU. 20.17. — MA. 12.38. — Tl. 16.03

21. Donnerstag. Alois. Demetria. — Albanus.
SA. 4.14. SU. 20.17. — MU. 0.08. MA. 13.48. — Tl. 16.03

22. Freitag. Paulinus. — Achatius.
SA. 4.14. SU. 20.17. — MU. 0.26. MA. 15.04. — Tl. 16.03
Sommeranfang 22.17.

23. Samstag. Edeltraud. — Basilius.
SA. 4.14. SU. 20.17. — MU. 0.47. MA. 16.22. — Tl. 16.03

24. Sonntag. (25. W). 5. S. n. Pf. Johannes d. Täufer.
SA. 4.15. SU. 20.17. — MU. 1.15. MA. 17.43. — Tl. 16.02

25. Montag. Prosper. Wilhelm. — Eulogius.
SA. 4.15. SU. 20.17. — MU. 1.54. MA. 19.02. — Tl. 16.02
Augsburger Konfession 1530.

26. Dienstag. Johann u. Paul. — Jeremias.
SA. 4.15. SU. 20.17. — MU. 2.46. MA. 20.09. — Tl. 16.02
Stiftungstag der Universität München 1472.

---

27. Mittwoch. Ladislaus. — Philippine.
SA. 4.16. SU. 20.17. — MU. 3.56. MA. 21.02. — Tl. 16.01

28. Donnerstag. Leo II. — Josua.
SA. 4.16. SU. 20.17. — MU. 5.18. MA. 21.40. — Tl. 16.01

29. Freitag. Peter u. Paul. — Peter und Paul.
SA. 4.16. SU. 20.17. — MU. 6.47. MA. 22.09. — Tl. 16.01

Festtag an Orten mit überwiegend kath. Bevölkerung in Bayern r. d. Rh. mit Ausnahme des coburgischen Gebiets. Kein Festtag im Sinne der GewO.

Juni 1934.

30. Samstag: Pauli Gedächtnis. — Pauli Gedächtnis.
SA. 4.17. SU. 20.17. — MU. 8.13. MA. 22.32. — Tl. 16.00

Juli 1934.

1. Sonntag. (26.W.) 6. S. n. Pf. Theobald. — Theobald.
SA. 4.17. SU. 20.17. — MU. 9.37. MA. 22.51. — Tl. 16.00
Läutordnung 9 Uhr.

Juli 1934.

2. Montag. Mariä Heimsuchung. — Mariä Heimsuchg.
SA. 4.18. SU. 20.17. — MU. 10.56. MA. 23.09. — Tl. 15.59.

3. Dienstag. Eulogius. — Kornelius.
SA. 4.18. SU. 20.16. — MU. 12.13. MA. 23.27. — Tl. 15.58

4. Mittwoch. Ulrich. Berta. — Ulrich.
SA. 4.19. SU. 20.16. — MU. 13.29. MA. 23.46. — Tl. 15.57

5. Donnerstag. **Domitius. — Charlotte.**
SA. 4.20. SU. 20.16. — MU. 14.43. — Tl. 15.56

6. Freitag. Isaias. — Esaias.
SA. 4.21. SU. 20.16. — MA. 0.09. MU. 15.56. — Tl. 15.55

7. Samstag. Willibald. — Willibald.
SA. 4.21. SU. 20.15. — MA. 0.36. MU. 17.05. — Tl. 15.54

8. Sonntag. (27. W.) 7. S. n. Pf. Kilian. — Kilian.
SA. 4.22. SU. 20.15. — MA. 1.10. MU. 18.08. — Tl. 15.53

9. Montag. Cyrillus und Method. — Gottlob.
SA. 4.23. SU. 20.14. — MA. 1.53. MU. 19.03. — Tl. 15.51

10. Dienstag. Felizitas. — Jakobina.
SA. 4.24. SU. 20.13. — MA. 2.45. MU. 19.47. — Tl. 15.49

11. Mittwoch. Pius I. — Pius. Eleonora.
SA. 4.25. SU. 20.13. — MA. 3.45. MU. 20.21. — Tl. 15.48

12. Donnerstag. Joh. Gualb. — Heinrich.
SA. 4.26. SU. 20.12. — MA. 4.51. MU. 20.48. — Tl. 15.46
Patrozinium des Erzbistums Bamberg (Heinrich).

13. Freitag. Eugen — Margareta.
SA. 4.27. SU. 20.11. — MA. 5.58. MU. 21.10 — Tl. 15.44

14. Samstag. Bonaventura. — Bonaventura.
SA. 4.28. SU. 20.10. — MA. 6.05. MU. 21.28 — Tl. 15.42

15. Sonntag. (28. W.) 8. S. n. Pf. Heinrich.—Apost. Tl.
SA. 4.29. SU. 20.10. — MA. 8.12. MU. 21.44. — Tl. 15.41
Anfang der Gerichtsferien.
(Ende am 15. September.) §§ 199, 202 GVG.

16. Montag. Reinald, Ruth. — Ruth.
SA. 4.30. SU. 20.09. — MA. 9.19. MU. 21.59. — Tl. 15.39
Läutordnung $^1/_2$ 9 Uhr.

17. Dienstag. Alexius. — Alexius.
SA. 4.31. SU. 20.08. — MA. 10.25. MU. 22.14. — Tl. 15.37

18. Mittwoch. Friedrich. — Maternus.
SA. 4.32. SU. 20.07. — MA. 11.34. MU. 22.30. — Tl. 15.35

19. Donnerstag. Vinzenz v. Paul. — Rufina.
SA. 4.33. SU. 20.06. — MA. 12.46. MU. 22.49. — Tl. 15.33

20. Freitag. Margareta. — Elias.
SA. 4.34. SU. 20.05. — MA. 14.01. MU. 23.13. — Tl. 15.31

21. Samstag. Julia. — Daniel.
SA. 4.35. SU. 20.04. — MA. 15.19. MU. 23.45. — Tl. 15.29

22. Sonntag. (29. W.) 9. S. n. Pf. Maria Magdalena.
SA. 4.36. SU. 20.03. — MA. 16.37. — Tl. 15.27

23. Montag. Liborius. Apollinaris. — Apollinaris.
SA. 4.38. SU. 20.02. — MU. 0.29. MA. 17.49. — Tl. 15.24

Patrozinium des Herzogtums Sulzbach.

Hundstage-Anfang.

24. Dienstag. Christina. – Christina.
SA. 4.39. SU. 20.01. — MU. 1.29. MA. 18.48. — Tl. 15.22

25. Mittwoch. Jakob. — Jakob.
SA. 4.40. SU. 20.00. — MU. 2.45. MA. 19.34. — Tl. 15.20

26. Donnerstag. Anna. — Anna.
SA. 4.41. SU. 19.59. — MA. 4.12. MU. 20.07. — Tl. 15.18

27. Freitag. Pantaleon. — Martha.
SA. 4.42. SU. 19.58. — MA. 5.42. MU. 20.33. — Tl. 15.16

28. Samstag. Innocenz, Viktor. — Pantaleon.
SA. 4.44. SU. 19.57. — MU. 7.10. MA. 20.54. — Tl. 15.13

29. Sonntag. (30. W.) 10. S. n. Pf. Flora. — Beatrix.
SA. 4.45. SU. 19.55. — MU. 8.34. MA. 21.13. — Tl. 15.10

30. Montag. Abdon u. S. — Abdon.
SA. 4.46. SU. 19.54. — MU. 9.54. MA. 21.32. — Tl. 15.08

31. Dienstag. Ignatius. — Thrasybul
SA. 4.48. SU. 19.53. — MU. 11.13. MA. 21.51. — Tl. 15.05

August 1934.

1. Mittwoch. Petri Kettenfeier. — Petri Kettenfeier.
SA. 4.49. SU. 19.51. — MU. 12.30 MA. 22.12. — Tl. 15.02

2. Donnerstag. Alfons v. L. — Gustav.
SA. 4.50. SU. 19.49. — MU. 13.44. MA. 22.38. — Tl. 14.59

August 1934.

3. Freitag. Stephan. Auff. — August.
SA. 4.52. SU. 19.48. — MU. 14.56. MA. 23.10. — Tl. 14.56

4. Samstag. Dominikus. — Dominikus.
SA. 4.53. SU. 19.47. — MU. 16.02. MA. 23.51. — Tl. 14.54

5. Sonntag. (31. W.) 11. S. n. Pf. Maria Schnee.—Oswald.
SA. 4.54. SU. 19.45. — MU. 16.59. — Tl. 14.51

6. Montag. Verklärung Christi. — Verklärung Christi.
SA. 4.56. SU. 19.44. — MA. 0.40. MU. 17.47. — Tl. 14.48

7. Dienstag. Afra, Cajetan. — Ulrika.
SA. 4.57. SU. 19.42. — MA. 1.38. MU. 18.24. — Tl. 14.45

8. Mittwoch. Cyriakus. — Cyriakus.
SA. 4.58. SU. 19.40. — MU. 2.42. MA. 18.53. — Tl. 14.42
Friedensfest in Augsburg (1650).

9. Donnerstag. Romanus. — Erikus, Roman.
SA. 4.59. SU. 19.38. — MA. 3.49. MU. 19.16. — Tl. 14.39
Patrozinium des Stiftes Kempten.

---

10. Freitag. Laurentius. — Lorenz.
SA. 5.01. SU. 19.37. — MA. 4.56. MU. 19.35. — Tl. 14.36.
Perseiden, feurige Tränen des hl. Laurentius.
Kinderfest in Augsburg.

August 1934.

11. Samstag. Susanna. — Hermann.
SA. 5.02. SU. 19.35. — MA. 6.04. MU. 19.52. — Tl. 14.33

12. Sonntag. (32. W.) 12. S. n. Pf. Hilaria. — Klara.
SA. 5.03. SU. 19.33. — MA. 7.10. MU. 20.07. — Tl. 14.30

August 1934.

13. Montag. Hippolyt. — Hippolyt.
SA. 5.04. SU. 19.32. — MA. 8.17. MU. 20.22. — Tl. 14.28

14. Dienstag. Eusebius. — Eusebius.
SA. 5.05. SU. 19.30. — MA. 9.25. MU. 20.38. — Tl. 14.25

15. Mittwoch. Mariä Himmelfahrt. Maria Heimg.
SA. 5.07. SU. 19.29. — MA. 10.35. MU. 20.55. — Tl. 14.22

Festtag nach den örtlichen und Bekenntnisverhältnissen, ausschließlich des Coburgischen Gebiets.

16. Donnerstag. Joachim. Rochus. — Rochus.
SA. 5.09. SU. 19.27. — MA. 11.47. MU. 21.17. — Tl. 14.18

Läutordnung 8 Uhr.

17. Freitag. Liberatus. — Augusta.
SA. 5.10. SU. 19.25. — MA. 13.02. MU. 21.45. — Tl. 14.15

18. Samstag. Helena. — Agapitus.
SA. 5.11. SU. 19.23. — MA. 14.19. MU. 22.22. — Tl. 14.12

19. Sonntag. (33. W.) 13. S. n. Pf. Sebald. — Sebald.
SA. 5.13. SU. 19.21. — MA. 15.31. MU. 23.13. — Tl. 14.08

20. Montag. Bernhard. — Bernhard.
SA. 5.14. SU. 19.20. — MA. 16.34. — Tl. 14.06

21. Dienstag. Johanna v. Ch. — Hartwig.
SA. 5.16. SU. 19.18. — MU. 0.21. MA. 17.24. — Tl. 14.02

22. Mittwoch. Symphorian. — Symphorian.
SA. 5.17. SU. 19.16. — MU. 1.40. MA. 18.02. — Tl. 13.59

23. Donnerstag. Philipp. **Benit.** — Zachäus.
SA. 5.18. SU. 19.14. — MU. 3.07. MA. 18.32. — Tl. 13.56
Hundstage-Ende.

24. Freitag. **Bartholomäus.** — Bartholomäus.
SA. 5.19. SU. 19.12. — MU. 4.35. MA. 18.56. — Tl. 13.53

25. Samstag. Ludwig. — Ludwig.
SA. 5.21. SU. 19.10. — MU. 6.02. MA. 19.16. — Tl. 13.49

26. Sonntag. (34. W.) 14. S. n. Pf. Zephyrinus.—Samuel.
SA. 5.22. SU. 19.08. — MU. 7.25. MA. 19.35. — Tl. 13.46

27. Montag. Gebhard. — Gebhard.
SA. 5.24. SU. 19.06. — MU. 8.48. MA. 19.54. — Tl. 13.42

28. Dienstag. Augustin. — Augustin.
SA. 5.25. SU. 19.04. — MU. 10.07. MA. 20.15. — Tl. 13.39

29. Mittwoch. Johannes Enthauptung. — Joh. Enth.
SA. 5.26. SU. 19.02. — MU. 11.26. MA. 20.40. — Tl. 13.36

30. Donnerstag. Rosa v. L. — Rebekka.
SA. 5.27. SU. 19.00. — MU. 12.41. MA. 21.10. — Tl. 13.33

August 1934.

31. Freitag. Raimund. — Paulinus.
SA. 5.29. SU. 18.59. — MU. 13.50. MA. 21.48. — Tl. 13.30

September 1934.

1. Samstag. Aegidius. — Aegidius.
SA. 5.30. SU. 18.57. — MU. 14.52. MA. 22.35. — Tl. 13.27
Läutordnung 1/2 8 Uhr.

2. Sonntag. (35. W.) 15. S. n. Pf. Stephan. — Absalon.
SA. 5.32. SU. 18.55. — MU. 15.43. MA. 23.30. — Tl. 13.23

3. Montag. Seraphia. — Mansuetus.
SA. 5.33. SU. 18.53. — MU. 16.24. — Tl. 13.20

4. Dienstag. Rosalia. — Moses.
SA. 5.35. SU. 18.51. — MA. 0.32. MU. 16.56. — Tl. 13.16

5. Mittwoch. Laurentius. — Herkules.
SA. 5.36. SU. 18.49. — MA. 1.39. MU. 17.21. — Tl. 13.13

September 1934.

6. Donnerstag. Magnus. — Magnus.
SA. 5.38. SU. 18.47. — MA. 2.46. MU. 17.41. — Tl. 13.09
Magnus, Apostel des Allgäu.

7. Freitag. Regina. — Regina.
SA. 5.39. SU. 18.45. — MA. 3.54. MU. 17.59. — Tl. 13.06

8. Samstag. Mariä Geburt. — Mariä Geburt.
SA. 5.40. SU. 18.43. — MU. 5.00. MA. 18.14. — Tl. 13.03

9. Sonntag. (36.W.) 16. S.n.Pf. Korbin. — Gorgonius.
SA. 5.41. SU. 18.41. — MU. 6.07. MA. 18.30. — Tl. 13.00

10. Montag. Nikolaus v. T. — Jodokus.
SA. 5.43. SU. 18.39. — MA. 7.15. MU. 18.46. — Tl. 12.56

11. Dienstag. Aemilian. — Protus.
SA. 5.44. SU. 18.37. — MA. 8.25. MU. 19.03. — Tl. 12.53

12. Mittwoch. Guido. — Syrus.
SA. 5.45. SU. 18.34. — MA. 9.37. MU. 19.23. — Tl. 12.49

13. Donnerstag. Notburga. — Gottlieb.
SA. 5.47. SU. 18.32. — MU. 10.51. MA. 19.49. — Tl. 12.45

14. Freitag. Hl. † Erhöhung. — Hl. † Erhöhung.
SA. 5.48. SU. 18.30. — MA. 12.07. MU. 20.22. — Tl. 12.42

15. Samstag. Nikomedes. — Nikomedes.
SA. 5.49. SU. 18.28. — MA. 13.19. MU. 21.08. — Tl. 12.39
Letzter Tag der Gerichtsferien.

16. Sonntag. (37.W.) 17. S.n.Pf. Kornel. — Euphemia.
SA. 5.51. SU. 18.26. — MA. 14.24. MU. 22.06. — Tl. 12.35
Läutordnung 7 Uhr.

17. Montag. Lampert. Hildegard. — Lampert.
SA. 5.52. SU. 18.24. — MA. 15.18. MU. 23.20. — Tl. 12.32

18. Dienstag. Richardis. — Titus. Siegfried.
SA. 5.54. SU. 18.22. — MA. 15.59. — Tl. 12.28

19. Mittwoch. Januarius. — Mikleta.
SA. 5.55. SU. 18.19. — MU. 0.41. MA. 16.31. — Tl. 12.24

September 1934.

20. Donnerstag. Eustachius. — Fausta.
SA. 5.56. SU. 18.17. — MU. 2.06. MA. 16.56. — Tl. 12.21

21. Freitag. Matthäus. — Matthäus.
SA. 5.58. SU. 18.16. — MU. 3.32. MA. 17.17. — Tl. 12.18

September 1934.

22. Samstag. Mauritius. — Moritz.
SA. 5.59. SU. 18.14. — MU. 4.55. MA. 17.37. — Tl. 12.15

23. Sonntag. (38.W.) 18. S.n.Pf. Thekla. — Thekla.
SA. 6.00. SU. 18.12. — MU. 6.18. MA. 17.56. — Tl. 12.12
Herbstanfang 18.45.

24. Montag. Gerhard. — Gerhard.
SA. 6.02. SU. 18.11. — MU. 7.39. MA. 18.17. — Tl. 12.09

25. Dienstag. Kleophas. — Kleophas.
SA. 6.03. SU. 18.08. — MU. 9.00. MA. 18.40. — Tl. 12.05

26. Mittwoch. Cyprian. — Cyprian.
SA. 6.05. SU. 18.07. — MU. 10.18. MA. 19.09. — Tl. 12.02

27. Donnerstag. Kosmas u. Damian. — Kosmas u. Dam.
SA. 6.06. SU. 18.05. — MU. 11.32. MA. 19.44. — Tl. 11.59

28. Freitag. Wenzeslaus. — Wenzeslaus.
SA. 6.08. SU. 18.03. — MU. 12.39. MA. 20.28. — Tl. 11.55

29. Samstag. Michael. — Michael.
SA. 6.09. SU. 18.01. — MU. 13.35. MA. 21.21. — Tl. 11.52

September 1934.

30. Sonntag. (39.W.) 19. S.n.Pf. Otto.—Hieronymus.
SA. 6.11. SU. 17.59. — MU. 14.21. MA. 22.21. — Tl. 11.48

Oktober 1934.

1. Montag. Remigius. — Remigius.
SA. 6.12. SU. 17.55. — MU. 14.56. MA. 23.26. — Tl. 11.43
Läutordnung 1/2 7 Uhr.

2. Dienstag. Leodegar. — Johanna.
SA. 6.13. SU. 17.53. — MU. 15.23. — Tl. 11.40

3. Mittwoch. Candidus. — Jairus.
SA. 6.15. SU. 17.51. — MA. 0.33. MU. 15.46. — Tl. 11.36

4. Donnerstag. Franz Seraph. — Franz.
SA. 6.16. SU. 17.49. — MA. 1.41. MU. 16.05. — Tl. 11.33

5. Freitag. Placidus. — Placidus.
SA. 6.18. SU. 17.47. — MA. 2.48. MU. 16.20. — Tl. 11.29

6. Samstag. Bruno. — Fides.
SA. 6.19. SU. 17.45. — MA. 3.55. MU. 16.36. — Tl. 11.26

7. Sonntag. (40.W.) 20. S. n. Pf. Markus. — Amalia.
SA. 6.20. SU. 17.43. — MA. 5.03. MU. 16.52. — Tl. 11.23

8. Montag. Brigitta. — Pelagius.
SA. 6.21. SU. 17.41. — MA. 6.13. MU. 17.09. — Tl. 11.20

9. Dienstag. Dionysius. — Dionysius.
SA. 6.23. SU. 17.39. — MA. 7.25. MU. 17.29. — Tl. 11.16

10. Mittwoch. Franz v. B. — Gideon.
SA. 6.24. SU. 17.37. — MA. 8.39. MU. 17.53. — Tl. 11.13

11. Donnerstag. Germanus. — Burkhard.
SA. 6.26. SU. 17.35. — MA. 9.55. MU. 18.25. — Tl. 11.09

12. Freitag. Maximilian. -- Maximilian.
SA. 6.28. SU. 17.33. — MA. 11.10. MU. 19.07. — Tl. 11.05

13. Samstag. Eduard. — Kolomann.
SA. 6.29. SU. 17.31. — MA. 12.18 MU. 20.02. — Tl. 11.02

14. Sonntag. (41.W.) 21. S. n. Pf. Burkhart.—Kallixtus.
SA. 6.30. SU. 17.29. — MA. 13.14. MU. 21.10. — Tl. 10.59

15. Montag. Theresia. — Theresia. Hedwig.
SA. 6.32. SU. 17.28. — MA. 13.57. MU. 22.27. — Tl. 10.56
Theresien-Ordensfest.

16. Dienstag. Gallus. — Gallus.
SA. 6.33. SU. 17.26. — MA. 14.32. MU. 23.49. — Tl. 10.53
Läutordnung 6 Uhr.

17. Mittwoch. Hedwig. — Florentina.
SA. 6.35. SU. 17.24. — MA. 14.59. — Tl. 10.49

18. Donnerstag. Lukas. — Lukas.
SA. 6.36. SU. 17.22. — MU. 1.12. MA. 15.20. — Tl. 10.46

19. Freitag. Petrus v. Alk. — Ferdinand.
SA. 6.38. SU. 17.20. — MU. 2.33. MA. 15.41. — Tl. 10.42

20. Samstag. Wendelin. — Wendelin.
SA. 6.39. SU. 17.18. — MU. 3.53. MA. 15.59. — Tl. 10.39

21. Sonntag. (42.W.) 22. S.n.Pf. Ursula. — Ursula.
SA. 6.40. SU. 17.16. — MU. 5.13. MA. 16.19. — Tl. 10.36

22. Montag. Kordula. — Kordula.
SA. 6.42. SU. 17.14. — MU. 6.32. MA. 16.41. — Tl. 10.32

23. Dienstag. Severin. — Severin.
SA. 6.43. SU. 17.12. — MU. 7.52. MA. 17.07. — Tl. 10.29

24. Mittwoch. Raphael. — Salome.
SA. 6.45. SU. 17.11. — MU. 9.09. MA. 17.40. — Tl. 10.26

25. Donnerstag. Krispin. — Wilhelmine.
SA. 6.47. SU. 17.09. — MU. 10.20. MA. 18.20. — Tl. 10.22

26. Freitag. Evaristus. — Amandus.
SA. 6.48. SU. 17.07. — MU. 11.22. MA. 19.10. — Tl. 10.19

27. Samstag. Sabina. — Sabina.
SA. 6.50. SU. 17.05. — MU. 12.13. MA. 20.08. — Tl. 10.15

28. Sonntag. (43.W.) 23.S.n.Pf. Simon u. Juda.
SA. 6.52. SU. 17.03. — MU. 12.53. MA. 21.13. — Tl. 10.11

29. Montag. Narcissus. — Narcissus.
SA. 6.53. SU. 17.01. — MU. 13.24. MA. 29.20. — Tl. 10.08

30. Dienstag. Serapion. — Hartmann
SA. 6.55. SU. 17.00. — MU. 13.48. MA. 23.27. — Tl. 10.05

31. Mittwoch. Wolfgang. — Wolfgang.
SA. 6.56. SU. 16.59. — MU. 14.08. — Tl. 10.03

November 1934.

1. Donnerstag. Allerheiligen. — Allerheiligen.
SA. 6.57. SU. 16.57. — MA. 0.34. MU. 14.25. — Tl. 10.00

Festtag nach den örtlichen und Bekenntnisverhältnissen ausschließlich des Coburgschen Gebiets.

Läutordnung 1/2 6 Uhr.

---

2. Freitag. Allerseelen. — Allerseelen.
SA. 6.59. SU. 16.56. — MA. 1.40. MU. 14.41. — Tl. 9.57

3. Samstag. Hubert. — Gottlieb.
SA. 7.01. SU. 16.54. — MA. 2.47. MU. 14.57. — Tl. 9.53

4. Sonntag. (44.W.) 24.S.n.Pf. Karl Borr.—Emmerich.
SA. 7.02. SU. 16.52. — MA. 3.56. MU. 15.14. — Tl. 9.50

5. Montag. Zach. u. El. — Blandina.
SA. 7.04. SU. 16.51. — MA. 5.06. MU. 15.33. — Tl. 9.47

6. Dienstag. Leonhard. — Leonhard.
SA. 7.05. SU. 16.49. — MA. 6.21. MU. 15.55. — Tl. 9.44
Leonhardsfahrten.

7. Mittwoch. Engelbert. — Erdmann.
SA. 7.07. SU. 16.48. — MA. 7.38. MU. 16.25. — Tl. 9.41

8. Donnerstag. Gottfried. — 4 gekr. Ritter.
SA. 7.08. SU. 16.46. — MA. 8.55. MU. 17.04. — Tl. 9.38

9. Freitag. Theodor. — Theodor.
SA. 7.10. SU. 16.45. — MA. 10.07. MU. 17.55. — Tl. 9.35

10. Samstag. Andreas Avellin. — Probus.
SA. 7.11. SU. 16.44. — MA. 11.08. MU. 19.01. — Tl. 9.33

11. Sonntag. (45.W.) 25.S.n.Pf. Martin. — Martin.
SA. 7.13. SU. 16.43. — MA. 11.57. MU. 20.18. — Tl. 9.30

12. Montag. Martin P. — Jonas.
SA. 7.14. SU. 16.41. — MA. 12.33. MU. 21.38. — Tl. 9.27
Sternschnuppenfall m. d. Radianten im Sternbild d. Löwen (Martinistrom).

13. Dienstag. Stanislaus. — Briccius.
SA. 7.16. SU. 16.40. — MA. 13.02. MU. 23.00. — Tl. 9.24

14. Mittwoch. Josaphat. — Levinus.
SA. 7.17. SU. 16.39. — MA. 13.25. — Tl. 9.22

15. Donnerstag. Leopold, Albert. — Leopold.
SA. 7.19. SU. 16.38. — MU. 0.20. MA. 13.45. — Tl. 9.19

16. Freitag. Ottmar. Edmund. — Ottmar.
SA. 7.21. SU. 16.37. — MU. 1.39. MA. 14.04. — Tl. 9.14
Läutordnung 1/2 6 Uhr.

17. Samstag. Gregor. — Hugo.
SA. 7.22. SU. 16.35. — MU. 2.56. MA. 14.22. — Tl. 9.13

18. Sonntag. (46.W.) 26. S.n.Pf. Otto. — Otto.
SA. 7.24. SU. 16.34. — MU. 4.14. MA. 14.43. — Tl. 9.10

November 1934.

19. Montag. Elisabeth. — Elisabeth.
SA. 7.25. SU. 16.33. — MU. 5.31. MA. 15.07. — Tl. 9.08

20. Dienstag. Korbinian. Felix. — **Emilie.**
SA. 7.27. SU. 16.32. — MU. 6 48. MA. 15.37. — Tl. 9.05
Titularfest des Bistums Freising

21. Mittwoch. Mariä Opferung. — Mariä Opferung.
SA. 7.28. SU. 16.31. — MU. 8.01. MA. 16.14. — Tl. 9.03.

22. Donnerstag. Cäcilia. — Cäcilia.
SA. 7.29. SU. 16.30. — MU. 9.07. MA. 17.00. — Tl. 9.01

23. Freitag. Klemens. — Klemens.
SA. 7.31. SU. 16.29. — MU. 10.03. MA. 17.56. — Tl. 8.58

24. Samstag. Johann v. Kreuz. — Chrysogonus.
SA. 7.32. SU. 16.29. — MU. 10.48. MA. 18.59. — Tl. 8.56

November 1934.

25. Sonntag. (47.W.) 27. S. n. Pf. Katharina. — Kath.
SA. 7.34. SU. 16.28. — MU. 11.23. MA. 20.05. — Tl. 8.54

26. Montag. Konrad. — Konrad
SA. 7.35. SU. 16.27. — MU. 11.49. MA. 21.12. — Tl. 8.52

27. Dienstag. Virgilius. — Lothar.
SA. 7.36. SU. 16.26. — MU. 12.11. MA. 22.19. — Tl. 8.50

28. Mittwoch. Kreszentia. — Günther.
SA. 7.38. SU. 16.26. — MU. 12.29. MA. 23.25. — Tl. 8.48

29. Donnerstag. Saturnin. — Walther.
SA. 7.39. SU. 16.25. — MU. 12.45. — Tl. 8.46

30. Freitag. Hl. Andreas. — Andreas.
SA. 7.40. SU. 16.24. — MA. 0.31. MU. 13.01. — Tl. 8.44

Dezember 1934.

1. Samstag. Eligius. — Longinus.
SA. 7.42. SU. 16.24. — MA. 1.37. MU. 13.17. — Tl. 8.42
Läutordnung 5 Uhr.

2. Sonntag. (48.W.) 1. Advent. **Bibiana. — Aurelia.**
SA. 7.43. SU. 16.23. — MA. 2.46. MU. 13.34. — Tl. 8.40

3. Montag. Franz Xaver. — Kassian.
SA. 7.44. SU. 16.23. — MA. 3.58. MU. 13.55. — Tl. 8.39

4. Dienstag. Barbara. — Barbara.
SA. 7.45. SU. 16.22. — MA. 5.13. MU. 14.21. — Tl. 8.37

Dezember 1934.

5. Mittwoch. Sabbas. — Abigail.
SA. 7.47. SU. 16.22. — MA. 6.31. MU. 14.56. — Tl. 8.35

6. Donnerstag. Nikolaus. — Nikolaus.
SA. 7.48. SU. 16.22. — MA. 7.47. MU. 15.43. — Tl. 8.34

7. Freitag. Ambrosius. — Agathon.
SA. 7.49. SU. 16.21. — MA. 8.55. MU. 16.45. — Tl. 8.32

8. Samstag. Unbefl. Empf. Mariä. — Mariä Empf.
SA. 7.50. SU. 16.21. — MA. 9.50. MU. 18.00. — Tl. 8.31

Georgi-Ritter-Ordensfest.

Festtag an Orten mit überwiegend katholischer Bevölkerung mit Ausnahme der Pfalz und des Coburgschen Gebiets. Kein Festtag im Sinne der GewO.

9. Sonntag. (49.W) 2. Advent. Leokadia. — Joachim.
SA. 7.51. SU. 16.20. — MA. 10.32. MU. 19.22. — Tl. 8.29

10. Montag. Melchiades. — Judith.
SA. 7.52. SU. 16.20. — MA. 11.04. MU. 20.46. — Tl. 8.28

11. Dienstag. Damasus. — Damasus.
SA. 7.53. SU. 16.20. — MA. 11.30. MU. 22.09. — Tl. 8.27

12. Mittwoch. Synesius. — Epimachus.
SA. 7.54. SU. 16.20. — MA. 11.50. MU. 23.29. — Tl. 8.26

Dezember 1934.

13. Donnerstag. Lucia. Ottilie. — Lucia.
SA. 7.55. SU. 16.21. — MA. 12.09. — Tl. 8.26

14. Freitag. Nicasius. — Nicasius.
SA. 7.55. SU. 16.21. — MU. 0.46. MA. 12.28. — Tl. 8.26

15. Samstag. Christiana. — Ignatius.
SA. 7.56. SU. 16.21. — MU. 2.03. MA. 12.48. — Tl. 8.25

16. Sonntag. (50.W.) 3. Advent. Eusebius. — Ananias.
SA. 7.57. SU. 16.21. — MU. 3.19. MA. 13.10. — Tl. 8.24

17. Montag. Lazarus. — Lazarus.
SA. 7.58. SU. 16.21. — MU. 4.35. MA. 13.37. — Tl. 8.23

18. Dienstag. Wunibald. — Wunibald.
SA. 7.59. SU. 16.22. — MU. 5.48. MA. 14.11. — Tl. 8.23

Dezember 1934.

19. Mittwoch. Nemesius. — Abraham.
SA. 8.00. SU. 16.22. — MU. 6.55. MA. 14.54. — Tl. 8.22

20. Donnerstag. Christian. — Ammon.
SA. 8.00. SU. 16.22. — MU. 7.55. MA. 15.45. — Tl. 8.22

21. Freitag. Thomas Ap. — Thomas.
SA. 8.01. SU. 16.23. — MU. 8.43. MA. 16.46. — Tl. 8.22

22. Samstag. Demetrius. — Berta.
SA. 8.01. SU. 16.23. — MU. 9.21. MA. 17.51. — Tl. 8.22
Winteranfang 13.49.

23. Sonntag. (51. W.) 4. Advent. Viktoria.—Dagobert.
SA. 8.02. SU. 16.23. — MU. 9.50. MA. 18.58. — Tl. 8.21

24. Montag. Adam u. Eva. — Ádam u. Éva.
SA. 8.02. SU. 16.24. — MU. 10.14. MA. 20.05. — Tl. 8.22

25. Dienstag. Heilg. Weihnacht. — Weihnacht.
SA. 8.03. SU. 16.25. — MU. 10.33. MA. 21.11. — Tl. 8.22

26. Mittwoch. Stephanus. Erzm. — Stephanus.
SA. 8.03. SU. 16.26. — MU. 10.50. MA. 22.16. — Tl. 8.23
2. Weihnachtsfeiertag.

27. Donnerstag. Johannes. — Johannes.
SA. 8.04. SU. 16.27. — MU. 11.05. MA. 23.22. — Tl. 8.23

28. Freitag. Unsch. Kinder. — Unsch. Kinder.
SA. 8.04. SU. 16.27. — MU. 11.21. — Tl. 8.23

29. Samstag. Thomas B. — Jonathan.
SA. 8.04. SU. 16.28. — MU. 0.29. MA. 11.38. — Tl. 8.24

30. Sonntag. (52. W.) S.n.W. **David.** — David.
SA. 8.04. SU. 16.29. — MA. 1.37. MU. 11.56. — Tl. 8.25

Dezember 1934.

---

31. Montag. Silvester P. — Silvester.
SA. 8.04. SU. 16.30. — MA. 2.49. MU. 12.19. — Tl. 8.26

Januar 1935.

1. Dienstag. Neujahr.

2. Mittwoch.

3. Donnerstag.

4. Freitag.

5. Samstag.

6. Sonntag.

7. Montag.

8. Dienstag.

9. Mittwoch.

10. Donnerstag.

11. Freitag.

12. Samstag.

Januar 1935.

13. Sonntag.

14. Montag.

15. Dienstag.

16. Mittwoch.

17. Donnerstag.

18. Freitag.

19. Samstag.

20. Sonntag.

Januar 1935.

21. Montag.

22. Dienstag.

23. Mittwoch.

24. Do

Januar 1935.

25. Freitag.

26. Samstag.

27. Sonntag.

28. Montag.

Januar 1935.

29. Dienstag.

30. Mittwoch.

31. Donnerstag.

Februar 1935.

1. Freitag.

2. Samstag.

3. Sonntag.

4. Montag.

Februar 1935.

5. Dienstag.

6. Mittwoch.

7. Donnerstag.

8. Freitag.

Februar 1935.

9. Samstag.

10. Sonntag.

11. Montag.

12. Dienstag.

13. Mittwoch.

14. Donnerstag.

15. Freitag.

16. Samstag.

Februar 1935.

17. Sonntag.

18. Montag.

19. Dienstag.

20. Mittwoch.

Februar 1935.

21. Donnerstag.

22. Freitag.

23. Samstag.

24. Sonntag.

Februar 1935.

25. Montag.

26. Dienstag.

27. Mittwoch.

28. Donnerstag

1. Gesetzesübersicht.

a) Reichsgesetze.[1])

Nr.	Datum des Gesetzes	Name des Gesetzes
1	10. Febr. 1919	Ges. über die vorläufige Reichsgewalt (RGBl. 169); aufgeh. s. a 32.
2	19. Febr. 1919	Ges. zur Abänderung der VO. über die Rückgabe der in Belgien u. Frankreich weggenommenen Betriebseinrichtungen (RGBl. 199).
3	22. Febr. 1919	Ges. über die Gewährung einer Entschädigung an die Mitglieder der verfassunggebenden deutschen Nationalversammlung (RGBl. 241).
4	1. März 1919	Notges. für elsass-lothringische Angelegenheiten (RGBl. 257).
5	1. März 1919	Ges., betr. Verbot des Agiohandels mit deutschen Banknoten u. Darlehenskassenscheinen (RGBl. 263).
6	1. März 1919	Ges. über die weitere Zulassung von Hilfsmitgliedern im Patentamt (RGBl. 287) s. a 306.
7	1. März 1919	Ges. zur Abänderung der VO. über ausl. Wertpapiere v. 22. März 1917 (RGBl. 264) s. a 273.
8	1. März 1919	Ges. über die Einsiegelung von Schriften, Drucksachen, Wertpapieren u. Zahlungsmitteln beim Grenzübertritte nach dem Ausland (RGBl. 265) aufgeh. a 660.
9	2. März 1919	Ges. über die Vergütung von Leistungen für die feindlichen Heere im besetzten Reichsgebiet usw. (RGBl. 261) s. a 78.
10	3. März 1919	Ges. zum Schutze gegen die Folgen der Verkehrserschwerung (RGBl. 281).
11	4. März 1919	Uebergangsges. (RGBl. 285).
12	6. März 1919	Ges. zur Durchführung der Waffenstillstandsbedingungen (RGBl. 286).
13	6. März 1919	Ges. über die Bildung einer vorläufigen Reichswehr (RGBl. 295) s. a 199.

[1]) Die folgende Uebersicht enthält, nach der Zeitfolge, die Gesetze aus der Zeit der Republik. Die Gesetze aus der Zeit des Kaiserreichs nach dem Stand vom 8. Nov. 1918 sind in der dem Jahrgang 1920 des Kalenders beigegebenen Anlage zusammengestellt; spätere Aenderungen dieser Ges. ergibt das Alphabet. Register Beil. 1 K. Wegen der Erlasse der Volksbeauftragten u. der provisorischen Reichsregierung s. § 1 des Uebergangsgesetzes v. 4. März 1919 (a 11) und Aktenstück Nr. 223 zu den Verhandlungen der Verfassunggebenden Deutschen Nationalversammlung.

Nr.	Datum des Gesetzes	Name des Gesetzes
14	15. März 1919	Ges. betr. Verkehr mit russischen Zahlungsmitteln (RGBl. 321).
15	23 März 1919	Sozialisierungsges. (RGBl. 341).
16	23. März 1919	Ges. über die Regelung der Kohlenwirtschaft (RGBl. 342); geänd. s. a 36, g 3, h 23
17	27. März 1919	Ges. über den Eintritt des Freistaats Württemberg in die Biersteuergemeinschaft (RGBl. 345); geänd. a 528, 661, 769.
18	27. März 1919	Ges. über die Besteuerung der Reichsbank für das Jahr 1918 (RGBl. 353); geändert s. a 63.
19	15. April 1919	Ges. betr. Aenderung des Kriegssteuerges. v. 21. Juni 1916 (RGBl. 397).
20	16. April 1919	Ges. über die Bildung einer vorläufigen Reichsmarine (RGBl. 431) s. a 199.
21	17. April 1919	Ges. über einen allgem. Feiertag (RGBl. 393).
22	17. April 1919	Ges. über eine vereinfachte Form der Gesetzgebung für die Zwecke der Uebergangswirtschaft (RGBl. 394); s. a 140.
23	19. April 1919	Ges. über die Ausbildung von Kriegsteilnehmern zum Richteramt (RGBl. 403); geänd. a 340.
24	24. April 1919	Ges. über die Regelung der Kaliwirtschaft (RGBl. 413); geänd. s. a 29, h 24.
25	24. Juni 1919	Ges. zur Ergänzung des Ges. gegen die Steuerflucht v. 26. Juli 1918 (RGBl. 583), aufgeh. a 660.
26	24. Juni 1919	Ges. über den Eintritt der Freistaaten Bayern u. Baden in die Biersteuergemeinschaft (RGBl. 599); geänd. a 528, 661, 769.
27	28. Juni 1919	Ges. über Landkrankenkassen, Kassenangestellte u. Ersatzkassen (RGBl. 615 u. 622).
28	16. Juli 1919	Ges. über den Friedensschluss zwischen Deutschland u. den alliierten u. assoziierten Mächten, Versaillervertrag (RGBl. 687) s. a 106, 121.
29	19. Juli 1919	Ges. betr. Aufhebung des Ges. über den Absatz von Kalisalzen v. 25. Mai 1910 u. seiner Abänderungsgesetze sowie Abänderung des Ges. über die Regelung der Kaliwirtschaft v. 24. April 1919 (RGBl. 661) s. a 24, c 92, h 24.
30	21. Juli 1919	Ges. über die Zahlung der Zölle in Gold (RGBl. 1361).
31	31. Juli 1919	Kleingarten- u. Kleinpachtlandordnung (RGBl. 1371).
32	11. Aug. 1919	Die Verfassung des Deutschen Reichs (RGBl. 1383; Berichtigung 1920, 328) s. a 1, 144, 145, 159, 201, 420, 576, 583, 702, 967.
33	11. Aug. 1919	Reichssiedlungsges. (RGBl. 1429 u. 1518); geänd. a 503, 557, 720; c 54.
34	13. Aug. 1919	Ges. zur Ergänzung des § 323 der Zivilprozessordnung, lex Taucher (RGBl. 1448) s. a 64.
35	17. Aug. 1919	Sechste Ergänzung des Besoldungsges. (RGBl. 1479) s. a 59; gegenstandslos s. a 103.

Nr.	Datum des Gesetzes	Name des Gesetzes
36	20. Aug. 1919	Ges. betr. Abänderung des Ges. über die Regelung der Kohlenwirtschaft v. 23. März 1919 (RGBl. 1447) s. a 16, g 3, h 23.
37	29. Aug. 1919	Ges. betr. einen Anleihekredit für das Rechnungsjahr 1919 sowie die Ausgabe von Inhaberpapieren mit Prämien (RGBl. 1491).
38	31. Aug. 1919	Ges. über Enteignungen u. Entschädigungen aus Anlass des Friedensvertrags zwischen Deutschland u. den alliierten u. assoziierten Mächten (RGBl. 1527); geänd. a 502.
39	31. Aug. 1919	Ausführungsges. zum Friedensvertrage (RGBl. 1530); geänd. s. a 141, e 21.
40	8. Sept. 1919	Ges. über Postgebühren (RGBl. 1519), grösstenteils aufgehoben s. a 101.
41	8. Sept. 1919	Ges. zur Aenderung des Postscheckges. v. 26. März 1914 (RGBl. 1522) s. a 197.
42	8. Sept. 1919	Ges. betr. Telegraphen- u. Fernsprechgebühren (RGBl. 1522); aufgeh. s. a 110.
43	8. Sept. 1919	Ges. gegen die Kapitalflucht (RGBl. 1540); Verläng. der Geltungsdauer c 97; aufgeh. a 173.
44	10. Sept. 1919	Erbschaftssteuerges. (RGBl. 1543); geänd. durch § 459 der Reichsabgabenordnung s. a 62; ferner durch a 82, 396.
45	10. Sept. 1919	Ges. über eine ausserordentl. Kriegsabgabe für das Rechnungsjahr 1919 (RGBl. 1567).
46	10. Sept. 1919	Ges. über eine Kriegsabgabe vom Vermögenszuwachse (RGBl. 1579); geänd. s. a 237.
47	10. Sept. 1919	Ges. über die Reichsfinanzverwaltung (RGBl. 1591); grösstenteils aufgehoben s. § 444 des Ges. v. 13. Dez. 1919 bei a 62.
48	10. Sept. 1919	Zündwarensteuerges. (RGBl. 1629) s. a 203, 332; grösstenteils aufgeh. a 531.
49	10. Sept. 1919	Spielkartensteuerges. (RGBl. 1643) mit Bek. v. 19. Sept. 1919 (RGBl. 1706), im wesentl. aufgeh. a 529.
50	12. Sept. 1919	Grunderwerbsteuerges. (RGBl. 1617 u. 1794); geänd. durch § 460 der Reichsabgabenordnung s. a 62 u. durch § 62 des Landessteuerges. weiter geänd. a 82, 660, e 4; Neufassung a 660.
51	12. Sept. 1919	Ges. betr. die Erhöhung von Pensionen von Reichsbeamten, die das 65. Lebensjahr vollendet haben (RGBl. 1653).
52	12. Sept. 1919	Ges. betr. d. Pensionier. v. Reichsbeamten infolge der Umgestaltung d. Staatswesens (RGBl. 1654).
53	12. Sept. 1919	Tabaksteuerges. (RGBl. 1667); geänd. s. a 285, 332, 483, 657, 660, d 3, 6, 34, a 836, 890, 919, g 2, 5, 32, 52.
54	13. Sept. 1919	Offiziersentschädigungsges. (RGBl. 1654); geänd. d 23.
55	13. Sept. 1919	Kapitulantenentschädigungsges. (RGBl. 1659); geänd. d 23.

Nr.	Datum des Gesetzes	Name des Gesetzes
56	26. Sept. 1919	Ges. über Wochenhilfe u. Wochenfürsorge (RGBl. 1757); ändert die RVersicherungsO. s. a 106; seiners. geänd. s. a 263, 360.
57	4. Okt. 1919	Ges. zur Ergänzung des Mannschaftsversorgungsges. v. 31. Mai 1906 (a 506), des Offizierspensionsges. v. 31. Mai 1906 u. des Militärhinterbliebenenges. v. 17. Mai 1907 (a 122) (RGBl. 1787).
58	23. Okt. 1919	Ges. betr. den deutsch-polnischen Vertrag über die Entlassung festgehaltener Personen u. die Gewährung von Straffreiheit (RGBl. 1803); erg. durch Ges. v. 7. Juli 1921 (RGBl. 921).
59	11. Nov. 1919	Siebente Ergänzung des Besoldungsges. (RGBl. 1887 u. 1950) s. a 35; gegenstandslos s. a 103.
60	30. Nov. 1919	Ges. zur Abänderung des Ges. v. 11. Dez. 1915 betr. Abänderung des Ges. über den Belagerungszustand v. 4. Juni 1851, u. der VO. v. 11. Sept. 1916 über das Verfahren vor den ausserordentl. Kriegsgerichten (RGBl. 1941).
61	6. Dez. 1919	Ges. betr. Aenderung des Ges. über das Branntweinmonopol (RGBl. 1987); aufgeh. a 339.
62	13. Dez. 1919	Reichsabgabenordnung (RGBl. 1993; 1920, 40) s. a 47, 44, 50, 202, 257, 449, 461, 472, 552, 657, 660, 705, 890, 894, 921; d 34; e 4, 59; g 3 (Neufassung).
63	16. Dez. 1919	Ges. betr. Aenderung des Bankges. v. 14. März 1875 (RGBl. 2117) s. a 18, 210, 247, 308: a* 5, 82.
64	18. Dez. 1919	Ges. über Teuerungszuschläge zu den Gebühren der Rechtsanwälte u. Gerichtsvollzieher (RGBl. 2113); ändert auch die ZPO.; s. a 34, 152; seiners. geänd. a 228, 238, 431, 456, 559; aufgeh. a 559.
65	18. Dez. 1919	Ges. zur Verfolgung von Kriegsverbrechen u. Kriegsvergehen (RGBl. 2125), geänd. s. a 77, 211.
66	23. Dez. 1919	Ges. gegen das Glücksspiel; ändert das StGB. (RGBl. 2145).
67	24. Dez. 1919	Umsatzsteuerges. (RGBl. 2157), geänd. s. a 153, 330, 336, 426, 472, 520, 551, 630, 660, 662, 691, e 4.
68	31. Dez. 1919	Ges. über das Reichsnotopfer (RGBl. 2189), geänd. s. a 107, 166, 237; grösstenteils aufgeh. a 326.
69	31. Dez. 1919	Ges. betr. die Sozialisierung der Elektrizitätswirtschaft (RGBl. 1920, 19).
70	3. Jan. 1920	Ges. über die Eisenbahnaufsicht (RGBl. 13); aufgehoben wird das Ges. v. 27. Juni 1873.
71	3. Jan. 1920	Ges. betr. die vorläufige Regelung der Luftfahrt (RGBl. 14).
72	3. Jan. 1920	Ges. über Steuernachsicht (RGBl. 45).
73	15. Jan. 1920	Ges. über weibliche Angestellte in Gast- und Schankwirtschaften (RGBl. 69); aufgeh. a 926.

Nr.	Datum des Gesetzes	Name des Gesetzes
74	23. Jan. 1920	Ges. betr. den deutsch-polnischen Vertrag über die vorläufige Regelung von Beamtenfragen (RGBl. 77).
75	23. Jan. 1920	Ges. betr. die Gewährung von Straffreiheit an Personen aus den Abstimmungsgebieten sowie die Abänderung des deutsch-polnischen Vertrages über die vorläufige Regelung von Beamtenfragen (RGBl. 91).
76	4. Febr. 1920	Betriebsräteges. (RGBl. 147) ändert auch die GewO.; geänd. s. a 120, 180, 491, 749, 817; d 23, 32; s. auch a 182, h 6.
77	24. März 1920	Ges. zur Ergänzung des Ges. zur Verfolgung von Kriegsverbrechen u. Kriegsvergehen (RGBl. 341) s. a 65, 211.
78	27. März 1920	Ges. zur Aenderung des Ges. v. 2. März 1919 über die Vergütung usw. (RGBl. 353) s. a 9; geänd. durch Bek. v. 18. Nov. 1924 (RGBl. 755).
79	29. März 1920	Kapitalertragsteuerges. (RGBl. 345); geänd. a 328.
80	29. März 1920	Einkommensteuerges. (RGBl. 359, 1640), ändert auch das Umsatzsteuerges. v. 26. Juli 1918; geändert durch Ges. v. 31. März 1920 (RGBl. 428) u. weiter nach a 137, 200, 241, 281, 395, 441, 472, 526; e 59.
81	30. März 1920	Körperschaftssteuerges. (RGBl. 393) s. a 204, 328, 472.
82	30. März 1920	Landessteuerges. (RGBl. 402), ändert auch das Erbschaftssteuerges., das Grunderwerbsteuerges., das Doppelsteuerges., das Reichsfinanzhofges., das Ges. über das Branntweinmonopol s. a 44, 50; b 79; seiners. geänd. a 519.
83	31. März 1920	Ges. über die Erhebung der Biersteuer von den auf Grund des Art. 268 u. des § 31 Abs. 4 der Anlage zu Art. 45—50 des Friedensvertrags zur Einfuhr kommenden Biere (RGBl. 457).
84	31. März 1920	Ges. über die Besteuerung der Reichsbank für das Jahr 1920 (RGBl. 475).
85	1. April 1920	Ges. betr. Aenderung des Ges. über das Passwesen v. 12. Okt. 1867 (s. a 464) u. das Konsulatsgebührenges. v. 17. Mai 1910 (RGBl. 465 u. 517).
86	2. April 1920	Ges. betr. die Aburteilung der hochverräterischen Unternehmen aus dem März 1920 usw. durch die bürgerlichen Gerichte (RGBl. 431).
87	3. April 1920	Ges. über den Wiederbeginn u. den Ablauf von Fristen (RGB. 445), geänd. s. a 151.
88	6. April 1920	Ges. über die Beschäftigung Schwerbeschädigter (RGBl. 458), geänd. s. a 156, 317, 393, 440.

Nr.	Datum des Gesetzes	Name des Gesetzes
89	8. April 1920	Ges. betr. Erhöhung der Zuständigkeit der Amtsgerichte in bürgerlichen Rechtsstreitigkeiten über vermögensrechtliche Ansprüche (RGBl. 499), ändert das GVG. s. a 152.
90	8. April 1920	Ges. zur Ausführung des Art. 13 Abs. 2 der Verfassung des Deutschen Reiches (RGBl. 510).
91	9. April 1920	Ges. über beschränkte Auskunft aus dem Strafregister und die Tilgung von Strafvermerken (RGBl. 507), geänd. a 489; e 22.
92	16. April 1920	Ges. betr. das deutsch-französische Abkommen über den Kehler Hafen (RGBl. 567).
93	21. April 1920	Ges. zur Abänderung des Schaumweinsteuerges. v. 26. Juli 1918 (RGBl. 593); aufgeh. a 341.
94	24. April 1920	Reichsausgleichsges. (RGBl. 597); Inkrafttreten RGBl. 1920, 1356; Berichtigung 1920, 1472; geänd. s. a 175, 433, 502.
95	27. April 1920	Reichswahlges. (RGBl. 627); geänd. a 414, 579.
96	27. April 1920	Ges. zur Ausführung des Art. 170 der Reichsverfassung, betr. den Uebergang der Post- u. Telegraphenverwaltung Bayerns u. Württembergs an das Reich (RGBl. 643).
97	27. April 1920	Ges. betr. eine verlängerte Schutzdauer bei Patenten u. Gebrauchsmustern sowie die Wiedereinsetzung in den vorigen Stand im Verfahren v. d. Reichspatentamt (RGBl. 675); geänd. a* 12.
98	27. April 1920	Ges. über Enteignungsrecht von Gemeinden bei Aufhebung oder Ermässigung von Rayonbeschränkungen (RGBl. 697 u. 972).
99	28. April 1920	Ges. betr. die Grundschulen u. Aufhebung der Vorschulen (RGBl. 851) s. a 628, 761.
100	29. April 1920	Ges. über die Aufhebung der Gebührenfreiheiten im Post- u. Telegraphenverkehre (RGBl. 678).
101	29. April 1920	Ges. über Postgebühren; ändert auch das Postgesetz v. 28. Okt. 1871 (RGBl. 683) s. a 40, geänd. s. a 150; aufgehoben s. a 195.
102	30. April 1920	Ges. betr. den Staatsvertrag über den Uebergang der Staatseisenbahnen auf das Reich (RGBl. 773 u. 1110); geänd. h 84; AusfGes. a* 23.
103	30. April 1920	Besoldungsges. (RGBl. 805); ändert auch das Reichsbeamtenges. u. das Beamtenhinterbliebenenges. v. 17. Mai 1907 (a 164); s. a 35, 59; seinerseits geänd. s. a 161, 199, 262, 271, 293, 299, 323, 416 (mit Neufassung des BesoldG.), 500, 506, 542, 563, 621, 689, 737; d 23; e 1, 52; s. auch § 10 des Etatsges. für 1920 (RGBl. 1921, 375) und § 15 des Etatsges. für 1921 (RGBl. 1921, 405); das Ges. ist aufgeh. a 803.
104	30. April 1920	Ges. betr. das Land Thüringen (RGBl. 841).
105	30. April 1920	Ges. betr. die Vereinigung Coburgs mit Bayern (RGBl. 842): Inkrafttreten RGBl. 1920, 1329.

Nr.	Datum des Gesetzes	Name des Gesetzes
106	30. April 1920	Ges. betr. Aenderung des Ges. über Wochenhilfe u. Wochenfürsorge v. 26. Sept. 1919 (RGBl. 853); ändert auch die Reichsversicherungsordnung s. a 56; Neufassung vom 22. Mai 1920 (RGBl. 1069 u. 1138); ihrers. geänd. s. a 263, 290, 360.
107	30. April 1920	Ges. über die Veranlagung der Besitzsteuer zum 31. Dez. 1919 (RGBl. 875); ändert auch das Reichsnotopferges. s. a 68.
108	4. Mai 1920	Ges. über die Wahl des Reichspräsidenten (RGBl. 849), geänd. a 579; s. auch a 613.
109	6. Mai 1920	Ges. betr. Aenderung des § 9 des Ges. über das Postwesen v. 28. Okt. 1871 (RGBl. 893), s. a 430.
110	6. Mai 1920	Ges. betr. Telegraphen- u. Fernsprechgebühren (RGBl. 894), ändert auch die Fernsprechgebührenordnung v. 20. Dez. 1899, s. a 42; geänd. s. a 198, 280, 583, 801.
111	8. Mai 1920	Ges. über die Befriedung der Gebäude des Reichstags- u. der Landtage (RGBl. 909).
112	8. Mai 1920	Ges. über die Gewährung von Straffreiheit u. Strafmilderung in Disziplinarsachen (RGBl. 910).
113	8. Mai 1920	Ges. über die Kosten der Kriegsbeschädigten- u. Hinterbliebenenfürsorge (RGBl. 1066), aufgeh. e 53.
114	8. Mai 1920	Auskunftspflichtges. (RGBl. 939).
115	10. Mai 1920	Ges. über das Wiederaufnahmeverfahren gegenüber Urteilen der ausserord. Kriegsgerichte (RGBl. 962).
116	10. Mai 1920	Reichsheimstättenges. (RGBl. 962 u. 1218).
117	11. Mai 1920	Ges. über Massnahmen gegen Wohnungsmangel (RGBl. 949), geänd. s. a 243, 314, 370, 476, 501, 522, 548.
118	12. Mai 1920	Ges. über die durch innere Unruhen verursachten Schäden (RGBl. 941 u. 1060), geänd. s. a 386; e 14.
119	12. Mai 1920	Lichtspielges. (RGBl. 953); geänd. a 443, 962, g 32; s. auch a 928.
120	12. Mai 1920	Ges. zur Abänderung des Betriebsräteges. (RGBl. 961) s. a 76.
121	12. Mai 1920	Reichsversorgungsges., Ges. über Versorgung der Militärpersonen u. ihrer Hinterbliebenen bei Dienstbeschädigung (RGBl. 989 u. 1480); geänd. a 346, 506, 510, 594, 648; a* 28, 34, 44; d 23; e 53. Neufassung a 510.
122	15. Mai 1920	Ges. über die Versorgungsbehörden (RGBl. 1063); ändert auch das MilitärhinterbliebenenGes. v. 17. Mai 1907 (a 57, 164); aufgeh. a 297.
123	15. Mai 1920	Ges. betr. Abänderung der VO. über Aenderung des Verfahrens in Militärversorgungssachen v. 1. Febr. 1919 (RGBl. 1064); aufgeh. a 297.

Nr.	Datum des Gesetzes	Name des Gesetzes
124	20. Mai 1920	Ges. über Abänderung der Leistungen u. der Beiträge in der Invalidenversicherung (RGBL 1091, 1138, 1208) s. a 174; aufgeh. a 256.
125	21. Mai 1920	Ges. betr. die Gewährung einer Entschädigung an versetzte Beamte u. von Umzugskosten beim Wohnungswechsel am Orte (RGBl. 1061, 1138 u. 1165), geänd. e 17.
126	31. Mai 1920	Ges. betr. das Abkommen mit Russland über die Heimschaffung der Kriegsgefangenen u. Zivilinternierten (RGBl. 1183), ergänzt durch Ges. v. 20. Juli 1921 (RGBl. 1161); s. auch RGBl. 1921, 1261.
127	31. Mai 1920	Ges. über die Entschädigungsansprüche verhafteter oder verurteilter Elsass-Lothringer (RGBl. 1127).
128	31. Mai 1920	Ges. über weitere Ausdehnung der Versicherungspflicht in der Angestelltenversicherung (RGBl. 1114), ergänzt s. a 275, 647.
129	31. Mai 1920	Ges. betr. das Abkommen mit der Lettischen Republik über den Gefangenenaustausch (RGBl. 1187).
130	4. Juni 1920	Ges. über patentamtliche Gebühren (RGBl. 1135), geänd. s. a 235; aufgeh. a* 12.
131	4. Juni 1920	Ges. betr. Erteilung einer Kreditermächtigung (RGBl. 1130)
132	6. Juni 1920	Ges. betr. Erweiterung der VO. über eine militärische Amnestie (RGBl. 1143).
133	11. Juni 1920	Ges. über den Personenstand (RGBl. 1209); ändert das PersonenStG. u. das Ges. v. 4. Mai 1870; geänd. a 468; e 65.
134	12. Juni 1920	Ausgleichsbesteuerungsges. (RGBl. 1195).
135	12. Juni 1920	Ges. betr. die Uebernahme einer Haftung des Reichs für Lasten des Saarbrücker Knappschaftsvereins zu Saarbrücken (RGBl. 1433).
136	10. Juli 1920	Ges. über die Entschädigung der Mitglieder des Reichstags (RGBl. 1437), geänd. s. a 258, 294; a* 1, 26, 29, 53, 70; aufgeh. a* 190.
137	21. Juli 1920	Ges. zur ergänzenden Regelung des Steuerabzugs vom Arbeitslohne (RGBl. 1463) s. a 80, geänd. s. a 200; nun aufgeh. RGBl. 1921, 849.
138	21. Juli 1920	Ges. über die Anwendung der Meistbegünstigung auf nicht meistbegünstigte Länder (RGBl. 1488).
139	31. Juli 1920	Ges. betr. die Verlängerung der Gültigkeitsdauer des Kohlensteuerges. (RGBl. 1481) s. a 192.
140	3. Aug. 1920	Ges. über die vereinfachte Form der Gesetzgebung für die Zwecke der Uebergangswirtschaft (RGBl. 1493) s. a 22 u. 185.
141	3. Aug. 1920	Ges. betr. das Berner Abkommen v. 30. Juni 1920 über die Erhaltung oder Wiederherstellung der durch den Weltkrieg getroffenen ge-

Nr.	Datum des Gesetzes	Name des Gesetzes
		werblichen Eigentumsrechte (RGBl. 1557; 1921, 83) s. a 39.
142	3. Aug. 1920	Ges. über die Enteignung u. über die Beitragsleistung bei der Kanalisierung des Neckars von Mannheim bis Plochingen u. des Mains von Aschaffenburg bis Bamberg sowie zum Ausbau der Donau von Passau bis Kelheim (RGBl. 1613).
143	4. Aug. 1920	Ges. über die Gewährung von Straffreiheit (RGBl. 1487).
144	6. Aug. 1920	Ges. zur Aenderung des Art. 168 der Reichsverfassung (RGBl. 1565) s. a 32, 145.
145	6. Aug. 1920	Ges. zur Ergänzung des Art. 178 der Reichsverfassung (RGBl. 1566) s. a 32, 144.
146	7. Aug. 1920	Ges. über die Entwaffnung der Bevölkerung (RGBl. 1553); verlängert mit Ges. v. 1. März 1921 (RGBl. 195).
147	10. Aug. 1920	Ges. zur Ausführung der Bestimmungen des Friedensvertrags über gemischte Schiedsgerichtshöfe u. die Vollstreckung ausländischer Urteile (RGBl. 1569) s. e 66.
148	10. Aug. 1920	Ges. betr. eine Ergänzung der Vorschriften über den jurist. Vorbereitungsdienst (RGBl. 1571).
149	10. Aug. 1920	Ges. betr. Aenderung der VO. über die Lohnpfändung v. 25. Juni 1919 (RGBl. 1572) s. c 7; a 286, 419.
150	11. Aug. 1920	Ges. betr. Aenderung des Ges. über die Postgebühren (RGBl. 1575) s. a 101.
151	12. Aug. 1920	Ges. zur Ergänzung des Ges. über den Wiederbeginn u. den Ablauf von Fristen v. 3. April 1920 (RGBl. 1571) s. a 87.
152	17. Aug. 1920	Ges. betr. Aufhebung der Militärgerichtsbarkeit (RGBl. 1579), ändert auch das GVG. (s. a 89), das MilStGB. (s. a 697), die StPO., die ZPO., das Ges. über die Entschädigung der im Wiederaufnahmeverf. Freigesprochenen v. 20. Mai 1898 u. das Ges. betr. die Entschädigung für unschuldig erlittene Untersuchungshaft v. 14. Juli 1904, durch § 24 die MilStrafGerOrdn. v. 1. Dez. 1898 (a 680); seinerseits geänd. s. a 191, 659, 697; d 23.
153	18. Aug. 1920	Ges. über die Aenderung des § 21 Abs. 2 des Umsatzsteuerges. (RGBl. 1607) s. a 67, 330.
154	21. Aug. 1920	Ges. über die Abschaffung der allg. Wehrpflicht u. die Regelung der Dauer der Dienstverpflichtung (RGBl. 1608), aufgeh. s. a 199.
155	23. Aug. 1920	Ges. betr. das vorläuf. Abkommen über die Wiederaufnahme der Beziehungen zw. Deutschland u. Lettland (RGBl. 1923, 1711).

Nr.	Datum des Gesetzes	Name des Gesetzes
156	22. Okt. 1920	Ges. betr. die Verlängerung der Kündigungsbeschränkung zugunsten Schwerbeschädigter (RGBl. 1787 u. 1921, 174) s. a 88, 317.
157	22. Nov. 1920	Ges. betr. das deutsch-franz. Abkommen über elsaß-lothr. Rechtsangelegenheiten (RGBl. 1995).
158	25. Nov. 1920	Ges. betr. Genehmigung von Rechtspflegehandlungen im westpreuss. Abstimmungsgebiete (RGBl. 2019).
159	27. Nov. 1920	Ges. betr. Oberschlesien (RGBl. 1987) s. a 32.
160	9. Dez. 1920	Ges. über das Abkommen zw. Deutschl. u. der Schweiz betr. schweiz. Goldhypotheken in Deutschl. u. gewisse Arten von Frankenforderungen an deutsche Schuldner (RGBl. 2023); Ratifikation RGBl. 1921, 30; s. a* 52.
161	17. Dez. 1920	Ges. betr. Aenderungen des BesoldGes. (RGBl. 2075) s. a 103, 262.
162	17. Dez. 1920	Ges. betr. Verlängerung der Geltungsdauer der VO. betr. die Verwertung von Militärgut (RGBl. 2161) s. c 1; a 283; aufgehoben a 485.
163	18. Dez. 1920	Ges. über Verschärfung der Strafen gegen Schleichhandel, Preistreib. u. verbotene Ausfuhr lebenswichtiger Gegenstände (RGBl. 2107) s. c 27, a 464, 738.
164	21. Dez. 1920	Pensionsergänzungsges. (RGBl. 2109); ändert auch das Beamtenhinterbliebenenges. (a 103, 271) u. das Militärhinterbliebenenges. v. 17. Mai 1907 (a 122, 271); seiners. geänd. a 323, 324, 506, 563, 621; e 1.
165	21. Dez. 1920	Ges. zur Sicherung einer einheitlichen Regelung der Beamtenbesoldung (RGBl. 2117), geänd. a 473, 516, 620; d 23.
166	22. Dez. 1920	Ges. betr. beschleunigte Veranlagung u. Erhebung des Reichsnotopfers (RGBl. 2114) s. a 68, 107, geänd. s. a 237.
167	22. Dez. 1920	Ges. zum Schutze der Kriegsteilnehmer gegen Zwangsvollstreckungen (RGBl. 2161) s. c 5, 33, 91.
168	22. Dez. 1920	Ges. betr. die Ein- u. Ausfuhr von Kriegsgerät (RGBl. 2167); geänd. s. a 221.
169	22. Dez. 1920	Ges. betr. Verlängerung der Verjährungsfrist des SeeversichRechts (RGBl. 2170) s. c 3; a 277.
170	22. Dez. 1920	Ges. betr. verschiedene Vereinbar. zwischen Deutschland, Oesterreich, Ungarn u. Böhmen (RGBl. 2227; 1921, 85; RGBl. 1922 II 769) s. a* 97, 163.
171	23. Dez. 1920	Ges. über Abänderung des Börsengesetzes v. 22. Juni 1896 in der Fassung v. 27. Mai 1908. (RGB. 2317), s. a 292.
172	23. Dez. 1920	Ges. betr. die Erstattung der von den Ländern u. Gemeinden den Beamten in den be-

Nr.	Datum des Gesetzes	Name des Gesetzes
		setzten Gebieten bezahlten Wirtschaftsbeihilfen (RGBl. 1921, 1).
173	24. Dez. 1920	Ges. gegen die Kapitalflucht (RGBl. 1921, 33), Berichtigung (RGBl. 1921, 82) s. a 43; c 97; geänd. a 232, 284, 315, 437.
174	26. Dez. 1920	Ges. über eine ausserord. Beihilfe für Empfänger von Renten aus der Invalidenversicherung (RGBl. 2315) s. a 124; geänd. s. a 206; aufgeh. s. a 256.
175	30. Dez. 1920	Ges. zur Ergänzung des § 47 des Reichsausgleichsges. (RGBl. 2315) s. a 94.
176	30. Dez. 1920	Ges. zur Ausführung des Internat. Opiumabkommens (RGBl. 1921, 2), geänd. durch Art. IV der VO. v. 13. Juli 1923 (RGBl. 699)· weiter geänd. a 587; s. auch a * 263; aufgeh. a 883.
177	30. Dez. 1920	Ges. betr. die Anmeldepflicht des zur Durchführung des Art. 202 des Friedensvertrags beschlagnahmten Luftfahrzeuggeräts (RGBl. 1921, 43), geänd. s. a 239.
178	30. Dez. 1920	Ges. zur Verlängerung der Zuckerungsfrist für die Weine des Jahrg. 1920 (RGBl. 1921, 53).
179	31. Dez. 1920	Ges. betr. den Vertrag zwischen Deutschland u. den Niederlanden über Kredit u. Steinkohlen (RGBl. 1921, 55 u. 74).
180	31. Dez. 1920	Ges. betr. Verlängerung der im § 105 des Betriebsrätegès. vorgesehenen Frist (RGBl. 1921, 81) s. a 76, 491.
181	30. Jan. 1921	Ges. betr. den Vertrag zwischen Deutschland u. Danzig über die Regelung von Optionsfragen (RGBl. 186).
182	5. Febr. 1921	Ges. über die Betriebsbilanz u. die Betriebsgewinn- u. -verlustrechnung (RGBl. 159) s. a 76.
183	5. Febr. 1921	Ges. betr. Abweichungen vom Biersteuerges. v. 26. Juli 1918 (RGBl. 147), s. a 267.
184	5. Febr. 1921	Ges. betr. die Abgabe von Versicherungen an Eides Statt zur Geltendmachung von Rechten u. Interessen im Ausland (RGBl. 167).
185	6. Febr. 1921	Ges. üb. d. Erlass v. Verordnungen für die Zwecke der Uebergangswirtschaft (RGBl. 139) s. a 140.
186	12. Febr. 1921	Ges. betr. die vorläufige Förderung des Wohnungsbaues (RGBl. 175); geänd. durch Ges. v. 28. April 1921 (RGBl. 489).
187	14. Febr. 1921	Ges. betr. das deutsch-franz. Abkommen über die Zahlung der elsass-lothring. Pensionen (RGBl. 176).
188	21. Febr. 1921	Ges. betr. die Ueberleitung der Rechtspflege in den Kreisen Eupen u. Malmedy (RGBl. 197).
189	3. März 1921	Ges. betr. Aenderung der Bek. über die Geltendmachung von Hypotheken-, Grundschulden

Nr.	Datum des Gesetzes	Name des Gesetzes
		u. Rentenschulden v. 8. Juni 1916 (RGBl. 211); aufgeh. durch VO. v. 18. Juli 1925 (RGBl. 154).
190	5. März 1921	Ges. betr. die zeitweise Aussetzung u. Erhebung der Verkehrssteuer für die Beförderung auf Wasserstrassen (RGBl. 225), s. a 715.
191	11. März 1921	Ges. zur Entlastung der Gerichte (RGBl. 229); ändert auch das GVG., die EntlastungsVO. v. 18. Mai 1916, die StPO., das Ges. gegen den Verrat militär. Geheimnisse v. 3. Juni 1914 (s. a 478), das Ges. betr. Aufhebung der Militärgerichtsbarkeit, s. a 152; geänd. a 478.
192	19. März 1921	Ges. betr. die Verlängerung der Gültigkeitsdauer des Kohlensteuerges. v. 8. April 1917 (RGBl. 325) s. a 139, 223.
193	21. März 1921	Ges. betr. die Kontrolle der Kriegsrechnungen (RGBl. 439).
194	22. März 1921	Ges. zur Durchführung der Art. 177, 178 des Friedensvertrags (RGBl. 235).
195	22. März 1921	Ges. über Postgebühren (RGBl. 237) s. a 101; aufgeh. s. a 278.
196	22. März 1921	Ges. über den Zeitpunkt der Inkraftsetzung der vom Weltpostkongress in Madrid beschlossenen Auslandspostgebühren (RGBl. 241) mit VO. v. 27. März 1921 (RGBl. 246).
197	22. März 1921	Ges. zur Aenderung des Postscheckges. v. 26. März 1914 (RGBl. 242) s. a 41; Neufassung des Postscheckges. (RGBl. 247); geänd. s. a 279, 462, 564, 583, d 14.
198	22. März 1921	Ges. betr. Aenderung der Telegraphengebühren (RGBl. 243) s. a 110; geänd. s. a 280.
199	23. März 1921	Wehrgesetz (RGBl. 329 mit 960); ändert auch das MilitärStGB. v. 20. Juni 1872 (s. a 697), die ZPO., das RBeamtG. v. 31. März 1873 (s. a 103, 253), das SchutztruppenG. v. 18. Juli 1896, das Wehrges. f. d. Schutzgebiete v. 22. Juli 1913; aufgeh. werden die Ges. v. 9. Nov. 1867; 2. Mai 1874; 15. Febr. 1875; 6. Mai 1880; 31. März 1885; 11. Febr. 1888; 27. Januar 1890; 8. Febr. 1890; 26. Mai 1893; 3. Aug. 1893; 25. März 1899; 15. April 1905; 27. März 1911; 14. Juni 1912; 27. Juni 1912; 3. Juli 1913 Art. I; 22. Juli 1913; 21. Aug. 1920. Seinerseits geänd. s. a 216, 398, h 121.
200	24. März 1921	Ges. zur Aend. des Einkommensteuerges. (RGBl. 313) s. a 80, 137; geänd. s. a 241, 441.
201	24. März 1921	Ges. über die Vertretung der Länder im Reichsrat (RGBl. 440) s. a 32.
202	24. März 1921	Ges. über Abänderung des § 11 Abs. 2 der Reichsabgabenordn. (RGBl. 447) s. a 62.

Nr.	Datum des Gesetzes	Name des Gesetzes
203	25. März 1921	Ges. wegen Aenderung des Zündwarensteuerges. (RGBl. 313) s. a 48, 332; grösstenteils aufgeh. a 531.
204	26. März 1921	Ges. über vorläufige Zahlungen auf die Körperschaftssteuer (RGBl. 342) s. a 81, 328.
205	26. März 1921	Ges. zur Durchführung der Art. 169, 192, 202 u. 238 des Friedensvertrags (RGBl. 448).
206	7. April 1921	Ges. zur Aend. des Ges. über eine ausserord. Beihilfe für Empfänger von Renten aus der Invalidenversich. (RGBl. 2315) s. a 174; Neufassung v. 11. April 1921 (RGBl. 473), aufgeh a 256.
207	11. April 1921	Ges. betr. Aenderungen in der Unfallversicherung (RGBl. 467), ändert auch die RVersO.; s. c 74, seiners. geänd. a 291, 343, 405.
208	28. April 1921	Ges. betr. die Verfügung über Gold (RGBl. 489).
209	2. Mai 1921	Ges. über die Prüfung u. Beglaubigung von Fieberthermometern (RGBl. 495); Neufassung a 602.
210	9. Mai 1921	Ges. betr. die Aenderung des Bankges. v. 14. März 1875 (RGBl. 508) s. a 210; d 53.
211	12. Mai 1921	Ges. zur weiteren Ergänzung des Ges. zur Verfolgung von Kriegsverbrechen u. Kriegsvergehen (RGBl. 508) s. a 65, 77.
212	12. Mai 1921	Ges. betr. die vorläufige Neuaufstellung des Ortsklassenverzeichnisses (RGBl. 513), änd. auch das BesoldGes. v. 15. Juli 1909; aufgehob. a 299.
213	15. Mai 1921	Ges. betr. die Beendigung des Kriegszustandes zwischen Deutschland u. Costa Rica (RGBl. 691).
214	19. Mai 1921	Ges. betr. Aend. des Eisenbahn-Postges. v. 20. Dez. 1875 (RGBl. 711); s. a 583.
215	28. Mai 1921	Ges. über das deutsch-böhmische Abkommen betr. Ueberleitung der Rechtspflege im Hultschiner Lande v. 28. März 1921 (RGBl. 723 u. 824).
216	18. Juni 1921	Ges. zur Aenderung des Wehrges. (RGBl. 787) s. a 199, h 121.
217	21. Juni 1921	Ges. über Regelung des Verkehrs mit Getreide (RGBl. 737) s. c 38; a 301, 373, 374.
218	21. Juni 1921	Ges. über vorübergehende Aufhebung von Zöllen (RGBl. 757), s. a 379, 508.
219	25. Juni 1921	Ges. betr. das deutsch-brit. Abkommen über die Durchführung des Tl. X Abschn. IV des Fried.-Vertrags (RGBl. 777 u. 824).
220	26. Juni 1921	Ges. über die Ausgabe von Schuldverschreibungen zur Ausführung des Zahlungsplans der Reparationskommission (RGBl. 761).
221	26. Juni 1921	Ges. zur Abänderung des Ges. betr. Ein- u. Ausfuhr von Kriegsgerät (RGBl. 767) s. a 168; aufgeh. a 796.

Nr.	Datum des Gesetzes	Name des Gesetzes
222	26. Juni 1921	Ges. über die Erhebung einer Abgabe zur Förderung des Wohnungsbaus (RGBl. 773); geänd. durch Ges. v. 6. März 1922 (RGBl. 235); ferner beide nach a 480.
223	27. Juni 1921	Ges. über Verlängerung der Gültigkeitsdauer des Kohlensteuerges. (RGBl. 766) s. a 139, 192; aufgeh. a 331.
224	27. Juni 1921	Ges. über den Volksentscheid (RGBl. 790), geänd. a 579.
225	27. Juni 1921	Ges. betr. das deutsch-franz. Abkommen über Erstattung der von Elsass-Lothr. geleisteten Kriegsausgaben (RGBl. 812).
226	29. Juni 1921	Ges. zw. Deutschl. u. den alliierten Hauptmächten über die Festsetzung einiger Abschnitte der Grenzen des Saargebiets (RGBl. 809).
227	29. Juni 1921	Ges. über die Beschränkung des Luftfahrzeugbaus (RGBl. 789); aufgeh. a 719.
228	29. Juni 1921	Ges. betr. Aend. des GKG. (RGBl. 797); s. a 64, 435.
229	1. Juli 1921	Ges. betr. Ueberleitung von Rechtsangelegenheiten der Konsulargerichtsbarkeit (RGBl. 805).
230	1. Juli 1921	Ges. über die Auslandsbehörden nebst Tarif (RGBl. 815), geänd. a 570.
231	2. Juli 1921	Ges. über den Waffengebrauch des Grenzaufsichtspersonals der Reichsfinanzverw. (RGBl. 935).
232	4. Juli 1921	Ges. betr. Aend. des Kapitalfluchtges. (RGBl. 808) s. a 173, 284, 315.
233	4. Juli 1921	Ges. über eine erhöhte Anrechnung der während des Krieges zurückgelegten Dienstzeit (RGBl. 825).
234	5. Juli 1921	Ges. betr. die deutsch-chines. Vereinbarungen über die Wiederherstellung d. Friedenszustandes (RGBl. 829 mit 960).
235	6. Juli 1921	Ges. betr. die patentamtl. Gebühren (RGBl. 826) s. a 130; aufgeh. a* 12.
236	6. Juli 1921	Ges. zur Sicherung von gewerbl. Schutzrechten deutscher Reichsangehöriger im Ausland (RGBl. 828).
237	6. Juli 1921	Ges. zur Abänderung der Ges. über das Reichsnotopfer u. die Kriegsabgabe vom Vermögenszuwachse (RGBl. 838) s. a 68, 166; 46, 326.
238	8. Juli 1921	Ges. betr. die Gebühren der Rechtsanwälte u. der Gerichtsvollz. (RGBl. 910) s. a 64, 431, 559; aufgeh. a 559.
239	9. Juli 1921	Ges. über Anmeldung des zur Durchführung des Art. 202 des Friedensvertr. beschlagnahmten Luftfahrzeuggeräts (RGBl. 850) s. a 177.
240	9. Juli 1921	Ges. über den Staatsgerichtshof (RGBl. 905).

Nr.	Datum des Gesetzes	Name des Gesetzes
241	11. Juli 1921	Ges. über die Einkommensteuer vom Arbeitslohn (RGBl. 845) s. a 80, 200, 281, 441.
242	11. Juli 1921	Fernsprechgebührenges. (RGBl. 913), geänd. a 485; aufgeh. a 556.
243	11. Juli 1921	Ges. betr. Verlängerung der Geltungsdauer des Ges. über Massnahmen gegen Wohnungsmangel (RGBl. 933) s. a 117, 314, 476, 501, 522, 548; c 8.
244	12. Juli 1921	Ges. zur Ueberwachung des Verkehrs mit Postpaketen (RGBl. 939).
245	12. Juli 1921	Ges. betr. Neuregelung der in §§ 68, 74 a, 75 HGB. u. § 133 a GewO. vorgesehenen Gehaltsgrenzen (RGBl. 927); s. a 304, 404.
246	12. Juli 1921	Ges. betr. das Abkommen zw. Deutschl., Danzig u. Polen über den freien Durchgangsverkehr zw. Ostpreussen u. dem übrigen Deutschland (RGBl. 1069).
247	13. Juli 1921	Ges. betr. die Metallreserven der Privatnotenbanken (RGBl. 937) s. a 63; ändert auch das Bankges. v. 14. März 1875; seiners. geänd. a* 21 38, 83.
248	15. Juli 1921	Ges. über die Abwicklung von Kriegsgesellschaften u. Kriegsorganisationen (RGBl. 942).
249	15. Juli 1921	Ges. über religiöse Kindererziehung (RGBl. 939); ändert auch das EG. BGB.
250	16. Juli 1921	Ges. betr. Verlängerung der Geltungsdauer der VO. über Sammelheizungs- u. Warmwasserversorgungsanlagen in Mieträumen (RGBl. 941) s. c 9 u. 103; a 314.
251	18. Juli 1921	Ges. betr. die Verläng. der Frist zur Anmeldung der Ford. im AusgleichsVerf. (RGBl. 1188).
252	18. Juli 1921	Ges. über die Versorgung der vor dem 1. Aug. 1914 aus der Wehrmacht ausgeschiedenen Militärpersonen u. ihrer Hinterbliebenen (Altrentnerges.) (RGBl. 953), geänd. a 510 (Neufassung); d 23; e 53.
253	19. Juli 1921	Ges. betr. Aend. des Reichsbeamtenges. (RGBl. 938), geänd. s. a 199, 271.
254	20. Juli 1921	Ges. betr. das deutsch-belg. Abk. zu Art. 312 des FriedVertr. (RGBl. 1177).
255	23. Juli 1921	Ges. über Aend. des VersichG. für Angestellte (RGBl. 1173) s. a 128; änd. auch AngestVersG. v. 20. Dez. 1911; seiners. geänd. s. a 275; s. auch a 350.
256	23. Juli 1921	Ges. über anderweite Festsetzung der Leistungen u. der Beiträge in der Invalidenversich. (RGBl. 984); ändert die RVO.; s. a 124, 174, 206; geänd. s. a 422.
257	25. Juli 1921	Ges. über die Zuziehung von Hilfsrichtern zum RFinanzhof (RGBl. 1193) s. a 62.

Nr.	Datum des Gesetzes	Name des Gesetzes
258	27. Juli 1921	Ges. zur Ergänzung des Ges. über die Entschädigung der Mitglieder des Reichstags (RGBl. 957) s. a 136, 294.
259	28. Juli 1921	Ges. über den Ersatz von Kriegsschäden im Ausland (Auslandsschädenges.) (RGBl. 1038) s. a 425, 515; d 25.
260	28. Juli 1921	Ges. über den Ersatz der durch die Abtretung deutscher Reichsgebiete entstandenen Schäden (Verdrängungsschädenges.) (RGBl. 1021 u. 1280) s. a 425, 515; d 25.
261	28. Juli 1921	Ges. über den Ersatz von Kriegsschäden in den ehem. deutschen Schutzgebieten (Kolonialschädenges.) (RGBl. 1031) s. a 425, 515; d 25.
262	29. Juli 1921	Ges. betr. Aenderung des BesoldGes. (RGBl. 1172) s. a 103, 161, 271.
263	29. Juli 1921	Ges. betr. Wochenhilfe u. Wochenfürsorge (RGBl. 1189), änd. auch die RVO.; s. a 56, 106, 290, 347, 357, 360.
264	29. Juli 1921	Ges. über den Staatsvertrag betr. Uebergang der Wasserstrassen von den Ländern auf das Reich RGBl. 961) mit Ergänzungen v. 18. Febr. 1922 (RGBl. 222) u. v. 22. Dez. 1928 (RGBl. 1929 II 1).
265	30. Juli 1921	Ges. über die Festsetzung von Entschädigungen u. Vergütungen für Schäden aus Anlass des Kriegs u. des Friedensschlusses (Entschädigungsordnung) (RGBl. 1046) s. c 82; geänd. a 515; e 57.
266	4. Aug. 1921	Ges. über die Versorgung der Angehör. des Reichsheers u. der Reichsmarine sowie ihrer Hinterbliebenen (Wehrmachtversorgungsges.) (RGBl. 993); seiners. geänd. a 324, 506, 509, 649 (auch Neufassung); d 23.
267	5. Okt. 1921	Ges. über Verläng. der Gültigkeitsdauer des Ges. betr. Abweichungen v. Biersteuerges. v. 26. Juli 1918 (RGBl. 1281) mit VO. v. 6. März 1922 (RGBl. 236) s. a 183.
268	20. Okt. 1921	Ges. betr. den Vertrag zw. Deutschl. u. den Vereinigten Staaten v. Amerika v. 25. Aug. 1921 (RGBl. 1317 u. 1369).
269	25. Okt. 1921	Ges. betr. die Verpflichtung zur Auskunft über militärfiskalische Gelder u. zu deren Herausgabe (RGBl. 1327 u. 1373).
270	7. Nov. 1921	Ges. über die Erhöhung der Börsenumsatzsteuer (RGBl. 1331); geänd. a 329.
271	21. Nov. 1921	Dritte Ergänzung des Besoldungsges. (RGBl. 1365) s. a 103, 262, ändert auch das RBeamtenGes. (s. a 253, 376), das BeamtenHinterblGes. v. 17. Mai 1907 (a 164, 324) u. das MilHinterblGes. v. 17. Mai 1907 (a 164, 324); s. weiter a 293, 416.

Nr.	Datum des Gesetzes	Name des Gesetzes
272	23. Nov. 1921	Ges. über die Weltpostvereinsverträge u. den strafrechtlichen Schutz v. Freistempelabdrücken (RGBl. 1375).
273	1. Dez. 1921	Ges. zur Abänd. der Bek. v. 22. März 1917 über ausländ. Wertpapiere (RGBl. 1577) s. a 7.
274	7. Dez. 1921	Ges. über Notstandsmassnahmen zur Unterstützung von Rentenempfängern der Invaliden- u. der Angestelltenversich. (RGBl. 1533); geänd. a 348, 391; teilw. Neufassung RGBl. 1922, 675; wieder geänd. s. a 481; aufgeh. e 53.
275	13. Dez. 1921	Ges. zur Ergänzung des AbändGes. zum AngestVersichG. (RGBl. 1578), änd. auch das AngestVersichG. v. 20. Dez. 1911 s. a 128, 255, 363.
276	16. Dez. 1921	Ges. betr. Aenderung der AbgeltungsVO. (RGBl. 1578) s. c 30, a 427.
277	17. Dez. 1921	Ges. über die weitere Verlängerung der VerjährFristen des Seeversicherungsrechts (RGBl. 1606); ändert das HGB. s. a 169, 569.
278	19. Dez. 1921	Ges. über Postgebühren (RGBl. 1593) s. a 195, geänd. a 555.
279	19. Dez. 1921	Ges. zur Aend. des Postscheckges. (RGBl. 1597) s. a 197, geänd. a 462, 555.
280	19. Dez. 1921	Ges. zur Aend. der Telegraphengebühren (RGBl. 1598) s. a 110, 198, geänd. a 555, 583.
281	20. Dez. 1921	Ges. zur Aend. des EinkSteuerGes. (RGBl. 1580) s. a 80, 241, 305, 441.
282	21. Dez. 1921	Ges. zur Erweiterung des Anwendungsgebiets der Geldstr. u. zur Einschränkung der kurzen Freiheitsstrafen (RGBl. 1604); ändert auch das StGB.; seiners. geänd. a 489; ersetzt e 22.
283	22. Dez. 1921	Ges. betr. die VO. v. 23. Mai 1919, betr. die Verwertung von Militärgut (RGBl. 1606) s. a 162; aufgeh. a 485.
284	22. Dez. 1921	Ges. über die Geltungsdauer des Ges. gegen die Kapitalflucht (RGBl. 1607) s. a 173, 232, 315.
285	22. Dez. 1921	Ges. zur Abänd. des Tabaksteuerges. (RGBl. 1922, 1) s. a 53, 332.
286	23. Dez. 1921	Ges. betr. Aend. der VO. über Lohnpfändung (RGBl. 1657); ändert auch die ZPO. u. das LohnbeschlagnGes. v. 21. Juni 1869 s. c 7, a 149, 419, 574, 743, 816.
287	23. Dez. 1921	Ges. betr. die Pfändbarkeit von Gehaltsansprüchen (RGBl. 1658), ändert auch die ZPO.
288	24. Dez. 1921	Ges. betr. die Wahlen nach der RVersOrdn. (RGBl. 1922, 1).
289	28. Dez. 1921	Ges. über VersichPflicht, VersBerechtigung u. Grundlöhne in der Krankenversich. (RGBl. 1922, 5); ändert auch die RVersichOrdn. s. c 60, a 357, 358.

Nr.	Datum des Gesetzes	Name des Gesetzes
290	28. Dez. 1921	Ges. betr. Wochenhilfe u. Wochenfürsorge (RGBl. 1922, 7); ändert auch die RVersichO. s. a 263, auch a 106, 347, 360.
291	28. Dez. 1921	Ges. über Neuregelung der Zulagen in der Unfallversich. (RGBl. 1922, 7) s. a 207, c 74; seiners. geänd. a 343, 356, 459, 518.
292	28. Dez. 1921	Ges. über Abänd. des Börsengesetzes v. 22. Juni 1896/27. Mai 1908 (RGBl. 1922, 25) s. auch VO. v. 21. März 1925 (RGBl. 31) u. a 171, g 41.
293	30. Dez. 1921	Vierte Ergänzung des BesoldGes. (RGBl. 1922, 10 u. 462) s. a 103, 271, 299.
294	30. Dez. 1921	Ges. zur Ergänz. des Ges. über die Entschäd. der Mitgl. des Reichstags (RGBl. 1922, 25) s. a 136, 258; aufgeh. a* 1.
295	30. Dez. 1921	Ges. betr. die Anlegung des Prämienreservefonds privater VersUnternehmungen (RGBl. 1922, 42), ändert auch das Ges. über die privaten VersichUnternehmungen; s. a 546; c 65.
296	9. Jan. 1922	Ges. über das deutsch-dänische Abkommen betr. die Ueberleitung der Rechtspflege im nordschlesw. Abtretungsgebiet (RGBl. 45 u. 191).
297	10. Jan. 1922	Ges. über das Verfahren in Versorgungssachen (RGBl. 59); ändert auch die RVersichOrdn.; s. a 122, 123; geänd. s. a 438, 595, 751; d 23; e 33; a 822 (Neufassung).
298	11. Jan. 1922	Ges. betr. die Rechtsverhältnisse der ehemaligen elsass-lothr. Beamten (RGBl. 29).
299	13. Jan. 1922	Fünfte Ergänzung des BesoldungsGes. (RGBl. 87, Berichtigung RGBl. 267 u. Tl. II 666), s. a 103, 293, 323; 212; ändert auch das BesoldungsGes. v. 30. Juli 1909.
300	14. Jan. 1922	Ges. zur Abänd. des Gewerbegerichtsges. u. des KaufmGerichtsG. (RGBl. 155) s. c 78, 101, a 424, 470; aufgeh. a 749.
301	16. Jan. 1922	Ges. betr. Abänd. des Ges. über die Regelung des Verkehrs mit Getreide (RGBl. 189) s. a 217.
302	2. Febr. 1922	Ges. über den Verkehr mit ausländ. Zahlungsmitteln (RGBl. 195, Berichtigung 216).
303	5. Febr. 1922	Ges. betr. die Entschädigung der zur Auswahl der Schöffen u. Geschworenen berufenen Vertrauensmänner (RGBl. 207), änd. auch das GVG.
304	15. Febr. 1922	Ges. über die Entsendung von Betriebsratsmitgliedern in den Aufsichtsrat (RGBl. 209); ändert auch das HGB., s. a 245, 404.
305	28. Febr. 1922	Ges. über den deutsch-schweiz. Schiedsgerichts- u. Vergleichsvertrag (RGBl. 217).
306	28. Febr. 1922	Ges. über weitere Zulassung von Hilfsmitgliedern im Reichspatentamt (RGBl. 229) s. a 6, 610.
307	1. März 1922	Schutzges. für die Posener Landschaft (RGBl. 228).

Nr.	Datum des Gesetzes	Name des Gesetzes
308	4. März 1922	Ges. betr. den Kassenbestand der Reichsbank (RGBl. 235); ändert auch das Bankges. v. 14. März 1875, s. a 63; a* 5.
309	8. März 1922	Ges. betr. den Vertrag zwischen Deutschl. u. Oesterreich in Ansehung Kriegsbeschädigter u. Kriegshinterbliebener (RGBl. 233).
310	8. März 1922	Ges. zur Vereinfach. des Aufgebotsverfahrens (RGBl. 269); ändert auch die Zivilprozessordn. (s. a 418) u. die Reichsschuldenordnung v. 19. März 1900 (s. e 52).
311	10. März 1922	Ges. über vorübergehende Rechtspflegemassnahmen im Hinblick auf das Saargebiet (RGBl. 241).
312	10. März 1922	Ges. betr. Aend. der GebO. für Zeugen u. Sachverst. mit Neufassung v. 13. März 1922 (RGBl. 241, 243) s. c 19, 83, geänd. s. a 415; Neufassung a 671.
313	18. März 1922	Ges. zur Ueberleitung des Rechtszustands in Oberschlesien (RGBl. 281).
314	20. März 1922	Ges. über Verläng. der Geltungsdauer des Wohnungsmangelges. u. der SammelheizungsVO. (RGBl. 279) s. a 117, 243, 370, 548; c 9, 103; a 250.
315	22. März 1922	Ges. zur Abänderung des Ges. gegen die Kapitalflucht (RGBl. 282) s. a 173, 232, 284, 437.
316	24. März 1922	Reichsmietenges. (RGBl. 273, Berichtigung 833) s. c 9, 103; geänd. a 712, 729, 780, 812, 815 (Neufassung).
317	24. März 1922	Ges. über Kündigungsbeschränkung zugunsten Schwerbeschädigter (RGBl. 279) s. a 88, 156.
318	24. März 1922	Ges. über die Vereinigung von Pyrmont mit Preussen (RGBl. 281).
319	30. März 1922	Ges. über Verlängerung der Geltungsdauer von DemobilmachungsVO.en (RGBl. 285), geänd. s. a 413, 417, 474; d 28.
320	30. März 1922	Ges. betr. den Vertrag zum Abschluss der endgültigen Donauakte (RGBl. 287).
321	1. April 1922	Ges. betr. elsass-lothr. Angelegenheiten (RGBl. 327).
322	5. April 1922	Ges. betr. Aufhebung vorübergehender Zollerleichterungen (RGBl. 328).
323	6. April 1922	Sechste Ergänzung des BesoldGes. (RGBl. 331) s. a 103, 299, 416; 164; a* 31, 32, 34, 39, 44.
324	7. April 1922	Ges. zur Aend. des PensionsergänzGes. u. des Wehrmachtversorgungsges. (RGBl. 328) s. a 164, 266; ändert auch das Beamtenhinterbliebenenges. v. 17. Mai 1907 (a 271, 416) u. das Militärhinterbliebenenges. v. 17. Mai 1907 (a 271, 416).

Nr.	Datum des Gesetzes	Name des Gesetzes
325	8. April 1922	Ges. über Aenderungen im Finanzwesen (Zwangsanleihe) (RGBl. 335, Berichtigung 480).
326	8. April 1922	Vermögenssteuerges. (RGBl. 335) s. a 68, 237; geänd. a 394, 472, 527, 629, 633; e 4.
327	8. April 1922	VermögenszuwachssteuerG. (RGBl. 346); hebt auch das BesitzsteuerG. v. 3. Juli 1913 auf.
328	8. April 1922	Ges. zur Aend. des KörperschaftssteuerG. (RGBl. 351) s. a 81, 204; 79; Neufassung RGBl. 1922, 472.
329	8. April 1922	KapitalverkehrssteuerG. (RGBl. 354, Berichtigung RGBl. 1923, 274); ändert auch das RStempelG. v. 3. Juli 1913/26. Juli 1918; s. a 270, geänd. s. a 472, 525, 654, 660; c 4, 59; g 3 (Neufassg.).
330	8. April 1922	Ges. betr. die Abänd. des UmsatzsteuerG. (RGBl. 373, 480) s. a 67, 153, 336, 426, 520, e 4.
331	8. April 1922	Ges. über Aend. des KohlensteuerG. v. 8. April 1917 (RGBl. 378) s. a 223.
332	8. April 1922	Ges. betr. Erhöhung einzelner Verbrauchssteuern (RGBl. 380, 480); ändert auch das LeuchtmittelsteuerG. v. 15. Juli 1909, das BiersteuerG. v. 26. Juli 1918, das MineralwassersteuerG. v. 26. Juli 1918 (a 519, 550, neues a 922); im übrigen s. a 48, 203; 53, 285; geänd. hins. der Biersteuer a 527; hins. der Mineralwassersteuer a 550; hins. der Leuchtmittelsteuer a 530; hins. Tabaksteuer a 661; s. ferner a 531; d 34.
333	8. April 1922	Ges. über Erhöhung von Zöllen (RGBl. 386).
334	8. April 1922	Ges. zur Abänd. des ZuckersteuerGes. v. 27. Mai 1896/6. Jan. 1903 (RGBl. 388); aufgeh. a 533.
335	8. April 1922	SüssstoffG. (RGBl. 390), hebt auch das SüssstoffG. v. 7. Juli 1902 auf; Inkrafttreten RGBl. 1922, 727; aufgeh. a 731.
336	8. April 1922	Rennwett- u. Lotterieges. (RGBl. 393); hebt auch das Wettges. v. 4. Juli 1905 auf u. ändert das Stempelges. v. 3. Juli 1913; s. auch a 67, 330, 337; geänd. s. a 472, e 4, g 3.
337	8. April 1922	KraftfahrzeugsteuerG. (RGBl. 396), ändert auch das Stempelges. v. 3. Juli 1913, u. das Ges. über die Besteuerung des Personen- u. Güterverkehrs v. 8. April 1917 (s. hierzu a 472), hebt auf das Ges. v. 18. Mai 1918, betr. die Stempelabg. für ausl. Kraftfahrzeuge; s. a 336, 338; seiners. geänd. a 447, 519, 700; e 4.
338	8. April 1922	VersicherungssteuerG. (RGBl. 400); ändert auch das RStempelges. v. 3. Juli 1913; s. a 337; geänd. s. a 472; e 4; g 3.
339	8. April 1922	Ges. über das Branntweinmonopol (RGBl. 405); ändert auch den Zolltarif v. 25. Dez. 1902 u. das Ges. über das Branntweinmonopol v. 26. Juli 1918; s. auch a 61, c 67, 68, 75, 100;

Nr.	Datum des Gesetzes	Name des Gesetzes
		geänd. s. a. 428, 460, 550, 782, 865, 893, 921, 926, e 4, 43, g 42, 57, 114, h 49.
340	12. April 1922	Ges. zur Aend. des Ges. über die Ausbildung von Kriegsteilnehmern zum Richteramt (RGBl. 439) s. a 23.
341	12. April 1922	Ges. zur Abänd. des Weinsteuerges. v. 26. Juli 1918 (RGBl. 439); hebt das Schaumweinsteuerges. v. 26. Juli 1918 auf; s. auch a 93; seiners. geänd. a 521, 635; d 22; e 36; aufgeh. a 657.
342	13. April 1922	Ges. über Aend. der Wahlen nach der RVersichO. (RGBl. 455); ändert die RVersichO.; seiners. geänd. a 766.
343	13. April 1922	Ges. über Aend. von Geldbeträgen in der UnfallVersich. (RGBl. 458); ändert die RVersichO.; s. auch a 207, 291, 356.
344	18. April 1922	Ges. zur Aend. der VO. über Massnahmen zur Sich. der Fleischversorg. (RGBl. 459) s. c 95; Neufassung letzterer als Ges. über die Fleischversorgung (RGBl. 160); aufgeh. das Ges. v. 8. Febr. 1909 betr. die Preisfeststellung beim Markthandel mit Schlachtvieh.
345	19. April 1922	Ges. über Sozialversich. in Ansehung des Saargebiets (RGBl. 462).
346	20. April 1922	Ges. zur Sicherung der ärztl. Versorgung bei Krankenkassen (RGBl. 463) s. a 121; ändert auch die RVersichO.
347	20. April 1922	Ges. über Wochenhilfe u. Wochenfürsorge (RGBl. 463) s. a 263, 290, 359.
348	24. April 1922	Ges. über Unterstützung von Rentenempfängern der Invaliden- u. Angestelltenversich. (RGBl. 464) s. a 274, 391; aufgeh. e 53.
349	25. April 1922	Ges. über Heranziehung der Frauen zum Schöffen- u. Geschworenenamte (RGBl. 465); änd. das GVG.
350	30. April 1922	Ges. über Versich. der Hausgewerbetreibenden (RGBl. 465, Berichtigung 480); ändert die RVersichO. u. das AngestelltenVersG. v. 20. Dez. 1911; s. a 255.
351	3. Mai 1922	Ges. über die Regelung der Einfuhr (RGBl. 479) s. c 57; geänd. e 48.
352	26. Mai 1922	Ges. über die Ausprägung von Ersatzmünzen im Nennbetrage von 1, 2, 3 u. 5 Mark (RGBl. 517), s. a 454.
353	31. Mai 1922	SoldatenversicherungsG. (RGBl. 542, Berichtigung 584); aufgeh. a 586; ändert auch die RVersichO. u. das AngestVersichG.
354	1. Juni 1922	Ges. zur Aend. des Vereinszollges. v. 1. Juli 1869 (RGBl. 495); weitere Änd. g 3.
355	3. Juni 1922	Ges. über die Erhöhung der Verwaltungskostenbeiträge bei Tilgungsdarlehen (RGBl. 485).

Nr.	Datum des Gesetzes	Name des Gesetzes
356	3. Juni 1922	Ges. über Erhöhung der Zulagen in der Unfallversich. (RGBl. 506) s. a 291, 343, geänd. s. a 459.
357	9. Juni 1922	Ges. über VersichPflicht in der Krankenversicherung (RGBl. 497); änd. die RVersichO.; s. a 289.
358	9. Juni 1922	Ges. über Grundlöhne u. Vorstandswahl bei den Krankenkassen (RGBl. 498); änd. die RVersichO. s. a 289, 359, c 60.
359	9. Juni 1922	Ges. über Wochenhilfe (RGBl. 499); änd. die RVersichO.; s. a 347, 358, 366, 406.
360	9. Juni 1922	Ges. über Wochenfürsorge (RGBl. 502) s. a 56, 106, 263, 290; aufgeh. e 53.
361	9. Juni 1922	Ges. über Aend. von Geldbeträgen in der Sozialversicherung (RGBl. 504); geänd. s. a 479.
362	9. Juni 1922	Ges. zur Aend. der VO. über die schiedsgerichtl. Erhöhung von Preisen bei Lief. v. elektr. Arbeit, Gas u. Leitungswasser (RGBl. 509) s. c 55 mit Neufassung S. 510.
363	11. Juni 1922	Ges. über vorläuf. Umgestaltung der Angestelltenversicherung (RGBl. 505), ändert das Angest.-VersichG. v. 20. Dez. 1911 s. a 275, 422.
364	16. Juni 1922	Ges. z. Abänd. des Ges. über die Besteuer. der Dienstwohn. der Reichsbeamten v. 31. Mai 1881 (RGBl. 517).
365	24. Juni 1922	Ges. über die Sicherung bewegl. Sachen in Schlesien (RGBl. 518); geänd. s. a 477.
366	24. Juni 1922	Ges. über die Pauschbeträge für die Spruchsachen bei den OberversichAemtern (RGBl. 542), ändert auch die RVersichO., s. a 359, 367.
367	24. Juni 1922	Ges. über Geldstrafen in der RVersichO. u. im VersichG. für Angestellte (RGBl. 566); ändert die RVersichO. u. das AngestelltenVersG.' s. a 363, 366, 405.
368	26. Juni 1922	Ges. über Erhöhung der Bezüge aus der Unfallfürsorge für Gefangene (RGBl. 566); ändert das Ges. v. 30. Juni 1900 über Unfallfürs. für Gefangene.
369	27. Juni 1922	Schutzges. für die durch Abtretung von Gebieten an Polen betroffenen Schuldner (RGBl. 533).
370	28. Juni 1922	Ges. über Verlängerung der Geltungsdauer des Wohnungsmangelges. (RGBl. 529) s. a 117, 314, 476, 548.
371	29. Juni 1922	Ges. zur Verlängerung der Pachtschutzordnung (RGBl. 529, Berichtigung 882) mit Ges. v. 19. Mai 1922 (RGBl. 483) s. c 90, geänd. e 44; a 645.

Nr.	Datum des Gesetzes	Name des Gesetzes
372	1. Juli 1922	Ges. zur Aenderung des Ges., betr. die Erwerbs- u. Wirtschaftsgenossenschaften (RGBl. 567) s. c 84; a 492, 606, 676, 886.
373	4. Juli 1922	Ges. über die Regelung des Verkehrs mit Getreide aus der Ernte 1922 (RGBl. 537) s. a 217.
374	4. Juli 1922	Ges. über die Regelung des Verkehrs mit Getreide aus der Ernte 1922 (RGBl. 549, Berichtigung 924), s. a 217; geänd. s. a 421, 513, d 2, 15.
375	4. Juli 1922	Ges. über die Entschädigung der Schöffen, Geschworenen u. Vertrauenspersonen (RGBl. 561); ändert auch das GVG.
376	4. Juli 1922	Ges. zur Aend. des § 91 des Reichsbeamtenges. (RGBl. 565) s. a 271, 398.
377	8. Juli 1922	Ges. zur Ausführung des Art. 18 der Reichsverfassung, betr. Gebietsänderung von Ländern (RGBl. 545); geänd. e 61.
378	8. Juli 1922	Ges. zur weiteren Entlastung der Gerichte (RGBl. 569, Berichtigung S. 717); ändert auch das GVG., die ZPO., die EntlastungsVO., die StPO. u. das GKG. s. a 435, 478.
379	8. Juli 1922	Ges. über Verlängerung der Geltungsdauer des Ges. über vorübergehende Herabsetzung oder Aufhebung von Zöllen (RGBl. 600) s. a 218, 508.
380	9. Juli 1922	Ges. zur Ueberleitung von Rechtsangelegenheiten der Schutzgebiete (RGBl. 571).
381	9. Juli 1922	Ges. betr. Abweichungen vom Biersteuerges. v. 26. Juli 1918 (RGBl. 572, Berichtigung 692 u. 750); geänd. a 527, 541.
382	9. Juli 1922	Reichsges. für Jugendwohlfahrt (RGBl. 633); ändert auch das BGB. (s. a 467) und das EG. BGB.; s. a 383. Inkrafttreten RGBl. 1923, 554 u. 819; 1924, 110, für Bayern f 7, b 194; seiners. geänd. e 62, g 87, 89.
383	9. Juli 1922	EinführGes. zum Reichsges. für Jugendwohlfahrt (RGBl. 647, 808) s. a 382; geänd. e 62.
384	11. Juli 1922	Ges. über Zulassung der Frauen zu den Aemtern u. Berufen der Rechtspflege (RGBl. 573); ändert auch das GVG., die ZPO., die StPO., das Ges. über die Angelegenheiten der freiw. Gerichtsbarkeit (s. a 461), die Rechtsanwaltsordn. (s. a 489).
385	12. Juli 1922	Ges. über die Vergütung von Leistungen für die bewaffnete deutsche Macht (RGBl. 626); ändert die Quartierleistungsgesetze v. 25. Juni 1868 (s. a 590) u. 21. Juni 1887, das Kriegsleistungsgesetz v. 13. Juni 1873 (s. a 584), die Naturalleistungsgesetze v. 24. Mai 1898 u. 9. Juni 1906 (a 598) u. die Ges. betr. den Servistarif v. 17. Mai 1906 u. v. 6. Juli 1904.

Nr.	Datum des Gesetzes	Name des Gesetzes
386	15. Juli 1922	Personenschädenges. (RGBl. 620), ändert auch das Tumultschädenges. s. a 118; e 14; seiners. geänd. a 510 (Neufassung als Kriegspersonenschädenges.), 648.
387	17. Juli 1922	Reichsges. über die Schutzpolizei der Länder (RGBl. 597); ändert auch die RVersO. u. das VersG. für Angestellte; aufgeh. a 728.
388	17. Juli 1922	Ges. über den Ersatz der durch die Besetzung deutschen Reichsgebiets verursachten Personenschäden (RGBl. 624, Berichtigung 711); geänd. e 26, 32, a 772; Neufassung a 772.
389	17. Juli 1922	Ges. über die Arbeitszeit im Bergbau unter Tage (RGBl. 628); aufgeh. e 6.
390	17. Juli 1922	Ges. über die Ausgabe u. Einlösung von Notgeld (RGBl. 693); geänd. d 21, e 2, g 32.
391	18. Juli 1922	Ges. über Bezüge von Sozialrentnern (RGBl. 649); ändert auch die RVersO. u. die Ges. unter a 274 u. 348.
392	18. Juli 1922	Ges. über die Neuregelung der statistischen Gebühr (RGBl. 671); ändert auch das Ges. über die Statistik des Warenverkehrs v. 7. Febr. 1906; aufgeh. e 35; s. nun a 825.
393	19. Juli 1922	Ges. über Kündigungsbeschränkung zugunsten Schwerbeschädigter (RGBl. 599); s. a 88.
394	20. Juli 1922	Ges. über die Zwangsanleihe (RGBl. 601); ändert auch das VermögenssteuerG. a 326; geänd. s. a 439, 513.
395	20. Juli 1922	Ges. zur Aend. des EinkommensteuerG. (RGBl. 607) s. a 80, 281, 441.
396	20. Juli 1922	Ges. zur Aend. des ErbschaftssteuerG. (RGBl. 610, Berichtigung S. 692) s. a 44, 82. Neufassung des Ges. RGBl. 1922, 695; diese geänd. s. a 472, 656, e 4.
397	21. Juli 1922	Ges. zum Schutze der Republik (RGBl. 585); ändert auch das StGB.; seiners. geänd. f 1, a 692, 718, 777; neues Ges. a 903.
398	21. Juli 1922	Ges. über die Pflichten der Beamten zum Schutze der Republik (RGBl. 590); ändert das Reichsbeamtenges. (s. a 376, 416) u. das Wehrges. (s. a 199, h 121).
399	21. Juli 1922	Reichskriminalpolizeiges. (RGBl. 593).
400	21. Juli 1922	Ges. über Straffreiheit für polit. Straftaten (RGBl. 595).
401	21. Juli 1922	Ges. über Bereitstellung v. Mitteln zum Schutze der Republik (RGBl. 596).
402	21. Juli 1922	Ges. über Massnahmen gegen die wirtschaftl. Notlage der Presse (RGBl. 629); geänd. a 466, d 37, e 59.
403	21. Juli 1922	Ges. über Teuerungsmassnahmen für Militärrentner (RGBl. 650); aufgeh. a 510.

Nr.	Datum des Gesetzes	Name des Gesetzes
404	21. Juli 1922	Ges. zur Neuregelung der im § 68 Abs. 1, im § 74a Abs. 2 S. 1 u. im § 75b S. 2 des HGB., sowie im § 133a, b Abs. 1 der GewO. vorgesehenen Gehaltsgrenzen (RGBl. 652); s. a 245, 304, 408, 436.
405	21. Juli 1922	Ges. über Aenderungen in der Seeunfallversicherung (RGBl. 653); ändert die RVersO. u. das Ges. v. 11. April 1921 (bei a 207) s. a 367, 406.
406	21. Juli 1922	Ges. über Aenderungen der RVersO. (RGBl. 654) s. a 405 u. 422; ändert auch das Ges. v. 9. Juni 1922 (bei a 369).
407	21. Juli 1922	Ges. über den Ausschluss eines Teiles des Kieler Hafens aus dem Zollgebiete (RGBl. 671).
408	22. Juli 1922	Arbeitsnachweisges. (RGBl. 657); ändert auch das Stellenvermittlerges. v. 2. Juni 1910 u. die VO. v. 5. Mai 1920 (bei c 73) u. die GewO. s. a 404, 429; seiners. geänd. d 30, e 56, a 694; aufgeh. a 795.
409	27. Juli 1922	Ges. betr. Lohnstatistik (RGBl. 656).
410	1. Aug. 1922	Luftverkehrsges. (RGBl. 681, Berichtigungen 722 u. 758); geänd. e 19, 20.
411	5. Aug. 1922	Ges. über die Ermächtigung zu vorübergehenden Zolländerungen (RGBl. 709); geänd. e 4.
412	11. Aug. 1922	Ges. über die Gebührenfreiheit bei Ueberführung von Kriegerleichen (RGBl. 710).
413	17. Aug. 1922	Ermächtigungsges. zum Ges. über Verlängerung der Geltungsdauer von Demobilmachungsverordnungen v. 1. April, richtig 30. März 1922 (RGBl. 717) s. a 319, 417.
414	24. Okt. 1922	Ges. zur Aenderung des Reichswahlges. (RGBl. 801) s. a 95, 579.
415	24. Okt. 1922	Ges. zur Aend. der GebO. für Zeugen u. Sachverständige (RGBl. 806) s. a 312; Neufassung a 671.
416	25. Okt. 1922	Siebente Ergänzung des Besoldungsges. (RGBl. 802, Berichtigung 882); geänd. a 506; ändert auch das Reichsbeamtenges. (s. a 398, 495), das Beamtenhinterbliebenenges. (a 324, 506), das Militärhinterbliebenenges. (a 416, 506), das Pensionsergänzungsges. u. das Unfallfürsorgeges. für Beamte u. Personen des Soldatenstandes s. a 103, 271, 323; Neufassung des BesoldGes. RGBl. 1922, 811 mit Berichtigung 847 u. RGBl. 1923, 62; geänd. a 500, 506, 542, 563, 626, 689; d 23; e 1, 52; aufgeh. a 803.
417	26. Okt. 1922	Ges. über Verlängerung der Geltungsdauer von Demobilmachungsverordnungen (RGBl. 802) s. a 319, 413, 474.

Nr.	Datum des Gesetzes	Name des Gesetzes
418	26. Okt. 1922	Ges. zur Aend. der Vorschriften über Pfändbarkeit von Gehaltsansprüchen (RGBl. 805), ändert auch die ZPO. s. a 310.
419	26. Okt. 1922	Ges. zur Aend. der VO. über Lohnpfändung (RGBl. 806) s. a 149, 286, c 7.
420	27. Okt. 1922	Ges. zur Aend. des Art. 180 der Reichsverfassung (RGBl. 801) s. a 32, 576.
421	27. Okt. 1922	Ges. zur Abänd. des Ges. über die Regelung des Verkehrs mit Getreide aus der Ernte 1922 (RGBl. 809) s. a 374; geänd. s. a 457.
422	10. Nov. 1922	Ges. über Aend. des VersGes. für Angestellte (s. a 363, 518) u. der RVersO. (RGBl. 849) s. a 406, 451, ändert auch das EG. RVersO. (s. a 767) u. das Ges. v. 23. Juli 1921 (bei a 256); seiners. geänd. a 518, 536, d 33, e 40. Neufassung des AngestelltenversGes. v. 28. Mai 1924 (RGBl. 563); wieder geänd. a 618, 647, 709, 766, 767, 811, 827, 828, 858, g 6, 41, 62.
423	17. Nov. 1922	Ges. zur Verlängerung der Zuckerungsfrist der Weine des Jahrgangs 1922 (RGBl. 883) s. a 487.
424	27. Nov. 1922	Ges. zur Abänd. des Gewerbegerichtsges. v. 29. Juli 1890 u. 30. Juni 1901 u. des Ges. betr. die Kaufmannsgerichte v. 6. Juli 1904 (RGBl. 887) s. a 300, 470, c 78, 101; aufgeh. a 749.
425	30. Nov. 1922	Ges. zur Abänd. des Verdrängungs-, des Kolonial- u. des Auslandsschädenges. v. 28. Juli 1921 (RGBl. 888) s. a 261, 260, 259; seiners. geänd. a 515.
426	30. Nov. 1922	Ges. betr. Aend. des Umsatzsteuerges. (RGBl. 890) s. a 67, 330, 472, 520.
427	1. Dez. 1922	Ges. betr. Aend. des § 5 Abs. 7 der VO. über die Abgeltung von Ansprüchen gegen das Reich v. 4. Dez. 1919 (RGBl. 897) s. c 30, a 276.
428	9. Dez. 1922	Ges. über Abänd. des Ges. über das Branntweinmonopol (RGBl. 913) s. a 339, 460, e 43.
429	9. Dez. 1922	Ges. betr. Aend. des § 68 RGewO. (RGBl. 929) s. a 408, 432.
430	13. Dez. 1922	Ges. über Aend. des Postges. (RGBl. 913) s. a 109, 505, 583, 607.
431	14. Dez. 1922	Ges. zur Aend. der GebO. für Gerichtsvollz. (RGBl. 914) s. a 238; ändert auch die Ges. v. 18. Dez. 1919 (s. a 64) u. v. 8. Juli 1921 (s. a 238); Neufassung der GebO. RGBl. 1922, 917; wieder geänd. durch VO. v. 13. Dez. 1923 (RGBl. 1189), weiter geänd. a 843, g 32.
432	16. Dez. 1922	Ges. zur Abänd. der GewO. (RGBl. 927) s. a 429, 436.
433	18. Dez. 1922	Ausgleichszwischenges. (RGBl. 925) s. a 94; geänd. s. a 475; aufgeh. a 502.
434	18. Dez. 1922	Ges. über die privatrechtl. Verhältnisse von Genossenschaften zum Zwecke der Bodenverbesserung (RGBl. 928), s. c 102.

Nr.	Datum des Gesetzes	Name des Gesetzes
435	21. Dez. 1922	Ges. zur Aend. des Gerichtskostenges. (RGBl. 1923, 1 mit Berichtigung 66) s. a 228, 378; ändert auch die ZPO., die StPO., das Ges. betr. die privatrechtl. Verhältnisse der Binnenschiffahrt v. 20. Mai 1898 (h 56), das Ges. betr. die privatrechtl. Verhältnisse der Flösserei v. 15. Juni 1895, die GebO. für Rechtsanwälte (zu dieser a 559); seiners. geänd. a 756. Neufassung des GKG. RGBl. 1923, 12; Berichtigung 1923, 66; letzteres geändert s. a 461, 756, e 58.
436	22. Dez. 1922	Ges. zur Neuregelung der im § 68 Abs. 1, im § 74 a Abs. 2 S. 1 u. im § 75 b S. 2 des HGB. sowie im § 133 a, b Abs. 1 der GewO. vorgesehenen Gehaltsgrenzen (RGBl. 967) s. a 404, 432, 464, 469.
437	22. Dez. 1922	Ges. zur Ergänzung u. Abänd. des Ges. gegen die Kapitalflucht (RGBl. 968) s. a 173, 315; Neufassung des Ges. RGBl. 1923, 91; diese geändert s. a 472, 627; d 39; e 4.
438	22. Dez. 1922	Ges. zur Aend. des Ges. über das Verfahren in Versorgungssachen (RGBl. 982) s. a 297; geänd. d 23, a 751; nun Neufassung a 822.
439	22. Dez. 1922	Ges. zur Aend. des Ges. über die Zwangsanleihe (RGBl. 955) s. a 394.
440	23. Dez. 1922	Ges. zur Aend. des Ges. über die Beschäftigung Schwerbeschädigter (RGBl. 972) s. a 88. Neufassung d. Ges. RGBl. 1923, 57; geänd. e 49, 53, a 721, 749, 795, g 41.
441	23. Dez. 1922	Ges. zur Aend. des Einkommensteuerges. (RGBl. 978) s. a 80, 200, 241, 281, 395, 472.
442	23. Dez. 1922	Ges. zur Aend. des Ges. über den Verkehr mit Kraftfahrzeugen (RGBl. 1923, 1); ändert das Ges. v. 3. Mai 1909; s. a 547.
443	23. Dez. 1922	Ges. zur Aend. des Lichtspielges. (RGBl. 1923, 26) s. a 119, 962.
444	24. Dez. 1922	Ges. zur Abänd. der VO. über zeitweilige Befreiung von der Verpflichtung zur Konkursanmeldung b. Ueberschuldung (RGBl. 1923, 21) s. c 63.
445	24. Dez. 1922	Ges. zur Aend. des Ges. betr. die Gesellschaften mit beschränkter Haftung v. 20. April 1892 (RGBl. 1923, 22) s. e 12, a 711.
446	29. Dez. 1922	Ges. über die Erhaltung der Kriegergräber aus dem Weltkrieg (RGBl. 1923, 25).
447	29. Dez. 1922	Ges. über Erhebung von Zuschlägen zur Kraftfahrzeugsteuer (RGBl. 1923, 26) s. a 337, 700.
448	31. Dez. 1922	Ges. über das Ruhegehalt des Reichspräsidenten (RGBl. 1923, 53); geänd. a 631.
449	7. Jan. 1923	Ges. zur Abänd. der Reichsabgabenordnung (RGBl. 55) s. a 62, 461.

Nr.	Datum des Gesetzes	Name des Gesetzes
450	23. Jan. 1923	Ges. über Erklärung der allgemeinen Verbindlichkeit von Tarifverträgen (RGBl. 67) s. c 87; Neufassung a 618.
451	26. Jan. 1923	Ges. über die Festsetzung der Ortslöhne u. des durchschnittlichen Jahresarbeitsverdienstes landwirtschaftlicher Arbeiter (RGBl. 67); ändert die RVersO. s. a 422, 458.
452	26. Jan. 1923	Ges. über die Eintragung von Schiffspfandrechten in ausländischer Währung (RGBl. 90). Inkrafttreten RGBl. 1923, 90; s. a 484.
453	1. Febr. 1923	Ges. zur Aend. des Weinges. v. 7. April 1909 (RGBl. 107) s. a 673.
454	2. Febr. 1923	Ges. über die Ausprägung von Ersatzmünzen (RGBl. 118) s. a 352; geänd. a 562; aufgeh. a 586.
455	4. Febr. 1923	Ges. über Kleinrentnerfürsorge (RGBl. 104); aufgeh. e 53.
456	6. Febr. 1923	Ges. über die Erstattung von Rechtsanwaltsgebühren in Armensachen (RGBl. 103), ändert auch das Ges. v. 18. Dez. 1919 (bei a 64); seiners. geänd. a 559, 640, 744, 800, 844; aufgeh. a 853.
457	7. Febr. 1923	Ges. zur Abänd. des Ges. über die Regelung des Verkehrs mit Getreide der Ernte 1922 (RGBl. 105) s. a 421.
458	9. Febr. 1923	Ges. über die Rücklagen bei den Berufsgenossenschaften (RGBl. 115); ändert die RVersO. s. a 451, 479.
459	12. Febr. 1923	Zweites Ges. über Erhöhung der Zulagen in der Unfallversicherung (RGBl. 116) s. a 291, 356; hierzu Neufassung des Ges. über die Zulagen in der Unfallversicherung (RGBl. 1923, 116); diese geänd. a 497, 518, 546, 561, 565.
460	15. Febr. 1923	Ges. über Abänd. des Ges. über das Branntweinmonopol (RGBl. 151) s. a 339, 428, 550, c 43.
461	16. Febr. 1923	Jugendgerichtsges. (RGBl. 135 mit Berichtigung 252); ändert auch das GVG., die StPO., das StGB., das GKG. (a 435), das Ges. über die Angelegenheiten der freiwilligen Gerichtsbarkeit (s. a 384, 800), die Reichsabgabenordnung (a 62, 449, 472); seiners. geänd. a 754.
462	19. Febr. 1923	Ges. zur Aend. des Postscheckges. (RGBl. 151) s. a 197, 279, 555.
463	20. Febr. 1923	Ges. z. Abänd. der VO. über Erwerbslosenfürsorge v. 1. Nov. 1921 (RGBl. 155); gegenstandslos e 56.
464	24. Febr. 1923	Notgesetz (RGBl. 147); ändert auch die RGewerbeOrdn. (s. a 436, 482), die WuchergerichtsVO. (c 27), das Ges. über Verschärfung der Strafen gegen Schleichhandel usw. (a 163) u. das Ges. über das Passwesen v. 12. Okt. 1867 (s. a 85); seiners. geänd. a 499 537, 926, g 41

Nr.	Datum des Gesetzes	Name des Gesetzes
465	2. März 1923	Ges. über die Ausgabe von Dollarschatzanweisungen (RGBl. 155).
466	3. März 1923	Ges. zur Aend. des Pressenotgesetzes (RGBl. 159) s. a 402; geänd. d 37, e 59.
467	3. März 1923	Ges. über einstweilige Aufhebung des § 247 BGB. (RGBl. 163) s. a 382, 514.
468	8. März 1923	Ges. über standesamtliche Gebühren (RGBl. 167) s. a 133; ändert auch das Personenstandsges. v. 6. Febr. 1875; seiners. geänd. e 65.
469	12. März 1923	Ges. über die Anlegung gesetzlicher Reserven der Aktiengesellschaften in Dollarschatzanweisungen des Reichs (RGBl. 167); ändert auch das Handelsgesetzbuch s. a 436, 493.
470	15. März 1923	Ges. zur Abänderung des Gewerbegerichtsges. u. des Ges. betr. die Kaufmannsgerichte (RGBl. 193) s. c 78, 101, a 300, 424; aufgeh. a 749.
471	20. März 1923	Kohlensteuerges. (RGBl. 193); geänd. a 551; grösstenteils aufgeh. e 59.
472	20. März 1923	Ges. über die Berücksichtigung der Geldentwertung in den Steuergesetzen (RGBl. 198 mit Berichtigung 250); ändert auch das Einkommensteuerges. (a 80, 441, 526), das Körperschaftssteuerges. (a 81), das Vermögenssteuerges. (a 326, 629, 633), das Ges. über die Zwangsanleihe (a 325), das Erbschaftssteuerges. (a 396, geänd. a 656; e 4), das Rennwett- u. Lotterieges. (a 336, geänd. e 4), das Wechselstempelges., das Kapitalverkehrssteuerges. (a 329, 525), das Versicherungssteuerges. (a 338, geänd. e 4), das Ges. über die Besteuerung des Personen- u. Güterverkehrs v. 8. April 1917 (s. a 337), das Umsatzsteuerges. (a 67, 426; geänd. e 4), das Reichsstempelges. v. 3. Juli 1913, das Frachturkundenstempelges. v. 17. Juni 1916, die Reichsabgabenordnung (a 62, 461, 552), das Kapitalfluchtges. (a 437, 627), seiners. geänd. a 552, 660, e 4.
473	22. März 1923	Ges. zur Aend. des Besoldungssperrges. (RGBl. 215) s. a 165, 516, 620; d 23.
474	23. März 1923	Ges. über die Geltungsdauer von Demobilmachungsverordnungen (RGBl. 215) s. a 319, 417, d 28.
475	26. März 1923	Ges. zur Vorbereitung der Reichsentlastungsgesetzgebung (RGBl. 213); ändert auch das Ausgleichszwischenges. (a 433); seiners. geänd. a 502.
476	26. März 1923	Ges. über Verlängerung der Geltungsdauer des Wohnungsmangelges. (RGBl. 217) s. a 117, 243, 370.

Nr.	Datum des Gesetzes	Name des Gesetzes
477	27. März 1923	Ges. betr. Aend. des Ges. über die Sicherung beweglicher Sachen in Schlesien (RGBl. 217) s. a 365.
478	27. März 1923	Ges. zur weiteren Entlastung der Gerichte (RGBl. 217); ändert das GVG., die ZPO., die EntlastungsVO. v. 9. Sept. 1915 mit den Gesetzen v. 11. März 1921 (a 191) u. 8. Juli 1922 (a 378) u. das Ges. gegen den Verrat militärischer Geheimnisse v. 3. Juni 1914 (a 191, g 109).
479	27. März 1923	Ges. zur Erhaltung leistungsfähiger Krankenkassen (RGBl. 225 mit Berichtigung 242); ändert auch die RVersO. (s. a 458) u. das Ges. v. 9. Juni 1922 (a 361); seiners. geänd. e 51.
480	27. März 1923	Zweite Abänd. des Ges. über die Erhebung einer Abgabe zur Förderung des Wohnungsbaus (RGBl. 235) s. a 222. Neufassung des Ges. RGBl. 1923, 238; geänd. a 543, 558; aufgeh. e 59.
481	27. März 1923	Ges. zur Aenderung des Ges. über Notstandsmassnahmen usw. (a 274) (RGBl. 243).
482	27. März 1923	Ges. über Gebühren für Arbeitsbücher (RGBl. 247); ändert die GewO. s. a 464; seiners. geänd. s. a 643.
483	29. März 1923	Ges. zur Aend. des Tabaksteuerges. (RGBl. 231 mit Berichtigung 246) s. a 53; geänd. d 3, 6.
484	29. März 1923	Zweites Ges. über die Eintragung von Schiffspfandrechten in ausländ. Währung (RGBl. 232) s. a 452; geänd. a 668, 851, 888, 944, 950.
485	31. März 1923	Ges. über die Verwertung von Militärgut (RGBl. 243) s. a 162, 283; c 1.
486	5. April 1923	Ges. zur Aend. des Fernsprechgebührenges. (RGBl. 244) s. a 242. Inkrafttreten u. Neufassung RGBl. 1923, 694; ersetzt a 556.
487	5. April 1923	Ges. zur Verlängerung der Zuckerungsfrist der Weine des Jahrg. 1922 (RGBl. 215) s. a 423, 578; ändert das Weingesetz.
488	24. April 1923	Ges. über die Sicherstellung von Gegenständen, deren AusliefPflicht nach dem Versailler Vertrag streitig ist (RGBl. 253).
489	27. April 1923	Geldstrafenges. (RGBl. 254); ändert das StGB., die ZPO. die RAnwO. (s. a 384, 534), das GVG.; s. ferner a 282, 91; seiners. geänd. a 567; ersetzt durch e 24.
490	27. April 1923	Ges. über den Verkehr mit Absinth (RGBl. 257).
491	29. April 1923	Ges. betr. den § 87 des Betriebsräteges. (RGBl. 258) s. a 76, 180, 749.
492	12. Mai 1923	Ges. zur Aend. des Genossenschaftsges. (RGBl. 288) s. a 372, 606. Inkrafttreten RGBl. 1923, 298 u. 372.

Nr.	Datum des Gesetzes	Name des Gesetzes
493	12. Mai 1923	Ges. über den Mindestbetrag des Grundkapitals von Aktiengesellschaften und KommGesellschaften auf Aktien (RGBl. 289), ändert auch das HGB. s. a 469, 569.
494	14. Mai 1923	Ges. zur Abänd. der VO. über Erwerbslosenfürsorge v. 1. Nov. 1921 (RGBl. 287); geänd. d 3, 6; gegenstandslos e 56.
495	16. Mai 1923	Ges. über Dienstgeldstrafen (RGBl. 295); ändert das RBeamtengesetz s. a 416, 506.
496	19. Mai 1923	Ges. betr. die Beseitigung kleiner im Reichsschuldbuch eingetragener Forderungen (RGBl. 296); aufgeh. a 642.
497	23. Mai 1923	Ges. über Abfindung von Witwen in der Unfallversicherg. (RGBl. 295) s. a 459; geänd. a 561.
498	23. Mai 1923	Ges. zur Aend. des StGB. (RGBl. 296).
499	25. Mai 1923	Ges. zur Aend. des Notges. (RGBl. 299) s. a 464, 537.
500	26. Mai 1923	Achte Ergänzung des Besoldungsges. (RGBl. 301) s. a 103, 416, 506, e 1.
501	1. Juni 1923	Ges. über Mieterschutz u. Mieteinigungsämter (RGBl. 353, Berichtigung 618) s. c 8, a 117, 243; geänd. e 9, 63, a 712.
502	4. Juni 1923	Reichsentlastungsges. (RGBl. 305), dieses geänd. d 25, 26, mit dem Liquidationsschädenges. (RGBl. 311), dieses geänd. d 25, u. dem Ges. zur Abänd. des Reichsausgleichsges. (RGBl. 324) s. a 433, 475; 38; 94; Neufassung des Reichsausgleichsges. (RGBl. 1923, 334); wieder geänd. u. neue Neufassung d 26.
503	7. Juni 1923	Ges. betr. Ergänzung des Reichssiedlungsges. (RGBl. 364) s. a 33; geänd. a 557, 720.
504	11. Juni 1923	Ges. über den Verkehr mit unedlen Metallen (RGBl. 366); ändert auch die GewO.; seiners. geänd. a 619, 665, 713; aufgeh. a 739.
505	11. Juni 1923	Ges. über den Verkehr mit Edelmetallen, Edelsteinen und Perlen (RGBl. 369); s. a 714 (Neufassung).
506	18. Juni 1923	Neunte Ergänzung des Besoldungsges. (RGBl. 385) s. a 103, 416, 500, 542, 563, e 1; ändert auch das Reichsbeamtenges. (a 495, 540), das Beamtenhinterbliebenenges. v. 17. Mai 1907 (a 416, h 84), das Militärhinterbliebenenges. v. 17. Mai 1907 (a 416, h 84), das GVG., das Beamtenunfallfürsorgeges., das Offizierspensionsges., das Mannschaftsversorgungsges. (a 57, h 84); s. ferner a 266 mit 509; 154; 121.
507	18. Juni 1923	Wechselsteuerges. (RGBl. 403), ersetzt das Wechselstempelges.; seiners. geänd. a 525, e 59.
508	19. Juni 1923	Ges. über erneute Verlängerung des Ges. v. 21. Juni 1921 (RGBl. 411) s. a 218, 379.

Nr.	Datum des Gesetzes	Name des Gesetzes
509	22. Juni 1923	Ges. zur Abänderung des Wehrmachtversorgungsges. (RGBl. 409) s. a 266, 506, 510, 649.
510	22. Juni 1923	Ges. zur Abänd. des Reichsversorgungsges. u. anderer Versorgungsgesetze (RGBl. 513) s. a 121, 506, 509, 252, 386, 403; seiners. geänd. d 23; a 648, 805; ändert auch das Offizierspensionsges. v. 31. Mai 1906 (a 648). Neufassung des Reichsversorgungsges. RGBl. 1923, 523 (wieder geänd. d 23; e 53; a 594, 648, hier neue Neufassung), des Altrentnerges. RGBl. 1923, 542 (wieder geänd. e 53, a 648, 805 mit neuer Neufassung), des Kriegspersonenschädenges. RGBl. 1923, 545 (wieder geänd. a 648, 805 mit neuer Neufassung).
511	23. Juni 1923	Ges. über Ausgabe wertbeständiger Schuldverschreibungen auf den Inhaber (RGBl. 407).
512	23. Juni 1923	Ges. über wertbeständige Hypotheken (RGBl. 407) s. e 34, a 813.
513	23. Juni 1923	Ges. zur Sicherung der Brotversorgung 1923/24 (RGBl. 410 s. a 394; 374; geänd. a 551. d 2, 15.
514	23. Juni 1923	Ges. über die Anlegung von Mündelgeld (RGBl. 411); ändert das BGB.; s. a 467, 904.
515	23. Juni 1923	Ges. zur Abänd. des Verdrängungs-, des Kolonial- u. des Auslandsschädenges., sowie der Entschädigungsordnung (RGBl. 412) s. a 260, 425; 259, 425; 261, 425; 265. Neufassungen RGBl. 1923, 591, 600, 606; sämtliche wieder geänd. d 25.
516	23. Juni 1923	Ges. betr. Aend. des Besoldungssperrges. (RGBl. 419) s. a 165, 473, 620; d 23.
517	23. Juni 1923	Reichsknappschaftsges. (RGBl. 431, 760); geänd. a 708.
518	23. Juni 1923	EinführGes. zum Reichsknappschaftsges. (RGBl. 454, Berichtigung 650, 760), ändert auch die RVersO., das VersG. für Angestellte s. a 422, 536; 291, 459, 536, 546. Hierzu Aenderungsges. v. 23. Juni 1923 (RGBl. 466). Weiter geänd. a 708.
519	23. Juni 1923	Ges. zur Aend. des Landessteuerges. (RGBl. 483) s. a 82, 337; geänd. a 622, 659, e 59; ändert auch das Biersteuerges., das Weinsteuerges. u. d. Mineralwassersteuerges. (a 332, 550). Neufassung als Finanzausgleichsges. RGBl. 1923, 494; letzteres geänd. e 59, a 658, 660.
520	25. Juni 1923	Ges. zur Verlängerung des Weinsteuerges. (RGBl 466) s. a 67, 330, 426, 551, 630; geänd. e 4; aufgeh. a 657.
521	25. Juni 1923	Ges. zur Verlängerung des Weinsteuerges. (RGBl. 481) s. a 341; geänd. d 22; e 36; a 635.

Nr.	Datum des Gesetzes	Name des Gesetzes
522	26. Juni 1923	Ges. über Verlängerung der Geltungsdauer des Wohnungsmangelges. (RGBl. 419) s. c 8; a 117, 243.
523	27. Juni 1923	Ges. zur Abänderung des Hausarbeitges., Heimarbeiterlohnges., (RGBl. 467) mit Neufassung des Hausarbeitges. (RGBl. 1923, 472, 730); wieder geänd. h 51, 68.
524	8. Juli 1923	Ges. zur Aend. des Reichshaftpflichtges. (RGBl. 615).
525	9. Juli 1923	Ges. zur Aend. des Kapitalverkehrsteuerges. u. des Wechselsteuerges. (RGBl. 555) s. a 329, 472; 507. Neufassung des Wechselsteuerges. RGBl. 778 mit Datum v. 10. Aug. 1923; geänd. e 4, 59, a 660, 870, 913.
526	9. Juli 1923	Ges. über die Erhöhung der Vorauszahlungen auf die Einkommen- u. Körpersch.-Steuer (RGBl. 556) s. a 80, 472; geänd. a 551.
527	9. Juli 1923	Biersteuerges. (RGBl. 557, Berichtigung 650) s. a 332, 326, 381, geänd. a 541, 550, 657, 660, 782, 920, e 43; g 3; Neufassung a 920.
528	9. Juli 1923	Ges. zur Aend. der Ges. über den Eintritt von Württemberg, Bayern u. Baden in die Biersteuergemeinsch. (RGBl. 563) s. a 17, 26, geänd. a 661.
529	9. Juli 1923	Spielkartensteuerges. (RGBl. 564) s. a 49, geänd. a 550, 657, d 24. Inkrafttreten RGBl. 1923, 650.
530	9. Juli 1923	Leuchtmittelsteuerges. (RGBl. 567 u. 750) s. a 332, geänd. a 550, 657; hebt auch das Leuchtmittelsteuerges. v. 15. Juli 1909 auf. Inkrafttreten RGBl. 1923, 650.
531	9. Juli 1923	Zündwarensteuerges. (RGBl. 570) s. a 48, 203, geänd. a 550, 657, d 24, a 895. Inkrafttreten RGBl. 1923, 650.
532	9. Juli 1923	Salzsteuerges. (RGBl. 573 u. 750), geänd. a 550, 657, d 14; hebt auf das bayr. Salzsteuerges. v. 16. Nov. 1867. Inkrafttreten RGBl. 1923, 650; aufgeh. a 691; wieder in Kraft gesetzt u. Neufassung g 62.
533	9. Juli 1923	Zuckersteuerges. (RGBl. 575); s. a 334, seiners. geänd. a 560, 657, 787, 875, 919, d 24, e 43; hebt auch auf das Zuckersteuerges. v. 27. Mai 1896 / 6. Jan. 1903. Inkrafttreten RGBl. 1923, 650.
534	9. Juli 1923	Ges. zur Aend. der RechtsanwaltsOrdn. (RGBl. 647), s. a 567.
535	11. Juli 1923	Ges. zur Vereinfachung der Urliste (RGBl. 647); ändert das GVG.
536	13. Juli 1923	Ges. über Aend. des VersGes. für Angestellte u. der RVersO. (RGBl. 636) s. a 422, 518, 647;

Nr.	Datum des Gesetzes	Name des Gesetzes
		hebt auf das Ges. v. 22. Juli 1913 über Angestelltenversich. der Privatlehrer; seinerś. geänd. d 33.
537	14. Juli 1923	Ges. zur Ergänzung des Notges. (RGBl. 635) s. a 464, 499, 926.
538	14. Juli 1923	Ges. zur Aend. des HypothBankges. v. 13. Juli 1899 (RGBl. 636); ändert auch das EG. KO.; seiners. geänd. a 677.
539	17. Juli 1923	Ges. über Wiedereinstellung u. Kündigung in Teilen des Reichsgebietes (RGBl. 648); geänd. d 23; aufgehoben e 5.
540	17. Juli 1923	Ges. zur Aend. des Reichsbeamtenges. v. 18. Mai 1907 (RGBl. 683) s. a 506, 651, a* 5.
541	18. Juli 1923	Ges. zur Verlängerung des Ges. v. 9. Juli 1922 bei a 381 (RGBl. 743) s. a 527.
542	18. Juli 1923	Zehnte Ergänzung des Besoldungsges. (RGBl. 747) s. a 103, 416, 500, 563, e 1.
543	19. Juli 1923	Ges. über Aend. der Wohnungsbauabgabe (RGBl. 683) s. a 480, 558.
544	19. Juli 1923	Ges. über Aend. der VO. über Erwerbslosenfürsorge v. 1. Nov. 1921 (RGBl. 683), gegenstandslos s. e 56.
545	19. Juli 1923	Ges. zur Aend. des Ges. über die priv. VersichUnternehmungen v. 12. Mai 1901 (RGBl. 684) s. a 295, 632, 735; c 65.
546	19. Juli 1923	Ges. über Aend. der RVersO. (RGBl. 686) s. a 459, 518, 592; hebt auch auf das Ges. v. 4. Aug. 1914 betr. Sicherung der Leistungsfähigk. der Krankenkassen. Neufassung der RVersO. mit Bek. v. 15. Dez. 1924 (RGBl. 779) s. a 603.
547	21. Juli 1923	Ges. zur Aend. des Ges. über den Verkehr mit Kraftfahrzeugen v. 3. Mai 1909 (RGBl. 743) s. a 442; geänd. e 19, 20.
548	26. Juli 1923	Ges. zur Aend. der Wohnungsmangelbek. (RGBl. 751 u. 878) s. c 8, a 117, 243, 314, 370 mit Neufassung als Wohnungsmangelges. v. 26. Juli 1923 (RGBl. 754 u. 878); geänd. e 9, a 762, g 41; künftige Aufh. g 3, 41.
549	11. Aug. 1923	Ges. über die Besteuerung der Betriebe (RGBl. 769); geänd. u. aufgehob. e 4.
550	11. Aug. 1923	Ges. über Abänd. einzelner Verbrauchssteuerges. (RGBl. 770 u. 820) s. a 527, 657; 332; 533, 657; 532, 657, 660; 531, 657; 530, 657; 529, 657; 471; 339, 460, 782; seiners. geänd. d. 24; ändert auch das Mineralwassersteuerges. v. 26. Juli 1918 (a 332, 922).
551	11. Aug. 1923	Ges. über Vorauszahlungen auf die Einkommen-, Körpersch.- u. Umsatzsteuer (RGBl. 773) s. a 526; 513; 67, 520, 630; e 4.

Nr.	Datum des Gesetzes	Name des Gesetzes
552	11. Aug. 1923	Steuerzinsges. (RGBl. 774) s. a 472; 62, 472.
553	11. Aug. 1923	Ges. über die Erhebung der Rhein-Ruhr-Abgabe (RGBl. 774).
554	14. Aug. 1923	Ges. über eine wertbeständige Anleihe des Reichs (RGBl. 777).
555	17. Aug. 1923	Ges. über Post-, Postscheck- u. Telegraphengebühren (RGBl. 797) s. a 278; 279, 462; 280; seiners. geänd. a 564, 583.
556	17. Aug. 1923	Fernsprechgebührenges. (RGBl. 802) s. a 242, 486; geänd. a 583; aufgeh. a 801.
557	18. Aug. 1923	Ges. zur Aend. des Reichssiedlungsges. (RGBl. 805) s. a 33, 503, 720.
558	18. Aug. 1923	Ges. über die Aend. der Wohnungsbauabgabe (RGBl. 805) s. a 480, 543.
559	18. Aug. 1923	Ges. über die Geb. der Rechtsanw. u. die Gerichtskosten (RGBl. 813, mit Berichtigung 878) s. a 64, 238, 435, 756; 456, 640; ändert auch die ZPO. u. das GKG.; seiners. geänd. a 756.
560	18. Aug. 1923	Ges. über die Altenteilsbezüge (RGBl. 815).
561	20. Aug. 1923	Ges. über Aend. der Zulagen in der Unfallversich. (RGBl. 806 u. 844) s. a 459, 497, 565.
562	23. Aug. 1923	Ges. über Aend. des Ges. v. 2. Febr. 1923 a 454 (RGBl. 853); aufgeh. a 586.
563	28. Sept. 1923	Ges. über vorübergehende Aufhebung der vierteljährlichen Gehaltszahlung (RGBl. 915) s. a 103, 542; 164, 506.
564	28. Sept. 1923	Ges. zur Aend. des Postscheckges. (RGBl. 917) s. a 197; 462, 555, 583, d 14.
565	8. Okt. 1923	Ges. über Notmassnahmen in der Unfallversich. (RGBl. 935) s. a 459, 561.
566	13. Okt. 1923	Ermächtigungsges. (RGBl. 943); s. hierzu unten Abt. d.
567	13. Okt. 1923	Ges. über Vermögensstrafen u. Bussen (RGBl. 943) s. a 489; ändert auch das StGB. (s. a 698) u. die RechtsAnwO. (s. a 531, 763); ersetzt durch e 24.
568	13. Okt. 1923	Ges. über Verkündung von Rechtsverordnungen (RGBl. 959).
569	17. Okt. 1923	Ges. über Verjährungsfristen des Seeversicherungsrechts (RGBl. 987); ändert das HGB. s. a 277, 493, 577.
570	5. Nov. 1923	Ges. zur Aend. des Passges. v. 12. Okt. 1867, des GebGes. für die Auslandsbehörden (s. a 230) u. des Staatsangehörigkeitsges. v. 22. Juli 1913 (RGBl. 1077).
571	1. Dez. 1923	Ges. über die Strafvollstreckung von Urteilen von Danzig u. dem Memelland (RGBl. 1167).
572	8. Dez. 1923	Ermächtigungsges. (RGBl. 1179); s. hierzu unten Abt. e.

Nr.	Datum des Gesetzes	Name des Gesetzes
573	13. Dez. 1923	Ges. über Erstattung von Reisekosten an Handelsrichter (RGBl. 1185); ändert das GVG.
574	13. Dez. 1923	Ges. zur Verläng. der VO. über Lohnpfändung (RGBl. 1186) s. c 7, a 286, 743, 816.
575	13. Dez. 1923	Ges. über die Erstattung von Prozesskosten (RGBl. 1186); ändert auch die ZPO.
576	15. Dez. 1923	Ges. zur Aend. des Art. 35 der RVerf. (RGBl. 1185) s. a 32, 420, 702.
577	17. Dez. 1923	Ges. über die Bilanzierung wertbeständiger Schulden (RGBl. 1233); ändert das HGB. s. a 569, 606; c 8.
578	31. Dez. 1923	Ges. zur Verläng. der Zuckerungsfrist der Weine des Jahrganges 1923 (RGBl. 1924, 1) s. a 487, 588; ändert das Weingesetz.
579	31. Dez. 1923	2. Ges. zur Aend. des Reichswahlges. (RGBl. 1924, 1 u. 40) s. a 95, 414; 108; 224. Neufassung des Reichswahlgesetzes u. des Ges. über die Wahl des RPräsidenten v. 6. März 1924 (RGBl. 159 u. 172); ersteres geänd. a 581, g 100; letzteres a 613.
580	4. März 1924	Ges. über Danziger u. Memelländische Rechtsangelegenheiten (RGBl. 169).
581	13. März 1924	3. Ges. zur Aend. des Reichswahlges. (RGBl. 173) s. a 579.
582	15. März 1924	Ges. über Verläng. der Bek. über die Bildung von Wohnungsverbänden v. 7. Nov. 1918 (RGBl. 257).
583	18. März 1924	Reichspostfinanzges. (RGBl. 287); ändert auch das Postges. v. 28. Okt. 1871 (s. a 555, 607) u. das Eisenbahnpostges. v. 20. Dez. 1875 s. a 32; 214; 555, 564; 556; 197; 110, 230; seiners. geänd. a 733, a* 281, a 938, 945.
584	19. März 1924	Ges. über die Aufhebung des Kriegsleistungsges. (RGBl. 285); hebt das Ges. v. 13. Juni 1873 samt Aenderungen auf; s. a 385.
585	19. März 1924	Ges. über hypothekarische Belastung von Reichsbahngrundstücken (RGBl. 285).
586	20. März 1924	Ges. über die Ausprägung neuer Reichssilbermünzen (RGBl. 291) s. a 352, 454, 562, a* 85; ändert auch das Münzges. v. 1. Juni 1909.
587	21. März 1924	Ges. z. Abänd. d. Opiumges. s. a 176; aufgeh. a 883
588	26. März 1924	Ges. über die Zuckerung der Weine des Jahrgangs 1922 (RGBl. 375) s. a 578, 611; ändert auch das Weinges.
589	12. Juni 1924	Ges. zur Aend. der BundesratsBek. über die Geschäftsaufsicht (RGBl. 641) s. e 27; aufgeh. a 683*
590	9. Juli 1924	Ges. zur Aend. des Quartierleistungsges. v. 25. Juni 1868, s. a 385 (RGBl. 665); ändert auch das AbändGes. v. 21. Juni 1887 u. das Naturalleistungsges. v. 13. Febr. 1875 (s. a 385).

Nr.	Datum des Gesetzes	Name des Gesetzes
591	19. Juli 1924	Ges. zur Aenderung der Strandungsordnung v. 17. Mai 1874 (RGBl. 667).
592	31. Juli 1924	Ges. zur Aend. der RVersO. (RGBl. 669) s. a 546; a* 89; c 60; d 33; e 41.
593	31. Juli 1924	Ges. über Sonderzulagen in der Unfallversicherung (RGBl. 669).
594	4. Aug. 1924	Ges. zur Abänd. des Reichsversorgungsges. (RGBl. 677) s. a 121, 510, 648.
595	4. Aug. 1924	Ges. zur Aend. des Ges. über das Verf. in Versorgungssachen (RGBl. 677) s. a 297; neue Neufassung a 822.
596	7. Aug. 1924	Ges. über die Temperaturskale u. die Wärmeeinheit (RGBl. 679).
597	11. Aug. 1924	Ges. zur Aend. der VO. über Erwerbslosenfürsorge (RGBl. 691) s. e 56, a 675; aufgeh. a 795.
598	15. Aug. 1924	Ges. zur Aend. des Naturalleistungsges. v. 24. Mai 1898 u. 9. Juni 1906 (RGBl. 681) s. a 385, Neufassung Bek. v. 6. April 1925 (RGBl. 44).
599	25. Aug. 1924	Ges. betr. das Eingehen deutscher Festungen (RGBl. 693).
600	4. Sept. 1924	Ges. über das Ausgleichsverf. in bezug auf das Saargebiet (RGBl. 701).
601	7. Sept. 1924	Ges. über die Ermächtigung der Reichsregierung zur Einführung einer Fürsorge für erwerbslose Seeleute (RGBl. 701) s. a 624.
602	10. Sept. 1924	Aenderungsges. zum Ges. über die Fieberthermometer (RGBl. 703) mit Neufassung v. 10. Sept. 1924 (RGBl. 704) s. a 209; wieder geänd. a 699.
603	15. Dez. 1924	RVersO., Bek. über Neufassung (RGBl. 779); s. a 546; wieder geänd. a 604, 617, 639, 647, 686, 703, 709, 726, 766, 767, 790, 802, 827, 828, 852, 864, 880, g 2, 3, 41, 62, 110, h 59, 125.
604	22. Jan. 1925	Ges. über das Reichsschiedsamt (RGBl. 3) s. a 603, 617.
605	27. Jan. 1925	Ges. über die Aend. des Gebiets der Zollausschlüsse in Seehäfen (RGBl. 9).
606	4. Febr. 1925	Ges. zur Aend. des Handelsgesetzbuchs u. des Genossenschaftsges. (RGBl. 9) s. a 577, 802; a 372, 492, 676.
607	5. Febr. 1925	Ges. zur Aend. des Postges. (RGBl. 10) s. a 430, 583.
608	17. Febr. 1925	Ges. betr. Aussetzung des Verfahrens vor Gerichten u. Aufwertungsstellen (RGBl. 15); geänd. a 623.
609	20. Febr. 1925	Ges. über die Todeserklärung Kriegsverschollener (RGBl. 15).
610	21. Febr. 1925	Ges. über die weitere Zulassung von Hilfsmitgliedern im Reichspatentamt (RGBl. 17) s. a 306, 821.
611	28. Febr. 1925	Ges. über die Zuckerung der Weine des Jahrgangs 1924 (RGBl. 17) s. a 588.

Nr.	Datum des Gesetzes	Name des Gesetzes
612	10.März 1925	Ges. über die Stellvertretung des Reichspräsidenten (RGBl. 17).
613	13.März 1925	2. Ges. über die Wahl des Reichspräsidenten (RGBl. 19) s. a 108, 579.
614	13.März 1925	Ges. über die Volks-, Berufs- u. Betriebszählung (RGBl. 19).
615	18.März 1925	Ges. über die Beerdigung des Reichspräsidenten (RGBl. 27).
616	21.März 1925	Ges. über Aufnahme von Auslandskrediten durch Gemeinden und Gemeindeverbände (RGBl. 27).
617	23.März 1925	Ges. zur Aend. der Berechnung der Rente aus der Invalidenversicherung (RGBl. 27) s. a 603, 604, 767.
618	23.März 1925	Ges. über Zusatzsteigerung der Renten in der Angestelltenversicherung (RGBl. 28) s. a 422, 647, 709.
619	23.März 1925	Ergänzungsges. zum Ges. über den Verkehr mit unedlen Metallen (RGBl. 28) s. a 504, 665.
620	24.März 1925	4. Aend. des Besoldungssperrges. (RGBl. 30) s. a 165, 473, 516; d 23.
621	25.März 1925	Ges. über die vierteljährliche Gehaltszahlung (RGBl. 30) s. a 103, 164.
622	26.März 1925	Ges. zur Regelung des Finanzausgleichs zwischen Reich, Ländern u. Gemeinden im 1. Halbjahr 1925 (RGBl. 29) s. a 519; e 59; geänd. a 659.
623	27.März 1925	Ges. über die Verlängerung der Fristen der 3. SteuerNotVO. (RGBl. 29) s. a 608, 636; e 59.
624	27.März 1925	Ges. zur Erweiterung u. Verlängerung der Fürsorge für erwerbslose Seeleute (RGBl. 31) s. a 601, 760; aufgeh. a 795.
625	31.März 1925	Kabelpfandges. (RGBl. 37).
626	15.April 1925	Ges. über die Aend. der 18. Ergänzung des Besoldungsges. (RGBl. 43) s. a 416, 689.
627	16.April 1925	Ges. über die Aufrechterhaltung von Vorschriften des Kapitalfluchtges. (RGBl. 43) s. a 437, 472; geänd. a 634.
628	18.April 1925	Ges. betr. den Lehrgang der Grundschule (RGBl. 49) s. a 99.
629	27. Mai 1925	Ges. über Hinausschiebung der Vermögenssteuervorauszahlung (RGBl. 73 u. 84) s. a 326, 472, 633.
630	29. Mai 1925	Steuerüberleitungsges. (RGBl. 75) s. a 67, 520, 551; geänd. a 653.
631	3. Juni 1925	Ges. betr. Aenderung des Ges. über den Ruhegehalt des RPräsidenten (RGBl. 81) s. a 448.
632	4. Juni 1925	Ges. über die Erhebung von Gebühren für die Aufsichtstätigkeit des Reichsaufsichtsamts für Privatversicherung (RGBl. 81); ändert auch das VersichAufsGes. v. 12. Mai 1901 (s. c 65; a 545).

Nr.	Datum des Gesetzes	Name des Gesetzes
633	23. Juni 1925	Ges. über die Hinausschiebung der Vermögenssteuervorauszahlung (RGBl. 85) s. a 326, 472, 629.
634	26. Juni 1925	Ges. über Depot- und Depositengeschäfte (RGBl. 89) s. a 627, 750.
635	26. Juni 1925	Ges. zur Aend. des Weinsteuerges. (RGBl. 91) s. a 341, 521; d 22; e 36; aufgeh. a 657.
636	28. Juni 1925	Ges. zur Verlängerung der Geltungsdauer der 3. SteuerNotVO. (RGBl. 92) s. a 623, 704.
637	3. Juli 1925	Ges. über den Schutz des zur Anfertigung von Schuldurkunden des Reichs u. der Länder verwendeten Papiers geg. Nachahmung (RGBl. 93).
637a	3. Juli 1925	Ges. über die Wechsel- und Scheckzinsen (RGBl. 93); ändert auch die Wechselordnung (a 747) und das Scheckgesetz (a 913); bedingt aufgeh. h 130.
638	4. Juli 1925	Ges. über die Wiederaufnahme des Verfahrens gegenüber Urt. d. bay. Volksger. (RGBl. 95).
639	14. Juli 1925	2. Ges. über Aend. der Unfallversicherung (RGBl. 97) s. a. 603, 647; mit teilw. Neufassung der RVersO. durch Bek. v. 9. Jan. 1926 (RGBl. 9, 100); s. weiter a 686; Aenderungen s. a 603; s. auch a 852.
640	14. Juli 1925	Ges. zur Aend. des Ges. über die Erstattung von RAnwGebühren in Armensachen (RGBl. 136) s. a 456, 559, 744.
641	16. Juli 1925	Aufwertungsges. (RGBl. 117 u. 160) s. b 195; geänd. a 784. 931, 932.
642	16. Juli 1925	Ges. üb. d. Ablös. öffentl. Anleihen (RGBl. 137, 348) s. a 496; geänd. a 784.
643	16. Juli 1925	Ges. über Gebühren für Arbeitsbücher (RGBl. 145); ändert die GewO. s. a 482, 749.
644	18. Juli 1925	Ges. über die Errichtung der Deutschen Rentenbank-Kreditanstalt (RGBl. 145 u. 156); geänd. a 667, 834, g 3 u. VO. v. 19. Dez. 1930 (RGBl. 635), ferner a 949, g 74.
645	23. Juli 1925	Ges. zur Aend. der Pachtschutzordnung (RGBl. 151) s. a 371; c 90; e 44; mit Neufassung dieser v. 23. Juli 1925 (RGBl. 152), wieder geänd. a 749, 786, 879, 914, 963, g 62.
646	27. Juli 1925	Ges. über Aufhebung der VO. zur Sicherstellung des Warenumlaufs (RGBl. 157) s. d 12.
647	28. Juli 1925	Ges. über Ausbau der Angestellten- u. Invalidenversich. u. über Gesundheitsfürsorge in der Reichsversicherung (RGBl. 157); ändert auch das AngestelltenversGes. u. die RVersO. s. a 128, 422, 536, 618, 647, 709; 603, 639.
648	28. Juli 1925	3. Ges. zur Aend. des Reichsversorgungsges. u. anderer Versorgungsgesetze (RGBl. 163) s. a 121, 510, 594; 252, 510; 386, 510; 510; ändert auch das Offizierspensionsges. vom

Nr.	Datum des Gesetzes	Name des Gesetzes
		31. Mai 1906 (s. a 510, 805); Neufassung des RVersorgG. v. 31. Juli 1925 (RGBl. 165), wieder geänd. a 722, 749, 771, 805 (mit neuer Neufassung).
649	31. Juli 1925	Ges. zur Abänd. des Wehrmachtversorgungsges. (RGBl. 161) s. a 266, 509 mit Neufassung v. 19. Sept. 1925 (RGBl. 349, 389), wieder geänd. g 42, 86, h 84.
650	31. Juli 1925	Ges. zur Aend. des Ges. betr. Kinderarbeit in gewerblichen Betrieben v. 30. März 1903 (RGBl. 162).
651	4. Aug. 1925	Ges. über Einstellung des Personalabbaus und Aend. der PersonalabbauVO. (RGBl. 181) s. a 23, e 18; ändert auch das RBeamtenGes. v. 31. März 1873 (a 540, 912); seiners. geänd. s. a 690.
652	10. Aug. 1925	Ges. zur Aend. der VO. über den Verkehr mit Vieh und Fleisch (RGBl. 185) mit Neufassung dieser als Ges. über den Verkehr mit Vieh und Fleisch (RGBl. 186); geänd. a 873, h 38.
653	10. Aug. 1925	Einkommensteuerges. (RGBl. 189) s. a 630; geänd. a 669, 681, 691, 810, 846, 858, 927; g 3, 6, weiter durch VO. v. 24. Juli 1931 (RGBl. 411), ferner geänd. g 41, 42, h 65.
654	10. Aug. 1925	Körperschaftssteuerges. (RGBl. 208) s. a 329, geänd. a 868, 927, g 3, 41.
655	10. Aug. 1925	Reichsbewertungsges. (RGBl. 214) s. a 770, 820, 866, 924, g 3 (Neufassung).
656	10. Aug. 1925	Ges. über Vermögen- u. Erbschaftssteuer (RGBl. 233) s. a 396, 472; seiners. geänd. a 691, 869, g 3 (Neufassung). Neufassung des Erbschaftssteuerges. v. 22. Aug. 1925 (RGBl. 320), wieder geänd. g 3 (mit teilw. Neufassung), g 41.
657	10. Aug. 1925	Ges. zur Aenderung von Verbrauchssteuern (RGBl. 248, Inkrafttreten 314) s. a 341, 521, 635, d 22, e 36; a 531, 550, d 24; 532, 550, d 24; a 533, 550, d 24, e 43, 787; a 529, 550, d 24; a 62; a 530, 550; a 527, 550, e 43; a 53, d 34; hebt fast völlig auf das Weinsteuerges. v. 26. Juli 1918; dieses nun ganz aufgehoben a 691.
658	10. Aug. 1925	Ges. über die gegenseitigen Besteuerungsrechte des Reichs, der Länder und der Gemeinden (RGBl. 252); hebt auch auf das Reichsbesteuerungsges. v. 15. April 1911; seiners. geänd. a 691, 929, g 3. Neufassung des Finanzausgleichsges. v. 27. April 1926 (RGBl. 203); wieder geänd. a 700, 768, 809, g 3, a 946, 952, h 19.
659	10. Aug. 1925	Ges. über Aenderung des Finanzausgleichs zwischen Reich, Ländern und Gemeinden (RGBl.

Nr.	Datum des Gesetzes	Name des Gesetzes
		254) s. a 519, e 59, a 704; d 32; a 152; a 622; geänd. a 685, 691, 768, g 3, 32. Neufassung des Ges. über den Geldentwertungsausgleich bei bebauten Grundstücken v. 1. Juni 1926 (RGBl. 251), wieder geänd. a 902; g 3, 6, 41 (auch teilweise Aufhebung).
660	10. Aug. 1925	Ges. zur Aend. der Verkehrsteuern und des Verfahrens (RGBl. 241) s. a 329; a 50, 519; a 525, e 59; a 67; a 8, 472, 25; seiners. geändert a 662, 691, 737. Neufassung des Grunderwerbssteuerges. v. 11. März 1927 (RGBl. 72), wieder geänd. a 854, g 3.
661	10. Aug. 1925	Ges. über Erhöhung der Bier- und Tabaksteuer (RGBl. 244) s. a 527, 550, e 43; a 17, 528, 769; a 26, 528, 769; a 53, 332, d 34; ändert auch den Zolltarif v. 25. Dez. 1902; seiners. geänd. a 684, 691, 795, 920.
662	17. Aug. 1925	Ges. über Zolländerungen (RGBl. 261); s. a 67, 660; ändert auch das Zolltarifges. v. 25. Dez. 1902; zu letzterem s. Bek. v. 3. Sept. 1925 (RGBl. 331) a 732, 775, 789, 832; seiners. geänd. a 691, 789, a' 165, a 808, 831, 889, 925.
663	17. Aug. 1925	Ges. über Straffreiheit (RGBl. 313).
664	26. Aug. 1925	Kraftfahrliniengesetz (RGBl. 319).
665	26. Aug. 1925	Ges. zur Aend. des Ges. über den Verkehr mit unedlen Metallen (RGBl. 320) s. a 504, 619, 713.
666	3. Sept. 1925	Ges. über Beschränkung der Einnahmen aus der Lohnsteuer (RGBl. 331) s. a 669; 810 (Neufassung).
667	28. Nov. 1925	Ges. zur Aend. des Ges. über die Errichtung der deutschen Rentenbank-Kreditanstalt (RGBl. 391) s. a 644, 834.
668	18. Dez. 1925	Ges. über die Eintragung von Hypotheken u. Schiffspfandrechten in ausländischer Währung (RGBl. 469) s. c 47; a 484; geänd. a 851.
669	19. Dez. 1925	Ges. über die Senkung der Lohnsteuer (RGBl. 469) s. a. 653, 666, 681.
670	21. Dez. 1925	Ges. über Ausfuhr von Kunstwerken (RGBl. 470) s. c 32, a 804.
671	21. Dez. 1925	Ges. über die Gebühren der Zeugen u. Sachverständigen (RGBl. 470) s. a 312, 415; mit Neufassung v. 21. Dez. 1925 (RGBl. 471), wieder geänd. g 32.
672	21. Dez. 1925	Ges. zur Entlastung des Reichsgerichts (RGBl. 475); s. e 58, a 742, 826.
673	22. Dez. 1925	Ges. über die Zuckerung der Weine (RGBl. 475); ändert das Weinges. v. 7. April 1909 s. a 453, 757, 782.
674	22. Dez. 1925	Ges. zur Abänd. der StPO. (RGBl. 475) s. e 13, a 754.

Nr.	Datum des Gesetzes	Name des Gesetzes
675	17. Jan. 1926	Ges. zur Aend. der VO. über Erwerbslosenfürsorge (RGBl. 89) s. e 56; a 597, 741; aufgeh. a 795.
676	19. Jan. 1926	Ges. zur Aend. des Genossenschaftsgesetzes (RGBl. 91) s. a 372, 606, 886.
677	26. Jan. 1926	2. Ges. zur Aend. des Hypothekenbankges. (RGBl. 97) s. a 538, 806.
678	13. Febr. 1926	Ges. zur Aend. des Gerichtsverfassungsges. (RGBl. 99) s. e 13, a 692.
679	13. Febr. 1926	Ges. über Aussetzung der Rechtsstreitigkeiten über die Auseinandersetzung mit den Fürstenhäusern (RGBl. 101) s. a 693, 745.
680	22. Febr. 1926	Ges. über Militärgerichte u. militärgerichtl. Verfahren (RGBl. 103), ändert die Militärstrafgerichtsordnung v. 1. Dez. 1898 (a 152, 697) und die VO. v. 5. Dez. 1908 (RGBl. 1422).
681	26. Febr. 1926	Ges. zur Vereinfachung der Lohnsteuer (RGBl. 107) s. a 653, 669.
682	26. Febr. 1926	Reichswasserschutzversorgungsgesetz (RGBl. 149).
683	27. Febr. 1926	Ges. über die Regelung der fürsorgerechtlichen Beziehungen zum Saargebiet (RGBl. 149).
684	8. März 1926	Ges. zur Aend. des Ges. über Erhöhung der Bier- u. Tabaksteuer (RGBl. 151) s. a 661, 691, geänd. a 795.
685	18. März 1926	Ges. zur Aend. des Ges. über Aenderungen des Finanzausgleichs (RGBl. 175) s. a 659.
686	26. März 1926	Ges. über Geltungsdauer von Vorschriften der RVersO. (RGBl. 179) s. a 603, 639, 703.
687	26. März 1926	Ges. über die Bereitstellung von Kredit zur Förderung des Kleinwohnungsbaues (RGBl. 179); geänd. a 716, 778 (Neufassung).
688	27. März 1926	Ges. zur einheitlichen Regelung des Wohnungsgeldzuschusses (RGBl. 180).
689	27. März 1926	19. Ergänzung des Besoldungsges. (RGBl. 180) s. a 103, 416, 626, 737.
690	27. März 1926	Ges. zur Aend. des Ges. über Einstellung des Personalabbaus u. Aend. der PersAbbauVO. RGBl. 185) s. a 651, 721, d 23, e 18; geänd. a 734.
691	31. März 1926	Ges. über Steuermilderungen zur Erleichterung der Wirtschaftslage (RGBl. 185) s. a 659; 67, 660, 662; 653; 656; 661, 684; 657, 332; 658; regelt selbständig die Schaumweinsteuer; seiners. geänd. a 791, 884, 929. Neufassung des Umsatzsteuerges. v. 8. Mai 1926 (RGBl. 218), wieder geänd. a 920, g 3, 41.
692	31. März 1926	Ges. zur Aend. des Ges. zum Schutze der Republik (RGBl. 190) s. a 397; e 13, a 678, 718.
693	3. April 1926	Ges. über die Aussetzung von Verfahren über die Auflösung der Familiengüter von Fürstenhäusern (RGBl. 191 (s. a 679, 724, 745.

Nr.	Datum des Gesetzes	Name des Gesetzes
694	6. April 1926	Ges. über die Amtsdauer der Beisitzer der Verwaltungsausschüsse der Arbeitsnachweisämter (RGBl. 193) s. a 408.
695	10. April 1926	Ges. zur Aufhebung der VO. über Kartoffeln (RGBl. 193) s. c 93.
696	15. April 1926	Ges. über einen Ausschuss zur Untersuchung der Erzeugungs- u. Absatzbedingungen der deutschen Wirtschaft (RGBl. 195).
697	30. April 1926	Ges. zur Vereinfachung des Militärstrafrechts (RGBl. 197 u. 222); ändert das MStGB. v. 20. Juni 1872 u. das EG. hierzu, die MilStrafGerOrdn. v. 1. Dez. 1898 (a 680, 800), das EinfG. hierzu v. 1. Dez. 1898; s. a 152, 199, e 13; geänd. a 698. Neufassung des MStGB. u. des EG. hierzu v. 16. Juni 1926 (RGBl. 275); das MStGB. wieder geänd. h 59.
698	30. April 1926	Ges. über die Bestrafung des Zweikampfs (RGBl. 201); ändert das StGB. s. a 567, 701; a 697.
699	3. Mai 1926	Ges. über die Prüfung u. Beglaubigung von Fieberthermometern (RGBl. 213) s. a 602.
700	15. Mai 1926	Ges. zur Aend. des Kraftfahrzeugsteuerges. (RGBl. 223) s. a 337, 447; a 658; geänd. g 3. Neufassung v. 19. Mai 1926 (RGBl. 239). Neues Ges. a 809. Nochmals geänd. h 20.
701	18. Mai 1926	Ges. zur Aend. des Strafgesetzbuchs (RGBl. 239) s. a 698, 749.
702	22. Mai 1926	Ges. zur Ergänzung der RVerfassung (RGBl. 243) s. a 32, 576.
703	22. Mai 1926	1. Ges. zur Aend. des 2. Buchs der RVersO. (RGBl. 243) s. a 603, 686, 709.
704	27. Mai 1926	Ges. zur Aend. der 3. SteuerNotVO. (RGBl. 249) s. e 59, a 636.
705	1. Juni 1926	Ges. zur Aend. des § 11 der RAbgOrdn. (RGBl. 255) s. a 62, 890.
706	8. Juni 1926	Ges. zur Aend. der ReichsVO. über die Fürsorgepflicht (RGBl. 255) s. e 53, g 6.
707	22. Juni 1926	Ges. über die Gewährung v. Darlehen zur Hebung der landwirtschaftlichen Erzeugung (RGBl. 315).
708	25. Juni 1926	Ges. zur Abänd. des Reichsknappschaftsges. (RGBl. 291) s. a 517, 518. Neuf. des Reichsknappschaftsges. vom 1. Juli 1926 (RGBl. 369); wieder geänd. s. a 766, 827, 828, g 41, 62, h 6, 59.
709	25. Juni 1926	Ges. z. Aend. d. RVersO. u. d. AngestelltenVersGes. (RGBl. 311) s. a 603, 703, 726; 422, 618, 647, 766.
710	25. Juni 1926	Ges. über eine Erhebung in der Erwerbslosenfürsorge (RGBl. 316).
711	28. Juni 1926	Ges. zur Aend. des Ges. betr. die Gesellschaften mit beschr. Haftung (RGBl. 315) s. a 445.
712	29. Juni 1926	Ges. zur Aend. des Mieterschutzges. (RGBl. 317, 368) s. a 501, e 63; a 316, 729. Neufassung des MSchG. v. 30. Juni 1926 (RGBl.

Nr.	Datum des Gesetzes	Name des Gesetzes
		347), wieder geänd. a 764, 780, 800, 812, 814 (neue Neufassung).
713	29. Juni 1926	Ges. zur Aend. des Ges. über den Verkehr mit uned.en Metallen (RGBl. 321) s. a 504, 655, aufgeh. a 739.
714	29. Juni 1926	Ges. über Neufassung des Ges. über den Verkehr mit Edelmetallen, Edelsteinen u. Perlen (RGBl. 321) s. a 505.
715	29. Juni 1926	Beförderungssteuerges. (RGBl. 357) s. a 190.
716	1. Juli 1926	Ges. zur Aend. des Ges. v. 26. März 1926 (RGBl. 357) s. a 687, 778.
717	4. Juli 1926	Ges. über die Bestellung von Pfandrechten an im Bau befindlichen Schiffen (RGBl. 367).
718	8. Juli 1926	Ges. zur Aend. des Ges. zum Schutze der Republik (RGBl. 397) s. a 397, 692, 777.
719	8. Juli 1926	Ges. zur Durchf. der Art. 177, 178, 198 des Vertrags v. Versailles betr. den Luftfahrzeugbau (RGBl. 397) s. a 227.
720	8. Juli 1926	Ges. zur Aend. des RSiedlungsges. (RGBl. 398) s. a 33, 503, 557.
721	8. Juli 1926	Ges. zur Aend. des Schwerbeschädigtenges. u. der PersAbbauVO. (RGBl. 398) s. a 440; d 23, a 690, 749.
722	8. Juli 1926	4. Ges. zur Aend. des RVersorgungsges. (RGBl. 398) s. a 648, 749.
723	9. Juli 1926	Ges. über die Fristen für Kündigung der Angestellten (RGBl. 399, 412).
724	9. Juli 1926	Ges. über Aussetzung von Rechtsstreitigkeiten mit den Fürstenhäusern (RGBl. 399) s. a 693, 745.
725	9. Juli 1926	Ges. betr. die Kapitalkreditbeschaffung für landwirtsch. Pächter (RGBl. 399, 412), geänd. g 114.
726	9. Juli 1926	2. Ges. zur Aend. des 2. Buchs der RVersO. (RGBl. 407) s. a 603, 709, 766.
727	10. Juli 1926	Ges. zur Verläng. der Amtsdauer der Beisitzer der Gewerbe- u. der KaufmGerichte (RGBl. 402); aufgeh. a 749.
728	10. Juli 1926	Ges. zur Aufh. des Ges. über die Schutzpolizei der Länder (RGBl. 402) s. a 387.
729	10. Juli 1926	Ges. zur Aend. des RMietenges. (RGBl. 403) s. a 316, 712, 780, 815.
730	12. Juli 1926	Ges. über Rückgabe der für Besatzungszwecke in Anspruch genomm. Grundstücke (RGBl. 408).
731	14. Juli 1926	Süssstoffges. (RGBl. 409, 421) s. a 335.
732	14. Juli 1926	Ges. über die Wertbestimmung der Einfuhrscheine für eine Uebergangszeit (RGBl. 410) s. a 662, 775.
733	15. Juli 1926	Ges. zur Aend. des RPostfinanzges. (RGBl. 410) s. a 583, a* 281, a 938, 945.
734	15. Juli 1926	Ges. zur Aend. des Ges. v. 27. März 1926 (RGBl. 411) s. a 690; geänd. s. a 755, 847.

Nr.	Datum des Gesetzes	Name des Gesetzes
735	15. Juli 1926	Ges. zur Aend. des Ges. v. 12. Mai 1901 über die privaten VersichUnternehmungen (RGBl. 411) s. a 545, 958.
736	15. Juli 1926	Ges. über die Aufh. des § 62 des KapVerkehrStG. (RGBl. 415) s. a 660, g 6.
737	15. Juli 1926	20. Aend. des Besoldungsges. (RGBl. 411) s. a 103, 689.
738	19. Juli 1926	Ges. über die Aufheb. der PreistreibVO. u. damit zusammenhängender VO.en (RGBl. 413) s. a 163.
739	23. Juli 1926	Ges. über den Verkehr mit unedlen Metallen (RGBl. 415) s. a 504, 713; geänd. a 840.
740	19. Nov. 1926	Ges. über eine Krisenfürsorge für Erwerbslose (RGBl. 489); aufgeh. a 795.
741	10. Dez. 1926	Ges. zur Aend. der VO. über die Erwerbslosenfürsorge (RGBl. 493) s. e 56, a 675, 768; aufgeh. a 795.
742	17. Dez. 1926	Weiteres Ges. zur Entlastung des Reichsger. (RGBl. 503) s. a 672, 826.
743	17. Dez. 1926	Weiteres Ges. zur Verlängerung der Geltung der LohnpfändbVO. (RGBl. 503) s. c 7; a 286, 574, 816, g 42.
744	17. Dez. 1926	Weiteres Ges. über die Erstattung von RAnw.-Gebühren in Armensachen (RGBl. 503) s. a 456, 640, 800, 844.
745	17. Dez. 1926	4. Ges. über die Aussetzung von Verfahren (RGBl. 503) s. a 679, 693, 724.
746	18. Dez. 1926	Ges. zur Bewahrung der Jugend vor Schund- und Schmutzschriften (RGBl. 505).
747	18. Dez. 1926	Ges. zur Aend. der Wechselordnung (RGBl. 506) s. a 637 a, e 24.
748	22. Dez. 1926	Futtermittelges. (RGBl. 525 u. 1927, 225).
749	23. Dez. 1926	Arbeitsgerichtsges. (RGBl. 507 u. 1927, 42) s. c 78, 101, a 300, 424, 470, 727, e 13, d 32; a 648, 722; a 76, 491, 440, 749, 645; ändert auch die GewO. s. a 643, 758, g 41 u. das StGB. s. a 701, 759; hebt auf das GewGerGes. u. das KaufmGerGes.; seiners. geänd. a 901, h 6, 51, 117.
750	23. Dez. 1926	Ges. zur Verläng. des Ges. v. 26. Juni 1925 über Depot- u. Depositengeschäfte (RGBl. 527) s. a 634; weitere Verlängerung Ges. v. 24. Dez. 1927 (RGBl. 512).
751	23. Dez. 1926	Ges. zur Aend. des Ges. über das Verfahren in Versorgungssachen (RGBl. 527) s. a 297, 438; neue Neufassung a 822.
752	23. Dez. 1926	Ges. zur Regelung des Milchverkehrs (RGBl. 528); geänd. a 824; aufgeh. a 939.
753	24. Dez. 1926	Ges. zur Regelung der Sozialversich. u. der Erwerbslosenfürsorge der bei Reparations-

Nr.	Datum des Gesetzes	Name des Gesetzes
		arbeiten im Ausland beschäftigten Arbeitnehmer (RGBl. 531); geänd. durch Ges. v. 22. Dez. 1927 (RGBl. 508).
754	27. Dez. 1926	Ges. zur Aend. der StrafprozeßO. (RGBl. 529) s. a 674, 860; e 13; a 461.
755	28. Dez. 1926	Ges. zur Aend. der Personalabbaugesetze (RGBl. 531) s. a 734, d 23; wieder geänd. durch Ges. v. 16. Juli 1927 (RGBl. 185); dieses geänd. a 847.
756	28. Jan. 1927	Ges. über die Gerichtskosten u. die Rechtsanw.-Gebühren (RGBl. 53) s. a 435, 783; a 559, 783. Neufassung des Gerichtskostenges. v. 5. Juli 1927 (RGBl. 152, wieder geänd. a 800, 853, 935, g 3, 32, h 116) u. der GebO. für Rechtsanwälte v. gl. T. (RGBl. 162, wieder geänd. a 800, 891, 935).
757	31. Jan. 1927	Ges. über die Zuckerung der Weine des Jahrgangs 1926 (RGBl. 57) s. a 673.
758	7. Febr. 1927	Ges. zur Aend. der GewO. (RGBl. 57) s. a 749, 794, g 41.
759	18. Febr. 1927	Ges. z. Bekämpfung der Geschlechtskrankheiten (RGBl. 61), ändert auch das StGB. (a 749).
760	21. Febr. 1927	Ges. zur Aend. der VO. über die Fürsorge für erwerbslose Seeleute (RGBl. 65) s. a 624; aufgeh. a 795.
761	26. Febr. 1927	Ges. zur Aend. des Gesetzes über die Grundschulen usw. (RGBl. 67) s. a 99.
762	2. März 1927	Ges. über die Reichswohnungszählung usw. (R.-GBl. 69) s. a 548.
763	7. März 1927	Ges. über Aend. der RechtsanwO. (RGBl. 71) s. a 567, 779.
764	17. März 1927	Ges. zur Aend. des Mieterschutzges. (RGBl. 71) s. a 712, 780.
765	5. April 1927	Besatzungsleistungsges. (RGBl. 83); geänd. a 835.
766	8. April 1927	Ges. über die Wahlen nach der RVersichO., dem AngestelltenVersichGes. u. dem RKnappsch.-Ges. (RGBl. 95) s. a 603, 726, 767; 422; 708; 342.
767	8. April 1927	Ges. über Leistungen und Beiträge in der Invalidenversich. (RGBl. 98) s. a 603, 766; 617; 422; ändert auch das EG.RVersO. s. a 422, g 6.
768	9. April 1927	Ges. zur Uebergangsregelung des Finanzausgleichs (RGBl. 91) s. a 659; e 56; a 741; geänd. a 795, g 3.
769	9. April 1927	Ges. zur Aend. des Ges. über den Eintritt Württembergs, Bayerns und Badens in die Biersteuergemeinschaft (RGBl. 94) s. a 17, 661; 26, 661.
770	9. April 1927	Ges. über die Hinausschiebung der Bindung einzelner Länder u. Gemeinden an die nach

Nr.	Datum des Gesetzes	Name des Gesetzes
		dem Reichsbewertungsges. festgestellten Einheitswerte (RGBl. 95); s. a 655, 820.
771	9. April 1927	Ges. zur Aend. des RVersorgungsges. (RGBl. 106) s. a 648, 722, 805.
772	11. April 1927	Ges. zur Aend. des Besatzungspersonenschädengesetzes (RGBl. 101) s. a 388, e 32. Neufassung des Besatzungspersonenschädenges. v. 14. April 1927 (RGBl. 103).
773	11. April 1927	Ges. über die Uebernahme von Garantien für Lieferungen nach den sozialist. Sowjetrepubliken (RGBl. 106).
774	14. April 1927	Ges. zur Aend. der ArbeitszeitVO. (RGBl. 109) s. e 6; Neufassung der ArbeitszeitVO. vom 14. April 1927 (RGBl. 110), wieder geänd. g 6.
775	17. Mai 1927	Ges. über Einfuhrscheine (RGBl. 117); ändert auch das Zolltarifges. v. 25. Dez. 1902; s. a 662; a 732; a 788.
776	28. Mai 1927	Ges. über die Erlaubnispflicht für die Herstellung von Zündhölzern (RGBl. 123), s. e 42; aufgeh. a 895.
777	2. Juni 1927	Ges. zur Verläng. des Republikschutzges. (RGBl. 125) s. a 397, 718.
778	2. Juni 1927	2. Ges. zur Aend. des Ges. v. 26. März 1926 (RGBl. 125) s. a 687, 716; Neufassung des Ges. über die Bereitstellung von Kredit zur Förd. des Kleinwohnungsbaues v. 2. Juni 1927 (RGBl. 126).
779	29. Juni 1927	Ges. üb. d. Aend. d. RechtsanwO. (RGBl. 133) s. a 763, 800.
780	30. Juni 1927	Ges. zur Verläng. der Geltungsdauer des MieterSchGes. u. des RMietenGes. (RGBl. 131) s. a 712, 764, 800, 814; 316, 729, 812.
781	30. Juni 1927	Ges. über die Abtretung von Beamtenbezügen zum Heimstättenbau (RGBl. 133), geänd. g 41.
782	5. Juli 1927	Lebensmittelges. (RGBl. 134); ändert auch das Margarineges. v. 15. Juni 1897, das Weinges. v 7. April 1909 (s. a 673, 934) u. das Farbenges. v. 5. Juli 1887; hebt auf das Nahrungsmittelges. v. 14. Mai 1879, s. a 339, 550, 527; seiners. geänd. a 939.
783	5. Juli 1927	Ges. über den Vergleich zur Abwendung des Konkurses, Vergleichsordnung (RGBl. 139); ändert auch das Anfechtungsges. v. 20. Mai 1898; s. e 13; a 756; e 27, a 589; ihrerseits geänd. a 800.
784	9. Juli 1927	Ges. über die Verzinsung aufgewerteter Hypotheken usw. (RGBl. 171) s. a 641, 642, 931, 932.
785	9. Juli 1927	Ges. zur Aend. der Bezeichnungen Gerichtsschreiberei, Gerichtsschreiber u. Gerichtsdiener (RGBl. 175) s. e 13, a 800.

Nr.	Datum des Gesetzes	Name des Gesetzes
786	12. Juli 1927	Ges. z. Aend. der PachtschutzO. (RGBl. 179) s. a 645, 879, 914, 963, g 62.
787	15. Juli 1927	Ges. über Aend. des Zuckersteuerges. (RGBl. 179) s. a 533, 657, 875.
788	15. Juli 1927	Ges. über Erhöhung des Zuckerzolls (RGBl. 180) ändert den Zolltarif s. a 775 800
789	15. Juli 1927	Ges. über Zolländerungen (RGBl. 180); ändert auch d. Zolltarifges. v. 25. Dez. 1902; s. a 662, a* 165, a 808.
790	15. Juli 1927	3. Ges. zur Aend. des 2. Buchs der RVersichO. (RGBl. 219) s. a 653, 802, g 2.
791	16. Juli 1927	Ges. zur Verlängerung der Geltungsdauer der Steuermilderungsges. (RGBl. 183) s. a 691; weiter verlängert durch Ges. v. 28. Nov. 1928 (RGBl. 399) s. a 884.
792	16. Juli 1927	Ges. betr. Bürgschaften des Reichs zur Förderung landw. Flüchtlingssiedelung (RGBl. 183).
793	16. Juli 1927	Ges. zur Aend. der VO. über die Arbeitszeit in den Bäckereien und Konditoreien v. 23. Nov. 1918 (RGBl. 183), geänd. g 6.
794	16. Juli 1927	Ges. über die Beschäftigung vor u. nach der Niederkunft (RGBl. 184), s. a* 205; ändert auch die GewO., s. zu dieser a 758; seinerseits geänd. a 798.
795	16. Juli 1927	Ges. über Arbeitsvermittlung u. Arbeitslosenversicherung (RGBl. 187 u. 238, 320; Inkraftsetzung 283) s. a 408, d 30; e 56, a 597, 675, 741, 768; 740; 624, 760; 661, 684; 440; seiners. geänd. a 802, 823, 855, 881. g 3.
796	27. Juli 1927	Ges. über Kriegsgerät (RGBl. 239) s. a 221.
797	29. Okt 1927	Ges. über die Mündelsicherheit von Wertpapieren und Forderungen (RGBl. 325), s. a 953.
798	29. Okt. 1927	Ges. zur Aend. des Ges. über die Beschäftigung vor und nach der Niederkunft (RGBl. 325) s. a 794.
799	31. Okt. 1927	Ges. über die Zuckerung der Weine des Jahrgangs 1927 (RGBl. 326).
800	30. Nov. 1927	VO. über die Bezeichnung Gerichtsschreiber usw. (RGBl. 334) s. e 58, e 13; a 754; a 783; a 756; a 456, 744; a 712, 780, 812; e 13; a 785; c 82; ändert auch die KonkO. v. 20. Mai 1898 (s. e 64), ferner das AusfG. v. 17. Juli 1905 zum Haager Abk. über den Zivilproz., die MilitärStrGerichtsordn. vom 1. Dez. 1898 (a 697), das FGG. vom 17. Mai 1898 (s. a 461), das Ges. v. 28. Mai 1901 betr. die freiw. Gerichtsbark. im Heere, die RAnwOrdn. v. 1. Juli 1878 (a 779, g 42).
801	3. Dez. 1927	Ges. zur Aend. des Telegraphenges. (RGBl. 331) s. a 110, 556; ändert auch das Ges. über das Telegraphenwesen v. 6. April 1892 (s. e 55)

Nr.	Datum des Gesetzes	Name des Gesetzes.
		und das Aenderungsges. hierzu v. 7. März 1908. Neufassung des Ges. über das Telegraphenwesen als Ges. über Fernmeldeanlagen v. 14. Jan. 1928 (RGBl. 8).
802	16. Dez. 1927	Ges. über die Krankenversich. der Seeleute (RGBl. 337) s. a 603, 790; a 795; ändert auch die Seemannsordn. v. 2. Juni 1902 (s. a * 262) und das Handelsgesetzbuch (a 616, 904).
803	16. Dez. 1927	Besoldungsges. (RGBl. 349; 1928, 62) s. a 103, 416; geänd. a 912, a* 281, ferner durch VO. v. 15. Juni 1930 (RGBl. 352); weiter geänd. g 29, 32, 114, h 41, 84, 109.
804	21. Dez. 1927	Ges. über Ausfuhr von Kunstwerken (RGBl. 485) s. c 32, a 670; geänd. durch Ges. v. 24. Dez. 1929 (RGBl. 244).
805	21. Dez. 1927	5. Ges. zur Aend. des RVersorgungsges. und anderer Versorgungsgesetze (RGBl. 487) s. a 648, 771; a 510; ändert auch das OffizierspensGes. v. 31. Mai 1906 (a 648, d 23). Neufassungen des Reichsversorgungsges. (wieder geänd. g 2, 3, 6, 20, 62, 104, h 84), des Altrentnerges. (wieder geänd. g 6) und des Kriegspersonenschädenges. v. 22. Dez. 1927 (RGBl. 515).
806	21. Dez. 1927	3. Ges. zur Aend. des Hypothekenbankges. (RGBl. 491) s. a 677; ändert das Hypothekenbankges. v. 13. Juli 1899; s. weiter a 915.
807	21. Dez. 1927	Ges. über die Pfandbriefe und verwandten Schuldverschreibungen öffentlichrechtlicher Kreditanstalten (RGBl. 492); geänd. a 951.
808	21. Dez. 1927	Ges. über Zolländerungen (RGBl. 507) s. a 662, 789, 832.
809	21. Dez. 1927	Kraftfahrzeugsteuerges. (RGBl. 509) s. a 700; 658; geänd. a 952 (mit Neufassung).
810	22. Dez. 1927	Ges. zur Aenderung des Einkommensteuerges. (RGBl. 485) s. a 653, 666; zugleich Neufassung des Ges. über Beschränkung der Einnahmen aus der Lohnsteuer s. a 666; geänd. a 846.
811	22. Dez. 1927	Ges. zur Aend. des Versicherungsges. für Angestellte (RGBl. 567) s. a 422, 827, 828.
812	24. Dez. 1927	2. Ges. zur Verlängerung des Mieterschutzges. u. d. RMietenges. (RGBl. 512) s. a 712, 800, 814; a 316, 780, 815.
813	2. Febr. 1928	2. Ges. über wertbeständige Hypotheken (RGBl. 11) s. a 512.
814	13. Febr. 1928	Ges. zur Aend. des Mieterschutzges. (RGBl. 17) s. a 712, 764, 812; mit Neufassung des Mieterschutzges. v. 17. Febr. 1928 (RGBl. 25 u. 142, wieder geänd. a 898, g 3, 41, h 2. Neue Neufassung g 41.

Nr.	Datum des Gesetzes	Name des Gesetzes.
815	14. Febr. 1928	Ges. zur Aend. des RMietenges. (RGBl. 21) s. a 316, 729, 812; mit Neufassung des RMietenges. v. 20. Febr. 1928 (RGBl. 38), wieder geänd. a 899, g 3, 41.
816	27. Febr. 1928	Weiteres Ges. über Lohn- und Gehaltspfändung (RGBl. 45) s. c 7; a 286, 574, 743, g 42; e 58; a 833.
817	28. Febr. 1928	Ges. zur Aend. des Betriebsräteges. (RGBl. 46) s. a 76.
818	28. Febr. 1928	Ges. zur Aend. der TarifvertragsVO. (RGBl. 46) s. a 450; c 87; mit Neufassung v. 1. März 1928 (RGBl. 47).
819	7. März 1928	Baukreditges. 1928 (RGBl. 53) s. a 860.
820	12. März 1928	Ges. über weitere Hinausschiebung der Bindung an die nach dem Reichsbewertungsges. festgestellten Einheitswerte (RGBl. 61) s. a 655, 770, 866.
821	16. März 1928	Ges. über weitere Zulassung von Hilfsmitgl. im Reichspatentamt (RGBl. 61) s. a 610, 947.
822	17. März 1928	4. Ges. zur Aend. des Ges. über das Verfahren in Versorgungssachen (RGBl. 63, 110); Neufassung v. 20. März 1928 (RGBl. 71, wieder geänd. g 6, 62) s. a 297, 438; e 33; a 751.
823	23. März 1928	Ges. über die Weitergeltung von Uebergangsbestimmungen in der Arbeitslosenversicherung u. in der Krisenunterstützung (RGBl. 109) s. a 795.
824	24. März 1928	Ges. zur Aend. des Ges. über den Milchverkehr (RGBl. 109) s. a 752; hiezu Ges. v. 23. März 1929 (RGBl. 81); s. weiter a 939
825	27. März 1928	Ges. über die Statistik des Warenverkehrs mit dem Ausland (RGBl. 111) s. a 392, e 35; hebt auch auf das Ges. gl. Betr. v. 7. Febr. 1906; seiners. geänd. g 6.
826	28. März 1928	Weiteres Ges. zur Entlastung des Reichsgerichts (RGBl. 120) s. a 672, 742, 856.
827	29. März 1928	Ges. über Leistungen in der Invaliden- u. Angestelltenversicherung (RGBl. 116) s. a 603; a 422, 811.
828	29. März 1928	Ges. zur Aend. der RVersichOrdn., des AngestelltenversichG. u. des RKnappschaftsges. (RGBl. 117) s. a 603; a 422, 811, 858; a 708; seiners. geänd. g 41; s. auch VO. v. 10. Aug. 1928 (RGBl. 372).
829	30. März 1928	Ges. über einen Gebietsaustausch zwischen Sachsen u. Thüringen (RGBl. 115).
830	30. März 1928	Kriegsschädenschlußges. (RGBl. 120).
831	30. März 1928	Gesetz über zollfreie Einfuhr von Gefrierfleisch (RGBl. 133) s. a 662; aufgeh. a 918.
832	30. März 1928	Ges. über Aend. des Zolltarifges. v. 25. Dez. 1902 (RGBl. 133) s. a 662, 808, 871.

Nr.	Datum des Gesetzes	Name des Gesetzes
833	30. März 1928	Ges. zur Ergänzung der Vorschriften über den Vorsitz bei den Kollegialgerichten (RGBl. 134) s. e 58; a 816; e 13.
834	31. März 1928	2. Ges. zur Aend. des Ges. über die Errichtung der Deutschen Rentenbank-Kreditanstalt (RGBl. 134) s. a 644, 667, 949.
835	31. März 1928	Ges. zur Aend. der VO. über das RWirtschaftsgericht u. das Besatzungsleistungsges. (RGBl. 135) s. c 82; a 765.
836	31. März 1928	Ges. zur Aend. des Tabaksteuerges. (RGBl. 135) s. a 53, 890.
837	31. März 1928	Ges. zur Fortführung der Strafrechtsreform (RGBl. 135).
838	31. März 1928	Ges. betr. die Tätigkeit eines Reichstagsausschusses zur Durchführung des landwirtschaftl. Notprogramms (RGBl. 137).
839	31. März 1928	Ges. über den Waffenhandel nach China (RGBl. 149)
840	31. März 1928	Ges. über die Verlängerung des Gesetzes über den Verkehr mit unedlen Metallen (RGBl. 149) s. a 739; weiter verlängert durch Ges. v. 21. Dez. 1928 (RGBl. 412) u. v. 28. Juni 1929 (RGBl. 121).
841	12. April 1928	Ges. über Schußwaffen u. Munition (RGBl. 143); geänd. g 41.
842	14. Juli 1928	Ges. über Straffreiheit (RGBl. 195); geänd. a 941.
843	14. Juli 1928	Ges. zur Aend. der GebOrdn. f. Gerichtsvollzieher (RGBl. 197) s. a 431, g 32.
844	14. Juli 1928	Weiteres Ges. über die Erstattung von Rechtsanwaltsgebühren in Armensachen (RGBl. 197) s. a 456, 744; geänd. a 853.
845	18. Juli 1928	Ges. über Ergänzung des Viehseuchenges. v. 9. Juni 1909 (RGBl. 289) s. a 878.
846	23. Juli 1928	Zweites Ges. zur Änd. des Einkommensteuerges. (RGBl. 290) s. a 653, 810, 868; geänd. h 65.
847	25. Juli 1928	Ges. über Personalabbau (RGBl. 289) s. a 734, 755.
848	7. Dez. 1928	Ges. über die Vereinigung von Waldeck mit Preußen (RGBl. 401).
849	7. Dez. 1928	Ges. über das Verfahren vor dem Bundesamt für Heimatwesen (RGBl. 401); ändert auch das Ges. über den Unterstützungswohnsitz v. 30. Mai 1908 (s. e 53, g 63); seiners. geänd. g 63.
850	14. Dez. 1928	Ges. über Erhöhung des Zuckerzolls (RGBl. 403) s. a 788; wieder geänd. durch Ges. v. 3. Juli 1929 (RGBl. 127); weiter geänd. a 910.
851	17. Dez. 1928	Zweites Ges. über die Eintragung von Hypotheken u. Schiffspfandrechten in ausländischer Währung (RGBl. 405) s. c 47, a 484, 668, 888, 950.

Nr.	Datum des Gesetzes	Name des Gesetzes
852	20. Dez. 1928	Drittes Ges. über Änderungen in der Unfallversicherung (RGBl. 405) s. a 603, 639.
853	20. Dez. 1928	Armenanwaltsgebührenges. (RGBl. 411) s. a 756, 456, 844; geänd. g 3, 32.
854	22. Dez. 1928	Ges. über die Hinausschiebung der Steuer des § 10 des GrunderwSteuerges., Besteuerung der toten Hand (RGBl. 412) s. a 660.
855	24. Dez. 1928	Ges. über eine Sonderfürsorge bei berufsüblicher Arbeitslosigkeit (RGBl. 1929, 1) s. a 795.
856	8. Febr. 1929	Weiteres Ges. zur Entlastung des Reichsgerichts (RGBl. 19) s. a 826.
857	11 Febr. 1929	Ges. zur Änd. der Gewerbeordnung (s. auch g 3, 6), Handwerksnovelle (RGBl. 21), geänd. a 896.
858	7. März 1929	Ges. zur Änd. des Angestelltenversicherungsges. (RGBl. 75) s. a 422, 828, g 6.
859	13. März 1929	Ges. zur Aufhebung der VO. v. 11. April 1919 über die Sicherung der Landbewirtschaftung (RGBl. 77).
860	26. März 1929	Baukreditges. 1929 (RGBl. 81) s. a 819; geänd. a 936.
861	30. April 1929	Ges. zur Änd. der VO. über die Einrichtung von Arbeitskammern im Bergbau v. 8. Febr. 1919 (RGBl. 91).
862	17. Mai 1929	Ges. über Maßnahmen zur Besserung der Kassenlage (RGBl. 95).
863	18. Mai 1929	Ges. über wirtschaftliche Hilfe für Ostpreußen (RGBl. 97).
864	18. Mai 1929	Ges. über Wochenhilfe (RGBl. 98) s. a 603.
865	21. Mai 1929	Ges. zur Änd. des Branntweinmonopolges. (RGBl. 99) s. a 339.
866	23. Mai 1929	Ges. über die Hinausschiebung der Bindung an die Einheitswerte des Reichsbewertungsgesetzes (RGBl. 109) s. a 655, 820, 924.
867	28. Mai 1929	Ges. über die Sanierung des Schichauunternehmens (RGBl. 109).
868	29. Juni 1929	Ges. zur Änd. des Einkommensteuer- und des Körperschaftssteuerges. (RGBl. 123) s. a 653, 846; 654.
869	29. Juni 1929	Ges. über Änd. des Vermögenssteuerges. (RGBl. 124) s. a 656.
870	29. Juni 1929	Ges. zur Änd. des Wechselsteuerges. (RGBl. 124) s. a 525, 913.
871	3. Juli 1929	Ges. über Änd. des Zolltarifges. v. 25. Dez. 1902 (RGBl. 128) s. a 832, 872, 889.
872	3. Juli 1929	Ges. gl. Betreffs (RGBl. 128) s. a 871, 889.
873	4. Juli 1929	Ges. zur Änd. des Ges. über den Verkehr mit Vieh und Fleisch (RGBl. 128) s. a 652, h 38.
874	4. Juli 1929	Ges. über die Vermahlung von Inlandsweizen (RGBl. 129) mit Änd. v. 24. Juli 1930 (RGBl. 355, diese geänd. g 3) s. a 930, h 62.

Nr.	Datum des Gesetzes	Name des Gesetzes
875	5. Juli 1929	Ges. zur Änd. des Zuckersteuerges. (RGBl. 132) s. a 533, 787.
876	6. Juli 1929	Ges. betr. die Aussetzung von Rechtsstreitigkeiten über ältere staatl. Renten (RGBl. 131) s. a 887.
877	6. Juli 1929	Ges. für das Staubecken Ottmochau in Schlesien (RGBl. 132).
878	10. Juli 1929	Ges. zur Ergänzung des Reichsviehseuchenges. v. 26. Juni 1909 (RGBl. 133) s. a 845.
879	12. Juli 1929	Ges. zur Änd. der Pachtschutzordnung (RGBl. 133) s. a 645, 786, 914.
880	12. Juli 1929	Ges. über Leistungen in der Invalidenversicherung (RGBl. 135) s. a 603; geänd. g 41.
881	12. Okt. 1929	Ges. zur Änd. des Ges. über Arbeitsvermittlung u. Arbeitslosenversich. (RGBl. 153) s. a 795; Neufassung vom 12. Okt. 1929 (RGBl. 162), wieder geänd. a 892, 925, g 2, 6, 32, 62, h 46, 59.
882	9. Dez. 1929	Ges. über die Herkunftsbezeichnung des Hopfens (RGBl. 213; 1931, 346).
883	10. Dez. 1929	Ges. über den Verkehr mit Betäubungsmitteln, Opiumges. (RGBl. 215); hebt auch auf das Ges. v. 30. Dez. 1920 (a 176, 587); seiners. geänd. h 55.
884	11. Dez. 1929	3. Ges. zur Verläng. der Geltungsdauer des Steuermilderungsges. (RGBl. 218) s. a 691, 791, 929.
885	13. Dez. 1929	Ges. über den Ladenschluß am 24. Dez. (RGBl. 219).
886	16. Dez. 1929	Ges. zur Änd. u. Ergänzung des Genossensch.-Ges. (RGBl. 219) s. a 372, 676, 904.
887	16. Dez. 1929	Ges. zur Regelung älterer staatl. Renten (RGBl. 221) s. a 876 b 244.
888	21. Dez. 1929	3. Ges. über die Eintragung von Schiffspfandrechten in ausländ. Währung (RGBl. 224) s. a 484, 851; geänd. a 944.
889	22. Dez. 1929	Ges. über Zolländerungen (RGBl. 227) s. a 662, 871, 872; ändert auch das Zolltarifges. vom 25. Dez. 1902; weitere Änd. a 907, 918, g 52.
890	22. Dez. 1929	Ges. zur Änd. des Tabaksteuerges. (RGBl. 234) s. a 53, 836; ändert auch die RAbgO. (a 62, 705, 894); seiners. geänd. a 919, g 2, 3, 6.
891	23. Dez. 1929	Deutsches Auslieferungsges. (RGBl. 239; 1930, 28) s. e 13, a 756, b 243.
892	27. Dez. 1929	Ges. über eine befristete Erhöhung des Beitrags in der Arbeitslosenversicherung (RGBl. 244) s. a 881, 925.
893	28. Dez. 1929	Ges. über die Entschädigung von Betrieben u. Arbeitnehmern auf Grund der Einführung des Branntweinmonopols (RGBl. 247) s. a 339, 921; ändert auch das Ges. über das Branntweinmonopol v. 26. Juli 1918.

Nr.	Datum des Gesetzes	Name des Gesetzes
894	28. Dez. 1929	Ges. betr. die Kosten bei Steuererhebung im Nachnahmeverfahren (RGBl. 248) s. a 62, 890.
895	29. Jan. 1930	Zündwarenmonopolges. (RGBl. 11) s. a 776, 529.
896	1. März 1930	Ges. zur Änd. der Handwerks-Novelle (RGBl. 31) s. a 857.
897	1. März 1930	Ges. über die Zuziehung von Hilfsrichtern zum Reichsgericht (RGBl. 31), geänd. g 114.
898	8. März 1930	Ges. zur Verläng. der Geltungsdauer des Mieterschutzges. (RGBl. 31) s. a 814, g 41.
899	8. März 1930	Ges. zur Verläng. der Geltungsdauer des RMietenges. (RGBl. 32) s. a 815, g 41.
900	10. März 1930	Ges. über Bergmannssiedelungen (RGBl. 32, 152).
901	17. März 1930	Ges. zur Verläng. der Arbeitsdauer der Beisitzer der Arbeitsgerichtsbehörden (RGBl. 39) s. a 749.
902	22. März 1930	Ges. zur Änd. des Ges. über den Geldentwertungsausgleich bei bebauten Grundstücken (RGBl. 91) s. a 659, g 3.
903	25. März 1930	Ges. zum Schutze der Republik (RGBl. 91) s. a 397, g 91.
904	25. März 1930	Ges. über die Pflicht zum Antrag auf Eröffn. des Konkurses oder des gerichtl. Vergleichsverfahrens (RGBl. 93); ändert auch das HGB. (a 802, a* 275, g 3, 20), das BGB. (a 514, g 3, 953), das GmbHG. (s. g 23) u. das GenG. (a 686, g 6, 23).
905	25. März 1930	Ges. über Zuschüsse aus Reichsmitteln für die Ansiedlung von Landarbeitern (RGBl. 95).
906	26. März 1930	Ges. über die Auflösung des Reichsentschädigungsamts (RGBl. 96).
907	26. März 1930	Ges. über Zolländerungen bei Weizen u. Hafer (RGBl. 87); ändert den Zolltarif v. 25. Dez. 1902 s. a 889, 908; geänd. a 918.
908	26. März 1930	Desgl. bei Gerste (RGBl. 87) s. a 907, 909, 918.
909	26. März 1930	Desgl. bei Malz, Kartoffeln, Mehl u. Kleie (RGBl. 88) s. a 908, 910.
910	26. März 1930	Desgl. bei Zucker (RGBl. 88) s. a 850, 909, 911.
911	26. März 1930	Maisgesetz (RGBl. 88); ändert auch den Zolltarif v. 25. Dez. 1902; s. a 910, 918; seiners. geänd. g 67, 94, 118, h 62.
912	27. März 1930	Reichsministerges. (RGBl. 96); ändert auch das RBeamtenges. v. 31. März 1873 (a 651, h 84); s. a 803; e 13, 58; seiners. geänd. g 32, h 84.
913	28. März 1930	Ges. zur Änd. des Scheckges. (a 637 a, h 128, 129) und des Wechselsteuerges. (a 525, 870) (RGBl. 107), Neufassung des Wechselsteuerges. vom 12. Juli 1930 (RGBl. 219), wieder geänd. h 76.
914	29. März 1930	Ges. z. Änd. der Pachtschutzordnung (RGBl. 107) s. a 645, 786, 879, 963.

Nr.	Datum des Gesetzes	Name des Gesetzes
915	29. März 1930	4. Ges. zur Änd. des Hypothekenbankges. vom 13. Juli 1899 (RGBl. 108) s. a 806.
916	31. März 1930	Ges. betr. den Ausgleich von Härten inf. Erhöhung des Kaffee- und Teezolls (RGBl. 111).
917	5. Apr. 1930	Ges. über die Beteiligung des Reichs an der Preuß. Zentraldarlehenskasse (RGBl. 143).
918	15. Apr. 1930	Ges. über Zolländerungen (RGBl. 131, 162); ändert auch das Zolltarifges. v. 25. Dez. 1902 (s. a 889, 911, 937) u. d. Ges. betr. die Schlachtvieh- u. Fleischbeschau v. 3. Juni 1900; s. a 907, 908, 831, d 40; seiners. geänd. a 956.
919	15. Apr. 1930	Ges. zur Änd. des Tabak- u. des Zuckersteuerges. (RGBl. 135) s. a 890, 53, g 2, a 533, 875; Neufassung des Zuckersteuerges. v. 4. Juni 1930 (RGBl. 188), wieder geänd. g 6.
920	15. Apr. 1930	Ges. zur Änd. des Biersteuerges. (RGBl. 136) s. a 527, 661; 691; geänd. g 3. Neufassung des Biersteuerges. v. 28. März 1931 (RGBl. 110), wieder geänd. g 54.
921	15. Apr. 1930	Ges. zur Änd. des Ges. über das Branntweinmonopol (RGBl. 138) s. a 339, 893, 926; 62.
922	15. Apr. 1930	Mineralwassersteuerges. (neues) (RGBl. 139) s. a 332, 550; geänd. g 3; zeitweise außer Kraft gesetzt g 41.
923	15. Apr. 1930	Ges. über die Erhebung der Aufbringungsumlage für das Rechnungsjahr 1930 (RGBl. 141); geänd. g 3; s. auch h 63.
924	15. Apr. 1930	Ges. über die weitere Hinausschiebung der Bindung der Länder u. Gemeinden an die nach dem RBewertungsges. festgestellten Einheitswerte (RGBl. 142) s. a 655, 866.
925	28. Apr. 1930	Ges. zur Vorbereitung der Finanzreform (RGBl. 145) s. a 881, 892; 662; geänd. g 6.
926	28. Apr. 1930	Gaststättenges. (RGBl. 146) s. a 75; 339, 921; 464, 537; hebt auch auf das Ges. v. 12. Juni 1872 betr. die Einf. der GewO. in Bayern; änd. auch das StGB. (g 32) u. das Ges. v. 23. Juli 1879 betr. d. Abänd. einiger Bestimmungen d. GewO.
927	9. Juni 1930	Ges. über die Ermächtigung zu steuerlichen Maßnahmen usw. (RGBl. 187, 192); hierzu VO. v. 16. Okt. 1930 betr. Steuerabzug vom Kapitalertrag usw. (RGBl. 464) s. a 653, 654.
928	15. Juli 1930	Ges. über die Vorführung ausländ. Bildstreifen (RGBl. 215) s. a 119; Geltungszeit verlängert mit VO. v. 29. Nov. 1931 (RGBl. 689); desgl. nach g 66, h 80.
929	17. Juli 1930	Ges. über die Pauschalierung der Verwaltungskostenzuschüsse (RGBl. 215) s. a 658; 691, 884.

Nr.	Datum des Gesetzes	Name des Gesetzes
930	17. Juli 1930	Brotges. (RGBl. 299) s. a 874; geänd. g 3; dort auch Neufassung.
931	18. Juli 1930	Ges. über die Fälligkeit u. Verzinsung der Aufwertungshypotheken (RGBl. 300) s. a 641, 784, 932, 942, geänd. g 41, h 71.
932	18. Juli 1930	Ges. über die Bereinigung der Grundbücher (RGBl. 305) s. a 641, 784, 931, b 263.
933	24. Juli 1930	Ges. über die Auflösung des RAusgleichsamts (RGBl. 351) s. d 26.
934	25. Juli 1930	Weinges. (RGBl. 355); hebt auf das Weinges. v. 7. April 1909 (s. a 782).
935	25. Juli 1930	Ges. zur Änd. einiger Vorschr. der ZPO. über das schiedsrichterl. Verfahren (RGBl. 361) s. e 58, a 912, 756.
936	26. Juli 1930	Baukreditges. 1930 (RGBl. 419) s. a 860.
937	28. Juli 1930	Ges. über Änd. des Zolltarifges. (RGBl. 419); ändert das Zolltarifges. vom 25. Dez. 1902; s. a 889, 918, g 6, 42.
938	28. Juli 1930	2. Ges. zur Änd. des RPostfinanzges. (RGBl. 420) s. a 583, 733, 945.
939	31. Juli 1930	Milchges. (RGBl. 421) s. a 782; 752, 824; Inkraftsetzung (RGBl. 1931, 149); geänd. g 111, 118, h 42, 122.
940	23. Okt. 1930	Ges. über Schuldentilgung (RGBl. 467) s. a 964; geänd. h 4.
941	24. Okt. 1930	Ges. zur Änd. des Ges. über Straffreiheit (RGBl. 467) s. a 842.
942	15. Dez. 1930	Ges. betr. die Festsetzung des Zinssatzes für AufwHypotheken (RGBl. 609) s. a 931.
943	19. Dez. 1930	Ges. über eine vorübergehende Regelung der gewerbsmäßigen Stellenvermittlung (RGBl. 629); aufgeh. a 954.
944	19. Dez. 1930	4. Ges. über Eintragung von Schiffspfandrechten in ausl. Währung (RGBl. 629) s. a 484, 888, 950.
945	7. Jan. 1931	Ges. über die 3. Änd. des RPostfinanzges. (RGBl. 3) s. a 583, 733, 938.
946	12. Febr. 1931	Ges. über die Erstattung von Kriegswohlfahrtsausgaben (RGBl. 15) s. a 658.
947	21. Febr. 1931	Ges. über die weitere Zulassung von Hilfsmitgliedern im Reichspatentamt (RGBl. 28) s. a 821.
948	4. März 1931	Ges. zur Änd. d. Reichsges. über die Presse v. 7. Mai 1874 (RGBl. 29).
949	4. März 1931	3. Ges. zur Änd. des Ges. über die Errichtung der Deutschen Rentenbankkreditanstalt (RGBl. 29) s. a 644, 834.
950	12. März 1931	3. Ges. über die Eintragung von Hypotheken u. Schiffspfandrechten in ausländ. Währung (RGBl. 31) s. c 47, a 851, 484, 944.
951	12. März 1931	Ges. zur Änd. des Ges. über die Pfandbriefe usw. (RGBl. 32) s. a 807.

Nr.	Datum des Gesetzes	Name des Gesetzes.
952	16. März 1931	Ges. zur Änd. des Kraftfahrzeugsteuerges. (RGBl. 63) s. a 809, 658; Neufassung v. 16. März 1931 (RGBl. 64), wieder geänd. g 42, 54, h 1, 20.
953	23. März 1931	2. Ges. über die Mündelsicherh. v. Wertpapieren u. Forderungen (RGBl. 69), ändert das BGB. (a 904) s. a 797, g 3.
954	25. März 1931	Ges. über die Entschädigung der gewerbsmäßigen Stellenvermittler (RGBl. 69) s. a 943.
955	28. März 1931	Ges. gegen Waffenmißbrauch (RGBl. 77) s. g 1, 91.
956	28. März 1931	Ges. über Zolländerungen (RGBl. 101) s. a 918.
957	28. März 1931	Ges. über Zolländerungen (RGBl. 102).
958	30. März 1931	Ges. zur Änd. des Ges. über die privaten Versicherungsunternehmungen vom 12. Mai 1901 (RGBl. 102) s. a 735, g 6.
959	31. März 1931	Osthilfeges. (RGBl. 117), geänd. g 36, 68.
960	31. März 1931	Ges. zur Förderung der landwirtschaftl. Siedlung (RGBl. 122).
961	31. März 1931	Industriebankges. (RGBl. 124) s. a* 86, 295; geänd. h 63, 102.
962	31. März 1931	Ges. zur Änd. des Lichtspielges. (RGBl. 127) s. a 119, 443, g 32.
963	8. April 1931	Ges. zur Verlängerung der Pachtschutzordnung (RGBl. 133) s. a 645, 786, 914.
964	12. Mai 1932	Ges. über Schuldentilgung u. Kreditermächtigungen (RGBl. 191) s. a 940, h 4.
965	30. Mai 1932	Ges. über die Rechtstellung der weiblichen Beamten (RGBl. 245); geänd. h 84.
966	17. Dez. 1932	Ges. über Änderung der Reichsverf. (RGBl. 547) Wirtschaft s. g 74.
967	17. Dez. 1932	Ges. über Änderung der Reichsverf. (RGBl. 547) s. a 32, g 108.
968	20. Dez. 1932	Ges. über Straffreiheit (RGBl. 559).
969	24. März 1933	Ges. zur Behebung der Not von Volk u. Reich (RGBl. 141).

a*) Reichsgesetze

aus dem Reichsgesetzblatt II. Teil.

Nr.	Datum des Gesetzes	Name des Gesetzes
1	22. April 1922	Ges. zur Ergänzung des Ges. über die Entschädigung der Mitglieder des Reichstags (RGBl. II 75) s. a 136, 294; aufgeh. a* 26.
2	11. Mai 1922	Ges. über einen vorläufigen Handelsvertrag mit dem Königreiche der Serben, Kroaten u. Slowenen (RGBl. II 105).
3	18. Mai 1922	Ges. über den Schutz der Urheberrechte der Angehörigen der Vereinigten Staaten von Amerika (RGBl. II 129).
4	19. Mai 1922	Ges. betr. Aufhebung der Bek. des Bundesrats über die Errichtung von Betriebsverbänden in der Binnenschiffahrt v. 18. Aug. 1917 (RGBl. 720) und die Errichtung von Kleinschifferverbänden (RGBl. II 129).
5	26. Mai 1922	Ges. über die Autonomie der Reichsbank (RGBl. II 135); ändert das Bankges. v. 14. März 1875 (s. a 63, 308; a* 20, 82; d 43) und das Reichsbeamtenges. (s. a 540).
6	28. Mai 1922	Ges. betr. die Verteilung des Gewinns der Reichsbank für 1921 (RGBl. II 136).
7	1. Juni 1922	Ges. über den Vertrag mit Dänemark betr. die durch den Uebergang der Staatshoheit in Nordschleswig auf Dänemark entstandenen Fragen (RGBl. II 141 u. 664).
8	11. Juni 1922	Ges. über das Genfer Abkommen mit Polen über Oberschlesien v. 15. Mai 1922 (RGBl. II 237) s. a* 25, 51, 65.
9	11. Juni 1922	Ges. über das Abkommen mit Polen über den Postscheckverkehr (RGBl. II 541).
10	11. Juni 1922	Ges. über das Abkommen mit Polen betr. die Ueberleitung der Rechtspflege im oberschlesischen Abstimmungsgebiet (RGBl. II 550) s. a* 24.
11	11. Juni 1922	Ges. über das Abkommen mit Polen über die Grenzübergangsbahnhöfe und über den privilegierten Durchgangs- und Eisenbahnübergangsverkehr (RGBl. II 573).
12	27. Juni 1922	Ges. zur Erhöhung der patentamtlichen Gebühren (RGBl. II 619) s. a 97, 130, 235; a* 55; ändert auch das Patentges. v. 7. April 1891, das Gebrauchsmusterschutzges. v. 1. Juni 1891, das Ges. zum Schutz der Warenbezeichnungen v. 12. Mai 1894.

Nr.	Datum des Gesetzes	Name des Gesetzes
13	29. Juni 1922	Ges. betr. die Anwendung der Verträge mit Frankreich v. 6. Okt. 1921, 15. März und 3. Juni 1922 und mit der Reparationskommission vom 2. Juni 1922 über die Ausführung der Reparationssachleistungen (RGBl. II 625).
14	12. Juli 1922	Ges. über den Beitritt des Reichs zu dem Madrider Abkommen über die internationale Registrierung von Fabrik- oder Handelsmarken (RGBl. II 669); Neufassung a* 231.
15	17. Juli 1922	Ges. über den Vertrag mit Russland von Rapallo (RGBl. II 677).
16	20. Juli 1922	Ges. zur Regelung von Angelegenheiten der sozialen Versicherung und des Arbeitsrechts bei der Durchführung des Vertrags von Versailles (RGBl. II 678).
17	21. Juli 1922	Ges. betr. das Abkommen mit Polen über das berg- und hüttenfiskalische Eigentum in dem polnisch werdenden Teil Oberschlesiens (RGBl. II 705); ergänzt a* 45.
18	21. Juli 1922	Ges. betr. das Abkommen mit Polen über Straffreiheit im oberschlesischen Abstimmungsgebiet (RGBl. II 715).
19	21. Juli 1922	Ges. betr. das deutsch-polnische Grenzabkommen (RGBl. II 719) s. a* 117.
20	24. Juli 1922	Ges. über die Ersatzleistung für beschädigte Reichsbanknoten (RGBl. II 683); ändert das Bankges. v. 14. März 1875 s. a* 5, 21, 82.
21	25. Juli 1922	Ges. über Abänderung des Ges. betr. die Metallreserven der Privatnotenbanken (RGBl. II 681) s. a 247; a* 20, 38, 82, 83; ändert auch das Bankges. v. 14. März 1875.
22	27. Juli 1922	Ultimatumsversorgungsges. (RGBl. II 683).
23	29. Juli 1922	AusführGes. zum Staatsvertrag über den Uebergang der Staatseisenbahnen auf das Reich (RGBl. II 693 u. 769) s. a 102.
24	29. Juli 1922	Ges. betr. die Vereinbarung mit Polen und der interalliierten Kommission für Oberschlesien über Fragen der Rechtsüberleitung im oberschlesischen Abstimmungsgebiet (RGBl. II 738) s. a* 10.
25	29. Juli 1922	Ges. zu dem Genfer Abkommen mit Polen über Oberschlesien v. 15. Mai 1922 (RGBl. II 765) s. a* 8.
26	3. Aug. 1922	Ges. zur Ergänzung des Ges. über die Entschädigung der Mitglieder des Reichstags (RGBl. II 705) s. a 136, a* 1; aufgeh. a* 29.
27	21. Okt. 1922	Ges. über die Gebühren in Musterregistersachen (RGBl. II 774); ändert das Musterschutzges v. 11. Jan. 1876.

Nr.	Datum des Gesetzes	Name des Gesetzes
28	25. Okt. 1922	4. Nachtragsges. zum Reichshaushaltsplan 1922 (RGBl. II 771) s. a 121; a* 31, 34.
29	27. Okt. 1922	Aenderungsges. zum Ges. über die Entschädigung der Reichstagsmitglieder (RGBl. II 773) s. a 136; a* 26, 53, 70; aufgeh. a* 190.
30	5. Nov. 1922	Ges. über die Abgabe auf dem Kaiser-Wilhelm-Kanal (RGBl. II 783); ändert das Ges. betr. die Herstellung des Nord-Ostseekanals vom 16. März 1886 und das Ges. betr. die Gebühren für die Benutzung des Kaiser-Wilhelm-Kanals v. 20. Juni 1899; Neufassung des letzteren Bek. v. 14. Nov. 1922 (RGBl. II 783).
31	14. Nov. 1922	5. Nachtragsges. zum Reichshaushaltsplan 1922 (RGBl. II 781) s. a 323; a* 28, 32.
32	5. Dez. 1922	6. Nachtragsges. zum Reichshaushaltsplan 1922 (RGBl. II 789) s. a 323; a* 31, 34.
33	31. Dez. 1922	Reichshaushaltsordnung (RGBl. II 1923, 17); aufgehoben wurden hiedurch das Ges. betr. das Etatsjahr für den Reichshaushalt vom 29. Febr. 1876 und die Reichskontrollgesetze v. 21. März 1910 und 4. April 1915 und geänd. das Ges. über die Rechtsverhältnisse der zum dienstl. Gebrauche einer Reichsverwaltung bestimmten Gegenstände v. 25. Mai 1873; geänd. a* 281.
34	16. Jan. 1923	9. Nachtragsges. zum Reichshaushaltsplan 1922 (RGBl. II 1923, 37) s. a* 28, 32, 39, 44; a 121 323.
35	27. Jan. 1923	Ges. über einen Ausführungsvertrag mit der Tschechoslowakei (RGBl. II 48).
36	31. Jan. 1923	Ges. über ein vorläufiges Uebereinkommen mit Finnland über Fragen des Handelsverkehrs (RGBl. II 45) s. a* 170, 301.
37	31. Jan. 1923	Ges. über das Abkommen mit den Vereinigten Staaten von Amerika v. 10. Aug. 1922 (RGBl. II 1923, 113).
38	2. Febr. 1923	Ges. betr. Aenderung des Bankges. und der Gesetze betr. die Metallreserven der Privatnotenbanken (RGBl. II 43) s. a* 21, 57, 64, 82; a 247; d 43.
39	6. Febr. 1923	10. Nachtragsges. zum Reichshaushaltsplan 1922 (RGBl. II 1923, 44), s. a* 34, 44; a 323.
40	7. Febr. 1923	Ges. über den Vertrag mit der Tschechoslowakei über Rechtsschutz und Rechtshilfe in bürgerl. Angelegenheiten (RGBl. II 57).
41	14. Febr. 1923	Ges. über die Verträge mit Oesterreich und der Tschechoslowakei zur Ausgleichung der in- und ausländischen Besteuerung und über Rechtsschutz und Rechtshilfe in Steuersachen (RGBl. II 69).

Nr.	Datum des Gesetzes	Name des Gesetzes
42	22. Febr. 1923	Ges. betr. das oberschlesische Bergwerksabkommen mit Polen (RGBl. II 118 u. 390).
43	22. Febr. 1923	Ges. betr. das Abkommen mit Polen über die Teilung des oberschlesischen Knappschaftsvereins (RGBl. II 132).
44	23. Febr. 1923	11. Nachtragsges. zum Reichshaushaltsplan 1922 (RGBl. II 1923, 117) s. a* 34, 39; a 121, 323.
45	24. Febr. 1923	Nachtragsges. zum Ges. v. 21. Juli 1922 (RGBl. II 173) s. a* 17.
46	22. März 1923	Ges. betr. die Elbschiffahrtsakte (RGBl. II 183 u. 349) s. a* 68.
47	21. April 1923	Ges. betr. das Abkommen mit Dänemark zur Regelung des Luftverkehrs (RGBl. II 215).
48	21. April 1923	Ges. über ein vorläufiges Handelsabkommen mit Spanien (RGBl. II 219); Verlängerung Ges. v. 9. Juli 1923 (RGBl. II 308), v. 22. Dez. 1923 (RGBl. II 493), v. 25. Sept. 1924 (RGBl. II 375) s. a* 113.
49	19. Mai 1923	Ges. betr. die Verteilung des Gewinns der Reichsbank für 1922 (RGBl. II 229).
50	30. Mai 1923	Ges. betr. das Abkommen mit Polen über die Ueberleitung der Verwaltungs-, Verwaltungsstreit- und Steuersachen im oberschlesischen Abstimmungsgebiet (RGBl. II 317 u. 371).
51	12. Juni 1923	Ges. über das Abkommen mit Polen über Aenderung des Abkommens über Oberschlesien v. 15. Mai 1922 (RGBl. II 1923, 295), s. a* 8, 61*.
52	23. Juni 1923	Ges. über das Zusatzabkommen mit der Schweiz zum Abkommen v. 6. Dez. 1920 über Goldhypotheken usw. (RGBl. II 284) s. a 160.
53	26. Juni 1923	Ges. zur Aend. des Ges. über die Entschädigung der Reichstagsmitglieder (RGBl. II 283) s. a 136; a* 29, 70; aufgeh. a* 190.
54	5. Juli 1923	Ges. über einen Vertrag mit der Ukraine, Weissrussland, Georgien, Asserbeidschan, Armenien und der Republik des Fernen Ostens v. 5. Nov. 1922 (RGBl. II 1923, 315).
55	9. Juli 1923	Ges. über die patentamtlichen Gebühren (RGBl. II 297); ändert das Patentgesetz v. 7. April 1898, das Gebrauchsmusterschutzges. v. 1. Juni 1891, das Warenzeichenges. v. 12. Mai 1894 mit Neufassungen dieser Gesetze durch Bek. v. 7. Dez. 1923 (RGBl. II 437) s. a* 12, d 44; neue Aenderung des Patentges. a* 141, 147, g 63; desgl. des Warenzeichenges. a* 147, g 63; desgl. des Gebrauchsmusterges. g 63.
56	9. Juli 1923	Ges. über ein vorläufiges Handelsübereinkommen mit Portugal (RGBl. II 309) s. a* 98; hierzu Ges. v. 12. Dez. 1923 (RGBl. II 456) u. v. 20. Aug. 1924 (RGBl. II 231).

Nr.	Datum des Gesetzes	Name des Gesetzes
57	13. Juli 1923	Ges. über den Notenumlauf der Privatnotenbanken (RGBl. II 313) s. a* 38, 83.
58	31. Juli 1923	Ges. über ein Abk. mit den Niederlanden über Zusammenlegung der Grenzabfertigungen im internationalen Reiseverkehr (RGBl. II 345).
59	22. Aug. 1923	Ges. betr. den Besoldungs- und Ruhegehaltshaushalt des Reichsbank-Direktoriums (RGBl. II 351).
60	28. Aug. 1923	Ges. betr. das Abk. mit Polen über eine gemeinschaftliche Deichverwaltung in der Marienwerderer Niederung (RGBl. II 361).
61	30. Aug. 1923	Ges. über das Abk. mit Polen über Aenderung des Abk. über Oberschlesien v. 15. Mai 1922 (RGBl. II 367) s. a* 8, 51, 65.
62	7. Sept. 1923	Ges. über ein Ueberleitungsabkommen mit der Tschechoslowakei über die Versorgung der Kriegsbeschädigten im Hultschiner Gebiet (RGBl. II 355).
63	26. Sept. 1923	Ges. über einen Abänderungsvertrag zum Handels- und Schiffahrtsvertrag zwischen dem deutschen Zollverein und den Niederlanden v. 31. Dez. 1851 (RGBl. II 387).
64	10. Okt. 1923	Ges. über die Aend. des Bankges. (RGBl. II 396) s. a* 38, 73, 82.
65	31. Okt. 1923	Ges. über das Abk. mit Polen über Aend. des Abk. über Oberschlesien v. 15. Mai 1922 (RGBl. II 405) s. a* 8, 61.
66	8. Dez. 1923	Ges. über den Vertrag mit der Schweiz zur Vermeidung der Doppelbesteuerung des Arbeitseinkommens (RGBl. II 453).
67	10. Dez. 1923	Ges. wegen eines Abk. mit Polen über den privilegierten Durchgangsverkehr zwischen Polnisch-Oberschlesien und Polen durch Deutsch-Oberschlesien (RGBl. II 456).
68	14. Dez. 1923	Ges. betr. das Zusatzübereinkommen zur Elbschiffahrtsakte v. 27. Jan. 1923 (RGBl. II 485) s. a* 46.
69	6. März 1924	Ges. über den Vertrag mit Oesterreich über Rechtsschutz und Rechtshilfe und über den Beglaubigungsvertrag (RGBl. II 55 und 1925, 156).
70	15. März 1924	Ges. zur Ergänzung des Ges. über die Entschädigung der Mitglieder des Reichstags (RGBl. II 65) s. a* 29, 53, 93; aufgeh. a* 190.
71	18. März 1924	Ges. über die Reichshaushaltsführung und Rechnungslegung für die Rechnungsjahre 1922 u. 1923 (RGBl. II 70).
72	19. März 1924	Ges. über die Deutsche Golddiskontbank (RGBl. II 71); geänd. a* 82, g 3 (dort Neufassung).
73	19. März 1924	Ges. über Aend. des Bankges. (RGBl. II 73) s. a* 64, 82.

Nr.	Datum des Gesetzes	Name des Gesetzes
74	30. Juni 1924	Ges. zu dem Abkommen mit Polen über den oberschlesischen Grenzbezirk (RGBl. II 147) s. a* 117.
75	12 Juli 1924	Ges. über den Vertrag mit Estland v. 27. Juni 1923 über die Regelung der mit dem Weltkrieg zusammenhängenden Fragen (RGBl. 1924 II 159).
76	12. Juli 1924	Ges. über das vorläufige Wirtschaftsabkommen mit Estland v. 27. Juni 1923 (RGBl. 1924 II 160).
77	12. Juli 1924	Ges. über den Vertrag mit Litauen v. 31. Mai 1923 über die Regelung der mit dem Weltkrieg zusammenhängenden Fragen (RGBl. 1924 II 203; 1926 II 254).
78	12. Juli 1924	Ges. über den Handelsvertrag mit Litauen v. 1. Juni 1923 (RGBl. 1924 II 205); s. a* 235.
79	25. Juli 1924	Ges. über die Verteilung des Gewinns der Reichsbank für 1923 (RGBl. II 203).
80	30. Juli 1924	Ges. über das Optionsabkommen mit Belgien v. 11. Sept. 1922 (RGBl. 1924 II 227).
81	28. Aug. 1924	Ges. zu dem Abk. mit Polen v. 23. Febr. 1924 über die Rechte der Mitglieder und Beamten des gemeinschaftlichen Oberkomitees der oberschlesischen Eisenbahnen (RGBl. II 359).
82	30. Aug. 1924	Bankges. (RGBl. II 235); hebt auch das Bankges. v. 14. März 1875 mit seinen Aenderungen auf; s. a 63; a* 5, 20, 21, 38, 64, 72, 73; d 7; e 41; wieder geänd. a* 160, 283, g 3, 75.
83	30. Aug. 1924	Privatnotenbankges. (RGBl. II 246 u. 1925, 114) s. a 247; a* 21, 57.
84	30. Aug. 1924	Ges. über die Liquidierung des Umlaufs an Rentenbankscheinen (RGBl. II 252) s. d 7; e 41; geänd. g 3.
85	30. Aug. 1924	Münzges. (RGBl. II 254); ändert auch das Münzges. v. 1. Juni 1909 s. a 586; c 62; e 28; seiners. geänd. g 14, 41, 113.
86	30. Aug. 1924	Industriebelastungsges. (RGBl. II 257) s. a* 87, 295; aufgeh. a 961.
87	30. Aug. 1924	Ges. zur Aufbringung der Industriebelastung (Aufbringungsges.) (RGBl. II 269) s. a* 86, 295
88	30. Aug. 1924	Ges. über die Deutsche Reichsbahn-Gesellschaft (Reichsbahnges., RGBl. II 272) s. e 31; geänd. a* 284.
89	30. Aug. 1924	Reichsbahn-Personalges. (RGBl. II 287); ändert auch die Reichsversicherungsordnung und das AngestelltenversichGes. s. a 592.
90	30. Aug. 1924	Ges. über die Londoner Konferenz (RGBl. II 289).
91	12. Sept. 1924	Ges. über die Wiederinkraftsetzung des Freundschafts- usw. Vertrags mit Nicaragua vom 4. Febr. 1896 (RGBl. 1924 II 371).

Nr.	Datum des Gesetzes	Name des Gesetzes
92	16. Sept. 1924	Ges. über den Beitritt von Staaten zu den Haager Privatrechtsabkommen (RGBl. II 363) s. a * 239.
93	30. Sept. 1924	Ges. betr. die Aend. des Ges. über die Entschädigung der Mitglieder des Reichstags (RGBl. II 379) s. a* 70; aufgeh. a* 190.
94	2. Febr. 1925	Ges. wegen Abkommens mit Polen über Staatsangehörigkeits-Optionsfragen (RGBl. II 33 u. 98).
95	18. Febr. 1925	Ges. über das vorläufige Wirtschaftsabkommen mit Siam (RGBl. II 67 u. 72).
96	20. Febr. 1925	Ges. zum Optionsvertrag mit Litauen über das Memelgebiet (RGBl. II 59).
97	24. Febr. 1925	Ges. über den Zusatzvertrag zu dem Wirtschaftsabkommen mit Oesterreich (RGBl. II 73) s. a 170, a* 163.
98	24. Febr. 1925	Ges. über Aend. und Verlängerung des Handelsabkommens mit Portugal (RGBl. II 93) s. a* 56, 138.
99	2. März 1925	Ges. über Meistbegünstigung an Böhmen (RGBl. II 109).
100	6. März 1925	Ges. zu dem Abkommen mit Böhmen über Erleichterungen im Grenzverkehr (RGBl. II 103 u. 515).
101	19. März 1925	Ges. über den Vertrag mit Polen über den Rechtsverkehr u. über das Vormundschaftsabkommen (RGBl. II 139, 1926 II 237).
102	21. März 1925	Ges. u. der Beitritt zu dem Madrider Abkommen betr. die Unterdrückung falscher Herkunftsangaben auf Waren (RGBl. II 115); ändert auch das Warenzeichenges. v. 12. Mai 1894 (s. a* 55) und das Wettbewerbsges. v. 7. Juni 1909 (s. g 52); Neufassung des Abk. a* 231.
103	27. März 1925	Ges. über die vorläufige Regelung des Reichshaushalts für 1925 (RGBl. II 118) s. a* 122, 144.
104	11. April 1925	Ges. über das Handelsabkommen mit Guatemala (RGBl. II 155; 1926 II 353).
105	16. April 1925	Ges. über die Vereinbarung über die Erteilung von Rheinschifferpatenten (RGBl. II 147 u. 659), ändert auch die revidierte Rheinschifffahrtsakte v. 17. Okt. 1868.
106	25. Mai 1925	Ges. über den Verwaltungsrat des Internationalen Arbeitsamts (RGBl. II 161); ändert auch den Versailler Vertrag s. a 28.
107	25. Mai 1925	Ges. betr. das Washingtoner Uebereink. über die Arbeitslosigkeit (RGBl. II 162; 1932 II 95).
108	25. Mai 1925	Ges. betr. das Genueser Uebereink. über die Stellenvermittlung für Seeleute (RGBl. II 166).
109	25. Mai 1925	Ges. betr. das Genfer Uebereink. über das Vereins- u. Koalitionsrecht der landwirtschaftsch. Arbeiter (RGBl. II 171).

Nr.	Datum des Gesetzes	Name des Gesetzes
110	25. Mai 1925	Ges. betr. das Genfer Uebereink. über die Entschädigung der Landarbeiter bei Arbeitsunfällen (RGBl. II 174; Beitritte 1933 II 101).
111	29. Mai 1925	Ges. über weitere vorläuf. Regelung des Reichshaushalts für 1925 (RGBl. II 177) s. a* 122.
112	30. Mai 1925	Ges. über das Internat. Uebereink. über den Eisenbahnfrachtverkehr (RGBl. II 183; 1926 II 180; 1928 II 162 u. 325).
113	8. Juni 1925	Ges. über das Handelsabk. mit Spanien (RGBl. II 451 u. 658) s. a* 48, 143.
114	12. Juni 1925	Ges. über das Internat. Uebereink. über den Eisenbahn-Personen- u. Gepäckverkehr (RGBl. II 483; 1928 II 161).
115	22. Juni 1925	Ges. über die Weltpostverträge (RGBl. II 517) s. a* 296.
116	29. Juni 1925	Ges. über die Verträge mit Ungarn zur Ausgleichung der in- u. ausländischen Besteuerung und über Rechtsschutz und Rechtshilfe in Steuersachen (RGBl. II 641).
117	23. Juli 1925	Ges. über das Abk. mit Polen über Erleichterungen im kleinen Grenzverkehr v. 30. Dez. 1924 (RGBl. II 661) s. a* 19, 74. Verlängert RGBl. 1931 II 547.
118	23. Juli 1925	Ges. über das Internationale Abk. v. 3. Nov. 1923 zur Vereinfachung der Zollförmlichkeiten (RGBl. II 672; Beitritte 1933 II 155).
119	24. Juli 1925	Ges. über die Konsulargerichtsbarkeit in Aegypten (RGBl. II 735).
120	24. Juli 1925	Ges. über den Beitritt Deutschlands zum Spitzbergenvertrage (RGBl. II 763); s. weiter RGBl. 1930 II 1277; 1932 II 33.
121	30. Juli 1925	Bek. über Abänd. des Versailler Vertrags (RGBl. II 737) s. a 28.
122	31. Juli 1925	Ges. über weitere vorläuf. Regelung des Reichshaushalts für 1925 (RGBl. II 733) s. a* 111, 103, 123; verlängert durch Ges. v. 29. Nov. 1925 (RGBl. II 973).
123	10. Aug. 1925	Ges. über die Feststellung des Reichshaushalts für 1924 (RGBl. II 739) s. a* 122.
124	17. Aug. 1925	Ges. über den Handels- u. Schiffahrtsvertrag mit Grossbritannien (RGBl. II 777, 950).
125	17. Aug. 1925	Ges. über den Freundschafts-, Handels- und Konsularvertrag mit den Vereinigten Staaten von Amerika (RGBl. II 795).
126	17. Aug. 1925	Ges. über das Abk. mit Norwegen wegen eines Vertragszollsatzes für gewisse Fischkonserven (RGBl. II 813).
127	17. Aug. 1925	Ges. über ein vorläufiges Handelsabk. mit Griechenland (RGBl. II 815).

Nr.	Datum des Gesetzes	Name des Gesetzes
128	26. Aug. 1925	Ges. über die Vereinb. mit Frankreich über den Warenaustausch mit dem Saarbeckengebiet (RGBl. II 823) s. a* 168.
129	26. Aug. 1925	Ges. betr. den Vertrag mit Oesterreich über den Luftverkehr (RGBl. II 855, 947).
130	26. Aug. 1925	Ges. über das Abk. mit Schweden über den Luftverkehr (RGBl. II 857).
131	29. Aug. 1925	Ges. über den deutsch-schwedischen und den deutsch-finnischen Schiedsgerichts- und Vergleichsvertrag (RGBl. II 863).
132	3. Sept. 1925	Ges. über das vorläuf. Handelsabk. mit der belgisch-luxemburg. Wirtschaftsunion (RGBl. II 883; 1926 II 128, 254).
133	28. Nov. 1925	Ges. über die Verträge von Locarno und den Eintritt Deutschlands in den Völkerbund (RGBl. II 975).
134	6. Dez. 1925	Ges. über das Uebereink. mit Oesterreich zur Regelung einzelner Zollfragen (RGBl. II 1011).
135	6. Dez. 1925	Ges. über das vorläuf. Zollabk. mit der Schweiz (RGBl. II 1013).
136	6. Dez. 1925	Ges. über den Handels- u. Schiffahrtsvertrag mit Italien (RGBl. II 1920; 1926 II 212) s. a* 176.
137	7. Dez. 1925	Ges. über das Abk. mit Italien zur Vermeidung der Doppelbesteuerung und zur Regelung anderer Steuerfragen (RGBl. II 1145).
138	23. Dez. 1925	Ges. über Verlängerung des vorläuf. Handelsübereink. mit Portugal (RGBl. II 1159) s. a* 56, 98; neuerd. verlängert mit Ges. v. 31. März 1926 (RGBl. II 185, 236) s. a* 153.
139	6. Jan. 1926	Ges. über die deutsch-russischen Verträge v. 12. Okt. 1925 (RGBl. II 1926, 1 u. 102).
140	30. Jan. 1926	Ges. über Feststellung des Reichshaushalts (RGBl. II 103) s. a* 103; Nachtragsgesetze v. 20. Mai 1926 (RGBl. II 257) u. v. 22. Mai 1926 (RGBl. II 258).
141	1. Febr. 1926	Ges. über Aenderungen im patentamtlichen Verfahren (RGBl. II 127) s. a* 55, 147.
142	11. Febr. 1926	Ges. über das Abk. mit Haiti über Aufhebung des Ausgleichsverfahrens (RGBl. II 137, 231) s. d 26.
143	16. Febr. 1926	Ges. über das vorläuf. Wirtschaftsabk. mit Spanien v. 18. Nov. 1925 (RGBl. II 149) s. a* 113, 155.
144	16. Febr. 1926	Ges. über den Zusatzvertrag v. 26. Nov. 1925 zum Handels- und Schiffahrtsvertrag mit den Niederlanden v. 31. Dez. 1851 und über den Zoll- und Kreditvertrag mit den Niederlanden v. 30. Nov. 1925 (RGBl. II 151), s. a* 313.
145	22. Febr. 1926	Ges. über das Handelsabk. mit Frankreich (RGBl. II 161) s. a* 154.

Nr.	Datum des Gesetzes	Name des Gesetzes
146	22. Febr. 1926	Ges. über das vorläuf. Handelsabk. mit der Türkei (RGBl. II 173, 211, 250).
147	26. März 1926	Ges. über die patentamtlichen Gebühren (RGBl. II 181) s. a* 55, 141; a* 55; geänd. g 63.
148	31. März 1926	Reichshaushaltsgesetz für 1926 (RGBl. II 187); ändert auch das Ges. v. 15. Juli 1909 betr. Aenderungen im Finanzwesen; hierzu Ges. v 20. Juli 1926 (RGBl. II 425) u. v. 8. Jan. 1927 (RGBl. II 1).
149	13. April 1926	Ges. über das Abk. mit Polen über die Netze u. Kuddow (RGBl. II 213).
150	14. April 1926	Ges. über das Abk. von Helsingfors zur Bekämpfung des Alkoholschmuggels (RGBl. II 220, 878).
151	14. April 1926	Ges. über die Verfrachtung alkoholischer Waren (RGBl. II 230).
152	12. Mai 1926	Ges. über das Abk. mit Griechenland wegen Aufhebung des Ausführungszwangs für Erfindungspatente (RGBl. II 255).
153	21. Mai 1926	Ges. über das Handelsabk. mit Portugal (RGBl. II 289) s. a* 138 311.
154	21. Mai 1926	Ges. über das Zusatzabk. vom 8. April 1926 über das Handelsabk. mit Frankreich (RGBl. II 292) s. a* 145.
155	21. Mai 1926	Ges. über das Handelsabk. mit Spanien (RGBl. II 296, 326) s. a* 143.
156	22. Mai 1926	Ges. über das Abk. mit Belgien über die Ausübung der Heilkunde in den Grenzgemeinden (RGBl. II 342).
157	28. Mai 1926	Ges. über das Handelsabk. mit Honduras (RGBl. II 325).
158	28. Mai 1926	Ges. über den Konsularvertrag mit Estland (RGBl. II 327).
159	19. Juni 1926	Ges. über den Vertrag mit Russland v. 24. April 1926 (RGBl. II 359).
160	8. Juli 1926	Ges. zur Aend. des Bankges. (RGBl. II 355) s. a* 82, 283.
161	8. Juli 1926	Ges. über das Abk. mit Oesterreich über die Durchführung der Sozialversicherung im zwischenstaatl. Verkehr (RGBl. II 365).
162	8. Juli 1926	Ges. über den Schiedsgerichts- u. Vergleichsvertrag mit Estland (RGBl. II 374).
163	8. Juli 1926	Ges. über den 2. Zusatzvertrag zum Wirtschaftsabk. mit Oesterreich (RGBl. II 414) s. a 170, a* 97.
164	9. Juli 1926	Ges. über die Vereinb. mit Dänemark über Zollerleichterungen u. Behandlung deutscher Handlungsreisender (RGBl. II 371).

Nr.	Datum des Gesetzes	Name des Gesetzes
165	10. Juli 1926	Ges. über den Handels- und Schiffahrtsvertrag mit Schweden (RGBl. II 383) s. a 662, 789, a* 252, 278; aufgehoben RGBl. 1920 II 633 u. 1932 II 238.
166	10. Juli 1926	Ges. über die vorläufige Anwendung von Wirtschaftsabk. (RGBl. II 421) s. a* 203.
167	19. Nov. 1926	Ges. über das vorläufige Handelsabkommen mit Frankreich (RGBl. II 629); hierzu Ges. v. 19. Febr. 1927 (RGBl. II 27).
168	19. Nov. 1926	Ges. über die Vereinbarung mit Frankreich über den Warenaustausch mit dem Saarbeckengebiet (RGBl. II 629) s. a* 128, 204; hierzu Ges. v. 19. Febr. 1927 (RGBl. II 27).
169	19. Nov. 1926	Ges. über den Vertrag mit Lettland zur Regelung der wirtschaftl. Beziehungen (RGBl. II 631).
170	19. Nov. 1926	Ges. über das vorläufige Handelsabkommen mit Finnland (RGBl. II 638) s. a* 36, 301; gekündigt RGBl. 1930 II 1213; zurückgenommen s. a* 318.
171	27. Nov 1926	Ges. über die Vereinb. mit Frankreich über den Austausch von Erzeugnissen einiger saarländ. Industrien (RGBl. II 639); hierzu Ges. v. 19. Febr. 1927 (RGBl. II 27).
172	27. Nov. 1926	Ges. über den Handelsvertrag mit der Schweiz (RGBl. II 675) s. a* 265, 276; gekündigt RGBl. 1931 II 740.
173	6. Dez. 1926	Ges. über die Luftverkehrsabk. mit Frankr. u. Belgien (RGBl. II 740).
174	8. Dez. 1926	Ges. über den Vertrag mit Polen zur Regelung der Grenzverhältnisse (RGBl. II 723).
175	13. Dez. 1926	Ges. wegen eines Abk. mit Polen u. Danzig über den Eisenbahnverkehr (RGBl. II 755).
176	22. Dez. 1926	Ges. über Zusatzvereinbarungen zum Handels- u. Schiffahrtsvertrag mit Italien (RGBl. II 793) s. a* 136.
177	29. Jan. 1927	Ges. über das Protokoll über die Regelung des Arbeitsverkehrs an der saarländischen Grenze (RGBl. II 19; II 1928, 372).
178	28. Febr. 1927	Ges. über den Schiedsgerichts- u. Vergleichsvertrag mit den Niederlanden u. Dänemark (RGBl. II 31).
179	12. März 1927	Ges. über das Abk. mit der belg.-luxemburg. Wirtschaftsunion über den kleinen Grenzverkehr (RGBl. II 85).
180	15. März 1927	Ges. über den Handelsvertrag u. das Niederlassungsabkommen mit der Türkei (RGBl. II 53), gekündigt RGBl. 1929 II 637.
181	26. März 1927	Ges. über den Beitritt des Deutschen Reichs zu der Uebereinkunft von Montevideo betr. den Schutz von Werken der Literatur u. Kunst (RGBl. II 95, 883).

Nr.	Datum des Gesetzes	Name des Gesetzes
182	29. März 1927	Ges. betr. das Abk. mit Polen über Baulichkeiten in Kurzebrack (RGBl. II 137).
183	29. März 1927	Ges. wegen eines Abk. mit Polen über Zoll- u. Passabfertigung usw. in Kurzebrack (RGBl. II 142)
184	29. März 1927	Ges. über das Abk. mit Polen über Bergwerksfelder usw. (RGBl. II 150; 1928 II 165).
185	29. März 1927	Ges. über das Abkommen mit Polen über die Odergrenze (RGBl. II 151).
186	31. März 1927	Ges. über den vorläuf. Reichshaushalt für 1927 (RGBl. II 101).
187	8. April 1927	Ges. über das Zusatzabk. zum vorläuf. Handelsabk. usw. mit Frankreich (RGBl. II 105).
188	11. April 1927	Ges. über Vereinbarungen über die Saargrenze (RGBl. II 259; II 1928, 372 u. 496).
189	14. April 1927	Ges. über den Reichshaushaltsplan für 1927 (RGBl. II 201).
190	25. April 1927	Ges. über die Entschädigung der Reichstagsmitgl. (RGBl. II 323) (Neufassung) s. a 136; a* 29, 53, 70, 93; seiners. geänd. a* 277; aufgeh. u. ersetzt a* 319.
191	14. Mai 1927	Ges. über d. Eisenbahnstrecke Firchau—Marienburg (RGBl. II 327).
192	19. Mai 1927	Ges. über ein Abk. mit Belgien, Frankreich u. Italien betr. die gegens. Anerkennung der Beschußzeichen f. Handfeuerwaffen (RGBl. II 377, 878).
193	21. Mai 1927	Ges. über das Uebereinkommen über die Eichung der Binnenschiffe (RGBl. II 355, 879, 1931 II 533); hebt auch die Brüsseler Eichkonvention v. 4. Febr. 1898 auf.
194	21. Mai 1927	Ges. über das Luftverkehrsabk. mit der Tschechoslowakei (RGBl. II 433).
195	25. Mai 1927	Ges. über die Aend. der Internat. Meterkonvention (RGBl. II 409; 1932 II 131).
196	27. Mai 1927	Ges. über den Vertrag mit Bulgarien über den Rechtsverkehr (RGBl. II 416, 514, 879).
197	27. Mai 1927	Ges. über das Abk. mit Danzig und Polen üb. d. Art. 312 d. Versailler Vertr. (RGBl. II 424; II 1928, 165).
198	29. Juni 1927	Ges. ü. d. deutsch-lettl. Sanitätsabk. (RGBl. II 443, 492).
199	30. Juni 1927	Ges. über die Wiederinkraftsetzung des Handelsvertrags u. Freundschaftsvertrags mit Bolivien (RGBl. II 455, 881).
200	6. Juli 1927	Ges. über das Abkommen mit Frankreich über Grenzbahnhöfe (RGBl. II 469, 1930 II 1217).
201	8. Juli 1927	Ges. über den Vergleichs- u. Schiedsgerichtsvertrag mit Italien (RGBl. II 461 u. II 1928, 539).
202	9. Juli 1927	Ges. über das Abkommen über die Immunitäten der Staatsschiffe (RGBl. II 483).

Nr.	Datum des Gesetzes	Name des Gesetzes
203	14. Juli 1927	2. Ges. über die vorläufige Anwendung von Wirtschaftsabkommen (RGBl. II 466) s. a* 166.
204	14. Juli 1927	Ges. betr. die Verläng. der Vereinbarungen mit Frankreich über den Warenaustausch mit dem Saarbeckengebiet (RGBl. II 466) s. a* 168.
205	16. Juli 1927	Ges. über das Washingtoner Uebereinkommen betr. die Beschäftigung der Frauen vor u. nach der Niederkunft (RGBl. II 497, 1124) s. a 794.
206	16. Juli 1927	Ges.üb.d.Nachlaßabk.m.Oesterr.(RGBl.II 505, 878).
207	16. Juli 1927	Ges. über das Vormundschaftsabk. mit Oesterreich (RGBl. II 510, 878).
208	23. Juli 1927	Ges. über Verläng. der Geltungsdauer des Meistbegünstigungsvertrags mitt Paraguay (RGBl. II 503, 903); weitere Verläng. G. v. 27. Jan. 1928 (RGBl. II 11; II 1928, 44) u. Ges. v. 22. Febr. 1929 (RGBl. II 129).
209	28. Okt. 1927	Ges. über die Intern. Uebereinkommen betr. die Krankenversicherung von Arbeitnehmern und Hausgehilfen (RGBl. II 887; Beitritte 1933 II 101).
210	28. Okt. 1927	Ges. über den deutsch-französischen Rechtsverkehr (RGBl. II 891, 1103).
211	31. Okt. 1927	Ges. betr. das Uebereinkommen und Statut üb. die intern. Rechtsordnung der Eisenbahnen (RGBl. II 909; II 1928, 14).
212	3. Nov. 1927	Ges. über das Luftverkehrsabk. mit Italien (RGBl. II 939; II 1928, 164).
213	3. Nov. 1927	Ges. über das Luftverkehrsabk. mit Großbritannien (RGBl. II 947, 1168) s. a* 333.
214	4. Nov. 1927	Ges. über das Abk. mit Polen über die Warthegrenze (RGBl. II 954; II 1928, 44).
215	4. Nov. 1927	Ges. über den Vertrag mit Frankreich über Grenzfestsetzung (RGBl. II 959; II 1928, 488).
216	5. Nov. 1927	Ges. über den Handels- und Schiffahrtsvertr. mit Japan (RGBl. II 1087; II 1928, 238).
217	26. Nov. 1927	Ges. über das Handelsabk. mit Frankreich (RGBl. II 1105; II 1928, 489 u. 513); hierzu Ges. v. 13. Febr. 1929 (RGBl. II 119), v. 30. Juni 1929 (RGBl. II 500), v. 3. Juli 1929 (RGBl. II 501), v. 24. Dez. 1929 (RGBl. II 761) s. a* 322.
218	12. Dez. 1927	Ges. über die Vereinbarung mit Norwegen über Fischkonservenzölle (RGBl. II 1107).
219	13. Dez. 1927	Ges. über den Vertrag mit Böhmen über eine Eisenbahn durch das Schweinitztal (RGBl. II 1121; II 1928, 174).
220	13. Dez. 1927	Ges. über den Handels- u. Schiffahrtsvertr. mit Serbien (RGBl. II 1125, 1186) s. a* 251; gekündigt RGBl. II 1932, 195.
221	15. Dez. 1927	Ges. über den Vertrag mit Böhmen zur Regelung der Grenzverhältnisse (RGBl. II 1149; 1930 II 1230).

Nr.	Datum des Gesetzes	Name des Gesetzes
222	19. Dez. 1927	Ges. über eine Vereinbarung mit Dänemark über Zollerleichterungen (RGBl. II 1181 u. II 1928, 9, 393).
223	20. Dez. 1927	Ges. über die deutsch-portugiesische Erklärung über das Haager Zivilprozeßabk. (RGBl. II 1182).
224	2. Febr. 1928	Ges. wegen des Abk. mit Polen über die vorläuf. Regelung des Holzverkehrs (RGBl. II 15).
225	16. Febr. 1928	Ges. über die Anrufung des Ständigen Internationalen Gerichtshofs im Haag (RGBl. II 19 u. 48).
226	18. Febr. 1928	Ges. über das Uebereinkommen mit Finnland über Unfallversicherung (RGBl. II 20 u. 48).
227	20. Febr. 1928	Ges. betr. das Uebereink. und Statut über die internationale Rechtsordnung der Seehäfen (RGBl. II 22, 497).
228	22. März 1928	Ges. über das Uebereink. mit Frankreich über den Warenaustausch mit dem Saarbeckengebiet (RGBl. II 57 u. 166); geänd. durch Ges. v. 15. Febr. 1929 (RGBl. II 126) u. v. 17. Juli 1930 (RGBl. II 983).
229	27. März 1928	Ges. über eine Vereinb. mit den Niederlanden wegen der Verzollung von Hohlglas (RGBl. II 237, 302).
230	31. März 1928	Ges. über den Vertrag mit Polen über polnische landwirtschaftliche Arbeiter (RGBl. II 167).
231	31. März 1928	Ges. über die am 6. Nov. 1925 im Haag revid. Pariser Verbandsübereinkunft zum Schutze des gewerbl. Eigentums (RGBl. II 175), mit Neufassung der Madrider Abk. betr. die Unterdrückung falscher Herkunftsbezeichnungen auf Waren (a* 102) und betr. die internationale Registrierung von Fabrik- und Handelsmarken (s. a* 14); Beitritte: RGBl. 1933 II 511.
232	31. März 1928	Ges. über den Handels- und Schiffahrtsvertrag mit Griechenland (RGBl. II 239, 499).
233	31. März 1928	Ges. über das Luftverkehrsabk. mit Spanien (RGBl. II 303, 497).
234	12. April 1928	Ges. über das Uebereink. mit der Schweiz über die Arbeitslosenversicherung der Grenzgänger (RGBl. II 311, 393).
235	30. April 1928	Ges. über ein Zusatzabk. zu dem Handelsvertrag mit Litauen (RGBl. II 377; 1929 II 2) s. a* 78.
236	21. Juli 1928	Ges. über das Internat. Abk., betr. die Gleichbehandlung ausländ. Arbeitnehmer bei der Entschädigung aus Anlaß von Betriebsunfällen usw. (RGBl. II 509; Beitritte 1933 II 101).
237	25. Juli 1928	Ges. über das Abk. mit Schweden zur Ausgleichung der Besteuerung, insbes. zur Ver-

Nr.	Datum des Gesetzes	Name des Gesetzes
		meidung der Doppelbesteuerung (RGBl. II 521, 603).
238	6. Aug. 1928	Ges. über den Freundsch.- Handels- u. Schiffahrtsvertrag mit Siam (RGBl. II 589).
239	30. Nov. 1928	Ges. über den Beitritt von Staaten zu dem Haager familienrechtlichen Abkommen (RGBl. II 630) s. a* 92, ferner RGBl. 1929 II 635.
240	3. Dez. 1928	Ges. betr. das deutsch-britische Abkommen über den Rechtsverkehr (RGBl. II 623; Beitrittte 1932 II 307 mit 1933 II 155).
241	6. Dez. 1928	Ges. über das Abk. mit den Niederlanden über die Grenzabfertigung im Rheinschiffsverkehr (RGBl. II 631).
242	22. Dez. 1928	Ges. üb. ein Handelsabk. mit China (RGBl. II 646).
243	24. Dez. 1928	Ges. über den Handels- u. Schiffahrtsvertrag mit Panama (RGBl. II 639; 1930 II 1282).
244	31. Dez. 1928	Ges. über den Vergleichs- u. Schiedsgerichtsvertrag mit den Vereinigten Staaten von Amerika (RGBl. 1929 II 3, 133).
245	3. Jan. 1929	Ges. über den Vertrag mit der Tschechoslowakei über die Grenzoder (RGBl. II 7).
246	3. Jan. 1929	Ges. über den Handels- u. Schiffahrtsvertrag mit der Südafrikanischen Union (RGBl. II 15).
247	14. Jan. 1929	Ges. betr. das Übereinkommen über die Sklaverei (RGBl. II 63; 1932 II 133).
248	8. Febr. 1929	Ges. über das Abkommen mit Rumänien zur Beilegung der finanziellen Streitfragen (RGBl. II 81).
249	9. Febr. 1929	Gesetz zu dem Vertrag über die Ächtung des Krieges, Kelloggpakt (RGBl. II 97, 757; Beitritte 1933 II 102).
250	14. Febr. 1929	Ges. über den Handels- und Schiffahrtsvertrag mit Litauen (RGBl. II 103, 172).
251	7. März 1929	Ges. über das Zusatzabk. zum Handels u. Schiffahrtsvertrag mit Serbien (RGBl. II 140) s. a * 220.
252	11. März 1929	Gesetz über das Zusatzabk. zum Handels- und Schiffahrtsvertrag mit Schweden (RGBl. II 137). s. a* 165, 278; Vertrag aufgeh. RGBl. 1932 II 238.
253	18. März 1929	Ges. über das Abk. mit Polen über den Tiefen Friedrichstollen (RGBl. II 143).
254	18. März 1929	Ges. über das Abk. mit Polen über die Fischerei in den Grenzgewässern (RGBl. II 146; 1931 II 500).
255	5. April 1929	Ges. über das Genfer Protokoll wegen Verbots des Gaskriegs (RGBl. II 173; 1930 II 1216).
256	27. April 1929	Ges. über Verträge u. Abkommen mit Litauen (RGBl. II 205, 631).
257	30. April 1929	Ges. über das Wiederinkrafttreten des Haager Zivilprozeßabk. gegenüber Rumänien (RGBl. II 369).
258	2. Mai 1929	Ges. über den Weltfunkvertrag (RGBl. II 265; Beitritte 1933 II 140).

Nr.	Datum des Gesetzes	Name des Gesetzes
259	10. Mai 1929	Ges. betr. das Übereinkommen betr. Mindestlöhne (RGBl. II 375, 753; Beitritte 1933 II 101).
260	29. Mai 1929	Ges. über das Luftverkehrsabk. mit den Niederlanden (RGBl. II 389).
261	29. Mai 1929	Ges. über das Luftverkehrsabk. mit Norwegen (RGBl. II 394, 573).
262	30. Mai 1929	Ges. über internationale Abk. über Beschäftigung von Jugendlichen in der Seeschiffahrt (RGBl. II 383, 753, 754; 1931 II 550); ändert auch die Seemannsordnung vom 2. Juni 1902 (s. a 802, a* 275).
263	26. Juni 1929	Ges. über das Internationale Opiumabk. vom 19. Febr. 1925 (RGBl. 1929 II 407, 1933 II 4); s. a 176.
264	29. Juni 1929	Ges. zu den Internationalen Vereinbarungen betr. die Ausfuhr von Häuten u. Fellen u. von Knochen (RGBl. II 467; 1931 II 542).
265	30. Juni 1929	Ges. über das Zusatzabk. zum Handelsvertrag mit der Schweiz (RGBl. II 491) s. a* 172, 276.
266	2. Juli 1929	Ges. zu dem Abk. über die Gründung eines Welthilfsverbands (RGBl. II 529, 1932 II 237).
267	5. Juli 1929	Ges. über den Handels- u. Schiffahrtsvertrag mit Estland (RGBl. II 509).
268	6. Juli 1929	Gesetz über den Vertrag mit Serbien über Sozialversicherung (RGBl. II 561).
269	17. Juli 1929	Ges. über das Aufwertungsabkommen mit Polen (RGBl. II 577; 1933 II 14).
270	17. Juli 1929	Ges. über das Sparkassenabkommen mit Polen (RGBl. II 609).
271	17. Juli 1929	Ges. über das Abk. mit Polen über die Regelung der Rechtsverh. der deutschen Pfandbriefanstalt in Posen (RGBl. II 625).
272	17. Okt. 1929	Ges. zur Ratifik. des Internat. Abk. zur Abschaffung der Ein- u. Ausfuhrverbote u. -beschränkungen v. 8. Nov. 1927 u. des Ergänzungsabk. v. 11. Juli 1928 (RGBl. 1929 II 649, 1930 II 20).
273	20. Dez. 1929	Ges. über Erteilung einer Kreditermächtigung (RGBl. II 757).
274	24. Dez. 1929	Ges. zur außerordentl. Tilgung der schwebenden Reichsschuld (RGBl. II 759).
275	24. Dez. 1929	Ges. betr. das Internat. Abk. über die Gewährung einer Entschädigung für Arbeitslosigk. inf. v. Schiffbruch (RGBl. II 759, 1931 II 550); änd. auch das HGB. (a 904) u. die Seemannsordnung vom 2. Juni 1902 (s. a* 262, 300).
276	24. Dez. 1929	Ges. über einen Notenwechsel zum Handelsvertr. mit der Schweiz (RGBl. II 761; 1930 II 2) s. a* 172, 265.

Nr.	Datum des Gesetzes	Name des Gesetzes
277	27. Dez. 1929	Ges. zur Änd. des Ges. über die Entschädigung der Mitgl. des RTags (RGBl. II 762) s. a* 190; gegenstandslos a* 319.
278	31. Dez. 1929	Ges. über das 2. Zusatzabk. zu dem Handels- u. Schiffahrtsvertr. mit Schweden (RGBl. 1930 II 3 u. 27) s. a* 165, 252; das Abk. ist nun aufgeh. RGBl. 1932 II 238.
279	3. Jan. 1930	Ges. über das Abk. mit der Türkei über den Rechtsverkehr in Zivil- u. Handelssachen (RGBl. II 6; 1931 II 538).
280	14. Jan. 1930	Ges. betr. das Internat. Übereink. über die Heimschaffung d. Schiffsleute (RGBl. II 12, 1931 II 551).
281	8. März 1930	Ges. zur Änd. der Reichshaushaltsordn. (RGBl. II 31) s. a* 33, a 185, 733; 803; Neuf. der RHaushaltsordn. v. 14. April 1930 (RGBl. II 693, 776, 960).
282	13. März 1930	Ges. über die Haager Konferenz (RGBl. II 45, 776, 1931 II 563).
283	13. März 1930	Ges. zur Änd. des Bankges. (RGBl. II 355, 777) s. a* 82, 160.
284	13. März 1930	Ges. zur Änd. des RLohnges. (RGBl. II 359, 777) s. a* 88 mit Neufassung des Ges. v. 13. März 1930 (RGBl. II 369, 690).
285	13. März 1930	Ges. über das deutsch-amerik. Schuldenabk. (RGBl. II 385, 960).
286	18. März 1930	Ges. über die Abk. zur Regelung von Fragen des Teils X des Vertrags von Versailles (RGBl. II 539, 777, 1931 II 501); s. a* 317.
287	18. März 1930	Ges. über das Internat. Sanitätsabk. (RGBl. II 589, 1268).
288	26. März 1930	Ges. über den Schiedsgerichts- u. Vergleichsvertr. mit der Türkei (RGBl. II 673, 1204).
289	28. Apr. 1930	Ges. über den Vertrag mit der Schweiz über die Regulierung des Rheins (RGBl. II 723, 947).
290	29. Apr. 1930	Ges. betr. das Überleitungsabk. mit Polen über Personenstandsregister (RGBl. II 709, 960).
291	2. Mai 1930	Ges. über die Anwendung des AusliefVertrags mit England auf gewisse Mandatsgebiete (RGBl. II 725, 960).
292	3. Mai 1930	Ges. über die Konsularverträge mit der Türkei u. Bulgarien (RGBl. II 747, 947, 1931 II 538).
293	5. Mai 1930	Ges. betr. das Abk. über Internationale Ausstellungen (RGBl. II 727; Beitritte 1933 II 142).
294	30. Mai 1930	Ges. über die Beteiligung des Reichs an der Mobilisierungsanleihe (RGBl. II 781).
295	4. Juni 1930	Ges. über die Liquidierung der Bank für deutsche Industrieobligationen (RGBl. II 783) s. a* 86, 87; aufgeh. a 961.
296	13. Juni 1930	Ges. über die Weltpostvereinsverträge (RGBl. II 785; Beitritte 1933 II 151) s. a* 115.

Nr.	Datum des Gesetzes	Name des Gesetzes
297	13. Juli 1930	Ges. über das vorläuf. Handelsabk. mit Rumänien (RGBl. II 953) s. a* 323.
298	15. Juli 1930	Ges. über die Änd. der Satzung des ständ. Internat. Gerichtshofs u. den Beitritt der Ver. Staaten v. Amerika zu dem Gerichtshof (RGBl. II 961).
299	15. Juli 1930	Ges. über das Abk. mit Persien über den gegenseitigen Schutz von Erfindungspatenten usw. (RGBl. II 981).
300	24. Juli 1930	Ges. betr. das Internat. Übereink. über den Heuervertrag der Schiffsleute (RGBl. II 987; Beitritte 1933 II 100); ändert auch die Seemannsordn. v. 2. Juni 1902 (a* 275).
301	26. Juli 1930	Ges. über ein Zusatzabk. zu dem vorläuf. Handelsabk. mit Finnland (RGBl. II 993) s. a* 36, 170.
302	26. Juli 1930	Ges. über Verträge mit Persien (RGBl. II 1002; 193 II 9).
303	26. Juli 1930	Ges. über ein vorläuf. Handelsabk. mit Egypten (RGBl. II 1022, 1274).
304	26. Juli 1930	Ges. über ein Abk. mit Norwegen über die Zollbehandlung von Randsteinen (RGBl. II 1024, 1210).
305	26. Juli 1930	Ges. über den Handelsvertr. mit der Türkei (RGBl. II 1026, 1214).
306	28. Juli 1930	Ges. über den Freundschaftsvertr. mit dem Königreich des Hedjas, Nedjd usw. (RGBl. II 1063, 1274).
307	28. Juli 1930	Ges. über das Abk. mit der Schweiz über die Anerkennung u. Vollstr. v. gerichtl. Entscheidungen u. Schiedssprüchen (RGBl. II 1065, 1270).
308	28. Juli 1930	Ges. über das Abk. zur Vollstr. ausländ. Schiedssprüche (RGBl. II 1067; Beitritte 1933 II 136).
309	28. Juli 1930	Ges. über das Abk. mit Österreich über den gewerbl. Rechtsschutz u. den Schutz des Urheberrechts (RGBl. II 1077, 1229).
310	29. Juli 1930	Ges. über den Handelsvertrag mit Österreich (RGBl. II 1079, 1931 II 12).
311	29. Juli 1930	Ges. über den Vertrag mit Österreich über Rechtshilfe in Zollsachen (RGBl. II 1114, 1931 II 12).
312	30. Juli 1930	Ges. über das Abk. mit Österreich über den kleinen Grenzverkehr (RGBl. II 1123, 1931 II 12).
313	30. Juli 1930	Ges. über das Zusatzprot. zum deutsch-niederländ. Zoll- u. Kreditvertrag (RGBl. II 1128, 1211) s. a* 144.
314	30. Juli 1930	Ges. über einen Notenwechsel zum Handelsabk. mit Portugal (RGBl. II 1129, 1230) s. a* 153.
315	7. Aug. 1930	Ges. über das Abk. über den kleinen Grenzverkehr an der deutsch-französ. Grenze (RGBl. II 1133, 1206, 1282).

Nr.	Datum des Gesetzes	Name des Gesetzes
316	9. Aug. 1930	Ges. über das Übereink. mit Dänemark, Danzig, Polen u. Schweden über die Schollen- u. Flundernfischerei in der Ostsee (RGBl. II 1191).
317	25. Okt. 1930	Polenschädenges. (RGBl. II 1225) s. a* 286.
318	25. Okt. 1930	Ges. über eine Vereinb. mit Finnland wegen Änd. des vorläuf. Handelsabk. v. 26. Juni 1926 (RGBl. II 1225, 1272) s. a* 170.
319	15. Dez. 1930	Ges. über die Entschädigung der Mitglieder des Reichstags (RGBl. II 1275) s. a* 190, 277.
320	22. Dez. 1930	Ges. über den Freundschafts- und Handelsvertrag mit Haiti (RGBl. 1931 II 1).
321	13. März 1931	Ges. betr. den Übergang der Unterwarnow-Wasserstr., der Seewasserstr. bei Wismar u. des Kraffohlkanals auf das Reich (RGBl. II 39).
322	13. März 1931	Ges. über ein Zusatzabk. zum deutsch-franz. Handelsabk. v. 13. März 1931 (RGBl. II 48) s. a* 217.
323	21. März 1931	Ges. über Verläng. des vorläuf. Handelsabk. mit Rumänien (RGBl. II 55) s. a* 297.
324	23. März 1931	Ges. über den Schiedsgerichts- u. Vergleichsvertr. mit Luxemburg (RGBl. II 83, 500).
325	24. März 1931	Ges. über den Vertrag mit Österreich über Sozialversich. (RGBl. II 57).
326	25. März 1931	Ges. über das Genfer Handelsabk. (RGBl. II 64).
327	26. März 1931	Ges. über das Übereink. mit Böhmen über die Nacheile u. die gegenseitige Hilfeleistung der Sicherheitsorgane (RGBl. II 86).
328	27. März 1931	Ges. über den Handels- u. Schiffahrtsvertrag mit Irland (RGBl. II 115; 1931 II 692).
329	28. März 1931	Ges. über das Abk. über die deutsch-belg. Grenze (RGBl. II 125, 498, 532).
330	30. März 1931	Ges. über den AusliefVertr. mit der Türkei (RGBl. II 197; 1932 II 138).
331	31. März 1931	Ges. über das Abk. mit Guatemala über den Schutz von Erfindungspatenten u. Gebrauchsmustern (RGBl. II 206).
332	31. März 1931	Ges. über die Vereinb. mit der südafrik. Union über Erfindungspatente u. gewerbliche Muster (RGBl. II 207, 542).
333	31. März 1931	Ges. zu den Abk. mit Großbritannien über Änd. des Luftverkehrsabk. (RGBl. II 210, 497) s. a* 213.
334	10. April 1931	Ges. über den Schiffssicherheitsvertr. (RGBl. II 235, 1933 II 156) s. g* 3.

b) Landesgesetze.[1])

Nr.	Datum des Gesetzes	Name des Gesetzes
1	22. März 1919	Ges. üb. d. Aufwandsentschädigung d. Landtagsabgeordneten (GVBl. 97), gegenstandslos s. b 58.
2	28. März 1919	Vorläufiges Staatsgrundges. des Freistaates Bayern (GVBl. 109) s. b 19.
3	28. März 1919	Ermächtigungsges. (GVBl. 112), aufgeh. durch Ges. v. 24. Juni 1919 (GVBl. 325).
4	28. März 1919	Uebergangsges. (GVBl. 113).
5	28. März 1919	Ges. über den Adel (GVBl. 114).
6	28. März 1919	Ges. über die Lehen (GVBl. 114) s. b 27.
7	28. März 1919	Ges. über die Aufhebung der Familienfideikommisse (GVBl. 114); geändert durch Ges. v. 14. Juni 1919 (GVBl. 291). Hierzu VO. v. 26. Sept. 1919 (GVBl. 647 u. 698) mit Änd. v. 23. Jan. 1924 (GVBl. 27).
8	28. März 1919	Ges., die Zwangsenteignung für Ansiedelungszwecke betr. (GVBl. 117).
9	15. April 1919	Wahlges. für die Gemeinde-, Bezirks- u. Kreiswahlen (GVBl. 171); geänd. durch Ges. v. 14. Mai 1919 (GVBl. 281); aufgeh. s. b 175; s. aber b 199.
10	21. Mai 1919	Ges. über den Geschäftsgang des Landtags (GVBl. 253).
11	22. Mai 1919	Ges. über die Selbstverwaltung (GVBl. 239), geänd. s. b 32, 175, 188; f 8; ergänzt s. b 36; aufgeh. b 221.
12	22. Mai 1919	Ges., die Enteignung von Holz u. Torf betr. (GVBl. 255), geänd. s. b 41.
13	12. Juli 1919	Ges. über die Einsetzung von Volksgerichten bei inneren Unruhen (GVBl. 365); ändert auch das AG. StPO. (b 221).
14	31. Juli 1919	Ges. über die Umgestaltung der Gendarmerie (GVBl. 409); ändert auch das Beamtenges.
15	31. Juli 1919	Ges. über ausserordentliche Massnahmen zum Schutze des Freistaates (GVBl. 413).
16	13. Aug. 1919	Ges. die Zuständigkeit der Volksgerichte betr. (GVBl. 399).
17	14. Aug. 1919	Volksschullehrerges. (GVBl. 437); ändert auch das AG. StPO., das Beamtenges. u. das AG. RVO.;

[1]) Die folgende Uebersicht enthält, nach der Zeitfolge, die Gesetze aus der Zeit der Republik. Die Gesetze aus der Zeit des Königreichs nach dem Stand vom 8. Nov. 1918 sind in der dem Jahrgang 1920 des Kalenders beigegebenen Anlage zusammengestellt; spätere Aenderungen dieser Gesetze lässt das Register Beil. 1 h ersehen. Wegen der Erlasse der Provisorischen Regierung s. § 2 des Uebergangsgesetzes v. 28. März 1919 (b 4) u. die Bek. vom 28. April 1919 (GVBl. 401).

Nr.	Datum des Gesetzes	Name des Gesetzes
		geändert s. b 44, 54, 76, 91, 96, 112, 126, 142 11, 164, 208, 217; f 8.
18	14. Aug. 1919	Schulbedarfsges. (GVBl. 489); ändert auch das VGHGes. (b 165) u. die KirchenGO.; geänd. s. b 44, 54, 76, 79, 94, 96, 142, 232, 265.
19	14. Aug. 1919	Verfassungsurkunde des Freistaats Bayern (GVBl. 531), geänd. b 127, 152, 171, 196, i 18, 22.
20	14. Aug. 1919	Ges. über die Dauer des gegenwärtigen Landtags (GVBl. 554), geänd. durch Ges. v. 18. Mai 1920 (GVBl. 259).
21	16. Aug. 1919	Ges. zur Abänderung des Einkommensteuerges. v. 17. Aug. 1918 (GVBl. 563) s. b 61; aufgehob. durch b 85.
22	16. Aug. 1919	Ges. zur Abänderung des Vermögensteuerges. v. 17. Aug. 1918 (GVBl. 504); aufgehob. durch b 85.
23	16. Aug. 1919	Ges. zur Abänderung des Haussteuerges. v. 17. Aug. 1918 (GVBl. 564), s. b 84.
24	16. Aug. 1919	Ges. zur Abänderung des Kapitalrentensteuerges. v. 17. Aug. 1918 (GVBl. 565); aufgeh. durch b 85.
25	16. Aug. 1919	Ges. zur Abänderung des Umlagenges. v. 17. Aug. 1918 (GVBl. 565).
26	16. Aug. 1919	Ges. zur Abänderung des EinführGes. zu den Gesetzen über die direkten Steuern v. 14. Aug. 1910 / 17. Aug. 1918 (GVBl. 566).
27	25. Aug. 1919	Ges. über die Lehen (GVBl. 562) s. b 6, 57.
28	1. Okt. 1919	Ges. zur Aenderung des ViehversichGes. in der Fassung v. 23. April 1910 (GVBl. 665) s. b 62.
29	3. Okt. 1919	Ges. über die Ruhestandsversetzung von Beamten, die das 65. Lebensj. vollendet haben (GVBl. 695).
30	9. Okt. 1919	Ges. über die Aufwandsentschädigung des ständigen Landtagsausschusses (GVBl. 675).
31	10. Okt. 1919	Ges. üb. d. Änd. d. Bergges. (GVBl. 767) s. b 160.
32	28. Okt. 1919	Ges. zur teilweisen Abänderung des Selbstverwaltungsges. (GVBl. 699) s. b 11.
33	6. Nov. 1919	Ges. über die Vereidigung der öffentl. Beamten (GVBl. 783).
34	19. Dez. 1919	Ges. über Besoldung der Minister u. Staatssekretäre (GVBl. 1920, 11), geänd. d. Ges. v. 26. Juli 1920 (GVBl. 413), v. 23. Mai 1921 (GVBl. 337) u. v. 16. Dez. 1921 (GVBl. 1923, 4); weiter geänd. b 125, 164.
35	19. Dez. 1919	Ges. betr. Aenderung des Ges. über das Branntweinmonopol v. 26. Juli 1918 (GVBl. 1920, 33).
36	20. Dez. 1919	Ges. über die Geltung des Selbstverwaltungsges. in der Pfalz (GVBl. 833) s. b 11, 32, 69; aufgeh. b 221.
37	22. Dez. 1919	Ges. über Aenderungen des Kostenges. u. des Stempelges. (GVBl. 832); Neufassung b 67.
38	29. Jan. 1920	Ges. über die Gewährung steuerlicher Erleichterungen für die Kriegsteilnehmer (GVBl. 53); aufgehob. durch b 85.

Nr.	Datum des Gesetzes	Name des Gesetzes
39	10.Febr.1920	Ges. über Abänderung der Art. 32 u. 33 des Umlagengesetzes (GVBl. 54).
40	24.Febr.1920	Ges. zum Schutze des Maulwurfs (GVBl. 41); hiezu VO. v. 22. Juni 1925 (GVBl. 161); aufgeh. durch VO. v. 22. Dez. 1926 (GVBl. 540.)
41	25.Febr.1920	Ges. über Torfwirtschaft (GVBl. 42) s. b 12.
42	19.März 1920	Ges. über den Uebergang der Post- u. Telegraphenverwaltung an das Reich (GVBl. 152).
43	20.März 1920	Ges. über die Bauernkamm. (GVBl. 67); geänd. b 242, i 10.
44	24.März 1920	Ges. zur Aenderung des Volksschullehrerges. u. des Schulbedarfges. (GVBl. 103) s. b 17, 18, 54.
45	26.März 1920	Ges. zur Aenderung des AusfG. zur ZPO. u. KO. (GVBl. 85); wieder geänd. durch Ges. v. 27. Okt. 1921 (GVBl. 525).
46	27.März 1920	Ges. über Regelung des Rückersatzes von Grunderwerbungskosten bei Umwandlung von Vizinal- u. Lokalbahnen in Hauptbahnen (GVBl. 111).
47	27.März 1920	Ges. über die Steuererhebung für das 1. Vierteljahr 1920 (GVBl. 117).
48	27.März 1920	Ges. über die Erwerbung der Privatlokalbahn Röthenbach b. L.—Weiler durch den Freistaat Bayern (GVBl. 137).
49	30.März 1920	Ges. über den Uebergang der bayer. Staatseisenbahnen an das Reich (GVBl. 173).
50	8. April 1920	Ergänzungsges. z. Brandversicherungsges., Baunotversicherungsges. (GVBl. 99); geänd. b 114.
51	14.April 1920	Ges. ü. d. Gewähr. eines staatl. Vorschusses z. Ankauf v. Kleidern, Wäsche u. Schuhen (GVBl. 115).
52	16.April 1920	Ges. über die Fortführung der Mainkanalisierung von Aschaffenburg bis Würzburg u. den Ausbau der Donauwasserstraße von Regensburg bis Passau einschl. Wasserkraftausnützung (GVBl. 147); erg. durch Ges. v. 26. Juni 1920 (GVBl. 349).
53	12.Mai 1920	Landeswahlges. für Landtagswahlen, Volksbegehren u. Volksentscheidungen (GVBl. 195), geänd. s. b 80, 159, 193; Neufassung b 193.
54	2.Juni 1920	Beamtenbesoldungsges. (GVBl. 275), ändert auch das Beamtenges., das Volksschullehrerges., das Schulbedarfges., die GemOrdnungen, s. b 17, 44; 18; seiners. geänd. s. b 64, 71, 76, 78, 94, 96, 103, 108, 126, 142, 151.
55	11.Juni 1920	Ges. über den Staatsgerichtshof (GVBl. 323, Berichtigung GVBl. 1920, 431), geänd. b 196, 233; s. weiter Bek. v. 11. März 1926 (GVBl. 231). Änd. u. Neufassung b 239.
56	16.Juni 1920	Ges. über die Vereinigung von Coburg mit Bayern (GVBl. 335), mit Abänderungsges. v. gl. Tage (GVBl. 344), beide berichtigt GVBl. 1920, 431; weiter geändert mit Ges. v. 14. Dez. 1920 (GVBl. 493).

Nr.	Datum des Gesetzes	Name des Gesetzes
57	30. Aug. 1920	Lehenauflösungsges. (GVBl. 417) s. b 6 u. 27.
58	16. Sept. 1920	Ges. über die Aufwandentschädigung der Landtagsabgeordneten (GVBl. 427) s. b 1; geändert s. b 68, 95, 105, 117, 137, 169, 176, 211; aufgeh. b 260.
59	13. Okt. 1920	Ges. über die Aufhebung der Arbeiterräte (GVBl. 435).
60	5. Nov. 1920	Ges. betr. die Aenderung des Art. 143 des Forstges. u. des Art. 59 des revidierten Forstges. für die Pfalz (GVBl. 465) s. b 144; 161.
61	1. Dez. 1920	Ges. zur Aenderung des Einkommensteuerges. v. 14. Aug. 1910, 17. Aug. 1918, 16. Aug. 1919 (GVBl. 497) s. b 21; gegenstandslos s. b 85.
62	15. Dez. 1920	Ges. über Aenderung des Viehversicherungsges. (GVBl. 494) s. b 28.
63	18. Dez. 1920	Ges. über die Einführung bayerischer Gesetze in Coburg (GVBl. 498), desgl. 10. Dez. 1921 (GVBl. 1922, 7); Ges. über den Uebergang der Landrentenbank in Coburg an die Bayr. Staatsbank v. 18. Jan. 1922 (GVBl. 11).
64	5. Jan. 1921	Ges. über die Abänderung des Beamtenbesoldungsges. u. über die Festsetzung der Teuerungszuschläge (GVBl. 1) s. b 54; geänd. b 75.
65	28. Jan. 1921	Ges. über die Verlängerung der Wahlzeit der gegenwärtigen ortskirchlichen Vertretungskörper (GVBl. 25).
66	2. Febr. 1921	Ges. zur Aenderung einiger Justizges. (GVBl. 29 u. 98), ändert das AG. GVG. v. 23. Febr. 1879 (b 132), das AG. BGB. v. 9. Juni 1899 (hiezu s. b 81), das Nachlassges. v. 9. Aug. 1902, das AG. GBO. ZwVG. v. 9. Juni 1899 (b 241), das Kostenges. v. 21. Aug. 1914.
67	16. Febr. 1921	Ges. über Aenderungen des Kostenges. u. des Stempelges. (GVBl. 35) mit Neufassungen beider Gesetze v. 16. Februar 1921 (GVBl. 133); beide wieder geänd. durch Ges. v. 18. März 1922 (GVBl. 209), weiter nach b 120, 158, 252, f 11, b 267; Änd. des Kostenges. b 264.
68	17. Febr. 1921	Ges. zur Aend. des Ges. über die Aufwandentschädigung der Landtagsabgeordneten (GVBl. 26) s. b 58, 95, 211; aufgeh. b 260.
69	18. Febr. 1921	Ges. über die fortdauernde Geltung des Art. 3 des SelbstverwGes. in der Pfalz (GVBl. 26) mit Berichtigung S. 64; s. b 36, hiezu Ges. gl. Betr. v. 6. März 1923 (GVBl. 105).
70	21. Febr. 1921	Ges. über die Aenderung des Hagel-, Vieh- u. Pferdeversicherungsges. (GVBl. 32), s. auch b 148, 249.
71	8. März 1921	Ges. über die Erhöhung der Teuerungszuschläge (GVBl. 65) s. b 54, 64.

Nr.	Datum des Gesetzes	Name des Gesetzes
72	18. März 1921	Ges. über die Forterhebung der religionsgesellschaftlichen Steuern u. der religionsgemeindlichen Umlagen für die Zeit bis 31. März 1921 (GVBl. 83); ändert das KirchenStG. u. die KirchenGO. s. b 87, 18.
73	22. März 1921	Ges. über die Genehmigung des Staatsvertrags v. 22. Febr. 1921 zwischen Preussen, Bayern u. Thüringen über die Aufhebung von Gemeinschaftsverträgen (GVBl. 94).
74	22. März 1921	Ges. über die Errichtung eines Landgerichts in Coburg (GVBl. 96).
75	23. März 1921	Ges. über die Nachprüfung der Besoldungsordnung (GVBl. 112) s. b 64; geänd. durch Ges. v. 13. Juni 1921 (GVBl. 361) u. v. 10. Aug. 1921 (GVBl. 403).
76	23. März 1921	Pensionsergänzungsges. (GVBl. 117); ändert auch das Beamtenges., das BeamtenbesG., das Volksschullehrerges., das Schulbedarfsges.; s. b 54, 71; 17; 18; geänd. b 96, 103, 126, 142, 151, 164.
77	30. März 1921	Ges. über die Genehmigung des Staatsvertrags v. 4./7. März 1921 zwischen Bayern u. Thüringen über die Aufhebung von Gemeinschaftsverträgen v. 30. März 1921 (GVBl. 251).
78	23. Mai 1921	Ges. über die Dienst- u. Versorgungsbezüge der Gemeinde- u. Bezirksbeamten (GVBl. 323); ändert die Gemeindeordnungen, das BeamtenbesG. u. das GemBeamtG., s. b 54, 76, 94, 145, 148, 154; f 8.
79	30. Juni 1921	Ges. zum Vollz. des Landessteuerges. (GVBl 361) s. a 82; b 18; geänd. durch b 85, 145; f 11; Neufassung b 170.
80	21. Juli 1921	Ges. über die Aend. des Landeswahlges. (GVBl. 393) s. b 53, 159.
81	23. Juli 1921	Ges. die Aend. des Art. 85 AG. BGB. betr. (GVBl. 379) s. b 66, geänd. b 131.
82	27. Juli 1921	Ges. über phosphorhaltige Mineralien u. Gesteine (GVBl. 384).
83	27. Juli 1921	Ges. zur Aend. des Grundsteuerges. in der Fassung v. 4. Nov. 1910 (GVBl. 411); seiners. geänd. b 138.
84	27. Juli 1921	Ges. zur Aend. des Haussteuerges. v. 17. Aug. 1918 / 16. Aug. 1919 (GVBl. 412) s. b 23, seiners. geänd. b 139.
85	27. Juli 1921	Gewerbsteuerges. (GVBl. 413); hebt zugleich auf das Einkommensteuerges., das Kapitalrentensteuerges., das Vermögenssteuerges., das Gewerbsteuerges. v. 14. Aug. 1910, das Ges. v. 29. Jan. 1920 (bei b 38) u. das Ges. v. 30. Juni 1921 (bei b 79); s. b 21, 61; 24; 22; 38; seiners. geänd. b 140, 205.

Nr.	Datum des Gesetzes	Name des Gesetzes
86	27. Juli 1921	Ges. zur Aend. des Ges. v. 10. März 1879/20. Dez. 1897 über die Besteuerung des Gewerbebetriebs im Umherziehen (GVBl. 433); hebt auch auf das WarenhausStG. v. 14. Aug. 1910. Neufassung v. 6. Aug. 1921 (GVBl. 439), wieder geändert b 121, 179; f 3.
87	27. Juli 1921	Religionsgesellschaftliches Steuerges. (GVBl. 459); hebt auch auf das KirchenStG. v. 15. Aug. 1908 u. ändert die KirchengemOrdn. v. 24. Sept. 1912 s. b 72, geänd. b 97, 122, 143 (mit Neufassung).
88	9. Aug. 1921	Ges. zur Ergänzung der Bezüge der Erzbischöfe, Bischöfe u. Mitglieder der Domkapitel (GVBl. 451). Neufassung b 100.
89	9. Aug. 1921	Ges. über Ergänzung des Einkommens der Seelsorgegeistlichen (GVBl. 452). Neufassung b 101.
90	9. Aug. 1921	Ges. über erhöhte Anrechnung der Dienstzeit der Beamten (GVBl. 479); geänd. b 142.
91	10. Aug. 1921	Ges. zur Aend. des AG. RVO. v. 2. Nov. 1912 (GVBl. 397) s. auch b 17; geänd. b 142.
92	27. Aug. 1921	Ges. über die Bildung des Krankenhausverbands Coburg (GVBl. 405).
93	23. Sept. 1921	Ges. über den Uebergang der bayer. Wasserstrassen auf das Reich (GVBl. 489).
94	25. Nov. 1921	Ges. zur Aend. des Beamtenbesoldungsges. (GVBl. 551) s. b 54, 78; ändert auch das Beamtenbesoldungsges. (GVBl. 551) s. b 54, 78; ändert auch das Beamtenges. s. b 54 u. das Schulbedarfsges. s. b 18; seiners. geänd. b 96, 108, 109, 126, 221; hierzu Ges. über die Festsetzung der Teuerungszuschläge der Staatsbeamten v. 9. März 1922 (GVBl. 201); dieses geänd. b 126.
95	10. Dez. 1921	Ges. zur Aend. des Ges. über die Aufwandsentschädigungen der Landtagsabgeordneten (GVBl. 587) s. b 58, 68, 105; aufgeh. b 260.
96	16. Dez. 1921	Ges. zur Abänd. des Beamtenbesoldungsges. (GVBl. 1923, 1) s. b 54, 94; 17; 76; 18; geänd. b 126, 142; ändert auch das Beamtenges.
97	21. Dez. 1921	Ges. über die ortskirchlichen Vertretungskörper (GVBl. 617); ändert auch die KirchenGemO. s. b 87.
98	22. Dez. 1921	Ges. über die Aufforstung landwirtsch. Grundstücke (GVBl. 609), geänd. b 265.
99	22. Dez. 1921	Ges. zur Ergänzung des Ges. die Flurbereinigung betr. (GVBl. 614); s. nun b 114.
100	15. Febr. 1922	Ges. zur Aenderung des Ges. über die Ergänzung der Bezüge der Erzbischöfe, Bischöfe u. Mitglieder der Domkapitel (GVBl. 183) mit Neu-

Nr.	Datum des Gesetzes	Name des Gesetzes
		fassung des Ges. GVBl. 186; s. b 88; seiners. geänd. b 111, 162.
101	15. Febr. 1922	Ges. zur Abänd. des Ges. über Ergänzung des Einkommens der Seelsorgegeistlichen (GVBl. 184) mit Neufassung des Ges. GVBl. 188; s. b 89; seiners. geänd. b 110.
102	4. April 1922	Ges. über die Aufhebung der landeskirchl. Verfassung der prot. Kirchen (GVBl. 221); geänd. s. b 182.
103	5. April 1922	Sechste Abänd. des Beamtenbesoldungsges. (GVBl. 1923, 4) s. b 54, 76.
104	13. April 1922	Ges. über die Ansiedelung von Kriegsbeschädigten in der Landwirtschaft (GVBl. 269), ändert das Ges. gl. Betr. v. 15. Juli 1916; wieder geänd. b 135; beide aufgeh. b 236.
105	10. Juni 1922	Ges. zur Abänd. des Ges. über die Aufwandentschäd. der Landtagsabgeordneten (GVBl. 339) s. b 58, 95, 117; aufgeh. b 260.
106	7. Juli 1922	Ges. über die Kreisamtsblätter (GVBl. 655).
107	10. Juli 1922	Hengstkörges. (GVBl. 499); hebt auch die Körordnung v. 26. März 1881 auf; geänd. u. Neufassung b 210.
108	24. Juli 1922	Ges. über die Festsetzung der Teuerungszuschläge der Staatsbeamten (GVBl. 1923, 7) s. b 54, 94.
109	27. Juli 1922	Ges. über das Diensteinkommen der Hochschulprofessoren (GVBl. 377) s. b 94; ändert auch das Beamtenges.; aufgeh. b 231.
110	27. Juli 1922	Ges. zur Abänd. des Ges. über Ergänzung des Einkommens der Seelsorgegeistlichen (GVBl. 467) s. b 101 mit Neufassung v. 31. Juli 1922 (GVBl. 469 u. 638); wieder geänd. b 134, 163.
111	27. Juli 1922	Ges. zur Aend. des Ges. über die Bezüge der Erzbischöfe, Bischöfe u. Mitgl. der Domkapitel (GVBl. 469) s. b 100, 162.
112	1. Aug. 1922	Ges. über Schulpflege, Schulleitung, Schulaufsicht an Volksschulen, Schulaufsichtsges. (GVBl. 385) s. b 17; ändert auch das Polizeistrafgesetzbuch; s. zu letzterem b 150.
113	5. Aug. 1922	Flurbereinigungsges. (GVBl. 433); ändert auch das Ges. über die Landeskulturrentenanstalt v. 21. April 1884 / 31. März 1908 (b 129), hebt auf das Flurbereinigungsges. v. 29. Mai 1886/30. Juli 1899. Inkrafttreten VO. v. 9. Febr. 1923 (GVBl. 24); geänd. b 177, 236, 265; ferner durch Ges. v. 8. Mai 1928 (GVBl. 329) u. durch das FinGes. v. 16. Juli 1931 (GVBl. 185); Neufassung b 270.
114	18. Aug. 1922	Ges. über Aenderungen im öff. VersichWesen (GVBl. 421) s. b 50, 180; ändert auch das Ge-

Nr.	Datum des Gesetzes	Name des Gesetzes
		meindebeamtenges. v. 15. Juli 1916 / 23. Juli 1918 u. das BrandversichGes. v. 3. April 1875 (s. b 148).
115	23. Aug. 1922	Ges. zur Aend. des Hundeabgabenges. v. 14. Aug. 1910 (GVBl. 613) mit Neufassung des letzteren v. 25. Sept. 1922 (GVBl. 615), wieder geänd. b 202.
116	26. Aug. 1922	Landespolizeibeamtenges. (GVBl. 427), aufgeh. b 228.
117	7. Dez. 1922	Ges. zur Abänd. des Ges. über die Aufwandentschädigung der Landtagsabgeordneten (GVBl. 655) s. b 58, 105, 137; aufgeh. b 260.
118	13. Dez. 1922	Ges. über Grundstückszusammenlegungen (Flurbereinigungen) in den coburgischen Landesteilen (GVBl. 693); aufgeh. b 270.
119	15. Dez. 1922	Ges. über die Umlaufgrenze der Landeskulturrentenscheine (GVBl. 663).
120	16. Dez. 1922	Ges. über Aend. des Kostenges. u. des Stempelges. (GVBl. 663) s. b 67, 158. Hiezu Bek. v. 20. Dez. 1922 (GVBl. 685), v. 27. April 1923 (GVBl. 161), v. 2. Juli 1923 (GVBl. 202), v. 13. Aug. 1923 (GVBl. 258), v. 22. Sept. 1923 (GVBl. 342), v. 13. Okt. 1923 (GVBl. 358), v. 31. Okt. 1923 (GVBl. 376), v. 16. Nov. 1923 (GVBl. 385), v. 4. Jan. 1924 (GVBl. 7), diese geänd. durch Bek. v. 28. März 1924 (GVBl. 132); s. weiter Bek. v. 15. Aug. 1924 (GVBl. 196), v. 22. Okt. 1924 (GVBl. 209), v. 19. Juni 1925 (GVBl. 162), v. 27. Okt. 1926 (GVBl. 504), v. 26. Nov. 1926 (GVBl. 537), v. 13. Mai 1927 (GVBl. 134), v. 26. Sept. 1928 (GVBl. 413).
121	21. Dez. 1922	Ges. über die Erhebung der Steuer vom Gewerbebetrieb im Umherziehen für das Jahr 1923 (GVBl. 696) s. b 86.
122	21. Dez. 1922	Ges. über Aend. des religionsgesellschaftl. Steuerges. (GVBl. 1923, 13) s. 87, 97; seiners. geänd. b 143.
123	30. Dez. 1922	Ges. über die Aend. des Wasserges. v. 23. März 1907 (GVBl. 1923, 13) s. b 201.
124	30. Dez. 1922	Staatsvertrag mit Thüringen über das Arbeitshaus Eisenach u. die Pflegeanstalt Hildburghausen (GVBl. 1923, 14).
125	9. Jan. 1923	Ges. zur Aend. des Ministerbesoldungsges. (GVBl. 12) s. b 34, 164.
126	9. Jan. 1923	Siebente Aend. des Beamtenbesoldungsges. (GVBl. 7) s. b 54, 94; 76; 17; 96; ändert auch das Beamtenges. (b 151; wieder geänd. b 207) mit Neufassung des Beamtenbesoldungsges. vom 24. März 1923 (GVBl. 109); wieder geänd. b 151, 164, 208, 231.

Nr.	Datum des Gesetzes	Name des Gesetzes
127	9. Jan. 1923	Ges. z. Abänd. d. VerfassUrk. (GVBl. 12) s. b 19, 152.
128	27. Febr. 1923	Ges. zur Abänd. des Art. 86 der Kirchengemeindeordnung (GVBl. 89).
129	6. März 1923	Oedlandges. (GVBl. 89); ändert auch das Landeskulturrentenges. v. 24. März 1908 (b 113, 157, 177); seiners. geänd. b 236, 265 u. durch die VO. v. 5. Aug. 1929 (GVBl. 119).
130	9. März 1923	Ges. über die vermögensrechtl. Auseinandersetzung des Bayer. Staates mit dem vormaligen Bayer. Königshaus (GVBl. 101).
131	11. April 1923	Ges. über weitere Aend. des Art. 85 AG. BGB. (GVBl. 147) s. b 81, 167.
132	5. Mai 1923	Ges. zur Aend. des AG. GVG. (GVBl. 169) s. b 66, 167, f 11; hebt auch das Ges. gl. Betr. v. 21. Aug. 1914 auf.
133	5. Mai 1923	Ges. zur Aend. des Feldschadenges. v. 6. März 1902 (GVBl. 169); wieder geänd. b 144, 161.
134	29. Mai 1923	Ges. zur Aend. des Seelsorgeeinkommensergänzungsges. (GVBl. 201) s. b 110, 163.
135	28. Juni 1923	Ges. über die Landeskulturrentenscheine (GVBl. 201) s. b 104, geänd. b 156.
136	4. Juli 1923	Ges. über die Erschliessung von Baugelände (GVBl. 274 mit Berichtigungen 348 u. 1924, 182). Inkrafttreten GVBl. 1923, 280. Geänd. durch die VO. v. 5. Aug. 1929 (GVBl. 119).
137	17. Juli 1923	Ges. zur Abänd. des Ges. über die Aufwandentschädigung d. Landtagsabgeordneten (GVBl. 233) s. b 58, 117, 169, 176, 211, aufgeh. b 260.
138	18. Juli 1923	Ges. zur Aend. des Grundsteuerges. (GVBl. 237) s. b 83, i 24.
139	18. Juli 1923	Ges. zur Aend. des HausStG. (GVBl. 237) s. b 84, 206, 273.
140	18. Juli 1923	Ges. zur Aend. des Gewerbsteuerges. (GVBl. 238) s. b 85; geänd. b 205.
141	20. Juli 1923	Ges. über das Wappen des Freistaates Bayern (GVBl. 377).
142	1. Aug. 1923	Ges. zur Aend. von Vorschriften über das Volksschulwesen (GVBl. 337) s. b 17; 18; 54; 96; 76, 164; 90; 91.
143	1. Aug. 1923	Ges. zur Aend. des religionsgesellschaftl. Steuerges. (GVBl. 349) s. b 87, 122; mit Neufassung des Ges. v. 1. Aug. 1923 (GVBl. 351) wieder geänd. b 215.
144	10. Aug. 1923	Ges. zur Aend. des Forstges., des revidierten Forststrafges. für die Pfalz u. des Feldschadenges. (GVBl. 253) s. b 60, 133, 161.
145	14. Aug. 1923	Ges. zur Aend. des Vollzugsges. zum Landessteuerges. (GVBl. 265) s. b 78, 79; ändert auch die beiden Gemeindeordnungen; s. b 154; Neufassung b 170.

Nr.	Datum des Gesetzes	Name des Gesetzes
146	14. Aug. 1923	Ges. zur Aend. des Ges., betr. das Unschädlichkeitszeugnis v. 15. Juni 1898 (GVBl. 280), geänd. s. b 177. Hierzu auch die VO.en v. 22. Nov. 1923 (GVBl. 381) u. v. 5. Aug. 1929 (GVBl. 119).
147	16. Aug. 1923	Ges. über die bayerische Aerzte-Versorgung (GVBl. 255).
148	16. Aug. 1923	Ges. über Aenderungen im öff. Versicherungswesen (GVBl. 265), ändert das Brandversich.-Ges. v. 3. April 1875 (s. b 114, 197; f 4), das HagelversichGes. (b 70, 180, 229, 249); das ViehversichGes. (b 70), das PferdeversichGes. (b 70) u. das Gemeindebeamtenges. (b 78); hebt das PferdeversichGes. bedingt auf, unter Ersatz durch das Vieh- (von da an = Tier-) Versich.-Ges.
149	18. Aug. 1923	Ges. über Ausschliessung des Anspruchs aus § 804 Abs. 1 BGB. bei den Schuldverschreibungen der Bayerischen Staatsanleihen (GVBl. 289).
150	24. Aug. 1923	Ges. zur Abänd. der GemOrdnung für die Landesteile r. d. Rh. u. des Polizeistrafgesetzbuchs (GVBl. 281); s. zu letzterem b 112, 172, 221; seiners. geänd. b 221.
151	29. Aug. 1923	Achte Abänd. des Beamtenbesoldungsges. (GVBl. 309) s. b 54, 126; 17; 76; ändert auch das Beamtenges. (b 126, 164); seiners. geänd. b 217.
152	1. Nov. 1923	Ges. zur Abänd. der §§ 28, 30 u. 39 der Bayer. Verfassung (GVBl. 373) s. b 19, 127, 171.
153	22. Nov. 1923	Ges. über Leistungen der Gemeinden für die staatliche Polizeiverwaltung (GVBl. 377); hebt auch auf das Ges. v. 15. Juni 1898 betr. den Beitrag Münchens zu den Kosten der Polizeidirektion München; geänd. b 221, 238.
154	24. Dez. 1923	Landessperrges. (GVBl. 409); ändert auch die beiden GemOrdnungen u. das Gemeindebeamtenges. s. b 78, 145; die rechtsrh. GemO. ist auch geänd. durch Art. II der VO. v. 28. April 1924 (GVBl. 145); Neufassung des Landessperrges. b 218.
155	29. Dez. 1923	Ges. zur Aend. des Grubenfeldabgabenges. v. 27. Juli 1918 (GVBl. 417).
156	31. Dez. 1923	Ges. über die Landeskulturrentenscheine (GVBl. 411) s. b 135.
157	31. Dez. 1923	Ges. zur Abänd. des Landeskulturrentenges. v. 24. März 1908 (GVBl. 411) s. b 129, 177; aufgehoben b 236.
158	23. Jan. 1924	Ges. zur Aend. des Jagd- u. des Stempelges. (GVBl. 9) s. b 67, 120, 252.
159	6. Febr. 1924	Ges. zur Aend. des Landeswahlges. usw. (GVBl. 29) s. b 53, 80, 193.

Nr.	Datum des Gesetzes	Name des Gesetzes
160	9. Febr. 1924	Ges. zur Aend. des Bergges. v. 13. Aug. 1910 (GVBl. 25) s. b 31, 265.
161	9. Febr. 1924	Ges. zur Aend. des Forstges., des revid. Forststrafges. für die Pfalz u. des Feldschadenges. (GVBl. 27) s. b 60, 133, 144, 265.
162	21. Febr. 1924	Ges. zur Aend. des Ges. über die Bezüge der Erzbischöfe, Bischöfe u. Mitglieder der Domkapitel (GVBl. 69) s. b 100, 111 mit Neufassung v. 21. Febr. 1924 (RGBl. 70); aufgeh. b 188.
163	21. Febr. 1924	Ges. zur Aend. des Ges. über das Einkommen der Seelsorgegeistlichen (GVBl. 70) s. b 110, 134 mit Neufassung v. 2. März 1924 (GVBl. 72); wieder geänd. b 185.
164	29. Febr. 1924	9. Abänd. des Beamtenbesoldungsges. usw. (GVBl. 117) s. b 126, 151; 34, 125; 17, 151; 76, 142; ändert auch das Beamtenges. (b 151, 208), das AG. RVersO. v. 2. Nov. 1912, seiners. geänd. b 208, 221. S. zum Ges. v. 29. Febr. 1924 VO. v. 24. März 1924 (GVBl. 121) über die 10. Abänderung; desgl. v. 31. Mai 1924 (GVBl. 169) über die 11. Abänderung; desgl. v. 4. Juli 1924 (GVBl. 177) über die 12. Abänderung.
165	7. März 1924	Ges. zur Aend. des Verwaltungsgerichtshofsges. (GVBl. 65) (s. b 18); ändert auch das Armenges. v. 21. Aug. 1914 (b 245) u. das Fischereiges. v. 15. Aug. 1908 (s. b 265); seiners. geänd. b 245, 265.
166	28. März 1924	Ges. über Notmassnahmen für die Kriegsgemeinden (GVBl. 116), geänd. s. b 175.
167	29. März 1924	Ges. über die Einrichtung der Gerichte u. die Einführung einer Altersgrenze für Richter (GVBl. 125), ändert auch das AG. GVG. (b 132, 221) u. das AG. BGB. (s. b 131); Geltung f. d. Pfalz VO. v. 19. Juli 1927 (GVBl. 268).
168	31. März 1924	Ges. zur Ergänzung der Befugnisse des Ständigen Ausschusses (GVBl. 126).
169	31. März 1924	Ges. zur Abänd. der Bestimmungen über die Aufwandsentschädigungen der Landtagsabgeordneten (GVBl. 126) s. b 58, 137, 176, 211; aufgeh. b 260.
170	28. April 1924	Ges. zum Vollzug des Finanzausgleichsgesetzes (GVBl. 157) s. b 79, 145 mit VO. v. 28. April 1924 (GVBl. 145) geänd. s. b 191, 206. 214 220.
171	1. Mai 1924	Ges. zur Abänd. der §§ 30 Abs. 3, 39 Abs. 4 u. 43 der Verfassung (GVBl. 145) s. b 19. 152, 196.
172	18. Juli 1924	Ges. zur Aend. des Art. 112 PStGB. (GVBl. 191) s b 150, 221.
173	2. Aug. 1924	Ges. zur Durchführ. des § 9 der 3. SteuerNotVO. v. 14. Febr. 1924 (GVBl. 191).

Nr.	Datum des Gesetzes	Name des Gesetzes
174	2. Aug. 1924	Ges. über die Schuldverschreibungen der Bayer. Landeskulturrentenanstalt (GVBl. 191).
175	6. Nov. 1924	Gemeindewahlges. (GVBl. 211) s. b 9, 11, 166; aufgeh. b 221.
176	6. Nov. 1924	Ges. zur Abänderung der Bestimmungen über die Aufwandsentschädigung der Landtagsabgeordneten (GVBl. 225) s. b 58, 137, 169; aufgeh. b 260.
177	27. Nov. 1924	Ges. zur Abänderung des Flurbereinigungsges. (GVBl. 235) s. b 113, 146, 129, 157; ändert auch das Ges. über die Landeskulturrentenanstalt v. 31. März 1908 (b 157, 221); Berichtigung GVBl. 1925, 260; geänd. b 236; aufgeh. b 270.
178	11. Dez. 1924	Ges. über die Genehmigung des Staatsvertrags v. 31. Mai / 18. Juni 1924 mit Thüringen über die Aufhebung eines Gemeinschaftsvertrags (GVBl. 239).
179	19. Dez. 1924	Ges. zur Abänderung des Ges. über die Besteuerung des Gewerbebetriebs im Umherziehen (GVBl. 240) s. b 86; f 3.
180	31. Dez. 1924	Ges. über vorübergehende Massnahmen im öffentl. Versicherungswesen (GVBl. 1), betr. die Landes-Hagelversicherungsanstalt; s. b 114, 148; f 4.
181	15. Jan. 1925	Ges. zu dem Konkordate mit dem hl. Stuhle und den Verträgen mit den Evangelischen Kirchen (GVBl. 53) mit Bek. v. 24. Jan. 1925 (GVBl. 69) u. v. 13. Febr. 1925 (GVBl. 76) s. b 182.
182	12. März 1925	Ges. zum Vollzug der Verträge mit den evangelischen Kirchen (GVBl. 95) s. b 102, 181.
183	18. März 1925	Ges. über die Schuldverschreibungen der Bayer. Landeskulturrentenanstalt (GVBl. 99).
184	7. April 1925	Ges. über die Bezüge der Erzbischöfe, Bischöfe und Mitglieder der Domkapitel (GVBl. 135) s. b 162; geänd. durch VO. v. 3. Mai 1928 (GVBl. 323).
185	7. April 1925	Ges. zur Aend. des Ges. über die Ergänzung des Einkommens der Seelsorgegeistlichen (GVBl. 136) s. b 163. Neufassung des letzteren Ges. durch Bek. v. 8. April 1925 (GVBl. 137); wieder geänd. durch VO. v. 3. Mai 1928 (GVBl. 323), weiter geänd. f 23, 37.
186	22. Mai 1925	Ges. über die Aenderung des Notariatsges. v. 9. Juni 1899 (GVBl. 151) s. b 246; s. auch die VO. v. 18. Mai 1925 (GVBl. 152).
187	25. Mai 1925	Ges. über die Anteile der Gemeinden u. Kreise an der Einkommen- und Körperschaftssteuer (GVBl. 159).

Nr.	Datum des Gesetzes	Name des Gesetzes
188	25. Juni 1925	Ges. zur Aend. des Selbstverwaltungsges. (GVBl. 160) s. b 11; aufgeh. b 221.
189	1. Juli 1925	Ges. über die Verwaltung der Coburger Landesstiftung (GVBl. 161).
190	16. Juli 1925	Finanzges. für 1924 (GVBl. 193).
191	16. Juli 1925	Finanzges. für 1925 (GVBl. 195) s. b 170, 206.
192	16. Juli 1925	Ges. über Regelung der Gewerbesteuer usw. für 1924 u. 1925 (GVBl. 198).
193	16. Juli 1925	Ges. zur Abänd. des Landeswahlges. (GVBl. 209) s. b 53, 159; Neufassung v. 30. März 1928 (GVBl. 85) als Ges. f. Landtagswahlen, Volksbegehren und Volksentscheidungen (neue Fassung b 261).
194	20. Juli 1925	Jugendamtsges. (GVBl. 211) s. a 382; geänd. b 255.
195	20. Juli 1925	Ges. zur Durchführung des Aufwertungsges. (GVBl. 189) s. a 641.
196	18. Sept. 1925	Ges. zur Abänd. der §§ 26, 41 u. 70 der Verfassung sowie des Gesetzes über den Staatsgerichtshof (GVBl. 245) s. b 19, 171; 55, 233, 239.
197	16. Okt. 1925	Ges. über die Aend. des Brandversicherungsges. (GVBl. 259) ändert das BrandversichGes. vom 3. April 1875 s. b 148, 265.
198	21. Dez. 1925	Ges. über Straffreiheit (GVBl. 273).
199	23. Dez. 1925	Ges. über die Verlängerung der Amtsdauer der Mitglieder der Kreistage u. Bezirkstage (GVBl. 330) s. b 9, 209.
200	8. Juni 1926	Ges. über Aenderungen der bayer. Landesgrenze (GVBl. 323).
201	25. Juni 1926	Ges. über Aend. des Wasserges. v. 23. März 1907 (GVBl. 327) s. b 123, 265.
202	6. Juli 1926	Ges. zur Aend. des Hundeabgabenges. (GVBl. 327) s. b 115.
203	7. Juli 1926	Ges. über die Schuldverschreibungen der Landeskulturrentenanstalt (GVBl. 355); desgl. vom 26. Nov. 1927 (GVBl. 357); beide aufgeh. b 236.
204	9. Juli 1926	Finanzges. für 1926 (GVBl. 365).
205	9. Juli 1926	Ges. zur Aend. des Gewerbesteuerges. (GVBl. 375) s. b 85, 140; Neuf. GVBl. 389.
206	9. Juli 1926	Ges. über die Vereinf. der Staatsverw. und über Aend. des Finanzausgleichs zwischen Land u. Gemeinden (GVBl. 383) s. b 170, 191, ändert auch das Haussteuerges. v. 1918 s. b 139, 273.
207	16. Juli 1926	Ges. zur Bekämpfung von Zigeunern, Landfahrern und Arbeitsscheuen (GVBl. 359).
208	19. Juli 1926	Ges. über die Zahlung des Diensteinkommens u. der Versorgungsbezüge (GVBl. 381) s. b 126, 164; 17; ändert auch das Beamtenges. v. 1908 (b 164, 217).

Nr.	Datum des Gesetzes	Name des Gesetzes
209	23. Juli 1926	Ges. über die Verlängerung der Amtsdauer der Mitglieder der Kreistage u. Bezirkstage (GVBl. 381) s. b 199.
210	7. Febr. 1927	Ges. über Aend. des Hengstkörges. (GVBl. 57) s. b 107 mit Neufassung v. gl. T. (GVBl. 58).
211	11. März 1927	Ges. zur Aend. des Ges. über Aufwandsentschädigung der Landtagsabgeordneten (GVBl. 97) s. b 58, 68, 137, 169; aufgeh. b 260.
212	31. März 1927	Ges. über die Verlängerung der Amtsdauer der Mitglieder der Kreistage u. Bezirkstage (G.-VBl. 109).
213	1. April 1927	Ges. über die Uebertragung der Verwaltung u. Ausbeutung des staatl. Bergwerks-, Hütten- u. Salinenbesitzes an eine Aktiengesellschaft (GVBl. 109).
214	7. April 1927	Ges. zur Aend. des Vollzugsges. zum Finanzausgleichsges. (GVBl. 115) s. b 170, 220.
215	27. Juni 1927	Ges. zur Aenderung des religionsgesellschaftlichen Steuerges. (GVBl. 223) s. b 143.
216	1. Juli 1927	Aerzteges. (GVBl. 233).
217	10. Juli 1927	Ges. zur Aend. beamtenrechtlicher Vorschriften (GVBl. 227); ändert auch das Beamtenges. v. 16. Aug. 1908 (b 208, 223) s. f 8; b 151; b 17; seiners. geänd. b 221.
218	10. Juli 1927	Ges. zur Aufhebung des Landessperrges. (GVBl. 231) ändert auch die beiden GemO.; s. b 154. Neufassung des Landessperrges. als Ges. über das Landesschiedsgericht für Beamtenbesoldung v. 10. Juli 1927 (GVBl. 231); dieses aufgeh. a 221.
219	28. Juli 1927	Ges. über die Aufwertung von Brandentschädigungen (GVBl. 265).
220	29. Juli 1927	Ges. zur Aend. des Ges. zum Vollzug des Finanzausgleichs (GVBl. 266) s. b 170, 214; Neufassung des Ges. zum Vollzug des Finanzausgleichges. v. 5. Sept. 1927 (GVBl. 283), wieder geänd. b 230, 240, 256, 259, 266; Neufassung b 266.
221	17. Okt. 1927	Gemeindeordnung (GVBl. 293) s. b 153; 150, 172; 11, 36, 94, 150, 175, 188, 164, f 8, b 217, 218; ändert auch das PolizeiStGB. (b 172, 248), das AG. GVG. v. 23. Febr. 1879 (b 167, 224), das AG. StPO. v. 18. Aug. 1879 (b 13), das Ges. über die Landeskulturrentenanstalt v. 31. Jan. 1908 (b 177), das Körges. v. 13. Aug. 1910 (b 247); hebt auf die beiden Gemeindeordnungen v. 29. April 1869, das Pfälz. StädteverfassGes. v. 15. Aug. 1908, im wesentl. das Gemeindebeamtenges. v. 15. Juli 1916, die StraßenVO. v. 16. Aug. 1805; ihrerseits geänd. b 236, 262.

Nr.	Datum des Gesetzes	Name des Gesetzes
222	17. Okt. 1927	Bezirksordnung (GVBl. 325); hebt auf das Distriktsratsges. v. 28. Mai 1852; ihrers. geänd. b 262.
223	17. Okt. 1927	Kreisordnung (GVBl. 335); hebt auf das Landratsges. v. 28. Mai 1852 u. das Kreislastenausscheidungsges. v. 23. Mai 1846; ändert das Beamtenges. (b 223, 228); ihrers. geänd. b 226, 262.
224	19. Dez. 1927	Ges. zur Aend. d. Bezeichnung Gerichtsschreiber usw. (GVBl. 359); ändert auch das AG. GVG. (b 221, 265).
225	28. März 1928	Ges. zur Aend. des AG. BGB. v. 9. Juni 1899 (GVBl. 153).
226	29. März 1928	Ges. über die Abänderung der Kreisordnung (GVBl. 85) s. b 223.
227	10. April 1928	Ges. über die Dauer des Landtags (GVBl. 199).
228	12. April 1928	Polizeibeamtenges. (GVBl. 193) s. b 117; ändert auch das Beamtenges. v. 16. Aug. 1908; s. b 223, 245.
229	12. April 1928	Ges. über die Abänder. des HagelversichGes. (GVBl. 199) s. b 148, 249.
230	20. April 1928	Ges. zur Aend. des VollzGes. zum Finanzausgleichsges. (GVBl. 201) s. b. 220, 240.
231	20. April 1928	Beamtenbesoldungsges. (GVBl. 205) s. b 109, 126, geänd. f 23, 29.
232	24. April 1928	Ges. z. Aend. d. Schulbedarfsges. (GVBl. 323) s. b 18.
233	28. April 1928	Ges. zur Aend. des Ges. über den Staatsgerichtshof (GVBl. 322) s. b 55, 196, 239.
234	26. Mai 1928	Ges. über das Lotteriespiel (GVBl. 334); Neufassung auf Grund der Nov. v. 19. Aug. 1927 (GVBl. 1928, 333).
235	15. Juni 1928	Ges. über den Staatsvertr. mit Preußen, Württemberg u. Baden zur Regelung der Lotterieverhältnisse (GVBl. 335, 362).
236	15. März 1929	Landeskulturrentenges. (GVBl. 25) s. b 113, 177, 129, 157, 221, 104, 203; hebt auch auf das Ges. über die Landeskulturrentenanstalt v. 31. März 1908 u. das Ges. über die Ansiedlung von Kriegsbeschädigten v. 15. Juli 1916 (GVBl. 135).
237	12. April 1929	Ges. über Umschuldungshilfe für die Landwirtschaft (GVBl. 57).
238	20. Juni 1929	Ges. zur Änd. des Ges. über Leistungen der Gemeinden für die staatliche Polizeiverwaltung (GVBl. 73) s. b 153.
239	4. Juli 1929	Ges. zur Änd. des Ges. über den Staatsgerichtshof (GVBl. 93) mit Neufassung des Ges. durch JMB. v. 9. Juli 1929 (GVBl. 94; wieder geänd. i 18) s. b 55, 196, 233.
240	13. Juli 1929	Ges. z. Änd. d. VollzGes. zum Finanzausgleichges. (GVBl. 100) s. b 220, 230, 259.
241	20. Dez. 1929	Ges. z. Änd. des AG. GBO. u. ZwVG. (GVBl. 167) s. b 66, f 23.

Nr.	Datum des Gesetzes	Name des Gesetzes
242	30. Jan. 1930	Ges. zur Abänd. des Ges. über die Bauernkammern (GVBl. 5) s. b 43, i 10.
243	7. März 1930	Ges. zur Ausführung des deutschen Auslieferungsges. (GVBl. 37) s. a 891.
244	7. März 1930	Ges. zur Ausführung des Reichsges. zur Regelung älterer staatlicher Renten (GVBl. 37) s. a 887.
245	14. März 1930	AusführGes. zur ReichsVO. über die Fürsorgepflicht, Fürsorgeges. (GVBl. 38) s. e 53; hebt auch in der Haupts. auf das Armenges. vom 21. Aug. 1914 (b 165); ändert auch das Beamtenges. (b 228) u. das Ges. über den VerwGerichtshof (b 165, 258); seiners. geänd. b 275.
246	21. März 1930	Ges. über die Änd. des Notariatsges. (GVBl. 65), änd. das Notariatsges. v. 9. Juni 1899, s. b 186; hebt auch auf das Ges. v. 4. Jan. 1910 über die Mittel für die Versorgungseinrichtungen des Notariats.
247	31. März 1930	Ges. über Änd. des Ges. über die Haltung und Körung der Bullen, Eber, Ziegenböcke u. Schafböcke v. 13. Aug. 1910 (GVBl. 137) mit Neufassung des „Körgesetzes" v. 26. Mai 1930 (GVBl. 140); s. b 221.
248	8. Apr. 1930	Ges. zur Änd. einiger Bestimmungen des PStGB. (GVBl. 109) s. b 221, 266.
249	12. Apr. 1930	Ges. zur Änd. des Hagelversicherungsges. (GVBl. 110) mit Neufassung des Ges. v. 12. April 1930 (GVBl. 112) s. b 70, 148, 229.
250	17. Apr. 1930	Gemeindeschuldenges. (GVBl. 110) s. b 262.
251	17. Mai 1930	Ges. über das Schlachten der Tiere (GVBl. 133); gegenstandslos durch h 22.
252	24. Juni 1930	Ges. über die Erhebung eines Zuschlags zu den Gebühren u. Stempeln nach dem Kosten- und Stempelgesetze (GVBl. 203) s. b 67, 158.
253	1. Aug. 1930	Ges. über Straffreiheit (GVBl. 235).
254	1. Aug. 1930	Ges. zur Sicherung der Inhaber von Pfandbriefen u. Schuldverschreibungen der Bayer. Landwirtschaftsbank (GVBl. 235); hebt auch auf das Ges. v. 22. Dez. 1899 zur Sicherung der Inhaber v. Pfandbriefen der Bayer. Landwirtschaftsbank.
255	1. Aug. 1930	Finanzges. für das Haushaltsjahr 1930 (GVBl. 267) s. b 194.
256	11. Aug. 1930	Ges. üb. d. Bürgersteuer (GVBl. 271) s. g 2; b 220.
257	20. Aug. 1930	Ges. betr. die Erhebung einer Schlachtsteuer in Bayern (GVBl. 298) s. f 15, b 258.
258	31. Okt. 1930	Ges. zur Abgleichung des ordentl. Staatshaushalts, Einführung der Schlachtsteuer b 257 (GVBl. 327); ändert auch das VerwGerHofGes. (b 245, f 16, 265); seiners. geänd. f 19, 25, 32, 33.
259	23. Dez. 1930	Ges. zur Änd. des VollzGes. zum Finanzausgleichsges. (GVBl. 407) s. a 220, 240, 266.

Nr.	Datum des Gesetzes	Name des Gesetzes.
260	13. Febr. 1931	Ges. über die Aufwandentschädigung der Landtagsabgeordneten (GVBl. 31) s. b 58, 68, 95, 105, 117, 137, 169, 176, 211.
261	10. März 1931	Ges. zur Änd. des Landeswahlges. (GVBl. 124) s. b 193; Neufassung des Landeswahlges. vom 14. März 1932 (GVBl. 137).
262	30. März 1931	Gemeindeschuldenges. (GVBl. 65) s. b 221, 222, 223, 250.
263	9. Juli 1931	AusführGes. zu § 22 Grundbuch-Bereinigungsges. (GVBl. 171) s. a 932.
264	15. Juli 1931	Ges. über die Erhebung einer staatl. Gebühr für die Inanspruchnahme der Notariate (GVBl. 183) s. b 67.
265	23. Juli 1931	Vereinfachungsges. (GVBl. 189, 248) s. b 98, 113, 118, 129, ändert weiter das AG. GVG. (b 224), das Weiderechtablösungsges. v. 28. Mai 1852, das Gewerbeges. v. 30. Jan. 1868, das Aufenthaltsges. v. 21. Aug. 1914, das Bergges. v. 13. Aug. 1910 (b 160), das Zwangsabtretungsges. v. 17. 17. Nov. 1837 (i 21), das VerwGHGes. v. 8. Aug. 1878 (b 165, 258, 275), das Wasserges. v. 23. März 1907 (b 201), das Fischereiges. v. 15. Aug. 1908 (b 165), das Forstges. v. 4. Juli 1896 (b 161), das BrandversichGes. v. 3. April 1875 (b 197), das AusfGes. v. 20. Mai 1906 zum Reblausges.
266	31. Juli 1931	Ges. zur Änd. des VollzGes. zum FinAusglGes. (GVBl. 199) s. b 220, 259; ändert auch das PStGB. (b 248, f 28). Neufassung des ersteren Ges. als Gemeindeabgabenges. v. 31. Juli 1931 (GVBl. 230).
267	27. Aug. 1931	Ges. über den Kleinhandel mit Bier (GVBl. 223, 306) s. b 67.
268	19. Okt. 1931	Ges. über die Sammlung des Landesrechts (GVBl. 300).
269	24. Okt. 1931	Ges. über die Verfassungsmäßigkeit des Landtags (GVBl. 307).
270	23. Dez. 1931	Ges. zur Abänderung des Flurbereinigungsges. (GVBl. 413) s. b 113, 177, 118 mit Neufassung des Flurbereinigungsges. v. 11. Febr. 1932 (GVBl. 73).
271	15. Jan. 1932	Ges. über den Austausch unbewohnter Gebietsteile zw. Bayern u. Thüringen (GVBl. 38).
272	18. März 1932	Ges. über die Landtagswahl 1932 (GVBl. 169).
273	7. April 1932	Ges. zur Änd. des Haussteuerges. (GVBl. 241) s. b 139, 206, i 12.
274	9. April 1932	Zweites Ges. üb. d. Landtagswahl 1932 (GVBl. 197).
275	9. April 1932	Ges. zur Änd. des Fürsorgegesetzes v. 14. März 1930 (GVBl. 197) s. b 245; ändert auch das VerwGerHG. (b 265).
276	28. April 1932	Almgesetz (GVBl. 237).

c) Die auf Grund der Ges. über eine vereinfachte Form der Gesetzgebung und über den Erlaß von Verordnungen für die Zwecke der Übergangswirtschaft vom 17. April 1919 (RGBl. 394), 3. Aug. 1920 (RGBl. 1493), 6. Febr. 1921 (RGBl. 139) erlassenen Verordnungen.

Nr.	Datum der VO.	Name der Verordnung
1	23. Mai 1919	VO. betr. die Verwertung von Militärgut (RGBl. 477), geänd. s. a 162; aufgeh. a 485.
2	24. Mai 1919	VO. über die Geltendmachung von Ansprüchen von Personen, die im Ausland ihren Wohnsitz haben (RGBl. 475) s. c 18.
3	24. Mai 1919	VO. über die Verjährungsfrist des Seeversicherungsrechts (RGBl. 476), geänd. s. a 169.
4	24. Mai 1919	VO. über die Fristen des Wechsel- u. Scheckrechts für Elsass-Lothringen (RGBl. 476).
5	17. Juni 1919	VO. zum Schutze der Kriegsteilnehmer gegen Zwangsvollstreckungen (RGBl. 521) s. c 33, 91, a 167.
6	18. Juni 1919	Reichsgetreideordnung für die Ernte 1919 (RGBl. 525).
7	22. Juni 1919	VO. betr. die Aenderung der Bek. über Lohnpfändung v. 13. Dez. 1917 (RGBl. 587) mit Neufass. v. 25. Juni 1919; geänd. a 149, 286, 419, 574, 743, 816, g 63.
8	22. Juni 1919	VO. zum Schutze der Mieter (RGBl. 591), geänd. s. a 243, aufgeh. a 501; s. auch a 522, 548.
9	22. Juni 1919	VO. über die Einwirkung der Heizstoffpreise auf Mietverhältnisse (RGBl. 593) mit Neufassung der VO. über Sammelheizungs- u. Warmwasseranlagen in Mieträumen (RGBl. 595) s. c 103 u. a 250; aufgehob. a 314, 316.
10	3. Juli 1919	VO. über den Verkehr mit Zucker (RGBl. 633); gegenstandslos RGBl. 1921, 1253; 1924, 395 u. 661.
11	3. Juli 1919	VO. über die privatrechtlichen Verhältnisse von Genossenschaften zum Zwecke der Bodenverbesserung (RGBl. 636, 1474) s. c 102.
12	15. Juli 1919	VO. über die Preise für landwirtsch. Erzeugnisse u. für Schlacht- u. Nutzvieh (RGBl. 647), aufgeh. RGBl. 1923, 700.
13	16. Juli 1919	VO. über die Vornahme einer Viehzählung (RGBl. 652).
14	31. Juli 1919	VO. gegen den Wucher bei Vermittlung von Mieträumen (RGBl. 1364); geänd. durch VO. v. 31. Mai 1920 (RGBl. 1201).

Nr.	Datum der VO.	Name der Verordnung
15	1. Aug. 1919	VO. über die Ermächtigung des Staatenausschusses z. Anordnung v. Münzprägungen (RGBl. 1381).
16	8. Aug. 1919	VertragsablösungsVO. (RGBl. 1375).
17	16. Aug. 1919	VO. über Oelfrüchte u. daraus gewonnene Erzeugnisse (RGBl. 1439).
18	16. Aug. 1919	VO. über die Geltendmachung von Ansprüchen von Personen, die im Ausland ihren Wohnsitz haben (RGBl. 1445) s. c 2.
19	21. Aug. 1919	VO. betr. Gebühren für Zeugen u. Sachverständige (RGBl. 1473); geänd. s. c 83; aufgeh. a 312.
20	21. Aug. 1919	VO. über die Gewährung von Zulagen zu Renten aus der Invalidenversicherung (RGBl. 1665).
21	18. Sept. 1919	VO. betr. die Nichtigkeitserklärung von Verträgen durch das Reichswirtschaftsgericht (RGBl. 1700).
22	30. Sept. 1919	VO. über während des Betriebsjahrs 1919/20 zuzulassende Abweichungen vom Ges. über das Branntweinmonopol v. 26. Juli 1918 (RGBl. 1767).
23	14. Okt. 1919	VO. über den Verkehr mit Zucker (RGBl. 1789), geänd. s. c 99; gegenstandslos RGBl. 1921, 1253; 1924, 395 u. 661.
24	17. Okt. 1919	VO. über die Festsetzung von Hilfsbetriebsrechten für das Essigessenzgewerbe im Betriebsjahr 1919/20 (RGBl. 1797).
25	30. Okt. 1919	VO. über die Erhebung eines durch Aenderung der Höchstpreise für Häute, Felle u. Leder sich ergebenden Zwischengewinns (RGBl. 1837).
26	26. Nov. 1919	VO. über die Verjährungs- u. Vorlegungsfristen (RGBl. 1918).
27	27. Nov. 1919	WuchergerichtsVO. (RGBl. 1909), geänd. s. a 163, 464; aufgeh. RGBl. 1923, 699.
28	27. Nov. 1919	VO. über die Gewährung von Zulagen zu Verletztenrenten aus der Unfallversicherung (RGBl. 1921) s. c 74.
29	29. Nov. 1919	VO. über die Erhöhung des Holzeinschlags (RGBl. 1925).
30	4. Dez. 1919	VO. über die Abgeltung von Ansprüchen gegen das Reich (RGBl. 2146); geänd. a 276, 427.
31	9. Dez. 1919	VO. betr. Aenderung der VO. zur Behebung der dringendsten Wohnungsnot (RGBl. 1965).
32	11. Dez. 1919	VO. über die Ausfuhr von Kunstwerken (RGBl. 1961); geänd. a 670, 804; Verläng. der Geltungsdauer g 42, 92.
33	12. Dez. 1919	VO. betr. Verlängerung der Geltungsdauer der VO. zum Schutze der Kriegsteilnehmer gegen Zwangsvollstreckungen (RGBl. 1985) s. c 5, 91.
34	12. Dez. 1919	VO. betr. Aufhebung der Bek. über die Sicherheitsleistung mit Wertpapieren v. 22. Dez. 1914 (RGBl. 1986).

Nr.	Datum der VO.	Name der Verordnung
35	13. Dez. 1919	VO. zur Aenderung der Bek. über die Höchstpreise für Benzin (RGBl. 1968), aufgeh. RGBl. 1923, 700.
36	18. Dez. 1919	VO. über Zahlung von Ablieferungsprämien für Brotgetreide, Gerste u. Kartoffeln (RGBl. 1990); geänd. durch VO. v. 14. April 1920 (RGBl. 516).
37	18. Dez. 1919	VO. zur Förderung der Zuckererzeugung u. des Zuckerrübenbaus (RGBl. 2133), geänd. s. c 99.
38	19. Dez. 1919	VO. über Kleie aus Getreide (RGBl. 2109); geänd. durch VO. v. 21. Mai 1920 s. c 79; aufgeh. s. § 51 des Ges. v. 21. Juni 1921 bei a 217.
39	20. Dez. 1919	VO. über die Aussenhandelskontrolle (RGBl. 2128), geänd. e 48.
40	20. Dez. 1919	VO. über die Aufhebung von VOen für den Verkehr mit Wild u. mit Hühnern (RGBl. 2130).
41	20. Dez. 1919	VO. über die Regelung der Wildpreise (RGBl. 2131), aufgeh. RGBl. 1923, 700.
42	22. Dez. 1919	VO. über die Malzkontingente der Bierbrauereien u. den Malzhandel (RGBl. 2139), geänd. c 98; aufgeh. RGBl. 1921, 1196.
43	17. Jan. 1920	VO. üb. die Aenderung des Ges. betr. Höchstpreise (RGBl. 94); aufgeh. RGBl. 1923, 699 u. 700.
44	26. Jan. 1920	VO. über vorübergehende Einfuhrerleichterungen für Fleisch (RGBl. 136).
45	12. Febr. 1920	VO. zur Abänderung der VO. über die staatl. Genehmigung zur Errichtung von Aktiengesellschaften usw. v. 2. Nov. 1917 (RGBl. 229), aufgeh. RGBl. 1920, 1718.
46	12. Febr. 1920	VO. über Ausdehnung einzelner VOen über die Kriegswirtschaft auf die Uebergangswirtschaft (RGBl. 230); betrifft die VO. v. 18. Jan. 1917 über die Verfolgung von Zuwiderhandlungen gegen Vorschriften über wirtschaftliche Massnahmen u. die VO. v. 31. Mai 1917 betr. nun Bestechung u. Geheimnisverrat nichtbeamteter Personen.
47	13. Febr. 1920	VO. über die Eintragung von Hypotheken in ausländischer Währung (RGBl. 231 u. 560) geänd. a 668, 851, 950.
48	14. Febr. 1920	VO. über die Auslegung der Begriffe Friedensschluss u. Kriegsende im Sinne rechtsgeschäftlicher Erklärungen (RGBl. 237).
49	16. Febr. 1920	VO. über aushilfsweise Zuständigkeit von Trägern und Behörden der Reichsversicherung (RGBl. 239).
50	18. Febr. 1920	VO. betr. die Begründung der Zuständigkeit des Reichswirtschaftsgerichts durch Vereinbarung (RGBl. 276).

Nr.	Datum der VO.	Name der Verordnung
51	21. Febr. 1920	VO. über schiedsgerichtliche Erhöhung von Beförderungspreisen der Eisenbahnen, Kleinbahnen (Lokalbahnen), Strassenbahnen u. Anschlussbahnen (RGBl. 255), geänd. c 105; aufgeh. RGBl. 1928 II 637.
52	26. Febr. 1920	VO. über die Erhebung einer zufolge der Aufhebung der Höchstpreise für Häute, Felle u. Leder zu leistenden Abgabe (RGBl. 264 u. 441).
53	27. Febr. 1920	VO. betr. Aufhebung der Zollfreiheit für Mineralöle (RGBl. 301).
54	10. März 1920	VO. über weitere Ermässigungen der Tabaksteuer (RGBl. 326).
55	11. März 1920	VO. betr. Abänderung der VO. über die schiedsgerichtliche Erhöhung von Preisen bei der Lieferung von elektr. Arbeit, Gas u. Leitungswasser v. 1. Febr. 1919 (RGBl. 329); geänd. a 362.
56	13. März 1920	VO. über die Preise für landwirtschaftliche Erzeugnisse aus der Ernte 1920 (RGBl. 325).
57	22. März 1920	VO. zur Regelung der Einfuhr; s. a 351, e 48.
58	24. März 1920	VO. über die Bilanzierung der Kriegsanleihen (RGBl. 333).
59	31. März 1920	VO. über den Verkehr mit Zucker (RGBl. 391), geänd. c 99; gegenstandslos RGBl. 1921, 1253; 1924, 395 u. 661.
60	1. April 1920	VO. über Heraufsetzung des Grundlohns u. Ausdehnung der Versicherungspflicht in der Krankenversicherung (RGBl. 433), ändert auch die RVO.; ersetzt durch VO. gl. Betr. v. 30. April 1920 (RGBl. 769); diese geänd. s. a 289, 358; s. auch a 592.
61	1. April 1920	VO. zur Regelung der Eisenwirtschaft (RGBl. 435); geänd. durch VO. v. 15. Dez. 1921 (RGBl. 1588) u. 4. Mai 1922 (RGBl. II 104).
62	13. April 1920	VO. betr. die Ausserkurssetzung der Silbermünzen (RGBl. 521) s. a* 85.
63	28. April 1920	VO. über die zeitweilige Befreiung von der Verpflichtung zur Konkursanmeldung bei Ueberschuldung (RGBl. 696), geänd. s. a 444.
64	29. April 1920	VO. über Abänderung der Bek. betr. die Ersparnis von Brennstoffen u. Beleuchtungsmitteln v. 11. Dez. 1916 (RGBl. 870); gegenstandslos RGBl. 1922, 507.
65	29. April 1920	VO. betr. die Aend. des Ges. über die privaten Versicherungsunternehmungen (RGBl. 1433), s. a 295, 545, 632.
66	30. April 1920	S. c 60.
67	3. Mai 1920	VO. über Erhebung eines Branntweinmonopolausgleichs u. über Ergänzung des Ges. über d. Branntweinmonopol v. 26. Juli 1918 (RGBl. 898); s. nun a 339.

Nr.	Datum der VO.	Name der Verordnung
68	3. Mai 1920	VO. über Abweichungen von den Vorschriften des Ges. über das Branntweinmonopol v. 26. Juli 1918 (RGBl. 898) s. c 100; s. nun a 339.
69	4. Mai 1920	VO. über den vorläufigen Reichswirtschaftsrat (RGBl. 858); geänd. h 9.
70	4. Mai 1920	VO. betr. Aenderung der VO. über künstliche Düngemittel v. 3. Aug. 1918 (RGBl. 870).
71	4. Mai 1920	VO. betr. Vergütung für die an Abdeckereien abzuliefernden Tiere, Tierkörper u. Tierteile (RGBl. 891).
72	4. Mai 1920	VO. betr. Abänderung der VO. über wirtschaftliche Massnahmen auf dem Textilgebiete v. 27. Juni 1918 (RGBl. 892); aufgeh. RGBl. 1924, 676.
73	5. Mai 1920	VO. über die Errichtung eines Reichsamts für Arbeitsvermittlung (RGBl. 876), geänd. s. a 408.
74	5. Mai 1920	VO. über die Gewährung von Zulagen zu Renten aus der Unfallversicherung (RGBl. 878) s. a 207, 291.
75	7. Mai 1920	VO. über Erhebung des Freigeldes unter Abweichung von den Vorschriften des Ges. über das Branntweinmonopol v. 26. Juli 1918 (RGBl. 1095); s. nun a 339.
76	8. Mai 1920	VO. über den Schutz von Denkmalen u. Kunstwerken (RGBl. 913).
77	8. Mai 1920	Bek. betr. Aenderung der Bek. über die Errichtung einer Herstellungs- u. Vertriebsgesellschaft in der Seifenindustrie v. 9. Juni 1917 (RGBl. 915 u. 988).
78	12. Mai 1920	VO. zur Abänderung des Gewerbegerichtsges. u. des Ges. betr. die Kaufmannsgerichte (RGBl. 958 u. 1084, s. c 101; a 300, 424, 470; aufgeh. a 749
79	21. Mai 1920	Reichsgetreideordnung für die Ernte 1920 (RGBl. 1021) s. c 38.
80	21. Mai 1920	VO. über die Zuständigkeit der Bezugsvereinigung der deutschen Landwirte G. m. b. H. (RGBl. 1055).
81	21. Mai 1920	VO. über die Versorgung mit Herbstkartoffeln aus der Ernte 1920 (RGBl. 1056) s. c 93.
82	21. Mai 1920	VO. über das Reichswirtschaftsgericht (RGBl. 1167 u. 1384); geänd. a 265, 800, 835.
83	22. Mai 1920	VO. über Teuerungszuschläge zu den Gebühren für Zeugen u. Sachverständige sowie zu den Tagegeldern u. Reisekosten der Schöffen u. Geschworenen (RGBl. 1058) s. c. 19; aufgeh. s. a 312.
84	25. Mai 1920	VO. über die Auflösung eingetragener Genossenschaften (RGBl. 1082); aufgeh. s. a 372.
85	31. Mai 1920	VO. über die Aufbringung der Mittel für die Kohlenwirtschaftsstellen (RGBl. 1107).

Nr.	Datum der VO.	Name der Verordnung
86	31. Mai 1920	VO. üb. d. Schwefelsäurewirtschaft (RGBl. 1113); aufgeh. RGBl. 1923, 400.
87	31. Mai 1920	VO. über Aenderung der VO. über Tarifverträge usw. v. 23. Dez. 1918 (RGBl. 1128), geänd. a 450; Neufassung a 818.
88	1. Juni 1920	VO. betr. die Zulassung von Rechtskundigen im Vorbereitungsdienste zur Stellvertretung von Rechtsanwälten (RGBl. 1108), ändert die Rechtsanwaltsordnung u. die StPO.
89	7. Juni 1920	VO. über Regelung der Teerwirtschaft (RGBl. 1156); aufgeh. RGBl. 1924, 29.
90	9. Juni 1920	Pachtschutzordnung (RGBl. 1193) s. a 371; geänd. a 645 (Neufassung).
91	15. Juni 1920	VO. betr. die Verlängerung der Geltungsdauer der VO. zum Schutze der Kriegsteilnehmer gegen Zwangsvollstreckungen (RGBl. 1212) s c 5, 33; a 167.
92	2. Juli 1920	VO. betr. Abänderung des Ges. v. 19. Juli 1919 (RGBl. 1435) s. a. 29.
93	24. Aug. 1920	VO. über Kartoffeln (RGBl. 1609) s. c 81, aufgeh. a 695.
94	15. Sept. 1920	VO. zur Aufhebung der VO. über die Genehmigung von Ersatzlebensmitteln v. 7. März 1918 (RGBl. 1661).
95	19. Sept. 1920	VO. über Aufhebung kriegswirtsch. Vorschriften auf dem Gebiete der öffentl. Fleischversorgung (RGBl. 1673).
96	19. Sept. 1920	VO. über Massnahmen zur Sicherung der Fleischversorgung in der Uebergangszeit nach Aufhebung der Zwangswirtschaft (RGBl. 1675); geänd. a 344.
97	28. Sept. 1920	VO. über Verlängerung des Ges. gegen die Kapitalflucht (RGBl. 1688) s a 43; aufgehob. a 173.
98	29. Sept. 1920	VO. zur Abänderung der VO. über die Malzkontingente usw. (RGBl. 1691) s. c 42, aufgeh. RGBl. 1921, 1196.
99	30. Sept. 1920	VO. über Zucker und Melasse (RGBl. 1694) s. c 23, 37, 59; hiezu Neufassung der VO. über den Verkehr mit Zucker v. 17. Okt. 1917 (RGBl. 1719); aufgeh. RGBl. 1921, 1253.
100	28. Okt. 1920	VO. über Abweichungen vom Ges. über das Branntweinmonopol u. über Aenderungen der VO. über Erhebung eines Branntweinmonopolausgleichs (RGBl. 1841) s. c 68; s. nun a 339.
101	29. Okt. 1920	VO. zur Abänderung des Gewerbegerichtsges. u. des Ges. betr. die Kaufmannsgerichte (RGBl. 1843) s. c 78; a 300, 424, 470; aufgeh. a 749.
102	29. Okt. 1920	VO. über die privatrechtl. Verhältnisse von Genossenschaften zum Zwecke der Bodenverbesserung (RGBl. 1845) s. c 11, a 434.

Nr.	Datum der VO.	Name der Verordnung
103	29. Okt. 1920	VO. über Sammelheizungs- u. Warmwasserversorgungsanlagen in Mieträumen (RGBl. 1846) s. c 9 u. a 250; **aufgeh. a 314, 316.**
104	19. März 1921	VO. über Verlängerung der Amtsdauer der Beisitzer bei den Gewerbegerichten u. den Kaufmannsgerichten im oberschlesischen Abstimmungsgebiet (RGBl. 234).
105	23. März 1921	VO. zur Abänderung der VO. über die schiedsgerichtliche Erhöhung usw. v. 21. Febr. 1920 (RGBl. 344) s. c 51; aufgeh. RGBl. 1928 II 637
106	26. März 1921	Ges. betr. die Regelung des Warenverkehrs zwischen unbesetztem u. besetztem Gebiet (RGBl. 440).
107	30. März 1921	VO. über die Rückgewähr von Beiträgen bei privaten Pensionseinrichtungen (RGBl. 369).

d) Die auf Grund des Ermächtigungsges. v. 13. Okt. 1923 (RGBl. 943) erlassenen Verordnungen.

Nr.	Datum der VO.	Name der Verordnung
1	13. Okt. 1923	VO. über Betriebsstillegungen und Arbeitsstreckung (RGBl. 945) s. d 5.
2	13. Okt. 1923	VO. zur Ergänzung des Ges. zur Sicherung der Brotversorgung 1923/24 (RGBl. 947) s. a 513; 374; aufgeh. d 15.
3	13. Okt. 1923	VO. über Aufbringung der Mittel für die Erwerbslosenfürsorge (RGBl. 946) s. a 494; 53, 483; d 6.
4	15. Okt. 1923	VO. über Aend. der ReichsschuldenOrdn. v. 19. März 1900 (RGBl. 982); aufgeh. e 52.
5	15. Okt. 1923	VO. über Betriebsstillegungen und Arbeitsstreckung (RGBl. 983) s. d 1.
6	15. Okt. 1923	VO. über Aufbringung der Mittel für die Erwerbslosenfürsorge (RGBl. 984) s. d 3; a 491; 53, 483; ihrers. geänd. e 56.
7	15. Okt. 1923	VO. über die Errichtung der deutschen Rentenbank (RGBl. 963); geänd. e 41 u. a* 82, 84, g 3.
8	17. Okt. 1923	VO. zur Ermässigung der Einkommensteuer (RGBl. 978) s. d 17.
9	18. Okt. 1923	VO. über die Kohlenwirtschaft (RGBl. 979).
10	18. Okt. 1923	VO. über Steueraufwertung u. Vereinfachung im Besteuerungsverf. (RGBl. 979); geänd. e 4.
11	20. Okt. 1923	VO. über Flüssigmachung von Mitteln im Wege der Anleihe u. über die Ausgabe von Schatzanweisungen (RGBl. 985).
12	22. Okt. 1923	VO. über Sicherstellung des Warenumlaufs (RGBl. 992); aufgeh. a 646.
13	22. Okt. 1923	VO. über den Handel mit ausländ. Zahlungsmitteln u. Dollarschatzanweisungen zum Einheitskurse (RGBl. 991) s. d 41.
14	23. Okt. 1923	VO. über Vereinfachungen im Post- u. Postscheckverkehr (RGBl. 988) s. a 197, 564.
15	23. Okt. 1923	VO. zur Ergänzung des Ges. zur Sicherung der Brotversorgung 1923/24 (RGBl. 1039) s. d 2; a 513, 374.
16	24. Okt. 1923	VO. über Erweiterung des Abgeltungsverf. für Anspr. gegen das Reich (RGBl. 1010).
17	24. Okt. 1923	VO. zur Aend. der Ermässigungen nach § 46 Abs. 2 des EinkStG. (RGBl. 1030) s. d 8.
18	24. Okt. 1923	VO. über Gehalts- u. Lohnzahlungen (RGBl. 1037).
19	24. Okt. 1923	VO. über Berechnung des Preises bei der Lief. von elektr. Arbeit, Gas u. Leitungswasser (RGBl. 997); gegenstandslos.
20	24. Okt. 1923	VO. über Entschädigungszahlungen außerh. des Reichsentlastungsges. (RGBl. 1025).

Nr.	Datum der VO.	Name der Verordnung
21	26. Okt. 1923	VO. über Notgeld (RGBl. 1065) s. a 390; geänd. e 2.
22	26. Okt. 1923	VO. über Aend. des Weinsteuerges. v. 26. Juli 1918 (RGBl. 998) s. a 341, 521; ihrers. geänd. e 36; a 635; aufgeh. a 657.
23	27. Okt. 1923	PersonalabbauVO. (RGBl. 999, 1090 u. 1178) s. a 103, 416; 54; 266; 55; 510; 165; 473, 516; 152; 539; 76; 121, 510; 252, 510; 297, 438; ändert auch das RBeamtenGes., das OffizierpensionsGes. (s. a 805, h 84), mit Berichtigung v. 4. Dez. 1923 (RGBl. 1178); geänd. a 620, 651, 690, 721, 755; e 1, 18, 29, 33; h 84; s. auch VO. v. 24. Dez. 1926 (RGBl. 532).
24	27. Okt. 1923	VO. über Verbrauchssteuern (RGBl. 1085) s. a 533, 532, 531, 529, 550; geänd. a 657.
25	28. Okt. 1923	VO. zur Abänd. des Reichsentlastungsges., des Liquidationsschädenges., des Verdrängungsschädenges., des Kolonialschädenges., des Auslandsschädenges. mit Neufassung der 3 letzteren als GewaltschädenVO. (RGBl. 1015 u. 1158) s. a 502; 261, 260, 259, 515.
26	28. Okt. 1923	VO. zur Abänd. des Reichsausgleichsges. (RGBl. 1011 u. 1158) s. a 502; Neufassung v. 20. Nov. 1923 (RGBl. 1135); geänd. a* 142, a 933.
27	29. Okt. 1923	VO. über die Verlängerung der Demobilmachungs-VO.en (RGBl. 1036).
28	29. Okt. 1923	VO. gleichen Inhalts (RGBl. 1037) s. a 319, 474.
29	30. Okt. 1923	VO. über Aerzte u. Krankenkassen (RGBl. 1051 u. 1080); gegenstandslos durch die RVersichO.
30	30. Okt. 1923	VO. über Abänd. des Arbeitsnachweisges. (RGBl. 1065) s. a 408; aufgeh. a 796.
31	30. Okt. 1923	VO. über Krankenhilfe bei den Krankenkassen (RGBl. 1054); geänd. e 51.
32	30. Okt. 1923	VO. über Schlichtungswesen (RGBl. 1043 u. 1080) s. a 76; ändert auch das Gewerbegerichtsges. u. das Kaufmannsgerichtsges.; ihrers. geänd. a 659, 749, h 51.
33	30. Okt. 1923	VO. über Vereinfachungen in der Sozialversicherung (RGBl. 1057 u. 1090) s. a 422; 536; ändert die RVersO. u. das VersGes. f. Angestellte s. a 592.
34	30. Okt. 1923	VO. zur Aend. des Tabaksteuerges. (RGBl. 1045) a 53, 332; 62; geänd. a 657, 660.
35	30. Okt. 1923	VO. über Versicherungsträger in der Unfallversich. (RGBl. 1063); ändert auch die RVersO.
36	30. Okt. 1923	VO. zur Abfindung von Versorgungsanwärtern (RGBl. 1050).
37	1. Nov. 1923	VO. zur Aend. des Pressenotges. (RGBl. 1071) s. a 402, 466, e 59.

Nr.	Datum der VO.	Name der Verordnung
38	2. Nov. 1923	VO. über Ausfuhrdevisen (RGBl. 1074); aufgeh. durch VO. v. 8. Nov. 1924 (RGBl. 729) Art. IV Nr. 6.
39	2. Nov. 1923	VO. über Aend. der Devisengesetzgebung (RGBl 1072) s. a 437; geänd. e 45 u. durch Art. IV 1 der VO. v. 8. Nov. 1924 (RGBl. 729).
40	2. Nov. 1923	VO. über Einfuhrerleichterungen für Fleisch (RGBl. 1078), geänd. a 918.
41	2. Nov. 1923	VO. über den Handel mit Goldanleihe (RGBl. 1071) s. d 13; aufgeh. durch Art. IV 8 der VO. v. 8. Nov. 1924 (RGBl. 729).
42	2. Nov. 1923	VO. gegen den Missbrauch wirtschaftl. Machtstellungen (RGBl. 1067 u. 1099), geänd. a 776, g 63, h 100.

Hiezu aus dem RGBl. II. Tl.

Nr.	Datum der VO.	Name der Verordnung
43	26. Okt. 1923	VO. zur Abänd. des Bankges. v. 14. März 1875 (RGBl. II 407) s. a 63, 210; a* 5, 38, 46.
44	29. Okt. 1923	VO. über die patentamtlichen Gebühren (RGBl. II 399) s. a* 55; ändert auch das Patentges. v. 7. April 1891, das Ges. über den Schutz von Gebrauchsmustern v. 1. Juni 1891 und das Warenzeichenges. v. 12. Mai 1894.
45	29. Okt. 1923	VO. über Aussetzung der Zahlungen auf Sachlieferungen (RGBl. II 406) s. e 67.
46	1. Nov. 1923	VO. zur Abänderung des Bankges. v. 14. März 1875 (RGBl. II 407 u. 494) s. a* 43.

e) Die auf Grund des Ermächtigungsges. v. 8. Dez. 1923 (RGBl. 1179) erlassenen Verordnungen.

Nr.	Datum der VO.	Name der Verordnung
1	12. Dez. 1923	VO. über die 12. Ergänzung des Besoldungsges. (RGBl. 1181 u. 1924, 158) s. a 103, 416, 500, 506, 542, d 23; a 164, 506; ändert auch das Beamtenunfallfürsorgeges. v. 18. Juni 1901; ihrers. geänd. e 30.
2	12. Dez. 1923	VO. über die Ausgabe und Einlösung von Notgeld (RGBl. 1194) s. 390, d 21.
3	17. Dez. 1923	VO. über die Auflösung der Flüchtlingslager (RGBl. 1202); geänd. e 53.
4	19. Dez. 1923	Zweite SteuernotVO. (RGBl. 1205) s. a 326; 396, 472; 67, 330, 520, 551; 329; 525; 50; 338, 472; 336, 472; 411; 339; d 10; a 62; 437; 472; 549; führt auch die Börsensteuer ein; ändert auch das Ges. über das Branntweinmonopol v. 26. Juli 1918; wiederholt die SteuernotVO. v. 7. Dez. 1923 (RGBl. 1177). Ihrers. geänd. e 59. Hierzu Bek. v. 20. Nov. 1925 (RGBl. 389) wegen Aend. der RAbgabenOrdn.
5	20. Dez. 1923	VO. über das Ges. v. 17. Juli 1923 bei a 539 (RGBl. 1246).
6	21. Dez. 1923	VO. über die Arbeitszeit (RGBl. 1249 u. 1924, 14) s. a 389, 774 (Neufassung).
7	22. Dez. 1923	VO. zur Beschleunigung des Verf. in bürgerl. Rechtsstreitigkeiten (RGBl. 1239); ändert die EntlastungsVO. u. die ZPO.
8	23. Dez. 1923	VO. über die Verlängerung von Bilanzfristen (RGBl. 1248); ändert das HGB. u. das GmbHG. s. a 577; e 12.
9	24. Dez. 1923	VO. zur Aend. des Mieterschutz- u. Wohnungsmangelges. (RGBl. 1247 u. 1924, 56); s. a 501, 548, e 63.
10	27. Dez. 1923	VO. zur Einschränkung öff. Bekanntmachungen (RGBl. 1252).
11	27. Dez. 1923	VO. über die Revision eingetragener Genossenschaften (RGBl. 1252); ändert das Genossenschaftsges.; ihrers. geänd. durch VO. v. 3. Dez. 1927 (RGBl. 335).
12	28. Dez. 1923	VO. über Goldbilanzen (RGBl. 1253); ändert auch das HGB. u. das GmbHG.; e 8, 38: e 8, a 455.
13	4. Jan. 1924	VO. über Gerichtsverfassung u. Strafrechtspflege (RGBl. 15); ändert das GVG. u. die StPO. Neufassung des GVG. v. 22. März 1924 (RGBl. 1924, 299) wieder geänd. e 22, 58, a 678, 692, 749, 783, 785, 800, 912, g 3, 32, 42, 52, 63, 109, h 85. Neufassung der StPO. (RGBl. 1924, 322); letztere geänd. a 674, 754, 697, 800, 833, 891, 912, g 32, 39, 63, 109, 115.

Nr.	Datum der VO.	Name der Verordnung
14	8. Jan. 1924	VO. zur Abänd. des Ges. über die durch innere Unruhen verursachten Schäden (RGBl. 23) s. a 118, 386; s. weiter die VO. v. 29. März 1924 (RGBl. 381).
15	9. Jan. 1924	VO. über den Verkehr mit Zahlungsmitteln unter 50 Milliarden Mark (RGBl. 27).
16	15. Jan. 1924	VO. zur Entlastung des Reichsgerichts (RGBl. 29); ändert die ZPO.
17	23. Jan. 1924	VO. zur Ergänzung des Ges. v. 21. Mai 1920 bei a 125 (RGBl. 37). Gegenstandslos geworden.
18	28. Jan. 1924	VO. über die Aend. der PersonalabbauVO. (RGBl. 39) s. d 23, a 651, 690.
19	5. Febr. 1924	VO. über Aend. des Luftverkehrsges. u. des Kraftfahrzeugges. (RGBl. 43) s. a 410, 547.
20	6. Febr. 1924	VO. zur Aend. der Haftpflichthöchstsummen im Kraftfahrzeug- u. im Luftverkehre (RGBl. 42) s. a 410, 547.
21	6. Febr. 1924	VO. über die Abwicklung der Landesverwaltung von Elsass-Lothringen (RGBl. 44) s. a 39.
22	6. Febr. 1924	VO. über Vermögensstrafen u. Bussen (RGBl. 44) s. a 282, 489, 567, 91; ändert auch das StGB., das GVG., die ZPO., die RAnwO.
23	6. Febr. 1924	VO. zur Feststellung der Kriegsschäden in Ost- u. Westpreussen (RGBl. 47).
24	6. Febr. 1924	VO. über Goldmark- u. Goldmarknoten-Wechsel u. -Schecks (RGBl. 50); ändert die Wechselordnung u. das Scheckges., s. a 637 a, 747; ihrers. geänd. h 76.
25	7. Febr. 1924	VO. zur Förderung der Forst- u. Weidewirtschaft (RGBl. 50).
26	7. Febr. 1924	4. VO. über die Höchstrenten nach dem Besatzungspersonenschädenges. (RGBl. 51) s. a 388, e 32.
27	8. Febr. 1924	VO. zur Aend. der GeschäftsaufsichtsVO. (RGBl. 51 u. 154); geänd. a 589; aufgeh. a 783.
28	11. Febr. 1924	VO. über die Reichskupfermünzen u. zur Aend. der VO. v. 8. Nov. 1923 (RGBl. 60) s. a* 85.
29	11. Febr. 1924	Beamten-SiedlungsVO. (RGBl. 53) s. d 23.
30	11. Febr. 1924	VO. zur Aend. der 12. Ergänzung des Besoldungsges. (RGBl. 55) s. e 1.
31	12. Febr. 1924	VO. über die Schaffung eines Unternehmens „Deutsche Reichsbahn" (RGBl. 57; aufgeh. a* 88.
32	12. Febr. 1924	VO. zur Abänd. des Besatzungspersonenschädenges. (RGBl. 59) s. a 388, e 26, a 772.
33	12. Febr. 1924	VO. betr. Aend. des Ges. über das Verf. in Versorgungssachen (RGBl. 59) s. a 297, d 23; nun Neufassung a 822.
34	12. Febr. 1924	VO. über wertbeständige Schiffspfandrechte (RGBl. 65) s. a 512, h 127.
35	12. Febr. 1924	VO. über die statistische Gebühr (RGBl. 61) s.

Nr.	Datum der VO.	Name der Verordnung
		a 392; ändert auch das Ges. über die Statistik d. Warenverkehrs v. 7. Febr. 1906; aufgeh. a. 825.
36	12. Febr. 1924	Ges. zur Abänd. des Weinsteuerges. (RGBl. 64) s. a 341, 521, 635; d 22; aufgeh. a 657.
37	12. Febr. 1924	VO. zur Aend. des Ges. über den VersichVertrag v. 30. Mai 1908 (RGBl. 65 u. 154).
38	12. Febr. 1924	VO. über wertbeständige Zahlungsmittel (RGBl. 66), ändert das BGB. u. HGB. s. e 12; teilw. aufgeh. VO. v. 18. Febr. 1925 (RGBl. 16).
39	12. Febr. 1924	VO. zur Aufheb. der VO. üb. die Fachausschüsse im Bäckerei- u. Konditoreigewerbe (RGBl. 90).
40	13. Febr. 1924	VO. über den Uebertritt aus versicherungsfreier in versicherungspflichtige Beschäftigung und umgekehrt (RGBl. 62, 172 u. 255) s. a 422; ändert auch das VersGes. für Angestellte u. die RVersO. s. a 592.
41	13. Febr. 1924	VO. zur Aend. der RentenbankVO. (RGBl. 66) s. d 7; a* 82, 84.
42	13. Febr. 1924	VO. über die Arbeitszeit in Krankenpflegeanstalten (RGBl. 66 u. 154).
43	13. Febr. 1924	VO. zur Abänd. einzelner Verbrauchssteuerges. (RGBl. 68) s. a 527, 533, 657, 660; 339, 428, 460.
44	13. Febr. 1924	VO. zur Aend. der Pachtschutzordn. (RGBl. 68) s. a 371; geänd. s. a 645.
45	13. Febr. 1924	2. VO. über Aend. der Devisengesetzgebung (RGBl. 70) s. d 39.
46	13. Febr. 1924	VO. über die Ermächtigung des Reichsverkehrsministers u. des Reichspostministers zur Aufnahme v. Darlehen (RGBl. 70).
47	13. Febr. 1924	VO. über Aend. des Zollausschlusses Cuxhaven (RGBl. 71).
48	13. Febr. 1924	VO. über Ein- und Ausfuhr (RGBl. 72 u. 150) s. c 57, a 351; c 39.
49	13. Febr. 1924	AusführVO. zum Ges. über die Beschäftigung Schwerbeschädigter (RGBl. 73) s. a 440, e 53.
50	13. Febr. 1924	VO. über das Belassen von Befestigungsanlagen (RGBl. 90).
51	13. Febr. 1924	VO. über Krankenversicherung (RGBl. 93) s. c 31; a 479; ändert auch die RVersO.
52	13. Febr. 1924	Reichsschuldenordnung (RGBl. 95) s. a 103, 416; hebt auch die Reichsschuldenordn. v. 19. März 1900 auf (s. d 4; a 310); ändert auch das Reichsschuldbuchges. v. 6. Mai 1910.
53	13. Febr. 1924	VO. über die Fürsorgepflicht (RGBl. 100) s. a 274, 348; 455; 113; 360; e 3; a 440, e 49; a 121; 510; 252; ändert auch das RG. über den Unterstützungswohnsitz (s. a 849) u. das Ges. über die Freizügigkeit v. 1. Nov. 1867 (g 6); ihrers. geänd. a 706, g 6, 41, 63; s. auch b 245.
54	13. Febr. 1924	VO. über die Vereinfachung der Genossenschafts-

Nr.	Datum der VO.	Name der Verordnung
		bildung und die Förderung der Oedlanderschliessung (RGBl. 111) s. a 33.
55	13. Febr. 1924	VO. zur Aend. des Telegraphenwegeges. vom 18. Dez. 1899 (RGBl. 118 u. 154); ändert auch das Ges. über das Telegraphenwesen v. 6. April 1892 (a 801); aufgeh. durch VO. v. 18. Okt. 1924 (RGBl. 715).
56	13. Febr. 1924	VO. zur Aend. der Verordnungen über die Erwerbslosenfürsorge usw. (RGBl. 121) s. d 6, a 408, 463, 494, 544. Neufassung der VO. über Erwerbslosenfürsorge u. über die Aufbringung der Mittel für die Erwerbslosenfürs. v. 16. Febr. 1924 (RGBl. 127 u. 380); wieder geänd. a 597, 675, 741, 768; aufgeh. a 795.
57	13. Febr. 1924	VO. über Gebühren im Verfahren vor dem Reichswirtschaftsger. (RGBl. 155) s. a 265.
58	13. Febr. 1924	VO. über das Verfahren in bürgerl. Rechtsstreitigkeiten (RGBl. 135, 562, 640) s. a 435; 559; ändert auch das GVG., die ZPO., die EntlastungsVO., das BGB., die GebO. f. Rechtsanwälte. Neufass. d. ZPO. v. 13. Mai 1924 (RGBl. 437); diese wieder geänd. a 672, 800, 816, 833, 912, 935, g 3, 32, 41, 63, f 38, h 117, 130.
59	14. Febr. 1924	3. SteuernotVO. (RGBl. 74 u. 172) s. e 4; a 519, 659; 471; 62; 80; 329, e 4, a 660; a 507, 525; 480; a 402, 466, d 37; geänd. a 622, 623, 659, 660, 704, g 3.
60	14. Febr. 1924	VO. gegen Missstände im Auswanderungswesen (RGBl. 107); ändert auch das Auswanderungsges. v. 9. Juni 1897.
61	14. Febr. 1924	VO. über die Kosten eines Volksbegehrens (RGBl. 110) s. a 377; gegenstandslos.
62	14. Febr. 1924	VO. über das Inkrafttreten des Jugendwohlfahrtgesetzes (RGBl. 110) s. a 382, 383.
63	14. Febr. 1924	VO. zur Aend. des Mieterschutzges. (RGBl. 111) s. a 501, 712, e 9.
64	14. Febr. 1924	VO. über Goldmarkrechnung im Konkurse (RGBl. 115); ändert auch die KO. (s. a 800, g 41).
65	14. Febr. 1924	VO. über standesamtl. Scheine (RGBl. 116) s. a 133, 468; ändert auch das Personenstandsges.
		Hiezu aus dem RGBl. II. Tl.
66	15. Jan. 1924	VO. betr. Aend. des Ges. zur Ausführung der Bestimmungen des Friedensvertrags usw. (RGBl. II 35) s. a 147.
67	6. Febr. 1924	VO. über Aussetzung der Zahlungen auf Sachlieferungen der Unterlieferanten (RGBl. II 39) s. d 45.
68	12. Febr. 1924	2. VO. über die Aussetzung der Zahlungen zur Erstattung der von der Englischen Regierung erhobenen Reparationsabgabe (RGBl. II 42).

f) Bayerische, auf Grund des § 64 der VerfUrk. oder des Art. 48 Abs. 4 RVerf. erlassene Verordnungen.

Nr.	Datum der VO.	Name der Verordnung
1	24. Juli 1922	VO. zum Schutze der Verfassung der Republik (GVBl. 374) s. a 397; aufgeh. durch VO. v. 24. Aug. 1922 (GVBl. 426).
2	31. Dez. 1923	PersonalabbauVO. (GVBl. 420) geänd. durch VO. v. 12. Febr. 1924 (GVBl. 28), v. 13. Mai 1924 (GVBl. 156) u. unter Aufhebung der letzteren durch VO. v. 3. Dez. 1924 (GVBl. 243); aufgeh. mit Uebergangsbestimmungen durch VO. v. 14. Mai 1927 (GVBl. 134).
3	31. Dez. 1923	VO. über die Entrichtung der Steuer vom Gewerbebetriebe im Umherziehen für 1924 u. über eine Ergänzung des Ges. über die Besteuerung des Gewerbebetriebs im Umherziehen (GVBl. 1924, 1) s. b 86, 179.
4	22. Jan. 1924	VO. über Aenderungen im öff. VersWesen (GVBl. 10) s. b 148, 180.
5	24. Jan. 1924	VO. über die Entrichtung einer einmaligen Abgabe zur Förd. des Wohnungsbaues (GVBl. 57).
6	2. Febr. 1924	VO. über Beschwerden in Kosten- u. Stempelsachen (GVBl. 57).
7	27. März 1924	VO. über das Inkrafttreten des RG. für Jugendwohlfahrt (GVBl. 126) s. a 382.
8	29. März 1924	VO. zur Aend. beamtenrechtl. Vorschriften (GVBl. 128) s. b 17; 11; ändert auch das Beamtenges. v. 16. Aug. 1908 u. die Gemeinde-Ordnungen; ihrers. geänd. b 217, 221.
9	31. März 1924	VO. über die Entrichtung der Haussteuer u. einer Abgabe zum Ausgleich der Geldentwertg. bei bebauten Grundstücken f. 1924 (GVBl. 133); geänd. durch Bek. v. 4. Aug. 1924 (GVBl. 192).
10	31. März 1924	VO. über die Veranlagung und Erhebung der Gewerbesteuer für 1922 u. 1923 (GVBl. 135).
11	28. April 1924	VO. zur Aend. des Ges. zum Vollzug des Landessteuerges. (GVBl. 145) s. b 79, 170; 67; ändert auch die rechtsrh. GemO. u. das AG.GVG. (b 132 u. f 23).
12	5. Mai 1924	VO. üb. d. Entricht. d. Grundst. f. 1924 (GVBl. 153).
13	5. Mai 1924	VO. über die Entrichtung der Gewerbesteuer für 1924 (GVBl. 154).
14	23. Juni 1924	VO. über Steuervergünstigungen zur Förderung des Wohnungsbaues (GVBl. 173).
15	1. Aug. 1930	SchlachtsteuerVO. (GVBl. 236); geänd. durch VO. v. 13. Aug. 1930 (GVBl. 281); aufgeh. b 257

Nr.	Datum der VO.	Name der Verordnung
16	31. Dez. 1930	VO. über die Gehaltskürzung und die Ausgleichsabgabe (GVBl. 411); ändert auch das Verw.-GerHofGes. (s. b 258); geänd. f 23.
17	17. Juni 1931	2. VO. über die Gehaltskürzung und die Ausgleichsabgabe (GVBl. 157), geänd. f 23.
18	22. Juli 1931	VO. über die Auszahlung der persönl. Bezüge u. Leistungen (GVBl. 287); geänd. durch VO. v. 6. Okt. 1931 (GVBl. 288).
19	26. Aug. 1931	VO. zum Vollz. des Staatshaushalts — Ausgleichsteuern, Abgabe vom Wildverbrauch, Wohlfahrtsabgabe (GVBl. 223) s. b 258; geänd. f 24, 25, 33.
20	3. Sept. 1931	3. VO. über die Gehaltskürzung und die Ausgleichsabgabe (GVBl. 241); geänd. f 23; aufgeh. f 24.
21	9. Sept. 1931	BesoldungsangleichungsVO. (GVBl. 249); geänd. f 23.
22	12. Sept. 1931	VO. zur Sicherung der Erhebung der Wohlfahrtsabgabe (GVBl. 242).
23	30. Okt. 1931	2. VO. zum Vollz. des Staatshaushalts — Schulgeld, Beamtenbesoldung, Pensionskürzung, Staatsvereinfachung (GVBl. 309) — s. f 16, 17, 20, 21, 11, b 231, 185, 241; ändert auch das AG.GVG. (f 11, i 2) u. das AG.GBO. Zw.-VG.; ihrers. geänd. f 24; s. auch f 27.
24	17. Dez. 1931	(Neue) 3. VO. über die Gehaltskürzung u. die Ausgleichsabgabe (GVBl. 381) s. f 19, 20, 23.
25	17. Dez. 1931	VO. über die Schlachtsteuer (GVBl. 386) s. b 258, f 19, ihrers. geänd. durch VO. v. 4. Juli 1932 (GVBl. 316), ferner nach f 32.
26	19. Febr. 1932	VO. über die Krisenunterstützung (GVBl. 101), geänd. durch VO. v. 11. Juni 1932 (GVBl. 253).
27	21. März 1932	VO. zur Ausführung des Art. 46 Abs. 2 der VO. zum Vollz. des Staatshaushalts v. 30. Okt. 1931 (GVBl. 177) s. f 23.
28	17. Juni 1932	VO. zur Sicherung der öffentl. Ruhe u. Ordnung (GVBl. 255), ändert das PStGB. (s. b 266).
29	3. Aug. 1932	VO. zum Vollzug des Staatshaushalts (GVBl. 330) s. b 231.
30	12. Sept. 1932	VO. über die Wohlfahrtsabgabe für 1932 (GVBl. 391).
31	6. Okt. 1932	VO. über das Haushalts-, Kassen- u. Rechnungswesen der Gemeinden und Bezirke (GVBl. 415).
32	26. Jan. 1933	3. VO. über die Schlachtsteuer (GVBl. 73) s. b 258, f 25, 33.
33	26. Jan. 1933	VO. über die Abgabe auf den Verbrauch von Wild (GVBl. 75) s. f 19, 33, b 258.
34	16. März 1933	VO. d. Reichskomm., die Übernahme der Regierungsgeschäfte für Bayern betr. (GVBl. 88).

Nr.	Datum der VO.	Name der Verordnung
35	1. April 1933	VO. über Warenhäuser u. Filialgeschäfte (GVBl. 98); aufgeh. durch VO. vom 16. Mai 1933 (GVBl. 150).
36	4. April 1933	VO. über die Veröffentlichung gerichtlicher Bekanntmachungen (StAnz. 81).
37	13. April 1933	VO. über die Ergänzung des Einkommens der Seelsorgegeistlichen (GVBl. 115) s. b 185.
38	4. Mai 1933	VO. über das Schiedsgerichtswesen (GVBl. 125); ändert die ZPO. (e 58); wieder aufgeh. mit VO. v. 11. Aug. 1933 (GVBl. 228).

g) Verordnungen des Reichs auf Grund des Art. 48 Abs. 2 RVerf.

Nr.	Datum der VO.	Bezeichnung der Verordnung
1	25. Juli 1930	VO. gegen Waffenmißbrauch (RGBl. 352) s. a 955.
2	26. Juli 1930	VO. zur Behebung finanzieller, wirtschaftlicher u. sozialer Notstände (RGBl. 311, 443, 608) s. a 53, 919, 890; 881 (g 6); 603; 790; 805, b 256; geänd. g 3, 32, 42, 54, 114.
3	1. Dez. 1930	VO. zur Sicherung von Wirtschaft u. Finanzen (RGBl. 517, 608) s. g 2, a 795, 603, 805, 904, 857, 53, 890: 62, 655, 658, e 59, a 653, 654, 656, 691, 338, 336, 658, 354, 923; 329, 660; 659, 768, 700, 527, 920, 922; a* 82, 72, 84. a 644, d 7, a 815, 814, 659 (g 6), 902; 548; 930, 874; e 53, 13, a 756, 853; ändert auch das HGB. (a 904, g 20), das BGB. (a 904, 953, g 6), die Gewerbeordn. (a 857), das Vereinszollges. v. 1. Juli 1869 (g 3, 42); ihrers. geänd. g 6. Die VO. enthält eine Neufassung des Ges. über die Deutsche Golddiskontbank (a* 72); Neufassung des Brotges. v. 10. Dez. 1930 (RGBl. 625; 1931, 28; wieder geänd. g 6 u. neue Neufassung v. 9. Juni 1931, RGBl. 335, diese wieder geändert g 80). Teilw. Neufassung des Vereinszollges. v. 9. Jan. 1931 (RGBl. 5) s. a 354, g 42. Neufassungen der Reichsabgabenordnung (wieder geänd. g 6, 12, 26, 41, 42, 62, 63, 114, h 40), des Reichsbewertungsgesetzes (wieder geändert durch Verordnung vom 24. Juli 1931, RGBl. 411, ferner nach g 41, 42) u. des Vermögensteuerges. (wieder geänd. g 41) v. 22. Mai 1931 (RGBl. 161), s. a 62, 655, 656. Neufassung des Kapitalverkehrsteuerges. vom 22. Mai 1931 (RGBl. 241) s. a 329, 736; teilw. Neufassung des ErbschSteuerges. v. 25. Juni 1931 (RGBl. 346, wieder geänd. g 41) s. a. 656; ihrers. geänd. g 32, 41, 42, 86, 94, 106, 114 (Gehälter u. Steuern), h 96 (Gemeinnützigkeits-VO.), h 105 (Gewerbesteuerrahmenges.) h 106 (Realsteuersenkungsges. u. Grundsteuerrahmenges.).
4	9. Jan. 1931	VO. über die Beilegung von Schlichtungsstreitigkeiten öffentlichen Interesses (RGBl. 1) s. g 30.
5	28. März 1931	VO. zur Bekämpfung politischer Ausschreitungen RGBl. 79, 138) s. g 11; geänd. g 32, 53; aufgeh. g 64.
6	5. Juni 1931	2. VO. zur Sicherung von Wirtschaft u. Finanzen (RGBl. 279, 358) s. g 3; a 890, 919, 805, 822, 825, 881, g 2, 925, 774, 793, 653, 422, 858, e 53, a 706, 659, g 3, a 16, 36; ändert auch das BGB.

Nr.	Datum der VO.	Bezeichnung der Verordnung
		g 3, 41), den Zolltarif (a 937), das Ges. über die privaten Versicherungsunternehmungen v. 12. Mai 1901 (a 958; Neufassung dieser Ges. RGBl. 315, als Ges. v. 6. Juni 1931 über die Beaufsichtigung der privaten VersichUnternehmungen u. der Bausparkassen; wieder geänd. g 29, h 26, i 8, h 59, Berichtigung RGBl. 1931, 750), das EG. zur RVersichOrdn. (a 767), das Freizügigkeitsges. v. 1. Nov. 1867 (e 53), das Genossenschaftsges. (a 904, g 23), die Gewerbeordn. (a 857, g 41); ihrers. geänd., g 32, 62, 74, 113, h 84, 111.
7	8. Juli 1931	VO. über die Schaffung einer Wirtschaftsgarantie (RGBl. 351), geänd. g 93.
8	13. Juli 1931	VO. über die Darmstädter- und Nationalbank (RGBl. 359).
9	13. Juli 1931	VO. über Bankfeiertage (RGBl. 361).
10	15. Juli 1931	VO. über die Wiederaufnahme des Zahlungsverkehrs nach Bankfeiertagen, den Verkehr mit Devisen u. über Kursveröffentlichungen (RGBl. 365); geänd. g 21.
11	17. Juli 1931	2. VO. zur Bekämpfung politischer Ausschreitungen (RGBl. 371) s. g 5 u. 25 (Neufassung); aufgeh. g 64.
12	18. Juli 1931	VO. gegen die Kapital- u. Steuerflucht (RGBl. 373) s. g 3; geänd. g 21, 26.
13	18. Juli 1931	VO. über die Erhebung einer Gebühr für Auslandsreisen (RGBl. 376), aufgeh. RGBl. 1931, 449.
14	18. Juli 1931	VO. über die Änd. des Münzges. (RGBl. 379) s. a* 85.
15	18. Juli 1931	VO. über die Auszahlung von Dienstbezügen (RGBl. 381).
16	20. Juli 1931	VO. über Zuschläge für Steuerrückstände (RGBl. 385); aufgeh. g 41; s. ferner g 45.
17	22. Juli 1931	VO. über die Golddeckung der Noten der Privatbanken (RGBl. 391).
18	25. Juli 1931	VO. über die Abwicklung von Börsengeschäften (RGBl. 395).
19	27. Juli 1931	VO. über die Anmeldung von Zahlungsverpflichtungen gegenüber dem Ausland (RGBl. 403).
20	1. Aug. 1931	VO. zur Änd. des § 240 Abs. 2 des Handelsgesetzbuchs (RGBl. 419) s. a 904, g 3, 29.
21	1. Aug. 1931	VO. über Devisenbewirtschaftung (RGBl. 421) s. g 10, 12; geänd. g 39, 56 (dort auch Neufassung).
22	5. Aug. 1931	VO. über die Spar- u. Girokassen sowie kommunalen Giroverbände u. kommunalen Kreditinstitute (RGBl. 429); geänd. g 41; s. auch g 112.

Nr.	Datum der VO.	Bezeichnung der Verordnung.
23	6. Aug. 1931	VO. zur Änd. der Frist für Stellung des Antrags auf Eröffnung des Konkursverf. oder des gerichtl. Vergleichsverfahrens usw. (RGBl. 433), ändert das GmbHGesetz (a 904, h 59) u. das GenossGesetz (g 6, i 8).
24	6. Aug. 1931	VO. zur Erleichterung der Erntebewegung (RGBl. 433).
25	10. Aug. 1931	VO. zur Änd. der 2. VO. zur Bekämpfung politischer Ausschreitungen (RGBl. 435) s. g 11 mit Neuf. der letzteren v. 10. Aug. 1931 (RGBl. 435); aufgeh. g 64.
26	23. Aug. 1931	SteueramnestieVO. (RGBl. 449) s. g 3, 12; geänd. g 29.
27	24. Aug. 1931	VO. zur Sicherung der Haushalte von Ländern u. Gemeinden (RGBl. 453).
28	9. Sept. 1931	VO. zur Sicherstellung der Durchführung des Stillhalteabkommens (RGBl. 489) s. auch g 51.
29	19. Sept. 1931	VO. a) über Aktienrecht (s. g 6; ändert auch das HGB. [s. g 20, i 8]; ihrers. geänd. g 41), b) über Bankenaufsicht („Kuratorium und Reichskommissar für das Bankgewerbe" s. a 803) und c) über eine Steueramnestie — „Zweite SteueramnestieVO." (s. g 26; geänd. g 34) (RGBl. 493); Berichtigung RGBl. 1931, 663.
30	27. Sept. 1931	VO. über die Beilegung von Schlichtungsstreitigkeiten öffentlichen Interesses (RGBl. 513) s. g 4, 31.
31	30. Sept. 1931	Zweite VO. über die Beilegung von Schlichtungsstreitigkeiten öffentlichen Interesses (RGBl. 521) s. g 30, geänd. h 111.
32	6. Okt. 1931	Dritte VO. zur Sicherung von Wirtschaft u. Finanzen und zur Bekämpfung politischer Ausschreitungen (RGBl. 537) s. g 3, 6, a 53, 805, 659, g 2, a 881, 803, 912, 390, e 13, 58, a 756, 431, 843, 671, 853, 119, 962, g 5; ändert auch das StGB. (a 926, g 91); ihrers. geänd. g 41, 42, 54, 63, 64, 74, 81, 112, 114, h 84.
33	10. Okt. 1931	VO. zur Änd. der Wertberechnung von Hypotheken und sonstigen Ansprüchen, die auf Feingold (Goldmark) lauten (RGBl. 569).
34	17. Okt. 1931	VO. über Verlängerung der Steueramnestiefrist (RGBl. 581) s. g 29.
35	29. Okt. 1931	VO. über Zolländerungen (RGBl. 657) s. g 40.
36	6. Nov. 1931	VO. zur Sicherung der Osthilfe (RGBl. 665) s. a 959.
37	10. Nov. 1931	VO. über die Zahlungsfrist in Aufwertungssachen (RGBl. 667).
38	17. Nov. 1931	VO. zur Sicherung der Ernte und der landwirtschaftl. Entschuldung im Osthilfegebiet (RGBl. 675), geänd. g 49.

Nr.	Datum der VO.	Bezeichnung der Verordnung.
39	17. Nov. 1931	VO. über Abänderung der VO. über die Devisenbewirtschaftung und über die Aburteilung von Zuwiderhandlungen hiergegen durch Schnellgerichte (RGBl. 679) s. g 21, e 13, g 56.
40	1. Dez. 1931	VO. über Zolländerungen und über die vorläuf. Anwendung zweiseitiger Wirtschaftsabkommen (RGBl. 689) s. g 35.
41	8. Dez. 1931	Vierte VO. zur Sicherung von Wirtschaft und Finanzen und zum Schutze des inneren Friedens (RGBl. 699) s. a 931, g 6, 16, a 659, 814, 898, 815, 899, 548, 464, 781, e 58, a 922, g 29, a * 85, g 32, 22, a 603, 422, 880, 708, 828, e 53, a 440, 691, g 3, a 653, 654, 656, 841, g 53; ändert auch das BGB. (g 6, 114), das ZwVG. (g 113), die KonkO. (e 64, h 129), die GewO. (a 749, 758, g 6, h 43), das BörsG. (a 292, h 59). Hiezu Neufassung des Umsatzsteuerges. vom 30. Jan. 1932 (RGBl. 39, wieder geänd. g 62) und teilw. Neufassung des Mieterschutzges. vom 27. März 1932 (RGBl. 167), vollständige Neufassung v. 27. April 1933 (RGBl. 235). Ihrers. geänd. g 43, 48, 54, 63, 64, 77, 79, 93 (hins. der Reichsfluchtsteuer), 95, 96, 114 (hins. der Gehaltskürzungen), h 43 (Tl. 3 Abschn. VI), h 60; teilw. Neufassung h 60; weiter geänd. h 103, 115 (Mietrecht), 123 (Bankgewerbe).
42	23. Dez. 1931	AnpassungsVO. (RGBl. 779; Berichtigung 1932, 18) s. g 3, a 653, 952, 339, g 2, 32, a 649, c 32, a 816, 743, e 13; ändert auch das Vereinszollges. (s. g 3, 114), das Zolltarifges. v. 25. Dez. 1902 (s. a 937, g 52), die RAnwaltsO. (a 800, g 114). Ihrers. geänd. durch VO. vom 5. März 1932 (RGBl. 127), ferner durch g 114.
43	16. Jan. 1932	VO. über das Tragen von Abzeichen (RGBl. 19) s. g 41.
44	18. Jan. 1932	VO. über außerord. Zollmaßnahmen (RGBl. 27).
45	22. Jan. 1932	2. VO. über Zuschläge für Steuerrückstände (RGBl. 31) s. g 16.
46	23. Jan. 1932	VO. zur Sicherung der Frühjahrsdüngung und Saatgutversorgung (RGBl. 32), geänd. g 49; s. auch g 97.
47	6. Febr. 1932	Entschuldungsverordnung (betr. das Osthilfegebiet) (RGBl. 59), geänd. g 84.
48	6. Febr. 1932	VO. über die Ablösung der Gebäudeentschuldungssteuer (RGBl. 60) s. g 41; geänd. g 54, 79.
49	19. Febr. 1932	VO. zur Ergänzung der Vorschriften über die Zwangsvollstreckung bei landwirtschaftlichen Betrieben und über das Sicherungsverfahren (RGBl. 71) s. g 46, 38.

Nr.	Datum der VO.	Bezeichnung der Verordnung.
50	20. Febr. 1932	VO. über die Sanierung von Bankunternehmen (RGBl. 83).
51	27. Febr. 1932	VO. über das Deutsche Kreditabkommen 1932 (RGBl. 85) s. auch g 28.
52	9. März 1932	VO. zum Schutze der Wirtschaft (RGBl. 121) s. e 13; ändert auch das Ges. gegen den unlauteren Wettbewerb vom 7. Juni 1909 (s. a* 102, h 44), das Ges. vom 5. April 1888 betr. die unter Ausschluß der Öffentlichkeit stattfindenden Gerichtsverhandlungen und das Zolltarifges. vom 25. Dez. 1902 (s. g 42, 54, a 889); hiezu VO. vom 23. Aug. 1932 (RGBl. 417); ihrers. geänd. g 93, h 43, 44.
53	17. März 1932	VO. zum Schutze des inneren Friedens (RGBl. 133) s. g 5, 41; geänd. g 64.
54	19. März 1932	VO. über Biersteuersenkung, Realsteuersperre 1932 und sonstige steuerliche, wirtschafts- und zollpolitische Maßnahmen (RGBl. 135) s. a 920, 952, g 2, 41, 52, 32; ändert auch das Zolltarifges. v. 25. Dez. 1902 (s. g 52, h 34); ihrerseits geänd. g 74, 114.
55	13. April 1932	VO. zur Sicherung der Staatsautorität (RGBl. 175) s. g 58; aufgeh. g 64.
56	15. April 1932	VO. über die Devisenbewirtschaftung (RGBl. 177) s. g 21, 39. Neufassung der VO. über die Devisenbewirtschaftung v. 23. Mai 1932 (RGBl. 231); wieder geänd. h 69.
57	20. April 1392	VO. über die Besteuerung des Branntweins (RGBl. 181) s. a 339.
58	3. Mai 1932	2. VO. zur Sicherung der Staatsautorität (RGBl. 185) s. g 55; aufgeh. g 64.
59	3. Mai 1932	VO. über die Auflösung der kommunistischen Gottlosenorganisationen (RGBl. 185).
60	12. Mai 1932	VO. über die Anpassung der Vermögensteuer, Erbschaftsteuer und Grunderwerbsteuer an die seit 1. Jan. 1931 eingetretenen Wertrückgänge (RGBl. 192), geänd. g 114.
61	24. Mai 1932	VO. über das Kreditabkommen für deutsche öffentliche Schuldner von 1932 (RGBl. 246).
62	14. Juni 1932	VO. über Maßnahmen zur Erhaltung der Arbeitslosenhilfe und der Sozialversicherung sowie zur Erleichterung der Wohlfahrtslasten der Gemeinden (RGBl. 273) s. a 881, 603, 422, 708, 805, 822, g 41, a 532, g 6, 3, a 645, 786. Neufassung des Salzsteuergesetzes v. 22. Juni 1932 (RGBl. 315, wieder geänd. g 114). Ihrerseits geänd. g 74, 104, 105, 113, h 65.
63	14. Juni 1932	VO. über Maßnahmen auf dem Gebiete der Rechtspflege und Verwaltung (RGBl. 285) s. e 13, g 32, e 58, 53, a 849, d 42, g 3, 41, c 7,

Nr.	Datum der VO.	Bezeichnung der Verordnung.
		a* 147, 55; ändert auch das Ges. über den Unterstützungswohnsitz v. 30. Mai 1908 (a 849); ihrers. geänd. g 95, 96, h 115.
64	14. Juni 1932	VO. gegen politische Ausschreitungen (RGBl. 297) s. g 5, 11, 25, 32, 41, 53, 56, 58; s. g 65, ferner InnMVO. v. 28. Juni 1932 (RGBl. 339), g 91.
65	28. Juni 1932	2. VO. gegen politische Ausschreitungen (RGBl. 339) s. g 64; ferner die JnnMVOen v. 18. Juli 1932 (RGBl. 355) u. v. 22. Juli 1932 (RGBl. 385) s. g 71; aufgeh. g 91.
66	29. Juni 1932	VO. über die Vorführung ausländischer Bildstreifen (RGBl. 341) s. a 928, h 80.
67	5. Juli 1932	VO. über Änderung des Maisgesetzes (RGBl. 347) s. a 911, g 94.
68	16. Juli 1932	VO. über die Ausdehnung der Osthilfemaßnahmen auf die östlichen Gebiete Bayerns (RGBl. 357, 389) s. a 959.
69	20. Juli 1932	VO. betr. die Wiederherstellung der öffentl. Sicherheit und Ordnung im Gebiete des Landes Preußen (RGBl. 377); aufgeh. g 121.
70	20. Juli 1932	VO. betr. die Wiederherstellung der öffentl. Sicherheit und Ordnung in Groß-Berlin und Provinz Brandenburg (RGBl. 377); teilw. aufgehoben mit VO. vom 26. Juli 1932 (RGBl. 387).
71	29. Juli 1932	VO. zur Sicherung des inneren Friedens (RGBl. 389) s. g 65; hierzu VO. vom 9. Aug. 1932 (RGBl. 407); jetzt gegenstandslos; s. nun g 85.
72	9. Aug. 1932	VO. gegen politischen Terror (RGBl. 403); aufgeh. g 91.
73	13. Aug. 1932	VO. zur Sicherung d. Herbstdüngung (RGBl. 411).
74	4. Sept. 1932	VO. zur Belebung der Wirtschaft (RGBl. 425) s. g 62, 32, 54, a 644, g 6, a 966, g 105, 114, h 14.
75	19. Sept. 1932	VO. über eine Aussetzung der Anwendung des § 29 Abs. 2 des Bankgesetzes (RGBl. 445) s. a* 82.
76	24. Sept. 1932	VO. über die gemeinsamen Rechte der Besitzer von Schuldverschreibungen (RGBl. 447, 483), ändert das Ges. gl. Betr. v. 4. Dez. 1899/14. Mai 1914; s. h 118.
77	27. Sept. 1932	VO. über landwirtschaftliches Vermittlungsverfahren, Vollstreckungsschutz und Pächterschutz (RGBl. 473, 515) s. g 41; geänd. g 96, 103, h 29.
78	27. Sept. 1932	VO. über die Zinserleichterungen für den landwirtschaftlichen Realkredit (RGBl. 480).
79	30. Sept. 1932	2. VO. zur Änderung der Vorschriften über die Ablösung der Gebäudeentschuldungssteuer (RGBl. 489) s. g 41, 48.

Nr.	Datum der VO.	Bezeichnung der Verordnung
80	30. Sept. 1932	VO. zur Änderung des Brotgesetzes (RGBl. 491) s. g 3.
81	11. Okt. 1932	VO. zur Erleichterung der Verwertung der Kartoffelernte (RGBl. 495) s. g 12.
82	20. Okt. 1932	VO. gegen unbefugten Gebrauch von Kraftfahrzeugen u. Fahrrädern (RGBl. 496).
83	21. Okt. 1932	VO. über die Deutsche Zentralgenossenschaftskasse und das genossenschaftliche Revisionswesen (RGBl. 503), geänd. h 30.
84	21. Okt. 1932	2. EntschuldungsVO. (betr. das Osthilfegebiet) (RGBl. 509) s. g 47.
85	2. Nov. 1932	VO. zur Sicherung des inneren Friedens (RGBl. 517), geänd. durch VO. v. 3. Nov. 1932 (RGBl. 519) u. v. 18. Nov. 1932 (RGBl. 529), ferner nach g 91; s. g 71.
86	4. Nov. 1932	VO. zur Verbesserung der Zivilversorgung (RGBl. 521) s. a 649, g 3, g* 2.
87	4. Nov. 1932	VO. über die Jugendwohlfahrt (RGBl. 522) s. a 382, g 89.
88	11. Nov. 1932	VO. über die Fälligkeit von Hypotheken u. Grundschulden (RGBl. 525).
89	28. Nov. 1932	VO. über Fürsorgeerziehung (RGBl. 531) s. a 382, g 89.
90	15. Dez. 1932	VO. über Maßnahmen zur Förderung der Arbeitsbeschaffung und der ländlichen Siedlung (RGBl. 543); geänd. h 88; s. auch g 98.
91	19. Dez. 1932	VO. zur Erhaltung des inneren Friedens (RGBl. 548) s. g 64, 65, 71, 85, a 955, 903; ändert auch das StGB. (g 32, 108); ihrers. geänd. g 101.
92	20. Dez. 1932	VO. über die Ausfuhr von Kunstwerken (RGBl. 572) s. c 32.
93	23. Dez. 1932	VO. über Wirtschaft u. Finanzen (RGBl. 571) s. g 52, 7, 41.
94	23. Dez. 1932	VO. zur Förderung der Verwendung inländischer tierischer Fette u. inländischer Futtermittel (RGBl. 575) s. g 3, a 911, g 66; ihrers. geänd. g 118.
95	13. Jan. 1933	VO. zur Änd. der VO. über Maßnahmen auf dem Gebiete der Rechtspflege u. Verwaltung (RGBl. 11) s. g 41, 63; geänd. h 115.
96	17. Jan. 1933	VO. über Maßnahmen auf dem Gebiete der Zwangsvollstreckung (RGBl. 19) s. g 41, 63, 77.
97	19. Jan. 1933	VO. zur Sicherung der Düngemittel- u. Saatgutversorgung (RGBl. 23) g 46.
98	28. Jan. 1933	VO. über finanzielle Maßnahmen auf dem Gebiete der Arbeitsbeschaffung (RGBl. 31); geänd. durch Ges. v. 13. Juli 1933 (RGBl. 464) s. g 90.
99	31. Jan. 1933	VO. über den Reichskommissar für das Land Preußen (RGBl. 33); aufgeh. g 121.

Nr.	Datum der VO.	Bezeichnung der Verordnung
100	2. Febr. 1933	VO. über Änderung des Reichswahlges. (RGBl. 45) s. a 579.
101	4. Febr. 1933	VO. zum Schutze des deutschen Volkes (RGBl. 35) s. g 91.
102	6. Febr. 1933	VO. zur Herstellung geordneter Regierungsverhältnisse in Preußen (RGBl. 43); aufgeh. g 121.
103	14. Febr. 1933	VO. über den landwirtschaftlichen Vollstreckungsschutz (RGBl. 63) s. g 77.
104	18. Febr. 1933	VO. zur Milderung von Härten in der Sozialversicherung und in der Reichsversorgung (RGBl. II 69) s. g 3, a 805, g 62.
105	22. Febr. 1933	VO. über die Übernahme von Reichsbürgschaften für Instandsetzungs- und Umbauarbeiten u. über die Instandsetzung von landwirtschaftlichen Wirtschaftsgebäuden (RGBl. 79) s. g 62, 74.
106	22. Febr. 1933	2. VO. über den Reichskommissar für die Luftfahrt (RGBl. 80).
107	23. Febr. 1933	VO. zur Förderung der Landwirtschaft (RGBl. 80).
108	28. Febr. 1933	VO. zum Schutz von Volk u. Staat (RGBl. 83); ändert auch das StGB. (s. g 91, 109) u. die RVerfassung (s. a 32, 967); ihrers. geänd. h 3.
109	28. Febr. 1933	VO. gegen Verrat am Deutschen Volke u. hochverräterische Umtriebe (RGBl. 85); ändert das StGB. (s. g 108, h 7), das Ges. gegen den Verrat militärischer Geheimnisse v. 3. Juni 1914 (s. a 478), das GVG. (s. e 13) u. die StPO. (s. e 13).
110	1. März 1933	VO. über Krankenversicherung (RGBl. 97) s. a 603.
111	2. März 1933	VO. zur Änd. des Milchges. (RGBl. 97) s. a 939, h 42.
112	13. März 1933	VO. über Spar- u. Girokassen, kommunale Kreditinstitute u. Giroverbände sowie Girozentralen (RGBl. 103) s. g 22.
113	16. März 1933	VO. zum Ges. betr. die Bekämpfung der Reblaus (RGBl. 134), ändert das Reblausges. v. 6. Juli 1904.
114	18. März 1933	VO. über Maßnahmen auf dem Gebiete der Finanzen, der Wirtschaft u. der Rechtspflege (RGBl. 109), s. a 803, g 3, 6, 41, 32, 3, a 339, g 42, 2, 54, 60, 54, 62, 74, a* 85, a 897, 724; ändert auch das Vereinszollges. (g 42), das BGB. (g 41). das Ges. über die Zwangsversteigerung und Zwangsverwaltung (g 41, h 129), die RechtsanwO. (g 42, h 16). Hiezu Neufassung der „RealsteuersperrVO. 1933" v. 31. März 1933 (RGBl. 157); ihrerseits geänd. h 65, 105.
115	18. März 1933	VO. zur Beschleunigung des Verfahrens in Hochverrats- u. Landesverratssachen (RGBl. 131) s. e 13.

Nr.	Datum der VO.	Bezeichnung der Verordnung
116	21. März 1933	VO. über die Gewährung von Straffreiheit (RGBl. 134).
117	21. März 1933	VO. zur Abwehr heimtückischer Angriffe gegen die Regierung der nationalen Erhebung (RGBl. 135).
118	23. März 1933	2. VO. zur Förderung der Verwendung inländ. tierischer Fette u. inländ. Futtermittel (RGBl. 143) s. g 94, a 939, 911; änd. auch das Ges. betr. den Verkehr mit Butter usw. v. 15. Juni 1897.
119	30. März 1933	VO. zur Vereinfachung des Erlasses von Ausführungsvorschriften (RGBl. 147).
120	22. April 1933	VO. zum Schutze der Volksgesundheit (RGBl. 215).
121	30. Juni 1933	VO. zur Wiederherstellung normaler Regierungsverhältnisse in Preußen (RGBl. 423) s. g 69, 99, 102.
		Hierzu aus Reichsgesetzblatt II. Tl. (g*).
1	29. März 1932	VO. über die Verwaltung der Einnahmen und Ausgaben des Reichs vom 1. April 1932 bis zum 30. Juni 1932 (RGBl. II 97).
2	30. Juni 1932	VO. über die Verwaltung der Einnahmen und Ausgaben des Reichs im Rechnungsjahr 1932 (RGBl. II 153, 173), geänd. g 86.
3	22. Dez. 1932	VO. zur Sicherung der Seefahrt (RGBl. II 243) s. a* 334.

h) Gesetze der Reichsregierung, erlassen auf Grund des Gesetzes vom 24. März 1933 (RGBl. 141).

Nr.	Datum des Ges.	Bezeichnung des Gesetzes
1	29. März 1933	Ges. über vorübergehende Verlängerung der Geltung des Kraftfahrzeugsteuerges. (RGBl. 147) s. a 952; aufgeh. h 20.
2	29. März 1933	Ges. über Räumungsfristen (RGBl. 147) s. a 814.
3	29. März 1933	Ges. über Verhängung u. Vollzug der Todesstrafe (RGBl. 141) s. g 108.
4	30. März 1933	Ges. über Erteilung von Kreditermächtigungen (RGBl. 151) s. a 964, 940.
5	31. März 1933	Vorläuf. Ges. zur Gleichschaltung der Länder mit dem Reich (RGBl. 153) s. h 11.
6	4. April 1933	Ges. über Betriebsvertretungen u. über wirtschaftliche Vereinigungen (RGBl. 161) s. a 76, 708, 749.
7	4. April 1933	Ges. zur Abwehr politischer Gewalttaten (RGBl. 162); ändert das StGB. (g 109, i 8) u. das Sprengstoffges. v. 9. Juni 1884.
8	4. April 1933	Ges. über die vorläufige Anwendung zweiseitiger Wirtschaftsabkommen mit ausländ. Staaten (RGBl. 162).
9	5. April 1933	Ges. über den vorläufigen Reichswirtschaftsrat (RGBl. 165) s. c 69.
10	6. April 1933	Ges. über den deutschen Sparkassen- u. Giroverband (RGBl. 166).
11	7. April 1933	2. Ges. zur Gleichschaltung der Länder mit dem Reich (RGBl. 173) s. h 5; geänd. h 31, 57.
12	7. April 1933	Ges. zur Wiederherstellung des Berufsbeamtentums (RGBl. 175) s. h 15; geänd. durch Ges. v. 23. Juni 1933 (RGBl. 389, 514) u. v. 20. Juli 1933 (RGBl. 518).
13	7. April 1933	Ges. üb. Titel, Orden u. Ehrenzeichen (RGBl. 180).
14	7. April 1933	Ges. zur Änd. der SteuergutscheinVO. (RGBl. 187) s. g 74.
15	7. April 1933	Ges. über das Kündigungsrecht der durch das Ges. zur Wiederherstellung des Berufsbeamtentums betroffenen Personen (RGBl. 187) s. h 12.
16	7. April 1933	Ges. über die Zulassung zur Rechtsanwaltschaft (RGBl. 188); ändert auch die RAnwO. (g 114); ihrers. geänd. h 27.
17	7. April 1933	Ges. über die Neuwahl der Schöffen, Geschworenen u. Handelsrichter (RGBl. 188).
18	10. April 1933	Ges. über die Einführung eines Feiertags der nationalen Arbeit (RGBl. 191).
19	10. April 1933	Ges. über Erhöhung der Rennwettsteuer (RGBl. 191) s. a 658.
20	10. April 1933	Ges. über Änd. des Kraftfahrzeugsteuerges. (RGBl. 192) s. a 952, h 1, a 700, h 64. Neufassung des

Nr.	Datum des Ges.	Bezeichnung des Gesetzes
		Kraftfahrzeugsteuerges. v. 11. April 1933 (RGBl. 195).
21	12. April 1933	Ges. über die Durchführung einer Volks-, Berufs- u. Betriebszählung (RGBl. 199).
22	21. April 1933	Ges. über das Schlachten von Tieren (RGBl. 203) s. b 251.
23	21. April 1933	Ges. über Änd. der kohlenwirtschaftl. Bestimmungen (RGBl. 203) s. a 16, 36.
24	21. April 1933	Ges. über Änd. der kaliwirtschaftl. Bestimmungen (RGBl. 205) s. a 24, 29.
25	22. April 1933	Ges. über die Bildung von Studentenschaften an den wissenschaftlichen Hochschulen (RGBl. 215).
26	22. April 1933	Ges. über den Versicherungsbeirat und den Beirat für Bausparkassen (RGBl. 215) s. g 6.
27	22. April 1933	Ges. betr. die Zulassung zur Patentanwaltschaft u. zur Rechtsanwaltschaft (RGBl. 217) s. h 16.
28	22. April 1933	Ges. über die Neubildung der Steuerausschüsse (RGBl. 219).
29	22. April 1933	Ges. über Pächterschutz (RGBl. 221) s. g 77; geänd. durch Ges. v. 23. Juni 1933 (RGBl. 392).
30	22. April 1933	Ges. über die Neuwahl von Mitgliedern des Ausschusses der Deutschen Zentralgenossenschaftskasse (RGBl. 227) s. g 83.
31	25. April 1933	Ges. zur Änd. des Reichsstatthalterges. (RGBl. 225) s. h 11, 57.
32	25. April 1933	Ges. gegen die Überfüllung deutscher Schulen u. Hochschulen (RGBl. 225).
33	25. April 1933	Ges. zur Versorgung mit Schädlingsbekämpfungsmitteln u. Hopfenbindematerial (RGBl. 227).
34	26. April 1933	Ges. über Zolländerungen (RGBl. 229) s. g 54.
35	28. April 1933	Ges. betr. die Dienststrafgewalt über die Mitglieder der SA. u. SS. (RGBl. 230).
36	28. April 1933	Ges. über das Wahlrecht zur landwirtsch. Berufsvertretung bei Zwangsversteigerungs- u. Zwangsverwaltungsverfahren (RGBl. 233).
37	4. Mai 1933	Ges. zur Änd. des 3. Teils der 4. VO. des RPräs. zur Sicherung v. Wirtschaft u. Finanzen usw. v. 8. Dez. 1931 (RGBl. 241) s. g 41.
38	4. Mai 1933	Ges. zur Änd. des Ges. über den Verkehr mit Vieh und Fleisch (RGBl. 242) s. a 652, 873.
39	5. Mai 1933	Ges. über die Gebühren der Schlachtviehmärkte, Schlachthäuser u. Fleischgroßmärkte (Fleischmarkthallen) (RGBl. 242).
40	6. Mai 1933	Ges. üb. die Zulassung von Steuerberatern (RGBl. 257) s. g 3.
41	8. Mai 1933	7. Änd. des Besoldungsgesetzes (RGBl. 258) s. a 803.
42	11. Mai 1933	Ges. zur Änd. des Milchgesetzes (RGBl. 261) s. a 939, g 111, h 122.

Nr.	Datum des Ges.	Bezeichnung des Gesetzes
43	12. Mai 1933	Ges. zum Schutze des Einzelhandels (RGBl. 262) s. g 52; ändert auch die GewO. (g 41, h 87); seiners. geänd. durch Ges. v. 15. Juli 1933 (RGBl. 493).
44	12. Mai 1933	Ges. über das Zugabewesen (RGBl. 264) s. g 52; ändert auch das Wettbewerbsges. v. 7. Juni 1909 (s. g 52).
45	12. Mai 1933	Ges. üb. die Wiedereinführung der Militärgerichtsbarkeit (RGBl. 264).
46	12. Mai 1933	Ges. zur Befreiung der Hausgehilfinnen von der Pflicht zur Arbeitslosenversicherung (RGBl. 265) s. a 881.
47	17. Mai 1933	Ges. über Zwecksparunternehmungen (RGBl. 269).
48	17. Mai 1933	Ges. zur Änd. der Eierverordnung (RGBl. 273).
49	17. Mai 1933	Ges. zur Änd. des Ges. über das Branntweinmonopol (RGBl. 273) s. a 339.
50	18. Mai 1933	Ges. zur Änd. des GenossenschG. (RGBl. 275) s. i 8, h 59.
51	18. Mai 1933	Ges. über die Beisitzer der Arbeitsgerichts- und Schlichtungsbehörden u. die Fachausschüsse für Hausarbeit (RGBl. 276) s. a 749, d 32, a 523.
52	18. Mai 1933	Ges. über Ehrenämter in der sozialen Versicherung u. der Reichsversorgung (RGBl. 277).
53	19. Mai 1933	Ges. über Treuhänder der Arbeit (RGBl. 285) s. h 112.
54	19. Mai 1933	Ges. zum Schutze der nationalen Symbole (RGBl. 285).
55	22. Mai 1933	Ges. zur Änd. des Opiumgesetzes (RGBl. 287) s. a 883.
56	24. Mai 1933	Ges. über Vollstreckungsschutz für die Binnenschiffahrt (RGBl. 289, 365); ändert auch das Ges. über die privatrechtl. Verhältnisse der Binnenschiffahrt v. 20. Mai 1898 (a 435).
57	26. Mai 1933	2. Ges. zur Änderung des Reichsstatthalterges. (RGBl. 293) s. h 11, 31.
58	26. Mai 1933	Ges. über die Einziehung kommunistischen Vermögens (RGBl. 293); ergänzt h 92.
59	26. Mai 1933	Ges. zur Abänderung strafrechtl. Vorschriften (RGBl. 295) s. a 697, g 6, a 603, 708, 881; änd. auch das StGB. (i 8), das GmbHGes. (g 23), das Börsenges. (g 41), das HGB. (i 8, h 113), das GenG. (i 8, h 50, 114).
60	26. Mai 1933	Ges. über weitere Maßnahmen auf dem Gebiet der Zwangsvollstreckung (RGBl. 298) s. g 41; Neufassung des 3. Teils der 4. NotVO. vom 8. Dez. 1931 als VO. v. 26. Mai 1933 über Maßnahmen auf dem Gebiet der Zwangsvollstrekkung (RGBl. 302).
61	29. Mai 1933	Ges. über die Beschränkung der Reisen nach der Republik Österreich (RGBl. 311).

Nr.	Datum des Ges.	Bezeichnung des Gesetzes
62	30. Mai 1933	Ges. über die Umwandlung der Reichsmaisstelle (RGBl. 313) s. a 911, 874.
63	30. Mai 1933	Ges. über die Höhe der Aufbringungsumlagen (RGBl. 315) s. a 961, 923.
64	31. Mai 1933	Ges. über Ablösung der Kraftfahrzeugsteuer (RGBl. 315) s. h. 20.
65	1. Juni 1933	Ges. zur Verminderung der Arbeitslosigkeit (RGBl. 323) s. a 653, g 62, a 846, g 114.
66	1. Juni 1933	Ges. über das Gerichtswesen in Berlin (RGBl. 329).
67	1. Juni 1933	Ges. zur Regelung der landwirtschaftl. Schuldverhältnisse (RGBl. 331, 358).
68	8. Juni 1933	Ges. über Lohnschutz in der Heimarbeit (RGBl. 347) s. a 523.
69	9. Juni 1933	Ges. über Zahlungsverbindlichkeiten gegenüber dem Ausland (RGBl. 349) s. g 56.
70	12. Juni 1933	Ges. zur Förderung der Verwendung inländischer Schafwolle (RGBl. 359).
71	12. Juni 1933	Ges. über die Zahlungsfrist in Aufwertungssachen (RGBl. 359) s. a 931.
72	12. Juni 1933	Ges. gegen Verrat der deutschen Volkswirtschaft (RGBl. 360).
73	15. Juni 1933	Ges. zur Gleichschaltung der Aufsichtsräte von Körperschaften des öffentlichen Rechts (RGBl. 371).
74	15. Juni 1933	Ges. über die Neubezeichnung von Blättern für öffentliche Bekanntmachungen (RGBl. 371).
75	21. Juni 1933	Wechselges. (RGBl. 399) s. h 76.
76	21. Juni 1933	Einführungsges. zum Wechselges. (RGBl. 409) s. h 75, c 24, a 913; ändert auch das Ges. v. 13. April 1914 über die Folgen der Verhinderung wechsel- u. scheckrechtlicher Handlungen.
77	23. Juni 1933	Ges. über die Aufhebung der im Kampf für die nationale Erhebung erlittenen Dienststrafen usw. (RGBl. 390).
78	23. Juni 1933	Ges. über die Immunität der Abgeordneten (RGBl. 391).
79	23. Juni 1933	Ges. über die Aufwertung der Bürgschaftsschuld für die deutschen Schutzgebiete (RGBl. 391).
80	23. Juni 1933	Ges. über die Vorführung ausländischer Bildstreifen (RGBl. 393) s. a 928, g 66.
81	23. Juni 1933	Ges. über die Aufhebung des Zollausschlusses Flensburg (RGBl. 393).
82	23. Juni 1933	Ges. über den Reichsausschuß für Fremdenverkehr (RGBl. 393).
83	28. Juni 1933	Ges. über die Gewichtsbezeichnung an schweren, auf Schiffen beförderten Frachtstücken (RGBl. 412).
84	30. Juni 1933	Ges. zur Änd. von Vorschriften auf dem Gebiete des allg. Beamten-, des Besoldungs- und des

Nr.	Datum des Ges.	Bezeichnung des Gesetzes
		Versorgungsrechts (RGBl. 433) s. a 965, 803, d 23, a 912, g 6, a 102, g 32, a 649, 805; ändert auch das RBeamtenges. v. 31. März 1873 (a 912), das Beamtenhaftungsges. v. 22. Mai 1910, das Beamtenhinterbliebenengesetz vom 17. Mai 1907 (a 506), das Offizierpensionsges. v. 31. Mai 1906 (d 23), das Militärhinterbliebenenges. (a 506), das Mannschaftsversorgungsges. (a 506).
85	4. Juli 1933	Ges. zur Änd. der Vorschriften des GVG. über die Präsidien der Gerichte (RGBl. 451) s. e 13.
86	4. Juli 1933	Ges. über Vermittlung von Musikaufführungsrechten (RGBl. 452).
87	13. Juli 1933	Ges. zur Regelung des Absatzes von Erzeugnissen des deutschen Gartenbaus (RGBl. 463); ändert auch die GewO. (h 43).
88	13. Juli 1933	Ges. über Regelung der Zuständigkeit auf dem Gebiete der Arbeitsbeschaffung (RGBl. 464) s. g 90.
89	14. Juli 1933	Ges. über die Verfassung der Deutschen Evang. Kirche (RGBl. 471).
90	14. Juli 1933	Ges. über Volksabstimmung (RGBl. 479).
91	14. Juli 1933	Ges. gegen die Neubildung von Parteien (RGBl. 479).
92	14. Juli 1933	Ges. über die Einziehung volks- u. staatsfeindlichen Vermögens (RGBl. 479) s. h 58.
93	14. Juli 1933	Ges. über den Widerruf von Einbürgerungen u. die Aberkennung der deutschen Staatsangehörigkeit (RGBl. 480).
94	14. Juli 1933	Ges. über die Zulassung öffentlicher Spielbanken (RGBl. 480).
95	14. Juli 1933	Ges. über die Errichtung einer vorläuf. Filmkammer (RGBl. 483).
96	14. Juli 1933	Ges. zur Sicherung der Gemeinnützigkeit im Wohnungswesen (RGBl. 484) s. g 3.
97	14. Juli 1933	Ges. über die Neubildung deutschen Bauerntums (RGBl. 517).
98	14. Juli 1933	Ges. zur Verhütung erbkranken Nachwuchses (RGBl. 529).
99	15. Juli 1933	Ges. über die Postabfindung (RGBl. 486).
100	15. Juli 1933	Ges. über Änd. der KartellVO. (RGBl. 487) s. d 42.
101	15. Juli 1933	Ges. über Errichtung von Zwangskartellen (RGBl. 488).
102	15. Juli 1933	Ges. zur Gleichschaltung des Aufsichtsrats der Bank für deutsche Industrieobligationen u. zur Abänd. des Industriebankges. (RGBl. 489) s. a 961.
103	15. Juli 1933	Ges. über die Übertragung der Aufgaben u. Befugnisse des Reichskommissars für Preisüberwachung (RGBl. 490) s. g 41.

Nr.	Datum des Ges.	Bezeichnung des Gesetzes
104	15. Juli 1933	Ges. über Steuererleichterungen (RGBl. 491).
105	15. Juli 1933	Ges. zur Regelung der Warenhaussteuer und der Filialsteuer für 1933 (RGBl. 492) s. g 114, 3.
106	15. Juli 1933	Ges. betr. Steuerbefreiung neu errichteter Wohngebäude (RGBl. 493) s. g 3.
107	15. Juli 1933	Ges. über die Einschränkung der Verwendung von Maschinen in der Zigarrenindustrie (RGBl. 493).
108	15. Juli 1933	Ges. über die Zuständigkeit des Reichs für die Regelung des ständischen Aufbaus der Landwirtschaft (RGBl. 495).
109	20. Juli 1933	9. Änd. des Besoldungsges. (RGBl. 518) s. a 803.
110	20. Juli 1933	Ges. über Ausfuhrscheine (RGBl. 519).
111	20. Juli 1933	Ges. über die Beitragspflicht zur Arbeitslosenversicherung bei Untertagearbeit im Steinkohlenbergbau (RGBl. 519) s. g 6, 31.
112	20. Juli 1933	Ges. über die Übertragung der Restaufgaben der Schlichter auf die Treuhänder der Arbeit (RGBl. 520) s. h 53.
113	20. Juli 1933	Ges. zur Ergänzung des Handelsgesetzbuchs (RGBl. 520) s. h 59.
114	20. Juli 1933	Ges. zur Änd. des GenossenschG. (RGBl. 520) s. h 59.
115	20. Juli 1933	Ges. zur weiteren Änd. der VO. über Maßnahmen auf dem Gebiete der Rechtspflege u. Verwaltung (RGBl. 521) s. g 41, 63, 95.
116	20. Juli 1933	Ges. zur Ergänzung u. Änd. der Vorschriften über Miet- u. Pachtstreitigkeiten (RGBl. 521) s. a 756.
117	20. Juli 1933	Ges. zur Änd. einiger Vorschriften der RAnwO. (h 16, g 115), der ZPO. u. des ArbGerG. (RGBl. 522) s. a 749, e 58.
118	20. Juli 1933	Ges. über die Anwendung von Vorschriften des Ges., betr. die gemeinsamen Rechte der Besitzer von Schuldverschreibungen (RGBl. 523) s. g 76; ändert das bezeichnete Ges. v. 4. Dez. 1899/14. Mai 1914.
119	20. Juli 1933	Ges. über die Zinserleichterung für landwirtsch. Auslandskredit (RGBl. 524).
120	20. Juli 1933	Ges. zur Regelung der Auszahlung gekündigter Geschäftsguthaben bei gemeinnützigen Baugenossenschaften (RGBl. 525).
121	20. Juli 1933	2. Ges. zur Änd. des Wehrges. (RGBl. 526) s. a 199, 216, 398.
122	20. Juli 1933	2. Ges. zur Änd. des Milchges. (RGBl. 527, 566) s. a 939, h 42.
123	7. Aug. 1933	Ges. über die Befugnisse des Reichskommissars für das Bankgewerbe (RGBl. 577) s. g 41.
124	7. Aug. 1933	Ges. zur Beseitigung der Mißstände im Versteigerungsgewerbe (RGBl. 578).

Nr.	Datum des Ges.	Bezeichnung des Gesetzes
125	14. Aug. 1933	Ges. über ein außerordentl. Kündigungsrecht von Ärzten usw. u. über Änderungen der RVersO. (RGBl. 581) s. a 603.
126	14. Aug. 1933	2. Ges. über Änderung des Schankgefäßges. (RGBl. 582); ändert auch das Ges. v. 20. Juli 1881 betr. die Bezeichnung des Raumgehalts der Schankgefäße (RGBl. 582).
127	14. Aug. 1933	Schiffsbankges. (RGBl. 583) s. c 34.
128	14. Aug. 1933	Scheckges. (RGBl. 597) s. a 913.
129	14. Aug. 1933	EinfGes. zum Scheckges. (RGBl. 605); s. a 637 a, a 913; hebt auch auf das Scheckges. v. 11. März 1908; ändert ferner das Ges. v. 4. Aug. 1914 (RGBl. 327), das ZwVerstGes. v. 20. Mai 1898 (g 114), des Ges. v. 13. Aug. 1914 (RGBl. 107) u. die Konkursordnung (g 41).
130	27. Aug. 1933	Ges. über die Befreiung des RPräs. von Hindenburg von Reichs- u. Landessteuern für das Gut Neudeck (RGBl. 595).

h*) Gesetze der Reichsregierung, erlassen auf Grund des Gesetzes vom 24. März 1933 (RGBl. 141), veröffentlicht im RGBl. Tl. II.

Nr.	Datum des Ges.	Bezeichnung des Gesetzes
1	30. März 1933	Ges. über die Haushaltsführung im Reich (RGBl. II 141).
2	10. Juni 1933	Ges. zur Bekämpfung der Notlage der Binnenschiffahrt (RGBl. II 317).
3	28. Juni 1933	Reichshaushaltsges. für das Rechnungsjahr 1933 (RGBl. II 489).

i) Bayerische Gesetze nach dem Gleichschaltungsgesetz vom 31. März 1933 (RGBl. 153).

Nr.	Datum des Ges.	Bezeichnung des Gesetzes
1	4. April 1933	Ges. über die Enteignung von zu antinationalen Zwecken verwendetem Gut (GVBl. 103) s. i 4.
2	4. April 1933	Ges. über die Aufhebung der Zuständigkeit der Schwurgerichte für die durch die Presse begangenen strafbaren Handlungen (GVBl. 103); ändert das AG.GVG. v. 23. Febr. 1879 (f 23).
3	7. April 1933	Ges. zur Gleichschaltung der Gemeinden u. Gemeindeverbände mit Land und Reich (GVBl. 105) s. i 12.
4	11. April 1933	2. Ges. über die Enteignung von zu antinationalen Zwecken verwendetem Gut (GVBl. 114) s. i 1.
5	12. April 1933	Ges. über die Staatsverwaltung (GVBl. 113) s. i 6.
6	24. April 1933	2. Ges. über die Staatsverwaltung (GVBl. 117) s. i 5, 14.
7	24. April 1933	Ges. über die Eröffnung des Landtags (GVBl. 117).
8	26. April 1933	Ges. zur Bekämpfung der Korruption (GVBl. 123), ändert auch das StGB. (h 7, 59), das HGB. (g 29, h 59), das GenossenschG. (g 23, h 50) u. das Versicherungsaufsichtsges. (g 6, h 59) s. g 20; wieder aufgeh. i 15.
9	26. April 1933	Ges. zur Bekämpfung des Angebertums (GVBl. 123); wieder aufgeh. i 15.
10	27. April 1933	Ges. über die Auflösung der Bauernkammern (GVBl. 121) s. b 43, 242.
11	8. Mai 1933	Ges. über die Verleihung des Ehrenbürgerrechts des Freistaats Bayern (GVBl. 129).
12	10. Mai 1933	2. Ges. zur Gleichschaltung der Gemeinden und Gemeindeverbände mit Land u. Reich (GVBl. 127, 148) s. i 3.
13	21. Mai 1933	Ges. zur Behebung der Not des Bayer. Volkes u. Staates (GVBl. 149).
14	24. Mai 1933	3. Ges. betr. die Staatsverwaltung (GVBl. 149) s. i 6.
15	24. Mai 1933	Ges. über die Aufhebung bayerischer Sondergesetze (GVBl. 150) s. i 8 u. 9.
16	31. Mai 1933	Ges. über die Vereidigung der Staatsminister u. Staatssekretäre (GVBl. 153).
17	17. Juni 1933	Ges. über die Vertretung der Staatsminister (GVBl. 163).
18	27. Juni 1933	2. Ges. über den Staatsgerichtshof (GVBl. 185) s. b 239, 19.
19	1. Aug. 1933	Ges. über die Veröffentlichung amtlicher Bekanntmachungen (GVBl. 209).

Nr.	Datum des Ges.	Bezeichnung des Gesetzes
20	1. Aug. 1933	Ges. über die Enteignung zur Beschaffung von Arbeitsgelegenheit (GVBl. 217).
21	1. Aug. 1933	Ges. zur Änd. des Zwangsabtretungsges. vom 17. Nov. 1837 (GVBl. 219) s. b 205.
22	2. Aug. 1933	Ges. über die Niederschlagung strafrechtlicher Untersuchungen (GVBl. 210) s. b 19.
23	3. Aug. 1933	Ges. über die Gesundheitsverwaltung in Bayern (GVBl. 219).
24	18. Aug. 1933	Ges. zur Änd. des Grund- u. Haussteuerges. (GVBl. 221) s. b 138, 273.

k) Alphabetisches Register

zu den Gesetzesübersichten a—i.*)

) a = Reichsgesetze, veröffentlicht im I. Tl. des RGBl.; a = Reichsgesetze, veröffentlicht im II. Tl. des RGBl.; b = Landesgesetze; c = VOen auf Grund der Ges. v. 17. April 1919, 3. Aug. 1920, 6. Febr. 1921; d = VOen auf Grund des Ermächtigungsges. v. 13. Okt. 1923; e = desgl. v. 8. Dez. 1923; f = Bayr. VOen gemäß § 64 VerfUrk., Art. 48 RVerf; g = ReichsVOen auf Grund des Art. 48 Abs. 2 RVerf. im I. Tl. des RGBl.; g* = desgl. im II. Tl. des RGBl.; h = Gesetze der Reichsregierung; i = Bayer. Gleichschaltungsgesetze.

2. Für die Rechtsprechung und Justizverwaltung erhebliche Verwaltungsvorschriften.

Abkürzungen: JMBl. = Bayer. Justizministerialblatt; InnMBl. = Ministerialblatt der bayer. inneren Verwaltung u. seine Vorgänger; KMBl. = Amtsblatt des bayer. Staatsministeriums für Unterricht u. Kultus u. seine Vorgänger; StAnz. = Bayer. Staatsanzeiger. Findet sich bei den Blättern kein Zusatz, so soll auf den Jahrgang verwiesen sein, von dem der angeführte Erlaß datiert ist. JMBl. I, II, III = die Bände I, II u. III der „Neuen Folge"; die späteren Bände der „Neuen Folge" sind auch hier nach dem Jahrgang angeführt.

Abgeordnete, Verhaftung u. Ladung JMB. v. 18. Jan. 1928 (JMBl. III 18). Strafverfolgung JMB. v. 11. Dez. 1929 (JMBl. III 340).
Ableben eines Beamten, s. Beamter.
Akten, s. Registraturordnung.
Alkoholzählkarten. Nun erlassen JMB. v. 29. Dez. 1930 (StAnz. 301).
Amnestie s. Begnadigung.
Amtsärzte s. Ärzte.
Amtsblätter: VO. über amtl. Veröffentlichungen v. 26. März 1929 (GVBl. 53); Ges.- u. Verordnungsblatt: VO. v. 29. Okt. 1873 (RegBl. 1555); Bek. v. 28. Dez. 1904 (GVBl. 1905, 2), v. 16. Nov. 1921 (GVBl. 549), v. 23. Nov. 1921 (GVBl. 581), v. 21. Febr. 1922 (GVBl. 192); Ministerialamtsblatt der bayer. inneren Verwaltung Bek. v. 15. Juni 1872 (RegBl. 1443) u. v. 24. Dez. 1904 (GVBl. 1905, 1); Amtsblatt d. Staatsministeriums für Unterricht u. Kultus: Bek. v. 6. Dez. 1864 (RegBl. 1603), v. 20. Dez. 1919 (KMBl. 1920, 13); MB. v. 13. Nov. 1925 (StAnz. 265). Justizministerialblatt: Bek. v. 15. Mai 1863 (JMBl. I 1); Bezugsweise JMB. v. 23. Febr. 1932 (JMBl. 5); Neue Folge JMB. v. 23. März 1932 (StAnz. 70); Finanzministerialblatt: Bek. v. 11. April 1866 (RegBl. 469); Staatsanzeiger: VO. v. 25. Nov. 1912 (GVBl. 1215); Kreisamtsblätter u. Staatsanzeiger: Bek. v. 25. Febr. 1922 (GVBl. 197); Kreisamtsblätter: Ges. v. 7. Juli 1922 (GVBl. 655); InnMB. v. 14. Nov. 1922 (GVBl. 657), geänd. durch InnJMB. vom 25. Febr. 1931 (GVBl. 36); InnMB. v. 22. Dez. 1924 (GVBl. 248); InnMB. v. 31. August 1926 (GVBl. 482). Reichsgesetzblatt: Bek. v. 6. März 1922 (RGBl. 232); Bem. RGBl. 1925, 1; Bezugsweise JMB. v. 2. Dez. 1920 (JMBl. II 118) u. v. 11. April 1922 (JMBl. II 152). Reichsarbeitsblatt: Bek. v. 19. Juli 1928 (StAnz. 167). S. auch Bekanntmachungen, öffentliche.
Amtsgebäude s. Staatsgebäude.
Amtsgeheimnis s. zeugschaftliche Vernehmung.
Angestelltenversicherung s. Versicherungspflicht.
Annahme an Kindes Statt, Befreiung von dem Hindernisse des § 1744 BGB. s. Ehehindernisse.

II.

Einzelne Vorschriften für die Justiz.

Beil. 2—6.

Anstellungsanwärter s. Militäranwärter.

Anstellungsgesuche s. Personalangelegenheiten.

Anwälte s. Rechtsanwälte.

Arbeitsgerichtsbehörden: Einrichtung VO. v. 28. April 1927 (GVBl. 117), ergänzt durch JMB. v. 11. Juli 1927 (StAnz. 157), JLMVO. v. 29. Nov. 1929 (GVBl. 139), 21. Dez. 1929 (GVBl. 176), 27. Febr. 1930 (GVBl. 50), 25. März 1930 (GVBl. 90), 12. April 1930 (GVBl. 131), 23. Juli 1930 (GVBl. 236), 14. März 1932 (GVBl. 169). Geschäftsgang MB. v. 15. Juni 1927 (JMBl. II 818), geänd. durch MB. v. 11. Juni 1932 (JMBl. 40). JLMB. v. 21. Dez. 1929 (GVBl. 176), JLMB. v. 5. Okt. 1931 (StAnz. 231). Titel der Beisitzer MB. v. 2. Jan. 1928 (JMBl. 11). Erweiterung der Zuständigkeit JMB. v. 30. Mai 1930 (StAnz. 125).

Arbeitshaus, Einschaffung in dieses, s. Landespolizeibehörde.

Arbeitsnachweis für Juristen u. Staatswirtschaftler JMB. v. 10. Jan. 1920 (JMBl. II 85), ergänzt durch MB. v. 2. Juni 1933 (JMBl. 29).

Archiv deutscher Berufsvormünder s. Vormundschaftsordnung.

Archivdienst, Vorbedingungen für den höheren ÄMB. v. 6. Febr. 1932 (GVBl. 53).

Archive — Benützung der Landesarchive MB. v. 28. Febr. 1899 (GVBl. 65), ergänzt durch Bek. v. 2. Dez. 1909 (JMBl. I 758); s. auch VO. v. 16. Juli 1921 (GVBl. 379).

Arisch, Begriffsbestimmung RMB. v. 8. Aug. 1933 (RGBl. 575).

Armenrechtsgesuche: Zurückhaltung bei Bewilligung des Armenrechts JMB. v. 5. Sept. 1930 (JMBl. III 440). Vollmachterteilung in Armenrechtsgesuchen JMB. v. 26. Jan. 1922 (JMBl. II 147). Ausstellung der Zeugnisse zur Erlangg. d. Armenrechts InnMB. v. 8. Jan. 1931 (StAnz. 7) u. MB. v. 26. Nov. 1931 (JMBl. III 516) u. v. 10. Dez. 1931 (StAnz. 289).

Ärzte, Verfahren bei der gerichtl. Untersuchung von Leichen u. Richtlinien über die Einsendung von Untersuchungsstoffen in gerichtl. Fällen MB. v. 17. Juli 1930 (GVBl. 207). Der amtsärztliche Dienst bei den Gerichten und den Bezirksverwaltungsbehörden VO. v. 9. Jan. 1912 (GVBl. 7); VollzB. hierzu v. 20. Nov. 1931 (GVBl. 329). Der landgerichtsärztliche Dienst MB. v. 22. März 1915 (JMBl. I 873). Obermedizinalausschuß u. Kreismedizinalausschüsse VO. v. 12. Jan. 1931 (GVBl. 1). Ladung von Ärzten JMB. v. 14. April 1910 (JMBl. I 808). Formblätter für die Festsetzung der Gebühren nichtamtlicher Ärzte Bek. v. 4. Mai 1880 (JMBl. I 117). S. auch Leichenauffindung u. Sachverständige.

Assessoren s. Referendare.

Ausland: Vollstreckung ausländ. Schiedssprüche, Abk. vom 26. Sept. 1927 (RGBl. II 1068; Beitritte 1933 II 136). Internationale Nachlaßbehandlung s. § 134 der Nachlaßordnung vom 20. März 1903 (JMBl. I 459). Strafnachrichten an das Ausland JMB. v. 12. Nov. 1928 (JMBl. III 241), geänd. durch JMB. v. 7. Juli 1932 (JMBl. 49). Strafverfolgung von Schweizern, von Angehörigen Großbritanniens, der Vereinigten Staaten und der Niederlande JMB. v. 7. Dez. 1902 (JMBl. I 433). Anordnung von Vormundschaften u. Pflegschaften im Verhältnis zu Danzig: JMB. v. 1. Okt. 1928 (JMBl. III 235). Haftung für Amtspflichtverletzungen gegenüber Niederländern: Bek. v.

28. Dez. 1928 (RGBl. 414) und JMB. v. 10. April 1929 (JMBl. III 285); desgl. gegenüber Danzigern JMB. v. 14. April 1930 (JMBl. III 371). Rechtshilfeverkehr nach dem Internationalen Übereinkommen zur Bekämpfung des Mädchenhandels u. des Frauen- u. Kinderhandels MB. v. 20. Dez. 1930 (JMBl. III 447), geänd. durch MB. v. 10. Juni 1932 (JMBl. 39); hiezu Bek. v. 10. u. 11. Okt. 1932 (RGBl. II 217). Rechtshilfeverkehr nach der Internationalen Übereinkunft zur Bekämpfung unzüchtiger Veröffentlichungen MB. v. 31. Dez. 1930 (JMBl. III 450); hiezu Bek. v. 29. Okt. 1932 (RGBl. II 233).

Rechtshilfeverkehr mit dem Ausland im allgemeinen: MB. v. 7. Aug. 1928 (JMBl. III 72), geänd. durch JMB. v. 30. Juni 1932 (JMBl. 46), v. 21. Jan. 1933 (JMBl. 2).

Hierzu wegen einzelner Länder:

Belgien: Bek. v. 30. Juni 1920 (RGBl. 1397), 9. Nov. 1923 (GVBl. 379).

Böhmen: Rechtshilfevertrag in Zivilsachen Vertrag v. 20. Jan. 1922 / 7. Febr. 1923 (RGBl. 1923 II 57) mit VO. v. 25. Juni 1924 (RGBl. II 133) u. vom gl. T. (RGBl. II 144), in Strafsachen Ges. v. 27. Jan. 1923 (RGBl. II 48). Auslieferungsverkehr ÄMB. v. 15. Juli 1925 (StAnz. 165). Rechtshilfe in Zollstrafsachen Bek. v. 7. Jan. 1926 (RGBl. II 100). Übergabeorte im AusliefVerkehr Bek. v. 18. Jan. 1927 (RGBl. II 15). Nacheile u. gegens. Hilfeleistung der Sicherheitsorgane Ges. v. 26. März 1931 (RGBl. II 86, 410).

Brasilien: RJMB. v. 6. Juni 1926 (RMBl. 595).

Bulgarien: Bek. v. 27. Sept. 1926 (RGBl. II 581); Vertrag üb. den Rechtsverkehr v. 22. Dez. 1926 (RGBl. 1927 II 416) mit Bek. v. 16. Aug. 1927 (RGBl. II 514), VO. v. 16. Aug. 1927 (RGBl. II 521), Bek. v. 26. Aug. 1927 (RGBl. II 879), Bek. v. 16. Mai 1928 (RGBl. II 397), Konsularvertr. v. 4. Juni 1929 (RGBl. 1930 II 772).

Dänemark: Vorläuf. Regelung in Strafsachen: Bek. v. 8. Juli 1931 (RGBl. II 531). Rechtshilfeverkehr Bek. v. 18. Jan. 1932 (RGBl. II 20). Verzeichnis der dänischen Gerichte Bek. v. 10. Juni 1932 (RGBl. II 145).

Frankreich: Auskunfterteilung in Kraftfahrsachen JMB. v. 29. April 1932 (JMBl. 31).

Griechenland: Bek. v. 5. Aug. 1920 (RGBl. 1544).

Großbritannien: Rechtsverkehr mit Schottland: Bek. v. 22. Nov. 1930 (RGBl. II 1273); desgl. im Verhältnis zu Wei-hai-wei Bek. v. 20. April 1932 (RGBl. II 408); Rechtsverkehr mit Süd-Rodesien Bek. v. 25. April 1933 (RGBl. II 172).

Italien: Bek. v. 5. Aug. 1920 (RGBl. 1577) u. v. 20. Juli 1929 (RGBl. II 635).

Litauen: RechtsverkehrAbk. v. 30. Okt. 1928 (RGBl. 1929 II 255) mit AusfB. v. 14. Mai 1929 (RGBl. II 379), v. 26. Juni 1929 (RGBl. II 504), v. 15. Jan. 1932 (RGBl. II 9), v. 22. Juli 1933 (RGBl. II 516). Rechtshilfeverkehr in Strafsachen, vorläufige Regelung Bek. vom 2. April 1931 (RGBl. II 232).

Monako, Rechtshilfeverkehr in Strafsachen Bek. v. 25. Nov. 1932 (RGBl. II 237).

Österreich: Rechtshilfeabkommen v. 21. Juni 1923 (RGBl. 1924 II 55 u. 1925 II 156) mit AusfVO. v. 26. April 1924

(RGBl. II 91); Nachlaßabk. u. Vormundschaftsabk. Ges. v. 16. Febr. 1927 (RGBl. II 505, 510 u. 878). Rechtshilfe in Strafs. Bek. v. 4. Sept. 1930 (RGBl. II 1211); JMB. vom 12. Juli 1933 (StAnz. 160), ergänzt durch JMB. v. 22. Juli 1933 (StAnz. 169). Vollzug der Übereinkunft über die Bestrafung der Forst-, Jagd-, Fischerei u. Feldfrevel Bek. vom 31. März 1880 (JMB. I 113). Fahndungsübereinkommen Bek. v. 2. Juni 1932 (RGBl. II 138, 238). Pflegekinderschutz u. Verkehr in Jugendsachen, Vereinb. vom 4. Juni 1932 (RGBl. II 197) u. MB. v. 26. Okt. 1932 (JMBl. 72). Schubverkehr Bek. v. 26. Jan. 1933 (RGBl. II 16).

Polen: Abk. über den Rechtsverkehr v. 5. März 1924 (RGBl. 1925 II 139); desgl. Vormundschaftsabk. v. 5. März 1924 (RGBl. 1925 II 145); desgl. über den Rechtsverkehr in Strafsachen v. 16. Dez. 1925 (RGBl. 1926 II 89). Bek. v. 2. Jan. 1926 (RGBl. II 89), v. 28. April 1926 (RGBl. II 237), v. 16. Mai 1928 (RGBl. II 396). Rechtsverkehr in Personenstandssachen Bek. v. 31. Okt. 1930 (StAnz. 255).

Saargebiet: Rechtshilfekosten JMB. v. 19. Okt. 1922 (JMBl. II 178). Strafvollzug JMB. v. 23. Juni 1925 (JMBl. II 266). Vorübergehende Überstellung in das — JMB. v. 10. Febr. 1926 (JMBl. II 724). Gesamtstrafenbildung und Vollzug solcher JMB. v. 15. Febr. 1926 (JMBl. II 725).

Schweiz: Beglaubigung v. Urkunden, Vertr. v. 14. Febr. 1907 (RGBl. 413) mit Änderungen durch Bek. v. 19. Juli 1907 (RGBl. 415), v. 11. Sept. 1911 (RGBl. 907), v. 14. Nov. 1912 (RGBl. 535), v. 17. Sept. 1928 (RGBl. II 608); Verkehr in Vormundschaftssachen JMB. v. 14. Sept. 1914 (JMBl. I 865); Niederlegung von Suchvermerken Bek. v. 31. Aug. 1928 (RGBl. II 603) mit MB. v. 4. Okt. 1928 (JMBl. III 236); Veröffentlichungen strafrechtl. Art Bek. v. 7. Mai 1929 (RGBl. II 371); das schweizerische Zentralbureau in Bern JMB. v. 22. April 1905 (JMBl. I 605); Vollstreckbarerkl. v. Kostenentscheidungen Bek. v. 31. Dez. 1929 (RGBl. 1930 II 1); Anerkennung u. Vollstr. v. gerichtl. Entscheidungen u. Schiedssprüchen Ges. v. 28. Juli 1930 (RGBl. II 1065); Ratifikation RGBl. 1930 II 1270; AusfVO. v. 23. Aug. 1930 (RGBl. II 1209).

Sowjetunion: Rechtshilfeabk. v. 12. Okt. 1925 (RGBl. 1926 II 84) mit AusfVO. v. 12. März 1926 (RGBl. II 179).

Tschechoslowakei: S. Böhmen.

Türkei: Abk. über den Rechtsverkehr in Zivil- u. Handelssachen, Ges. v. 3. Jan. 1930 (RGBl. II 6, 1931 II 539) mit Ausf.-VO. v. 26. Aug. 1931 (RGBl. II 537). Konsularvertr. v. 28. Mai 1929 (RGBl. 1930 II 748, 1931 II 538).

S. auch Auslieferung, Legalisation, Rechtshilfe, Registraturordnung.

Auslieferung. I. Aus Bayern: Allg. VollzBek. zum AusliefGes. v. 27. März 1930 (JMBl. III 365), geänd. durch Bek. vom 25. Juli 1933 (JMBl. 39). Strafverfahren gegen Ausländer, deren Auslieferung beantragt ist, JMB. v. 28. Nov. 1924 (JMB. II 249).

II. Auslieferung aus dem Ausland nach Bayern: MB. v. 7. Aug. 1928 (JMBl. III 164), geänd. durch MB. v. 18. Juli 1932 (JMBl. 52), v. 25. Jan. 1933 (JMBl. 3).

Hierzu hins. einzelner Länder:
Belgien: Bek. v. 30. Juni 1920 (RGBl. 1397).
Bulgarien: MB. v. 27. Sept. 1926 (RGBl. II 581).
Frankreich: Bek. v. 15. Juli 1926 (RGBl. II 424); v. 14. Febr. 1927 (RGBl. II 29).
Griechenland: Bek. v. 5. Aug. 1920 (RGBl. 1544).
Großbritannien: Bek. v. 5. Aug. 1920 (RGBl. 1543), Ges. v. 2. Mai 1930 (RGBl. II 725).
Italien: Bek. v. 15. Aug. 1920 (RGBl. 1577).
Schweiz: Auslief. w. Mißbrauchs von Sprengstoffen Bek. v. 24. Jan. 1927 (RGBl. II 17). Niederlegung von Suchvermerken MB. v. 4. Okt. 1928 (JMBl. III 236).
Transjordanien: Bek. vom 18. März 1933 (RGBl. II 140).
Türkei: AusliefVertrag, Ges. v. 30. März 1931 (RGBl. II 197).
Ungarn: Bek. v. 16. Mai 1927 (RGBl. II 353).
Vereinigte Staaten v. Amerika: Auslief. Bek. v. 14. April 1931 (RGBl. II 402).

Badezimmer in Dienstwohnungen, Einrichtungskosten Bek. v. 2. Nov. 1902 (JMBl. I 432).

Baudarlehenshypotheken, staatliche, Gesuche um JMB. v. 28. Juni 1929 (StAnz. 149).

Bausachen, deren Behandlung: Aufsicht über die Gerichts- und Gefängnisgebäude, JMB. v. 15. März 1910 (JMBl. I 804); s. auch Staatsgebäude.

Beamter, Sicherungsmaßregeln beim Tode eines — VO. v. 7. Dez. 1899 (GVBl. 1013).

Bedingte Begnadigung s. Begnadigung.

Beflaggung s. Staatsgebäude u. Flaggen.

Begnadigung, Aufhebung von Straffolgen, Strafunterbrechung, Bedingter Straferlaß, Strafaufschub, Änderung des Strafortes, beschränkte Auskunft aus dem Strafregister, Tilgung von Strafvermerken JMB. v. 31. Dez. 1927 (JMBl. II 877), ergänzt hins. des bed. Straferlasses durch JMB. v. 14. März 1928 (JMBl. III 23), weiter hins. der Zuständigkeiten der Generalstaatsanwälte durch JMB. v. 1. Juli 1932 (JMBl. 48). Bedingter Straferlaß bei Münzverbrechen, JMB. v. 15. Jan. 1927 (JMBl. II 807); bei Zuwiderhandlungen nach § 3 des Ges. gegen den Waffenmißbrauch, JMB. v. 15. April 1931 (JMBl. III 457); desgl. bei Hochverrat u. verwandte Delikten JMB. v. 28. März 1933 (JMBl. 11). Zuständigkeit z. Ausübung d. Begnadigungsrechts VO. v. 10. Okt. 1919 (JMBl. II 80), erg. durch JMB. v. 7. Nov. 1919 (GVBl. 796); s. ferner Erl. v. 2. Mai 1933 (GVBl. 129), JMB. v. 8. Mai 1933 (JMBl. 22), JMB. v. 29. Mai 1933 (JMB. 29). Zuständigkeit z. Strafmilderung u. Begnadigung hins. der Angehörigen der Marine, des preuß. Kontingents u. der feldgerichtlich verurteilten Ausländer VO. v. 3. Nov. 1920 (RGBl. 1866). Begnadigung u. vorläuf. Entlassung bei Beteiligung mehrerer deutscher Länder JMB. v. 15. Dez. 1923 (JMBl. II 931), geänd. durch JMB. v. 29. April 1932 (JMBl. 31). Verfahren der Finanzbehörden in Begnadigungssachen FMB. v. 21. Aug. 1921 (FMBl. 183). Vollz. des Ges. über die Straffreiheit v. 21. Dez. 1925, Bek. v. gl. T. (GVBl. 276). Vollz. des Ges. über die Straffreiheit v. 14. Juli 1928, JMB. v. 17. Juli 1928 (JMBl. III 63). Ges. über

Straffreiheit v. 1. Aug. 1930 (GVBl. 235). Vollz. des Ges. v. 24. Okt. 1930 (RGBl. 467) zur Änd. des Ges. über die Straffreiheit v. 14. Juli 1928 JMB. v. 28. Okt. 1930 (JMBl. III 441); Ges. über Straffreiheit v. 22. Dez. 1932 (RGBl. 559) mit JMB. v. 22. Dez. 1932 (JMBl. 80). VO. v. 21. März 1933 über die Gewährung von Straffreiheit (RGBl. 134) mit VollzBek. v. 25. März 1933 (JMBl. 8). VO. gl. Bek. v. 2. Aug. 1933 (GVBl. 211) mit VollzB. v. 4. Aug. 1933 (StAnz. 185).

Bekanntmachungen öffentliche, Wohnungsangabe in — JMB. v. 4. Juni 1926 (JMBl. II 789). Form der Veröffentlichung JMB. v. 9. Okt. 1933 (StAnz. 236). Ges. über die Veröffentlichung amtlicher Bekanntmachungen v. 1. Aug. 1933 (GVBl. 209); s. auch Amtsblätter.

Belohnungen für die Ermittlung v. Verbrechern MB. v. 2. Juni 1921 (JMBl. II 130).

Berlin, Gerichtsorganisation Preuß JMB. v. 10. Mai 1933 (StAnz. 129).

Bestallungen, Rückgabe der — durch Vermögensverwalter JMB. v. 17. Dez. 1931 (StAnz. 294).

Bettler, Landstreicher u. Zigeuner, Handhabung der Sicherheitspolizei MB. v. 13. März 1882 (JMBl. I 132), v. 11. April 1885 (JMBl. I 141), v. 9. Okt. 1886 (JMBl. I 149), v. 28. März 1899 (JMBl. I 175). Zigeunerpolizeistelle MB. v. 21. April 1913 (JMBl. I 837).

Bewährungsfrist, Bewilligung der — s. Begnadigung.

Bewerbungsgesuche s. Personalangelegenheiten.

Bibliotheken s. Büchereien.

Blätter s. Amtsblätter u. Registerführung.

Büchereien der Justizbehörden JMB v. 1. Aug. 1931 (JMBl. III 475).

Deutsches Kriminalpolizeiblatt s. Kriminalpolizeiblatt.

Devisenbewirtschaftung JMB. v. 17. Juni 1932 (StAnz. 139). Unterwerfung unter die Zwangsvollstreckung hins. genehmigungspflichtiger Leistungen JMB. v. 9. März 1933 (StAnz. 58).

Dienstalter der Richter: JMB. v. 25. Aug. 1928 (JMBl. III 230).

Dienstaufgaben der Boten und Warte, besondere Vergütungen Bek. v. 9. Mai 1906 (JMBl. 127).

Dienstaufsicht über die Gerichte u. Notare durch die äußeren Dienstaufsichtsbehörden JMB. v. 11. Juli 1900 (JMBl. I 391).

Dienstordnung, allg. für die Staatsbehörden v. 12. Jan. 1933 GVBl. 1), geänd. mit Bek. v. 27. Sept. 1933 (GVBl. 317).

Dienstliche Würdigung s. Personalangelegenheiten.

Dienstlicher Verkehr. JMB. v. 19. Juli 1905 (JMBl. I 608), v. 18. März 1914 (JMBl. I 842); hierzu telephonischer Verkehr JMB. v. 6. März 1896 (JMBl. I 168). Verkehr mit den Gemeindebehörden JMB. v. 16. Juli 1909 (JMBl. I 753); Verkehr mit Privatpersonen JMB. v. 4. Febr. 1921 (JMBl. II 120); s. auch Fernsprechanschlüsse u. Richter.

Dienstsiegel der Gerichte u. der staatsanwaltschaftl. Behörden JMB. v. 28. Aug. 1879 (JMBl. I 21), v. 28. Juni 1913 (JMBl. I 838). Anbringung gerichtl. Siegel JMB. v. 2. Okt. 1902 (JMBl. I 430). Dienstsiegel der Notariate JMB. v. 22. Dez. 1899 (JMBl. I 184). S. auch Wappen.

Dienstwertzeichen. Verzeichnisse der Dienststellen, die Dienstwertzeichen verwenden dürfen, MB. v. 25. März

1930 (GVBl. 90). Bestellung von Dienstwertzeichen MB. v. 25. März 1931 (StAnz. 71).

Dienstzeit s. Geschäftszeit.

Ehehindernisse, Gesuche um Befreiung hiervon, Gesuche um Befreiung von dem zur Annahme an Kindes Statt erforderlichen Alter, um Ehelichkeits- u. um Volljährigkeitserklärung JMB. v. 14. April 1927 (JMBl. II 814); Zuständigkeit zur Ausstellung der amtsärztlichen Zeugnisse beim Ehehindernisse der Wartezeit JMB. v. 5. Juni 1916 (JMBl. I 894).

Ehelichkeitserklärung s. Ehehindernisse.

Ehescheidungen, Verfahren bei — JMB. v. 12. Juli 1933 (St.-Anz. 160).

Einlieferungsbezirke der Strafanstalten s. Strafvollstreckung.

Enteignungen von Gut, das zu nationalen Zwecken verwendet wurde, MB. v. 4. Juni 1933 (StAnz. 130).

Entlassung vorläufige, nach §§ 23—26 StGB. MB. v. 14. Sept. 1908 (JMBl. I 678), ergänzt durch JMB. v. 14. März 1928 (JMBl. III 23). Bei Beteiligung mehrerer Länder JMB. v. 15. Dez. 1923 (JMBl. II 931), geänd. durch JMB. v. 29. April 1932 (JMBl. 31).

Entmündigung wegen Geisteskrankheit, Mitwirkung der Staatsanwälte. Bek. v. 26. März 1895 (JMBl. I 157). Bekanntgabe an den Vorstand der Irrenanstalt Bek. v. 28. Febr. 1904 (JMBl. 49). Verhältnisse der Privatirrenanstalten JMB. v. 18. Febr. 1896 mit InnMB. v. 3. Dez. 1895 (JMBl. I 159). S. auch Kosten.

Evangelisch-luth. Kirche, Organisation der — JMB. v. 15. Jan. 1921 (JMBl. II 119).

Fahndungsblatt, deutsches, s. Kriminalpolizeiblatt.

Fahrnisvermögen, Verzeichnisse des staatlichen, Bek. v. 28. April 1925 (GVBl. 145).

Fernsprechanschlüsse, Auslagenverrechnung MB. v. 2. März 1911 (JMBl. I 823). S. auch dienstlicher Verkehr.

Festtage MB. v. 17. Juni 1926 (InnMBl. 71); V. v. 11. April 1933 (GVBl. 111); Ges. v. 10. April 1933 (RGBl. 191).

Festungshaft s. Strafvollstreckung.

Fideikommisse, Aufhebung MB. v. 26. Sept. 1919 (JMBl. II 30). Zwangsvollstreckung in Fideikommißsachen MB. v. 23. Jan. 1924 (JMBl. II 229).

Finanzwesen. Richtlinien für die Auskunfterteilung der Finanzbehörden JMB. v. 12. Jan. 1925 (JMBl. II 254).

Fiskus, Vertretung des Reichsfiskus bei Verfügung über Grundbesitz VO. v. 21. März 1923 (RGBl. 233); Vertretung im Bereich der RFinanzVerw. u. der RSchatzVerw. JMB. v. 20. Mai 1922 (JMBl. II 153), ergänzt hins. der Angelegenheiten der Ein- und Ausfuhr durch JMB. v. 26. Febr. 1924 (JMBl. II 232). Vertretung in gewissen Angelegenheiten vor den Grundbuchämtern RArbMB. v. 13. März 1926 (RMBl. 85); Vertretung im Geschäftsbereich der RJustizverwaltung, JMB. v. 9. Mai 1933 (JMBl. 24). Vertretung des Reichsfiskus im Versorgungswesen JMB. v. 23. Juli 1921 (JMBl. II 133), geänd. durch JMB. v. 13. April 1922 (JMBl. II 152), hiezu JMB. v. 6. April 1925 (StAnz. 80); Vertretung des Reichswehrfiskus JMB. v. 23. Nov. 1931 (JMBl. III 490); Vertretung bei Erwerb unbeweglicher Sachen

im Bereich der Heeresverwaltung JMB. v. 26. Nov. 1925 (JMBl. II 333); Vertretung des Reichsfiskus vor den Grundbuchämtern in Sachen des Wohnungsfürsorgefonds JMB. v. 20. April 1928 (JMBl. III 48); Vertretung des Reichspostfiskus bei Pfändungen von Postscheckguthaben JMB. v. 29. Okt. 1921 (JMBl. II 141); Vertretung d. Deutschen Reichspost, namentlich in Grundbuchangelegenheiten JMB. v. 29. Aug. 1928 (JMBl. III 232); Vertretung vor den Grundbuchämtern in Sachen der Wohnungsfürsorge JMB. v. 18. Febr. 1930 (JMBl. III 354).

Vertretung des bayer. Staates: Grundsätzlich durch die Präsidenten der Landesfinanzämter: VO. v. 17. Dez. 1825 (RegBl. 1040) §§ 87, 120; VO. v. 27. Nov. 1825 (RegBl. 921) § 4; VO. v. 23. Jan. 1920 (GVBl. 16); FMB. v. 14. Juli 1922 (StAnz. 162, JMBl. II 169). Führung fiskalischer Prozesse FMB. v. 22. Juni 1870 (FMBl. 85). Vertretung der Staatsschuldenverwaltung JMB. v. 13. April 1878 (JMBl. I 13). Vertretung des Fiskus bei Beamtenhaftungen MB. v. 1. Sept. 1910 (JMBl. I 809). Vertretung im Konkursverfahren JME. v. 2. Okt. 1879 (FMBl. 311). Vertretung bei Pfändung von Dienstbezügen der k. Landespolizei MB. v. 15. Dez. 1921 (JMBl. II 141).

Flaggen, deutsche VO. v. 11. April 1921 (RGBl. 483), geänd. durch VO. v. 5. Mai 1926 (RGBl. 217), durch Erl. v. 12. März 1933 (RGBl. 103), durch VO. v. 14. März 1933 (RGBl. 133), v. 31. März 1933 (RGBl. 179). v. 22. April 1932 (RGBl. 217), v. 29. April 1933 (RGBl. 244), v. 6. Juli 1933 (RGBl. 456), v. 16. Juli 1933 (RGBl. 517).

Forstgesetz, VollzugsBek. v. 10. Okt. 1879 (JMBl. I 35).

Fundsachen, MB. v. 2. Dez. 1899 (GVBl. 994); MB. v. 14. Dez. 1899 (InnMBl. 748), geänd. durch MB. v. 16. Dez. 1930 (GVBl. 407).

Fürsorgezögling, Gebrauch dieser Bezeichnung JMB. v. 10. Juli 1930 (JMBl. III 425).

Gebühren s. Kosten.

Gefangenentransport s. Schublieferungen.

Gefängniswesen, Ökonomische Verwaltung der Gerichtsgefängnisse MB. v. 23. April 1883 (JMBl. 179), geänd. durch MB. v. 18. Febr. 1932 (StAnz. 41). Einrichtung psychiatrischer Abteilungen bei den Gerichtsgefängnissen in München und Nürnberg JMB. v. 23. Febr. 1922 (JMBl. II 148); s. auch Strafvollstreckung.

Geisteskranke, Einschaffung nach Art. 80 Abs. 2 PStGB.; InnMB. v. 1. Jan. 1895 (JMBl. I 155).

Geldstrafen, Beitreibung s. Strafvollstreckung.

Gemeindebezirksänderungen, MB. v. 21. Juli 1928 (GVBl. 364); FMB. v. 3. Sept. 1928 (JMBl. III 237; FMBl. 39).

Gemeinden, Inanspruchnahme der — durch Justizbehörden JMB. v. 18. Juni 1921 (JMBl. II 132). Namengebung u. Änderung MB. v. 12. Aug. 1931 (GVBl. 209).

Gendarmerie. Ges. über die Umgestaltung der Gendarmerie v. 31. Juli 1919 (GVBl. 409). Dienstvorschrift v. 18. Juli 1922 (InnMBl. 223), geänd. durch InnMB. v. 13. Juni 1924 (InnMBl. 105), v. 23. Juli 1924 (InnMBl. 113), v. 16. Dez. 1924 (InnMBl. 161), v. 27. Febr. 1926 (InnMBl. 33), v. 21. Mai 1926 (StAnz. 116), v. 4. Juni 1927 (InnMBl. 29).

Generalakten u. Generaliensammlungen. Registraturordnung v. 20. Sept. 1863 (JMBl. 105); s. a. Registraturordnung.
Gerichtsassessoren s. Referendare.
Gerichte, VO. über Maßnahmen bei Aufhebung u. Zusammenlegung von — v. 29. Febr. 1932 (RGBl. 99).
Gerichtsgefängnisse s. Gefängniswesen.
Gerichtskosten s. Kosten.
Gerichtsverfassung, Ein Ort im Sinne der Art. 6 u. 53 AG. GVG. JMB. v. 11. Sept. 1879 (JMBl. I 28).
Gerichtsvollzieherordnung v. 30. Dez. 1931 (GVBl. 1932, 6; JMBl. III 569). Zu § 22 (Reisekosten) JMB. v. 29. März 1932 (JMBl. 27). Prüfungsordnung JMB. v. 28. Juli 1925 (JMBl. II 269). Dienstanweisung für die Gerichtsvollzieher JMB. v. 31. Dez. 1931 (JMBl. III 581), geändert durch JMB. v. 29. Juli 1933 (JMBl. 59). Pfändung von Kohlensäureflaschen u. ähnlichen Packgefäßen JMB. v. 12. Nov. 1928 (JMBl. III 243). Pflichten nach dem Schußwaffengesetz JMB. v. 6. Mai 1929 (JMBl. III 301). Pfändung von Einrichtungen für den Telegraphen- u. Telephonverkehr JMB. v. 23. Jan. 1930 (JMBl. III 351). Anschaffung von Kraftwagen u. Krafträdern JMB. v. 29. Aug. 1930 (StAnz. 201). Pflichten nach den Reichssteuergesetzen u. dem bayer. Stempelges. JMB. v. 23. Juli 1930 (JMBl. III 426), geändert durch JMB. v. 30. März 1933 (JMBl. 13). Landesgebührenordnung für die Gerichtsvollzieher v. 18. Febr. 1924 (GVBl. 58), geänd. durch VO. v. 23. März 1932 (GVBl. 178) u. v. 15. Mai 1933 (GVBl. 135). JMB. über die Gebühren u. Auslagen der Gerichtsvollzieher JMB. v. 31. Dez. 1931 (JMBl. III 861). Reisekosten der Gerichtsvollz. JMB. v. 11. Juni 1930 (JMBl. III 422). Kostenwesen FMB. v. 25. Dez. 1899 (JMBl. I 349). Entschädigung der als Zeugen zugezogenen Gendarmeriebeamten (JMB. v. 12. Nov. 1932 (JMBl. 72). S. auch Zwangsvollstreckung.
Geschäftlicher Verkehr, s. Dienstlicher Verkehr.
Geschäftsausweise. Konkurs- u. Vergleichsstatistik JMB. v. 16. Jan. 1928 (JMBl. III 16), geänd. durch JMB. v. 7. Mai 1932 (JMBl. 33). Geschäftsausweise in Angelegenheiten der freiw. Gerichtsbarkeit JMB. v. 2. Dez. 1925 (JMBl. II 334). Statistik des Genossenschaftswesens JMB. v. 22. Juni 1900 (JMBl. I 388). Statistik der Notariatsgeschäfte JMB. v. 25. März 1931 (JMBl. III 452); hierzu Statistik der Zwangsversteigerungen von land- u. forstwirtschaftlichen Grundstücken JMB. v. 29. Febr. 1932 (JMBl. 6), geändert durch JMB. v. 11. April 1933 (JMBl. 17). Statistik der Mieterschutzsachen, erlassen JMB. v. 8. Okt. 1930 (JMBl. 155). S. auch Zählkarten.
Geschäftsjahr der Gerichte JMB. v. 9. Sept. 1879 (JMBl. I 27).
Geschäftsstellen: Einrichtung der Geschäftsstellen der Gerichte u. Staatsanwaltschaften JMB. v. 15. Dez. 1931 (JMBl. III 523). Prüfungsordnung für den mittleren Justizdienst JMB. v. 15. Febr. 1923 (JMBl. II 186), geänd. durch JMB. v. 22. Nov. 1932 (JMBl. 73). Geschäftsanweisungen JMB. v. 2. März 1910 (JMBl. 250), für die Geschäftsstellen der Amtsgerichte. JMB. v. 2. März 1910 (JMBl. 253); für die der Landgerichte v. 2. März 1910 (JMBl. 475); für die der Oberlandesgerichte v. 2. März 1910 (JMBl. 547); geändert

die erstere allein durch JMB. v. 7. Okt. 1922 (JMBl. 194), hinsichtlich der Armenrechtsregister durch JMB. v. 19. Dez. 1923 (JMBl. 106), hins. der registermäßigen Behandlung der Vergleichssachen durch JMB. v. 19. Sept. 1927 (JMBl. II 870), hins. § 158 durch JMB. v. 24. Dez. 1927 (JMBl. 1928, 1) und v. 30. Jan. 1930 (JMBl. 12), hins. der Behandlung der Mahnsachen durch JMB. v. 9. Dez. 1932 (JMBl. 77), hins. der vereinfachten Zustellung durch JMB. v. 29. Juli 1933 (JMBl. 47); die für die Geschäftsstellen der Landgerichte durch JMB. v. 18. Okt. 1922 (JMBl. 197), ferner v. 29. Juli 1933 (JMBl. 56); alle drei durch JMB. v. 22. Mai 1924 (JMBl. 21), diese wieder durch JMB. v. 24. Dez. 1924 (JMBl. 1925, 4), v. 3. Juli 1925 (JMBl. 52), v. 30. Nov. 1925 (JMBl. 130); alle drei weiter geänd. durch JMB. v. 27. Sept. 1930 (JMBl. 147). Übertragung richterl. u. staatsanwaltsch. Geschäfte an Urkundsbeamte (Rechtspfleger) JMB. v. 21. Dez. 1929 (JMBl. III 341), geänd. durch § 11 der Bek. v. 7. April 1931 (StAnz. 80).

Geschäftsverteilung bei den Landgerichten u. Oberlandesgerichten JMB. v. 9. Sept. 1879 (JMBl. I 27); bei den Amtsgerichten JMB. v. 16. Sept. 1879 (JMBl. I 29).

Geschäftszeit bei den Justizbehörden JMB. v. 20. Sept. 1919 (JMBl. II 26). Samstagsnachmittagsdienst in München JMB. v. 30. Mai 1920 (JMBl. II 92); s. auch Sitzungen.

Geschworene s. Strafsachen.

Gewerbeaufsichtsbeamte, deren Bezirke, JMB. v. 14. März 1904 (JMBl. I 569). Deren nunmehrige Bezeichnung MB. v. 3. Aug. 1925 (GVBl. 238); s. auch Strafvollstreckung.

Grundbuchwesen. Führung des Bergwerksgrundbuchs im ehemaligen Coburg JMB. v. 15. Mai 1930 (JMBl. III 373). Katastertechnische Behandlung der Privatflüsse Bäche, Wege u. Gräben JMB. v. 2. Nov. 1910 (JMBl. I 813) Katastermäßige Beschreibung von Grundstücken u Miteigentumsanteilen JMB. v. 16. Okt. 1911 (JMBl. I 827) mit FMB. v. 2. Juli 1911 (JMBl. I 828). VO. über den Fortführungs-Vermessungsdienst v. 12. April 1932 (GVBl. 210). Amtl. Verzeichnis der Grundstücke u. a. VO. v. 25. Febr. 1905 (GVBl. 57). Eintragung der Änd. von Hausnummern u. Straßenbenennungen im Grundbuch u. im Grundsteuerkataster MB. v. 17. Febr. 1933 (StAnz. 42). Dienstanweisung für die Grundbuchämter r. d. Rh. vom 27. Febr. 1905 (JMBl. 63), ergänzt durch Bek. vom 2. Nov. 1905 (JMBl. 829), vom 20. März 1907 (JMBl. 96), v. 15. März 1909 (JMBl. I 716) betr. Fischereirechte, vom 30. Dez. 1910 (JMBl. 1911, 40) betr. Feststellung des Eigentums an Wegen, Gewässern u. Gräben, JMB. die Führung des Grundbuchs betr. vom 30. Okt. 1911 (JMBl. 365), desgl. v. 6. April 1912 (JMBl. 68) mit InnMB. v. 8. März 1912 (InnMBl. 414), desgl. v. 20. Mai 1912 (JMBl. 101) mit FMB. v. 18. April 1912 (FMBl. 103), InnMB. v. 8. April 1913 (InnMBl. 347). Vollstreckbarkeit von Hypothekenurkunden JMB. v. 6. Nov. 1909 (JMBl. I 753). Beschränkg. d. Verkehrs mit landwirtsch. Grundstücken MB. v. 5. Sept. 1919 (InnMBl. 211) geänd. durch MB. v. 16. März 1925 (GVBl. 96), ferner MB. v. 16. März 1925 (GVBl. 97). Eintragung von Erbbaurechten JMB. v. 10. Juli 1920 (JMBl. II 95). Eintragung

JInnMB. v. 9. Jan. 1923 (GVBl. 15); Vernehmung Jugendlicher als Zeugen JMB. v. 27. April 1927 (JMBl. II 817). S. auch Begnadigung. Strafrechtliche Behandlung Minderjähriger JMB. v. 12. Sept. 1933 (StAnz. 212).

Jugendwohlfahrt s. Vormundschaftsordnung.

Justizbeamtenschaft, Organisation der JMB. v. 20. Juni 1933 (JMBl. 31), vom 4. Juli 1933 (JMBl. 36), vom 16. Sept. 1933 (StAnz. 216), v. 19. Sept. 1933 (StAnz. 217 betr. Strafanstalts- u. Gefängnisbeamte).

Justizdienst, mittlerer, s. Geschäftsstellen.

Kassenbehälter der staatl. Kassen u. ihr Verschluß MB. v. 30. Nov. 1932 (GVBl. 432).

Konkursverfahren, Belehrung der Mitglieder des Gläubigerausschusses JMB. v. 29. Juli 1907 (JMBl. I 646). Amtliche Vertretung der Landwirtschaft JMB. v. 13. Okt. 1924 (JMBl. II 249). Einsicht von Konkurstabellen und Gläubigerverzeichnissen durch Reichsbankbeamte JMB. v. 9. Aug. 1930 (JMBl. III 439). Benachrichtigung der Börsen von Liquidationen u. Konkursen JMB. v. 4. Aug. 1898 (JMBl. I 173). Behandlung der Konkurse von Versicherungsunternehmungen u. Bausparkassen JMB. v. 31. März 1933 (JMBl. 14). S. weiter die NotVO. v. 27. März 1933 über die Rechtsanwälte vom 27. März 1933 (StAnz. 73) mit JMB. v. 30. März 1933 (StAnz. 77). Feststellung der Firmenbezeichnung JMB. v. 13. Okt. 1932 (JMBl. 71).

Kosten: Angabe des Wertes des Streitgegenstands für die Geschäftsstellen JMB. v. 28. Sept. 1880 (JMBl. I 123). Kosten in Ehe- u. Entmündigungssachen JFMB. v. 31. Jan. 1924 (JMBl. II 230). Führung von Kassentagebüchern bei den Gerichten MB. v. 23. März 1932 (GVBl. 182). Kostenmarkenordnung vom 13. Juni 1931 (GVBl. 145), geänd. durch JMB. vom 9. Dez. 1932 (StAnz. 286). Einziehung und Verrechnung der Kosten in reichsgerichtlichen Sachen JFMB. v. 24. April 1922 (GVBl. 273) geänd. mit FMB. v. 19. Febr. 1926 (GVBl. 230). Vereinbarung zwischen Reich u. Ländern über den Kostenausgleich in den zur Zuständigkeit des Reichsger. gehörenden Strafsachen JMB. v. 23. Okt. 1925 (JMBl. II 332). Niederschlagung v. Gerichtskosten (zum RGes. v. 30. März 1928) MB. v. 19. April 1928 (StAnz. 91). Kostenersatz bei Verweisung des Rechtsstreits an ein Gericht eines anderen Landes MB. v. 12. Mai 1911 (JMBl. I 826). Erstattung v. Rechtsanwaltsgebühren bei Verweisg. eines Rechtsstreits an ein Gericht eines andern Landes JMB. v. 7. Nov. 1927 (JMBl. II 871). Verrechnung der Gebühren u. Auslagen der R.-Anwälte in Armensachen JFMB. v. 4. März 1931 (GVBl. 42). Gebührenfreiheit bei Bescheinigungen für Freigabeansprüche gegen Amerika MB. v. 27. Juni 1928 (JMBl. III 63). Mitwirkung des Diener- u. Botenpersonals bei der Erhebung der Gerichtskosten MB. v. 1. Juli 1884 (JMBl. I 136). Einhebegebühren der gerichtlichen Diener u. Boten MB. v. 8. Febr. 1911 (JMBl. I 822) mit MB. v. 30. April 1932 (GVBl. 245). Gebühren u. Kosten für die Eintragung u. Niederlegung von Mustern u. Modellen MB. v. 23. März 1900 (JMBl. I 362). Gebühren der Beamten der Untersuchungsanstalten für Nahrungs- u. Genußmittel JMB. v. 23. März 1902 (JMBl.

I 422). Gebühren für Wohnungsaufschlüsse an Protestbeamte MB. v. 29. Juni 1902 (JMBl. I 429). Rechnerische Behandlung der Geldstrafen nach § 366 Nr. 9 StGB. u. Art. 89, 90 PStGB. JMB. v. 30. Mai 1932 (StAnz. 123). S. auch Rechtshilfe, milit. Angelegenheiten und Strafsachen.

Kriminalbiologische Sammelstelle JMB. v. 28. Juni 1930 (JMBl. III 424).

Kriminalmuseum, Errichtung MB. v. 30. Aug. 1904 (FMBl. I 570). Archiv für Kriminologie JMB. v. 19. Febr. 1904 (JMBl. I 568).

Kriminalpolizeiblatt, deutsches u. deutsches Steckbriefregister, MB. v. 22. März 1928 (JMBl. III 24), geänd. durch JMB. v. 12. Juli 1932 (JMBl. 50). Durchsicht durch die Vorstände der Strafanstalten u. Gerichtsgefängnisse JMB. v. 10. Sept. 1928 (JMBl. III 234). Einschränkung seiner Lieferung JMB. v. 14. Okt. 1932 (StAnz. 240).

Ladung s. Zustellungen.

Landespolizeibehörde, Überweisung an die — MB. v. 15. Febr. 1932 (GVBl. 67), geänd. durch MB. v. 22. Nov. 1932 (GVBl. 430). Dienst- u. Vollzugsordnung für die Arbeitshäuser VO. v. 3. Mai 1924 (GVBl. 153). S. auch Staatsanwälte.

Landesvermessungsamt s. Grundsteuerkataster.

Landgerichtsärzte s. Ärzte.

Landstreicher s. Bettler.

Landwirtschaft, JMB. v. 7. Okt. 1932 zum Vollzuge der VO. v. 30. Sept. 1932 über landwirtschaftliches Vermittlungsverfahren usw. (StAnz. 234). VollzB. V. v. 19. Dez. 1932 zur RPräsV. v. 27. Sept. 1932 über die Zinserleichterungen für den landwirtschaftl. Realkredit (GVBl. 441); s. auch Zwangsvollstreckung.

Landwirtschaftliche Pächter, Kreditbeschaffung für — MB. v. 7. Aug. 1926 (JMBl. II 796).

Legalisation inländischer im Auslande zu verwendender öffentl. Urkunden, Bek. v. 18. Dez. 1891 (JMBl. I 151). S. auch Ausland.

Legitimationsgesuche s. Ehehindernisse.

Leichenauffindung, MB. v. 3. Okt. 1879 (JMBl. I 31), ergänzt durch JMB. v. 23. Febr. 1900 (JMBl. I 361); Kostenbehandlung MB. v. 15. Jan. 1885 (JMBl. I 140); Verfahren bei Tötung durch elektr. Strom MB. v. 23. Nov. 1926 (JMBl. II 805); s. auch unter Ärzte.

Lichtenau, Zuwendungen an das Obsorgeamt in — JMB. v. 11. Dez. 1930 (JMBl. III 443).

Mahnverfahren, Belehrung bei Zustellung des Zahlungsbefehls JMB. v. 25. Febr. 1918 (JMBl. I 905). Behandlung der Mahnsachen s. Geschäftsstellen.

Medizinalkomitees s. Sachverständige.

Mietsachen, Mieterschutz u. Mietzinsbildung, nunmehrige Rechtslage in Bayern MB. v. 26. Sept. 1933 (GVBl. 314). Geschäftl. Behandlung der Kündigungssachen nach dem Mieterschutzges. JMB. v. 28. März 1928 (JMBl. III 38).

Militäranwärter. Grundsätze f. d. Anstellung der Inhaber eines Versorgungsscheins v. 16. Juli 1930 (RGBl. 234), geänd.

durch Tl. II Kap. II 8 u. 11 der NotVO. v. 1. Dez. 1930 (RGBl. 517/524) mit § 15 des Reichshaushaltsges. 1931 (RGBl. II 92), ferner geänd. durch Bek. v. 2. April 1931 (RGBl. 135), durch Tl. IV Art. 4 § 1 der AnpassungsVO. v. 23. Dez. 1931 (RGBl. 779/785; 1932, 18), durch Art. 2 § 1 der NotVO. v. 4. Nov. 1932 (RGBl. 521). Allgemeine Ausführungsanweisung v. 16. Juli 1930 (RGBl. 245), geänd. durch Bek. v. 2. April 1931 (RGBl. 135), durch Tl. IV Art. 4 § 2 der AnpassungsVO. v. 23. Dez. 1931 (RGBl. 779/785), durch Art. 2 § 2 der NotVO. v. 4. Nov. 1932 (RGBl. 521). Bayr. allg. VollzBestimmungen v. 25. Jan. 1933 (GVBl. 57), geänd. durch MB. vom 8. Juni 1933 über die Versicherungsfreiheit der Versorgungsanwärter (StAnz. 134). VollzBek. zu § 65 der Anstellungsgrundsätze v. 18. Sept. 1930 (GVBl. 316). VollzBek. zur Änd. v. 4. Nov. 1932 InnMB. vom 9. Dez. 1932 (StAnz. 287). VollzBek. zu Nr. 16 der Bek. v. 25. Jan. 1922 v. 11. Mai 1933 (StAnz. 112). Vollzug der Anstellungsgrundsätze bei den Krankenkassen und Genossenschaften der Unfallversicherung Bek. vom 12. Mai 1933 (StAnz. 112). VO. über die Einrichtung einer Zentralmeldestelle (nun Landesmeldestelle) für Versorgungsanwärter beim Min. d. Äußern v. 12. Dez. 1928 (GVBl. 428). MB. v. 18. März 1932 über die Vormerkung von Versorgungsanwärtern für den Dienst bei den Gemeinden, Bezirken u. Kreisen (GVBl. 174) mit VollzE. v. 18. März 1932 (GVBl. 174). Verzeichnis der den Versorgungsanwärtern im bayer. Staatsdienst u. a. vorbehaltenen Stellen MB. v. 2. Juli 1932 (GVBl. 283, 326); Verzeichnis der ihnen bei den bayer. Kommunalbehörden vorbehaltenen Stellen MB. v. 23. Dez. 1925 (GVBl. 1926, 5), geänd. durch MB. v. 24. Dez. 1926 (GVBl. 543), ferner nach GVBl. 1928, 62, 73, u. durch Bek. v. 4. Aug. 1928 (GVBl. 385), S. auch Beilage Nr. 3.

Militärische Angelegenheiten. Heeresergänzungsbestimmungen Bek. v. 29. Febr. 1932 (RGBl. II 33). Strafvollstreckungsvorschr. für das Reichsheer v. 18. Mai 1926 (RGBl. II 273), geänd. durch Bek. v. 16. Juli 1928 (RGBl. II 512 u. 650) u. v. 16. Dez. 1932 (RGBl. II 307). Vollstreckung militärgerichtlich erkannter Strafen durch die bürgerl. Behörden MB. vom 28. Sept. 1903 (JMBl. I 565). Verhältnis zwischen Polizei u. Wehrmacht JMB. vom 1. Okt. 1921 (JMBl. II 137). Festsetzung des Begriffs Militärbehörde im Sinne der ZPO., KO. u. StPO. RGBl. 1926 II 285. Vorführung von Militärpersonen JMB. v. 18. Juni 1926 (JMBl. II 790). Beschäftigung der Anwärter für den höheren Dienst der Heeresverwaltung bei den Justizbehörden JMB. v. 21. Jan. 1929 (JMBl. III 283).

Ministerien: Organisation der — VO. v. 11. Febr. 1932 (GVBl. 61); hierzu InnMB. v. 29. März 1932 (InnMBl. 33). Ges. betr. die Staatsverwaltung vom 12. April 1933 (GVBl. 113), ferner 2. Ges. vom 24. April 1933 gl. Betr. (GVBl. 117), weiter 3. Ges. v. 24. Mai 1933 gl. Betr. (GVBl. 149). VO. v. 31. Mai 1933 über den Geschäftsbereich der Staatskanzlei (GVBl. 153), mit AusfVerf. v. 31. Mai 1933 (GVBl. 154). Ges. v. 31. Mai 1933 über die Vereidigung der Staatsminister u. Staatssekretäre (GVBl. 153). Ges. v. 17. Juni 1933 über die Vertretung der Staatsminister (GVBl. 163). S. auch

Reichsstatthalter. Postanschriften u. Fernsprechnummern des Reichsstatthalters u. der Ministerien Bek. vom 31. Mai 1933 (StAnz. 127), geänd. durch Bek. v. 12. Juni 1933 (StAnz. 134).

Mitteilungen. 1. Bei Beamten Konkurseröffnung, Entmündigungsverfahren, vorläufige Vormundschaft: Bek. v. 22. Okt. 1909 (GVBl. 737) § 25; ergänzt hinsichtlich der Volksschullehrer u. Schulamtsanwärter durch MB. v. 12. Juli 1920 (GVBl. 361). Die bevorstehende Verhaftung eines Beamten, eines Geistlichen oder eines Lehrers an einer öffentlichen Unterrichtsanstalt im ZwangsvollstrVerfahren: ZPO. § 910. Bei Richtern Konkurseröffnungen, Entmündigungsverfahren, vorläufige Vormundschaften: JMB. v. 29. Dez. 1908 (JMBl. I 696) § 16. Der Tod von Justizbeamten oder Notaren an die Aufsichtsbehörde u. das Justizministerium; Tatsachen, die die Wiederanstellung eines im zeitlichen Ruhestand befindlichen Justizbeamten oder Notars in Frage stellen können: §§ 19, 20, 51 JMB. v. 17. Mai 1930 (JMBl. III 373). Vorkommnisse, die für die Beurteilung eines Justizbeamten oder Notars besonders wichtig sind, dem Justizministerium: §§ 18, 51 JMB. v. 17. Mai 1930 (JMBl. III 373). Bei Bewerbern um Anstellung im höheren Justizstaatsdienst u. Notariatsdienst: Tatsachen, die eine Dienststrafeinschreitung veranlassen können oder auf die Frage der Eignung von Einfluß sein können JMB. v. 10. Juni 1931 (JMBl. III 459) § 23. Bei Notaren und Notariatsverwesern Dienstvergehen, Konkurseröffnungen, Entmündigungsverfahren, Stellung unter vorläufige Vormundschaft, Entfernung vom Amtssitz ohne Urlaub: JMB. v. 25. April 1901 (JMBl. I 412) § 12. Verschiedene Umstände durch die Beschäftigungsbehörden an die Pensionszahlungsbehörden u. die Versorgungsdienststellen: MB. v. 22. Nov. 1924 (StAnz. 274), v. 10. Nov. 1925 (StAnz. 261), v. 14. Mai 1929 (StAnz. 111), v. 7. Febr. 1931 (StAnz. 34), v. 30. April 1933 (StAnz. 105). Umstände, auf Grund deren die Zurücknahme der Zulassung eines Rechtsanwalts erfolgen muß: JMB. vom 7. Juli 1879 (JMBl. I 16) § 9. Strafverfahren gegen Schüler u. Hochschüler MB. v. 1. Aug. 1928 (JMBl. III 67).

2. Steuerzuwiderhandlungen, die Behörden u. Beamte dienstlich erfahren, an die Finanzämter: § 189 RAbgOrdn. v. 22. Mai 1931 (RGBl. 161). Gewisse Umstände im Interesse der Erhebung der Erbschaftssteuer durch die Gerichte u. Notare: Erbschaftssteuerges. vom 25. Juni 1931 (RGBl. 346) § 27, JMB. v. 29. März 1927 (JMBl. II 810). Zuwiderhandlungen gegen das Wechselsteuergesetz: Wechselsteuerges. v. 12. Juli 1930 (RGBl. 219) § 18. Gewisse Vorgänge zum Zwecke der Erhebung der Grunderwerbsteuer: § 25 GrunderwerbsteuerG. v. 11. März 1927 (RGBl. 72). Gewisse Mitteilungen zum Vollzug des Körperschaftssteuerges.: RFMBek. v. 8. Mai 1926 (JMBl. II 750). Verkürzungen der Abgaben nach dem Bayer. Stempelges.: Art. 28 des Stempelges. v. 16. Febr. 1921 (GVBl. 182).

3. Bei einem gerichtlichen Verfahren sich ergebende Umstände, die die Anordnung einer Vormundschaft oder Pflegschaft erforderlich machen: FGG. v. 17. Mai 1898 § 50. Tatsachen, welche die Zulässigkeit der Fürsorgeerziehung begründen: Jugendamtsgesetz v. 20. Juli 1925 (GVBl. 211) Art. 28. Gewisse Vorgänge im Entmündigungsverfahren:

ZPO. §§ 657, 660, 674, 678, 683, 685 mit 678 Abs. 3, 686 Abs. 4 mit 674. Gewisse Entmündigungen, deren Aufhebung u. Wiederaufhebung zum Strafregister: StrafRegVO. v. 8. März 1926 (RGBl. 157) § 9. Urteile und einstweilige Verfügungen in Ehesachen: Bek. v. 25. März 1899 (RGBl. 225) § 25; ZPO. § 627 Abs. 3, § 630. Urteile u. Vergleiche, durch die eine bestrittene Grenzlinie festgestellt wird: JMB. v. 8. Mai 1914 (JMBl. I 862). Entscheidungen aus dem Aufwertungsrecht: MB. v. 24. Mai 1932 (StAnz. 119). Todeserklärungen an das Nachlaßgericht: Art. 1 Abs. 2 Nachlaßges. v. 9. Aug. 1902 (GVBl. 463). Namensänderungen durch die Amtsgerichte an die Standesämter u. Vormundschaftsgerichte: JMB. v. 14. März 1932 (GVBl. 171). Entscheidungen betr. Bausparkassen: JMB. v. 5. Okt. 1931 (StAnz. 231).

4. Gewisse Vorgänge an das Institut für Rechtsvergleichung: JMB. v. 20. Mai 1924 (JMBl. II 245). Konkurseröffnung und Beendigung des Konkursverfahrens, desgl. von Liquidationen nach näherer Maßgabe des § 182 der Geschäftsanweisung für die Geschäftsstellen der Amtsgerichte v. 2. März 1910 (JMBl. 753); ferner an die Börsen JMB. v. 4. Aug. 1898 (JMBl. I 173); an die Postscheckämter JMB. v. 11. Mai 1914 (JMBl. I 862). Eröffnung und Beendigung des Verfahrens nach der Vergleichsordnung: Vergleichsordnung v. 5. Juli 1927 (RGBl. 139) § 37 Abs. 2.

5. Mitteilungen zu den Wählerlisten, Wahlkarteien u. Urlisten für den Schöffen- u. Geschworenendienst JMB. v. 8. Febr. 1932 (StAnz. 33). Strafverfahren nach §§ 184, 184a StGB. MB. v. 26. Nov. 1925 (StAnz. 275) u. v. 18. Nov. 1926 (JMBl. II 804); Verurteilungen nach § 183 StGB. MB. v. 20. April 1925 (JMBl. II 264); Strafverfahren nach dem Kraftfahrzeugges. MB. v. 16. Mai 1928 (JMBl. III 50); Strafverfahren über Flugunfälle JMB. v. 5. Nov. 1930 (JMBl. III 442); Strafverfahren wegen Zuwiderhandlungen gegen die Devisenvorschriften JMB. v. 18. Aug. 1932 (StAnz. Nr. 191); Einziehungen nach dem Weingesetze MB. v. 10. Okt. 1932 (GVBl. 420).

Mündelgeld, Anlegung von solchem in Wertpapieren JMB. v. 9. Sept. 1899 (JMBl. I 177); bei Sparkassen JMB. v. 21. Dez. 1899 (JMBl. I 184); in kommunalen Wertpapieren Bek. v. 7. Juli 1901 (RGBl. 263); in Reichsbuchschulden JMB. v. 29. Okt. 1910 (JMBl. I 812); in Schuldverschreibungen der Landeskulturrentenanstalt JMB. v. 30. Aug. 1922 (JMBl. II 172); bei den Sparkassen Waldsassen JMBl. II 262, Pegnitz-Pottenstein JMBl. III 38, Füssen a. L. JMBl. III 324; in wertbeständigen Schuldverschreibungen VO. v. 26. Febr. 1928 (GVBl. 37).

Münzen, Behandlung nicht mehr umlaufsfähiger JMB. v. 22. Juni 1876 (JMBl. I 9); Behandlung gewaltsam beschädigter FMB. v. 31. Jan. 1878 (JMBl. I 12).

Nachlaßwesen. Nachlaßordnung JMB. v. 20. März 1903 (JMBl. I 459). Katasterumschreibung aus Anlaß von Todesfällen FMB. v. 24. März 1903 (JMBl. 228) u. JMB. v. 25. März 1903 (JMBl. 230). Testamente vor dem Gemeindevorsteher MB. v. 19. Dez. 1900 (JMBl. I 404), ergänzt durch MB. v. 7. März 1908 (JMBl. I 669). Mitwirkung der Gemeindebehörde bei der Sicherung der Nachlässe JMB. v. 18. Dez. 1902 (JMBl. I 435). Mitteilung von dem Vorhandensein von Kriegerdoppelwaisen JMB. v. 14. Dez. 1923 (JMBl. 102).

Nachrichtenstelle für Vermißte u. unbekannte Tote JMB. v. 7. Sept. 1920 (JMBl. II 106) mit InnMB. v. 17. Aug. 1920; geänd. durch InnMB. v. 24. Sept. 1931 (InnMBl. 70).

Namensänderungen JMB. v. 14. März 1932 (GVBl. 171); AusfBest. hierzu v. 7. April 1932 (JMBl. 27). Beglaubigung der Erklärungen über Namensänderungen (JMBl. I 420).

Niederschlagung von Strafverfahren s. Begnadigung.

Notariate. Notariate im coburg. Gebiet JMB. v. 12. Juni 1933 (StAnz. 135). VO. über die Notariatskammern v. 4. Mai 1900 (JMBl. I 375), ergänzt durch VO. v. 1. März 1918 (JMBl. I 905), geänd. durch VO. v. 23. Dez. 1932 (JMBl. 86). Dienstanweisung für die Notariatskammern v. 4. Mai 1900 (JMBl. I 381). Dienstanweisung für die Vereinigten Notariatskammern v. 11. Sept. 1918 (JMBl. I 907), geänd. durch VO. v. 23. Dez. 1932 (JMBl. 86). Dienstaufsicht u. Disziplin JMB. v. 25. April 1901 (JMBl. I 412). Verehelichung JMB. v. 23. Juli 1925 (JMBl. II 267). S. auch Personalangelegenheiten. Bayerische Notariatskasse jurist. Person des öff. Rechts JMB. v. 18. April 1925 (JMBl. II 263). Satzung der Notariatskasse JMB. v. 15. März 1930 (JMBl. III 358). Pensionsverein für die bayer. Notare u. ihre Hinterbliebenen VO. v. 1. Dez. 1928 (JMBl. III 252) u. JMB. v. gl. T. (JMBl. III 275). Notariatsabgabenordnung JMB. v. 12. Dez. 1928 (JMBl. III 280); VollzBek. zu § 6 JMB. v. 7. Jan. 1932 (StAnz. 6).

Prüfungsordnung für die Notariatsbeamten JMB. v. 28. Juni 1922 (JMBl. II 156). Notariatsbeamtenordnung v. 4. Sept. 1925 (JMBl. II 282). Dienstordnung des Personalamts der Bayer. Notariatskasse JMB. v. 4. Sept. 1925 (JMBl. II 323). JMB. v. 15. Dez. 1931 über die Notariatsbeamtendienstanwärter, Versorgungsanwärter u. Aushilfskräfte bei den Notariaten (JMBl. III 550), geänd. durch JMB. v. 23. Mai 1932 (JMBl. 36). Standesvertretung der Notariatsbeamten JMB. v. 30. Okt. 1919 (JMBl. II 81). Pensionsverein der Notariatsgehilfen JMB. v. 18. Juli 1902 (JMBl. I 429).

Geschäftsordnung v. 30. Okt. 1913 (JMBl. 231), geänd. durch JMB. v. 12. Juli 1915 (JMBl. 52), 5. März 1929 (StAnz. 55), 22. März 1930 (JMBl. 33), 16. Juli 1931 (StAnz. 163), 24. Nov. 1931 (StAnz. 281). Zu § 109 Geschäftsordnung (Formblätter) s. JMB. v. 28. Febr. 1929 (StAnz. 51). Führung des Zustellungsregisters JMB. v. 5. Jan. 1928 (JMBl. 11). Förderung des bargeldlosen Zahlungsverkehrs JMB. v. 24. Dez. 1916 (JMBl. 94). Postverkehr JMB. v. 21. Jan. 1919 (JMBl. 29), geänd. durch MB. v. 21. März 1930 (JMBl. 50). Zwangsversteigerung landwirtschaftlicher Grundstücke JMB. v. 17. Febr. 1932 (StAnz. 41). Belehrung bei der Veräußerung von Grundstücken, die mit Bauhypotheken belastet sind, JMB. v. 13. Febr. 1928 (StAnz. 37) u. v. 14. April 1931 (StAnz. 86). Verkehr mit Pfründegrundstücken JMB. v. 9. Juli 1931 (StAnz. 157). Grundstücksgeschäfte nichtarischer Eigentümer JMB. v. 26. Juli 1933 (StAnz.

171). Vorläuf. Vollz. des Arbeitsspendenges. JMB. v. 16. u. 17. Juni 1933 (StAnz. 138). VollzB. v. 22. Juli 1931 zum Ges. über die Erhebung einer staatl. Gebühr für die Inanspruchnahme der Notariate (GVBl. 184). Notariatsgebührenordnung JMB. v. 19. Mai 1926 (JMBl. II 751), geänd. durch VO. v. 8. März 1933 (GVBl. 87). VO. v. 10. Dez. 1931 über die Erhebung von Gebühren für Hinterlegungen bei den Notaren (GVBl. 372). Vergütung der Notare für die Besorgung des Kosten- u. Stempelwesens MB. v. 7. Jan. 1924 (GVBl. 15). Vergütung für die Verwaltung der Grunderwerbsteuer JMB. v. 14. Juni 1922 (JMBl. II 156). Erhebung der Gebühr nach Art. 57 NotarGebO. JMB. v. 23. März 1923 (JMBl. II 198). Senkung der Notariatsgebühren für die Geschäfte zur Durchführung der Osthilfe VO. v. 21. Dez. 1932 (GVBl. 439). Festsetzung der Notariatskosten VO. v. 22. März 1930 (GVBl. 71). Vollstreckung der Abgaben der Notare VO. v. 22. März 1930 (GVBl. 76). Vorschußerhebung bei den Finanzkassen des Staates FMB. v. 4. März 1930 (StAnz. 56). S. auch Zwangsvollstreckung.

Nürnberg, Merkantil-, Friedens- u. Schiedsgericht VO. v. 21. Juli 1892 (JMBl. I 151).

Oberstes Landesgericht, Zuständigkeit nach § 120 GVG. JMB. v. 9. Jan. 1924 (JMBl. II 229), ergänzt durch JMB. v. 26. April 1933 (JMBl. 21).

Ortsnamen, Abkürzungen der Zusätze bei, JMB. v. 4. März 1927 (JMBl. II 809) mit InnMB. v. 16. Febr. 1927 (GVBl. 87).

Pächter landwirtsch. Grundstücke, Kreditbeschaffung für — MB. v. 7. Aug. 1926 (JMBl. II 796).

Pachtschutzordnung, Bayerische, v. 19. Sept. 1925 (GVBl. 250), geänd. durch VO. v. 27. Aug. 1927 (GVBl. 277), 30. Aug. 1929 (GVBl. 119), 31. März 1930 (GVBl. 90), 10. Aug. 1931 (GVBl. 281), 19. Jan. 1932 (GVBl. 41), 20. Aug. 1932 (GVBl. 389), 28. März 1933 (GVBl. 93). Vollzugsvorschriften v. 24. Sept. 1925 (GVBl. 255) u. v. 29. Aug. 1927 (GVBl. 278), erstere geänd. durch MB. v. 20. Aug. 1932 (GVBl. 390), u. v. 28. März 1933 (GVBl. 93). Pachtschutzregister JMB. v. 21. Febr. 1921 (JMBl. II 120).

Pensionsverein der mittleren Justizbeamten JMB. v. 11. Juli 1891 (JMBl. I 150); desgl. v. 18. Juli 1902 (JMBl. I 429). Beitragserhebung u. Pensionsauszahlung JMB. v. 3. April 1919 (JMBl. II 11).

Personalangelegenheiten, Behandlung der (auch der Notare) JMB. v. 17. Mai 1930 (JMBl. III 373). Hinausgabe von Personalakten an die Deutsche Forschungsanstalt für Psychiatrie in München MB. v. 10. Aug. 1928 (StAnz. 187).

Personenstandssachen. Aufhebung der Zuständigkeiten der Staatsanwaltschaften der Pfalz MB. v. 1. Sept. 1931 (GVBl. 238). Geschäftliche Behandlung der — MB. v. 29. April 1900 (JMBl. I 363). Eintragung des Legitimationsvermerks, § 26 PersStG. MB. v. 22. Juli 1922 (JMBl. II 170); Mitteilungen der Amtsgerichte an die Standesämter nach § 26 JMB. v. 25. Okt. 1922 (JMBl. II 179). Geburtsscheine, Heiratsscheine, Totenscheine: MB. v. 18. Mai 1905 (JMBl. I 606), v. 13. Juli 1906 (JMBl. I 632); v. 25. Mai 1909

anwaltschaft (JMBl. 17). Satzungen für die Verwaltung des Fonds zur Unterstützung in Not geratener Rechtsanwälte usw. JMB. v. 16. Okt. 1925 (JMBl. II 329). Satzung der Pensionsanstalt für die Witwen und Waisen der Rechtsanwälte Bayerns JMB. v. 1. Juni 1929 (JMBl. III 305); derzeitige Pensionssätze JMB. v. 21. Dez. 1932 (StAnz. 395). Zu § 18 Abs. 2 RAnwOrdn. JMB. v. 11. Sept. 1879 (JMBl. I 28), desgl. v. 20. Okt. 1930 (JMBl. 155) u. v. 15. Febr. 1932 (JMBl. 5). S. auch Kosten u. Sitzungskleidung.

Rechtshilfe unter den deutschen Ländern: Herstellung von Lichtbildern JMB. v. 20. Okt. 1917 (JMBl. I 902). Vollstreckung von Gesamtstrafen JMB. v. 24. Juni 1885 (JMBl. I 145) u. v. 4. Juli 1900 (JMBl. I 390). Vollstreckung von Freiheitsstrafen, Vereinbarung der Länder JMB. v. 20. Jan. 1925 (JMBl. II 259), geänd. mit JMB. v. 21. Juli 1928 (JMBl. II 66). Rechtshilfeersuchen nach Berlin JMB. v. 11. Dez. 1931 (StAnz. 289). Beistandsleistung zur Einziehung der Gerichtskosten MB. v. 4. Juli 1880 (JMBl. I 121). Erstattung der Kosten der Rechtshilfe u. sonstigen Beistandsleistung MB. v. 29. März 1907 (JMBl. I 634). Rechtshilfekosten bei Vernehmung Sachverständiger MB. v. 21. Juli 1900 (JMBl. I 401). Herstellung von Abschriften u. Kostenbehandlung MB. v. 5. Jan. 1924 (JMBl. II 228). Erstattung der polizeilichen Kosten MB. v. 5. April 1924 (JMBl. II 241). Kostenausgleich zwischen den Ländern unter sich u. mit dem Reich in der Strafrechtspflege JMB. v. 25. Juli 1925 (JMBl. II 268). Kostenausgleich in den zur Zuständigkeit des Reichsgerichts gehörenden Strafsachen JMB. v. 23. Okt. 1925 (JMBl. II 332). S. auch Strafsachen. Rechtshilfe im Ausland s. Ausland.

Rechtskonsulenten s. Rechtsagenten.

Rechtspflege, allgemeines, Eingriffe in die staatliche Befehlsgewalt JMB. v. 12. Sept. 1933 (StAnz. 211). Bekämpfung des Angebertums JMB. v. 12. Sept. 1933 (StAnz. 211).

Rechtsvergleichung s. Institut.

Referendare u. Assessoren, VO. über die Vorbedingungen für den höheren Justiz- u. Verwaltungsdienst v. 17. Juli 1933 (GVBl. 193) mit VollzBek. v. 27. Sept. 1933 (GVBl. 281). VO. v. 27. Juni 1933 über die jurist. Prüfungen der an der Nationalen Erhebung beteiligten Referendare u. Studierenden (GVBl. 168). Vgl. weiter Art. 25 des Beamtenges. Anschauungsunterricht für Studierdene der Rechte bei den Gerichten JKMB. v. 7. Juli 1920 (JMBl. II 94). Urlaub für die Teilnahme an Wehrsportübungen ME. v. 19. Juni 1933 (StAnz. 146), ergänzt durch MB. v. 7. Aug. 1933 (StAnz. 182). Nichtarische Referendare MB. v. 5. März 1933 (StAnz. 105). Die Bewerber um Anstellung im höheren Justizstaatsdienst u. im Notariatsdienst JMB. v. 10. Juni 1931 (JMBl. III 459). InnMB. über die Bewerber um Anstellung im höheren Staatsverwaltungsdienst v. 4. Juni 1933 (InnMBl. 55). Ausbildung von Gerichts- u. Regierungsassessoren im öffentl. Sparkassen- u. Girowesen MB. v. 24. Juni 1929 (InnMBl. 62) Titel Regierungsassessor Bek. v. 27. Dez. 1920 (GVBl. 503). S. weiter Beilage 3 u. Arbeitsnachweis.

Regiewesen. Bei den größeren Gerichten JMB. v. 13. Juni 1862 (JMBl. 1863 EH. 76), bei den kleineren Gerichten v. 13. Juni

1862 (JMBl. 1863 EH. 83). Zusätze hiezu: Formulare für die Anzeige des Regieaufwands JMB. v. 16. Nov. 1905 (JMBl. 850). Vergebung der Arbeiten und Lieferungen JMB. v. 15. Jan. 1907 (JMBl. 48); Anschaffung von Schreibmaschinen, Hektographen usw. JMB. v. 6. Aug. 1907 (JMBl. 228); Beseitigung der Regiebauschbeträge bei den kleineren Amtsgerichten JMB. v. 16. März 1920 (JMBl. 43) mit JMB. vom 7. Mai 1920 (JMBl. 85). Beschaffung von Glühlampen FMB. v. 26. Aug. 1933 (StAnz. 199). S. auch unter Fahrnisvermögen u. Staatsgebäude. Sonderbestimmungen für die Pfalz JMB. v. 18. Mai 1880 (JMBl. 154); enthält zugleich eine Zusammenstellung der bis dahin geltenden rechtsrh. Vorschriften.

Registerführung bei den Amtsgerichten: Führung des Handelsregisters JMB. v. 24. Dez. 1899 (JMBl. I 185), geänd. durch JMB. v. 9. Nov. 1931 (JMBl. III 489), ferner hins. des § 2 durch JMB. v. 15. Febr. 1932 (StAnz. 39), weiter durch JMB. v. 15. Febr. 1932 (JMBl. 1). Führung des Genossenschaftsregisters: VO. v. 22. Nov. 1923 (RGBl. 1123) mit Berichtigung v. 13. März 1928 (RGBl. 70), JMB. v. 14. Dez. 1899 (JMBl. I 299). Führung des Musterregisters:. RKzlB. v. 29. Febr. 1876 (JMBl. I 310) mit RJMB. v. 7. Febr. 1923 (RMBl. 190), ferner RKzlB. v. 23. Dez. 1886 (JMBl. I 316) u. JFMB. v. 14. Dez. 1899 (JMBl. I 316). Führung des Schiffsregisters: VO. v. 17. Jan. 1918 (RGBl. 40) geänd. durch VO. v. 15. Okt. 1926 (RGBl. II 619), JMB. v. 24. Dez. 1899 (JMBl. I 320); s. auch wegen der Mitteilungen an das Statistische Reichsamt JMB. v. 6. Juni 1931 (JMBl. III 458). Führung des Vereinsregisters und Güterrechtsregisters JMB. v. 20. März 1899 (JMBl. I 335). Führung des Güterrechtsregisters JMB. v. 31. Jan. 1900 (JMBl. I 358). Führung des Registers der Angelegenheiten der freiw. Gerichtsbarkeit JMB. v. 28. Dez. 1929 (JMBl. I 351). Verfügung über Muster u. Modelle MB. v. 6. Juni 1910 (JMBl. I 809). Führung des Registers für Pfandrechte an im Bau befindlichen Schiffen MB. v. 14. Juli 1926 (JMBl. II 791). Registerführung für die coburg. Amtsgerichte JMB. v. 9. April 1921 (JMBl. II 124). Steuerliche Unbedenklichkeitsbescheinigungen bei Registereintragungen JMB. v. 30. Aug. 1925 (JMBl. II 281). Abgabe von Registerakten an ein anderes Land, Vereinb. v. 3. Nov. 1931 (JMBl. I 185, auch III 459). Mitwirkung der Registergerichte bei der Bekämpfung volksschädlicher Unternehmungen JMB. v. 29. Mai 1933 (StAnz. 124). Mitteilung unterlassener Anmeldung an die Registergerichte JMB. v. 13. Okt. 1932 (JMBl. 71).

Registraturordnung und Aktenbehandlung MB. v. 31. März 1922 über Aktenausscheidung (GVBl. 190); hierzu JMB. vom 5. März 1932 über Aktenausscheidung bei den Justizbehörden (JMBl. 9), geändert durch JMB. vom 31. Juli 1933 (JMBl. 64). Registraturordnung für die Stadt- und Landgerichte v. 20. Sept. 1863 (JMBl. 105) mit Nachträgen Bek. v. 28. Juli 1864 (JMBl. 181), v. 23. Nov. 1863 (JMBl. 211). Führung der gerichtl. Register u. Verzeichnung der mündl. Verhandlungen JMB. v. 11. Dez. 1880 (JMBl. 192), geänd. durch JMB. v. 19. Dez. 1921 (JMBl. 179 Nr. VI) u. v. 30. Nov. 1925 (JMBl. 130). Abgabe von Schriften u. Drucksachen an die

Bayer. Staatsbibliothek JMB. v. 5. Juli 1919 (JMBl. II 14). Staatsanwaltschaftliche u. landgerichtliche Strafakten JMB. v. 3. Sept. 1879 (JMBl. 565), geänd. durch JMB. v. 13. Jan. 1926 (JMBl. 1) Nr. III 2; ferner JMB. v. 25. Juni 1881 (JMBl. 303) u. v. 25. Mai 1928 (JMBl. 95). Mitteilung gerichtlicher Akten an die Vorstände der Anwaltskammern JMB. v. 8. Mai 1911 (JMBl. I 825). Mitteilung von Strafakten an das Schiedsgericht der Ärzteversorgung JMB. v. 17. Dez. 1924 (JMBl. II 251). S. auch Generalakten u. Geschäftsausweise.

Reichsbahngericht: Geschäftsordnung v. 24. Nov. 1930 (RGBl. II 1280).

Reichsfiskus s. Fiskus.

Reichsheer s. Militärische Angelegenheiten.

Reichsstatthalter, Amtlicher Verkehr mit dem — MB. vom 13. Juli 1933 (GVBl. 186).

Reichstag: Geschäftsordn. v. 31. März 1931 (RGBl. II 221), geändert durch Bek. v. 30. März 1933 (RGBl. II 150).

Republikanischer Richterbund, Zugehörigkeit unzulässig JMB. v. 14. März 1933 (StAnz. 63).

Rheinschiffahrtsgerichte, VO. v. 18. Juni 1879 (JMBl. I 14).

Richter, Entlastung von Schreibarbeit JMB. v. 9. Sept. 1907 (JMBl. I 649); Abfassung der Urteile JMB. v. 9. Sept. 1907 (JMBl. I 655); s. auch Dienstalter und wegen des Disziplinarverfahrens Beil. 3.

Saargebiet s. Ausland.

Sachbedarf s. Regiewesen.

Sachverständige: Bestellung allgemein beeidigter Sachverständiger JMB. v. 6. April 1903 (JMBl. I 562), v. 27. März 1909 (JMBl. I 730), v. 9. Nov. 1922 (JMBl. II 179), vom 22. Mai 1933 betr. nicht arische (JMB. 27), diese geänd. durch Bek. vom 19. Juni 1933 (StAnz. 140). Beeidigung von Verwaltungsorganen bestellter Sachverständiger durch die Amtsgerichte JMB. vom 18. Oktober 1916 (JMBl. I 895). Auswahl aus Arbeitnehmerkreisen JMB. v. 19. April 1920 (JMBl. II 90).

Sachverständigenkammern für Werke der Literatur u. Tonkunst MB. v. 5. Mai 1902 (JMBl. I 425); desgl. künstlerische u. photographische Bek. v. 13. Okt. 1907 (JMBl. I 659). Nunmehrige Zusammensetzung der Sachverständigenkammern, und zwar für Werke der Literatur MB. v. 26. Okt. 1927 (StAnz. 248); für Werke der Tonkunst MB. v. 21. Mai 1931 (StAnz. 117), diese geändert durch MB. vom 10. Okt. 1932 (StAnz. 236); für Werke der Photographie MB. v. 14. Mai 1930 (StAnz. 112); für Werke der bildenden Künste MB. v. 22. Dez. 1929 (JMBl. 92). Gewerblicher Sachverständigenverein für Bayern MB. v. 13. Okt. 1907 (JMBl. I 663); nunmehrige Zusammensetzung MB. v. 15. März 1930 (StAnz. 64), geänd. durch Bek. v. 16. Juni 1931 (StAnz. 137). Gebühren der Sachverständigenkammern u. der gewerblichen Sachverständigenvereine ReichsVO. v. 22. Dez. 1928 (StAnz. 1929, 14). Gutachten der Medizinalkomitees JMB. v. 26. Mai 1872 (JMBl. I 4); mikroskopische Untersuchungen durch die Medizinalkomitees JMB. v. 3. Mai 1880 (JMBl. I 115). Gebühren für Gutachten der Medizinalkomitees MB. vom 22. Mai 1930 (JMBl. III 422). Bakteriologische Untersuchungsanstalten VO. vom

31. Aug. 1910 (GVBl. 793), geänd. durch VO. v. 29. Juli 1933 (GVBl. 204). Untersuchungsanstalten für Nahrungs- u. Genußmittel JMB. v. 25. Mai 1886 (JMBl. I 147). Gewerbliche u. technische Prüfämter MB. v. 12. Jan. 1928 (JMBl. III 2). Gewerbliche u. technische Beratungsstellen MB. v. 14. Jan. 1928 (JMBl. III 8). Sachverständige in flugtechnischen Fragen JMB. v. 5. Nov. 1930 (JMBl. III 442); geänd. durch JMB. vom 28. Mai 1932 (JMBl. 36). Chemische u. mikroskopische Untersuchungen in Strafs. VO. vom 29. Sept. 1878 (GVBl. 435), geänd. durch VO. vom 25. April 1930 (GVBl. 131); hierzu wegen der Gebühren hiefür MB. vom 7. Sept. 1932 (JMBl. 59). Blutuntersuchungen auf Alkoholgehalt MB. vom 6. September 1932 (JMBl. 59). Gutachten über Schwindelfirmen (Verband der Rechtsauskunftsstellen) JMB. v. 17.Okt. 1928 (JMBl. III 236). Schriftsachverständige JMB. v. 27. Mai 1926 (StAnz. 120) u. v. 16. Dez. 1926 (StAnz. 292). Ausführung von Blutuntersuchungen MB. v. 17. Nov. 1926 (JMBl. II 804). Blutuntersuchungen auf Alkoholgehalt MB. v. 6. Sept. 1932 (StAnz. 207). Explosionen von Dampfkesseln JMB. v. 16. Febr. 1893 (JMBl. I 152). Sachverständige für Munition usw. MB. v. 18. Mai 1931 (GVBl. 139). Elektrotechnische Beratungsstellen InnMB. v. 22. April 1931 (StAnz. 94); Gebühren derselben InnMB. v. 26. Sept. 1927 (StAnz. 229). Versuchsanstalt u. Auskunftstelle für Maltechnik an der Technischen Hochschule München MB. v. 22. Juni 1909 (JMBl. I 732). Gerichtsphotographie JMB. v. 30. Jan. 1912 (JMBl. I 831) u. v. 14. März 1929 (StAnz. 63). S. auch Ärzte, Zeugen u. Beil. 10.

Schätzungen s. Grundstücksschätzungen.

Scheckverkehr s. Postscheckverkehr.

Schöffen s. Strafsachen.

Schreibarbeit, Entlastung der Richter Bek. v. 9. Sept. 1907 (JMBl. I 649).

Schublieferungen durch nicht bayerische Organe innerhalb Bayerns JMB. v. 6. Juli 1898 (JMBl. I 169). Bemerkung über die Zahlungsfähigkeit JMB. v. 15. Sept. 1923 (JMBl. II 228). Schublieferungen durch u. nach Württemberg MB. v. 20. Sept. 1921 (JMBl. II 137). Gefangenensammelschubverkehr MB. v. 28. Mai 1923 (GVBl. 186) u. JMB. v. 22. Juni 1923 (JMBl. II 221); ZusatzbestBek. v. 22. Nov. 1928 (StAnz. 274), v. 4. Jan. 1929 (StAnz. 7); Ausdehnung auf die Pfalz MB. v. 16. März 1927 (GVBl. 100). Sammeltransporte in Sachsen JMB. v. 1. Juni 1926 (JMBl. II 789). S. auch Rechtshilfe.

Schüler s. Jugendliche.

Sektion der Leichen s. Ärzte.

Siegel s. Dienstsiegel.

Sitzungen, Festsetzung der Tage u. Tageszeiten JMB. v. 16. Sept. 1879 (JMBl. I 29). Rücksichtnahme auf die Rechtsanwälte bei Terminsansetzungen JMB. v. 18. Dez. 1922 (JMBl. II 180); s. auch Geschäftszeit.

Sitzungskleidung der Beamten der Gerichte u. Staatsanwaltschaften JMB. v. 29. Dez. 1879 (JMBl. I 109); der Rechtsanwälte, Assessoren u. Referendare JMB. v.

13. Nov. 1880 (JMBl. I 124). Sitzungs- u. Dienstkleidung bei den gerichtlichen Verhandlungen JMB. v. 9. Mai 1933 (JMBl. 23).

Sondergerichte nach der RRggsVO. v. 21. März 1933, Bildung der JMB. v. 24. März 1933 (StAnz. Nr. 72).

Sonntagsruhe der staatl. Beamten MB. v. 14. Juli 1909 (GVBl. 427); Sonntagsruhe bei den Justizbehörden JMB. v. 15. Jan. 1909 (JMBl. I 716).

Staat s. Fiskus.

Staatsanwälte. Hilfsbeamte der Staatsanwaltschaft VO. v. 31. Aug. 1879 (GVBl. 1057), Bek. v. 31. Aug. 1879 (JMBl. I 24); hiezu an Einzelbestimmungen: MB. v. 6. Aug. 1880 (GVBl. 545); v. 19. Febr. 1906 (GVBl. 52); v. 19. Juli 1909 (GVBl. 438); InnMB. v. 19. Juli 1909 (GVBl. 438); VO. v. 17. Dez. 1911 (GVBl. 1337); VO. v. 2. März 1918 (GVBl. 187); VO. v. 23. Mai 1918 (GVBl. 313); VO. v. 7. Juli 1918 (GVBl. 375); MB. v. 14.Aug. 1919 (GVBl. 411); MB. v. 15. April 1920 (GVBl. 138); MB. v. 4. Juni 1920 (GVBl. 271); v. 12. Okt. 1920 (GVBl. 441); v. 10. Dez. 1920 (GVBl. 492); v. 25. April 1921 (GVBl. 299); v. 30. Mai 1921 (GVBl. 336); v. 11. April 1922 (GVBl. 224); v. 6. März 1929 (GVBl. 22); v. 13. Mai 1930 (GVBl. 136); v. 7. Jan. 1931 (GVBl. 4); v. 12. Juni 1931 (GVBl. 161); v. 8. Sept. 1931 (GVBl. 248). Dienstvorschriften v. 13. Jan. 1926 (JMBl. II 413), ergänzt durch JMB. vom 7. Januar 1933 (JMBl. 1). Ermittlungen durch auswärtige Polizeibeamte MB. vom 27. Juli 1931 (JMBl. II 135). Festnahme flüchtiger Verbrecher auf deutschen Handelsschiffen JMB. v. 18. Dez. 1924 (JMBl. II 252). Hessisches Fahndungsblatt JMB. v. 20. Febr. 1925 (JMBl. II 260). Erhebungen bei geistig minderwertigen Tätern JMB. v. 16. Jan. 1911 (JMBl. I 821). Unterbrechung der Verjährung JMB. v. 27. Okt. 1910 (JMBl. I 810). Beschlagnahme von Geschäftspapieren JMB. v. 17. Juli 1920 (JMBl. II 101). Erhebung der Vermögensverhältnisse der Beschuldigten JMB. v. 13. Sept. 1922 (JMBl. II 173). Verfahren bei Einziehung u. Unbrauchbarmachung von Druckschriften usw. MB. v. 20. Dez. 1921 (JMBl. II 142). Anträge auf Überweisung an die Landespolizeibehörde JMB. v. 11. Mai 1880 (JMBl. I 120). Bekämpfung von Münzverbrechen JMB. v. 15. Jan. 1927 (JMBl. II 807). Bekämpfung von Geldfälschungen MB. v. 15. Juli 1931 (GVBl. 195). Bestrafung roher u. unsittlicher Handlungen JMB. v. 19. Febr. 1908 (JMBl. I 668). Bekämpfung der Verbreitung unzüchtiger Veröffentlichungen, Zentralpolizeistelle zur Bekämpfung unzüchtiger Bilder, Schriften u. Inserate JMB. v. 10. Febr. 1912 (JMBl. I 832); MB. v. 20. Dez. 1921 (JMBl. II 143) mit Bek. v. 9. Juli 1928 (StAnz. 158); MB. v. 11. Juli 1922 (JMBl. II 165); MB. v. 2. Dez. 1924 (JMBl. II 250); MB. v. 20. April 1925 (JMBl. II 264); MB. v. 18. Nov. 1926 (JMBl. II 804). Vorgehen gegen Wilderer JMB. v. 19. Dez. 1924 (JMBl. II 252). Antragstellung bei Tierquälerei JMB. v. 8. Juni 1925 (JMBl. II 266); Bekämpfung der Tierquälerei JMB. v. 6. Juli 1933 (JMBl. 27). Behandlung von Lebensmittelfälschungen MB. v. 15. April 1911 (JMBl. I 824). Strafrechtlicher Schutz der menschlichen Arbeitskraft JMB. v. 11. Okt. 1927 (JMBl. II 870). Behandlung von Übertretungen der Arbeiterschutzvor-

geänd. durch VO. v. 11. März 1930 (RGBl. 36); zur VO. v. 8. März 1926 s. RJMB. 19. Febr. 1926 (RMBl. 63). Bek. ü. d. Behandlung ausländischer Strafarten v. 12. Juni 1920 (JMBl. II 93). Allgemeine Vollzugsbestimmungen: MB. v. 22. April 1926 (GVBl. 288, JMBl. II 727). Strafregisterbehörden RMB. v. 20. März 1925 (JMBl. II 262). Behörden, denen Auskunft zu erteilen ist, Bek. v. 25. April 1929 (JMBl. III 286). Ausf.-Bestimmungen für die Finanz- u. Gemeindebehörden InnMB. v. 10. Nov. 1926 (InnMBl. 95). Strafregisterführung für Personen, deren Geburtsort im Friedensvertrag losgelöst wurde, JMB. v. 19. April 1920 (JMBl. II 89). Strafregisterverkehr mit Polen JMB. v. 31. Aug. 1925 (JMBl. II 282). S. auch Ausland, Begnadigung u. Vorstrafen.

Strafsachen. Zuständigkeitsbeschränkungen von Amtsgerichten gemäß § 58 GVG. JMB. v. 22. Okt. 1929 (JMBl. III 337), v. 17. März 1932 (JMBl. 26), v. 31. Mai 1932 (JMBl. 38), v. 26. Nov. 1932 (JMBl. 75). Vollz. der PräsV. über die Bildung von Sondergerichten JMB. vom 24. März 1933 (JMBl. 5). Vorbereitung der Sitzungen der Schöffengerichte, Jugendgerichte, Strafkammern u. Schwurgerichte BM. v. 20. Juni 1927 (GVBl. 203), ergänzt durch JMB. v. 2. Juni 1928 (JMBl. III 53), MB. v. 18. Juni 1929 (GVBl. 78), JMB. v. 15. Febr. 1932 (JMBl. 2). Auswahl der Schöffen u. Geschworenen VO. v. 7. Juni 1929 (GVBl. 73). Belehrung der Schöffen u. Geschworenen über Unfähigkeitsgründe JMB. v. 24. Jan. 1929 (JMBl. III 284). Dienstvorschriften für Strafsachen JMB. vom 13. Jan. 1926 (JMBl. II 345), geänd. durch JMB. vom 22. Mai 1933 (JMBl. 28). Fassung der Rechtsmittelanträge JMB. v. 3. Dez. 1927 (JMBl. II 874). Ladung des Angekl. vor das Berufungsgericht JMB. v. 24. Nov. 1932 (JMBl. 74). Bezeichnung des Anzeigers im Strafbefehl JMB. vom 7. April 1933 (JMBl. 16). Abfassung der Protokolle mit Rücksicht auf die Strafzeitberechnung JMB. v. 19. Febr. 1896 (JMBl. I 167). Beschleunigung der Strafverfahren JMB. v. 9. Nov. 1928 (JMBl. III 239). Strafvollzugsfeststellung in den Akten bei Rückfall begründenden Sachen MB. v. 1. Mai 1924 (GVBl. 164). VollzBek. zur AusnahmeVO. v. 6. Okt. 1931 JMB. v. 9. Okt. 1931 (JMBl. III 484); desgl. zur AusnahmeVO. v. 14. Juni 1932 JMB. v. 22. Juni 1932 (JMBl. 40) Vereinfachung u. Ersparnismaßnahmen auf dem Gebiete der Strafvollstreckung JMB. v. 31. Okt. 1931 (JMBl. III 487). Verfahren bei Anträgen an das Reichsgericht auf Bestimmung des zuständigen Gerichts JMB. v. 7. April 1924 (JMBl. II 243). Vollstreckung der Untersuchungshaft JMB. v. 10. Aug. 1903 (JMBl. I 562); Vollz. der Untersuchungshaft gegen kranke Gefangene in der Pfalz JMB. vom 26. Juli 1933 (JMBl. 40). Einschränkung der Untersuchungshaft, Verteidigung JMB. vom 16. Juli 1907 (JMBl. I 643), ergänzt durch JMB. v. 28. März 1919 (JMBl. II 3). Behandlung der bei Gerichten zur Verwahrung kommenden Gegenstände VO. v. 8. Sept. 1879 (GVBl. 1151), geänd. durch MB. v. 28. Aug. 1923 (GVBl. 314). Geheimhaltung von Einzelheiten der Verbrechensbekämpfung in der Hauptverhandlung JMB. v. 18. Sept. 1928 (JMBl. III 234). Rechtsmittelbelehrung JMB. v. 2. April 1924 (JMBl. II 240), geänd. für die Dauer der AusnVO. v. 14. Juni 1932 durch JMB. v. 22. Juni 1932 (JMBl. 44). Auslagenersatz an Freigesprochene oder außer Verfolgung Gesetzte JMB. v. 22. Juli 1898 (JMBl. I 170) u. v. 12. Aug. 1898 (JMBl. I 173). Veröffentlichungen nach § 200 StGB. JMB. v. 23. Febr. 1865 (JMBl. I 4). Sühneversuch in Privatklagesachen Art. 156 GemO. v. 17. Okt. 1927, MB v. 6. März 1928 (GVBl. 158). Behandlung der Beleidigungssachen MB. v. 21. Okt. 1926 (GVBl. 501), geänd. durch Nr. 11 der Bek. v. 6. März 1928 (GVBl. 158). Auskunft über Postsendungen durch die Organe der Post JMB. v. 2. Aug. 1924 (JMBl. II 248). Auskunft über Telegramme u. Gespräche durch die Post JMB. v. 14. März 1928 (JMBl. III 19). Beschlagnahme von Postsendungen JMB. v. 27. Juli 1923 (JMBl. II 222), desgl. v. 10. Sept. 1928 (JMBl. III 233). Auskunft über den Post-, Postscheck- u. Fernmeldeverkehr in Strafsachen JMB. vom 27. Juni 1933 (JMBl. 35). Vollzug der RVersichOrdn. JMB. v. 14. Okt. 1903 (JMBl. I 566). Aufschlußerteilung aus Strafakten an Private JMB. vom 1. Aug. 1932 (JMBl. 55). S. auch Jugendliche, militärische Angelegenheiten, Rechtshilfe, Registraturordnung, Staatsanwälte, Zustellungen.

Strafvollstreckung. Amtsbezeichnung der Strafanstalten JMB. v. 21. März 1924 (JMBl. II 233). Einweisungsplan für die Strafanstalten u. Gerichtsgefängnisse JMB. v. 21. März 1924 (JMBl. II 233). Örtliche Aufnahmezuständigkeit der Strafanstalten JMB. v. 17. Sept. 1932 (StAnz. 218), geänd. durch JMB. vom 6. Dez. 1932 (StAnz. 283), vom 25. Juli 1933 (StAnz. 171, vorübergehend), vom 24. Aug. 1933 (StAnz. 196, vorübergehend). Gerichtszugehörigkeit der Gefangenenanstalt Bernau JMB. v. 8. Juli 1929 (JMBl. III 326). Mitwirkung der Generalstaatsanwälte bei der Aufsicht über die Strafanstalten JMB. v. 18. Sept. 1931 (JMBl. III 483), geänd. durch JMB. v. 25. Juli 1933 (JMBl. 39). Dienstkleidung der Strafanstaltsbeamten JMB. v. 4. Dez. 1925 (JMBl. II 342). Prüfung der Arbeitsbetriebe in den Strafanstalten u. Gerichtsgefängnissen durch die Gewerbeaufsichtsbeamten JMB. vom 15. Okt. 1907 (JMBl. I 666). Ärztliche Besichtigung der Strafanstalten u. Gerichtsgefängnisse MB. v. 8. Aug. 1931 (JMBl. III 482).

Grundsätze für den Vollzug der Freiheitsstrafen v. 7. Juni 1923 (RGBl. III 263), geänd. mit RJMB. v. 9. Aug. 1932 (RGBl. 407), ferner vom 25. April 1933 (RGBl. 232). Durchsicht der Steckbriefregister nach Gefangenen JMB. v. 10. Sept. 1928 (JMBl. II 234). VO. über die Dienst- u. Vollzugsordnung für die bayer. Strafanstalten und Gerichtsgefängnisse vom 15. März 1924 (GVBl. 85), geänd. durch JMB. vom 2. Sept. 1930 (JMBl. III 439), vom 28. Jan. 1931 (GVBl. 26), VO. v. 18. Sept. 1931 (GVBl. 281), VO. vom 21. Dez. 1931 (GVBl. 405), VO. vom 13. Sept. 1932 (GVBl. 399, 417), VO. v. 22. Mai 1933 (GVBl. 151), VO. vom 29. Juli 1933 (GVBl. 189). Vollstreckung von Freiheitsstrafen gegen Minderjährige JMB. v. 14. Jan. 1929 (JMBl. III 282). Vollstreckung von Freiheitsstrafen gegen Jugendliche u. Minderjährige JMB. v. 30. Jan. 1931 (JMBl. III 451). Zeitweilige Ablieferung von Strafgefangenen an andere Behörden JMB. v. 19. Febr. 1924 (JMBl. II 231). Vollz. der Untersuchungs- u. Strafhaft gegen kranke Gefangene in der Pfalz JMB. v. 26. Juli 1933 (JMBl. 40). Beurlaubung von Strafgefangenen u. Anrechnung des Urlaubs auf die Strafzeit JMB. v. 29. April 1932 (JMBl. 31). Unfallfürsorge für Gefangene VO. v. 31. Jan. 1902 (GVBl. 59) u. MB. v. 2. Febr. 1902 (GVBl. 87). Kassen-, Buchführ.- u. Rechnungsgeschäfte der Strafanstalten JMB. v. 24. Dez. 1913 (JMBl. 751), geänd. durch MB. v. 19. Mai 1925 (JMBl. 48). Einnahmen u. Ausgaben des Arbeitsbetriebs in den Gerichtsgefängnissen MB. v. 10. April 1928 (GVBl. 200). Kosten der Unterbringung u. Verpflegung in den Strafanstalten, Gerichtsgefängnissen und Festungshaftanstalten MB. v. 24. Dez. 1923 (GVBl. 414). Kosten der Vollstreckung von Ersatzfreiheitsstrafen nach der RAbgOrdn. MB. v. 17. Okt. 1922 (GVBl. 629). Kosten der Vollstreckung von Ersatzfreiheitsstrafen wegen Steuerzuwiderhandlungen MB. vom 12. Januar 1933 (GVBl. 68).

Verfügung über Geldstrafen nach dem Lebensmittelges. u. verwandten Gesetzen JMB. v. 30. Dez. 1931 (JMBl. III 566). Vollstreckung von Vermögensstrafen FMB. v. 20. Juni 1915 (GVBl. 156) Nr. 80, ergänzt durch MB. v. 14. Nov. 1927 (GVBl. 354) mit MB. v. 23. Dez. 1927 (StAnz. 297); Änd. der MB. v. 14. Nov. 1927 durch JMB. ohne Datum (StAnz. 1928, 291), ferner durch JMB. v. 2. Sept. 1930 (JMBl. III 439). Behandlung der Geldstrafen, die dem Unterstützungsfonds für das Straßen-Unterpersonal zufließen, JMB. v. 30. Mai 1932 (JMBl. 37). Verfügung über Geldstrafen nach dem ArbeitslosenversichG. JMB. v. 27. Aug. 1932 (JMBl. 58). Verfügung über eingezogenes Rundfunkgerät JMB. v. 22. Nov. 1928 (JMBl. III 252). Verfügung über Sachen, die in Strafsachen wegen Zuwiderhandlungen gegen die Vorschriften zum Schutze der Vögel eingezogen werden, JMB. v. 29. Mai 1929 (JMBl. III 302). Geldstrafen u. Einziehungen bei Steuerzuwiderhandlungen MB. v. 11. Okt. 1932 (JMBl. 69). S. auch Begnadigung, Entlassung, Gefängniswesen, Militärische Angelegenheiten, Rechtshilfe.

Sühnetermin in Ehesachen. Benachrichtigung der Pfarrämter JMB. v. 8. April 1905 (JMBl. I 604).

Sühneversuch s. Strafsachen.

Telephon s. Fernsprechanschlüsse.

Termine s. Sitzungen.

Testamente vor d. Gemeindevorsteher, s. Nachlaßwesen.

Todesanzeigen s. Personenstandssachen.

Todeserklärungen, Zuständigkeit für JMB. v. 25. Febr. 1900 (JMBl. I 361). Todeserklärungen Kriegsvermißter JMB. v. 22. Dez. 1921 (JMBl. II 146). Todeserklärungen Kriegsverschollener JMB. vom 14. Dez. 1916 (JMBl. I 895); desgl. vom 11. Sept. 1917 (JMBl. I 900).

Todesstrafe, Vollstreckung der, JMB. v. 24. Nov. 1879 (JMBl. I 99).

Umsatzsteuerpflicht der Notare, Gerichtsvollzieher u. bei Versteigerungen JMB. v. 3. Sept. 1920 (JMBl. II 103).

Unterschriftenbeglaubigung s. Legalisation.

Zentralpolizeistelle, deutsche, zur Bekämpfung unzüchtiger Bilder, Schriften u. Inserate in Berlin; Zentralstelle zur Bekämpfung des internationalen Verbrechertums in Wien JMB. v. 20. Juni 1929 (JMBl. III 325); s. auch Staatsanwälte.

Zeugen, deren Schutz bei Vernehmungen, Fragen über Vorstrafen usw. Bek. v. 25. Juni 1908 (JMBl. I 674); s. auch Vorstrafen. Rücksichtnahme auf Zeugen u. Sachverständige bei Terminsansetzung u. bei der Verhandlung JMB. v. 26. Juni 1919 (JMBl. II 13). Keine Erhebung der Religion JMB. v. 11. Juni 1920 (JMBl. II 92); Vorschüsse s. Strafsachen.

Zeugniszwangshaft JMB. v. 8. Jan. 1908 (JMBl. I 667).

Zeugschaftliche Vernehmung u. Ladung v. Beamten VO. v. 25. Sept. 1879 (JMBl. I 30). Ladung von Notaren u. bei ihnen Beschäftigter JMB. v. 27. März 1902 (JMBl. I 424); Bek. v. 7. Jan. 1882 (GVBl. 37), geänd. durch Bek. v. 21. Nov. 1913 (GVBl. 807). Entbindung vom Amtsgeheimnis ME. v. 21. Okt. 1860 (ZfGR. 7, 398), Bek. v. 22. Juni 1885 (JMBl. I 145).

Zigeuner s. Bettler.

Zinserleichterungen s. Landwirtschaft.

Zollfahndungsstellen JMB. v. 21. Mai 1920 (JMBl. II 91).

ZuständigkeitsVO. für den Vollzug des BGB. u. seiner Nebengesetze v. 24. Dez. 1899 (GVBl. 1229), geänd. durch VO. v. 19. Febr. 1913 (GVBl. 1914, 33), 8. Dez. 1915 (GVBl. 731), 24. Nov. 1921 (GVBl. 547), 18. Febr. 1922 (GVBl. 362), 25. Aug. 1931 (GVBl. 212).

Zustellungen: VO. zur Vereinfachung vom 17. Juni 1933 (RGBl. 394); hierzu JMB. v. 29. Juli 1933 (JMBl. 41). Formlose Zustellungen JMB. v. 24. Aug. 1879 (JMBl. I 23), geändert durch JMB. v. 29. Juli 1933 (JMBl. 62). Zustellungen von Amts wegen JMB. v. 8. Jan. 1902 (JMBl. I 418); vom 2. März 1910 (JMBl. I 767), diese geänd. durch JMB. v. 8. Juni 1921 (JMBl. II 131) betr. die Führung des Registers für Zustellungen, weiter durch JMB. v. 29. Juli 1933 (JMBl. 42). Behandlung der Briefe mit Zustellungsurkunden VMB. v. 12. März 1914 (JMBl. I 853), JMB. v. 27. März 1914 (JMBl. I 848), mit Änd. vom 29. Juli 1933 (JMBl. 62). Zustellungen durch die Post JMB. vom 30. Juni 1929 (JMBl. III 325). Niederlegung von Schriftstücken im Zustellungsverkehr MB. v. 24. Sept. 1931 (GVBl. 283). Beifügung von Zahlkarten bei Zustellungen JMB. v. 14. Okt. 1922 (JMBl. II 178). Ladung von Beamten der Untersuchungsanstalten für Nahrungs- u. Genußmittel JMB. v. 25. Juli 1892 (JMBl. I 152). Zustellung an das Personal von Kriegsfahrzeugen JMB. v. 15. März 1911 (JMBl. I 823). Zustellung in den Wohnungen Exterritorialer MB. v. 5. April 1893 (JMBl. I 153). S. auch zeugschaftliche Vernehmung.

Zwangsvollstreckung. 1. Ins bewegliche Vermögen: Vollstreckung durch Angestellte der Krankenkassen MB. v. 30. Aug. 1922 (JMBl. II 172). Pfändung von Postsendungen JMB. v. 3. Mai 1923 (JMBl. II 198). Durchführung des Steuerabzugs bei Arbeitslohnforderungen JMB. v. 16. Sept. 1927 (JMBl. II 867). Unterstützung der Gerichtsvollzieher durch Gendarmerie u. Polizeibeamte bei Widerstand MB. v. 19. Nov. 1931 (GVBl. 328). S. auch Gerichtsvollzieherordnung.

2. Ins unbewegliche Vermögen: BayerVollzBestimmung JMB. vom 31. März 1905 (JMBl. I 595), geänd. durch JMB. v. 15. Mai 1906 (JMBl. I 632), v. 30. März 1921 (JMBl. II 121), vom 5. Febr. 1932 (StAnz. 30). Zahlung des Bargebots VO. vom 24. November 1931 (JMBl. III 513). Mitteilungen der Notare an die Siedlungs- u. Landbank JMB. v. 17. Febr. 1932 (StAnz. 41). Beteiligung der Deutschen Rentenbank JMB. v. 22. Jan. 1927 (JMBl. II 808). Vollz. des Grunderwerbsteuerges. im Zwangsversteigerungsverf. JMB. v. 23. Jan. 1930 (JMBl. III 352). Ersatz der Barauslagen der Notare aus der Staatskasse MB. v. 22. Febr. 1929 (JMBl. III 285). Zustellungskosten der Notare JMB. vom 13. Mai 1930 (JMBl. III 372). S. auch Geschäftsausweise.

3. Bayer. Bestimmungen über den Vollstreckungsschutz: a) Allg. Vollstreckungsnotrecht (3. Tl. d. RPrV. v. 8. Dez. 1931), neue VO. v. 26. Mai 1933 über Maßnahmen auf dem Gebiete der Zwangsvollstr. Allg. Ausf. JMB. v. 18. Dez. 1931 (StAnz. 295). Zur DurchfV. v. 30. Jan. 1932: JMB. v. 9. Februar 1932 (StAnz. 31). Zur Änd. v. 17. Jan. 1933: JMB. v. 21. Jan. 1933 (StAnz. 20). Zur Änd. v. 4. Mai 1933 JMB. v. 27. April 1933 (StAnz. 108). Zur Änd. u. Neufassung v. 26. Mai 1933: JMB. v. 2. Juni 1933 (StAnz. 128). b) Landwirtschaftl. Vermittlungsverf. usw. VO. v. 27. Sept. 1932 JMB. v. 7. Okt. 1932 (StAnz. 234). c) Landwirtschaftlicher Vollstreckungsschutz (RPrV. v. 14. Febr. 1933). Zur AusfVO. v. 14. Febr. 1932: MB. v. 31. Mai 1933 (StAnz. 137), v. 29. Mai 1933 (StAnz. 124). Zur 3. AusfV. v. 27. April 1933: JMB. v. 9. Mai 1933 (StAnz. 108). d) Zum Gesetz zur Regelung der landwirtsch. Schuldverhältnisse v. 1. Juni 1933: Allg. AusfJMB. v. 14. Juni 1933 (JMBl. 30); hiezu für das Verfahren der Notare JMB. v. 15. Sept. 1933 (StAnz. 215).

3. Zusammenstellung von Vorschriften über die Verhältnisse der Bayerischen Beamten und staatlichen Angestellten.

I. Gesetze und grundlegende Verordnungen:

Beamtengesetz v. 15. Aug. 1908 (GVBl. 581); geänd. durch Art. 53 u. 54 AG. zur RVO. v. 2. Nov. 1912 (GVBl. 1135); Art. 100 des Armenges. v. 21. Aug. 1914 (GVBl. 551); Art. 1 des Gendarmerieges. v. 31. Juli 1919 (GVBl. 409); Art. 183 des Volksschullehrerges. v. 14. Aug. 1919 (GVBl. 437) in der Fassung des Art. 7 des Ges. v. 24. März 1920 (GVBl. 103); durch Art. 20 des PensErgGes. v. 23. März 1921 (GVBl. 117); durch das BeamtenbesGes. v. 2. Juni 1920; durch Nr. XI des Ges. v. 25. Nov. 1921 (GVBl. 551); durch Art. 4 des Ges. v. 27. Juli 1922 (GVBl. 377); durch die 7. Abänd. des BeamtenbesoldGes. v. 9. Jan. 1923 (GVBl. 7); durch die 8. Abänd. des BeamtenbesoldGes. v. 29. Aug. 1923 (GVBl. 309); durch die 9. Abänd. des BeamtenbesoldGes. v. 29. Febr. 1924 (GVBl. 117); durch Art. 1 der VO. zur Aend. beamtenrechtlicher Vorschriften v. 29. März 1924 (GVBl. 128); durch Ges. v. 19. Juli 1926 (GVBl. 381); durch Ges. v. 10. Juli 1927 (GVBl. 227), dieses geänd. durch Art. 161 der GemOrdn. v. 17. Okt. 1927 (GVBl. 293); durch Art. 45 der Kreisordnung v. 17. Okt. 1927 (GVBl. 335); ergänzt durch das Polizeibeamtenges v. 12. April 1928 (GVBl. 193); geänd. durch Art. 54 des Beamtenbesoldges. v. 20. April 1928 (GVBl. 205); durch VO. v. 13. Sept. 1928 (GVBl. 405); durch Art. 53 des Fürsorgeges. v. 14. März 1930 (GVBl. 38).

Ges. über die **Vereidigung der öff. Beamten** v. 6. Nov. 1919 (GVBl. 783). RVerf. Art. 176. RPräsVO. v. 14. Aug. 1919 (RGBl. 1419).

Gesetz zur **einheitl. Regelung des Wohnungsgeldzuschusses** v. 27. März 1926 (RGBl. 180).

Ges. über die **Abtretung von Beamtenbezügen zum Heimstättenbau** v. 30. Juni 1927 (RGBl. 133).

Disziplinargesetz für richterl. Beamte v. 5. Dez. 1908 (GVBl. 1007).

Ges. über die **Einführung einer Altersgrenze für Richter** v. 29. März 1924 (GVBl. 125); Geltung in der Pfalz VO. v. 19. Juli 1927 (GVBl. 268).

Ges. über eine erhöhte **Anrechnung** der von den Staatsbeamten **während des Krieges** 1914/18 **zurückgelegten Dienstzeit** v. 9. Aug. 1921 (GVBl. 479).

Beamtenbesoldungsgesetz v. 20. April 1928 (GVBl. 205), geänd. durch MB. v. 29. März 1930 (GVBl. 107), v. 30. Sept. 1931 (GVBl. 284), durch § 6 der VO. v. 30. Okt. 1931 (GVBl. 309), durch MB. v. 8. Juni 1932 (GVBl. 253), durch VO. v. 3. Aug. 1932 (GVBl. 330).

FMB. über die Gewährung von **Notstandsbeihilfen** an Beamte vom 11. Nov. 1924 (GVBl. 228) mit Berichtigung GVBl. 1924, 238; hierzu die Bek. v. 13. März 1926 (unten, unter Krankenkasse).

Ausdehnung des Besoldungsges. v. 2. April 1928 auf die Beamten der Bayr. Staatsbank VO. v. 13. Juni 1928 (GVBl. 341); desgl auf die der Versicherungskammer VO. v. 1. Aug. 1928 (GVBl. 369); desgl. auf die der Kreis-Heil- und Pflegeanstalten (einschliesslich Frankenthal) VO. v. 21. Juni 1928 (GVBl. 316); desgl. auf die des Landesamts für Wasserversorgung VO. v. 1. Aug. 1928 (GVBl. 374).

Wiederherstellung des Berufsbeamtentums s. Nr. IV.

Grundsätzliche Änderungen des allg. Beamtenrechts s. Nr. V.

II. Vollzugsbestimmungen:

Allgemeine Vollzugsordnung zum Beamtenges. v. 10. Dez. 1908 (GVBl. 1041) geänd. durch FMB. v. 15. Mai 1919 (GVBl. 219), VO. v. 9. April 1920 (GVBl. 112), v. 3. Mai 1920 (GVBl. 191), v. 7. Aug. 1920 (GVBl. 379), Bek. v. 2. Aug. 1922 (GVBl. 382), Nr. II der VO. v. 3. Mai 1923 (GVBl. 170), MB. v. 27. März 1924 (GVBl. 122), v. 14. Mai 1927 (GVBl. 134), VO. v. 21. März 1929 (GVBl. 42). Ausführungsbek. zu § 3 Abs. 2 hinsichtlich der Anrechnung der Militärdienstzeit auf die Dauer der Widerruflichkeit der etatsmäßigen Dienstzeit v. 29. Okt. 1909 (FMBl. 641).

VO. über die Vereidigung der öffentl. Beamten v. 3. Mai 1920 (GVBl. 191), geänd. durch VO. v. 12. Nov. 1931 (GVBl. 321) u. v. 13. Aug. 1933 (GVBl. 228).

Auftreten in politischen Versammlungen MB. v. 28. Okt. 1932 (GVBl. 423). Verbot der Mitgliedschaft bei der sozialdemokratischen Partei MB. v. 21. Juli 1933 (StAnz. 169).

Die Einrichtung der Behörden u. die Benennung der Beamten der Zivilstaatsverwaltung v. 10. Dez. 1908 (GVBl. 1051), geänd. durch Bek., die Amtsbezeichnung der etatsmässigen Staatsbeamten betr., v. 21. Juli 1920 (GVBl. 367), § 1 aufgeh. durch § 12 der VO. v. 11. Febr. 1932 (GVBl. 61); s. hiezu auch die unten angeführte MB. v. 21. Juli 1920 (GVBl. 367).

Rangordnung v. 23. Dez. 1908 (GVBl. 1211); mehrfach geändert.

Amtsbezeichnungen der etatsmässigen Staatsbeamten: MB. v. 21. Juli 1920 (GVBl. 367); hierzu Anlage des BeamtenbesoldGes. v. 20. April 1928 (GVBl. 205/231), MBek. v. 15. Mai 1928 (GVBl. 330), v. 20. Febr. 1930 (GVBl. 27), JMB. v. 27. Febr. 1930 (JMBl. III 257), diese betr. Urkundsbeamte, MB. v. 30. Sept. 1931 (GVBl. 284), v. 8. Juni 1932 (GVBl. 253).

Ausübung von Nebenämtern und Nebengeschäften: Allg. Vollzugsbekanntmachung v. 4. April 1912 (GVBl. 343), geänd. durch MB. v. 3. März 1927 (GVBl. 99). Hiezu MBek. v. 16. Juni 1932 über Maßnahmen gegen Doppelverdienst bei Beamten und Angestellten des Staates (GVBl. 257) mit MB. v. 23. April 1933 (GVBl. 119). Nebengeschäfte u. Nebenämter der Volksschullehrer KMB. v. 14. Juli 1932 (StAnz. Nr. 163); Ausübung des Musikgew. durch Beamte Bek. v. 7. Okt. 1925 (GVBl. 259). S. nun auch unten Nr. V.

Sonntagsruhe und Urlaub: MB. v. 14. Juli 1909 (GVBl. 427), geänd. durch Bek. v. 9. Mai 1913 (GVBl. 187) u. Bek. v. 3. April 1922 (GVBl. 219) betr. neue Festsetzung der Urlaubsdauer, diese geänd. durch Bek. v. 2. Aug. 1928 (GVBl. 380); s. ferner Bek. v. 16. April 1925 (StAnz. 86) mit Bek. v. 25. Mai 1928 (StAnz. 121) u. v. 20. April 1929 (StAnz. 92), ferner die Bek. v. 13. Juli 1926 (StAnz. 159) betr. die Gewährung von Dienstbefreiungen. Erholungsurlaub außerh. der Gerichtsferien u. JMB. v. 12. Jan. 1923 (JMBl. II 184). Zuständigkeit zur Bewilligung verlängerten Urlaubs an Justizbeamte JMB. v. 16. Mai 1919 (JMBl. II 12). Zu § 8 Abs. 2 der Bek. v. 14. Juli 1909 s. MB. v. 16. April 1925 (StAnz. 86), ergänzt durch die vorbezeichn. Bek. v. 13. Juli 1926 u. durch Bek. v. 25. Mai 1928 (StAnz. 121) u. v. 20. April 1928 (StAnz. 92). Urlaub der Assessoren JMB. v. 25. April 1929 (StAnz. 96). Wegen Urlaubs zur Mitwirkung in den Vertretungskörpern der protestantischen Kirche s. KMB. v. 24. Dez. 1920 (KMBl. 1921, 17). Ausübung des Abgeordnetenmandats durch Beamte MB. v. 31. Juli 1921 (JMBl. II 136). Urlaubsreisen ins Ausland B. v. 17. Juni 1932 (StAnz. 138), geänd. durch Bek. v. 13. Aug. 1933 (StAnz. 187).

Personalnachweise der Beamten ME. v. 19. März 1929 (GVBl. 42); ergänzt hins. der Gemeinde- und Bezirksbeamten durch InnMB. v. 17. April 1929 (GVBl. 60), ferner hins. der Prüfungszeugnisse der Verwaltungsakademien durch MB. v. 16. April 1930 (StAnz. 91).

Verehelichung der Beamten der uniformierten Staatspolizei: VO. v. 28. Dez. 1928 (GVBl. 437).

Hitlergruß MB. v. 4. Aug. 1933 (StAnz. 179). Gruß beim Singen des Liedes der Deutschen u. des Horst-Wessel-Liedes MB. v. 4. Aug. 1933 (StAnz. 179).

Dienstaufsicht u. Dienststrafrecht für nicht richterliche Beamte: MB. v. 22. Okt. 1909 (GVBl. 737), geänd. durch Bek. v. 2. August 1922 (GVBl. 382), v. 27. März 1924 (GVBl. 122), v. 10. Jan. 1928 (GVBl. 3), VO. v. 21. März 1929 (GVBl. 42), Bek. v. 3. Okt. 1930 (GVBl. 357); ausgedehnt auf Volksschullehrer: Bek. v. 12. Juli 1920 (GVBl. 361) § 10; desgl. mit Maßgaben auf die Beamten der Kreis-Heil- und Pflegeanstalten: Bek. v. 21. Juni 1928 (GVBl. 356) Nr. 14. Wegen der Post-, Bahn- u. sonst. Verkehrsbeamten s. hierzu JMB. v. 12. Okt. 1925 (JMBl. 97). Besetzung d. Disziplinarkammern u. des Disziplinarhofes mit Volksschullehrern: Bek. v. 4. Nov. 1920 (GVBl. 473), geänd. d. B. v. 5. Okt. 1922 (GVBl. 626).

Dienststrafverfahren gegen Richter: Allgemeine Vollzugsbestimmung v. 29. Dez. 1908 (JMBl. I 696); Kostenwesen, JFMB. v. 21. Juni 1885 (FMBl. 681).

Dienststrafverfahren gegen Gemeindebeamte: InnMB. v. 31. März 1928 (GVBl. 186).

Zuständigkeit im Ersatzzuweisungsverfahren nach Art. 179 Beamtenges. MB. v. 26. April 1932 (GVBl. 245).

MBek. über den Ortszuschlag der Staatsbeamten v. 13. März 1923 (GVBl. 130), ergangen gemäss Art. 17 ff. BBesO.; geändert durch FMB. v. 25. April 1924 (GVBl. 147). S. hierzu Vollzugsbek. zur VO. über die 13. Abänderung des Beamtenbesoldungsges. v. 28. Okt. 1924 (StAnz. 252). Ortsklasseneinteilung für Bayern: Maßgebend nun die Regelung für die Reichsbeamten auch für die bayer. Beamten (Art. 17 des bayer. BesoldG. v. 20. April 1928). Die Regelung für die RBeamten ist erfolgt mit RFinMB. v. 17. Aug. 1929 (RBesoldBl. 111) mit nachstehenden im RBesoldBl. veröffentlichten Änderungen: 1929, 169; 1930, 47, 61 u. 123; 1931, 54, 102, 155; 1932, 91, 141. 3. Einfluß von Eingemeindungen auf die Ortsklasseneinteilung FMB. v. 1. Febr. 1927 (StAnz. 27).

FMB. über die örtlichen Sonderzuschläge der Staatsbeamten u. der Angestellten bei der bayer. Staatsverwaltung v. 11. Juni 1930 (GVBl. 199); aufgeh. mit FMB. v. 30. Juni 1933 (GVBl. 172).

FMB. über die Kinderzuschläge der Staatsbeamten v. 13. März 1923 (GVBl. 132), ergangen gemäss Art. 21 BBesG. u. Art. 4 PEG.; geänd. durch FMB. v. 25. April 1924 (GVBl. 147) u. A I zu c der Bek. v. 28. März 1928 (St.-(Anz. 73), diese ergänzt durch FMB. v. 27. Aug. 1928 (GVBl. 403); weiter geänd. durch FMB. v. 3. Jan. 1933 (StAnz. 4).

FMB. über die Kinderbeihilfen der Staatsbeamten v. 13. März 1923 (GVBl. 140), ergänzt durch Bek. v. 7. Mai 1923 (GVBl. 184), geänd. mit FMB. v. 25. April 1924 (GVBl. 147), weiter geänd. durch A I zu c 2 der Bek. v. 28. März 1928 (StAnz. Nr. 73), diese ergänzt durch FMB. v. 27. Aug. 1928 (GVBl. 403), FMB. v. 2. Dez. 1928 (StAnz. 282); s. auch FMB. v. 17. März 1925 (StAnz. Nr. 64) u. FMB. v. 5. Juni 1932 (StAnz. Nr. 128). Kinderzuschläge u. Kinderbeihilfen bei eigenem Einkommen des Kindes FMB. v. 19. Aug. 1931 (GVBl. 212). Kinderzuschläge u. Kinderbeihilfen bei Doppelwaisen FMB. v. 11. Dez. 1931 (GVBl. 376). Einfluß des Werthalbjahrs auf Kinderzuschläge u. Kinderbeihilfe FMB. v. 15. Juli 1933 (StAnz. 163).

FMB. über Zahlung der Kinderzuschläge, Kinderbeihilfen (u. des Frauenzuschlags) bei verspäteter Antragstellung v. 11. Juni 1927 (GVBl. 225).

KMVO. über die Vorlesungs- u. Übungsgebühren der Hochschulprofessoren v. 9. Juni 1931 (GVBl. 141).

Die Unterhaltszuschüsse u. Leistungsregelungen der im staatlichen Vorbereitungsdienste stehenden Personen MB. v. 5. Okt. 1928 (GVBl. 413) mit MB. v. 22. Mai 1929 (GVBl. 63); erstere geänd. durch die NotVO. v. 26. Aug. 1931 (GVBl. 223) mit Nr. 15 der FMB. v. 18. Sept. 1931 (GVBl. 278), weiter durch § 8 der VO. v. 30. Okt. 1921 (GVBl. 309).

Vergütung der Auslagen für Schreibbedarf. MB. v. 2. Febr. 1922 (StAnz. Nr. 28), v. 13. Mai 1924 (StAnz. Nr. 113), v. 17. April 1929 (GVBl. 60); hiezu VO. v. 26. Aug. 1931 (GVBl. 223).

Versetzung der etatsmäßigen Beamten in den Ruhestand, Fürsorge für die Hinterbliebenen der etatsmäßigen Beamten: MB. v. 22. Okt. 1909 (GVBl. 781); hierzu wegen der Beamten der Kreis-Heil- u. Pflegeanstalten Nr. 13 der Bek. v. 21. Juni 1928 (GVBl. 356). Festsetzung der ruhegehaltsfähigen Dienstzeit der Staatsbeamten: FMB. v. 16. Febr. 1922 (GVBl. 172); hierzu MB. v. 30. April 1924 (StAnz. Nr. 104), MB. v. 19. Juli 1926 (GVBl. 384). Festsetzung von Hinterbliebenenbezügen bei widerruflichen etatsmäßigen Beamten JMB. v. 12. Dez. 1914 (JMBl. I 871). Wiederanstellung von

Wartegeld- und Ruhegehaltsempfängern: MB. v. 15. Sept. 1921 (GVBl. 467); Vollzug vorerst eingestellt MB. v. 27. Okt. 1927 (GVBl. 351).

Vollzug der Bestimmungen über Einführung von Altersgrenzen. JMB. v. 7. April 1924 (JMBl. II 242).

Kürzung der Versorgungsbezüge der Beamten bei Privateinkommen: Art. 4 der VO. zur Aenderung beamtenrechtl. Vorschriften v. 4. März 1924 (GVBl. 128). Vollz.-Bek. v. 23. Mai 1924 (GVBl. 165). Vollzug eingestellt, FMB. v. 28. Sept. 1925 (StAnz. 224). Art. 4 Nr. 1—6 aufgeh. durch Art. 3 Abs. 3 Ges. v. 10. Juli 1927 (GVBl. 227).

Besoldungsdienstalter ehem. Offiziere u. dgl. Bek. v. 22. März 1924 (GVBl. 123), geänd. durch MB. v. 30. Sept. 1926 (GVBl. 498).

Versorgungsbezüge der Altruhestandsbeamten und der Althinterbliebenen: FMB. v. 7. Juni 1921 (GVBl. 337); ergänzt durch Bek. v. 23. Juli 1921 (GVBl. 382); Bek. v. 25. Jan. 1922 (GVBl. 87).

FMB. über die Versorgungsbezüge der Staatsbeamten und ihrer Hinterbliebenen v. 28. Sept. 1925 (StAnz. 224); geänd. durch FMB. v. 29. Mai 1929 (StAnz. 123).

FMB. über Unfälle von Beamten bei einer Lebensrettung usw. v. 4. Jan. 1930 (GVBl. 25) u. v. 24. Juli 1930 (GVBl. 266).

Die Mietentschädigungen für Dienstwohnungen und Dienstzimmer: MB. v. 25. Sept. 1923 (GVBl. 342 u. 376); geänd. durch FMB. v. 2. Jan. 1924 (StAnz. 1), v. 4. Juni 1924 (StAnz. 131), durch die MB. v. 3. Aug. 1932 (GVBl. 330) und durch MB. vom 24. Oktober 1932 (GVBl. 421). Vollzugsbestimmungen zu § 17 FMB. vom 16. August 1933 (StAnz. 189). Neufestsetzungen der Vergütungen für Beheizung und Beleuchtung von Dienstwohnungen und für Mitbenutzung der in Amtsgebäuden eingerichteten Sammelheizungen und Warmwasserbereitungsanlagen: MB. v. 14. März 1924 (GVBl. 78) geändert durch MB. vom 23. November 1924 (GVBl. 248), v. 4. Nov. 1925 (GVBl. 266), v. 28. Nov. 1929 (GVBl. 149), v. 1. Dez. 1932 (StAnz. 281). Pachtentschädigungen für die den Beamten vom Staate überlassenen Gärten und sonstigen Grundstücke: MB. v. 29. Juli 1924 (GVBl. 189).

UmzugskostenVO. v. 3. Mai 1923 (GVBl. 170; geänd. durch VO. v. 26. Febr. 1930 (GVBl. 35), v. 24. Dez. 1931 (GVBl. 432). VollzBek. v. 3. Mai 1923 (GVBl. 171); geänd. durch lit. A der FMB. v. 25. Jan. 1924 (GVBl. 17), deren lit. B. aufgeh. ist durch FMB. v. 20. März 1924 (GVBl. 81) u. nochmals durch FMB. v. 24. Dez. 1931 (GVBl. 433); ergänzt durch FMB. v. 10. Febr. 1927 (StAnz. 35) mit FMB. v. 20. Aug. 1928 (StAnz. 194); weiter geänd. durch FMB. v. 25. Febr. 1927 (GVBl. 108), FMB. vom 6. Februar 1930 (GVBl. 35), FMB. vom 3. April 1933 (GVBl. 102) unter gleichzeitiger Änd. der Änd. vom 25. Jan. 1924. FMB. v. 24. Dez. 1931 (GVBl. 434), betr. Beihilfen zu Wohnungsinstandsetzungskosten, unter gleichzeitiger Änd. der Bek. v. 3. Mai 1923 u. v. 25. Febr. 1924. Besorgung der Umzüge der Mitglieder der Tarif- und Interessengemeinschaft des deutschen Möbeltransports FMB.

v. 7. Juni 1923 (GVBl. 196). Umzugskostenentschädigungen an Ruhestandsbeamte u. Beamtenhinterbliebene FMB. v. 24. Dez. 1931 (GVBl. 433). Umzugskostenentschädigungen an Versorgungsanwärter FMB. v. 3. April 1932 (StAnz. 102) mit FMB. v. 13. Aug. 1932 (GVBl. 335), geänd. durch FMB. v. 20. April 1933 (GVBl. 121).

Entschädigung der Beamten bei auswärtigen Dienstgeschäften VO. v. 20. Mai 1922 (GVBl. 297), geänd. durch B. v. 14. Aug. 1922 (GVBl. 410), VO. v. 31. Okt. 1923 (GVBl. 375), VO. v. 29. Jan. 1924 (GVBl. 19), FMB. v. 29. Jan. 1924 (GVBl. 21), VO. v. 21. März 1929 (GVBl. 41), VO. v. 16. April 1931 (GVBl. 129). Kürzung dieser Bezüge VO. v. 31. Juli 1931 (GVBl. 203); hiezu FMB. v. 29. Sept. 1931 (StAnz. 227) u. v. 18. Nov. 1931 (StAnz. 272). Allgemeine AusführungsBek. v. 20. Mai 1922 (GVBl. 304), geänd. durch Bek. v. 14. Aug. 1922 (GVBl. 410), v. 29. Jan. 1924 (GVBl. 20), FMB. v. 29. Jan. 1924 (GVBl. 21), v. 29. Aug. 1924 (GVBl. 198), v. 27. Dez. 1924 (GVBl. 249), v. 30. April 1926 (GVBl. 322), diese geänd. durch Bek. v. 16. April 1931 (GVBl. 129), v. 4. Juli 1930 (GVBl. 206), v. 16. April 1931 (GVBl. 129), v. 31. Juli 1931 (GVBl. 204). Entschädigung der Beamten bei Dienstreisen im Amtsbezirke oder sonstigen regelmäßig in größerer Zahl vorzunehmenden Dienstreisen Bek. v. 27. Dez. 1924 (GVBl. 250), geänd. durch Bek. v. 31. Juli 1931 (GVBl. 204). FMB. über die Beschäftigungstagegelder der Beamten bei länger dauernden auswärtigen Dienstgeschäften an demselben Orte v. 29. Jan. 1924 (GVBl. 21), geänd. durch Bek. v. 27. Dez. 1924 (GVBl. 249), v. 4. Juli 1930 (GVBl. 206). Vorschußgewährung bei Vornahme auswärtiger Dienstgeschäfte MB. v. 2. Jan. 1916 (JMBl. I 893). Entschädigung bei Benützung eigener Kraftfahrzeuge FMB. v. 31. Aug. 1933 (StAnz. 202). Entschädigung der Gendarmeriebeamten bei Vornahme auswärtiger Dienstgeschäfte Bek. v. 27. April 1925 (StAnz. Nr. 97; InnMBl. 62). Entschädigung von Kriminalbeamten usw. Bek. v. 20. Juni 1931 (StAnz. 141). Allg. Erläuterungen FMB. v. 31. Juli 1931 (StAnz. 176).

Entschädigung für doppelte Haushaltführung MB. v. 30. Mai 1919 (GVBl. 287); geänd. durch MB. v. 13. März 1920 (GVBl. 84), v. 11. Dez. 1920 (GVBl. 495), v. 21. Juli 1921 (GVBl. 378), v. 2. Febr. 1922 (GVBl. 157), v. 10. Juni 1922 (GVBl. 340), v. 26. Sept. 1922 (GVBl. 558), v. 21. Juli 1923 (GVBl. 239), FMB. v. 30. Jan. 1924 (GVBl. 23), v. 27. Dez. 1924 (GVBl. 249), v. 26. Febr. 1930 (GVBl. 36), diese geänd. durch MB. v. 6. Okt. 1933 (StAnz. 233), lit. B der NotVO. v. 26. Aug. 1931 (GVBl. 223), FMB. v. 14. April 1932 (StAnz. 87). Neufestsetzung der Sätze MB. v. 23. Juni 1932 (GVBl. 282). Entschädigung für getrennte Haushaltsführung an Versorgungsanwärter FMB. v. 30. April 1932 (StAnz. 102), geänd. durch Bek. v. 13. Aug. 1932 (GVBl. 335).

Gewährung von Reiseentschädigungen an auswärts beschäftigte oder versetzte Beamte FMB. v. 28. Nov. 1922 (GVBl. 649), geänd. durch Bek. v. 24. Febr. 1925 (GVBl. 92) u. v. 12. Juli 1926 (GVBl. 354).

FMB. über die Gegenleistungen der Staatsbeamten, Aerzte u. Angestellten des Staates für gewährte Verpflegung v. 12. Mai 1932 (StAnz. 110).

FMB. über die gem. Art. 2 der VO. über die 13. Abänderung des Besoldungsges. v. 28. Okt. 1924 zu entrichtende einmalige Ausgleichsentschädigung der Beamten der Pfalz v. 5. Juni 1925 (StAnz. Nr. 128).

FMB. über Zahlungen aus den Staatskassen an auswärtige Empfangsberechtigte im Postanweisungsverkehr v. 15. Februar 1900 (FMBl. 178), geänd. durch MB. v. 10. Juni 1925 (StAnz. 133). Bargeldlose Gehaltszahlung FMB. v. 15. Nov. 1924 (StAnz. 268), ergänzt durch FMB. v. 30. März 1928 (StAnz. 77) u. v. 8. Nov. 1928 (StAnz. 261).

Einbehaltung von Lohn- u. Gehaltsteilen für Zwecke der freiwilligen Spende zur Förderung der nationalen Arbeit MB. v. 28. Juli 1933 (StAnz. 174).

Flugpreisermäßigungen für Beamte FMB. v. 8. Sept. 1931 (StAnz. 208).

MB. betr. die nichtetatsmässigen Beamten v. 11. März 1921 (GVBl. 73), geänd. durch MB. v. 24. Aug. 1921 (GVBl. 410), 10. Dez. 1921 (GVBl. 589), v. 4. Juli 1924 (GVBl. 181), v. 26. April 1932 (GVBl. 243); hierzu JMB. v. 15. April 1921 (JMBl. II 125).

Ueberleitung in das Beamtenbesoldungsges. v. 20. April 1928. FMB. v. 28. März 1928 (StAnz. 73 mit 74) ergänzt durch FMB. v. 29. März 1928 (StAnz. 74) u. v. 27. Aug. 1928 (GVBl. 403).

Zusicherung von Bezügen für den Krankheitsfall im Hinblick auf die RVersichOrdn. Bek. v. 3. Okt. 1921 (GVBl. 488) u. v. 5. Okt. 1927 (GVBl. 292). Zu § 554 Abs. 1 Nr. 7 RVersichOrdn., Befreiung von Körperschaftsbeamten von der Unfallversicherung MBek. v. 17. April 1929 (StAnz. 89).

Die Krankenkasse der bayer. Staatsbeamten: FMB. v. 13. März 1926 (StAnz. 66); ergänzt durch Bek. v. 22. Juni 1926 (StAnz. 141), v. 16. März 1929 (StAnz. 66), v. 5. Aug. 1930 (StAnz. 188). Satzungsänderung (StAnz. 1927 Nr. 172, 223; 1928, 177, 258, 302).

Das staatliche Aushilfspersonal FMB. v. 1. April 1924 (StAnz. 77), geänd. durch FMB. v. 27. Mai 1926 (StAnz. 120), v. 9. Mai 1927 (StAnz. 105), v. 30. Sept. 1927 (StAnz. 226), v. 30. April 1928 (StAnz. 100) mit FMB. v. 31. Juli 1929 (StAnz. 178), v. 4. Juni 1930 (StAnz. 129), v. 28. Dez. 1931 (GVBl. 457).

Die Angestellten bei der Bayer. Staatsverwaltung FMB. v. 1. April 1924 (InnMBl. 77), geänd. durch FMB. v. 30. April 1928 (StAnz. 100), v. 11. Juni 1930 (StAnz. 134) Nr. I 7, § 10 der VO. v. 30. Okt. 1931 (GVBl. 309), FMB. v. 28. Dez. 1931 (GVBl. 457). Kürzung der Bezüge der Angestellten der bayer. Staatsverwaltung FMB. v. 8. Jan. 1931 (StAnz. 7), geänd. durch FMB. v. 12. März 1931 (StAnz. 62). S. weiter FMB. v. 6. Dez. 1931 (StAnz. 284).

Beitragszahlung des Staates zur Sozialversicherung MB. v. 7. Okt. 1914 (JMBl. I 871).

Töchterstift Neuberghausen: GVBl. 1911, 4; 1928, 159.

Das Kinder- u. Erholungsheim Marienruhe JMB. v. 12. Mai 1925 (JMBl. II 265).

VO. über die uniformierte Staatspolizei vom 12. April 1928 (GVBl. 197). Vollzugsbek. zum Polizeibeamtenges. v. 12. April 1928 (GVBl. 197). AusfVorschr. hierzu v. 11. Juni 1930 (GVBl. 161), geänd. durch InnMB. v. 21. April 1933 (GVBl. 119).

VO. zur Durchf. des Ges. über Abtretung von Beamtenbezügen zum Heimstättenbau v. 12. März 1928 (RGBl. 61); hierzu MB. v. 5. Mai 1928 (StAnz. 111), v. 31. Dez. 1928 (StAnz. 1929, 8), v. 14. Mai 1929 (GVBl. 62).

VollzBek. betr. die Beamten bei den Kreisheil- u. Pflegeanstalten v. 21. Juni 1928 (GVBl. 356).

Zu Art. 8 Abs. 4 u. 5 u. Art. 42 des Beamtenbesoldungsges. v. 20. April 1928: Besoldungsdienstalter der Versorgungsanwärter u. Schwerkriegsbeschädigten FMB. v. 27. Aug. 1928 (GVBl. 401), geänd. durch FMB. v. 5. Aug. 1930 (GVBl. 270).

Liquidation der Allg. Unterstützungsvereins- u. der Töchterkasse: FMB. v. 5. Mai 1930 (GVBl. 135).

III. Bestimmungen über Gehaltskürzungen.

I. (Erste) GehaltskürzungsVO. v. 31. Dez. 1930 (GVBl. 411); Zweite GehKürzVO. v. 17. Juni 1931 (GVBl. 157). (Erste) VO. v. 26. Aug. 1931 zum Vollz. des Staatshaushalts (GVBl. 223) Abschn. B. (ursprüngliche Dritte Geh.-KürzVO.); geänd. durch die VO. v. 17. Dez. 1931 (s. unten); (Neue) Dritte GehKürzVO. v. 3. Sept. 1931 (GVBl. 241), wieder aufgeh. durch VO. v. 17. Dez. 1931 (s. unten). Zweite VO. v. 30. Okt. 1931 zum Vollz. des Staatshaushalts (GVBl. 309), ändert die VO.en v. 31. Dez. 1930, 17. Juni 1931 u. 3. Sept. 1931; ihrers. geänd. durch die VO. v. 17. Dez. 1931 (s. unten). (Neueste) Dritte GehKürzVO. v. 17. Dez. 1931 (GVBl. 381).

II. AusfVorschr. v. 15. Jan. 1931 zur (Ersten) GehaltskürzungsVO. v. 31. Dez. 1930 (GVBl. 1931, 5); Berechnungstafeln zu dieser MB. v. 6. Jan. 1931 (StAnz. 6). AusfVorschr. v. 2. Juli 1931 zur zweiten GehKürzVO. v. 17. Juni 1931 (GVBl. 163); Berechnungstafeln zu dieser MB. v. 17. Juni 1931 (StAnz. 138). AusfBestimmungen v. 18. Sept. 1931 zur (ursprünglichen) Dritten GehKürzVO. v. 26. Aug. 1931 (GVBl. 278), nun (GVBl. 1932, 52) bezeichnet als „AusfBestimmungen zur VO. über den Vollz. des Staatshaushalts v. 26. Aug. 1931". Ausf.-Bestimmungen v. 11. Dez. 1931 zur zweiten VO. vom 30. Okt. 1931 zum Vollz. des Staatshaushalts (ursprünglich auch bezeichnet als Vierte GehKürzVO.) (GVBl. 373). JFMB. v. 29. Dez. 1931 über die Berechnung der Gehaltskürzung der Notare nach den GehKürzVO.en (GVBl. 455); ändert auch die vorangeführten AusfVorschr. v. 15. Jan. 1931, v. 2. Juli 1931, v. 18. Sept. 1931 u. v. 11. Dez. 1931. AusfVorschr. v. 30. Jan. 1932 zur (Neuesten) Dritten GehKürzVO. v. 17. Dez. 1931 (GVBl. 1932, 43), ändert auch die vorangeführten Ausf.-Vorschr. v. 15. Jan. 1931, 2. Juli 1931, 18. Sept. 1931 u. 11. Dez. 1931; ihrerseits geänd. durch FMB. v. 11. April 1932 über die Gehaltskürzung der Notare im Kalenderjahr 1932 (GVBl. 204); diese ändert auch die vorangeführten AusfVorschr. v. 15. Jan. 1931, 2. Juli 1931 u. 18. Sept. 1931. Berechnung der Gehaltskürzungen der Notare für 1932 und Vorschußzahlungen für 1933 MB. v. 24. Dez. 1932 (GVBl. 448). JInnFMB. v. 23. Febr. 1932 über die Kürzung der Gebühren für amtsärztliche Dienstleistungen (GVBl. 101).

RPräsVO. v. 18. Juli 1931 über die Auszahlung von Dienstbezügen (RGBl. 381) mit DurchfVO. v. 18. Juli 1931 (RGBl. 381), letztere geänd. durch VO. v. 14. Sept. 1931 (RGBl. 492) u. v. 13. Juli 1932 (RGBl. 351). **Auszahlung der Bezüge in Teilbeträgen** VO. v. 22. Juli 1931 (GVBl. 287), geänd. durch VO. v. 6. Okt. 1931 (GVBl. 288) u. ergänzt durch FMB. v. 7. April 1933 (StAnz. 87); hins. der Beamten u. Angestellten der Körperschaften des öffentl. Rechts s. MB. v. 29. Dez. 1932 (StAnz. 1933 Nr. 1).

III. Pensionskürzungen: Nr. III der Zweiten VO. zum Vollz. des Staatshaushalts v. 30. Okt. 1931 (GVBl. 309), sog. PensionskürzungsVO. AusfBestimmungen hiezu: FMB. v. 29. Febr. 1932 (GVBl. 111).

IV. InnMB. v. 8. Febr. 1932 über die Verwendung der durch die 1., 2. u. 3. Gehaltskürzung bei Körperschaften des öffentl. Rechts erzielten Einsparungen (GVBl. 66).

IV. Wiederherstellung des Berufsbeamtentums.

Ges. zur Wiederherstellung des Berufsbeamtentums v. 7. April 1933 (RGBl. 175), geänd. durch Ges. v. 23. Juni 1933 (RGBl. 389), v. 20. Juli 1933 (RGBl. 518), v. 22. Sept. 1933 (RGBl. 655). Erste DurchfVO. des Reichs v. 11. April 1933 (RGBl. 195). Zweite DurchfVO. des Reichs v. 4. Mai 1933 (RGBl. 233), geänd. durch VO. v. 7. Juli 1933 (RGBl. 458) u. v. 28. Sept. 1933 (RGBl. 678). Dritte DurchfVO. des Reichs v. 6. Mai 1933 (RGBl. 245). Vierte DurchfVO. des Reichs v. 18. Juli 1933 (RGBl. 515). Fünfte DurchfVO. des Reichs v. 19. Sept. 1933 (RGBl. 697). RFMB. v. 7. Aug. 1933 über die Anwendung des Ges. auf Angestellte u. Arbeiter (RBesoldBl. 113). Bayer. VollzBek. für die Justizverwaltung v. 18. April 1933 (StAnz. 91). Bayer. MB. v. 18. April 1933 betr. Maßnahmen im Notariatswesen (StAnz. 91). Bayer. MB. v. 1. Juni 1933 betr. den Vollzug des Ges. bei den Angestellten der Träger der Krankenversicherung u. der Unfallversicherung (StAnz. 127). Bayer. MB. v. 6. Juli 1933 über den Vollzug des Ges. zur Wiederherstellung des Berufsbeamtentums in der bayer. Staatsverw. (GVBl. 173). Bayer. MB. vom 6. Juli 1933 über den Vollzug des Ges. in den Gemeinden, Gemeindeverbänden usw. (GVBl. 178). Bayer. MB. v. 6. Juli 1933 über den Vollzug des Ges. bei der uniformierten Staatspolizei (GVBl. 183).

V. Ges. v. 30. Juni 1933 zur Änd. von Vorschriften auf dem Gebiete des **allgemeinen Beamten-, des Besoldungs- u. des Versorgungsrechts** (RGBl. 433, 624). Begründung hiezu: RBesoldBl. 1933, 101. **Vollzugsbestimmungen:** VO. v. 7. Aug. 1933 über die Besoldungsangleichung bei den Beamten der Gemeinden, Gemeindeverbände u. Körperschaften des öffentl. Rechts, 2. BesoldungsangleichungsVO. (GVBl. 211). DurchführBestimmungen v. 29. Aug. 1933 zu Kap. IV betr. Nebenbeschäftigungen der Beamten (RGBl. 612); desgl. v. 4. Sept. 1933 (RGBl. 622).

4. Die Bezüge der

Beamtenbesoldungsges. v. 20. April 1928, GVBl.

I. Jahresgrundgehälter

Besoldungsordnung A.; für

Bes.-Gruppe	Anfangsgehalt	nach 2 Jahr.	nach 4 Jahr.	nach 6 Jahr.	nach 8 Jahr.	nach 10 Jahr.
1 a	8 400	9 500	10 600	11 600	12 600	
1 b	8 100	9 000	9 900	10 800	11 700	
1 c	7 200	7 800	8 400	9 000	9 600	10 100
1 d	7 100	7 800	8 500	9 200	9 900	10 600
2 a	7 000	7 500	8 000	8 500	8 900	9 300
2 b	5 400	6 000	6 50C	7 000	7 400	7 800
2 c	5 700	6 200	6 700	7 200	7 700	8 200
2 d	5 700	6 100	6 500	6 900	7 300	7 700
2 e	4 800	5 200	5 600	6 000	6 400	6 800
2 f	4 800	5 200	5 600	6 000	6 400	6 800
2 g	4 800	5 200	5 600	6 000	6 400	6 800
3 a	4 800	5 200	5 600	6 000	6 400	6 700
3 b	4 800	6 000	6 900			
4 a	4 100	4 400	4 700	4 950	5 200	5 500
4 b	2 800	3 050	3 300	3 550	3 800	4 000
4 c	3 400	3 800	4 200			
4 d	2 400	2 700	3 100	3 400	3 800	4 200
5 a	2 800	3 000	3 200	3 400	3 600	3 750
5 b	2 300	2 550	2 800	3 000	3 200	3 400
5 c	2 350	2 500	2 650	2 800	2 950	3 100
6	2 400	2 600	2 750	2 900	3 050	3 200
7 a	2 350	2 500	2 650	2 800	2 950	3 100
7 b	2 200	2 350	2 500	2 600	2 700	2 800
7 c	2 000	2 100	2 200	2 300	2 450	2 550
8 a	2 000	2 090	2 180	2 270	2 360	2 450
8 b	1 860	1 980	2 220	2 340		
9	1 700	1 800	1 900	2 000	2 100	2 200
10	1 600	1 690	1 780	1 870	1 960	2 050
11	1 500	1 590	1 680	1 770	1 860	1 950
12	1 500	1 580	1 650	1 730	1 800	1 880

Besoldungsordnung B.;

Besoldungsgruppe	B 1	B 2	B 3
Jahresbezüge	19 000	18 000	17 000
WohnGZusch. Tarifklasse . . .	I	I	II

bayer. Beamten.

205, mit MB. v. 20. Febr. 1930 (StAnz. 44).

nach dem Gesetze.

aufsteigende Gehälter.

nach 12 Jahr.	nach 14 Jahr.	nach 16 Jahr.	nach 18 Jahr.	nach 20 Jahr.	Wohnungsgeld Tarifklasse
10 600	11 100	11 600	12 100	12 600	II
9 700					
8 200	8 600	9 000			
8 600	9 000				
8 100	8 400				
7 200	7 500	7 800	8 100	8 400	
7 200	7 500				
7 200	7 500	7 800			
7 000					III
5 800					
4 200	4 400	4 600	4 800	5 000	
3 900	4 050	4 200			
3 600	3 800	4 000	4 200		
3 250	3 400	3 600	4 000	4 200	IV
3 350	3 500	3 600			
3 200	3 300	3 400	3 500		
2 900	3 000	3 100	3 200		
2 650	2 750	2 850	3 000		
2 540	2 620	2 700			
2 300	2 400	2 500	2 600		
2 140	2 230	2 320	2 400		
2 040	2 120	2 200			V
1 950	2 030	2 100			VI

für Einzelgehälter.

B 4	B 5				
16 000	14 000				
II	II				

II. Tafel zur Berechnung der auf AusnahmeVOen gestützten Kürzungen der Jahresbezüge,[1])

die seit 1. Juli 1932, z. T. schon seit 1. Febr. 1932 auf Grund der drei KürzungsVOen v. 31. Dez. 1930, 17. Juni 1931 u. 17. Dez. 1931 stattfinden; s. StAnz. 1932 Nr. 26.

Die kürzungspflichtigen Bezüge betragen	Die Kürzung beträgt	
	Sonderklasse und Ortsklasse A	Ortsklassen B, C und D
1	2	3
mehr als 12 000 RM.	22 % minus 210 RM.	23 % minus 210 RM.
mehr als 6 000, aber nicht mehr als 12 000 RM.	21 % minus 90 RM.	22 % minus 90 RM.
mehr als 3 000, aber nicht mehr als 6 000 RM.	20 % minus 30 RM.	21 % minus 30 RM.
mehr als 1611, aber nicht mehr als 3 000 RM.	19 %	
mehr als 1 612,44, aber nicht mehr als 3 000 RM.		20 %
bis zu 1 500 RM.	13 %	14 %
	Der nach der Kürzung verbleibende Rest beträgt	
mehr als 1 500, aber nicht mehr als 1 611 RM.	1 305 RM.	
mehr als 1 500, aber nicht mehr als 1 612,44 RM.		1 290 RM.

[1]) Einzurechnen sind Gehälter, Wohnungsgeldzuschüsse, Örtliche Sonderzuschläge; nicht: Kinderzulagen, Kinderbeihilfen, Dienst-

III. Wohnungsgeldzuschuß f. d. Jahr seit 1. Okt. 1927 [1]).

(120% des Grundbetrags s. ME. v. 28. März 1928, StAnz. 73, ferner Art. 14 BBesoldG. v. 20. April 1928).

In Ortsklasse	In Tarifklasse							
	I	II	III	IV	V	VI	VII	VII b.40 v.H. Abzug
S	2520	2016	1584	1152	864	636	402	240
A	2160	1728	1368	1008	732	534	348	210
B	1800	1440	1080	792	606	444	288	174
C	1368	1080	864	648	474	348	216	132
D	1008	792	648	474	348	258	156	96

Ledige Beamte erhalten bis zum vollendeten 45. Lebensjahr nur den Wohnungsgeldzuschuss ihrer nächst niedrigen Tarifklasse; an die Stelle des Wohnungsgeldzuschusses der Tarifkl. VII treten hierbei die um 40% verkürzten Sätze. Für Geistliche gilt dieses nicht.

Beamte der bisherigen Besoldungsgruppe VIII erhalten in allen Fällen den Wohnungsgeldzuschuss der Tarifklasse IV, Oberwerkmeister der BesGruppe VII erhalten, soweit Ueberleitung nach A 6 erfolgt, den WohnGZuschuss der Tarifklasse IV.

IV. Kinderzuschläge seit 1. Juli 1931.

(§ 21 Beamtenbesoldungsges. u. § 6 der VO. v. 17. Juni 1931, (GVBl. 157).

Kinderzuschläge fallen an für noch nicht 21 Jahre alte Kinder. Bezahlt werden monatlich: Für das 1. Kind 10 RM., für das 2. Kind 20 RM., für das 3. und 4. Kind je 25 RM., für jedes folgende je 30 RM. Der Kinderzuschlag entfällt bei Kindern über 16 Jahre, wenn sie nicht in der Schulausbildung oder in der Ausbildung für einen gegen Entgelt auszuübenden Lebensberuf befinden, sowie bei einem eigenen Monatseinkommen des Kindes von 30 RM. Wegfall des Zuschlags mit dem Ablauf des nächsten Monats nach dem, in dem das Wegfallereignis eintritt. Eingerechnet werden auch Kinder mit Kinderbeihilfen.

V. Einstufung der höheren Justizbeamten.

Nach der Anlage I zum Beamtenbesoldungsges. (GVBl. 1928, 215) mit Änd. v. 29. März 1930 (GVBl. 107); MB. v. 15. Mai 1928 (GVBl. 330). S. wegen der nunmehrigen Amtsbezeichnungen auch die MB. v. 20. Febr. 1930 (GVBl. 27).

---

aufwandsentschädigungen, Entschädigungen für auswärtige Dienstgeschäfte, Umzugskostenvergütungen oder -beihilfen, Trennungsentschädigungen, Notstandsbeihilfen und einmalige Unterstützungen (§ 3 der VO. v. 17. Dez. 1931, GVBl. 381).

[1]) Wegen der derzeitigen Kürzung s. oben Note 1 zu Tafel II.

Besoldungsordnung A:

1. a) Ministerialräte, Räte u. Oberstaatsanwälte (bisher Staatsanwälte) des Obersten Landesgerichts, Senatspräsidenten der Oberlandesgerichte, Generalstaatsanwälte der Oberlandesgerichte, soweit nicht in B 5 (bisher Oberstaatsanwälte), Präsidenten der Landgerichte, soweit nicht in B 5, Präsident des Amtsgerichts München, Oberstaatsanwalt beim Landgericht München I (bisher I. Staatsanwalt). b) Landgerichtsdirektor als Vorsitzender des Landesarbeitsgerichts München. d) Amtsgerichtsdirektoren als dienstaufsichtführende Richter von Amtsgerichten mit Bezirken von über 100 000 Einwohnern.

2. a) Oberregierungsräte, Oberlandesgerichtsräte, Oberstaatsanwälte der Oberlandesgerichte und Landgerichte (bisher Staatsanwälte der Oberlandesgerichte bzw. I. Staatsanwälte), Landgerichtsdirektoren, Amtsgerichtsdirektoren als dienstaufsichtführende Richter von Amtsgerichten mit Bezirken von über 75 000—100 000 Einwohnern (bisher Amtsgerichtsräte), Amtsgerichtsdirektoren als Abteilungsvorstände bei Amtsgerichten mit Bezirken von über 100 000 Einwohnern (bisher Amtsgerichtsräte). b) Stellvertretende Landgerichtsdirektoren, Amtsgerichtsdirektoren als dienstaufsichtführende Richter von Amtsgerichten mit Bezirken von über 40 000—75 000 Einwohnern (bisher Amtsgerichtsräte), Amtsgerichtsdirektoren als Abteilungsvorstände bei Amtsgerichten mit Bezirken über 75 000—100 000 Einwohnern (bisher Amtsgerichtsräte). d) Regierungsräte I. Klasse, I. Staatsanwälte [1]) (bisher II. Staatsanwälte), Amtsgerichtsräte [1]) (bisher Oberamtsrichter), Oberamtsrichter [1]) als Vorstände von Amtsgerichten (bisher Oberamtsrichter), Landgerichtsräte [1]), Direktoren der Strafanstalten u. Gefängnisse; Medizinalräte I. Klasse, Oberpfarrer, e) Amtsgerichtsräte (bisher Oberamtsrichter u. Amtsrichter)[1]), Oberamtsrichter [1]) als Vorstände von Amtsgerichten (bisher Oberamtsrichter), Landgerichtsräte, Landgerichtsärzte. f) II. Staatsanwälte (bisher III. Staatsanwälte), Amtsanwälte im Hauptamte mit Befähigung zum Richteramt, Pfarrer, Gefängnisärzte, Strafanstaltsärzte. g) Ministerialrechnungsräte.

Besoldungsordnung B.

1. Staatsräte, Präsident des Obersten Landesgerichts. 2. Präsidenten der Oberlandesgerichte. 3. Ministerialdirektoren, Senatspräsidenten u. Generalstaatsanwalt des Obersten Landesgerichts. 5. Ministerialräte als Abteilungsleiter, Präsidenten der Landgerichte München I und Nürnberg, Generalstaatsanwälte der Oberlandesgerichte München u. Nürnberg.

---

[1]) Bei der Ernennung zum Amtsgerichtsrat oder Oberamtsrichter oder Landgerichtsrat behält der Beamte die Bezüge der Besoldungsgruppe A 2 d.

5. Tabelle zur Berechnung der Empfängniszeit.

Vorbemerkungen.

Die Empfängniszeit (einrechnungsfähige Zeit) ist der Zeitraum vor der Geburt eines Kindes, in den die Beiwohnung fallen muß, wenn bei unehelichen Kindern der Beiwohnende, und bei nach Eingehung der Ehe gebornen Kindern der Mann als Vater gelten soll. Nach dem BGB. gilt als Empfängniszeit die Zeit vom 181. bis 302. Tage vor der Geburt des Kindes, mit Einschluss des 181. und 302. Tages. § 1717, § 1592 BGB. Bei Schaltjahren ist hierbei auf den Schalttag Rücksicht zu nehmen; Schaltjahre sind: 1896, 1904, 1908, 1912, 1916, 1920, 1924, 1928, 1932, 1936, 1940, 1944, 1948.

Geburtstag	Empfängniszeit nach BGB., falls d. Entbindung erfolgt ist in einem				Geburtstag	Empfängniszeit nach BGB., falls d. Entbindung erfolgt ist in einem			
	Nicht-Schalt-Jahre		Schaltjahre			Nicht-Schalt-Jahre		Schaltjahre	
	von	bis	von	bis		von	bis	von	bis
Jan.	März	Juli	März	Juli	Jan.	März	Juli	März	Juli
1	5	4	5	4	27	31	30	31	30
2	6	5	6	5		April		April	
3	7	6	7	6					
4	8	7	8	7	28	1	31	1	31
5	9	8	9	8			Aug.		Aug.
6	10	9	10	9	29	2	1	2	1
7	11	10	11	10	30	3	2	3	2
8	12	11	12	11	31	4	3	4	3
9	13	12	13	12					
10	14	13	14	13	Febr.				
11	15	14	15	14					
12	16	15	16	15	1	5	4	5	4
13	17	16	17	16	2	6	5	6	5
14	18	17	18	17	3	7	6	7	6
15	19	18	19	18	4	8	7	8	7
16	20	19	20	19	5	9	8	9	8
17	21	20	21	20	6	10	9	10	9
18	22	21	22	21	7	11	10	11	10
19	23	22	23	22	8	12	11	12	11
20	24	23	24	23	9	13	12	13	12
21	25	24	25	24	10	14	13	14	13
22	26	25	26	25	11	15	14	15	14
23	27	26	27	26	12	16	15	16	15
24	28	27	28	27	13	17	16	17	16
25	29	28	29	28	14	18	17	18	17
26	30	29	30	29	15	19	18	19	18

Geburtstag	Empfängniszeit nach BGB., falls d. Entbindung erfolgt ist in einem Nicht-Schaltjahre von	bis	Schaltjahre von	bis
Febr.	April	Aug.	April	Aug.
16	20	19	20	19
17	21	20	21	20
18	22	21	22	21
19	23	22	23	22
20	24	23	24	23
21	25	24	25	24
22	26	25	26	25
23	27	26	27	26
24	28	27	28	27
25	29	28	29	28
26	30	29	30	29
	Mai		Mai	
27	1	30	1	30
28	2	31	2	31
				Sept.
29	—	—	3	1
März		Sept.		
1	3	1	4	2
2	4	2	5	3
3	5	3	6	4
4	6	4	7	5
5	7	5	8	6
6	8	6	9	7
7	9	7	10	8
8	10	8	11	9
9	11	9	12	10
10	12	10	13	11
11	13	11	14	12
12	14	12	15	13
13	15	13	16	14
14	16	14	17	15
15	17	15	18	16
16	18	16	19	17
17	19	17	20	18
18	20	18	21	19
19	21	19	22	20
20	22	20	23	21
21	23	21	24	22
22	24	22	25	23
23	25	23	26	24
24	26	24	27	25
25	27	25	28	26
26	28	26	29	27
27	29	27	30	28
28	30	28	31	29

Geburtstag	Empfängniszeit nach BGB., falls d. Entbindung erfolgt ist in einem Nicht-Schaltjahre von	bis	Schaltjahre von	bis
März	Mai	Sept.	Juni	Sept.
29	31	29	1	30
	Juni			Okt.
30	1	30	2	1
		Okt.		
31	2	1	3	2
April				
1	3	2	4	3
2	4	3	5	4
3	5	4	6	5
4	6	5	7	6
5	7	6	8	7
6	8	7	9	8
7	9	8	10	9
8	10	9	11	10
9	11	10	12	11
10	12	11	13	12
11	13	12	14	13
12	14	13	15	14
13	15	14	16	15
14	16	15	17	16
15	17	16	18	17
16	18	17	19	18
17	19	18	20	19
18	20	19	21	20
19	21	20	22	12
20	22	21	23	22
21	23	22	24	23
22	24	23	25	24
23	25	24	26	25
24	26	25	27	26
25	27	26	28	27
26	28	27	29	28
27	29	28	30	29
			Juli	
28	30	29	1	30
	Juli			
29	1	30	2	31
				Nov.
30	2	31	3	1
Mai		Nov.		
1	3	1	4	2
2	4	2	5	3
3	5	3	6	4
4	6	4	7	5

Geburtstag	Empfängniszeit nach BGB., falls d. Entbindung erfolgt ist in einem Nicht-Schaltjahre von	bis	Schaltjahre von	bis
Mai	Juli	Nov.	Juli	Nov.
5	7	5	8	6
6	8	6	9	7
7	9	7	10	8
8	10	8	11	9
9	11	9	12	10
10	12	10	13	11
11	13	11	14	12
12	14	12	15	13
13	15	13	16	14
14	16	14	17	15
15	17	15	18	16
16	18	16	19	17
17	19	17	20	18
18	20	18	21	19
19	21	19	22	20
20	22	20	23	21
21	23	21	24	22
22	24	22	25	23
23	25	23	26	24
24	26	24	27	25
25	27	25	28	26
26	28	26	29	27
27	29	27	30	28
28	30	28	31	29
			Aug.	
29	31	29	1	30
	Aug.			Dez.
30	1	30	2	1
		Dez.		
31	2	1	3	2
Juni				
1	3	2	4	3
2	4	3	5	4
3	5	4	6	5
4	6	5	7	6
5	7	6	8	7
6	8	7	9	8
7	9	8	10	9
8	10	9	11	10
9	11	10	12	11
10	12	11	13	12
11	13	12	14	13
12	14	13	15	14
13	15	14	16	15
14	16	15	17	16
15	17	16	18	17

Geburtstag	Empfängniszeit nach BGB., falls d. Entbindung erfolgt ist in einem Nicht-Schaltjahre von	bis	Schaltjahre von	bis
Juni	Aug.	Dez.	Aug.	Dez.
16	18	17	19	18
17	19	18	20	19
18	20	19	21	20
19	21	20	22	21
20	22	21	23	22
21	23	22	24	23
22	24	23	25	24
23	25	24	26	25
24	26	25	27	26
25	27	26	28	27
26	28	27	29	28
27	29	28	30	29
28	30	29	31	30
			Sept.	
29	31	30	1	31
	Sept.			Jan.
30	1	31	2	1
Juli		Jan.		
1	2	1	3	2
2	3	2	4	3
3	4	3	5	4
4	5	4	6	5
5	6	5	7	6
6	7	6	8	7
7	8	7	9	8
8	9	8	10	9
9	10	9	11	10
10	11	10	12	11
11	12	11	13	12
12	13	12	14	13
13	14	13	15	14
14	15	14	16	15
15	16	15	17	16
16	17	16	18	17
17	18	17	19	18
18	19	18	20	19
19	20	19	21	20
20	21	20	22	21
21	22	21	23	22
22	23	22	24	23
23	24	23	25	24
24	25	24	26	25
25	26	25	27	26
26	27	26	28	27
27	28	27	29	28
28	29	28	30	29

Geburtstag	Empfängniszeit nach BGB., falls d. Entbindung erfolgt ist in einem Nicht-Schaltjahre von	bis	Schaltjahre von	bis
Juli	Sept.	Jan.	Okt.	Jan.
29	30	29	1	30
	Okt.			
30	1	30	2	31
				Febr.
31	2	31	3	1
Aug.		Febr.		
1	3	1	4	2
2	4	2	5	3
3	5	3	6	4
4	6	4	7	5
5	7	5	8	6
6	8	6	9	7
7	9	7	10	8
8	10	8	11	9
9	11	9	12	10
10	12	10	13	11
11	13	11	14	12
12	14	12	15	13
13	15	13	16	14
14	16	14	17	15
15	17	15	18	16
16	18	16	19	17
17	19	17	20	18
18	20	18	21	19
19	21	19	22	20
20	22	20	23	21
21	23	21	24	22
22	24	22	25	23
23	25	23	26	24
24	26	24	27	25
25	27	25	28	26
26	28	26	29	27
27	29	27	30	28
28	30	28	31	29
		März	Nov.	März
29	31	1	1	1
	Nov.			
30	1	2	2	2
31	2	3	3	3
Sept.				
1	3	4	4	4
2	4	5	5	5
3	5	6	6	6
4	6	7	7	7

Geburtstag	Empfängniszeit nach BGB., falls d. Entbindung erfolgt ist in einem Nicht-Schaltjahre von	bis	Schaltjahre von	bis
Sept.	Nov.	März	Nov.	März
5	7	8	8	8
6	8	9	9	9
7	9	10	10	10
8	10	11	11	11
9	11	12	12	12
10	12	13	13	13
11	13	14	14	14
12	14	15	15	15
13	15	16	16	16
14	16	17	17	17
15	17	18	18	18
16	18	19	19	19
17	19	20	20	20
18	20	21	21	21
19	21	22	22	22
20	22	23	23	23
21	23	24	24	24
22	24	25	25	25
23	25	26	26	26
24	26	27	27	27
25	27	28	28	28
26	28	29	29	29
27	29	30	30	30
			Dez.	
28	30	31	1	31
	Dez.	April		April
29	1	1	2	1
30	2	2	3	2
Okt.				
1	3	3	4	3
2	4	4	5	4
3	5	5	6	5
4	6	6	7	6
5	7	7	8	7
6	8	8	9	8
7	9	9	10	9
8	10	10	11	10
9	11	11	12	11
10	12	12	13	12
11	13	13	14	13
12	14	14	15	14
13	15	15	16	15
14	16	16	17	16
15	17	17	18	17
16	18	18	19	18
17	19	19	20	19

Geburtstag	Empfängniszeit nach BGB., falls d. Entbindung erfolgt ist in einem Nicht-Schaltjahre von	bis	Schaltjahre von	bis
Okt.	Dez.	April	Dez.	April
18	20	20	21	20
19	21	21	22	21
20	22	22	23	22
21	23	23	24	23
22	24	24	25	24
23	25	25	26	25
24	26	26	27	26
25	27	27	28	27
26	28	28	29	28
27	29	29	30	29
28	30	30	31	30
		Mai	Jan.	Mai
29	31	1	1	1
	Jan.			
30	1	2	2	2
31	2	3	3	3
Nov.				
1	3	4	4	4
2	4	5	5	5
3	5	6	6	6
4	6	7	7	7
5	7	8	8	8
6	8	9	9	9
7	9	10	10	10
8	10	11	11	11
9	11	12	12	12
10	12	13	13	13
11	13	14	14	14
12	14	15	15	15
13	15	16	16	16
14	16	17	17	17
15	17	18	18	18
16	18	19	19	19
17	19	20	20	20
18	20	21	21	21
19	21	22	22	22
20	22	23	23	23
21	23	24	24	24
22	24	25	25	25
23	25	26	26	26
24	26	27	27	27
25	27	28	28	28

Geburtstag	Empfängniszeit nach BGB., falls d. Entbindung erfolgt ist in einem Nicht-Schaltjahre von	bis	Schaltjahre von	bis
Nov.	Jan.	Mai	Jan.	Mai
26	28	29	29	29
27	29	30	30	30
28	30	31	31	31
		Juni	Febr.	Juni
29	31	1	1	1
	Febr.			
30	1	2	2	2
Dez.				
1	2	3	3	3
2	3	4	4	4
3	4	5	5	5
4	5	6	6	6
5	6	7	7	7
6	7	8	8	8
7	8	9	9	9
8	9	10	10	10
9	10	11	11	11
10	11	12	12	12
11	12	13	13	13
12	13	14	14	14
13	14	15	15	15
14	15	16	16	16
15	16	17	17	17
16	17	18	18	18
17	18	19	19	19
18	19	20	20	20
19	20	21	21	21
20	21	22	22	22
21	22	23	23	23
22	23	24	24	24
23	24	25	25	25
24	25	26	26	26
25	26	27	27	27
26	27	28	28	28
27	28	29	29	29
	März		März	
28	1	30	1	30
		Juli		Juli
29	2	1	2	1
30	3	2	3	2
31	4	3	4	3

Zusatz zu Beilage 5.

Diese Tabelle zeigt die Zahl der zwischen zwei gegebenen Terminen liegenden Tage an, wenn Anfang und Ende des Zeitraums auf gleiche Tage zweier verschiedener Monate fallen. Fällt der Februar eines Schaltjahres hinein, so ist, weil in der Tabelle der Februar nur mit 28 Tagen berechnet ist, ein Tag hinzuzurechnen. Wenn Anfang und Ende des Zeitraumes auf ungleiche Tage fallen, so ist die Differenz bei dem Ergebnis ab- oder zuzurechnen. Der erste Tag eines Zeitraumes ist nicht mitgerechnet, dagegen aber der letzte.

Beispiele: Um zu wissen, wie viele Tage vom 15. Januar bis 15. Dezember eines Jahres zählen, sucht man in der Spalte 1 den Monat Januar und fährt auf dieser Zeile hinaus bis zur Spalte 13 (Dezember), wo sich die gesuchte Zahl 334 Tage findet; fällt der inzwischen liegende Februar in ein Schaltjahr, so ergeben sich 334 + 1 = 335 Tage; und wäre der Zeitraum vom 15. Januar bis 12. oder 18. Dezember zu suchen, so wären im ersteren Falle 3 Tage abzuziehen (334 — 3 = 331 Tage) und im letzteren Falle 3 Tage zuzuzählen (334 + 3 = 337 Tage). — Ist die Zeit vom 23. August 1871 bis 14. März 1872 zu suchen, so sucht man in der Spalte 1 den Monat August und fährt auf der Zeile bis in die Spalte 4, März, wo sich die 212 Tage finden, dazu 1 Schalttag = 213 und davon ab 9 Tage Differenz zwischen 14 und 23 = 204 Tage.

Zeitberechnungstabelle.

1	2	3	4	5	6	7	8	9	10	11	12	13
Monate	Januar	Februar	März	April	Mai	Juni	Juli	August	Septmb.	Oktober	Novmb.	Dezmb.
Januar . .	—	31	59	90	120	151	181	212	243	273	304	334
Februar . .	334	—	28	59	89	120	150	181	212	242	273	303
März . . .	306	337	—	31	61	92	122	153	184	214	245	275
April . . .	275	306	334	—	30	61	91	122	153	183	214	244
Mai	245	276	304	335	—	31	61	92	123	153	184	214
Juni	214	245	273	304	334	—	30	61	92	122	153	183
Juli	184	215	243	274	304	335	—	31	62	92	123	153
August . .	153	184	212	243	273	304	334	—	31	61	92	122
September	122	153	181	212	242	273	303	334	—	30	61	91
Oktober .	92	123	151	182	212	243	273	304	335	—	31	61
November	61	92	120	151	181	212	242	273	304	334	—	30
Dezember	31	62	90	121	151	182	212	243	274	304	335	

6. Strafregisterbehörden.

(JMBl. II 262; Richtigstellung GVBl. 1926, 289).

Die Strafregister werden geführt

1. in Sachsen und Baden von den Amtsgerichten,
2. für die Bezirke der Landgerichte I, II und III Berlin von der Staatsanwaltschaft des Landgerichts I Berlin,
3. für die Bezirke des Amtsgerichts München und des Landgerichts München I von der Polizeidirektion München (Strafregister),
4. für den Württembergischen Amtsgerichtsbezirk Balingen (Preussisches Landgericht Hechingen) von der Staatsanwaltschaft bei dem Württembergischen Landgerichte Rottweil,
5. für das Saargebiet, einschliesslich der einbezogenen bayerischen Gebietsteile (Amtsgerichtsbezirke Homburg, St. Ingbert, Blieskastel), von der Staatsanwaltschaft bei dem Landgerichte Saarbrücken,
6. im übrigen Reichsgebiete von der Staatsanwaltschaft bei dem Landgericht, in dessen Bezirk der Geburtsort liegt, und zwar auch dann, wenn der Geburtsort in einem anderen Lande liegt als der Landgerichtssitz,
7. a) für Personen, die im Ausland, einschliesslich der auf Grund des Vertrags von Versailles abgetretenen Gebiete, geboren sind, oder deren Geburtsort zweifelhaft oder nicht zu ermitteln ist,

   b) für juristische Personen und Personenvereinigungen

   von dem Reichsjustizministerium (Strafregister) in Berlin W 9, Vossstrasse 4.

7. Eidesformeln und Verpflichtungen.

Vorbemerkung. S. zunächst Art. 136 und 177 ReichsVerf.: Niemand darf zur Benutzung einer religiösen Eidesform gezwungen werden. Wo in den bestehenden Gesetzen die Eidesleistung unter Benutzung einer religiösen Eidesform vorgesehen ist, kann die Eidesleistung rechtswirksam auch in der Weise erfolgen, daß der Schwörende unter Weglassung der religiösen Eidesform erklärt: „Ich schwöre."

Amtsanwälte s. Beamte u. Dienstvorschriften für die Staatsanwaltschaft v. 13. Jan. 1926 (JMBl. II 413) § 8.

Arbeitsgerichte u. Landesarbeitsgerichte:

a) Eid der Vorsitzenden u. stellvertretenden Vorsitzenden: Sie leisten den Eid auf die RVerf., den Eid auf die bayer. Verf. u. den Richtereid (MB. v. 15. Juni 1927, JMBl. II 818 § 3).

b) Beisitzer der Arbeitsgerichte und der Landesarbeitsgerichte: Der Vorsitzende spricht: „Sie schwören bei Gott dem Allmächtigen u. Allwiss., die Obliegenheiten Ihres Amtes als Beisitzer des Arbeitsgerichts (Landesarbeitsgerichts) getreulich zu erfüllen u. Ihre Stimme nach bestem Wissen u. Gewissen abzugeben." Der Beisitzer spricht: „Ich schwöre es, so wahr mir Gott helfe." Eventuell: Gebrauch der Beteuerungsformel der betreffenden Religionsgesellschaft (§ 10 der angeführten Bek.).

c) Die Beamten der Geschäftsstelle: Sie leisten den Eid auf die RVerf., den Eid auf die bayer. Verf. u. den Amtseid der Urkundsbeamten (§ 3 Abs. 2 der angeführten Bek.).

Beamte, öffentliche, Eid der —: „Ich schwöre Treue der Verfassung des Freistaates Bayern und der Reichsverfassung, Gehorsam den Gesetzen und getreue Erfüllung meiner Dienstpflichten, so wahr mir Gott helfe." Haben sie bereits einen Diensteid geleistet oder sind sie zur Leistung eines solchen nicht verpflichtet oder haben sie einen besonderen Diensteid zu leisten, so schwören sie nur den Verfassungseid (s. unten) (VO. v. 3. Mai 1920, GVBl. 191, mit Änd. v. 12. Nov. 1931, GVBl. 321 u. v. 13. Aug. 1933, GVBl. 228); s. auch Amtsanwälte, Arbeitsgerichte, Geschäftsstellen, Reichsbeamte, Richter, Staatsanwälte u. Verwaltungsgerichtshof.

Disziplinarkammern u. Disziplinarhof, Mitglieder: Keine besondere Verpflichtung (Beamtenges. v. 16. Aug. 1908 Art. 127); desgl. für richterl. Beamte: **Keine besondere Verpflichtung (RDiszO. Art. 22).**

Dolmetscher, Eid der —:

a) In Strafprozesssachen: **„Ich schwöre bei Gott dem Allmächtigen und Allwissenden, dass ich treu und gewissenhaft übertragen werde, so wahr mir Gott helfe" (GVG. § 189; StPO. §§ 63, 72).**

b) In Zivilprozeßsachen: Der Richter spricht: **„Sie schwören bei Gott dem Allmächtigen und Allwissenden, dass Sie treu und gewissenhaft übertragen werden."** Der Dolmetscher spricht: **„Ich schwöre es, so wahr mir Gott helfe" (GVG. § 189; ZPO. § 481).**

III.

Beil. 7—13.

Seite

Ehrenamtlich Beschäftigte, Verpflichtung der: S. Vertragsangestellte.

Familienratsmitglieder, Verpflichtung der —. Sie werden vom Vorsitzenden durch Handschlag an Eidesstatt zu treuer und gewissenhafter Führung des Amtes verpflichtet (BGB. § 1870).

Geschäftsstellen, Eide und Verpflichtungen des Personals der gerichtlichen und staatsanwaltschaftlichen:

a) der Urkundsbeamten. Sie haben zu schwören, dass sie die ihnen obliegenden Amtspflichten nach den bestehenden Gesetzen und Verordnungen treu erfüllen, den dienstlichen Aufträgen ihrer Vorgesetzten pünktlich nachkommen und das Amtsgeheimnis sorgfältig bewahren werden (AG. GVG. Art. 61; VO. v. 3. Mai 1920, GVBl. 191, § 4).

b) der stellvertretenden Urkundsbeamten: Sie haben den Eid der Urkundsbeamten neben dem Eid zu leisten, den sie als Beamter oder Staatsdienstanwärter zu leisten haben (JMB. v. 15. Dez. 1931 [JMBl. III 253] § 4 Abs. 3).

c) der Justiz- u. der Kanzleianwärter. Sie leisten, wenn sie das 16. Lebensj. vollendet haben, den Eid der Beamten; andernfalls sind sie auf die Beachtung der Dienstvorschriften und die Wahrung des Amtsgeheimnisses hinzuweisen (JMB. v. 15. Dez. 1931 [JMBl. III 523] § 15).

Gerichtsassessoren: Zurückerinnerung an die eidliche Verpflichtung als Referendar (JMB. v. 10. Juni 1931 [JMBl. 10] § 19). S. hierzu wegen der den Staatsanwaltschaften zugeteilten die Dienstvorschriften v. 13. Jan. 1926 (JMBl. II 413) § 8.

Geschworeneneid: Wie der Eid der Schöffen (GVG. § 84); jedoch treten an die Stelle der Worte: „die Pflichten eines Schöffen" die Worte: „die Pflichten eines Geschworenen".

Grundbuchkommissäre, Eid der —: Sie sind auf den von ihnen als Urkundsbeamten geleisteten hinzuweisen und schwören ausserdem, dass sie die Amtspflichten, die ihnen nach den bestehenden Vorschriften obliegen, nach bestem Wissen und Gewissen mit Fleiss und Sorgfalt erfüllen (Dienstanweisung für die Grundbuchämter v. 27. Febr. 1905 [JMBl. 61] § 9).

Handelsrichter, Eid der — s. Eid der Richter.

Jugendamt, gewählte Mitglieder des —: Sie werden vom Leiter des Jugendamts zur gewissenhaften Erfüllung ihrer Obliegenheiten und insbesondere zur Wahrung der Amtsverschwiegenheiten in Pflicht genommen (JAmtsGes. v. 20. Juli 1925, GVBl. 211, Art. 9 Abs. 2).

Landgerichtsärzte, Eid der — s. § 5 der JInnMB. vom 22. März 1915 (JMBl. I 873).

Mennoniten, Eidesleistung der —: Sie sind vom Richter an ihre Verbindlichkeiten, die sie beim Eintritt in ihren Glauben und in den Taufbund übernehmen, zu erinnern, sowie an ihre Bürgerpflicht, die reine unverfälschte Wahrheit auszusagen, und zu belehren, dass bei ihnen das Ja und Nein dem wirklichen Eid gleichstehe und die falsche Beteuerung die gesetzlichen Strafen nach sich ziehe; hierauf ist ihnen der Handschlag abzunehmen und sie haben die Beteuerungsformel zu sprechen: Ich verspreche mit gegenwärtigem Handschlag, wie bei meinem Taufbunde, die reine Wahrheit zu sagen (GVG. § 51; ZPO. § 484; StPO. §§ 65,

286; VO. v. 20. Okt. 1811 [RegBl. 1601]; RGStr. 36, 203. Wegen Umgestaltung des Eides in den Nacheid vgl. BayZ. 1917, 212).

Mieteinigungsamt.

a) der Vorsitzende: Er ist (soweit die Aufgaben des Mieteinigungsamts nicht einem Gericht übertragen sind) zu treuer u. gewissenhafter Führung seines Amtes eidlich zu verpflichten (Verfahrensanordn. v. 19. Sept. 1923, RGBl. 889, i. d. F. der VO. v. 17. März 1932, RGBl. 170, §§ 1 u. 29).

b) der Schriftführer. Er ist (soweit die Aufgaben des Mieteinigungsamts nicht einem Gericht übertragen sind) bei der ersten Dienstleistung vom Vorsitzenden durch Handschlag an Eides Statt zu treuer u. gewissenhafter Führung seines Amtes zu verpflichten (§ 12 der vorangeführten VerfVorschriften v. 19. Sept. 1923).

Minister. S. Reichsminister u. Staatsminister.

Notare und Notariatsverweser, Eide der —:

a) Notar: Er schwört, dass er die ihm obliegenden Amtspflichten nach bestem Wissen und Gewissen den Gesetzen gemäss mit Fleiss und Sorgfalt erfüllen werde. Hierzu, wenn noch nicht geleistet, der Eid auf die Reichs- und die bayer. Verf. (Notariatsges. Art. 10 i. d. F. des Ges. v. 21. März 1930, GVBl. 65; JMB. v. 22. März 1930, JMBl. 33, zu § 2).

b) Notariatsverweser: Er schwört wie der Notar; der Eid entfällt, wenn er Richter an einem Amtsgericht ist (Notariatsges. Art. 105 i. d. F. des Ges. v. 21. März 1930, GVBl. 65, JMB. v. 22. März 1930, JMBl. 33, zu § 38).

Notariatsassessoren: Zurückerinnerung an die eidliche Verpflichtung als Referendar (JMB. v. 10. Juni 1931 [JMBl. III 459] §§ 19, 28).

Notariatsbeamte, Eid der —:

Sie sind zu beeidigen wie die öffentlichen Beamten; s. oben unter Beamte, öffentliche (NotBeamten-Ordn. v. 4. Sept. 1925, JMBl. II 282, § 23).

Notariatsdisziplinarkammer und Notariatsdisziplinarhof, Mitglieder der —: Keine besondere Verpflichtung (NotG. Art. 84 Abs. 1; RDiszG. Art. 22).

Offenbarungseide nach dem Bürgerlichen Gesetzbuche:

a) Eid in Nachlasssachen bei der Inventarserrichtung: Der Richter spricht: „Sie schwören bei Gott dem Allmächtigen und Allwissenden, dass Sie nach bestem Wissen die Nachlassgegenstände so vollständig angegeben haben, als Sie dazu imstande sind." Der Schwörende spricht: „Ich schwöre es, so wahr mir Gott helfe" (BGB. § 2006; FGG. § 15; ZPO. § 481).

b) Eid dessen, der mit dem Erblasser in häuslicher Gemeinschaft lebte: Der Richter spricht: „Sie schwören bei Gott dem Allmächtigen und Allwissenden, dass Sie Ihre Angaben nach bestem Wissen so vollständig gemacht haben, als Sie dazu imstande sind." Der Schwörende spricht: „Ich schwöre es, so wahr mir Gott helfe" (BGB. § 2028; FGG. § 15; ZPO. § 481).

c) Eid dessen, der verpflichtet ist, einen Inbegriff von Gegenständen herauszugeben oder über den Bestand eines solchen Inbegriffs Auskunft zu erteilen: Der Richter spricht: „Sie schwören bei Gott dem Allmächtigen und Allwissenden, dass Sie nach bestem Wissen den Bestand so vollständig angegeben haben, als Sie dazu imstande sind." Der Schwörende spricht: „Ich schwöre es, so wahr mir Gott helfe" (BGB. § 260; FGG. § 15; ZPO. § 481).

d) Eid dessen, der verpflichtet ist, über eine Verwaltung Rechenschaft abzulegen. Der Richter spricht: „Sie schwören bei Gott dem Allmächtigen und Allwissenden, dass Sie nach bestem Wissen die Einnahmen so vollständig angegeben haben, als Sie dazu imstande sind." Der Schwörende spricht: „Ich schwöre es, so wahr mir Gott helfe" (BGB. § 259; FGG. § 15; ZPO. § 481).

e) Eid des Miterben über Ausgleichungsposten: Wie bei c (BGB. § 2057; FGG. § 15; ZPO. § 481).

Offenbarungseid des Gemeinschuldners im Konkursverfahren über das Inventar: Der Richter spricht: „Sie schwören bei Gott dem Allmächtigen und Allwissenden, daß Sie nach bestem Wissen Ihr zur Zeit der Konkurseröffnung vorhandenes Vermögen so vollständig angegeben haben, als Sie dazu imstande sind. Der Schwörende spricht: „Ich schwöre es, so wahr mir Gott helfe" (KO. § 125; ZPO. §§ 807, 481).

Offenbarungseid im Vergleichsverfahren: Der Richter spricht: „Sie schwören bei Gott dem Allmächtigen und Allwissenden, dass Sie nach bestem Wissen Ihr Vermögen und Ihre Verbindlichkeiten so vollständig angegeben haben, als sie dazu imstande sind." Der Schwörende spricht: „Ich schwöre es, so wahr mir Gott helfe" (VerglO. § 61).

Offenbarungseid im Zivilprozessverfahren:

a) Bei fruchtloser Pfändung. Der Richter spricht: „Sie schwören bei Gott dem Allmächtigen und Allwissenden, dass Sie nach bestem Wissen Ihr Vermögen so vollständig angegeben haben, als Sie dazu imstande sind." Der Schwörende spricht: „Ich schwöre es, so wahr mir Gott helfe" (ZPO. §§ 807, 481).

b) Zur Erwirkung der Herausgabe von beweglichen Sachen oder einer Quantität von bestimmten beweglichen Sachen. Der Richter spricht: „Sie schwören bei Gott dem Allmächtigen und Allwissenden, daß Sie die Sache nicht besitzen, auch nicht wissen, wo die Sache sich befinde." Der Schwörende spricht: „Ich schwöre es, so wahr mir Gott helfe" (ZPO. §§ 883, 481).

Parteieid im Zivilprozess.

a) der Wahrheits- oder Wissenseid, d. i. der Eid über Handlungen oder Wahrnehmungen des Schwurpflichtigen: Der Richter spricht: „Sie schwören bei Gott dem Allmächtigen und Allwissenden, dass ... (die Tatsache oder Wahrnehmung) ... wahr (nicht wahr) ist." Die Partei spricht: „Ich schwöre es, so wahr mir Gott helfe" (ZPO. § 459 Abs. 1, § 481).

b) Der Glaubens- oder Kredulitätseid, d. i. der Eid, der zu leisten ist, wenn eine Handlung oder eine Wahrnehmung des Schwurpflichtigen von seinem Gegner behauptet ist, und ihm nicht zugemutet werden kann, die Wahrheit oder Nichtwahrheit zu beschwören. Der Richter spricht: „Sie schwören bei Gott dem Allmächtigen und Allwissenden, dass Sie nach sorgfältiger Prüfung und Erkundigung die Ueberzeugung erlangt haben, dass die ... (Tatsache oder Wahrnehmung) ... wahr (nicht wahr) ist." Die Partei spricht: „Ich schwöre es, so wahr mir Gott helfe" (ZPO. § 459 Abs. 2, § 481).

c) Der Ignoranzeid, d. i. der Eid über Tatsachen anderer Art. Der Richter spricht: „Sie schwören bei Gott dem Allmächtigen und Allwissenden, dass Sie nach sorgfältiger Prüfung und Erkundigung die Ueberzeugung erlangt (nicht erlangt) haben, daß ... (die Tatsache) ... wahr sei." Die Partei spricht: „Ich schwöre es, so wahr mir Gott helfe" (ZPO. § 459 Abs. 3, § 481).

d) Der Urkundeneditionseid. Der Richter spricht: „Sie schwören bei Gott dem Allmächtigen und Allwissenden, dass Sie nach sorgfältiger Nachforschung die Ueberzeugung erlangt haben, dass die Urkunde in Ihrem Besitze sich nicht befinde, dass Sie die Urkunde nicht in der Absicht abhanden gebracht haben, deren Benutzung dem Beweisführer zu entziehen, dass Sie auch nicht wissen, wo die Urkunde sich befinde." Die Partei spricht: „Ich schwöre es, so wahr mir Gott helfe" (ZPO. §§ 426, 481).

Protokollführer, Eid der — in dringenden Fällen bei Voruntersuchungen nach dem Beamtengesetz. Es entscheidet über die Form das Ermessen des Beeidigenden (Beamtenges. Art. 135; Reindl, Beamtenges. Art. 135 A. 2).

Rechtsanwälte, Eid der —: „Ich schwöre bei Gottt dem Allmächtigen und Allwissenden, die Pflichten eines Rechtsanwalts gewissenhaft zu erfüllen, so wahr mir Gott helfe" (RAO. § 17).

Referendare, Eid der —: „Ich schwöre Treue der Verfassung des Freistaates Bayern und der Reichsverfassung, Gehorsam den Gesetzen und gewissenhafte Erfüllung meiner Dienstpflichten"; ausserdem haben sie den für die Urkundsbeamten der Geschäftsstellen vorgeschriebenen Eid (s. oben bei Geschäftsstellen) zu leisten (VO. v. 17. Juli 1933, GVBl. 193 § 35).

Reichsbeamte, Eid der —: „Ich schwöre Treue der Verfassung, Gehorsam den Gesetzen und gewissenhafte Erfüllung meiner Amtspflichten" (RPrVO. v. 14. Aug. 1919 [RGBl. 1419]).

Reichsminister, Eid der: S. § 3 des Reichsministerges. v. 27. März 1930 (RGBl. 96).

Richter der ordentlichen Gerichte einschliesslich der **Handelsrichter,** Eid der —: Sie haben zu schwören, die ihnen obliegenden Richteramtspflichten nach bestem Wissen und Gewissen mit Fleiss und Sorgfalt zu erfüllen, keine Partei zu begünstigen, keiner mit Rat zu dienen, von keiner ein Geschenk oder Versprechen, weder unmittelbar noch mittelbar, anzunehmen, nirgends aus Hass, Gunst, Furcht, Rücksicht auf die Person oder aus ähnlichen Ursachen zu handeln, sondern bei allen Richteramtshandlungen nur Gott, die Gesetze, die Gerechtigkeit und Wahrheit vor Augen zu haben (AG. GVG. Art. 2; VO. v. 3. Mai 1920, GVBl. 191, § 4); s. auch Beamte.

Sachverständigeneid:

a) In Strafprozessachen und in Disziplinarsachen nach dem Beamtenges. Nur Voreid: „Ich schwöre bei Gott dem Allmächtigen und Allwissenden, dass ich das von mir erforderte Gutachten unparteiisch und nach bestem Wissen und Gewissen erstatten werde, so wahr mit Gott helfe" (StPO. § 79; Beamtengesetz Art. 131).

b) In Zivilprozessachen. Als Voreid. Der Richter spricht: „Sie schwören bei Gott dem Allmächtigen und Allwissenden, dass Sie das von Ihnen erforderte Gutachten unparteiisch und nach bestem Wissen und Gewissen erstatten werden." Der Sachverständige spricht: „Ich schwöre es, so wahr mir Gott helfe."

Als Nacheid: Wie beim Voreid, jedoch anstatt „erstatten werden" „erstattet haben".

Bei gleichzeitiger Eidesleistung mehrerer werden beim Voreid wie beim Nacheid die Worte, die der Sachverständige zu sprechen hat, von jedem einzeln gesprochen (ZPO. §§ 410, 481).

Schätzer zur amtlichen Feststellung des Wertes von Grundstücken, Eid der —: „Ich schwöre bei Gott dem Allmächtigen und Allwissenden, dass ich die mir als Schätzer obliegenden Pflichten getreu erfüllen und die mir aufgetragenen Schätzungen ohne Rücksicht auf die Person nach bestem Wissen und Gewissen ausführen werde, so wahr mir Gott helfe" (JInnMB. v. 14. Juli 1909 [JMBl. I 734] § 6); Erinnerung an den Eid vor der Vernehmung (§ 23 der Bek.).

Schöffeneid. Der Vorsitzende spricht: „Sie schwören bei Gott dem Allmächtigen und Allwissenden, die Pflichten eines Schöffen getreulich zu erfüllen und Ihre Stimmen nach bestem Wissen und Gewissen abzugeben." Jeder Schöffe spricht: „Ich schwöre, so wahr mir Gott helfe" (GVG. §§ 51, 77).

Staatsanwälte. S. Beamte u. Dienstvorschriften v. 13. Jan. 1926 (JMBl. II 413) § 8.

Staatsminister u. Staatssekretäre, bayerische. Eid der —: „Ich schwöre: Ich werde meine Kraft für das Wohl des deutschen Volkes einsetzen, die Verfassung u. die Gesetze des Reichs sowie des Landes Bayern wahren, die mir obliegenden Pflichten gewissenhaft erfüllen und meine Geschäfte unparteiisch und gerecht gegen jedermann erfüllen, so wahr mir Gott helfe" (Ges. v. 31. Mai 1933, GVBl. 153 Art. 2).

Staatssekretäre. S. Staatsminister.

Urkundsbeamte. S. Geschäftsstellen.

Verfassungen, Eid auf die: Ich schwöre Treue der Verfassung des Freistaates Bayern und der Reichsverfassung, so wahr mir Gott helfe (VO. v. 3. Mai 1920, GVBl. 191, mit Änd. v. 12. Nov. 1931, GVBl. 321, § 2, u. v. 13. Aug. 1933, GVBl. 228).

Versorgungsanwärter im Probedienst. Sie leisten den Beamteneid s. Beamte (JMB. v. 15. Dez. 1931, JMBl. III 523 § 21 Abs. 3).

Vertragsangestellte, Verpflichtung der: Sie sind durch den Vorstand der Behörde auf die gewissenhafte Erfüllung ihrer Obliegenheiten durch Handschlag zu verpflichten (MB. v. 26. Okt. 1917, JMBl. I 903).

Verwaltungsgerichtshofs-Mitglieder, Eid der —: „Ich schwöre bei Gott dem Allmächtigen und Allwissenden, dass ich die mir obliegenden Pflichten nach bestem Wissen und Gewissen mit Fleiss und Sorgfalt erfülle; keine Partei begünstige, keiner mit Rat diene, von keiner ein Geschenk oder Versprechen, weder unmittelbar noch mittelbar annehme, nirgends aus Hass, Gunst, Furcht, Rücksicht auf die Person oder aus ähnlichen Ursachen handle, sondern bei allen Amtshandlungen nur Gott, die Gesetze, die Gerechtigkeit und Wahrheit vor Augen habe" (VO. v. 31. Aug. 1879 [GVBl. 1007] § 16; VO. v. 3. Mai 1920 [GVBl. 191] § 4); s. hierzu Dyroff, VerwGerHGes. ErgBd. S. 30.

Vormünder, Verpflichtung der —. Sie werden von dem Vormundschaftsgericht mittels Handschlag an Eides Statt zu treuer und gewissenhafter Führung der Vormundschaft verpflichtet (BGB. § 1789).

Waisenräte: Sie werden vom Leiter des Jugendamts zur gewissenhaften Erfüllung ihrer Obliegenheiten und insbesondere zur Wahrung der Amtsverschwiegenheit in Pflicht genommen (JAmtsges. v. 20. Juli 1925, GVBl. 211, Art. 27 u. 9).

Zeugeneid:

a) I n S t r a f p r o z e s s s a c h e n u n d i m D i s z i p l i n a r v e r f a h r e n n a c h d e m B e a m t e n g e s e t z. A l s V o r e i d: „Ich schwöre bei Gott dem Allmächtigen und Allwissenden, dass ich nach bestem Wissen die reine Wahrheit sagen, nichts verschweigen und nichts hinzusetzen werde, so wahr mir Gott helfe." A l s N a c h e i d: „Ich schwöre bei Gott dem Allmächtigen und Allwissenden, dass ich nach bestem Wissen die reine Wahrheit gesagt, nichts verschwiegen und nichts hinzugesetzt habe, so wahr mir Gott helfe" (StPO. §§ 62 u. 63; Beamtenges. Art. 131).

b) I n Z i v i l p r o z e s s s a c h e n. N u r N a c h e i d. D e r R i c h t e r s p r i c h t: „Sie schwören bei Gott dem Allmächtigen und Allwissenden, dass Sie nach bestem Wissen die reine Wahrheit gesagt und nichts verschwiegen haben." D e r Z e u g e s p r i c h t: „Ich schwöre es, so wahr mir Gott helfe." Mehrere leisten gleichzeitig den Eid dadurch, dass sie letztere Formel einzeln sprechen (ZPO. §§ 392 u. 481).

8. Tabellen zur Berechnung der Gerichtskosten in bürgerl. Rechtsstreitigkeiten, Konkurs- und Arbeitsgerichtssachen.

Gerichtskostengesetz v. 5. Juli 1927 (RGBl. 152).

a) Gebühren in bürg. Rechtsstreitigkeiten und Konkurssachen:

Wertklasse	Gegenstandswert von mehr als — bis einschließlich	Volle Gebühr	1/4 Gebühr	1/2 Gebühr	1 1/2 fache Gebühr	Doppelte Gebühr	Dreifache Gebühr
1	0— 20	2.00	2.00	2.00	2.00	2.00	3.00
2	20— 60	2.00	2.00	2.00	3.00	4.00	6.00
3	60— 100	3.00	2.00	2.00	4.50	6.00	9.00
4	100— 200	6.00	2.00	3.00	9.00	12.00	18.00
5	200— 300	9.00	2.30	4.50	13.50	18.00	27.00
6	300— 400	12.00	3.00	6.00	18.00	24.00	36.00
7	400— 500	15.00	3.80	7.50	22.50	30.00	45.00
8	500— 600	18.00	4.50	9.00	27.00	36.00	54.00
9	600— 700	21.00	5.30	10.50	31.50	42.00	63.00
10	700— 800	24.00	6.00	12.00	36.00	48.00	72.00
11	800— 900	27.00	6.80	13.50	40.50	54.00	81.00
12	900—1000	30.00	7.50	15.00	45.00	60.00	90.00
13	1000—1100	32.00	8.00	16.00	48.00	64.00	96.00
14	1100—1200	34.00	8.50	17.00	51.00	68.00	102.00
15	1200—1300	36.00	9.00	18.00	54.00	72.00	108.00
16	1300—1400	38.00	9.50	19.00	57.00	76.00	114.00
17	1400—1500	40.00	10.00	20.00	60.00	80.00	120.00
18	1500—1600	42.00	10.50	21.00	63.00	84.00	126.00
19	1600—1700	44.00	11.00	22.00	66.00	88.00	132.00
20	1700—1800	46.00	11.50	23.00	69.00	92.00	138.00
21	1800—1900	48.00	12.00	24.00	72.00	96.00	144.00
22	1900—2000	50.00	12.50	25.00	75.00	100.00	150.00
23	2000—2100	51.00	12.80	25.50	76.50	102.00	153.00
24	2100—2200	52.00	13.00	26.00	78.00	104.00	156.00
25	2200—2300	53.00	13.30	26.50	79.50	106.00	159.00
26	2300—2400	54.00	13.50	27.00	81.00	108.00	162.00
27	2400—2500	55.00	13.80	27.50	82.50	110.00	165.00
28	2500—2600	56.00	14.00	28.00	84.00	112.00	168.00
29	2600—2700	57.00	14.30	28.50	85.50	114.00	171.00
30	2700—2800	58.00	14.50	29.00	87.00	116.00	174.00
31	2800—2900	59.00	14.80	29.50	88.50	118.00	177.00
32	2900—3000	60.00	15.00	30.00	90.00	120.00	180.00
33	3000 3100	61.00	15.30	30.50	91.50	122.00	183.00
34	3100—3200	62.00	15.50	31.00	93.00	124.00	186.00
35	3200—3300	63.00	15.80	31.50	94.50	126.00	189.00

Wertklasse	Gegenstandswert von mehr als	Gegenstandswert bis einschließlich	Volle Gebühr	1/4 Gebühr	1/2 Gebühr	1 1/2 fache Gebühr	Doppelte Gebühr	Dreifache Gebühr
36	3300	3400	64.00	16.00	32.00	96.00	128.00	192.00
37	3400	3500	65.00	16.30	32.50	97.50	130.00	195.00
38	3500	3600	66.00	16.50	33.00	99.00	132.00	198.00
39	3600	3700	67.00	16.80	33.50	100.50	134.00	201.00
40	3700	3800	68.00	17.00	34.00	102.00	136.00	204.00
41	3800	3900	69.00	17.30	34.50	103.50	138.00	207.00
42	3900	4000	70.00	17.50	35.00	105.00	140.00	210.00
43	4000	4100	71.00	17.80	35.50	106.50	142.00	213.00
44	4100	4200	72.00	18.00	36.00	108.00	144.00	216.00
45	4200	4300	73.00	18.30	36.50	109.50	146.00	219.00
46	4300	4400	74.00	18.50	37.00	111.00	148.00	222.00
47	4400	4500	75.00	18.80	37.50	112.50	150.00	225.00
48	4500	4600	76.00	19.00	38.00	114.00	152.00	228.00
49	4600	4700	77.00	19.30	38.50	115.50	154.00	231.00
50	4700	4800	78.00	19.50	39.00	117.00	156.00	234.00
51	4800	4900	79.00	19.80	39.50	118.50	158.00	237.00
52	4900	5000	80.00	20.00	40.00	120.00	160.00	240.00
53	5000	5100	81.00	20.30	40.50	121.50	162.00	243.00
54	5100	5200	82.00	20.50	41.00	123.00	164.00	246.00
55	5200	5300	83.00	20.80	41.50	124.50	166.00	249.00
56	5300	5400	84.00	21.00	42.00	126.00	168.00	252.00
57	5400	5500	85.00	21.30	42.50	127.50	170.00	255.00
58	5500	5600	86.00	21.50	43.00	129.00	172.00	258.00
59	5600	5700	87.00	21.80	43.50	130.50	174.00	261.00
60	5700	5800	88.00	22.00	44.00	132.00	176.00	264.00
61	5800	5900	89.00	22.30	44.50	133.50	178.00	267.00
62	5900	6000	90.00	22.50	45.00	135.00	180.00	270.00
63	6000	6100	91.00	22.80	45.50	136.50	182.00	273.00
64	6100	6200	92.00	23.00	46.00	138.00	184.00	276.00
65	6200	6300	93.00	23.30	46.50	139.50	186.00	279.00
66	6300	6400	94.00	23.50	47.00	141.00	188.00	282.00
67	6400	6500	95.00	23.80	47.50	142.50	190.00	285.00
68	6500	6600	96.00	24.00	48.00	144.00	192.00	288.00
69	6600	6700	97.00	24.30	48.50	145.50	194.00	291.00
70	6700	6800	98.00	24.50	49.00	147.00	196.00	294.00
71	6800	6900	99.00	24.80	49.50	148.50	198.00	297.00
72	6900	7000	100.00	25.00	50.00	150.00	200.00	300.00
73	7000	7100	101.00	25.30	50.50	151.50	202.00	303.00
74	7100	7200	102.00	25.50	51.00	153.00	204.00	306.00
75	7200	7300	103.00	25.80	51.50	154.50	206 00	309.00
76	7300	7400	104.00	26.00	52.00	156.00	208.00	312.00
77	7400	7500	105.00	26.30	52.50	157.50	210.00	315.00
78	7500	7600	106.00	26.50	53.00	159.00	212.00	318.00

Wertklasse	Gegenstandswert von mehr als — bis einschließlich	Volle Gebühr	1/4 Gebühr	1/2 Gebühr	1 1/2 fache Gebühr	Doppelte Gebühr	Dreifache Gebühr
79	7600—7700	107.00	26.80	53.50	160.50	214.00	321.00
80	7700—7800	108.00	27.00	54.00	162.00	216.00	324.00
81	7800 7900	109.00	27.30	54.50	163.50	218.00	327.00
82	7900—8000	110.00	27.50	55.00	165.00	220.00	330.00
83	8000—8100	111.00	27.80	55.50	166.50	222.00	333.00
84	8100—8200	112.00	28.00	56.00	168.00	224.00	336.00
85	8200—8300	113.00	28.30	56.50	169.50	226.00	339.00
86	8300—8400	114.00	28.50	57.00	171.00	228.00	342.00
87	8400-8500	115.00	28.80	57.50	172.50	230.00	345.00
88	8500-8600	116.00	29.00	58.00	174.00	232.00	348.00
89	8600—8700	117.00	29.30	58.50	175.50	234.00	351.00
90	8700—8800	118.00	29.50	59.00	177.00	236.00	354.00
91	8800—8900	119.00	29.80	59.50	178.50	238.00	357.00
92	8900-9000	120.00	30.00	60.00	180.00	240.00	360 00
93	9000—9100	121.00	30.30	60.50	181.50	242.00	363.00
94	9100—9200	122.00	30.50	61.00	183.00	244.00	366.00
95	9200-9300	123.00	30.80	61.50	184.50	246.00	369.00
96	9300—9400	124.00	31.00	62.00	186.00	248.00	372.00
97	9400-9500	125.00	31.30	62.50	187.50	250.00	375.00
98	9500—9600	126.00	31.50	63.00	189.00	252.00	378 00
99	9600—9700	127.00	31.80	63.50	190.50	254.00	381.00
100	9700—9800	128.00	32.00	64.00	192.00	256.00	384.00
101	9800—9900	129.00	32.30	64.50	193.50	258.00	387.00
102	9900—10000	130.00	32.50	65 00	195.00	260.00	390.00

Die weiteren vollen Gebühren werden in folgender Weise gefunden:

a) Aus Streitgegenständen von mehr als 10000 bis 20000 einschliesslich: Der Streitgegenstand wird auf die nächsten vollen 100 aufgerundet, zwei Nullen werden gestrichen, der Rest wird durch 2 geteilt, 80 werden addiert. Beispiel: Gebühr aus 17605 = 17700; 177; 88.50; 168.50.

b) Aus Streitgegenständen von mehr als 20000: Der Streitgegenstand wird auf die nächsten vollen 1000 aufgerundet, zwei Nullen werden gestrichen, der Rest wird durch 2 geteilt, 80 werden addiert. Beispiel: Gebühr aus 371425 = 372000; 3720; 1860; 1940.

Schreibgebühr für die Seite: 0.30 RM.

b) Gebühren nach dem Arbeitsgerichtsgesetz v. 23. Dez. 1926 (RGBl. 507) § 12.

Volle Gebühr.

Aus Streitwerten bis 20 M einschliesslich 1 RM
„ „ von da ab — 60 M „ 2 RM
„ „ „ „ „ —100 M „ 3 RM

Die Gebühren aus höheren Streitwerten betragen 3% aus dem auf die nächsten 100 RM aufgerundeten Streitwert, jedoch höchstens 500 RM.

9. Tabellen zur Berechnung der Rechtsanwaltsgebühren.

a) Ordentliche Gebühren in Zivilsachen.

RechtsanwGebührenordn. v. 5. Juli 1927 (RGBl. 162).

Wertklasse	Streitgegenstand RM von mehr als	Streitgegenstand RM bis einschließlich	Volle Gebühr	$^2/_{10}$ Gebühr	$^3/_{10}$ Gebühr	$^5/_{10}$ Gebühr	$^6/_{10}$ Gebühr	Berufungs- u. Revisions-Instanz $^{13}/_{10}$ Gebühr	Berufungs- u. Revisions-Instanz $^1/_2$ v. $^{13}/_{10}$ Gebühr
1	0	20	2.00	1.00	1.00	1.00	1.20	2.60	1.30
2	20	60	4.00	1.00	1.20	2.00	2.40	5.20	2.60
3	60	100	6.00	1.20	1.80	3.00	3.60	7.80	3.90
4	100	150	8.00	1.60	2.40	4.00	4.80	10.40	5.20
5	150	200	10.00	2.00	3.00	5.00	6.00	13.00	6.50
6	200	300	15.00	3.00	4.50	7.50	9.00	19.50	9.75
7	300	400	20.00	4.00	6.00	10.00	12.00	26.00	13.00
8	400	500	25.00	5.00	7.50	12.50	15.00	32.50	16.25
9	500	600	29.00	5.80	8.70	14.50	17.40	37.70	18.85
10	600	700	33.00	6.60	9.90	16.50	19.80	42.90	21.45
11	700	800	37.00	7.40	11.10	18.50	22.20	48.10	24.05
12	800	900	41.00	8.20	12.30	20.50	24.60	53.30	26.65
13	900	1000	45.00	9.00	13.50	22.50	27.00	58.50	29.25
14	1000	1100	48.00	9.60	14.40	24.00	28.80	62.40	31.20
15	1100	1200	51.00	10.20	15.30	25.50	30.60	66.30	33.15
16	1200	1300	54.00	10.80	16.20	27.00	32.40	70.20	35.10
17	1300	1400	57.00	11.40	17.10	28.50	34.20	74.10	37.05
18	1400	1500	60.00	12.00	18.00	30.00	36.00	78.00	39.00
19	1500	1600	63.00	12.60	18.90	31.50	37.80	81.90	40.95
20	1600	1700	66.00	13.20	19.80	33.00	39.60	85.80	42.90
21	1700	1800	69.00	13.80	20.70	34.50	41.40	89.70	44.85
22	1800	1900	72.00	14.40	21.60	36.00	43.20	93.60	46.80
23	1900	2000	75.00	15.00	22.50	37.50	45.00	97.50	48.75
24	2000	2100	78.00	15.60	23.40	39.00	46.80	101.40	50.70
25	2100	2200	81.00	16.20	24.30	40.50	48.60	105.30	52.65
26	2200	2300	84.00	16.80	25.20	42.00	50.40	109.20	54.60
27	2300	2400	87.00	17.40	26.10	43.50	52.20	113.10	56.55
28	2400	2500	90.00	18.00	27.00	45.00	54.00	117.00	58.50
29	2500	2600	93.00	18.60	27.90	46.50	55.80	120.90	60.45
30	2600	2700	96.00	19.20	28.80	48.00	57.60	124.80	62.40
31	2700	2800	99.00	19.80	29.70	49.50	59.40	128.70	64.35
32	2800	2900	102.00	20.40	30.60	51.00	61.20	132.60	66.30
33	2900	3000	105.00	21.00	31.50	52.50	63.00	136.50	68.25
34	3000	3100	107.00	21.40	32.10	53.50	64.20	139.10	69.55
35	3100	3200	109.00	21.80	32.70	54.50	65.40	141.70	70.85

Wertklasse	Streitgegenstand RM von mehr als	Streitgegenstand RM bis einschließlich	Volle Gebühr	2/10 Gebühr	3/10 Gebühr	5/10 Gebühr	6/10 Gebühr	Berufungs- u. Revisionsinstanz 13/10 Gebühr	Berufungs- u. Revisionsinstanz 1/2 v. 13/10 Gebühr
36	3200	3300	111.00	22.20	33.30	55.50	66.60	144.30	72.15
37	3300	3400	113.00	22.60	33.90	56 50	67.80	146.90	73.45
38	3400	3500	115.00	23.00	34.50	57.50	69.00	149.50	74.75
39	3500	3600	117.00	23.40	35.10	58.50	70.20	152.10	76.05
40	3600	3700	119.00	23.80	35.70	59.50	71.40	154.70	77.35
41	3700	3800	121 00	24.20	36.30	60.50	72.60	157.30	78.65
42	3800	3900	123.00	24.60	36.90	61.50	73.80	159.90	79.95
43	3900	4000	125.00	25.00	37.50	62.50	75.00	162.50	81.25
44	4000	4100	127.00	25.40	38.10	63.50	76.20	165.10	82.55
45	4100	4200	129.00	25.80	38.70	64.50	77.40	167.70	83.85
46	4200	4300	131.00	26.20	39.30	65.50	78.60	170.30	85.15
47	4300	4400	133.00	26.60	39.90	66.50	79.80	172.90	86.45
48	4400	4500	135.00	27.00	40.50	67.50	81.00	175.50	87.75
49	4500	4600	137.00	27.40	41.10	68.50	82.20	178.10	89.05
50	4600	4700	139.00	27.80	41.70	69.50	83.40	180.70	90.35
51	4700	4800	141.00	28.00	42.30	70.50	84.60	183.30	91.65
52	4800	4900	143.00	28.60	42.90	71.50	85.80	185.90	92.95
53	4900	5000	145.00	29.00	43.50	72.50	87.00	188.50	94.25
54	5000	5100	147.00	29.40	44.10	73.50	88.20	191.10	95.55
55	5100	5200	149.00	29.80	44.70	74.50	89.40	193.70	96.85
56	5200	5300	151.00	30.20	45.30	75.50	90.60	196.30	98.15
57	5300	5400	153.00	30.60	45.90	76.50	91.80	198.90	99.45
58	5400	5500	155.00	31.00	46.50	77.50	93.00	201.50	100.75
59	5500	5600	157.00	31.40	47.10	78.50	94.20	204.10	102.05
60	5600	5700	159.00	31.80	47.70	79.50	95.40	206.70	103.35
61	5700	5800	161.00	32.20	48 30	80.50	96.60	209.30	104.65
62	5800	5900	163.00	32.60	48.90	81.50	97.80	211.90	105.95
63	5900	6000	165.00	33.00	49.50	82.50	99.00	214.50	107.25
64	6000	6100	166.00	33.20	49.80	83.00	99.60	215.80	107.90
65	6100	6200	167.00	33.40	50.10	83.50	100.20	217.10	108.55
66	6200	6300	168.00	33.60	50.40	84.00	100.80	218.40	109.20
67	6300	6400	169.00	33 80	50.70	84.50	101.40	219.70	109.85
68	6400	6500	170.00	34.00	51.00	85.00	102.00	221.00	110.50
69	6500	6600	171.00	34.20	51.30	85.50	102.60	222.30	111.15
70	6600	6700	172.00	34.40	51.60	86.00	103.20	223.60	111.80
71	6700	6800	173.00	34.60	51.90	86.50	103.80	224.90	112.45
72	6800	6900	174.00	34.80	52.20	87.00	104.40	226.20	113.10
73	6900	7000	175.00	35.00	52.50	87.50	105.00	227.50	113.75
74	7000	7100	176.00	35.20	52.80	88.00	105.60	228.80	114.40
75	7100	7200	177.00	35.40	53.10	88.50	106.20	230.10	115.50

Wertklasse	Streitgegenstand RM von mehr als	bis einschließlich	Volle Gebühr	2/10 Gebühr	3/10 Gebühr	5/10 Gebühr	6/10 Gebühr	Berufungs- u. Revisionsinstanz 13/10 Gebühr	1/2 v. 13/10 Gebühr
76	7200 –	7300	178.00	35.60	53.40	89.00	106.80	231.40	115.70
77	7300 –	7400	179.00	35.80	53.70	89.50	107.40	232.70	116.35
78	7400 –	7500	180.00	36.00	54.00	90.00	108.00	234.00	117.00
79	7500 –	7600	181.00	36.20	54.30	90.50	108.60	235.30	117.65
80	7600 –	7700	182.00	36.40	54.60	91.00	109.20	236.60	118.30
81	7700 –	7800	183.00	36.60	54.90	91.50	109.80	237.90	118.95
82	7800 –	7900	184.00	36.80	55.20	92.00	110.40	239.20	119.60
83	7900 –	8000	185.00	37.00	55.50	92.50	111.00	240.50	120.25
84	8000 –	8100	186.00	37.20	55.80	93.00	111.60	241.80	120.90
85	8100 –	8200	187.00	37.40	56.10	93.50	112.20	243.10	121.55
86	8200 –	8300	188.00	37.60	56.40	94.00	112.80	244.40	122.20
87	8300 –	8400	189.00	37.80	56.70	94.50	113.40	245.70	122.85
88	8400 –	8500	190.00	38.00	57.00	95.00	114.00	247.00	123.50
89	8500 –	8600	191.00	38.20	57.30	95.50	114.60	248.30	124.15
90	8600 –	8700	192.00	38.40	57.60	96.00	115.20	249.60	124.80
91	8700 –	8800	193.00	38.60	57.90	96.50	115.80	250.90	125.45
92	8800 –	8900	194.00	38.80	58.20	97.00	116.40	252.20	126.10
93	8900 –	9000	195.00	39.00	58.50	97.50	117.00	253.50	126.75
94	9000 –	9100	196.00	39.20	58.80	98.00	117.60	254.80	127.40
95	9100 –	9200	197.00	39.40	59.10	98.50	118.20	256.10	128.05
96	9200 –	9300	198.00	39.60	59.40	99.00	118.80	257.40	128.70
97	9300 –	9400	199.00	39.80	59.70	99.50	119.40	258.70	129.35
98	9400 –	9500	200.00	40.00	60.00	100.00	120.00	260.00	130.00
99	9500 –	9600	201.00	40.20	60.30	100.50	120.60	261.30	130.65
100	9600 –	9700	202.00	40.40	60.60	101.00	121.20	262.60	131.30
101	9700 –	9800	203.00	40.60	60.90	101.50	121.80	263.90	131.95
102	9800 –	9900	204.00	40.80	61.20	102.00	122.40	265.20	132.60
103	9900 –	10000	205.00	41.00	61.50	102.50	123.00	266.50	133.25

Die weiteren vollen Gebühren werden in folgender Weise gefunden:

a) Aus Streitgegenständen von mehr als 10000 bis 20000 einschliesslich: Der Streitgegenstand wird auf die nächsten vollen 100 aufgerundet, die letzten beiden Nullen werden weggelassen, der Rest wird durch 2 geteilt, 155 werden addiert.

b) Aus Streitgegenständen von mehr als 20000 bis 100000 einschliesslich: Der Streitgegenstand wird auf die nächsten vollen 1000 aufgerundet, die letzten zwei Nullen werden weggelassen, der Rest wird durch 2 geteilt, 155 werden addiert.

c) Aus Streitgegenständen von mehr als 100000 bis 1000000 einschliesslich: Der Streitgegenstand wird auf die nächsten vollen 1000 aufgerundet, die letzten beiden Nullen werden weggelassen, der Rest wird durch 4 geteilt, 405 werden addiert.

d) Aus Streitgegenständen von mehr als 1 000 000 bis 5 000 000 einschliesslich: Der Streitgegenstand wird auf die nächsten vollen 1000 aufgerundet, die beiden letzten Nullen werden weggelassen, der Rest wird durch 5 geteilt, 905 werden addiert.

e) Aus Streitgegenständen über 5 000 000: Der Streitgegenstand wird auf die nächsten vollen 1000 aufgerundet, die beiden letzten Nullen werden weggelassen, der Rest wird durch 10 geteilt, 5905 werden addiert.

Beispiele: Zu a, Gebühr aus 15 324 RM: 15 400; 154; 77; 232 (Gebühr!). Zu e, Gebühr aus 6 325 421 RM: 6 326 000; 63 260; 6326; 12 231 (Gebühr!).

Schreibgebühr für die Seite: 0.30 RM.

b) Gebühren der Rechtsanwälte in Armensachen.

Ges. v. 20. Dez. 1928 (RGBl. 411), geänd. durch VO. v. 1. Dez. 1930 Tl. 9 § 7 (RGBl. 517/604) u. VO. v. 6. Okt. 1931 (RGBl. 537/565) § 17.

Wertklasse	Streitgegenstand RM von mehr als	Streitgegenstand RM bis einschließlich	volle Gebühr	2/10 Gebühr	3/10 Gebühr	5/10 Gebühr	6/10 Gebühr	Berufungs- u. Revisionsinstanz 13/10 Gebühr	Berufungs- u. Revisionsinstanz 1/2 v. 13/10 Gebühr
	0—	20	1.60	1.00	1.00	1.00	1.00	2.10	1.05
	20—	60	3.20	1.00	1.00	1.60	1.95	4.20	2.10
	60—	100	4.80	1.00	1.45	2.40	2.90	6.25	3.15
	100—	150	6.40	1.30	1.95	3 20	3.85	8.35	4.20
	150—	200	8.00	1.60	2.40	4.00	4.80	10.40	5 20
	200—	300	12.00	2.40	3.60	6.00	7.20	15.60	7.80
	300—	600	16.00	3.20	4 80	8.00	9.60	20.80	10.40
	600—	800	20.00	4.00	6.00	10.00	12.00	26 00	13.00
	800—	1000	22.50	4.50	6.75	11.25	13.50	29.25	14.65
	1000—	1500	30.00	6.00	9.00	15.00	18.00	39.00	19.50
	1500 ·	2000	37.50	7.50	11.25	18.75	22.50	48.75	24.40
	2000		45.00	9.00	13.50	22.50	27.00	58.50	29.25
	Ehesachen		25	5.00	7.50	12 50	15.00	32 50	16.25

Einstw. Verfüg. in Ehesachen: Höchstbetrag einer Gebühr: 25 RM.; in 2. Instanz 32.50 RM.

10. Sonstige Gebühren und Auslagenersätze.

a) Vollmachtenstempel.

StempelGes. v. 16. März 1921, GVBl. 182.

I. Höhe:

1. Spezialvollmachten:

Gegenstandswert von mehr als	150— 600 GM.	= 0.50 GM
„ „ „ „	600— 1000 GM.	= 1.00 GM
„ „ „ „	1000— 3000 GM.	= 1.50 GM
„ „ „ „	3000— 6000 GM.	= 3.00 GM,
	bei ProzVollmachten jedoch	2.00 GM
Gegenstandswert von	mehr als 6000—10 000 GM.	= 5.00 GM,
	bei ProzVollmachten jedoch	3.00 GM
„ „	mehr als 10 000—15 000 GM.	= 7.50 GM,
	bei ProzVollmachten jedoch	4.00 GM
sonst		= 10.00 GM,
	bei ProzVollmachten jedoch	5.00 GM.

2. Generalvollmachten:

Wie bei 1; jedoch:

Gegenstandswert von mehr als	15 000 GM.—100 000 GM.	= 15 GM
„ „ „ „	100 000 GM.	= 20 GM

3. Vollmachten im Strafverfahren u. wenn der Wert in Geld nicht schätzbar ist = 2 GM.

II. Zusatzbestimmungen:

Vollmachten für Geschäfte ausserhalb Bayerns: die halben Sätze. — Angestellten- und Familienvollmacht: höchstens 1.50 GM. — Vollmacht für mehrere, nicht in einem Gemeinschafts- oder Gesellschaftsverhältnisse Stehende: Mehrfache Entrichtung des Stempels.

III. Nun 20 % **Zuschlag:** Ges. v. 24. Juni 1930 (GVBl. 203).

b) Gebühren der Zeugen und Sachverständigen.

GebOrdn. v. 21. Dez. 1925 (RGBl. 471); geänd. durch Tl. VII Kap. I § 15 AusnahmeVO. v. 6. Okt. 1931 (RGBl. 537).

1. Gebühren der Zeugen für Zeitversäumnis: Für jede angefangene Stunde 0.20—1.50 RM; für den Tag nicht mehr als 10 Stunden.

2. Gebühren der Sachverständigen für die Leistung: Für jede angefangene Stunde bis zu 3 RM, bei besonders schwierigen Leistungen bis zu 6 RM (auf Verlangen der übliche Preis, hierzu für die ausserdem statt-

findende Terminsteilnahme bis zu 3 RM; „bis auf weiteres" nicht mehr anzuwenden); eine beliebige Vergütung bei Einverständnis der Parteien u. Vorschusserlage.

3. Reiseentschädigung der Z. u. Sachv.: Für Reisen ausserh. u. innerh. des Aufenthaltsorts von mehr als 2 Km. Entfernung die Auslagen für erforderliche Transportmittel, sonst für jedes angefangene Km. des Hin- und Rückwegs 10 RPf.

4. Entschädigung der Z. u. Sachv. für den durch Abwesenheit vom Aufenthaltsort verursachten Aufwand: Massgebend die persönlichen Verhältnisse; hiebei soll der Satz, der den Reichsbeamten der Stufe III als Tagegeld zusteht, nicht überschritten werden; die für diese geltenden Vorschriften, nach denen sich das Tagegeld bei Reisen, die an dem gleichen Kalendertag angetreten und beendet werden, vermindert oder ein Tagegeld nicht gewährt wird, gelten entsprechend; s. hierzu unten unter h.

   Besonders teure Orte: Augsburg, Frankenthal, Fürth, Kaiserslautern, Landau (Pf.), Ludwigshafen, München, Neustadt (Haardt), Nürnberg, Pirmasens, Speyer, Zweibrücken.

5. Entschädigung der Z. u. Sachv. für Nachtquartier: Der angemessene Betrag.

6. Aufrundung der Gesamtvergütung auf 0,05 RM.

7. Zu § 16 der GebO. s. wegen der Landesgewerbeanstalt in Nürnberg MinVO. v. 14. April 1928 (StAnz. 83); desgl. der LGewAnstalt in Kaiserslautern MinVO. v. 25. Juni 1928 (StAnz. 148) mit Aend. v. 14. Febr. 1929 (StAnz. 42).

c) Die Gebühren für ärztliche Dienstleistungen bei Behörden.

Die Vergütungen für ärztliche Dienstleistungen bei Behörden sind geregelt durch VO. v. 17. Nov. 1902 (GVBl. 715), geänd. durch VO. v. 4. Aug. 1910 (GVBl. 415). Die in diesen festgestellten Gebührensätze sind nun durch InnMVO. v. 15. Jan. 1924 (StAnz. Nr. 14) in die folgenden Goldmarksätze umgestellt. Dabei ist die Goldmark zu berechnen nach dem Goldumrechnungssatz für die Reichssteuern am Zahlungstage. Für besondere Ausnahmefälle ist die Überschreitung der Sätze gestattet. Wegen Ablieferungen der Ärzte aus den Gebühren an die Staatskasse, sog. Kürzungen, s. die MB. v. 23. Febr. 1932 (GVBl. 101).

1. Gebührensätze zur VO. als solcher:

Vergütung für Zeitaufwand nach § 3 Abs. 2 u. 3 für jede angefangene halbe Stunde	1—10 M
Tagegeld eines im öffentlichen Interesse abgeordneten Arztes (§ 11 Abs. 2), Höchstbetrag	20 M

2. Die Gebührensätze der ihr angefügten Gebührenordnung für amtsärztliche Dienstleistungen.

1.	Besichtigung einer Leiche oder von Leichenteilen mit Befundbericht und vorläufigem Gutachten .	4—40 M
2.	Vornahme einer Sektion von Leichenteilen mit Befundbericht und vorläufigem Gutachten . . .	7—70 M
3.	Vornahme einer Leichenöffnung mit Befundbericht und vorläufigem Gutachten	14—140 M
4.	Hilfeleistung bei Vornahme einer Leichenöffnung	4—40 M
5.	Mikroskopische, physikalische Untersuchung mit Befundbericht und vorläufigem Gutachten bei einfachen Untersuchungen	4—40 M
	bei zeitraubenden Untersuchungen	7—70 M
6.	bakteriologische, chemische Untersuchung mit Befundbericht und vorläufigem Gutachten bei einfachen Untersuchungen	10—100 M
	bei zeitraubenden Untersuchungen	20—200 M
7.	Wundbeschau oder sonstige ärztl. Untersuchungen und Beobachtungen mit Befundbericht und vorläufigem Gutachten — soferne nicht ein Fall der Ziff. 9 vorliegt — bei einfachen Untersuchungen und Beobachtungen	4—40 M
	bei zeitraubenden Untersuchungen u. Beobachtungen	7—70 M
8 a)	Untersuchungen und Beobachtungen zum Zwecke der Erstattung eines Gutachtens	4—40 M
b)	Studium von Akten zum Zwecke der Erstattung eines Gutachtens	4—40 M
c)	Wissenschaftlich begründetes Gutachten über Personen oder Sachen	7—70 M
	bei Gutachten über den Geisteszustand . . .	7—100 M
9.	Ausstellung von Zeugnissen über Gesundheit oder Krankheit, Diensttauglichkeit, Aufsichts-, Arbeits- oder Erwerbsfähigkeit mit Untersuchung . . .	2—20 M
10.	Beglaubigung von Zeugnissen, Ausstellung eines Befundscheines, Erteilung einer schriftl. Auskunft ohne nähere gutachtliche Ausführung	1—10 M
11.	Gutachten in bezug auf Beerdigung, Ausgrabung, Beförderung von Leichen	1—15 M
12.	Untersuchung einer Apotheke, einer Drogerie, einer Gifthandlung	7—70 M
13.	Gutachten in polizeilichen Angelegenheiten über Einrichtungen oder gewerbliche Anlagen . . .	4—40 M
14.	Abwartung eines gerichtlichen Termins als Sachverständiger einschliesslich der während des Termins ausgeführten Untersuchungen und des erstatteten mündlichen Gutachtens bis zu 2 Stunden	6—60 M
	für jede angefangene Stunde mehr	2—20 M

Anm. Wegen der Gebühren der Aerzte und Zahnärzte in der Privatpraxis s. nun InnMB. v. 27. Sept. 1924 (StAnz. Nr.

226); geänd. durch InnMB. v. 2. Aug. 1927 (StAnz. 177). Wegen Aufhebung der zugunsten der Versicherungsträger durch InnMB. v. 25. Juli 1924 (StAnz. 189) erfolgten Ermäßigungen s. MB. v. 4. Jan. 1927 (StAnz. 3).

Wegen der Gebühren der Medizinalkomitees s. nun die VO. v. 22. Mai 1930 (JMBl. III 422).

d) Verschiedene Gebühren u. Vergütungen.

1. Gebühren der Hebammen: VO. v. 20. April 1926 (GVBl. 287), geänd. durch Nr. II der VO. v. 1. Okt. 1926 (GVBl. 495) u. durch VO. v. 31. Jan. 1932 (GVBl. 42). S. hierzu wegen der von Krankenkassen zu zahlenden Gebühren die VO. v. 3. April 1930 (GVBl. 106), geänd. durch VO. v. 31. Jan. 1932 (GVB. 42).

2. Gebührentarif der öffentlichen Untersuchungsanstalten für Nahrungs- u. Genußmittel: MB. v. 24. Jan. 1929 (GVBl. 5).

3. Gebühren der Bader: VO. v. 14. April 1925 (GVBl. 140), geänd. durch VO. v. 14. Juni 1929 (GVBl. 74).

4. Gebühren der staatl. bakteriologischen Untersuchungsanstalten: MB. v. 19. Dez. 1923 (InnMBl. 84), geänd. durch MB. v. 20. Okt. 1924 (InnMBl. 136) u. v. 1. Juli 1932 (StAnz. 151).

5. Gebühren der elektrotechnischen Beratungsstellen: InnMB. v. 26. Sept. 1927 (StAnz. 229).

6. Arzneitaxe für Bayern InnAMB. v. 16. Febr. 1933 (StAnz. 40), geänd. durch Bek. v. 6. April 1933 (StAnz. 84).

e) Entschädigung der Schöffen, Geschworenen, Vertrauensmänner und Mitglieder der Pachteinigungsämter.

S. VO. v. 18. März 1924 (RGBl. 282), geänd. durch VO. v. 22. Dez. 1925 (RGBl. 476), 27. Sept. 1929 (RGBl. 150) u. 5. Dez. 1931 (RGBl. 696). Pachtschutzordnung v. 19. Sept. 1925 (GVBl. 250) § 9.

Sie erhalten:

1. Entschädigung für Verdienstausfall: 0.20 bis 1.50 RM für jede angefangene Stunde der versäumten Arbeitszeit (einschl. Reisezeit), höchstens für 10 Stunden den Tag.
2. Tagegelder u. Übernachtungsgelder wie Reichsbeamte der Stufe I; s. hierzu unten unter h.
3. Reiseauslagen: a) Wenn Eisenbahn oder sonstige regelmäßige Verkehrsmittel bestehen, die wirklichen Auslagen, einschließlich der Kosten der Gepäckbeförderung, jedoch bei Bahnen u. Schiffen höchstens den Fahrpreis der Wagenklasse in Personenzügen oder der Schiffsklasse, für deren Benutzung ein Amtsrichter bei Dienstreisen entschädigt wird (s. zu letzterem unter g II); ausnahmsweise Zuschläge bei veranlaßter Benützung von Eil- u. Schnellzügen. b) Andernfalls für jedes angefangene km des Hin- u. Rückwegs 0.10 RM.; bei besonderen Umständen angemessene Fuhrwerkskosten.
4. Aufrundung der Gesamtsumme auf 0.05 RM.

f) Entschädigung der Arbeitgeber- und der Arbeitnehmer-Beisitzer der Arbeitsgerichtsbehörden.

VO. v. 17. Febr. 1932 (RGBl. 74).

	Uebernachtungsgeld		Aufwandsentschädigung				Entschädigung für Verdienstausfall	Fahrkosten*)	
					Für auswärt. Mitglieder			Bei Benützbarkeit regelmässig fahrender Verkehrsmittel	Sonstige Wegstrecken
	besonders teure Orte***)	gewöhnliche Orte	Bei einer Sitzungsdauer	Für ortsanwesende Mitglieder**)	für den Sitzungstag	für jeden weit. Reisetag			
	RM.	RM.		RM.	RM.	RM.	RM.		
a) Arbeitsgerichte und Landesarbeitsgerichte	6.00	4.50	bis zu 4 Std.	1.00	3.00	3.00	0.20—1.50 für die Stunde; höchstens 10 Stunden für den Tag	Die wirkl. erwachsenen Auslagen einschl. der Kosten der Gepäckbeförderung und -versicherung. Bei Bahn. u. Schiff. höchst. die dem Vorsitzend. zusteh. Klasse; beim ReichsarbGer. höchst. 2. Klasse in Personenzügen und 1. Schiffskl.; Eilz. wenn zweckmäß; Schnellzüge, wenn so Ersparungen Für Fahrt. u. Wege innerh. d. polit. Gem. d. Wohnorts u. SitzungsortsKosteners. nur, wenn sie deren Aufwandsentschäd. überschr.	0.10 RM. für jeden angefangenen Kilometer. Bei besonderen Umständen auch Ersatz angemessener Fuhrwerkskost.
			über 4 Std.	3.00					
b) Reichsarbeitsgericht	7.00		Innerh. der Gemeinde d. Sitzungsorts Wohnende 5 RM. für den Sitzungstag		Auswärtige für den Sitzungstag und jeden Reisetag je 9.50 RM.				

*) Nur für ausserhalb der polit. Gemeinde des Sitzungsorts Wohnende u. dort auch nicht beruflich Tätige.
**) D. h. für innerhalb der polit. Gemeinde des Sitzungsorts Wohnende oder dort beruflich Tätige.
***) Besonders teuere Orte in Bayern s. oben unter b.

g) Tagegelder u. Übernachtungsgelder der bay. Beamten.

S. hierzu die VO. v. 20. Mai 1922 u. die AusführBek. v. gl. T. (beide oben, Beilage 3).

I. Tagegelder u. Übernachtungsgelder.

Besoldungsgruppe	Stufeneinteilung	Tagegelder[1]) bei einer Dauer der Dienstreise von				Volles Tagegeld[1])	Regelm. Übernachtungsgelder	Übernachtungsg. i. bes. teuren Orten[4])
		bis 3 Std. einschl. RM.	mehr als 3–6 Std. RM.	mehr als 6–8 Std. RM.	über 8 Std.; ohne Übernachten RM.	RM.	RM.	RM.
A 7 c; 8–12	Stufe I	—	1.35	2.25	3.60	4.50	3.50	4.50
A 4b, c, d; 5; 6; 7 a, b[2])	„ II	—	2.10	3.50	5.60	7.00	4.50	6.00
A 1 d; 2; 3; 4 a[3])	„ III	—	3.00	5.00	8.00	10.00	5.00	9.00
A 1 a, b, c; B	„ IV	—	3.60	6.00	9.60	12.00	6.00	10.00

[1]) Beamte ohne eigenen Haushalt u. ohne volle häusliche Verwandtenverpflegung erhalten nur $^{3}/_{4}$ der **Tagegeldsätze.**

[2]) Auch Referendare.

[3]) Auch Assessoren.

[4]) Besonders teure Orte in Bayern: Fürth, München, alle übrigen zur Ortsklasse A gehörigen Orte mit mehr als 100 000 Einwohnern; in der Pfalz insbes. Frankenthal, Kaiserslautern, Landau i. Pf., Ludwigshafen a. Rh., Neustadt a. H., Pirmasens, Speyer, Zweibrücken; im übrigen s. § 12 der Bek. v. 20. Mai 1922 (GVBl. 304).

II. Reisekostenersatz.

1. **Stufe I u. II: Eisenbahn 3. Klasse; Schiff 2. Klasse.**
2. Stufe III u. aus Stufe IV BesoldGruppe A XIII u. B I (nun wohl A 1 a u. B 5): Eisenbahn 2. Klasse; Schiff 1. Klasse.
3. **Andere Beamte: Eisenbahn 1. Klasse; Schiff 1. Klasse.**
4. Kilometervergütung 0.12 RM, bei besonderen Umständen Fuhrkostenersatz.

III. Derzeitige Kürzung.

Bei allen Kostenaufrechnungen ist vom Gesamtbetrag ein Fünftel abzusetzen; der sich hienach ergebende Vergütungsbetrag ist auf 5 Pfennige aufzurunden.

Ausgenommen von der Kürzung sind die nach § 7 der VO. v. 20. Mai 1922 (GVBl. 297) i. d. F. der VOen v. 29. Jan. 1924 (GVBl. 19) u. v. 16. April 1931 (GVBl. 129) zu gewährenden Beschäftigungstagegelder, nicht jedoch die auf Grund dieser Bestimmung während der ersten Woche des Aufenthalts u. für die Reisetage zustehenden ordentlichen Tage- u. Übernachtungsgelder.

Weiter sind ausgenommen die nach §§ 9 u. 10 der genannten VO. zu vergütenden wirklichen Auslagen für Beförderung der Person u. des Gepäcks, sowie der Ersatz wirklicher Auslagen nach § 14 dieser VO.

Die Kürzungen haben vom Gesamtbetrag zu erfolgen.

h) Tage- und Übernachtungsgelder der Reichsbeamten.

S. hierzu die ReisekostenVO. v. 14. Okt. 1921 (RGBl. 1345) mit der JMB. v. 10. Nov. 1931 (StAnz. 262).

I. Tage- u. Übernachtungsgelder.

Es beträgt für Beamte der Stufe	bei Dienstreisen nach					
	besonders teuren Orten			anderen Orten		
	das volle Tagegeld RM.	das Übernachtungsgeld RM.	zusammen RM.	das volle Tagegeld RM.	das Übernachtungsgeld RM.	zusammen RM.
I	7.—	4.50	11.50	4.50	3.50	8.—
II	9.—	6.—	15.—	7.—	4.50	11.50
III	12.—	9.—	21.—	10.—	5.—	15.—
IV	14.—	10.—	24.—	12.—	6.—	18.—
V	16.—	12.—	28.—	14.—	8.—	22.—

Die Vergütung für 1 km Landweg (§ 4 Abs. 4 der RV.) wird auf 0.20 RM festgesetzt.

II. Für Dienstreisen, die an demselben Kalendertag angetreten u. beendet werden, werden gezahlt:

bei einer Dauer der Dienstreise	Tagegeld
bis zu 6 Stunden	kein
über 6 bis 8 Stunden	0,3
„ 8 „ 12 „	0,5
„ 12 Stunden	0,8

Von mehreren an einem Tage ausgeführten Dienstreisen wird jede Reise für sich berechnet. Wenn eine der Reisen länger als 4 Stunden gedauert hat, wird der Berechnung des Tagegeldes die Gesamtdauer der Reisen zugrunde gelegt.

Bei Dienstreisen, die sich auf mehrere Kalendertage erstrecken, werden für Zeiträume, die nicht einen vollen Kalendertag umfassen, gezahlt:

Für den Tag des Antritts der Dienstreise, wenn sie angetreten wird	Für den Tag der Rückkehr zum Wohnort, wenn die Dienstreise beendet wird	Tagegeld
nach 20 Uhr	bis 6 Uhr	kein
„ 18 bis 20 Uhr	nach 6 „ 8 „	0,3
„ 14 „ 18 „	„ 8 „ 14 „	0,5
„ 6 „ 14 „	„ 14 „ 20 „	0,8
„ 6 „	„ 20 Uhr	1,0

Dauert eine Dienstreise, die nach 20 Uhr angetreten u. am folgenden Tage bis 6 Uhr beendet wird, mehr als 4 Stunden, werden 0,2 des Tagegeldes gezahlt.

III. Kürzung der Tagegelder, der Übernachtungsgelder u. der Teile dieser Bezüge: Für besonders teure Orte 20%, für andere Orte 10%.

11. Masse und Gewichte.

Nach der am 1. April 1912 in Kraft getretenen Mass- und Gewichtsordnung vom 30. Mai 1908 (RGBl. 349) und dem RG. vom 1. Juni 1898 (RGBl. 905) mit der Bek. vom 6. Mai 1901 (RGBl. 127).

I. Die derzeitigen Masse und Gewichte.

a) Die Grundlagen des Masses und des Gewichtes.

Diese bilden das Meter und das Kilogramm. Das Meter ist der Abstand zwischen den Endstrichen des internationalen Meterprototyps bei der Temperatur des schmelzenden Eises. Das Kilogramm ist die Masse des internationalen Kilogrammprototyps. Als deutsches Urmass gilt derjenige mit dem Prototyp für das Meter verglichene Masstab aus Platin-Iridium, welcher durch die Internationale Generalkonferenz für Mass und Gewicht dem Deutschen Reiche als nationales Prototyp überwiesen worden ist. Er wird von der Reichsanstalt für Mass und Gewicht aufbewahrt. Als deutsches Urgewicht gilt dasjenige mit dem Prototyp für das Kilogramm verglichene Gewichtsstück aus Platin-Iridium, welches durch die Internationale Generalkonferenz für Mass und Gewicht dem Deutschen Reiche als nationales Prototyp überwiesen worden ist; es wird von der Reichsanstalt für Mass und Gewicht aufbewahrt.

b) Die Längenmasse.

Das Meter; das Dezimeter = der zehnte Teil des Meters; das Zentimeter = der hundertste Teil des Meters; das Millimeter = der tausendste Teil des Meters; das Kilometer = 1000 Meter.

c) Die Flächenmasse.

Das Quadratmeter, d. i. die aus dem Meter gebildete Einheit des Flächenmasses; das Quadratdezimeter = der hundertste Teil des Quadratmeters; das Quadratzentimeter = der hundertste Teil des Quadratdezimeters; das Quadratmillimeter = der hundertste Teil des Quadratzentimeters; das Ar = 100 Quadratmeter; das Hektar = 100 Ar; das Quadratkilometer = 100 Hektar.

d) Die Körpermasse.

Das Kubikmeter, d. i. aus dem Meter gebildete Einheit des Körpermasses; das Kubikdezimeter = der tausendste Teil des Kubikmeters; das Kubikzentimeter = der tausendste Teil des Kubikdezimeters; das Kubikmillimeter = der tausendste Teil des Kubikzentimeters; das Liter, d. i. der von einem Kilogramm reinen Wassers bei seiner grössten Dichte unter dem Druck einer Atmosphäre eingenommene Raum; das Milliliter = der tausendste Teil eines Liters; das Hektoliter = 100 Liter.

e) Die Gewichte.

Das Kilogramm s. oben a; das Gramm = der tausendste Teil des Kilogramms; das Milligramm = der tausendste Teil des Grammes; das Hektogramm = 100 Gramm; der Doppelzentner = 100 Kilogramm; die Tonne = 1000 Kilogramm.

f) Die elektrischen Masseinheiten.

Das Ohm, d. i. der Widerstand einer Quecksilbersäule von der Temperatur des schmelzenden Eises, deren Länge bei durchweg gleichem, einem Quadratmillimeter gleich zu achtenden Querschnitt 106,3 cm und deren Masse 14,4521 g beträgt. Das Ampere, d. i. der unveränderliche elektrische Strom, der bei dem Durchgange durch eine wässerige Lösung von Silbernitrat in einer Sekunde 0,001 118 g Silber niederschlägt. Das Volt, d. i. die elektromotorische Kraft, die in einem Leiter, dessen Widerstand ein Ohm beträgt, einen elektrischen Strom von einem Ampere erzeugt. Das Watt, d. i. die Leistung eines Ampere in einem Leiter von einem Volt Endspannung.

g) Sonstige im Verkehr übliche Masse.

1. Der Festmeter (fm) = 1 cbm fester Holzmasse, im Gegensatz zum Raummeter (rm), der 1 cbm geschichtetes Holz, also Holz mit Zwischenräumen bedeutet.
2. Der Ster = 1 cbm.

h) Die Schiffsvermessung.

Die Schiffsmasse werden in Deutschland in Körpermassen (cbm) ausgedrückt. Man unterscheidet a) den Bruttoraumgehalt, d. i. das Ergebnis der Vermessung der unter dem obersten Deck befindlichen Räume und der auf und über dem obersten Deck angebrachten Aufbauten; b) den Nettoraumgehalt, d. i. der unter a) bezeichnete Raum nach Abzug der Räume zum Gebrauch der Schiffsmannschaft und zur Navigierung des Schiffs und bei Schiffen, die durch eine künstliche Kraft bewegt werden, auch der von der Triebkraft eingenommenen Räume. Die deutschen Messbriefe enthalten auch die entsprechende Anzahl britischer Registertons; 1 cbm = 0,353 brit. Registertons; 1 brit. Registerton demnach 2,832 cbm = 100 engl. Kubikfuss.

i) Goldmark.

1 Goldmark = der Preis von $^1/_{2790}$ kg (= 0,3584229 g) Feingold.

II. Abkürzungen der Masse und Gewichte.

Anzuwenden im amtlichen Verkehr (Bek. vom 18. April 1912 [GVBl. 364]).

a) Längenmasse: Kilometer = km; Meter = m; Dezimeter = dm; Zentimeter = cm; Millimeter = mm.

b) Flächenmasse: Quadratkilometer = qkm oder km²; Hektar = ha; Ar = a; Quadratmeter = qm oder m²; Quadratdezimeter = qdm oder dm²; Quadratzentimeter = qcm oder cm²; Quadratmillimeter = qmm oder mm².

c) Körpermasse: Kubikmeter = cbm oder m³; Kubikdezimeter = cdm oder dm³; Kubikzentimeter = ccm oder cm³; Kubikmillimeter = cmm oder mm³; Hektoliter = hl; Liter = l; Milliliter = ml.

d) Gewichte: Tonne = t; Doppelzentner = dz; Kilogramm = kg; Hektogramm = hg; Gramm = g; Milligramm = mg.

Schlusspunkte werden den Buchstaben nicht beigefügt. Zur Trennung der Einer- und Dezimalstellen dient das Komma; zur Abteilung mehrstelliger Zahlenausdrücke darf das Komma nicht verwendet werden.

III. Tabelle für die Umrechnung der älteren bayer. Masse in die der Mass- u. Gewichtsordnung.

a) Längenmasse.

1 bayerischer Fuss zu 12 Zoll oder zu 144 Linien = 0,2 918 592 Meter; 1 Zoll = 2,43 216 Zentimeter; 1 Linie = 2,0268 Millimeter; 1 bayer. Klafter zu 6 Fuss = 1,751 155 Meter; 1 geometrische Rute zu 10 Fuss = 2,918 592 Meter; 1 bayer. Elle zu 2 Fuss 10¹/₄ Zoll = 0,833 015 Meter; 1 geometrische Stunde, Post- oder Wegstunde = 12 703 Fuss = 3,70 749 Kilometer.

b) Flächenmasse.

1 bayer. Quadratfuss zu 144 Quadratzollen = 0,085 182 Quadratmeter; 1 Quadratzoll = 5,9154 Quadratzentimeter; 1 Quadratlinie = 4,1079 Quadratmillimeter; 1 Quadratklafter zu 36 Quadratfuss = 3,0665 Quadratmeter; 1 Quadratrute zu 100 Quadratfuss = 8,5182 Quadratmeter; 1 Tagwerk oder Morgen zu 400 Quadratruten = 34,07272 Ar; 1 Tagwerk = 100 Dezimalen = 40 000 Quadratfuss; 1 Dezimale = 34,07 272 qm.

c) Körpermasse.

Kubikfuss = 0,24 861 Kubikmeter; 1 Kubikzoll = 14,38 721 Kubikzentimeter.

d) Getreidemasse.

1 bayer. Metzen zu 34²/₃ Masskannen = 37,0596 Liter; ¹/₂ bayer. Metzen (Viertel genannt) = 18,5298 Liter; ¹/₄ bayer. Metzen (halbes Viertel genannt) = 9,2649 Liter; ¹/₈ bayer. Metzen (Massl genannt) = 4,6325 Liter; ¹/₁₆ bayer. Metzen (halbes Massl genannt) = 2,3162 Liter; ¹/₃₂ bayer. Metzen (Dreissiger genannt) = 1,1581 Liter; 6 Metzen Mass (Schäffel genannt) = 2,22358 Hektoliter.

e) Sonstige Hohlmasse.

1 Eimer = 60 Mass = 64,14 Liter; 1 Mass = 4 Schoppen = 1,069 Liter.

f) Handelsgewicht.

1 bayer. Pfund zu 32 Lot = 560 Gramm; 1 Lot zu 4 Quentchen = 17,5 Gramm; 1 Quentchen (oder Quint!) = 4,375 Gramm; 1 Zentner zu 100 Pfunden = 56 Kilogramm; 1 Vierling = 8 Lot = 140 Gramm.

g) Holzmass.

1 bayer. Normalklafter = 3,13 250 Ster (cbm); 1 Pfälzer Klafter = 3,58 Ster (cbm).

h) Bergmasse.

1 Lachter (preuss.) = 2,0924 m; ein Quadratlachter (preuss.) = 4,3780 qm; ein Lachter (bay.) = 1,9425 m; ein Quadratlachter (bayer.) = 3,7733 qm.

IV. Masse anderer Länder.

England: 1 Fuss = 0,3047 m; 1 Yard= 3 englische Fuss = 0,914 m; 1 Seemeile = 1855 m; 1 Faden = 2 Yard = 1,828 m; 1 Acre = 4 Roods = 40,468 a.

12. Standesvereinigungen

(nach dem Stand vom 1. Sept. 1933).

a) Der Bund Nationalsozialistischer Deutscher Juristen e. V. (BNSDJ).

Gründung, Entwicklung und Zweck des Bundes: Im Völkischen Beobachter Nr. 237 vom 11. Okt. 1928 erließ der Führer der Nationalsozialistischen Deutschen Arbeiterpartei, unser Volkskanzler Adolf Hitler, einen Aufruf an die der Partei angehörigen Juristen, dem bei der Reichsleitung gebildeten Bunde sich anzuschließen. Er gab dem Bund die Bestimmung, „zu allen Fragen rechtlicher Art, die die Partei und ihre Idee oder Angehörigen betreffen, Stellung zu nehmen und die Entwicklung des deutschen Rechtslebens vom nationalsozialistischen Standpunkt aus ideell und praktisch zu beeinflussen". Mit den organisatorischen Vorarbeiten beauftragte der Führer den Rechtsbeistand der Parteileitung, Herrn Rechtsanwalt Dr. Hans Frank II in München; die Bestimmung der Satzungen überließ er dem Bund als freier Vereinigung der nationalsozialistischen Juristen. Der Bund, mit dessen Führung Dr. Frank 1929 beauftragt wurde, folgte in seiner Entwicklung dem Aufstieg der nationalsozialistischen Bewegung bis zur schließlichen Machtübernahme. Mit dieser hat sich der Zweck in der Weise erweitert, wie es in den am 4. Mai 1933 neugefaßten Satzungen festgelegt ist: „Verwirklichung des nationalsozialistischen Programms auf dem gesamten Gebiete des Rechtslebens, insbesondere die Wiedererweckung und Neugestaltung eines Deutschen Rechtes als Mittel zur Sicherung des nationalsozialistischen Staates, Kultur- und Wirtschaftslebens." In Übernahme dieser Aufgabe ist der Bund unter partei- wie reichsamtlicher Anerkennung der organisatorische Träger der deutschen Rechtsfront geworden, an welche sich die schon bestehenden Standesvereinigungen der Juristen, Rechtspfleger und Volkswirte verbandsweise angeschlossen haben; er ist nach dem Willen des Herrn Reichskanzlers die ausschließliche Standesorganisation für die Sammlung und den gliederungsmäßigen Aufbau aller mit dem Recht verwurzelten Berufsstände und Amtsträger. Führer des Bundes ist Herr Reichsjustizkommissar und bayerischer Staatsminister der Justiz Dr. Hans Frank, München; der Sitz ist München; die Reichsgeschäftsstelle befindet sich in Berlin W 10, Regentenstraße 4. Der Geschäftsführung des Bundes obliegt auch die Verwaltung der am 26. Juni 1933 gegründeten Akademie für deutsches Recht, welche „die Zusammenfassung und Führung aller rechts- und staatswissenschaftlichen Lehrkräfte und die Neugestaltung der rechts- und staatswissenschaftlichen Lehrweisen und Lehrmittel" erstrebt. Eine weitere Aufgabe ist noch die Gestaltung des Deutschen Juristentags zu einer ständigen Einrichtung.

Mitgliedschaft: Kann erworben werden von jedem unbescholtenen Volksgenossen deutschen Blutes, der den Nachweis einer rechts- oder staatswissenschaftlichen Schulung sowie die Ablegung mindestens einer Abschlußprüfung an einer staatlich anerkannten höheren Lehranstalt (Universität, Hochschule und gleichgestellte Lehranstalten) erbringt und außerdem Mitglied der NSDAP. ist. Dem Vorbildungs-Erfordernis kann die Ablegung einer staatlichen Prüfung oder die Zuerkennung einer Beamteneigenschaft gleichgesetzt werden. Volksgenossen, welche die übrigen Bedingungen erfüllen, aber noch nicht Mitglieder der NSDAP. sind, können vorbehaltlich der späteren Bestätigung dieser Mitgliedschaft nur als fördernde Mitglieder beitreten. Der korporative Beitritt der bisherigen Organisationen bedeutet keine Einzelmitgliedschaft ihrer Mitglieder beim Bund, erübrigt also nicht deren Einzelbeitritt. Dieser erfolgt durch Einreichung eines besonderen Aufnahmescheins an den zuständigen Gauleiter; über die Aufnahme entscheidet der Vorstand; die Aufnahme ist mit der Eintragung in das Mitgliedsbuch des Bundes erfolgt. Der Jahresbeitrag wird zu Beginn des mit dem Kalenderjahr laufenden Geschäftsjahres vom Führer festgesetzt: er beträgt derzeit 18 Rm; bei der Aufnahme ist eine Gebühr von 2 Rm. zu entrichten. Mitglieder, welche zugleich nocn einem der angeschlossenen Verbände angehören, müssen von diesen den an den Bund geleisteten Jahresbeitrag angerechnet erhalten. Den Mitgliedern werden die vom Bund oder in seinem Auftrag herausgegebenen periodischen Druckschriften kostenlos geliefert, insbesondere die Bundeszeitschrift „Deutsches Recht".

Organisation: Die Organe des Bundes sind Vorstand (Führer, Reichsgeschäftsführer und dessen Stellvertreter) und Vertreterversammlung. Die räumliche Gliederung im Reichsgebiet erfolgt nach Gauen (OLGBezirken), Bezirksgruppen (LGBezirken) und Ortsgruppen (AGBezirken). I n B a y e r n s i n d G a u f ü h r e r im Bezirke des OLG. München Rechtsanwalt Dr. Stock, München 2 C, Marienpl. 29; des OLG. Nürnberg Rechtsanwalt Dr. Müller II, Nürnberg, Königstr. 52; des OLG. Bamberg Rechtsanwalt Dr. Stoll, Bayreuth, untere Maxstraße 82 und des OLG. Zweibrücken AGDirektor a. D. Dr. Webler, Neustadt a. H., Hambacherstr. 43. Die Wahrung der Interessen des Bundes bei der bayerischen Staatsregierung ist dem Beauftragten des BNSDJ. für das Land Bayern, Herrn Rechtsanwalt Dr. Ferdinand Mößmer, München, Kaufingerstr. 15 übertragen. Neben die räumliche tritt eine berufliche Gliederung nach den Fachgruppen a) Richter und Staatsanwälte, b) Justizbeamte, c) Verwaltungsbeamte, d) Rechtsanwälte, e) Notare, f) Volkswirte, g) Referendare; sie bezweckt die Zusammenarbeit der im Bund erfaßten Berufsgruppen und die Förderung ihrer Bestrebungen im Rahmen der Gesamtaufgaben. Dementsprechend sind der Reichsführung und den Gauführern Führerstäbe von Fachleitern beigegeben. Als Reichsfachleiter sind ernannt für die Fachgruppen a) Richter und Staatsanwälte: AGRat Kyser, Berlin-Grunewald, Salzbrunnerstr. 31; b) Justizbeamte: JOS. Mündler, Neuburg a. D.; c) Rechtsanwälte: RAnw. Dr. Raeke, Hamburg 36, Deutschlandhaus; d) Notare: Notar Wolpers, Remscheid-Lennep; e) Volkswirte: Dr. Splettstößer, Berlin-Neukölln, Fontanestr. 16 und f) Referendare: Referendar Rühle, Berlin, Wilhelmstr. 55.

b) Der Reichsbund der höheren Beamten.

Sitz in Berlin W 62, Wichmannstr. 19/I. — Vorsitzender: Ob.Stud.Dir. Dr. Bolle. — Hauptgeschäftsführer: Geh. Finanzrat Pilger, Berlin W 62.

Zweck des Bundes: Der Bund hat die Aufgabe, die höheren Beamten in allen gemeinsamen beruflichen, rechtlichen und wirtschaftlichen Angelegenheiten zu vertreten und zu fördern. Parteipolitische und konfessionelle Bestrebungen sind ausgeschlossen.

Mitgliedschaft: Die Mitgliedschaft des Bundes können erwerben über das Reich sich erstreckende Berufsverbände und die Landesverbände höherer Beamter. Mitgliederzahl etwa 100 000.

Dem Reichsbund sind die folgenden Berufs- und Landesverbände angeschlossen:

a) Berufsverbände: Verband Deutscher evangelischer Pfarrervereine, Pfarrer Meyer, Berlin NO. 18, Landsbergerstr. 9. Berufsverband Unterricht, Stud-Ass. Ried, Berlin NW. 6, Schiffbauerdamm 5/IV. Deutscher Richterbund, Senatspräsident Linz, Leipzig S. 3, Kaiserin Augustastr. 11/I. Reichsverband der höheren Verwaltungsbeamten des Reichs und der Länder e. V., Präsident Dr. Tull, Berlin SW. 11, Bernburgerstraße 30/I; Betriebsverwaltungen: 1. Verein der höheren administrativen Reichsbahnbeamten E. V., Reichsbahnoberrat von Hamm, Berlin W. 15, Sächsische Straße 8. 2. Vereinigung der höh. Reichspost- und Telegraphenbeamten e. V., Oberpostrat Wagner, Berlin-Steglitz, Martinstr. 5. Berufsverein der höheren Kommunalbeamten Deutschlands, e. V., Stadtsyndikus a. D. Dr. Münkel, Charlottenburg, Schillerstr. 124/III. Berufsverband Wissenschaftlicher Berufe, Prof. Dr. Tiegs, Dahlem, Unter den Eichen 74. Technische Berufe, Geschäftsstelle: Berlin W. 9, Potsdamerstr. 22 a II. Reichsverband der akademischen Finanzbeamten, Reg.-Rat Dr. Hampf, Potsdam, Margaretenstr. 34. Reichsforstverband, Oberforstmeister v. Arnswaldt, Schlemmin bei Neukloster i. M.

b) Landesverbände: Reich, Ober-Postrat Wagner, Steglitz, Martinstr. 5. Preußen, Geh. Oberreg.-Rat Dr. v. Strempel, Charlottenburg, Leibnizstraße 13. Sachsen, Geschäftsstelle: Dresden-A., An der Frauenkirche 12. Bayern, Landgerichtspräs. Frank, München, Römerstr. 33/II. Württemberg, Vors.: Prof. Dr. Diehl, Hölderlinstr. 27; Geschäftsführer: K. O. Kübel, Cannstatt, Bismarckstr. 34. Baden, Gymnasiumsdir. Schnitzler, Durlach, Lußstr. 15. Hessen, Vors.: Ob.-Studien-Dir. Altendorf, Gießen, Bismarckstr. 4, Schriftführer Oberstudiendirektor Monjé, Darmstadt, Am Erlenberg 24. Thüringen, MinRat Nitzsche, Weimar, Schwabestr. 22. Anhalt, Stud.-Rat Trissler, Dessau, Erbprinzenstr. 8. Braunschweig, Baurat Hesse, Braunschweig, Marthastr. 15. Oldenburg, Stud.-Rat Ostendorf, Oldenburg, Friedhofsweg 68. Bremen, Reg.-Baurat Wiener, Bremen, Tiefer 36. Hamburg, Prof. Dr. Körner, Altona-Blankenese, Krähenhorst 7. Lübeck, Dr. Hempel, Lübeck, Hansastr. 13. Mecklenburg-Schwerin, Forstmeister Berlin, Everstorf b. Grevesmühlen. Mecklenburg-Strelitz, Stud.-Rat Tiedt, Neustrelitz, Augustastr. 4. Lippe, LGDir. Ostmann, Detmold, Freiligrathstr. 18.

c) Der Bayerische Richterverein (e. V.).

Gegr. am 11. Nov. 1906 in Nürnberg — Sitz in München —. Erster Vorsitzender: Landgerichtsdirektor Bertram in München, Justizpalast. — Postscheckkonto des Vereins: München 48 324.

Zweck des Vereins: Die Förderung der Gesetzgebung und der Rechtspflege. Förderung der beruflichen Angelegenheiten seiner Mitglieder.

Berechtigung zur Mitgliedschaft: Ordentliches Mitglied können die bayer. höheren Justizbeamten, die bei bayer. Justizbehörden verwendeten Assessoren, die Lehrer des Rechts an bayer. Hochschulen, die bayer. Mitglieder des Reichsgerichts und der Reichsanwaltschaft, die Mitglieder des Reichsfinanzhofes werden, mit Ausnahme derer, a) die als nichtarisch im Sinne des § 3 Abs. 1 des Berufsbeamtengesetzes v. 7. April 1933 anzusehen sind, b) auf die § 4 dieses Gesetzes angewendet worden ist, c) die einer Loge angehören.

Der Eintritt in den Verein erfolgt auf Grund schriftlicher Anmeldung durch Aufnahme in den Bezirksverband des Wohnsitzes. Die Ernennung von Ehrenmitgliedern ist zulässig.

Bezirksverbände u. Vorsitzende der Bezirksausschüsse: Amberg: st. LGDir. Schinagl, Regensburgerstr. G 7/II; Ansbach: LGRat von Axthalb, Turnitzstr. 1; Aschaffenburg: LGDir. Lermeyer, Friedrichstr. 37/III; Augsburg: LGDir. Dörfler, Bahnhofstr. 26/I; Bamberg: OStA. Döring, Langestr. 36/II; Bayreuth: st. LGDir. Späth, Alexanderstr. 10; Coburg: AGDir. August Geiger, Löwenstr. 16/III; Deggendorf: LGRat Haggenmüller, Bahnhofstr. 450$^1/_5$/II; Eichstätt: LGRat Matthaeus, Luitpoldstr. C 244; Frankenthal: LGDir. Hussong, Pohlystr. 8; Hof a. Saale: LG.-Rat Kaidel, Westendstr. 3/I; Kaiserslautern: LGRat Otto Munzinger, Mannheimerstr. 96; Kempten: AGDir. Dr. Stölzle, Herrnstr. 8/0; Landau i. Pf.: OStA. Giuliani, Karl Sauerstr. 5/I; Landshut: st. LGDir. Saar, Stetthaimerstr. 21/I; Memmingen: st. LGDir. Vogel, Zollernpromenade 17; München: AGPräs. Singer, Justizpalast; Nürnberg: LGDir. Seeberger, Vestnertorgraben 1/I; Passau: LGDir. Dr. Kaiser, Domplatz 10/II; Regensburg: st. LG.-Dir. Huber, Kumpfmühlerstr. 6/I; Schweinfurt: LGRat Dümler, Gartenstr. 14; Traunstein: z. Z. LGRat Benzinger, Schriftführer LGRat Walther, Blumenstr. 1/II; Weiden: LG.-Rat Dr. Ament, Sedanstr. 22; Würzburg: LGDir. Dr. Keller, Sanderglacisstraße 42/I; Zweibrücken: OLGRat Haas, Goetheplatz 1.

Dr. Leebsche Waisenstiftung des Bayer. Richtervereins: Vorstand LGDir. Bertram, München, Justizpalast. Freiwillige Leistungen an das offene Depot der Stiftung bei der Bayer. Staatsbank 100 966.

Unterstützungsfonds des Bayer. Richtervereins: Leistungen an das Konto 21 458 des Vereins bei der Deutschen Bank, Filiale München.

d) Der Bayerische Juristenverein (Privatsterbekasse.) Anerkannter kleiner Versicherungsverein.

Sitz in München. — Gegründet 3. Febr. 1885. — Vorstand: Landgerichtsdirektor Simmerding in München. — Ausschußmitglieder: Landgerichtsdirektor Dessel, Geheimer Justizrat Dr. Mößmer, Geheimrat Bankdirektor Steyrer, Rechnungsrat Kößler in München — Sekretariat u. Kassier: Rechnungsrat Kößler in München, Herzogstr. 66/0 l, Sprechzeit 2—3; Telephon 34478. — Stand Januar 1933: Vermögen 44 940,76 RM; Mitgliederzahl 596.

Erwerb der Mitgliedschaft: Dem Vereine können bis zum Beginn des 50. Lebensjahres beitreten alle im bayerischen Staats- oder Gemeindedienst oder im Reichsdienste stehenden Juristen, welche bayerische Staatsangehörige sind, ferner die Urkundsbeamten der Geschäftsstellen der Gerichte und die bei bayerischen Gerichten zugelassenen Rechtsanwälte. Die Aufnahme vollzieht der Vorstand durch Aushändigung einer Mitgliedskarte.

Mitgliederbeiträge: 10 M Aufnahmegebühr (bzw. Nachzahlung der seit dem 35. Lebensjahre event. seit der Anstellung, wenn solche nach dem 35. Jahre erfolgt, fällig gewesenen Sterbefallbeiträge) und 2 M bei jedem Ableben eines Mitgliedes.

Sterbefallquote: Gegenwärtig 1000 RM.

Sterbefälle seit der Gründung 1885: 620.

Anmeldung bei dem Sekretariat des Vereins.

Bei Sterbefallanmeldung wolle sofort begl. Sterberegisterauszug vorgelegt und genaue Adresse des Empfangsberechtigten bezeichnet werden.

Für den Verein besteht das **Scheckkonto Nr. 6214** beim Postscheckamt München.

13. Post-, Telegraphen- und Fernsprechgebühren.

Gültig ab 1. Juli 1933.

I. Vorbemerkungen.

1. **Freimachungszwang:** Alle Postsendungen, mit Ausnahme der gewöhnlichen und eingeschriebenen Briefe und Postkarten, jedoch einschließlich der Rohrpostsendungen und der Nachnahmebriefsendungen, müssen vor Einlieferung an die Post freigemacht sein.

2. **Nachgebühr:** Für nicht oder unzureichend freigemachte Briefe und Postkarten des inneren deutschen Verkehrs wird das Eineinhalbfache des Fehlbetrags, unter Aufrundung auf volle 5 Pf. nacherhoben.

3. Für nichtfreigemachte gebührenpflichtige Dienstpostkarten und Dienstbriefe wird nur der einfache Fehlbetrag nacherhoben, wenn sie als solche durch die Bezeichnung „Gebührenpflichtige Dienstsache" oder „Portopflichtige Dienstsache" erkennbar gemacht sind. Für unzureichend freigemachte Sendungen gelten die Bestimmungen unter 2. Von Behörden aufgelieferte unzureichend freigemachte gebührenpflichtige Sendungen sind dem Absender soweit als möglich zur Ergänzung der Freimachung zurückzugeben.

4. Für unzureichend freigemachte Drucksachen, Geschäftspapiere, Warenproben, Mischsendungen und Blindenschriftsendungen des inneren deutschen Verkehrs wird das Eineinhalbfache des Fehlbetrags, unter Aufrundung auf volle Rpf., nacherhoben.

5. Die Vorschriften der Anm. 2, 3 und 4 gelten auch für den Verkehr mit dem **Saargebiet** und der Freien Stadt **Danzig**, soweit die Sendungen das Meistgewicht für den innerdeutschen Verkehr nicht übersteigen; schwerere Sendungen unterliegen den Auslandsvorschriften (6).

6. Im **Auslandsverkehr** müssen alle Sendungen, außer Briefen und Postkarten, vollständig freigemacht sein. Nicht oder unzureichend freigemachte Drucksachen, Blindenschriftsendungen, Geschäftspapiere, Warenproben und Mischsendungen, sowie Postkarten mit Anwortkarte werden nicht befördert; sie werden den Absendern zur Ergänzung der Freimachung zurückgegeben, oder, wenn dies nicht möglich, als unanbringlich behandelt.

Die Nachgebühr für nicht oder unzureichend freigemachte Briefe und einfache Postkarten des Auslandsverkehrs beträgt das Doppelte der fehlenden Gebühr, mindestens 10 Goldcentimen. Bei Sendungen nach Deutschland wird der Betrag auf volle Rpf. nach oben gerundet, mindestens werden 10 Rpf. erhoben.

7. Gedruckte **Ansichtskarten** und sonstige Bildkarten, auf denen — gleichviel, ob auf der linken Hälfte der Vorderseite oder auf der Rückseite — handschriftlich mit höchstens 5 Worten Reiseberichte, Grüße, gute Wünsche, Glückwünsche, Danksagungen, Beileidsbezeugungen oder andere Höflichkeitsformeln zum Ausdruck gebracht sind — wobei die Unterschrift nicht mitzählt —, können offen für 3 Pf. verschickt werden. Zulässig sind hiernach handschriftliche Zusätze wie: „Gut angekommen, herzliche Grüße" — „Prachtvolles Wetter, kommt bald" — „Guter Aufstieg auf den Berg" — usw. —

8. Bei **Briefumschlägen** soll der ganze obere Rand in einer Breite von 3 cm von allen gedruckten oder geschriebenen Angaben frei bleiben, damit genügend Platz für die Aufklebung der Freimarken vorhanden ist und gut leserliche Stempelabdrücke erzielt werden können.

9. **Absenderbezeichnungen** sollen auf das linke Drittel der Vorderseite unterhalb dieses Randes und auf die Rückseite der Umschläge beschränkt bleiben. Straße und Hausnummer angeben!

10. Auf allen Kopfbögen neben der vollständigen Anschrift Fernruf- und Postscheckkonto-Nummer angeben!

II. Inlandsverkehr

(einschl. Verkehr nach dem Saargebiet und nach Danzig).

Briefe	im Ortsverkehr bis 20 g	8 Pf.
„	„ über 20 bis 250 g	15 „
„	„ „ 250 „ 500 g	20 „
	im Fernverkehr bis 20 g	12 „
„	„ über 20 bis 250 g	25 „
„	„ „ 250 „ 500 g	40 „

Meistgewicht: 500 g. Keine Ausdehnungsgrenzen! Nach Saargebiet und Danzig von 500 g bis 2 kg nach Auslandsgebühren, Höchstmaß 45 cm in jeder Richtung, bei Rollenform 75:10 cm.

Postkarten im Ortsverkehr	einfach	5 Pf.,	mit Antwort 10 Pf.
„ Fernverkehr	„	6 „	„ „ 12 „

Ausdehnungsgrenzen: Mindestens 10:7 cm, höchstens 14,8:10,5 cm.

Drucksachen

a)	in Form einfacher, ohne Umschlag versandter Karten, auch mit anhängender Antwortkarte	3 Pf.
b)	im übrigen bis 50 g	4 „
	über 50 bis 100 g	8 „
	„ 100 „ 250 g	15 „
	„ 250 „ 500 g	30 „

Meistgewicht: 500 g. Nach dem Saargebiet und nach Danzig von 500 g bis 2 kg nach Auslandsgebühren. Nach dem Saargebiet und nach Danzig für Zeitungen, Zeitschriften und Bücher gewisse Ermäßigungen.

Ausdehnungsgrenzen: bei Kartenform Größe der Postkarten, bei Rollenform 75:10 cm, bei Briefform keine Höchstmaße, bei Saargebiet und Danzig 45:45 cm.

Blindenschriftsendungen bis zum Meistgewicht von 5 kg 3 Pf. Höchstmaße wie bei Drucksachen.

Postwurfsendungen:

a)	Drucksachen bis 20 g	1½ Pf.
	über 20 g bis 50 g	2 „
b)	Mischsendungen — Drucksachen u. Warenproben — bis 20 g	4 „

(nach Saargebiet und Danzig nicht zulässig).

Geschäftspapiere (geschriebene oder gezeichnete Schriftstücke und Urkunden, die nicht die Eigenschaft einer eigentlichen und persönlichen Mitteilung haben, wie Prozeßakten, von öffentl. Beamten

aufgenommene Urkunden, Rechnungen, Partituren, Manuskripte usw., offen versenden!): bis 100 g . . . 8 Pf.
über 100 bis 250 g . . . . 15 „
über 250 bis 500 g . . . . 30 „
Nach Saargebiet und Danzig von 500 g bis 2 kg nach Auslandsgebühren.
Höchstmass in Rollenform: 75:10 cm, bei Briefform keine Ausdehnungsgrenzen, nach Saargebiet und Danzig über 500 g 45:45 cm.

Warenproben (Proben und Muster, kleine Warenmengen, Schlüssel, frische Schnittblumen, prüfbar verpacken!) bis 100 g . . . . 8 Pf.
über 100 bis 250 g . . . . 15 „
über 250 bis 500 g . . . . 30 „
Höchstmaße 30:20:10 cm, bei Rollenform 30:15 cm.
Höchstgewicht 500 g.

Mischsendungen (zusammengepackte Drucksachen, Geschäftspapiere und Warenproben) bis 100 g . . . . . . 8 Pf.
über 100 bis 250 g . . . . 15 „
über 250 bis 500 g . . . . 30 „
Höchstgewicht 500 g.
Ausdehnungsgrenzen wie bei Warenproben.

Päckchen (keine Paketkarte, darf verschlossen werden):

a) „Briefpäckchen“ (die Beförderung geschieht mit der Briefpost), bis 1 kg . . . . 60 Pf.
(Einschreiben, Nachnahme, Rückschein nicht zulässig.)
Höchstmaße 25:15:10 cm oder 30:20:5 cm, in Rollenform 30:15 cm.

b) Sonstige „Päckchen“ (Beförderung mit der Paketpost in Säcken), bis 2 kg . . . . 40 Pf.
(Einschreiben, Nachnahme, Rückschein zulässig.)
Höchstmaße 40:25:10 cm oder 50:20:10 cm oder 40:30:5 cm, in Rollenform 75:10 cm.

Rohrpostsendungen:

a) wenn Aufgabeort **und** Bestimmungsort **innerhalb** des Geltungsbereichs der Ortsbriefgebühr von München oder Groß-Berlin liegen,
für die Rohrpostkarte . . . . —.55 RM
„ „ „ mit Antwortkarte (nur in München) . 1.10 „
für den Rohrpostbrief bis 20 g . . . . —.58 „
„ „ „ über 20 bis 100 g (nur in München) . —.65 „

b) wenn der Aufgabeort **oder** der Bestimmungsort **außerhalb** des Geltungsbereichs der Ortsbriefgebühr von München oder Groß-Berlin liegt,
für die Rohrpostkarte . . . . —.56 „
„ „ „ mit Antwortkarte (nur in München) . 1.12 „
für den Rohrpostbrief bis 20 g . . . . —.62 „
„ „ „ über 20 bis 100 g (nur in München) . —.75 „

Rohrpostsendungen werden ausserhalb der Rohrpostbezirke wie Eilsendungen befördert und zugestellt.

Nachnahmesendungen:

(Meistbetrag 1000 RM.) Vom Absender zu entrichten:

a) die Beförderungsgebühr wie für gleichartige Briefsendungen ohne Nachnahme, bei Einschreib- und Wertsendungen auch die Einschreibgebühr oder die Versicherungsgebühr und Behandlungsgebühr,

b) die Vorzeigegebühr . . . . 20 Pf.

c) für die Uebermittlung des eingezogenen Betrags die Postanweisungs- oder die Zahlkartengebühr, die von dem eingezogenen Betrag abgezogen wird.

Die Nachnahmegebühr beträgt sonach die Summe der drei Gebühren a + b + c.

Postaufträge:

(Meistbeträge: Inland 1000 RM, Saargebiet 6000 frz. Franken, Freie Stadt Danzig 1200 Dzg. Gulden.)

Vom Absender zu entrichten:

a) die Beförderungsgebühr wie für einen gleichartigen Einschreibbrief,

b) die Vorzeigegebühr von . . . . 20 Pf.

c) für die Uebermittlung des eingezogenen Betrages die Postanweisungs- oder die Zahlkartengebühr, die von dem eingezogenen Betrag abgezogen wird,

d) die Protestgebühr bei Postprotestaufträgen . . 1 RM.

Wertbriefe:

Vom Absender zu entrichten:

a) Gebühr für einen gewöhnlichen Brief,

b) Versicherungsgebühr für je 500 RM der Wertangabe 10 Pf.

c) Behandlungsgebühr bis 100 RM Wertangabe . . 40 „

„ über 100 RM „ . . 50 „

Postscheckverkehr (ausschl. Saargebiet): Beträge unbeschränkt.

1. **Einzahlung mit Zahlkarte:**

			Gebühr
	bis	10 Reichsmark,	10 Pf
über 10	„	25 „	15 „
„ 25	„	100 „	20 „
„ 100	„	250 „	25 „
„ 250	„	500 „	30 „
„ 500	„	750 „	40 „
„ 750	„	1000 „	50 „
„ 1000	„	1250 „	60 „
„ 1250	„	1500 „	70 „
„ 1500	„	1750 „	80 „
„ 1750	„	2000 „	90 „
„ 2000 Reichsmark (unbeschränkt)			1.— RM

Die Marken hat der Absender aufzukleben.

2. **Auszahlungen:**

a) bargeldlose Einlösung eines Schecks durch die Zahlstelle eines Postscheckamts oder im Abrechnungsverkehr für je 100 RM 1 Pf.;

b) Barauszahlung durch die Zahlstelle eines Postsscheckamts oder einer Postanstalt für je 20 RM 1 Pf. und außerdem eine feste Gebühr von 15 Pf.

Die Gebühren zu a und b werden vom Konto des Auftraggebers abgebucht.

3. **Ueberweisungen:** a) im innerdeutschen Verkehr einschl. Saargebiet gebührenfrei; b) im Verkehr nach Belgien, Danzig, Dänemark, Frankreich einschl. Corsika (Ajaccio), Algier, Tunis und Marokko, Italien, Japan, Jugoslavien, Lettland, Luxemburg, den Niederlanden, Oesterreich, Schweden, der Schweiz, der Tschechoslowakei und Ungarn beträgt die Gebühr

   für je 100 RM . . . . 5 Pf.,
   mindestens aber . . . . 20 „

   Die Gebühr zu b wird vom Konto des Auftraggebers abgebucht. Die Ueberweisungen können außer in Reichsmark auch in den betreffenden fremden Währungen erfolgen.

4. Briefe der Postscheckkunden an die Postscheckämter in Postscheckangelegenheiten bei Verwendung der besonderen gelben Briefumschläge . . . . 5 Pf.

5. Eilaufträge (diese werden, wenn vor 13 Uhr beim Postscheckamt eingelaufen, bestimmt noch am gleichen Tag erledigt) . . . . 1 RM.

6. Telegraphische Aufträge

   a) Telegraphische Zahlkarten

bis 500 Reichsmark	. . .	2 RM 50 Pf.
über 500 „ 1000 „	. . .	3 „ — „
für jede weiteren 500 „	. mehr	1 „ — „

   b) Telegraphische Auszahlungen

bis 25 Reichsmark	. . .	2 „ 50 „
über 25 „ 500 „	. . .	3 „ — „
„ 500 „ 1000 „	. . .	4 „ — „
für je weitere 500 „	. mehr	1 „ 50 „

   c) Telegraphische Überweisungen

bis 1000 Reichsmark	. . .	2 „ 50 „
für je weitere 500 „	. mehr	— „ 50 „

7. Postreiseschecke (bis 2500 RM bei Abhebung mit Lichtbildausweis, bis 1000 RM bei Abhebung nur mit Ausweis über die Unterschrift) 1 RM
   Die Gebühren werden bei der Bestellung des Postreisescheckhefts erhoben. Die Abhebungen sind gebührenfrei.

Postanweisungen:

a) bis 10 RM	20 Pf.
über 10 bis 25 RM.	30 „
„ 25 „ 100 „	40 „
„ 100 „ 250 „	60 „
„ 250 „ 500 „	80 „
„ 500 „ 750 „	1.— RM
„ 750 „ 1000 „	1.20 „

Meistbeträge: im Inland 1000 RM, nach dem Saargebiet 6000 frz. Franken (aus dem S. 1000 RM), nach Freie Stadt Danzig 1200 Dzg. Gulden (aus Fr. St. D. 1000 RM).

b) **Telegraphische Postanweisungen** (Meistbetrag unbeschränkt)

bis	25 RM.	. . . .	2 RM. 50 Pf.
über	25 bis 100 RM.	. . . .	3 „ — „
„	100 „ 250 „	. . . .	3 „ 50 „
„	250 „ 500 „	. . . .	4 „ — „
„	500 „ 750 „	. . . .	4 „ 50 „
„	750 „ 1000 „	. . . .	5 „ — „
für je weitere 250 RM.		mehr	1 „ — „

Pakete (Höchstgew. 20 kg.) (ohne Saargebiet und Danzig):	1. Zone bis 75 km		2. Zone über 75 bis 150 km		3. Zone über 150 bis 375 km		4. Zone über 375 bis 750 km		5. Zone über 750 km	
	RM	Pf.	RM	Pf.	RM	Pf.	RM	Pf.	RM	Pf.
bis 5 kg	—	30	—	40	—	60	—	60	—	60
üb. 5 „ 6 „	—	35	—	50	—	80	—	90	1	—
„ 6 „ 7 „	—	40	—	60	1	—	1	20	1	40
„ 7 „ 8 „	—	45	—	70	1	20	1	50	1	80
„ 8 „ 9 „	—	50	—	80	1	40	1	80	2	20
„ 9 „ 10 „	—	55	—	90	1	60	2	10	2	60
„ 10 „ 11 „	—	65	1	05	1	80	2	35	2	90
„ 11 „ 12 „	—	75	1	20	2	—	2	60	3	20
„ 12 „ 13 „	—	85	1	35	2	20	2	85	3	50
„ 13 „ 14 „	—	95	1	50	2	40	3	10	3	80
„ 14 „ 15 „	1	05	1	65	2	60	3	35	4	10
„ 15 „ 16 „	1	15	1	80	2	80	3	60	4	40
„ 16 „ 17 „	1	25	1	95	3		3	85	4	70
„ 17 „ 18 „	1	35	2	10	3	20	4	10	5	—
„ 18 „ 19 „	1	45	2	25	3	40	4	35	5	30
„ 19 „ 20 „	1	55	2	40	3	60	4	60	5	60

Für nicht freigemachte Pakete bis 5 kg einschl. wird ein Zuschlag von 10 Rpf. erhoben. Für jedes zugestellte Paket wird eine Zustellgebühr von 15 Rpf erhoben.

Im Paketverkehr zwischen Ostpreußen und dem übrigen Reich wird die jeweils nächstniedrige Zone berechnet.

Für sperrige Pakete 100 v. H., für dringende Pakete 1 RM Zuschlag. Falls Zustellung durch besonderen Boten verlangt, außerdem die Eilzustellgebühr.

Wertpakete.

Vom Absender zu entrichten:

a) die Paketgebühr,
b) die Versicherungsgebühr für je 500 RM. Wertangabe 10 Pf.
c) für versiegelte Wertpakete bis 100 RM . . 40 Pf.
über 100 „ . . 50 „
für unversiegelte Wertpakete bis 300 „ . . 10 „

Postgut: Keine besondere Zustellgebühr.

Zugelassen:

1. nach allen Orten bei gleichzeitiger Einlieferung von mindestens 5 Sendungen mit gleichem Bestimmungsort,

2. ohne Rücksicht auf die Zahl der Sendungen. Nähere Auskunft erteilen die Postanstalten.

Höchstgewicht 7 kg. Kein Freimachungszwang, kein Zuschlag für nicht freigemachte Sendungen bis 5 kg.

Zulässig: Unversiegelte Wertsendungen und Nachnahmesendungen.

Nicht zulässig: Versiegelte Wertsendungen, Eilzustellung und Rückschein.

Einlieferung, Verpackung, Verschluß, Aushändigung, Haftung usw. wie bei Postpaketen.

Gewöhnliche Paketkarte: Für 1—10 Sendungen an denselben Empfänger nur 1 Paketkarte; im umrandeten Teil der Vorderseite der Paketkarte Vermerk „Postgut", denselben Vermerk auf Paket oberhalb der Aufschrift.

Preistafel für Postgutgebühren:

Gewicht (Höchstgewicht 7 kg)	1. Zone (bis 75 km) RM	2. Zone (über 75 bis 150 km) RM	3. Zone (üb. 150 bis 375 km) RM	4. Zone (üb. 375 bis 750 km) RM	5. Zone (über 750 km) RM
bis 5 kg	0.30	0 40	0.40	0.50	0.60
über 5 „ 6 „	0.35	0.45	0.50	0.60	0,80
„ 6 „ 7 „	0 40	0.50	0.60	0.70	1.00

Sonstige Gebühren:

Hier können nur als wichtigste sonstige Gebühren angefügt werden:

Einschreiben nach allen Verkehrsgebieten . . . 30 Pf.
Rückschein, falls bei der Einlieferung verlangt . . 30 „
falls nachträglich verlangt . . . . 50 „
Gebühr für **förmliche Zustellung** . . . . 30 „
Dazu tritt für die Rücksendung der vollzogenen Urkunde die Gebühr für einen freigemachten einfachen Brief, also im Ortsverkehr . . 8 „
„ Fernverkehr . . 12 „
Eilzustellgebühren bei Vorauszahlung
1. nach dem Ortszustellbezirk:
a) eine Briefsendung . . . . 40 „
b) ein Paket . . . . 60 „
2. nach dem Landzustellbezirk:
a) eine Briefsendung . . . . 80 Pf.
b) ein Paket . . . . 1 RM 20 „
Paketlagergebühr täglich . . . . 15 „
Höchstsatz . . . . 4 RM — „
Bescheinigungsgebühr über die Einlieferung eines gewöhnl. Paketes . . . . 10 „
Verspätete Zeitungsbestellungen . . . . . . 20 „
Zeitungsüberweisungen . . . . 50 „
Laufschreiben . . . . 50 „

Luftpostverkehr (Zuschlag zu den gewöhnlichen Gebühren):
für Postkarten und Postanweisungen

a) Inland, einschl. Saargebiet, sowie Freie Stadt Danzig, Litauen, Memelgebiet und Oesterreich . . . . 10 Pf.
b) übriges Europa ohne Sowjet östlich Moskau . . 20 „
c) Vereinigte Staaten, Marokko, Algier und Tunis 25 „ Kanada 30 Pf., Mexiko und Japan . . . . . 50 „
d) Brasilien 1.30 RM, Argentinien, Bolivien, Chile, Paraguay, Peru und Uruguay, Weg je „Par avion France-Amérique du Sud" . . . . . . 1.60 RM

für andere Briefsendungen (einschl. Päckchen)

a) Inland usw. wie oben bis 20 g . . . . . . 10 Pf.

über	20	bis	50 g	20 „
„	50	„	100 g	40 „
„	100	„	250 g	80 „
„	250	„	500 g	1 RM 25 „
„	500	„	1 kg	2 „ 50 „

für jedes weitere angefangene 1/2 kg . . 1 RM 25 „
(Meistgewichte wie beim Landverkehr).

b) übriges Europa ohne Sowjet für je 20 g . . . 20 Pf.
c) Vereinigte Staaten für je 10 g . . . . 25 „
d) Brasilien für Briefe für je 5 g (Weg wie oben!) 1.30 RM
e) Argentinien, Bolivien, Chile, Paraguay, Peru und Uruguay für Briefe für je 5 g (Weg wie oben!) 1.60 RM

für Pakete

a) Inland, einschl. Saargebiet und Fr. Stadt Danzig
   bis 375 km bis 1 kg . . . . 1.— RM
   für jedes weitere angefangene 1/2 kg . —.20 „
   über 375 km bis 1 kg . . . . . . 1.— „
   für jedes weitere angefangene 1/2 kg . —.40 „
b) Oesterreich, Dänemark und Tschechoslowakei
   bis 1 kg . . . . 1.60 „
   für jedes weitere angefangene 1/2 kg . . —.40 „
c) übriges Ausland meist bis 1 kg . . . . . 2.— „
   für jedes weitere angefangene 1/2 kg . . —.50 „

Telegraphenverkehr.

Gewöhnliche Inlandstelegramme
im Ortsverkehr: für jedes Wort . . . . . —.08 RM
„ Fernverkehr: „ „ „ . . . . . . —.15 „
Dringende Telegramme die doppelte Gebühr
Blitztelegramme für jedes Wort . . . . 1.50 „
Pressetelegramme „ „ „ . . . . . . —.08 „
Brieftelegramme „ „ „ . . . . . . —.05 „
Mindestsatz für ein Telegramm die zehnfache Wortgebühr
„ „ „ Brieftelegramm . . . . . 1.50 RM

Fernsprechgebühren.

Ortsgesprächsgebühr (bei Hausanschlüssen und öffentlichen Sprechstellen) . . . . . . —.10 „

Ferngesprächsgebühr für ein gewöhnliches Gespräch von 3 Minuten Dauer

a) in der Zeit von 8 bis 19 Uhr bei einer Entfernung
bis 5 km einschließlich . . . die Ortsgesprächsgebühr
„ 15 „ „ . . . . —.30 RM
„ 25 „ „ . . . . —.40 „
„ 50 „ „ . . . . —.60 „
„ 75 „ „ . . . . —.90 „
„ 100 „ „ . . . . 1.20 „
über 100 km für je 100 km mehr . . . . —.30 „

b) in der Zeit von 19 bis 8 Uhr über 5 km $^2/_3$ der obenstehenden Gebühr;

c) für jede über 3 Minuten hinausgehende Gesprächsminute $^1/_3$ der Gebühr unter a) oder b);

d) für ein dringendes Gespräch das Doppelte.

e) für ein Blitzgespräch die zehnfache Gebühr.

Rundfunkgebühr: Genehmigungsgebühr für Rundfunkteilnehmer monatlich . . . . 2 RM.

III. Verkehr mit dem Ausland.

A. Weltpostvereinsverkehr

(ausgenommen die unter III. B. aufgeführten Länder).

Briefe: bis 20 g . . . . 25 Pf.
für jede weiteren 20 g . . . . 15 „
jedoch nach der Tschechoslowakei:
bis 20 g . . . . 20 „
für jede weiteren 20 g . . . . 15 „
und nach Ungarn:
bis 20 g . . . . 20 „
für jede weiteren 20 g . . . . 10 „
Meistgewicht 2 kg. Ausdehnungsgrenzen: 45:45 cm, bei Rollenform 75:10 cm.

Postkarten:
einfache Postkarten . . . . 15 Pf.
mit Antwortkarte . . . . 30 „
jedoch nach Tschechoslowakei und Ungarn
einfache Postkarte . . . . 10 „
mit Antwortkarte . . . . 20 „
Ausdehnungsgrenzen mindestens 10 : 7 cm, höchstens 14,8:10,5 cm.

Drucksachen:
für je 50 g . . . . 5 Pf.
jedoch nach Ungarn bis 500 g die innerdeutschen Gebühren,
von 500 g bis 1 kg . . . . 40 Pf.
über 1 kg bis 2 kg für je 50 g . . . . . . 5 „
Bei einzelnen Ländern für je 100 g 5 Pf. für:

a) Zeitungen und Zeitschriften, die unmittelbar vom Verleger abgesandt werden,

b) geheftete und gebundene Bücher, die nicht zu Ankündigungen oder Anpreisungen dienen sollen,

c) literarische und wissenschaftliche Werke, die zwischen gelehrten Anstalten ausgewechselt werden.

Meistgewicht 2 kg, für einzeln versandte, ungeteilte Druckbände 3 kg. Ausdehnungsgrenzen wie bei Briefen.

Geschäftspapiere: für je 50 g 5 Pf., mindestens 25 Pf., jedoch nach Ungarn bis 250 g 20 Pf., von 250—500 g 30 Pf., von 500—1000 g 40 Pf., über 1000 g für je 50 g 5 Pf. Höchstgewicht 2 kg. Höchstmaß 45:45 cm, bei Rollen 75:10 cm.

Postanweisungen:

a) bis 20 RM . . . . 30 Pf.
bis 40 RM . . . . 40 „
für jede weiteren 20 RM mehr . . . . . . 10 „

b) jedoch nach Großbritannien und dem Freistaat Irland, den brit. Kolonien (außer Kanada) und den brit. Postanstalten im Ausland bis 30 RM . . . 30 „
über 30 bis 60 RM . . . . 60 „
für jede weiteren 60 RM . . . . 60 „

Wertbriefe:

1. Gebühr wie für gleichschweren Einschreibbrief
2. Versicherungsgebühr für je 300 RM . . . . . 30 „

Antwortschein . . . . 35 „

Einschreibe-, Rückschein-, Paketlager- und Bescheinigungsgebühren und Blindenschriftsendungen wie im Inlandsverkehr S. 235 ff.

Den Postüberweisungsverkehr siehe beim Inlandsverkehr S. 238, ebenso den Luftpostverkehr S. 241. Unzulässig sind Postwurfsendungen, Päckchen und förmliche Zustellungen. Bei einzelnen Ländern sind nicht zugelassen Nachnahmesendungen, Postaufträge, Wertbriefe und Postanweisungen.

Die übrigen Gebühren immer am Schalter erfragen.

B. Litauen, Memelgebiet, Luxemburg und Österreich.

Briefe bis 500 g wie im Inlandsverkehr, über 500 g bis 2 kg wie unter III A.
Meistgewicht: 2 kg.

Ausdehnungsgrenzen für Briefe bis 500 g: keine Höchstmasse, nur bei Rollenform 75:10 cm; für Briefe von 500 g bis 2 kg 45:45 cm.

Postkarten: einfach . . . . 8 Pf.
mit Antwortkarte . . . . 16 „
Ausdehnungsgrenzen wie unter III A.

Drucksachengebühr bis 500 g wie im Inland,
über 500 g bis 1 kg . . . . 40 Pf.
über 1 kg bis 2 kg für je 50 g . . . . 5 „
Ausdehnungsgrenzen bis 1 kg wie im Inlandsverkehr, bis 2 kg wie unter III A.

Gebühren für Blindenschriftsendungen, Geschäftspapiere, Warenproben, Mischsendungen, Einschreiben, Rückschein, Paketlagern, Bescheinigungen und Luftpost wie im Inlandsverkehr. Den Postüberweisungsverkehr siehe beim Inlandsverkehr (S. 213).
Die übrigen Gebühren erfragen.

Anhang
Personallisten.

Anhang.
Personallisten.

Uebersicht der Personallisten.

Stand vom 1. November 1933.

A. Reichsjustizministerium, Reichsgericht u. Reichsfinanzhof.

a) Reichsjustizministerium in Berlin.

W 9, Voßstr. 5. T. A 1 Jäger 7631.
Auskunft über die Geschäftsverteilung erteilt das Hauptbüro.

Reichsminister
Dr. h. c. Gürtner.
Ministerbüro: Gerichtsassessor Kaulbach.

Staatssekretär
Dr.Dr. h. c. Schlegelberger, Honorarprofessor der Universität Berlin.

Pressereferat: Ministerialrat Richter.

Verwaltungsreferat (Justizverwaltung, Justizhaushalt, Personalien): Ministerialrat Dr. Sauer und Ministerialbürodirektor Westfeld.

Abteilung I.

Bürgerliches Recht, Urheber- und Verlagsrecht, gewerblicher Rechtsschutz, Arbeitsrecht, Personenstandsrecht, Gerichtsverfassung (ohne Strafgerichte), juristische Vorbildung, Zivilprozeß, Konkurs- und Anfechtungsrecht, Rechtsanwaltschaft, Gerichtsvollzieherwesen.

Leiter: Ministerialdirektor Dr. Volkmar.

Referenten: Ministerialräte Dr. Brandis, ständiger Stellvertreter des Leiters, Klauer, Dr. Jonas, Dr. Vogels, Oberregierungsrat Dr. Pätzold, Regierungsrat Dr. Zimmerle, Landgerichtsräte Kühnemann, Dr. Pohle.

Abteilung II.

Strafrecht, Strafverfahren, Strafvollzug.

Leiter: Ministerialdirektor Schäfer.

Referenten: Ministerialräte Dr. Schäfer, Geheimer Regierungsrat, ständiger Stellvertreter des Leiters, Dr. Mettgenberg (siehe Abt. III), Richter, Dr. Lehmann, Oberregierungsrat Wagner, Oberstrafanstaltsdirektor Hauptvogel, Staatsanwalt Dr. von Dohnányi, Gerichtsassessor Dr. Reisner, Regierungsrat Dr. Schafheutle, Gerichtsassessor Dr. Kelz.

Abteilung III.

Handelsrecht, Gesellschafts- und Genossenschaftsrecht, Börsen- und Bankrecht, Wechsel- und Scheckrecht, Wirtschaftsrecht, privates und öffentliches Verkehrsrecht, Staats- und Verwaltungsrecht, Völkerrecht.

Leiter: Ministerialdirektor Richter.

Referenten: Ministerialräte Quassowski, ständiger Stellvertreter des Leiters, Dr. Mettgenberg (siehe Abt. II), Koffka, Kritzinger, Oberregierungsrat Dr. Riese, Gerichtsassessoren Dr. Souchon, von Nostitz.

Reichskommissar für die Gleichschaltung der Justiz in den Ländern und für die Erneuerung der Rechtsordnung.

Bayerischer Staatsminister der Justiz Dr. Frank.
Zur persönlichen Verfügung: Oberregierungsrat Schraut.
Anschrift: Reichsjustizministerium, Berlin W 9, Voßstr. 5.

b) Reichsgericht in Leipzig.

Präsident: Dr. Dr. Bumke.

Senatspräsidenten:

Dr. Mansfeld	Dr. Flad	Dr. Bünger	Linz
*Dr. Oegg	Dr. Witt	Gündel	Dr. Kiesow
Katluhn	Clasen	Seyffarth	Dr. Freiesleben

Räte:

Dr. Nieland	Witten	Schrader	*Dr. Ziegler
Frhr von Richthofen	Dr. Conze	Ruhl	Witthöfft
	Driver	Dr. Coninx	Dr. Froelich
Triebel	Arnold	Dr. Weipert	*Eilles
Hagemann	Schleyer	Dr. Delius	*Gerlach
*Dr. Zeiler	Dr. Kahleyß	Obladen	Dr. Krüger
Dr. Warneyer	Coenders	Dr. Pinzger	Vogt
Schmitz	Helber	*Dr. Klimmer	Dr. Hoffmann
Dr. Krauße	Mengelkoch	Dr. Heinichen	Dr. Hertel
Dr. Baumgarten	Fickler	Dr. Bessau	Oesterheld
Krühne	*Rheinisch	Dr. Hartung	Dr. Günther
*Dr. Wachinger	Lellbach	*Zoeller	Dr. Schultze
Veltman	Bender	*Dr. Schack	Dr. Schröer
Dr. Boos	Klingsporn	Dr. Wunderlich	Dr. Zimmer
Dr. Tittel	Dr. Lindenmaier	Dr. Brandis	Dr. phil. Heidenhain
Dr. Müller Georg	Kolb	Kahtz	
Dr. Teichmann	Dr. Brodführer	Blumberger	Flor
Dr. Krug	Dr. Schwarz	Raestrup	Dr. Buchwald
Niethammer	Gadow	Isenbart	Kamecke
Willhöfft	Brühl	Drechsler	*Dr. Lersch
Ehrlich	Dr. Güngerich	Loß	
Dr. Hoeniger	Dr. Königsberger	Dr. Koehne	
Dr. Landois		Müller Otto	
Dr. Hallamik	Dr. Epping	Dr. Unger	

Hilfsrichter: Rensch, Oberlandesgerichtsrat; *Dr. Full, Landgerichtsdirektor; *Altstötter, Landgerichtsdirektor; Frings, Landgerichtsdirekt.; Rusch, Landgerichtsdirekt.; Dr. Teuffel, Oberlandesgerichtsrat; Scheurlen, Oberlandesgerichtsrat.

Reichsanwaltschaft: Dr. Werner, Oberreichsanwalt.

Reichsanwälte: Dr. Feisenberger, Dr. Neumann, Jorns, Dr. Nagel, Dr. Kirchner, Dr. Schneidewin.

Oberstaatsanwälte: Floegel, Dr. Moericke, Eichler.

Hilfsarbeiter: *Weinkauff, Landgerichtsdirektor; Lämmle, Oberregierungsrat; *Dr. Schmitt, Erster Staatsanwalt; Weyersberg, Landgerichtsdirektor; Parrisius, Landgerichtsdirektor; Huhnstock, Dr. Franzki, Staatsanwaltschaftsräte; Dr. Wagner,

---

Die mit dem Zeichen * versehenen Mitglieder standen früher im bayerischen Staatsdienste.

Staatsanwalt: Peich, Thomsen, Dr. Brenner, Staatsanwaltschaftsräte; Dr. Hörchner, Landgerichtsrat; Kempter, Dr. Obermayer, Staatsanwälte; Dr. Müller, Amtsgerichtsrat; Dr. Diester, Land- u. Amtsgerichtsrat; Mörner, Amtsgerichtsrat; Dr. Markmann, Land- u. Amtsgerichtsrat; Dr. Huyke, Landgerichtsrat; Dr. Freiherr Schenck zu Schweinsberg, Staatsanwalt.

Rechtsanwälte:

Axhausen, Justizrat
Dr. Benkard
Bodenstein, Geh. Justizrat
*Brücklmeier, Justizr.
Dr. Drost
Dr. Fuchslocher
Geutebrück, Justizr.
Hansen
Huber
Dr. Junck, Geh. Justizrat
*Dr. Kaiser, Justizr.
Kieffer
Dr. Kirchberger, Professor.
Dr. Kraemer
Dr. Kurlbaum, Justizrat
Meyerowitz, Justizrat
Dr. Petersen
Ruland
Dr. Scherer
Dr. Schrömbgens, Justizrat
Schulte
*Seuffert
Soldan
Dr. Wildhagen, Geh. Justizrat

c) **Reichsfinanzhof.**

Chefpräsident: Prof. Dr. Dorn Herbert; Senatspräsidenten: Dr. Kloss Rich., Sächs. Geh. Rat; Dr. Dr. h. c. Becker Enno; Zapf Heinr., Staatssekretär i. e. R.; Evers Robert; Grünewald Oskar; Dr. Schmittmann Heinrich.

Reichsfinanzräte:

Hochstetter Rudolf
Dr. Boethke Wilhelm
Dr. Krapf Franz, Geh. Rat
Arlt Hans
Mirre Ludwig, Geh. Regierungsrat
Dr. Schmauser Gg.
Bodenstein Otto, Geh. OberRegRat
Gaschott Friedrich
Viernstein Karl, Geh. Regierungsrat
Dr. Koch Friedrich
Dr. Busch Klemens, Geh. Regierungsrat
Hutmacher Emil
Dr. Dr. h. c. Hertz Wilhelm
Dr. Vehlow Max
Ott Siegfried
Wagner Joseph
Seweloh Arthur
Dr. Ubber Hubert
Dr. Kraft Josef
Schrankenmüller Karl
Hepp Ernst, Geh. Regierungsrat
Dr. Schefold Karl
Otte Erich
Dr. Thümen Georg
Dr. Haag Peter
Dr. Veiel Otto
Bender Richard
Wendriner Robert
Kennerknecht Albert
Dr. Oppens Franz
Sölch Otto
Klaus Theodor
Prugger Alexander, Präsident,
Dr. Müller Johannes Präsident

Hilfsarbeiter:

Dr. Wirckau Edgar, Dr. Dreutter Hans, Franze Johannes, Hensen Bernhard, Dr. Wennrich Hermann, Dr. Bock Fritz, Dr. Höfer Edgar, Dr. Hirschmann August, Dr. Effert Adolf, Dr. Knof Edwin, Dr. Oeftering Heinz, Regierungsräte.

Geschäftsstellen, Bücherei und Kasse:

Hagen Friedr., Bürodir., Rat
Klaeber H., Min.-Amtmann, Rechnungsrat
Sperling Kurt, Min.-Amtmann
Bethmann Wilh., Amtmann
Böhme Johs., „
Holzheu Joseph, „
Schantz Albert, „
Schnurrer Georg, Amtmann
Wilske Wilhelm, Reg.Ob.Insp.
Albrecht Otto, „
Deiler Joseph, „
Dirian Gottlob „
Glasbrenner Joseph „
Weiher Andr., Ob.Reg.Sekretär.

Kanzlei:

Heyer Fr., Kanzleivorsteher

Kainz L., Bux Jos., Schwerer K., Kanzlei-Obersekretäre

Pfotenbauer Max, Nirschl Emil, Mörking Max, Kanzleisekretäre

Däubler Max, Damm Gustav, Warncke Hermann, Wintermann Franz, Schmidt Paul, Kanzleisekretäre

Hentschel Rich., Sekretär

B. Regierung des Freistaates Bayern.

1. General Franz Ritter von Epp, Statthalter des Reiches in Bayern.

2. Röhm Ernst, Staatssekretär beim Reichsstatthalter.

3. Siebert Ludwig, Ministerpräsident, Vorsitzender der Landesregierung, Staatsminister der Finanzen und Verweser des Wirtschaftsministeriums.

4. Wagner Adolf, Stellvertreter des Ministerpräsidenten und Staatsminister des Innern.

5. Frank Dr. Hans, Staatsminister der Justiz.

6. Schemm Hans, Staatsminister für Unterricht und Kultus.

7. Esser Hermann, Staatsminister ohne Geschäftsbereich und Chef der Staatskanzlei.

C. Justizbeamte des Freistaates Bayern.

I. Liste.

Staatsministerium der Justiz.

a) Staatsminister der Justiz, Reichskommissar für die Gleichschaltung der Justiz in den Ländern und für die Erneuerung der Rechtsordnung, Führer des Bundes Nationalsozialistischer Deutscher Juristen und Reichsleiter der Rechtsabteilung der NSDAP.:

Dr. Hans Frank.

b) Staatsrat.

1 Spangenberger Heinrich, AR. in München 1. X. 98; II. StA. in München I 1. XII. 00; in d. JustizMin. ber. 1. V. 02; LGR. das. 1. VI. 03; LGR. München I 1. VII. 04; in d. JustizMin. ber. 1. IV. 10; I. StA. das. 1. XI. 10; ORegR. 1. II. 14; T. u. R. e. MinR. 10. VIII. 17; MinR. 1. V. 19; T. u. Rg. e. GehRates 1. VII. 20; T. u. Rg. e. MinDir. 1. X. 23; Präs. d. OLG Bamberg 16. IX. 26, Staatsrat 1. I. 32.

c) Ministerialdirektor.

1 Degen Richard, III. StA. in Fürth 1. XI. 00; AR. in München 15. II. 02; ins JustMin. einber. 1. XI. 04; II. StA. das. 1. IV. 05; LGR. das. 1. I. 08; I. StA. das. 1. VIII. 13; RR. 22. III. 14; ORR. 16. V. 18; MinR. 1. II. 20. T. u. R. e. MinDir. 1. XII. 28; MinR. als Abteilungsleiter 1. X. 29; MinDir. 1. V. 30.

d) Ministerialräte als Abteilungsleiter.

1 Dürr Alfred Dr., III. StA. in München I 16. XII. 06; AR. in München 1. IV. 09; in das JustMin. ber. 1. II. 10; II. StA. das. 1. II. 14; LGR. das. 1. X. 18; RegR. 1. XI. 19; ORR. 1. IV. 20; T. u. R. e. MinR. 1. I. 22; MinR. 1. I. 25; Stellv. Bevollm. z. Reichsrat 13. III. 1930; MinR. als Abteilungsleiter 1. XI. 31. u. f. d. Dauer der Verw. als stellv. Reichsratsbevollm. Amtsbez. Min. Dir.

e) Übrige Ministerialräte.

1 Widmann Emil, III. StA. in Traunstein 1. VIII. 08; AR. in München 1. V. 10.; in das JustMin. ber. 16. IV. 19; II. StA. das. 1. V. 19; LGR. das. 1. XI. 20; I. StA. das. 1. VII. 22; ORR. 1. VI. 23; T. u. R. e. MinR. 1 VII. 25; MinR. 1. X. 27.

2 Meukel Leonh. Dr., III. StA. in Nürnberg 1. II. 11; AR. in München 1. V. 15; in d. JustMin. ber. 1. VI. 19; II. StA. das. 1. X. 19; LGR. das. 1. XI. 20; T. u. R. e. ORR. 1. III. 23; ORR. das 1. VI. 23; T. u. R. e. MinR. 1. V. 27; MinR. 1. X. 29.

3 Cammerer Clemens, III. StA. im StMin. d. Justiz 1. V. 15; AR. Ag. München 1. III. 19; II. StA. im StMin. d. Justiz 1. XI. 19; LGR. das. 1. X. 21; OAR. AG. München 1. X. 23; T. u. R. e.

AGDir. 1. IV. 27; ORR. im StM. d. Justiz 16. IX. 27; T. u. R. e. MinR. 16. V. 28; MinR. 1. VIII. 30.

4 Döbig Friedrich, III. StA. in Augsburg 1. VI. 20; desgl. im StMin. der Justiz 16. VII. 22; AR. im StMin. der Justiz 1. 1. 23; II. StA. im StMin. der Justiz 1. I. 25; OAR. in Sonthofen 16. V. 27; LGR. im StMin. der Justiz 1. XII. 29; ORR. 1. VI. 30; MinR. 1. I. 33.

5 Drescher Friedrich, III. StA. München I unter Verw. im StMin. der Justiz 1. IX. 20; AR. a. AG. München unter Fortverw. im StMin. der Justiz 1. III. 22; AR. im StMin. der Justiz 1. IV. 22; desgl. am AG. München 1. VI. 22; desgl. im StMin. der Justiz 1. X. 23; II. StA. im StMin. der Justiz 1. I. 25; OAR. in Rothenburg ob der Tauber 1. IX. 28; LGR. im StMin. der Justiz 1. VII. 30; ORR. 1. IX. 30; MinR. 1. VII. 33.

6 Kallenbach Richard, III. StA. München I unter Verw. im StMin. der Justiz 1. IX. 20; AR. am AG. München unter Fortverw. im StMin. der Justiz 1. III. 22; AR. im StMin. der Justiz 1. IV. 22; desgl. am AG. München 1. I. 23; desgl. im StMin der Justiz 16. VI. 24; II. StA. im StMin. der Justiz 1. I. 25; LGR. im StMin. der Justiz 1. IX. 28; desgl. am LG. München I 1. XII. 29; OStA. am OLG. Zweibrücken 1. IX. 30; ORR. im StMin. der Justiz 1. IV. 33; MinR. 1. IX. 33.

7 Sprick Gustav, AGSekr. München 1. XI. 13; AR. in Mühldorf 1. I. 16; desgl. in München 1. XII. 22; T. u. R. e. OAR. 1. XI. 27; AGDir. am AG. München 1. V. 33; ORR. im StMin. der Justiz 1. VII. 33; MinR. 1. IX. 33.

f) Oberregierungsräte.

1 Gipser Franz Dr. 1. V. 30 (1. XI. 28 II. StA.) — 1. Juli 33
OLGR. 1. April 31
2 Resch Alfred 1. X. 29 (1. III. 27 II. StA.) — 1. Mai 31
3 Castner Karl 1. X. 32 (1. XI. 28 II. StA.) — 1. Mai 33
4 Schraut Rudolf (beurl. zur Verw. im Reichsjustizministerium) — 1. Juli 33

g) Landgerichtsräte.

1 Strauß Friedrich Dr. (1. VII. 25 StA.) — 1. Sept. 33
I. StA. 1. Sept. 31
2 Holzbauer Andreas (1. I. 26 StA.) — 1. Sept. 33
I. StA. 1. Febr. 32
3 Lechner Oskar (1. I. 26 StA.) — "
4 Zwirlein Hans Dr. (1. I. 26 StA.) — 1. Sept. 33
I. StA. 1. April 32

h) I. Staatsanwalt.

1 Nörr Siegmund Dr. (1. VI. 28 StA.) — 1. Juni 33

i) Amtsgerichtsräte.

1 Ammon v. Wilh. Dr. (1. III. 29 StA.) — 1. Sept. 30
2 Bachl Helmut Dr. (16. III. 29 StA.) — 1. Juni 31
3 Miethsam Wilhelm Dr. (1. VII. 29 StA.) — 1. April 32
4 Braun Karl Dr. (1. II. 30 StA.) — 1. April 32
5 Grüber Hans (1. II. 30 StA.) — 1. Mai 32
6 Schwanhäußer Werner Dr. (1. II. 31 StA.) — 1. Mai 33

7 Grießinger Oskar Dr. (1. März 31 StA.) (Rg. 1. Febr. 31) 1. Okt. 32
8 Baumann Georg Dr. (1. II. 32 StA.) 1. Sept. 33
9 Bühler Josef Dr. 1. Juni 33

k) II. Staatsanwälte.

1 Herbig Gustav 1. Febr. 33
2 Weh Albert Dr. 1. Nov. 33
3 Hartmann Karl Dr. "
4 Müller Wilhelm "
5 Drexler Karl Dr. "

l) Ministerialrechnungsrat.

1 Melcher Wilhelm 1. Aug. 29 — Rg. 20. Okt. 28

m) Justizamtmänner und Rechnungsräte.
(Amtsbezeichnung seit 1. III. 1930).

1 Weigert Max, Geheimsekretär, Justizamtmann 1. Okt. 26 — Rg. 16. Dez. 22 — 1. April 18
2 Berr Ludwig, Justizamtmann 1. Jan. 30 — Rg. 1. Juni 23
3 Hübel Paul, Justizamtmann 1. April 32 — Rg. 1. Jan. 24
4 Laun Georg, Justizamtmann, Registraturvorst. 1. April 33 — Rg. 1. Sept. 29
5 Wolf Friedrich, Rechnungsrat 1. Juli 33

n) Justizoberinspektoren.

1 Finkenzeller Jos. (T. u. R. e. Justizamtmanns 1. IX. 29) 1. Okt. 26 — Rg. 15. Dez. 24
2 Holzer Joseph 1. Mai 32 — Rg. 16. Dez. 22
3 Kronseder Friedr. 1. Jan. 28 — Rg. 1. Okt. 26
4 Fritsch Heinr. 1. Juli 32 — Rg. 20. Okt. 28
5 Zandt Otto, Sekretariatsvorstand 1. April 33 — Rg. 20. Okt. 28
6 Seibert Georg 1. Juni 33 — Rg. 20. Okt. 28
7 Busl Wilhelm 1. Juli 33 — Rg. 20. Okt. 28

o) Justizinspektoren und Justizobersekretäre.

1 Obermayer Karl (T. u. R. e. Justizoberinsp. 1. IX. 29) 1. Mai 26 — Rg. 1. Jan. 25

2 Schmaußer Josef (T. u. R. e. Justizoberinsp. 1. IX. 29)		1. Mai 26
	Rg.	1. Jan. 26
3 Kowalewski Philipp, Justizinspektor		1. Juli 27
4 Trost Karl, Justizinspektor		1. Aug. 27
5 Vogelgsang Josef, Justizinspektor		"
6 Hirschmann Theobald, Justizinspektor		1. Mai 33
		1. Mai 30
7 Westenrieder Josef, Justizobersekr.		1. Mai 32

p) Justizsekretäre.

1 Blaul Maximilian	1. Sept. 32
2 Billmaier Michael	"

q) Ministerialkanzleiobersekretäre.

1 Probst Richard	1. Juni 32
2 Voglbeer Adalbert	1. Juli 32

r) Ministerialkanzleisekretäre.

1 Bill Rosa	1. Okt. 31
2 Hauber Therese	1. Febr. 32
3 Kandler Ludwig	1. Febr. 33

s) Ministerialkanzleiassistentinnen.

1 Grünwald Ida	1. Jan. 33
2 Schlager Maria	"
3 Seibert Viktoria	1. Aug. 33

t) Kanzleiassistentin.

1 Weixler Katharina	1. Febr. 33

II. Liste.

Oberstes Landesgericht.

a) Präsident.

1 Müller Gustav Dr., III. StA. i. München II 16.IV.99; AR. in München 1.V.00; II. StA. i. München I 1.III.02; LGR. das. 16.XI.06; i. d. Justizmin. einber. 1.II.08; I StA. das. 1.I.09; ORR. 1.II.14; T. u. Rg. e. MinR. 10. VIII. 17; MinR. 1. IV. 19; T. u Rg. e. GehR. 1. VII. 20; MinDir. 1. X. 23; Präs. d. Obersten LG. 1. VII. 29.

b) Senatspräsidenten.

1 Seeber Josef, III. StA. München II 1. III. 97; AR. in München 1.VII.98; II. StA. in München I 1. I. 00; LGR. in München I 1. III. 04; StA OLG. in München 1. IV. 12; beurl. z. Reichsanw. 18 X. 14; StA. b. Obersten LG. 1. V. 19; T. u. R. e. OStA. 1. VI. 21, Rat a. Oberst. LG. 1. XII. 23; SenPräs. a. Oberst. LG. 1. VII. 24.

2 Stenglein Ludwig, III. StA. in Landshut 16. VI. 98; AR. in Nürnberg 16. XI. 99; II. StA. in Passau 1. II. 01; LGR. in Ansbach 1. VII. 05; OAR. in Nürnberg 1. VII. 13; T. u. Rg. e. AGR. 22. XII. 15; AGR. in Nürnberg 1. IV. 19; dienstauf. I. StA. in München I 1. I. 23; LGPräs. in Bamberg 1. IV. 26; desgl. in München II 1. IX. 28; Sen.Präs. am Oberst. Lg. 1 V. 33.

c) Räte.

1 Bezold Andr. Dr., III. StA. in Augsburg 1. V. 99; AR. in Regensburg 1. VII. 00; II. StA. in Augsburg 15. II. 02; LGR. das. 1. III. 07; T. u. R. e. OLGR. 23. XII. 16; I. StA. im StMin. d. Justiz 16. IV. 19; ORegR. 1. X. 19; MinR. 1. IV. 20; Ruhestd. 1. IV. 24; Rat am Oberst. LG. 1. I. 25.

2 Sauerländer Joh. David, III. StA. im StMin. d. Justiz 1. VII. 08; desgl. in München I 1. IV. 09; AR. in München 1. I. 10; in das JustMin. ber. 16. VI. 11; II. StA. das. 1. I. 17; LGR. das. 16. IV. 20; ORR. 1. I. 21; T. u R. e. MinR. 1. X. 23; MinR. 16. XII. 25; Rat a. Oberst. LG. 1. VI. 33.

3 Osthelder Karl, AR. in München 1. I. 95; LGR. in München I 15. II. 00; I. StA. in Frankenthal 1. V. 10; OLGR. in München 1. IX. 11; Rat a. Oberst. LG. 16. XI. 24.

4 Fiedler Albert, III. StA. in Würzburg 1. XI. 95; AR. in Würzburg 1. XI. 96; II. StA. in Würzburg 16. XI. 99; LGR. in Passau 1. X. 01; desgl. in Würzburg 1. I. 07; I. StA. in Straubing 1. VII. 10; OLGR. in München 1. II. 20; Rat a. Oberst. LG. 1. I. 25.

5 Gaebhard Adam, III. StA. in Landshut 1. II. 96; AR. in Würzburg 16. I. 97; II. StA. in Aschaffenburg 16. XI. 99; LGR. in München I 15. II. 02; I. StA. in Memmingen 1. X. 11; OLGR. in Augsburg 1. I. 20; Rat a. Oberst. LG. 16. IX. 25.

6 Zoller Ernst, III. StA. in Kaiserslautern 16. XI. 99; desgl. in Zweibrücken 1. I. 00; AR. in Neustadt a. H. 1. VI. 01; II. StA. in Frankenthal 1. III. 02; desgl. in München I 1. III. 04; OAR. in Tegernsee 1. XI. 05; LGR. in München I 1. I. 10; T. u. R. e. OLGR. 22. XII. 15; I. StA. in Augsburg 1. IV. 19; StA. b. OLG. München 1. V. 19; OLGR. in München 1. I. 24; Rat a. Oberst. LG. 1. IV. 26.

7 Renner Ferdin., III. StA. in Fürth 16. VI 97; AR. in in München 16. X. 98; II. StA. in Fürth 1. I. 00; LGR in Frankenthal 1. VI. 03; T. u. R. e. OLGR. 7. IV. 14; I. StA. in Neuburg a. D. 1. V. 15; OLGR. in München 1. IV. 24; Rat a. Oberst. LG. 1. IV. 27.

8 Vogelgsang Peter, III. StA. in Augsburg 16. XI. 97; AR. in Augsburg 1. V. 99; II. StA. in Passau 1. II. 00; LGR. in Augsburg 1. VII. 04; T. u. R. e. OLGR. 22. XII. 15; I. StA. in Bayreuth 1. VI. 16; OLGR. in München 16. VIII. 25; Rat a. Oberst. LG. 16. IV. 27.

9 Weber Heinrich, AR. in Landsberg 1. VII. 98; desgl. in München II 1. I. 00; OAR. in München I 16. I 06; LGR. in München I 25. IV. 06; T. u. R. e. OLGR. 27. VII. 16; OAR. in Freising m. T. u. R. e. AgDir. 1. I. 20; AgDir. in Freising 1. XI. 23; OLGR. in München 16. XI. 24; Rat a. Oberst. LG. 16. X. 27.

10 Kling August, AR. in Erlangen 16. VIII. 99; desgl. in München I 1. VIII. 02; LGR. in Schweinfurt 1. V. 08; desgl. in München I 1. V. 12; T. u. Rg. e. OLGR. 21. XII. 17; stellv. Dir. in München I 1. I. 22; OLGR. in München 1. VII. 24; Rat a. Oberst. LG. 1. II. 28.

11 Hümmer Johann, III. StA. in Aschaffenburg 16. XI. 99; AR. in Fürstenfeldbruck 16. XI. 00; II. StA. in Weiden 1. I. 05; LGR. in München I 1. II. 09; T. u. R. e. OLGR. 21. XII. 17; I. StA. in Straubing 1. II. 20; LGDir. in Aschaffenburg 1. II 26; AGDir. in Straubing 1. III. 26; Rat a. Oberst. LG. 16. II. 28.

12 Adam Richard, AR. in Geisenfeld 1. V. 95; II. StA. in Passau 16. VII. 99; LGR. in Landshut 1. II. 01; LGR. in Straubing 1. III. 09; T. u. R. e. OLGR. 21. XII. 12; stellv. Dir. in Straubing 1. II. 14; LGDir. das. 1. V. 26; LGPräs. das. 1. III. 28; Rat am Oberst LG. 1. IV. 32.

13 Fischer Wendelin, AR. in Bergzabern 1. I. 00; desgl. in Homburg 1 VII. 02; II. StA. in Kaiserslautern 1. IX. 02; LGR. das. 1. VII. 09; T. u. R. e. OLGR. 31. XII. 18; I. StA. in Kaiserslautern 1. VI. 22; OLGR. in München 1. VI. 25; Rat a. Oberst. LG. 1. XII. 28.

14 Hölldorfer Dr. Emmeram, AR. in München I 16. XI. 99; LGR. in Nürnberg 1. III. 09; desgl. in München I 1. IX. 11; T. u. R. e. OLGR. 15. VII. 19; LGDir. in München I 1. IV. 23; Rat a. Oberst. LG. 1. IV. 30.

15 Käuffer Friedr., III StA. in Fürth 16. XI. 99; AR. in Nürnberg 1. XI. 00; II. StA. in Nürnberg 1. II. 04; LGR. das. 1. VII. 09; T. u. R. e. OLGR. 25. III. 18; stellvertr. LGDir. in Nürnberg 1. I. 22; LGDir. das. 1. XI. 25; Rat am Oberst.LG. 1 X. 30.

16 Bähr Friedrich, III. StA. in Bamberg 1. IV. 00; AR. in Bamberg 1. IV. 01; II. StA. in München I 1. XI. 05; LGR. das.

1. VII. 11; T. u. Rg. e. OLGR. 31. XII. 18; stellv. Dir. in München I 1. V. 24; Rat am OLG. München 1. I. 25; Rat am Oberst. LG. 1. X. 30.

17 Schuler Hans Dr., III. StA. in München I 1. I. 12; AR. in München 1. X. 18; II. StA. in München I unter Einber. i. d. Staatsmin. d. Justiz 16. XI. 19; LGR. im StMin. d. Justiz 1. X. 21; T. u. R. e. ORegR. 1. VI. 23; ORegR. im StMin. d. Justiz 1. X. 23; Rat a. OLG. München 1. II. 28; OStA. b. Oberst. LG. 1. XII. 30; Rat am Oberst. LG. 1. VII 33.

18 Pielmaier Richard, III. StA. in Bamberg 1. IV. 01; AR. in München 16. IV. 04; II. StA in Passau 16. X. 06; LGR. das. 1 VI. 13; T. u. R. e. OLGR. 15. VII. 19; I. StA. in Neuburg a. D. 1. IV. 24; LGDir. in Amberg 1. VI. 28; Rat am Oberst. LG. 1. III. 31.

19 Spaett Edmund, AR in Schrobenhausen 1. VI. 02; desgl. in Traunstein 1. VII. 04; II. StA. in Traunstein 16. VII. 12; LGR. das. 1. VI. 20; T. u. R. e. OLGR. 16. I. 22; I. StA. in Traunstein 16. IX. 23; LGDir. in München II 1. I. 29; Rat am Oberst. LG. 1 V. 31.

20 Emminger Erich, III. StA. in Augsburg 1. X. 09; AR. in Augsburg 1. V. 10; II. StA. in Augsburg 1. V. 19; desgl. in München I 1. XI. 23; Reichsminister d. Justiz 1 XII. 23—15. IV. 24; OLGR. in München 1. II 28; Rang und Dienstalter 16. IV. 24; Rat am Oberst. LG. 1. V. 31.

21 Grimm Ludwig Dr., III. StA. in Zweibrücken 1. X. 04; AR. in München 1. V. 06; II StA. in Amberg 1. III. 14; LGR. in Kaiserslautern 16. IX. 20; StA. b. OLG. Zweibrücken 16. VI. 24; Rat a. OLG. München 1. IX. 30; Rat am Oberst. LG. 1. I. 33.

22 Karch Johann, III. StA. in Passau 1. III. 02; AR. in Passau 1. X. 05; II. StA. in München I 16. V. 12; LGR. in München II 1. VI. 20; T. u. R. e. OLGR. 1. XII. 21; I. StA. in München I 16. IX. 27; Rat a. OLG. München 1. V. 30; Rat am Oberst. LG. 1. VI. 33.

d) Generalstaatsanwaltschaft.

Generalstaatsanwalt: Manglkammer Friedr., III. StA. in Nürnberg 16. III. 06; in d. JustMin. ber. 16. X. 06; AR. das. 1. I. 08; II. StA. das. 1. VIII. 13; LGR. das. 1. X. 18; RegR. 1. XI. 19; ORR. 1. IV. 20; T. u. R. e. MinR. 1. I. 22; MinR. 1. X. 23; Rg. e. MinR. als Abteilungsleiter 1. XI. 31, GenStA. b. Oberst. LG. 1. I. 33.

Oberstaatsanwälte:

1 Dürig Ernst Dr., III. StA. in Nürnberg 16. VI. 21; desgl. im StMin. d. Justiz 11. VIII. 22; AR. im StMin. d. Justiz 1. I. 23; II. StA. im StMin. d. Justiz 1. I. 25; LGR. im StMin. der Justiz 1. IX. 28; ORegR. im StMin. der Justiz 1. VI 30; OStA. b. Oberst. LG. 1. V. 33.

2 Ultsch Franz Dr., III. StA. in Memmingen 1. IV. 02; AR. in München 16 XI. 06; II. StA. München I 1. VII. 11; LGR. München I 1. I. 20; T. u. R. e. OLGR. 1. I 21; I. StA. in Würzburg 1. XI. 25; LGDir. in Frankenthal 1. I. 29; OStA. b. Oberst. LG. 1. VI. 33.

3 Bretzfeld Friedr. Dr., III. StA. in Hof 16. X. 05; AR. in Nürnberg 16. VII. 08; desgl. in München 16. X. 12; T. u. R. e. OAR. 5. IV. 17; II. StA. in München I 1. VI. 18; LGR. in

München I u. dem StMin. f. Landw. zur Verfügg. gestellt 1. XI. 19; T. u. R. e. ORegR. 1. VI. 23; StA. b. OLG. München u. unter Bel. s. Titels zur Fortv. b. d. Landespreisstelle beurl. 1. IV. 26; z. Dienst b. d. OStA. München ber. 1. X. 26; Rat a. OLG. München 1. XI. 29; OStA. b. Oberst. LG. 1. VII. 33.

III. Liste.

Oberlandesgerichte.

a) Präsidenten.

1 Siegel Karl Dr., III. StA. im StMin. d. Justiz 1. V. 15; AR. das. 1. IV. 19; II. StA. das. 1. XI. 19; LGR. das. 1. X. 21; desgl. LG. München I 1. XII. 23; desgl. im StMin. d. Justiz 16. XII. 25; ORR. 1. VI. 26; T. u. R. e. MinR. 16. V. 28; MinR. 1. V. 30; Präs. d. OLG. Zweibrücken 1. VII. 33.

2 Neithardt Georg, AR. in Neustadt a. d. WN. 1. I. 00; desgl. in Obernburg 1. IV. 01; desgl. in Kronach 1. I. 04; desgl. in München 1. V. 07; LGR. München I 1. V. 11; T. u. R. e. OLGR. 1. IV. 20; stellv. Dir. München I 1. I. 22; LGDir. München I 1. VI. 22; Präs. d. LG. Hof 1. I. 33; Präs. d. OLG. München 1. IX. 33.

3 Heuwieser Albert, AR. in Kissingen 1. XI. 02; II. StA. in Nürnberg 16. XI. 12; LGR. in Nürnberg 16. V. 20; T. u. R. e. OLGR. 16. I. 22; I. StA. in Fürth 16. XI. 24; LGDir. in Nürnberg 1. X. 30; Präs. d. LG. Amberg 1. V. 33; Präs. des OLG. Bamberg 1. XI. 33.

4 Bertram Otto, AR. in Regensburg 15. II. 00; desgl. in Stadtamhof 16. IV. 00; desgl. in Regensburg 1. VII. 03; desgl. in Straubing 1. VII. 04; LGR. in Passau 16. V. 12; desgl. München I 16. IV. 21; T. u. R. e. OLGR. 1. XII. 21; stellv. Dir. in Nürnberg 16. VII. 27; LGDir. München I 1. IV. 29; Präs. des OLG. Nürnberg 1. XI. 33.

b) Senatspräsidenten.

1 Sellner Gustav, III. StA. in Regensburg 1. VI. 95; AR. in Regensburg 16. IV. 96; desgl. in Nürnberg 16. IX. 96; II. StA. in Traunstein 1. VII. 99; LGR. das. 1. II. 01; I. StA. in Kempten 1. X. 10, Rat a. OLG. München 1. V. 19; SenPräs. a. OLG. Augsburg 1. V. 24; desgl. a. OLG. München 1. IV. 32.

2 Zeiß Karl, AR. in München 1. X. 99 (Rg. 1. IV. 99); in d. JustMin. einber. 1. XII. 00; II. StA. das. 1. III. 01; LGR. das. 1. IV. 04; desgl. LG. München I 1. III. 06; T. u. R. e. OLGR. 1. VIII. 15; OLGR. in München 1. II. 20; LGDir. in München I 16. V. 20; StA. b. Oberst. LG. m. d. T. e. OStA. 1. VI. 25; Rat a. Oberst. LG. 1. X. 29; SenPräs. a. OLG. München 1. IX. 30.

3 Dittmann Jul., III. StA. in Neuburg a. D. 1. II. 99; AR. in Würzburg 16. XI. 99; II. StA. in Amberg 1. X. 01; LGR. in Nürnberg 1. VI. 06; T. u. R. e. OLGR. 27. VII. 16; I. StA. in Zweibrücken 1. X. 18; StA. b. OLG. Nürnberg 1. XI. 19; LGDir. in Nürnberg 1. V. 24; StA. b. Oberst. LG. m. d. T. e. OStA. 1. VII. 25 SenPräs. a. OLG. München 1. X. 30.

4 Cnopf Heinrich, III. StA. in Augsburg 16. VI. 94; desgl. in Traunstein 1. II. 95; AR. in Nürnberg 16. IX. 95; LGR. in Nürnberg 1. V. 00; stellv. Dir. das. 1. I. 10, LGDir. das. 1. XI. 11; SenPräs. a. OLG. Nürnberg 16. VIII. 25.
5 Schiedermair Josef, AR. in München 1. I. 00; Rg. 16. XI. 99; II. StA. in Nürnberg 16. IV. 04; LGR. in München II 1. III. 10; T. u. R. e. OLGR. 25. III. 18; OLGR. in München 16. V. 20; Rat a. Oberst. LG. 1. IV. 27; SenPräs. a. OLG. München 1. V. 31.
6 Schmid Karl, III. StA. in Landshut 1. X. 99; AR. in Nürnberg 16. X. 00; II. StA. in Nürnberg 16. X. 02; LGR. in Nürnberg 1. V. 09; T. u. R. e. OLGR. 21. XII. 17; I. StA. in Landshut 1. X. 19; LGDir. in Landshut 1. VIII. 25; LGPräs. in Hof 1. III. 28; SenPräs. a. OLG. München 1. IV. 32.
7 Reich Wilhelm, III. StA. in Landau 1. I. 00; AR. in Frankenthal 1. VI. 01; II. StA. in Frankenthal 1. III. 02; LGR. in Landau 1. VIII. 06; T. u. Rg. e. OLGR. 23. XII. 16; I. StA. in Zweibrücken 1. XI. 19; Rat am OLG. Zweibrücken 1. VI. 22; SenPräs. a. OLG. Zweibrücken 1. III. 29.
8 Baumann Georg, AR. in Bamberg 16. XI. 99; LGR. in Bamberg 1. IV. 09; T. u. Rg. e. OLGR. 15. VII. 19; Rat a. OLG. Bamberg 1. V. 24; SenPräs. a. OLG. Bamberg 1. VIII. 29.
9 Steiner Anton, AR. in München 15. II. 00; desgl. in Wolfratshausen 16. V. 05; II. StA. in Nürnberg 1. V. 09; LGR. das. 1. VIII. 12; T. u. R. e. OLGR. 15. VII. 19; StA. b. OLG. Nürnberg 1. I. 23; LGDir. in Nürnberg 1. I. 27; SenPräs. a. OLG. Nürnberg 1. IV. 31.
10 Ehard Hans Dr., III. StA. im StMin. d. Justiz 1. IX. 19; AR. das 1. IV. 21; II. StA. das. 1. III. 22; desgl. LG. München I 1. XI 23 LGR. das. 1. XI. 25; desgl. im StMin. d. Justiz 1. I. 26; ORR 1 IX. 28; MinR. 1. V. 31; SenPräs. a. OLG. München 1. IX. 33.

c) Räte.

1 Roth Gustav, III. StA. in Zweibrücken 1. IV. 97; AR. in Zweibrücken 1. I. 00; II. StA. in Frankenthal 1. I. 01; desgl. in Zweibrücken 15. II. 01; LGR. in Frankenthal 1. VI. 01; desgl. in Zweibrücken 16. VI. 01; stellv. Dir. das. 1. VIII. 11; Rat am OLG. Zweibrücken 1. VI. 18.
2 Bleymüller Joseph, AR. in Rotthalmünster 1. VII. 95; desgl. i. Passau 1. X. 99; LGR. i. Schweinfurt 15. II. 01; desgl. i. Regensburg 1. IV. 09; T. u. R. e. OLGR. 21. XII. 12; stellv. Dir. i. Kempten 1. IX. 14; Rat a. OLG. Bamberg 1. V. 19.
3 Ewald Wilh., III. StA. in Landshut 1. X. 96; AR. in Landshut 16. V. 98; II. StA. in Landshut 16. XI. 99; LGR. in Fürth 16. VIII. 02; I. StA. in Schweinfurt 1. II. 13; desgl. in Regensburg 15. II. 19; Rat a. OLG. Bamberg 1. X. 21.
4 Oertel Eugen, AR. in Landshut 1. VIII. 98; desgl. in München 16. XI. 02; OAR. das. 16. I. 05; ans OLG. München ber. 16. X. 12; T. u. Rg. e. OLGR. 22. XII. 15; Rat a. OLG. München 1. X. 20.
5 Aschka Ludwig, AR. in Burghausen 1. VIII. 98; desgl. in Roth 1. II. 03; LGR. in Eichstätt 1. II. 06; desgl. in München II 16. XI. 08; T. u. Rg. e. OLGR. 27. VII. 16, stellv. Dir. in München I 1. VI. 22; Rat a. OLG. München 16. VII. 25.
6 Pollmann Karl, AR. in München 16. IV. 99; II. StA. in Ansbach 16. XII. 00; LGR. das. 1. I. 07; T. u. Rg. e. OLGR. 23. XII. 16; vers. an d. LG. Augsburg 15. II. 19; StA. b. OLG. Augsburg 1. V. 19; Rat am OLG. München 1. I. 26.

7 Wohlfahrt Ludwig, AR. in Roth 1. V. 99; desgl. in Würzburg 1. II. 03; LGR. in Schweinfurt 1. II. 07; T. u. Rg. e. OLGR. 23. XII. 16; stellv. Dir. in Bayreuth 1. VIII. 23; Rat am OLG. Bamberg 1. II. 26.

8 Heerberger Julius, AR. in Mallersdorf 16. V. 99; desgl. in München I 16. III. 02; LGR. in München I 1. X. 07; OAR. in München 1. I. 11; LGR. in München I 1. I. 13; T. u. Rg. e. OLGR. 5. IV. 17; Rat am OLG. München 1. VII. 24.

9 Lieberich Otto, AR. in Geisenfeld 16. VII. 99; II. StA. in Landshut 16. VIII. 02; LGR. in Frankenthal 1. X. 07; T. u. Rg. e. OLGR. 5. IV. 17; StA. b. OLG. Bamberg 1. XI. 19; OLGR. in Nürnberg 16. VII. 25.

10 Haupt Franz, AR. in Herzogenaurach 16. X. 99; desgl. in Nürnberg 1. IV. 03; LGR. in Deggendorf 16. VII. 08; desgl. in Würzburg 1. IV. 11; T. u. R. e. OLGR. 21. XII. 17; OAR. in Miltenberg m. T. u. R. e. AGRats 1. V. 21; stellv. Dir. in Bamberg 1. IV. 25; Rat am OLG. Bamberg 1. I. 28.

11 Weber Ernst, AR. in Amberg 16. XI. 99; II. StA. in Passau 1. VII. 05; LGR. das. 1. V. 10; desgl. in Nürnberg 1. I. 12; T. u. R. e. OLGR. 21. XII. 17; I. StA. in Hof 16. XI. 19; Rat a. OLG. Nürnberg 1. VII. 27.

12 Güllich Friedr., AR. in Kulmbach 1. XII. 99; II. StA. in Bayreuth 16. IV. 06; LGR. in Memmingen 1. IV. 13; desgl. in Nürnberg 1. II. 15; T. u. R. e. OLGR. 25. III. 18; I. StA. in Aschaffenburg 1. IV. 21; Rat a. OLG Augsburg 1. XII. 27; desgl. a. OLG. München 1. IV. 32.

13 Bechmann Adolf Dr., AR. in Nürnberg 1. II. 01; desgl. in München I 16. XI. 05; II. StA. in München I 16. XI. 06; LGR. das. 1. I. 14; T. u. R. e. OLGR 15. VII. 19; Rat am OLG. München 1. IV. 27.

14 Beck Gustav, AGSekr. in Vohenstrauß 1. VII 98; AR. in Passau 16. XI. 99; desgl. in Lindau 16. V. 05; LGR in Deggendorf 1. IV. 09; T. u. R. e. OLGR. 15. VII. 19; stellv. Dir. in Deggendorf 1. IV. 27; Rat am OLG. München 1. VI. 33.

15 Adelmann Karl Dr., AR. in München I 1. I. 00; II. StA. in München II 1. IV. 09; LGR. in München I 1. V. 15; T. u. R. e. OLGR. 15. VII. 19; stellv. Dir. in München I 1. XI. 25; Rat a. OLG. München 1. IV. 27.

16 Denkler Karl, AR. in Forchheim 16 XI. 99; LGR. in Frankenthal 1. VII. 09; desgl. in Nürnberg 1. IV. 16; T. u. R. e. OLGR. 15. VII. 19; stellv. Dir. in Nürnberg 1. IV. 23; Rat a. OLG. Nürnberg 1. I. 29.

17 Burckhardt Alfred Dr., AR. in Neuburg a. D. 1. I. 00; desgl. in Regensburg 1. X. 05; LGR. in Zweibrücken 1. VII. 09; T. u. Rg. e. OLGR. 15. VII. 19; stv. Dir. in Zweibrücken 1. VI. 22; Rat am OLG. München 1. V. 23.

18 Eck Egid Dr., III. StA. in Frankenthal 1. VI. 01; AR. in München 1. I. 06; II. StA. in Augsburg 1. IV. 10; LGR. in Straubing 1. V. 19; T. u. R. e. OLGR. 1. IV. 20; I. StA. in Memmingen 1. VII. 25; Rat am OLG. Bamberg 1. I. 29.

19 Dollacker Wilhelm, AR. in Regensburg 1. I. 00; desgl. in München I 1. X. 07; II. StA. in Bayreuth 1. X. 09; OAR. in Miesbach 15. IX. 13; T. u. R. e. AGR. 25. VI. 20; LGR. in Regensburg m. T. u. R. e. OLGR. 1. IX. 23; Rat am OLG. Augsburg 1. I. 28; desgl. a. OLG. München 1. IV. 32.

20 Wiedemann Gustav, AR. in Regensburg 1. I. 00; LGR. in Regensburg 1. IX. 11; T. u. R. e. OLGR. 1. I. 21; OAR. in Starnberg m. T. u. R. e. AGRats 1. X. 22; desgl. in Markt Oberdorf 1. II. 26; Rat am OLG. Bamberg 16. IX. 28.

21 Haus Ludwig, AR. in Höchstädt a D. 15. II. 00; desgl. in Lohr 1. IV. 03; LGR. in Bamberg 1. I. 12; T. u. Rg. e. OLGR. 1. IV. 21; Rat a. OLG. Bamberg 1. X. 27.

22 Keller Heinrich, AR. in Ingolstadt 1. II. 00; desgl. in Augsburg 1. I. 07; LGR. in Passau 1. IV. 12; desgl. in München I 1. VI. 20; T. u. R. e. OLGR. 1. XII. 21; Rat a. OLG. Augsburg 1. VI. 28; desgl. a. OLG. München 1. IV. 32.

23 Leser Albert, AR. in Dingolfing 15. II. 00; desgl. in Nördlingen 1. VIII. 02; desgl. in Buchloe 1. VII. 04; LGR. in Weiden 16. VI. 12; desgl. in Augsburg 1. V. 19; T. u. R. e. OLGR. 16. I. 22; Rat a. OLG. Augsburg 1. VIII. 28; desgl. a. OLG. München 1. IV. 32.

24 Pollich Gottfried, AR. in Arnstein 16. III. 00; desgl. in Würzburg 16. IV. 04; LGR. in Nürnberg 1. VIII 12; T. u. R. e. OLGR 16. I. 22; Rat a. OLG. Nürnberg 1. IV. 29.

25 Moser Emil Dr., III. StA. in München II 1. I. 10; AR. in München 1. V. 11; in d. StMin. d. Justiz einber. 16. III. 13; II. StA. das. 1. V. 19; LGR. das. 1. XI 20; I. StA. in München II 1. VII. 22; Rat a. OLG. München 1. XII. 29.

26 Braune Gustav, AR. in Aibling 1. VI. 00; desgl. in Rothenburg o. T. 16. XII. 03; T. u. R. e. OAR. 21. XII. 12; LGR in Schweinfurt 1. IV. 13; T. u. R. e. OLGR. 1. X. 22; stellv. Dir. in Amberg 1. I. 29; Rat am OLG. Nürnberg 1. IX. 31.

27 Giel Konrad, AR. in Lohr 16. VI. 00; desgl. in Freising 1. X. 00; T. u. R. e. OAR. 21. XII. 12; LGR. in Traunstein 1. VI. 13; desgl. in Weiden 1. III. 16; desgl. in Nürnberg 16. V. 20; T. u. R. e. OLGR. 1. X. 22; stellv. Dir. in Zweibrücken 1. IX. 28; Rat a. OLG. Zweibrücken 1. XII. 28.

28 Reinheimmer Adolf, AR. in Neustadt a. H. 16. VII. 00; desgl. in Waldmohr 16. XII. 02; T. u. Rg. e. OAR. 21. XII. 12; LGR. in Bayreuth 1. VII. 13; T. u. Rg. e. OLGR. 16. XII. 22; Rat a. OLG. Zweibrücken 1. X. 27.

29 Groll Theodor, AR. in Neumarkt i. O. 1. IX. 01; desgl. in Straubing 1. VI. 10; II. StA. in Straubing 1. V. 13; LGR. das. 16. V. 20; T. u. R. e. OLGR. 16. XII. 22; stellv. Dir. in Zweibrücken 1. X. 26; Rat am OLG. Zweibrücken 1. X. 29.

30 Heintz Karl, AR. in Eichstätt 1. IV. 01; desgl. in Schweinfurt 19. VI. 03; desgl. in Nürnberg 1. VI. 05; desgl. in München 1. VI. 08; T. u. R. e. OAR. 22. VII. 13; LGR. in München I 1. V. 16; T. u. R. e. OLGR. 16. XII. 22; Rat a. OLG. Nürnberg 1. IV. 29.

31 Rebay v. Ehrenwiesen Chlodwig, AR. in Kaufbeuren 1. VII. 01; desgl. in Aschaffenburg 16. IV. 04; desgl. in Miesbach 16. V. 05; II. StA. in Memmingen 1. XI. 13; LGR. in Augsburg 1. X. 21; T. u. R. e. OLGR. 1. VII. 23; I. StA in Bayreuth 16. VIII. 25; Rat a. OLG. Augsburg 1. V. 31; desgl. a. OLG. München 1. IV. 32.

32 Haas Eugen, AR. in Ludwigshafen 1. VI. 02; T. u. Rg. e. OAR. 1. VIII. 15; LGR. in Zweibrücken 1. X. 19; stellv. Dir. das. 16. VIII. 24; Rat a. OLG. Zweibrücken 1. V. 25.

33 Spetzler Ludwig, III. StA. in Fürth 15. II. 02; AR. in München 16. III. 06; T. u. R. e. OAR. 7. IV. 14; LGR. in München I 1. II. 20; T.u.R.e.OLGR. 1.I.25; Rat a. OLG. München 1.XII 30.

34 Schmidt Ludwig, III. StA. in Bamberg 16. IV. 04; AR. in Eggenfelden 1. IV. 09; desgl in München 1. VII. 11; II. StA. in München II 1. V. 14; LGR. in München I 1. IV. 21; T.u.R. e. OLGR. 1. I. 25; I. StA. in Eichstätt 1. XI. 26; Rat a. OLG. Nürnberg 1. IV. 29.

35 Weiglein Martin, III. StA. in Aschaffenburg 1. IV. 04; AR. in Würzburg 1. X. 07; II. StA. in Würzburg 1. XII. 14; desgl. in München II 1. V. 20; LGR. in München I 1. IV. 21; T. u. R. e. OLGR. 1. I. 25; Rat a. OLG. München 1. I. 31.

36 Fischer Hans, AR. in Marktheidenfeld 1. VII. 05; desgl. in Nürnberg 1. V. 10; II. StA. in Nürnberg I. V. 15; desgl. in München II 1. V. 20; LGR. in München I 1. IV. 21; T. u. R. e. OLGR. 1. VII. 25; Rat a. OLG. München 1. X. 30.

37 Leyendecker Aug., III. StA. in Kaiserslautern 1. II. 05; desgl. in Zweibrücken 1. V. 06; AR. in Kirchheimbolanden 1. V. 08; desgl. in Landau i. d. Pf. 1. IV. 09; II. StA. in München I 1. III. 16; LGR. das. 1. IV. 21; I. StA. in Weiden 16. VIII. 25; Rat am OLG. Nürnberg 1. X. 30.

38 Deinhardt Friedrich, AR. in Gunzenhausen 1. V. 02; desgl. in Neustadt a. A. 1. III, 05; desgl. in Nürnberg 1. IX. 06; T.u.R. e. OAR. 1. VIII. 15; II. StA. in Fürth 1. X. 16; LGR. in Nürnberg 1. IV. 21; T. u. R. e. OLGR. 1. I. 26; Rat a. OLG. Bamberg 1. V. 31; desgl. in Nürnberg 1. XI. 31.

39 Pfaefflin Emil, AR. in München 1. XI. 02; desgl. in Ansbach 1. IV. 06; T. u. R. e. OAR. 22. XII. 15; LGR. in Augsburg 16. XI. 19; T. u. R. e. OLGR. 1. I. 26; Rat a. OLG. Zweibrücken 1. III. 31.

40 Schmid Hermann, III. StA. in Regensburg 1. III. 03; AR. in Nürnberg 1. VI. 06; T. u. R. e. OAR. 22. XII. 15; LGR. in Nürnberg 16. III. 20; T. u. R. e. OLGR. 1. I. 26; Rat a. OLG. Nürnberg 1. X. 29.

41 Heuner August, III. StA. München I 16. V. 03; AR. in München 18. XII. 06; T. u. R. e. OAR. 22. XII. 15; LGR. in München 16. III. 20; OAR. in Königsberg 16. VI. 23; desgl. in Ebersberg 1. IV. 25; T. u. R. e. AGR. 1. I. 26; Rat am OLG. München 1. IX. 33.

42 Mittenzwei Joh., III. StA. in Ansbach 16. V. 05; AR. in München 21. II. 07; T. u. R. e. OAR. 23. XII. 16; II. StA. in Augsburg 1. VI. 18; LGR. in München I 16. IV. 22; I. StA. in Deggendorf 1. I. 26; Rat a. OLG. München 1. X. 30.

43 Vetter Oskar, III. StA. in Zweibrücken 1. V. 08; AR. in Regensburg 1. IX. 11; desgl. in München 1. VII. 13; 3. X. 18 bis 1. XII. 18 zum Zwecke der Verw. bei der Zivilverw. in Belgien ohne Geh. beurlaubt; II. StA. München I 26. V. 19; dem StMin. f. soz. Fürsorge zur Aushilfe bei der Regg. v. Oberbayern, K. d. I., zur Verfügung gestellt 1. I. 22; an die StA. München I zurückberufen 4. X. 22; bis auf weiteres zur Verw. b. d. Reichsanwaltsch. ohne Bezüge beurl. Für die Dauer der Verwendg. T. u. R. e. StA. bei e. Oberlandesg. 10. X. 22; LGR. München I unter Verleihg. von T. u. R. e. OLGR. 1. I. 26; I. StA. in Landau 1. IV. 28; LGDir. München II 1. VII. 31; 1. V. 32—31. V. 33 im Ruhestand; Rat am OLG. München 1. VI. 33.

44 Gros Theodor, III. StA. in Landshut 1. IV. 05; desgl. München I 1. II 06; AR. in München 16. IX. 07; T. u. R. e. OAR. 23. XII. 16; II. StA. München I 1. VI. 18; verw. bei der AAnw.

München 1. II. 19; LGR. München II 1. VI. 22; T. u. R. e. OL.-GR. 1. I. 27; StA. am OLG. München 1. XI. 29; Rat am OLG. München 1. V. 33.

45 Dittrich Hans, III. StA. in Amberg 1. IV. 07; AR. in München 1. X. 09; II. StA. in München I 1. IV. 19; GeschAush. im Staatsm. d. Justiz 16. X. 19; LGR. in München II 1. VIII. 20; I. StA. in Hof 1. VII. 27; Rat a. OLG. München 1. IV. 32.

46 Metzler Eduard, III. StA. in Deggendorf 1. XII. 05; AR. in Bamberg 1. VII. 09; T. u. R. e. OAR. 5. IV. 17; OAR. in Bamberg 1. IV. 21; LGR. in Bamberg 16. XI. 24; T. u. R. e. OLGR. 1. VII. 27; Rat am OLG. Bamberg 1. VI. 30.

47 Buff Viktor, III. StA. in Frankenthal 1. I. 06; AR. in Bamberg 1. IV. 09; T. u. R. e. OAR. 21. XII. 17; II. StA. in Bamberg 22. IV. 19; LGR. in Bayreuth 1. V. 23; T. u. R e. OLGR. 1. I. 28; Rat am OLG. Bamberg 1. I. 33.

48 Jahn Anton Dr., III. StA. in München II 1. IV. 07; AR. in München 1. I 10; II. St. in München I 1. V. 19; LGR. das. 1. V. 24; StA. b. OLG. Bamberg 16. V. 28; Rat a. OLG. Bamberg 1. IX. 30.

49 Kestel Heinrich, III. StA. in Landau 1. VII. 08; AR. in München 1. IV. 10; II. StA. in Landshut 1. V. 19; desgl. in München II 1. VIII. 23; LGR. in München I 1. VII. 24; I. StA. in Neuburg a. d. Donau 1. VI. 28; Rat am OLG. München 1. IV. 32.

50 Stepp Hermann Dr., AAnw. in Germersheim 1. VII. 09; AR. in Nürnberg 1. X. 09, desgl. in München 1. VI. 16; II. StA. München II 12. V. 19; desgl. in Kempten 1. V. 20; LGR. München I 16. VIII. 25; I. StA. in Memingen 1. I. 29, Rat am OLG. München 1. I. 33.

51 Döring Moritz, AR. in Schweinfurt 1. V. 09; desgl. in Bamberg 15. II. 14; II. StA. München I 23. VI. 19; desgl. in Nürnberg 1. X. 19; desgl. in Bamberg 1. I. 20; LGR. in Bamberg 1. V. 24; StA. am OLG Bamberg 1. II. 29; Rat am OLG. Bamberg 1. XI. 33.

52 Burdy Wilhelm, III. StA. in Deggendorf 1. VII. 09; AR. in München 16. VI. 11; II. StA. in München I 23. VI. 19; LGR. in München I 16. XI. 24; I. StA. in Regensburg 1. IV. 29; Rat am OLG. München 1. X. 32.

53 Wild Ludwig Dr., III. StA. in Hof 16. VII. 08; desgl. in Kempten 1. X. 09; AR. in Kempten 1. VII. 10; II. StA. in Kempten 1. X. 19; LGR. in Kempten 16. XII. 24; I. StA. in Kempten 1. X. 29; Rat am OLG. in Nürnberg 1. XI. 33.

54 Zormaier Josef. III. StA. in Regensburg 1. II. 09; AR. in Nürnberg 1. V. 10; desgl. in München 1. VI. 14; II. StA. München I 23. VI. 19; zur Verwendung bei dem Wohnungsnachweis in München ohne Bezüge beurl. 1. XII. 22; LGR. München II 1. IV. 26; OStA. bei d. OLG. München 1. IV. 30; Rat am OLG. München 1. VI. 33.

55 Ahammer Friedrich Dr., III. StA. München II 1. V. 11; AR. in München 15. II. 19; II. StA. München I 16. XI. 19; LGR. München I 16. VII. 25; OStA LG. München I 1. VII. 30; Rat am OLG. München 1. IX. 33.

56 Morgenroth Erwin, III. StA. Neuburg a. D. 16. XI. 09; AR. in München 1. II. 13; II. StA. München I 1. XII. 19; LGR. München I 1. VII. 25; OStA. a. OLG. Augsburg 1. VII. 30; desgl. am OLG. München 1. IV. 32; Rat am OLG. München 1. X. 33.

57 Lohrer Wilhelm Dr., AAnw. in Obermoschel 16. VII. 08; III. StA. in Zweibrücken 1. VI. 11; AR. in Traunstein 1. VII. 14;

II. StA. in Nürnberg 16. XI. 19; LGR. in Nürnberg 1. IV. 24; OStA. am OLG. Bamberg 1. IX. 30; Rat am OLG. Nürnberg 1. V. 33.

58 Schneider Herm. Dr., AR. in Nürnberg 1. VIII. 12; II. StA. in Nürnberg 1. I. 20; LGR. das. 1. VIII 24; OStA. in Fürth 1. X. 30; Rat am OLG. Nürnberg 1. IV. 32.

59 Heyn Albert Dr., III. StA. in Frankenthal 1. III. 09; AR. in München 1. V. 11; II. StA. München II 1. VI. 20; LGR. München I 1. III. 26; OStA. am LG. München I 1. X. 30; Rat am OLG. München 1. X. 33.

60 Wilhelm Karl, III. StA. in Landshut 1. X. 11; desgl. in München I 1. IX. 12; AR. in München 1. VI. 15; beurl z. Verw. b. d. Geschäftsstelle Berlin des Deutsch-Französ. Gemischten Schiedsgerichtshofs 16. IX. 22; T. u. R. e. II. StA. f. d. Dauer dieser Verwendg. 11. XI. 22; T. u. R. e. OAR. 16. XI. 22; II. StA. in München I 1. VIII. 23 u. Rat e. st. a. OLG. München 1. X. 29, je unter Fortbew. des Urlaubs. Zum Zwecke s. Verw. als Hilfsrichter b. Reichsversorgungsger. weiter o. Bez. beurl. 24. II. 30; LGR. in München I 1. IV. 31; Rat a. OLG. Zweibrücken 1. V. 31.

61 Kahn Hermann, AR. in Landau i. d. Pf. 1. IV. 12; II. StA. in Landau 1. I. 20; LGR. das. 16. XI. 24; Rat a. OLG. Bamberg 1. I. 32.

62 Rauchalles Hans, III. StA. in Traunstein 1. II. 08; AR. in München 1. X. 09; II. StA. in Augsburg 1. VI. 19; LGR. das. 1. IV. 25; Rat a. OLG. Bamberg 1. IV. 32.

63 Panzer Hermann, III. StA. in Passau 1. II. 13; AR. in Passau 1. IV. 19; II. StA. in Passau 1. V. 20; LGR. das. 1. XII. 27; Rat a. OLG. Zweibrücken 1. IV. 32.

64 Schmitt Armin, AR. in Neustadt a. d. Haardt 16. III. 13; II. StA. in Zweibrücken 16. V. 20; LGR. das. 16. XI. 24; Rat a. OLG. Zweibrücken 1. IV. 32.

65 Schmitt August, AR. in Marktbreit 1. I. 07; desgl. in Arnstein 1. XII. 07; desgl. in München 1. III. 10; T. u. R. e. OAR. 15. VII. 19; LGR. in München I 1. VI. 22; Rat a. OLG. München 1. X 32.

66 Lehmann Friedrich, AAnw. in Kaiserslautern 1. X. 09; III. StA. in Zweibrücken 1. IX. 11; AR. in Kaiserslautern 1. V. 15; II. StA. in Frankenthal 1. XII. 19; LGR. in Zweibrücken 1. X. 21; desgl. in Frankenthal 16. XII. 21; Rat am OLG. Nürnberg 1. V. 33.

67 Eisele Ludwig, AGSekr. München 16. X. 02; AR. in Erding 1. X. 07; desgl. in München 1. V. 19; T. u. R. e. OAR. 1. IV. 20; OAR. in München 1. IV. 22; LGR. München I 16. III. 26; Rat am OLG. München 1. VI. 33.

68 Römer Franz Xaver, AAnw. in Kusel 16. III. 13; III. StA. in Fürth 16. III. 15; AR. in Fürth 1. X. 19; II. StA. in Würzburg 16. VI. 20; LGR. in Würzburg 1. II. 28; Rat am OLG. Nürnberg 1. VI. 33.

69 Hahmann Karl, III. StA. in Nürnberg 1. V. 09; AR. in München 1. IV. 11; T. u. R. e. OAR. 1. I. 21; LGR. München I 1. II. 23; Rat am OLG. München 1. VI. 33.

70 Aubele Raimund, LGSekr. in Landshut 1. V. 09; AAnw. in Landshut 1. X. 12; AR. in Bayreuth 1. VII. 15; wegen s. Verwendung in Belgien Urlaub ohne Gehalt bew.; II. StA. in Bayreuth 1. IV. 21; desgl. München I 1. VII. 25; LGR. München I 1. III. 29; Rat am OLG. München 16. VI. 33.

71 Feldner Max, AR. in Herrieden 1. XII. 13; desgl. in Augsburg 1. XII. 19; II. StA. in Augsburg 1. I. 21; LGR. in Regensburg 1. III. 26; Rat am OLG. München 1. VII. 33.

72 Dannhäuser Karl, AGSekr. in Kulmbach 1. XII. 07; AAnw. das. 1. X. 12; AR. in Passau 1. II. 13; II. StA. in Bayreuth 16. IX. 20; LGR. in Bayreuth 1. I. 28; Rat am OLG. Nürnberg 1. IX. 33.

73 Heinlein Karl, AGSekr. in Nürnberg 1. IV. 07; AR. in Vohenstrauß 1. VIII. 09; desgl. in Nürnberg 16. VIII. 14; T. u. R. e. OAR. 1. XII. 21; LGR. in Nürnberg 1. VIII. 22; Rat am OLG. Nürnberg 1. IX. 33.

74 Küffner Karl, AA. in Homburg 1. XII. 14; desgl. in Neumarkt a. d. Rott 16. X. 19; AR. in München 1. I. 20; LGR. München I 1. VI. 31; Rat am OLG. München 1. XI. 33.

d) Staatsanwaltschaft.

Generalstaatsanwälte.

1 Leuchs Edwin, III. StA. in Nürnberg 1. VII. 98; AR. in Nürnberg 1. X. 99; II. StA. in Nürnberg 15. II. 02; LGR. das. 1. IV. 05; T. u. Rg. e. OLGR. 22. XII. 15; I. StA. in Nürnberg 1. VIII. 19; OStA. in Nürnberg 16. XI. 24; Amtsbez. GenStA. 1. III. 30.

2 Sotier Adolf, III. StA. in Traunstein 1. II. 01; AR. in Rosenheim 1. XI. 02; II. StA. in München I 1. II. 08; LGR. in München I 1. VI. 18; in das JustMin. ber. 14. XII. 18; T. u. R. e. OLGR. 15. VII. 19; RegR. 1. X. 19; ORR. 1. IV. 20; T. u. R. e. MinR. 1. X. 21; MinR. 1. III. 22; GenStA. b. d. OLG. München 1. II. 31.

3 Döll Nikolaus, III. StA. in Aschaffenburg 1. X. 96; AR. in Laufen 1. IV. 98; II. StA. in Straubing 16. XI. 99; LGR. in Eichstätt 16. X. 02; T. u. Rg. e. OLGR. 24. XII. 13; I. StA. in Traunstein 1. VII. 14; LGDir. in Kempten 16. IX. 23; OStA. in Bamberg 1. VII. 25; Amtsbez. GenStA. 1. III. 30.

4 Troeltsch Rudolf, III. StA. in Amberg 16. XI. 99; AR. in München I 1. III. 01; II. StA. in Augsburg 1. XII. 04; LGR. in Kempten 1. IV. 10; T. u. R. e. OLGR. 25. III. 18; I. StA. in Coburg 1. IV. 21; desgl. in Augsburg 1. X. 21; dienstaufs. AGDir. in Augsburg 1. VI. 25; T. u. R. e. AGPräs. 1. VII. 27; OStA. in Augsburg 1. V. 28; Amtsbez. GenStA. 1. III. 30; GenStA. in Zweibrücken 1. IV. 32.

Oberstaatsanwälte

(Amtsbezeichnung seit 1. III. 1930).

1	Hartmann Alfred $\frac{1.\ V.\ 24}{1.\ II.\ 19}$	Nürnberg	1. Okt. 29
2	Enders Konrad $\frac{1.\ II.\ 25}{16.\ IV.\ 20}$	Nürnberg	1. Febr. 31
3	Meiser Otto $\frac{1.\ X.\ 27}{1.\ V.\ 20}$	München	1. Juni 31

4	Bauer Erhard $\frac{1.\ V.\ 28}{1.\ IV.\ 21}$	Zweibrücken	1. April 33
5	Herbig Michael $\frac{1.\ VII.\ 27}{20.\ X.\ 19}$	München	1. Mai 33
6	Bleicher Hans $\frac{1.\ XI.\ 28}{16.\ VII.\ 20}$	Bamberg	1. Mai 33
7	Rechenmacher Ludw. Dr. $\frac{16.\ IX.\ 27}{1.\ IV.\ 20}$	München	1. Juni 33
8	Korrell Richard Dr. $\frac{1.\ XI.\ 28}{1.\ V.\ 20}$	München	1. Juli 33
9	Blümm August $\frac{16.\ XII.\ 24}{1.\ VI.\ 22}$	München	1. Okt. 33
10	Obée Eugen $\frac{1.\ X.\ 29}{1.\ V.\ 21}$	Bamberg	1. Nov. 33

IV. Liste.

Landgerichte.

a) Präsidenten.

1 Helm Konrad, III. StA. in Fürth 16. X. 98; AR. in Nürnberg 16. XI. 99; II. StA. in Kempten 15. II. 02; LGR. das. 1. VI. 06; T. u. Rg. e. OLGR. 27. VII. 16; I. StA. in Kempten 1. V. 19; LGPräs. in Landshut 1. II. 23; desgl. in Kempten 1. VI. 26; desgl. in Nürnberg-Fürth 1. X. 28.

2 Kühlewein Heinr. Dr., III. StA. in München I 1. IV. 00; AR. in Nürnberg 15. II. 02; II. StA. in Nürnberg 16. V. 05; LGR. in München I 1. XII. 10; ohne Geh. beurl. (BezR. in Polen) 1. X. 15 bis 25. XI. 18; T. u. R. e. OLGR. 31. XII. 18; in das JustMin. ber. 16. IV. 19; RegR. das. 1. X. 19; ORR. das. 1. IV. 20; T. u. R. e. MinR. 1. X. 21; MinR. im StMin. d. Justiz 1. III. 22; LG.-Präs. in München I 1. VII. 30.

3 Stummer Joh. Bapt., AR. in Landsberg 1. XI. 95; II. StA. in Amberg 16. VIII. 99; LGR. in Hof 1. X. 01; desgl. in Amberg 16. X. 01; desgl. in München I 1. X. 06; I. StA. in Weiden 1. VIII. 09; LGDir. in Traunstein 1. V. 19; LGPräs. in Deggendorf 1. V. 23.

4 Weigl Joh. Bernh., III. StA. in Neuburg a. D. 1. IV. 96; AR. in München I 1. I. 98; II. StA in München I 16. XI. 99; LGR. das 1. III. 02; I. StA. in Amberg 1. XI. 10; LGDir. in Regensburg 16. V. 20; LGPräs. das. 1. IV. 24.

5 Maier Willibald, III. StA. in Würzburg 1. XI. 94; AR. in Augsburg 1. XI. 95; II. StA. in München I 1. XII. 98; LGR. in Augsburg 1. XII. 00; desgl. in München I 1. XII. 04; I. StA. in Deggendorf 1. I. 10; Rat am OLG. Bamberg 1. VI. 18; LG. Präs. in Eichstätt 1. V. 24.

6 Michel Jakob, AR. in Annweiler 1. I. 00; desgl. in Rockenhausen 1. X. 03; II. StA. in Frankenthal 1. III. 04; LGR. das. 1. V. 10; T. u. R. e. OLGR. 31. XII. 18; StA. b. OLG. Zweibrücken 1. XII. 20; LGPräs. in Zweibrücken 16. VI. 24.

7 Gerber Hermann, AR. in Altdorf 1. V. 99; II. StA. in Fürth 15. II. 02; LGR. in Fürth 1. IV. 07; T. u. Rg. e. OLGR. 5. IV. 17; I. StA. in Weiden 1. V. 19; LGDir. in Nürnberg 16. VIII. 25; LGPräs. in Landshut 1. VI. 26.

8 Winkler Friedrich, AR. in Eltmann 1. IV. 99; desgl. in Bamberg 1. V. 02; LGR. in Hof 1. X. 06; T. u. Rg. e. OLGR. 23. XII. 16; vers. an d. LG. Bamberg 1. IV. 20; OLGR. in Bamberg 1. XI. 20; LGPräs. in Coburg 1. VII. 26.

9 Becker Franz, AR. in Dürkheim 1. X. 98; II. StA. in Landau 1. VI. 01; LGR. in Landau 16. IV. 04; T. u. Rg. e. OLGR. 1. VIII. 15; I. StA. in Landau 1. X. 19; LGDir. das. 16. XI. 24; LGPräs. in Passau 1. XII. 26.

10 Marth Max, AR. in Würzburg 16. XI. 99; II. StA. in Nürnberg 1. II. 03; LGR. das. 1. VI. 09; T. u. Rg. e. OLGR. 21. XII. 17; StA. b. OLG. Nürnberg 16. IV. 20; AgRat in Nürnberg 1. I. 23; Amtsbez.AgDir. 1. V. 24; Dienstaufs.AgDir. das. 1. V. 25; T. e. AGPräs. 1. I. 26; LGPräs. in Augsburg 1. I. 27.

11 Schneider Emil Dr., III. StA. in München I 1. IV. 99; AR. in München I 1. IV. 00; desgl. in Regensburg I 1. V. 01; II. StA. in Regensburg 1. VI. 02; LGR. in Passau 1. I. 07; T. u Rg. e. OLGR. 23. XII. 16; I. StA. in Passau 16. IX. 20; LGDir. das. 1. I. 26; LGPräs. in Weiden 1. IV. 27.

12 Müller Heinrich, AR. in Kaiserslautern 1. XII. 99; desgl. in Nürnberg 1. XI. 04; II. StA. in Zweibrücken 1. VI. 06; LGR. in Frankenthal 1. X. 11; desgl. in Bamberg 1. IV. 12; T. u. Rg. e. OLGR. 25. III. 18; I. StA. in Frankenthal 1. IV. 20; LGPräs. in Frankenthal 1. IV. 27.

13 Dames Karl Dr., III. StA. in Würzburg 1. XI. 96; AR. in Nürnberg 16. XI. 98; II. StA. in Amberg 16. XI. 99; LGR. in Würzburg 1. III. 03; T. u. Rg. e. OLGR. 24. XII. 13; I. StA. in Würzburg 16. IV. 17; LGDir. das. 1. IV. 20; LGPräs. das. 1. X. 27.

14 Zettler Ludwig, III. StA. in Aschaffenburg 16. XI. 00; AR. in München 1. IV. 04; II. StA. in Regensburg 1. I. 07; LGR. das. 1. I. 13; T. u. R. e. OLGR. 15. VII. 19; I. StA. in Regensburg 1. X. 21; StA. am OLG. Augsburg 1. X. 22; OLGR. das. 1. V. 26; dienstaufsichtl. AGDir. mit T. u. R. e. Amtsg.-Präsidenten in Augsburg 1. V. 28; LGPräs. in Traunstein 1. IV. 31.

15 Frank Albert, AGSekr. München 1. VII. 02; AR. in Vohenstrauß 17. IV. 06; desgl. in München 1 X. 09; T. u. R. e. OAR. 21. XII. 17; OAR. in München 1. V. 19; T. u. R. e. AGR. 1. I. 21; AGR. in München 1. VII. 22; Amtsbez. AGDir. 1. V. 24; T. u. R. e. AGPräs. 1. IX. 28; LGPräs. München II 1. V. 33.

16 Neun Adam, III. StA. in Schweinfurt 1. VII. 99; AR. in Passau 16. VII. 00; desgl. in Rosenheim 16. VII. 01; II. StA. in Schweinfurt 1. XI. 02; LGR. in Straubing 1. X. 07; desgl. in Traunstein 1. XII. 09; T. u. R. e. OLGR. 5. IV. 17; AgDir. in Traunstein 1. IX. 20; LGPräs. in Kempten 1. XI. 28.

17 Schiessl Friedrich, III. StA. in Traunstein 16. XI. 99; AR. in München II 11. VI. 01; II. StA. in München II 16. I 05; LGR. in München I 1. V. 10; OAR. in Starnberg 1. I. 12; T. u. R. e. AgR. 25. III. 18; I. StA. in Regensburg 1. X. 22; LGDir. in Aschaffenburg 1. III. 26; LGPräs. das. 1. XII. 28.

18 Oßwald Friedr., AR. in Pegnitz 1. X. 99; desgl. in Erlangen 1. VIII. 02; LGR. in Hof 1. VIII. 08; desgl. in Regensburg 1. VII. 15;

T. u. R. e. OLGR. 21. XII. 17; AGDir. in Regensburg 1. I. 23; LGPräs. in Schweinfurt 1. IV. 29.

19 Teicher Heinrich Dr., III. StA. in Landshut 1. I. 01; AR. in Neustadt a. A. 1. XI. 02; desgl. in Nürnberg 1. III. 05; II. StA. in Bamberg 1. X. 07; zwecks Verw. b. d. Treuhänderverwaltung in Berlin o. G. beurl. 1. IX. 18; LGR. in Nürnberg unter Fortbew. d. Urlaubs 1. X. 18; T. u. R. e. OLGR. 15. VII. 19; den heim. Dienst wieder angetr. 16. VI. 20; I. StA. in Coburg 1. X. 21; LGDir. in Fürth 16. IX. 26; LGPräs. in Memmingen 1. II. 31.

20 Huber Karl, AR. in Reichenhall 5. III. 00; desgl. in Vohenstrauß 16. V. 00; II. StA. in Neuburg a. D. 17. IV. 06; LGR. das. 15. II. 14; T. u. R. e. OLGR. 31. XII. 18; StA. b. d. OLG. Bamberg 1. XI. 23; LGDir. in München I 1. V. 28; LGPräs. in Neuburg a. D. 1. IV. 31; desgl. in Hof 1. IV. 32; desgl. in Bayreuth 1. XI. 32.

21 Strenge von Ernst, Landratsamtsassess. in Gotha 1. IV. 01; Bürgermeister in Waltershausen 1. VII. 02; Landrichter in Gotha 1. I. 06; Vortragender Rat im Staatsmin. in Coburg m. d. T. Regierungsrat 1. VIII. 12; Landrat in Coburg 1. VII. 14; LGDir. in Coburg 1. IV. 21; Rang 15. VII. 19; LGPräs. in Ansbach 1. IX. 32.

22 Schneidt Wilhelm, AR. in Pegnitz 16. XI. 01; desgl. in Ansbach 1. VII. 02; II. StA. in Landan i d. Pf. 1. XI. 10; LGR. in Nürnberg 1. I. 20; T. u. R. e. OLGR. 1. I. 21; I. StA. in Fürth 1. IV. 24; desgl in Nürnberg 16. XI. 24; LGDir. in Traunstein 1. XII. 29; LGPräs. in Kaiserslautern 1. V. 33.

23 Mugler Karl Dr., III. StA. in Zweibrücken 1. XI. 02; AR. in München 1. IV. 07; II. StA. München I 1. II. 13; LGR. in Neuburg a. D. 1. VI. 20; desgl. München I 1. I. 21; T. u. R. e. OLGR. 16 XII. 22; I. StA. in Kempten 1. II. 23; LGDir. München I 1. X. 29; LGPräs. in Landau 1. VI. 33.

24 Stoll Hermann Dr., AR. in Waltersbausen 1. IV. 01; II. StA. in Gotha 1. X. 06; AR. in Coburg 1. IV. 08; Tit. AGR. 19. VII. 11; AGDir. in Coburg 1. IV. 20; LGPräs. in Bamberg 1. IX. 33.

25 Riffel Philipp, AR. in Obermoschel 1. II. 01; II. StA. in Schweinfurt 1. X. 07; LGR. in Frankenthal 1. I. 14; T. u. Rg. e. OLGR. 15. VII. 19; I. StA. in Zweibrücken I. VI. 22; Rat a. OLG. München 1. V. 24; LGPräs. in Hof 1. X. 33.

b) Direktoren.

1 Simmerding Josef 11 V	München I		1. Juni 33
		OLGR.	1. Jan. 21
(Vorsitzender d. LandesarbGer. München)			
2 Kraft Korbinian 00 IV	Schweinfurt		1. Juni 18
		Rg.	1. Jan. 10
3 Troetsch Karl 01 I	Hof		1. Jan. 22
		Rg.	21. Dez. 12
4 Beyschlag Julius 01 III	Augsburg		1. Jan. 22
		Rg.	21. Dez. 12
5 Gehret Karl 01 V	Schweinfurt		1. Juli 26
		Rg.	21. Dez. 12

6	Hussong Ludwig	01 VII	Frankenthal	1. Jan. 28	Rg. 19. März 13
7	Bally Karl	02 VI	München I	1. Juni 20	Rg. 24. Dez. 13
8	Platz Ludwig	03 V	Landau	1. Dez. 26	Rg. 7. April 14
9	Reisenegger Herm.	04 III	Eichstätt	1. Dez. 27	Rg. 1. Aug. 15
10	Seeberger Ernst	04 IV	Nürnberg-Fürth	1. Jan. 22	Rg. 1. Aug. 15
11	Ziegler Gustav	04 VI	Coburg	1. Mai 30	Rg. 1. Aug. 15
12	Raithel Johann	05 I	Bamberg	16. Juli 24	Rg. 22. Dez. 15
13	Graf Gustav	05 II	München I	1. April 21	Rg. 22. Dez. 15
14	Schneider Herm.	06 I	Nürnberg-Fürth m. d. Dienstsitz i. Fürth	1. Nov. 27	Rg. 27. Juli 16
15	Hieber Karl	06 I	Deggendorf	1. Nov. 30	Rg. 27. Juli 16
16	Engert Eduard	06 III	Regensburg	1. Febr. 31	Rg. 27. Juli 16
17	Binsfeld Rudolf	06 IV	München I	1. Mai 24	Rg. 27. Juli 16
18	Dennerlein Sigmund	06 IV	Nürnberg-Fürth	1. April 23	Rg. 27. Juli 16
19	Schirmer Ludwig	08 I	Nürnberg-Fürth	1. Juli 25	Rg. 23. Dez. 16
20	Kaiser Hugo Dr.	07 I / 08 VIII	Passau	1. April 27	Rg. 21. Dez. 17
21	Lohrer Oskar	10 I	Traunstein	1. Jan. 25	Rg. 21. Dez. 17
22	Steinert Hans	09 I / 10 X	Kempten	1. Juli 25	Rg. 21. Dez. 17
23	Niebler Joseph	09 I / 09 X	München I	1. Mai 24	Rg. 25. März 18
24	Wenig August	09 I / 11 VI	Nürnberg-Fürth	1. Juni 26	Rg. 25. März 18
25	Foertsch Hans	09 I / 13 VIII	Aschaffenburg	1. April 23	Rg. 31. Dez. 18
26	Heuner Friedrich	09 I / 11 X	München I	1. April 26	Rg. 15. Juli 19
27	Kempf Anton	09 I / 11 XII	Landshut	1. März 28	Rg. 15. Juli 19
28	Riepl Jos. Max	09 I / 19 V	Landshut	1. Okt. 27	Rg. 15. Juli 19
29	Lehrmeyer Johann	09 I / 09 II	Aschaffenburg	1. Sept. 31	Rg. 15. Juli 19

Nr.	Name		Ort	
30	Kiefer Franz	09 VI	Nürnberg-Fürth	16. Juli 27 / Rg. 15. Juli 19
31	Cramer Gustav	19 V / 10 III	Amberg	1. Okt. 29 / Rg. 1. April 20
32	Kraft Hans	19 X / 10 X	Augsburg	1. April 30 / Rg. 1. Jan. 21
33	Ries Gottfried	10 XI	München II	1. Aug. 30 / Rg. 1. Jan. 21
34	Maduschka Mich. Dr.	11 IV	München I	1. Okt. 27 / Rg. 1. Jan 21
35	Hauser Karl	12 IV	Weiden	1. Jan. 28 / Rg. 1. Dez. 21
36	Bauer Georg	20 III / 12 VIII	Amberg	1. März 31 / Rg. 16 Jan. 22
37	Paulus Adolf	20 IX / 12 VIII	Bamberg	1. Okt. 33 / Rg. 16. Jan. 22
38	Maier Otto	13 V / 12 XII	Bayreuth	1. Jan. 33 / Rg. 1. Dez. 22
39	Kolb Karl	14 II / 12 XII	Memmingen	1. Okt. 32 / Rg. 16. Dez. 22
40	Ammann Karl	20 VI / 13 VI	München I	1. Jan. 31 / Rg. 16. Dez. 22
41	Höfler Georg	20 XI / 14 I	Regensburg mit dem Dienstsitz i. Straubing	1. Okt. 28 / Rg. 16. April 23
42	Scheidle Johannes	20 IV / 13 VIII	Augsburg	1. Sept. 31 / Rg. 1. Juli 23
43	Vocke Gottfried	16 VII / 13 XII	Ansbach	1. Jan. 33 / Rg. 16. Dez. 23
44	Seuffert Anton	16 X. / 13 XII.	Zweibrücken	1. Juli 32 / Rg. 16. Dez. 23
45	Seidl Oskar	21 I / 14 I	München I	1. April 31 / Rg. 16. Dez. 23
46	Doerfler Theodor	19 II / 14 IV	Augsburg	1. Sept. 31 / Rg. 1. Juli 24
47	Fischer Josef	21 IV / 15 V	München I	1. April 30 / Rg. 1. Juni 25
48	Bruner Wilh.	21 IV / 15 V	München I	1. Juni 30 / Rg. 1. Juli 25
49	Hermannseder Otto	21 IV / 15 V	Augsburg	1. April 30 / Rg. 1. Juli 25
50	Salberg August	20 II / 15 VIII	München I	1. Okt. 31 / Rg. 1. Jan. 26
51	Keller Siegfried Dr.	21 X / 18 XII	Würzburg	1. Jan. 31 / Rg. 1. April 27
52	Leupoldt Karl	20 VII / 17 IV	Hof	1. Okt. 32 / Rg. 1. Juli 27

Nr.	Name		Landgericht	
53	Dessel Ernst	20 VI / 17 IV	München II / Rg.	1. Okt. 32 / 1. Juli 27
54	Maegerl Fritz	23 I / 17 IV	München I / Rg.	1. Jan. 33 / 1. Juli 27
55	Leistner Jakob Friedr. Dr.	21 IV / 17 IV	Nürnberg-Fürth / Rg.	1. Febr. 31 / 1. Juli 27
56	Weiß Max	23 IX / 17 IV	Nürnberg-Fürth / Rg.	1. April 32 / 1. Juli 27
57	Spach Alfred	20 IV / 17 XII	Zweibrücken / Rg.	1. Okt. 33 / 1. Jan. 28
58	Leimer Karl	19 IV	Nürnberg-Fürth / Rg.	1. April 31 / 1. Febr. 28
59	Behr Albert Dr.	23 VI / 19 VI	Regensburg / Rg.	1. Sept. 30 / 1. April 28
60	Meier Hans	24 VI / 19 V	Kaiserslautern / Rg.	1. Sept. 31 / 1. Nov. 28
61	Kellerer Christian	24 I / 19 IV	München II / Rg.	1. Juni 32 / 1. Jan. 29
62	Dresse Martin	24 XI / 19 V	München I / Rg.	1. April 32 / 1. Jan. 29
63	Hempfling Martin	25 V / 19 VI	Würzburg / Rg.	1. April 33 / 1. Jan. 29
64	Schmeer Eugen	21 X / 19 XI	München I / Rg.	1. April 32 / 1. März 29
65	Weber Josef Dr.	23 V / 19 VI	Traunstein / Rg.	1. Mai 33 / 1. April 29
66	Krick Wilhelm	25 V / 19 XII	Passau / Rg.	1. Jan 33 / 1. Okt. 29
67	Welsch Friedrich Dr.	25 XI / 19 XII	München I / Rg.	1. Juni 33 / 1. Mai 30
68	Weisensee Leonhard	28 I / 20 IV	Nürnberg-Fürth / Rg.	1. Mai 33 / 1. Sept. 30
69	Guggemos Josef	20 VII / 18 III	Frankenthal	1. Jan. 31
70	Full Gottlieb Dr.	27 IV / 20 I	München I / Rg.	1. Juni 32 / 1. April 32
	(beurl. als Hilfsrichter z. Reichsg.)			
71	Altstötter Josef	29 XII / 28 III	München I	1. Juni 32
	(beurl. als Hilfsrichter z. Reichsg.)			
72	Weinkauff Herm.	30 I / 28 X	München I	1. Okt. 32
	(beurl. z. Verw. b. der Reichsanw.)			
73	Then Wilhelm	26 I / 21 I	Nürnberg-Fürth	1. Mai 33
74	Kast Karl	20 IX	Frankenthal	1. Juni 33

75	Hock Karl 25 II / 19 VIII	Bamberg	1. Juni 33
76	Engert Karl 25 XII / 22 XII	Regensburg	1. Sept. 33
77	Nagl Albert 26 I / 21 V	München I	1. Nov. 33
78	Dietel Eduard 28 XII / 23 I	Nürnberg-Fürth	1. Nov. 33

c) Stellvertr. Direktoren.

1	Malter Karl 00 II	Memmingen	1. Okt. 11
2	Miller Paul 02 III	Augsburg	1. Okt. 19
		Rg.	24. Dez. 13
3	Weiland Joseph 03 VI	Würzburg	1. Febr. 24
		Rg.	7. April 14
4	Schinagl Joseph 03 XII	Amberg	1. Aug. 19
		Rg.	7. April 14
5	Rohrer Maxim. 04 I	Kempten	1. Sept. 23
		Rg.	1. Aug. 15
6	Stangl Joseph Dr. 04 II	Regensburg mit d. Dienstsitz in Straubing	16. Okt. 21
		Rg.	1. Aug. 15
7	Alexander Herm. 04 IV	Frankenthal	1. Nov. 19
		Rg.	1. Aug. 15
8	Lemberg Ludwig 05 I	München I	1. Juni 20
		Rg.	22. Dez. 15
9	Hock Heinr. 05 X	München I	1. April 21
		Rg.	22. Dez. 15
10	Völcker Otto 06 VII	Augsburg mit d. Dienstsitz in Neuburg a. D.	1. Dez. 25
		Rg.	23. Dez. 16
11	Miller Franz 06 X	Passau	16. Nov. 24
		Rg.	23. Dez. 16
12	Rösslein Georg 07 X	Würzburg	1. Nov. 26
		Rg.	5. April 17
13	Heckel Christian 08 II	Nürnberg-Fürth	1. April 22
		Rg.	21. Dez. 17
14	Pfister Karl 09 IV / 09 I	München I	1. Mai 24
		Rg.	25. März 18
15	Eisner Ferdin. 09 VII	Regensburg m. d. Dienstsitz in Straubing	1. April 27
		Rg.	15. Juli 19
16	Schwaiger Herm. Dr. 09 VII	München II	1. März 25
		Rg.	15. Juli 19
17	Kirchner Leo 09 VII	Bayreuth	1. Mai 24
		Rg.	15. Juli 19
18	Hopf August 09 VII	Nürnberg-Fürth	1. Nov. 25
		Rg.	15. Juli 19

19	Dahl Karl	09 X	München II	1. Nov. 25	Rg. 1. Jan. 20
20	Herold Karl	09 X	München I	1. April 27	Rg. 1. Jan. 20
21	Will Johann	13. III / 10 I	Amberg	1. Jan. 28	Rg. 1. Jan. 20
22	Späth Adolf	10 II	Bayreuth	1. Febr. 26	Rg. 1. April 20
23	Zimmer Ernst	19 X / 10 IV	Kaiserslautern	1. Juli 25	Rg. 1. April 20
24	Ketnath Andr.	10 VII	Landshut	1. März 28	Rg. 1. Jan. 21
25	Kreyßig Karl	11 V	Kempten	1. Dez. 29	Rg. 1. Jan. 21
26	Bauer Georg	20 X / 11 X	Würzburg	1. Nov. 33	Rg. 1. Jan. 21
27	Sommer Albert	11 X	Nürnberg-Fürth	1. Jan. 29	Rg. 1. Jan. 21
28	Kraus Georg	20 V / 11 X	Eichstätt	1. Dez. 27	Rg. 1. Jan. 21
29	Schweitzer Karl	11 XI	München II	1. Nov. 30	Rg. 1. Jan. 21
30	Haßfürther Heinr.	11 XI	Nürnberg-Fürth	16. Juli 25	Rg. 1. Jan. 21
31	Kunz Ludwig	12 V	Bamberg	1. Jan. 28	Rg. 1. Dez. 21
32	Vollmuth Hugo	12 XI	München I	1. Jan. 30	Rg. 16. Jan. 22
33	Vogel Blasius	13 II / 12 XII	Memmingen	1. Febr. 31	Rg. 1. Mai 22
34	Sauermann Karl	13 III / 12 XII	Passau	1. April 28	Rg. 1. Juni 22
35	Goerz Ludwig	14 XII / 12 XII	Bamberg	1. April 32	Rg. 1. Juli 22
36	Saar Friedrich	13 XI	Landshut	1. Febr. 29	Rg. 16. Dez. 22
37	Günder Otto	13 XI / 12 XII	München I	1. Febr. 31	Rg. 16. Dez. 22
38	Weindel Paul	15 V / 13 III	München I	1. Mai 31	Rg. 16. Dez. 22
39	Carlipp Georg	15 IV / 13 III	Eichstätt	1. Mai 30	Rg. 16. Dez. 22
40	Köll Karl	20 VIII / 13 III	Traunstein	1. Nov. 28	Rg. 16. Dez. 22
41	Seeberger Luitpold	15 V / 13 III	Deggendorf	1. Nov. 30	Rg. 16. Dez. 22

Nr.	Name	Geb. / Dienst	Ort	Datum
42	Gutmann Artur Dr.	14 III / 13 VII	München I / Rg.	1. Aug. 30 / 16. Dez. 22
43	Freudenberger Michael	16 VII / 13 XII	Schweinfurt / Rg.	1. April 32 / 16. Dez. 23
44	Arold Friedr.	18 VI / 13 XII	Nürnberg-Fürth / Rg.	1. April 29 / 16. Dez. 23
45	Gerichten Otto Dr.	16 I / 13 XII	Traunstein / Rg.	1. April 32 / 16. Dez. 23
46	Cramer Georg	19 VI / 13 XII	Nürnberg-Fürth / Rg.	1. April 31 / 19. Dez. 23
47	Seibert Friedrich	19 VI / 13 XII	München I / Rg.	1. April 32 / 16. Dez. 23
48	Schneider Robert	16 II / 13 XII	München I / Rg.	1. Okt. 31 / 16. Dez. 23
49	Hirschböck Eduard	19 VIII / 14 IV	Regensburg / Rg.	1. Febr. 31 / 1. Juli 24
50	Vogel Karl	9 V / 14 IV	München II / Rg.	1. Okt. 32 / 1. Jan. 25
51	Closner Max	19 VIII / 14 IV	Schweinfurt / Rg.	1. Juni 32 / 1. Jan. 25
52	Bickerich Johannes	19 X / 14 IV	Zweibrücken / Rg.	1. Mai 25 / 1. Jan. 25
53	Moser Johann	19 V / 14 IV	Aschaffenburg / Rg.	1. Sept. 31 / 1. Jan. 26
54	Bayer Konrad	19 IV / 15 VIII	Amberg / Rg.	1. Sept. 31 / 1. Jan. 26
55	Straimer Johann	19 VII / 15 VIII	Regensburg / Rg.	1. März 31 / 1. Jan. 26
56	Bender Karl	19 X / 15 XII	Zweibrücken / Rg.	1. Okt. 29 / 1. Jan. 26
57	Eizenhöfer Heinrich	19 VII / 15 XII	Nürnberg-Fürth / Rg.	1. Mai 31 / 1. Jan. 26
58	Wieslhuber Otto	20 VI / 15 XII	Deggendorf / Reg.	1. Juni 33 / 1. Jan. 26
59	Huber Otto	21 X / 16 VI	Regensburg / Rg.	1. Okt 32 / 1. Juli 26
60	Ziegler Ludwig	20 I / 16 VII	Schweinfurt / Rg.	1. April 32 / 1. Juli 26
61	Marschall Ignaz	20 VI / 16 VII	München I / Rg.	1. Juli 33 / 1. Juli 26
62	Stahl Georg	20 X / 16 VII	Landau / Rg.	1. Sept. 30 / 1. Juli 26
63	Poesl Max	20 I / 16 VII	Augsburg / Rg.	1. März 31 / 1. Juli 26

64	Schmitt Otto	20 IV 16 XII	Augsburg Rg.	1. April 32 1. Jan. 27
65	Roth Valentin	21 IV 16 XII	Aschaffenburg Rg.	1. Okt. 32 1. Jan. 27
66	Herelc Ferdinand	20 VI 16 XII	München I Reg.	1. Nov. 33 1. Jan. 27
67	Ammon von Wilh.	20 VI 16 XII	Augsburg Rg.	1. Juli 32 1. Jan. 27
68	Hellmuth Philipp	20 IX 17 IV	Frankenthal Rg.	1. April 31 1. Juli 27
69	Wolpert Franz	22 VI 17 IV	Weiden Rg.	1. Nov. 33 1. Juli 27
70	Ringel Gottlob	21 X 17 XII	Ansbach Rg.	10. März 32 1. Jan. 28
71	Fuchs Eduard	21 IX 20 I	Coburg	1. Sept. 32
72	Weigert Ludwig	20 XI 19 VII	Landshut	1. Okt. 32
73	Pitzer Eugen Dr.	31 II	Nürnberg-Fürth	1. Okt 32
74	Meyer Arnulf Dr.	22 V 20 IV	Ansbach	1. Jan. 33
75	Schneider Heinrich	22 IV 20 IV	Augsburg	1. Jan. 33
76	Sparrer Wilhelm	21 IV 20 V	Coburg	1. Jan. 33
77	Stoffedt August	22 IV 18 III	Traunstein	1. Febr. 33
78	Schweyer Paul	23 XI 18 XII	Regensburg	1. April 33
79	Schwarzenbek Albin	20 VI	Weiden	1. April 33
80	von Nida Jakob	22 IV 18 III	Landau	1. Juni 33
81	Lutz August	19 IX	Frankenthal	1. Juni 33
82	Schmidt Heinrich	24 VIII 21 I	Nürnberg-Fürth	1. Juli 33
83	Vesper Richard	24 VI 20 V	Zweibrücken	1. Okt. 33
84	Hillenbrand Hermann Dr.	20 XII	Frankenthal	1. Okt. 33
85	Pastor Eduard	26 IX 21 IV	Bamberg	1. Okt. 33
86	Kaidel Karl	28 VIII 28 I	Hof	1. Okt. 33
87	Matthäus Rudolf	24 I 19 X	Hof	1. Nov. 33
88	Krehbiel Eduard Dr.	21 V	Frankenthal	1. Nov. 33

d) Räte.

Das eingeklammerte Datum bezeichnet die Verleihung des Titels etc. eines Oberlandesgerichtsrates; die offene Zahl nach dem Namen bedeutet die Zeit der vorigen Anstellung als Richter.

Landgerichtsräte mit Titel und Rang eines Oberlandesgerichtsrats:

1	Klühspies Kasp. 16.XI.99	(15.VII.19)	Würzburg		1. Mai 09
2	Renner Armin 1. I. 00	(1. IV.20)	München I		1. Mai 10
3	Scharner Joseph 1.II.01	(1.XII.21)	Würzburg		1. Dez. 22
				II. StA.	1. Jan. 12
4	Popp Oskar 1.VI.00	(1.VI.22)	Kempten		16. März 13
				Rg.	21. Dez. 12
5	Nicklas Rich. Dr. 1.XI.00	(16.XII.22)	Kempten		1. Mai 14
				Rg.	21. Dez. 12
6	Rauchenberger Fz. 1.IV.01	„	München II		1. Mai 19
				Rg.	22. Juli 13
7	Summa Erhard 1. I. 01	(16.XII.23)	Nürnberg-Fürth		1. Juli 15
				Rg.	19. März 13
8	Kraus Joseph 15. II. 02	(1. I. 25)	Landshut		1. Okt. 19
				Rg.	7. April 14
9	Fick Friedr. 1. VIII. 02	(1. I. 26)	Würzburg		1. April 25
				OAR.	1. April 20
				Rg.	1. Aug. 15
10	Hertzog Aug. 1. III. 03	„	Würzburg		16. Sept. 24
				OAR.	1. Apr. 20
				Rg.	22. Dez. 15
11	Werner Theodor 16.IV.04	(1.VII.26)	München I		1. Juni 20
				Rg.	27. Juli 16
12	Kohler Artur 1.V.04	(1.VII.26)	Würzburg		1. Jan. 26
				OAR.	1. April 21
				Rg.	27. Juli 16
13	Bartz Albert 1. VII. 02	(1.I.27)	Landau		1. Jan. 20
				OAR.	16. Sept. 16
				Rg.	1. Aug. 15
14	Obenhuber Joh. 16. I. 05	(1. I. 27)	Würzburg		1. Nov. 26
				OAR.	1. April 21
				Rg.	23. Dez. 16
15	Gossner Richard 16. IV. 04	(1. VII.27)	Kempten		1. April 21
				Rg.	27. Juli 16
16	Kemmer Frz. Dr. 1. V. 05	„	München I		17. März 20
				Rg.	23. Dez. 16
17	Kuhn Friedr. 1.II.04 (Els.)	„	München I		16. Juli 25
				OAR.	16. April 21
				Rg.	5. April 17

18	Meisel Gustav 1. VI. 05 (1. VII. 27)	Nürnberg-Fürth	16. Sept. 20
		Rg.	5. April 17

Uebrige Landgerichtsräte:

19	Bruggey Anton 1. I. 02	Augsburg	1. Juli 19
		Rg.	25. März 18
20	Schmidt Eugen Dr. 1. VII. 06	Kaiserslautern	16. Mai 20
		Rg.	25. März 18
21	Erras Martin 16. XI. 06	Amberg	1. Okt. 21
		Rg.	31. Dez. 18
22	Neuberger Joseph 1. I. 07	Passau	16. April 21
		Rg.	15. Juli 19
23	Trauschel Emil 1. III. 07	Regensburg	1. Jan. 23
		Rg.	15. Juli 19
24	Kämmerer Friedr. 1. V. 10 (St.A.)	München I	1. März 26
		II. StA.	1. Dez. 19
25	Engelhardt Wilh. 1. IV. 07	Nürnberg-Fürth	1. Febr. 22
		Rg.	1. Jan. 20
26	Billmann Ernst Dr. 1. V. 10 (StA.)	München I	16. Juli 27
		II. StA.	10. Febr. 20
27	Schmitt Wilhelm 1. X. 07	Regensburg	1. Okt. 22
		Rg.	1. April 20
28	Weißenberger Karl 1. IV. 08	München II	1. Nov. 25
		Rg.	1. Mai 20
29	Wolfenstetter Robert 16. XII. 13	Augsburg	1. Mai 26
		II. StA.	1. Mai 20
30	Baier Franz 1. II. 14 (StA.)	München I	1. Nov. 27
		II. StA.	1. Mai 20
31	Reidelhuber Wilh. Dr. 1. XII. 14	Nürnberg-Fürth	1. Okt. 27
		II. StA.	1. Mai 20
32	Eckert Ernst 1. XII. 14 (StA.)	Nürnberg-Fürth	1. Jan. 28
		II. StA.	1. Mai 20
33	Vogt Adalbert 1. IV. 13	München I	1. Juni 28
		II. StA.	1. Mai 20
34	Bretzfelder Max Dr. 16. III. 14 (StA.)	München I	1. Juni 28
		II. StA.	1. Mai 20
35	Blüthe Hugo Dr. 1. II. 15	Augsburg	1. Nov. 27
		II. StA.	1. Mai 20
36	Döring Anton 1. IV. 15 (StA.)	Nürnberg-Fürth	1. Juni 28
		II. StA.	16. Mai 20
37	Wibel Moritz 1. I. 13	Würzburg	1. Dez. 27
		II. StA.	16. Mai 20
38	Renner Georg 1. IX. 15	München I	1. Febr. 29
		II. StA.	1. Juni 20
39	Erb Karl 1. VIII. 08	Kaiserslautern	16. Juli 24
		II. StA.	16. Juli 20

40	Bach Gustav 1. I. 13	Passau	1. März 28	II. StA. 1. Sept. 20
41	Schmitt Hans W. Dr. 1. VI. 15 (StA.)	Würzburg	1. April 29	II. StA. 1. Okt. 20
42	Fränkel Otto 16. V. 12	Augsburg	1. Aug. 28	II. StA. 1. Nov. 20
43	Candidus Karl 1. VII. 09	Zweibrücken	1. Dez. 20	
44	Medicus Karl 1. II. 09 (StA.)	Würzburg	1. Mai 21	Rg. 1. Jan. 21
45	Botsch Franz 1. III. 09	München I	1. April 26	Rg. 1. Jan. 21
46	Schumann Rob. 1. IV. 09	Augsburg	1. Sept. 22	Rg. 1. Jan. 21
47	Diemayr Max 1. IV. 09 (StA.)	München I	16. Dez. 25	Rg. 1. Jan. 21
48	Hähnlein Rud. 1. VII. 09	Memmingen	1. Sept. 25	Rg. 1. April 21
49	Schmitt Hans 1. VI. 16	Nürnberg-Fürth	1. Jan. 29	II. StA. 1. April 21
50	Fichte Paul 1. X. 18	Coburg	1. Juni 29	II. StA 1. April 21
51	Leigh Klemens 1. VII. 09	Regensburg	1. Okt. 26	Rg. 16. April 21
52	Jung Otto 1. VI. 19 (StA.)	Frankenthal	1. Jan. 31	II. StA. 1. Okt. 21
53	Höchstädter Emil Dr. 1. X. 09 (StA.)	München I	16. Dez. 25	Rg. 1. Dez. 21
54	Kalbfus Paul 1. X. 09 (StA.)	München I	1. Jan. 26	Rg. 1. Dez. 21
55	Eibel Karl 16. VI. 11 Nürnberg-Fürth mit d. Dienstsitz in	Fürth	16. Dez. 21	
56	Kunkel Joseph 1. III. 10	Nürnberg-Fürth	1. Jan. 23	Rg. 1. Febr. 22
57	Becker Christian 1. VII. 10	Frankenthal	1. Juni 22	
58	Hagenauer Ludw. Dr. 1. IV. 19 (StA.)	München II	1. Aug. 29	II. StA. 1. Juni 22
59	Dorr Joseph 1. VII. 10 Regensburg mit d. Dienstsitz in	Straubing	1. Mai 26	Rg. 1. Okt. 22
60	Knab Armin Dr. 1. VIII. 11	Würzburg	1. Juli 26	Rg. 16. Dez. 22
61	Weinzierl Mich. 1. VIII. 12	Passau	1. Aug. 25	Rg. 16. Dez. 22
62	Müller Otto 1. VIII. 12	Hof	1. Nov. 25	Rg. 16. Dez. 22
63	Günther Karl Wilh. 1. VIII. 12	Passau	16. Dez. 24	Rg. 16. Dez. 22

Nr.	Name	Ort	seit	frühere Stelle
64	Haggenmüller Hans 1. VIII. 12	Deggendorf	1. März 27	Rg. 16. Dez. 22
65	Zierer Franz Xav. 1. VIII. 12	Traunstein	16. Nov. 25	Rg. 16. Dez. 22
66	Pöppinghausen Walt. v. Dr. 16. XI. 12	München II	1. Juni 26	Rg. 16. Dez. 22
67	Kauffmann Martin 1. V. 19 (StA.)	München II	1. Okt. 29	II. StA. 1. Mai 23
68	Dros Philipp 22. IV. 19	Bamberg	1. Okt. 29	II. StA. 1. Mai 23
69	Schuntner Anton Dr. 1. V 19 (StA.)	Augsburg	1. Okt. 29	II. StA. 1. Juni 23
70	Braun Adolf 1. I. 13	München I	1. Juni 26	Rg. 1. Juli 23
71	Daumenlang Richd. 1. II. 13	München I	1. Okt. 25	Rg. 1. Juli 23
72	Wagner Fritz 1. II. 13	Nürnberg-Fürth	16. Juli 25	Rg. 1. Juli 23
73	Bretzfeld Karl 1. II. 13	Bayreuth	1. Nov. 25	Rg. 1. Juli 23
74	Weyse Gustav Dr. 16. III. 13	Bayreuth	1. Febr. 26	Rg. 1. Juli 23
75	Moritz Maxim. 16. III. 13 (StA.)	München I	1. Mai 30	OAR. 1. Okt. 27 Rg. 1. Juli 23
76	Zech Josef Dr. 1. IV. 13	Memmingen	1. Juli 30	OAR. 1. Aug. 27 Rg. 1. Juli 23
77	Tischler Ignaz Dr. 1. V. 13	Landshut	1. Dez. 25	Rg. 1. Juli 23
78	Winkler Ignaz 1. V. 13	Eichstätt	1. Juli 26	Rg. 1. Juli 23
79	Forster Adolf 1. IV. 20	Landshut	1. Juni 29	II. StA. 1. Aug. 23
80	Stoiber Hans 16. IX. 16	München II	1. Nov. 29	II StA. 16 Sept. 23
81	Pfißner Hugo 1. VI. 13	Coburg	1. Juni 25	Rg. 16. Dez. 23
82	Forler Eduard 1. VII. 13	Kaiserslautern	1. Juli 25	Rg. 16. Dez. 23
83	Keßel Friedrich 1. VII. 13	Deggendorf	1. April 27	Rg. 16. Dez. 23
84	Barnickel Paul Dr. 1. V. 15 (StA.)	München I	1. Dez. 29	II. StA. 1. Jan. 24
85	Eckhardt Sigm. 1. VI. 15 (StA.)	München I	1. Jan. 30	II. StA. 1. Mai 24

86	Steinfels Johann 1. VI. 19	Nürnberg-Fürth	1. Mai 31
	(1. X. 31 beurl. in d. Dienst d. Reg.-Kom. d. Saargebiets)		1. Juni 24
87	Schneider Georg 1. VII. 19	Nürnberg-Fürth	1. April 29
		II. StA.	16. Juni 24
88	Bosch Karl 1. XI 13	Deggendorf	1. Febr. 31
		OAR.	1. Juli 27
		Rg.	1. Juli 24
89	Ulrich Karl Dr. 1. VI. 18 St.A. 27. IV. 17.	München I	1. Mai 30
		II. St.	1. Juli 24
90	Kestel Gottlieb 1. IV. 19 (StA.)	Nürnberg-Fürth	1. Okt. 29
		II. StA.	1. Aug. 24
91	Schäfer Georg 15. II. 19 (StA.)	Nürnberg-Fürth	1. Okt. 29
		II. StA	16. Nov. 24
92	März Theodor 1. X. 19	München I	1. Juli 30
		II. StA.	16. Nov. 24
93	Rößler Christian 1. VII. 16	Kempten	1. Okt. 29
		II. StA.	16. Dez. 24
94	Greiner Karl 1. X. 19	Nürnberg-Fürth	1. Juli 30
		II. StA.	16. Dez. 24
95	Gareis Eugen 15. II. 14	Würzburg	1. Juni 33
		OAR.	1. Juli 27
		Rg.	1. Jan. 25
96	Munzinger Otto 1. I. 25	Kaiserslautern	1. April 31
		OAR.	1. Juli 25
		Rg.	1. Jan. 25
97	Drescher Günther 22. IX. 19 (StA.)	Nürnberg-Fürth	1. Juli 30
		II. StA.	1. Febr. 25
98	Graßl Anton 16. V. 20	Nürnberg-Fürth	1. Sept. 30
		II. StA.	1. Febr. 25
99	Meinzolt Friedr. 1. V. 19 (StA.)	Augsburg	1. Mai 30
		II. StA.	1. April 25
100	Lang Wilhelm 1. I. 20	Zweibrücken	1. Sept. 30
		II. StA.	1. Mai 25
101	Albert Otto 22. IV. 19 (StA.)	Würzburg	1. Jan. 32
		II. StA.	1. Mai 25
102	Pfnür Mich. Dr. 1. V. 19 (StA.)	Traunstein	1. Nov. 30
		II. StA.	1. Mai 25
103	Bretzel Karl 1. I. 20 (StA.)	Augsburg	1. März 31
		II. StA.	1. Mai 25
104	Jochheim Georg Dr. 1. XII. 19 (StA.)	München I	1. Aug. 30
		II. StA.	1. Juni 25
105	Ament Paul Dr. 1. VI. 20 (StA.)	Weiden	1. Sept. 30
		II. StA.	1. Juni 25
106	Stammler Otto 1. X. 14	Aschaffenburg	1. Okt. 26
		Rg.	1. Juli 25

107	Heinrich Hans Dr. 16. IV. 20 (StA.)	Nürnberg-Fürth	1. Okt. 30
		II. StA.	1. Juli 25
108	Bingold Karl Dr. 1. IV. 20	Augsburg	1. März 31
		II. StA.	1. Juli 25
109	Hösch Georg Dr. 16. VII. 20	Weiden	1. Okt. 30
		II. StA.	1. Juli 25
110	Teicher Emil Dr. 1. IV. 19	Aschaffenburg	1. Aug. 25
111	Kummer Hans 22. IX. 19 (StA.)	Kempten	1. Mai 31
		II. StA.	16. Aug. 25
112	Braun Wilhelm 1. IX. 19 (StA.)	München I	1. Okt. 30
		II. StA.	1. Nov. 25
113	Roll Albert Dr. 1. X. 19 (StA.)	München I	1. Nov. 30
		II. StA.	1. Nov. 25
114	Ritterspacher Ludw. Dr. 1. IV. 16	Frankenthal	1. Dez. 25
115	Müller Karl 1. IX. 20 (StA.)	Traunstein	1. Sept. 31
		II. StA.	1. Jan. 26
116	Ehrl Wilhelm 10. VI. 19 (StA.)	Nürnberg-Fürth	1. April 31
		II. StA.	1. März 26
117	Vollmann Hans Dr. 1. IX. 19 (StA.)	München I	1. Dez. 30
		II. StA.	1. März 26
118	Beutner Georg Dr. 1. VI. 20 (StA.)	München I	1. Jan. 31
		II. StA.	1. März 26
119	Feldbausch Georg 1. VI. 19	Landau	1. Dez. 26
120	Schaffner Anton 1. V. 16	Nürnberg-Fürth	1. Jan. 27
121	Melchior Fritz 1. I. 16	Landshut	1. Febr. 29
		OAR.	1. April 28
		Rg.	1. Jan. 27
122	Hofmann Karl 1. II. 16	Deggendorf	1. Juli 30
		OAR.	1. Okt. 27
		Rg.	1. Jan. 27
123	Roegge Heinr. 1. V. 16	München I	1. Sept. 30
		OAR.	1. Jan. 28
		Rg.	1. Jan. 27
124	Pfeuffer Robert 16. IV. 16	Nürnberg-Fürth	1. April 27
125	Held Max Dr. 1. VII. 19 (StA.).	Memmingen	1. Sept. 31
		II. StA.	1. April 27
126	Walther Wilhelm 1. I. 20 (StA.)	Traunstein	1. Jan. 31
		II. StA.	1. April 27
127	Wirth Anton 1. X. 21 (StA.)	München I	1. Mai 31
		II. StA.	1. April 27
128	Kießner Herm. Dr. 1. V. 21	München II	1. Sept. 31
		II. StA.	1. Mai 27
129	Wernz Philipp Dr. 1. XI. 19	Landau	1. Okt. 31
		OAR.	1. Mai 27
130	Kürschner Gustav 15. II. 19	Bayreuth	1. Jan. 29
		OAR.	1. Aug. 27

131	Schäfer August 21. XI. 19 (StA.)	München I	1. Okt. 31
		II. StA.	1. Sept. 27
132	Weber Georg Dr. 1. IX. 20 (StA.)	Nürnberg-Fürth	1. Sept. 31
		II. StA.	1. Okt. 27
133	Ziegler Josef 1. XI. 19 (StA.)	München II	1. April 32
		II. StA.	1. Okt. 27
134	Niedermayr Bernhard Dr. 1. VII. 23 (StA.)	Passau	1. April 32
		II. StA.	1. Nov. 27
135	Utzmann Josef 1. II. 22	Traunstein	1. April 32
		II. StA.	1. Dez. 27
136	Seelos Karl 1. V. 24	Coburg	1. Sept. 32
		II. StA.	1. Dez. 27
137	Schohl Theodor Dr. 1. V. 20 (StA.)	Landshut	1. April 32
		II. StA.	1. Jan. 28
138	Treier Albert Dr. 1. VIII. 22	Schweinfurt	1. April 32
		II. StA.	1. Jan. 28
139	Seboldt Paul 1. I. 23	Nürnberg-Fürth	1. Okt. 32
		II. StA.	16. März 28
140	Endres Theodor Karl 1. VII. 19 (StA.)	München I	1. April 32
		II. StA.	1. April 28
141	Keller Rudolf Dr. 1. V. 21	München I	1. April 32
		II. StA.	1. April 28
142	Königer Hans Dr. 1. VI. 19 (StA.)	München I	1. April 32
		II. StA.	1. Juni 28
143	Rotter Ludwig 14. VII. 19 (StA.)	München I	1. Juni 32
		II. StA.	1. Juni 28
144	Koch Rudolf 1 X. 18	Regensburg	1. Okt. 32
		Rg.	1. Juli ‹8
145	Schilling Albrecht Dr. 1. X. 18	Schweinfurt	1. Jan. 29
		Rg.	1. Juli 28
146	Wagner Karl 1. X. 18	Ansbach	1. Febr. 29
		Rg.	1. Juli 28
147	Schneider Josef 1. X. 19 (StA.)	München I	1. Juni 32
		StA.	1. Juli 28
148	Ziegler Heinrich 21. VII. 19 (StA.)	Weiden	1. Juli 32
		StA.	1. Aug. 28
149	Menner Heinrich 1. IV. 21 (StA.)	Landshut	1. Febr. 33
		StA.	1. Aug. 28
150	Zeitler Leo 1. II. 20 (StA.)	München I	1. Jan. 33
		StA.	1. Sept. 28
151	Burger Walter 1. V. 20 (StA.)	München I	1. Okt. 32
		StA.	1. Sept. 28
152	Ruppert Mich. 1. VII. 19	Amberg	1. Dez. 28
153	Lyon Franz 16. XI. 19 (StA.)	Zweibrücken	1. Juli 32
		StA.	1. Dez. 28
154	Kiesel Martin Dr. 1. IV. 19	Schweinfurt	1. Jan. 29

Nr.	Name	Ort	Datum
155	Rößner Wilhelm 1. V. 19 (StA.)	München I	1. Okt. 32
		StA.	1. Jan. 29
156	Walther Hans 1. V. 20 (StA.)	München II	1. Jan. 33
		StA.	1. Jan. 29
157	Reiß Robert Dr. 16. X. 21 (StA.)	Regensburg	1. April 33
		StA.	1. Jan. 29
158	Willax Adalbert Dr. 1. III. 26	München II	1. Mai 33
		StA.	1. Jan. 29
159	Hofmann Karl 1. IV. 19	Nürnberg-Fürth	1. Febr. 29
160	Hartmann Wilh. 16. VII. 22 (StA.)	Augsburg	1. Jan. 33
		StA.	1. Febr. 29
161	Dispeker Ernst Dr. 1. IV. 19 (StA.)	München I	1. April 29
162	Axthalb Max Ritter u. Edler v. 1. XI. 19	Nürnberg-Fürth	1. April 29
163	Stangl Christian Dr. 16. XI. 19	Nürnberg-Fürth	1. April 29
164	Trautner Hans 1. V. 20 (StA.)	Bamberg	1. April 33
		StA.	1. April 29
165	Wehrl Heinrich 15. II. 26	München I	16. April 33
		StA.	1. April 29
166	Pfeifer Hans Dr. 1. III. 26	München II	1. Juni 33
		StA.	1. April 29
167	Eberle Wilhelm 1. XI. 19	Regensburg	1. Juni 29
168	Schmitt Georg 1. X. 26	Ansbach	1. Juni 33
		StA.	1. Juli 29
169	Bachthaler Josef 1. IV. 20	Passau	1. Aug. 29
170	Thomas Fritz 1. V. 21 (StA.)	Coburg	1. Jan. 33
		StA.	1. Aug. 29
171	Hegel Georg Dr. 1. V. 23 (StA.)	München I	1. Juni 33
		StA.	1. Aug. 29
172	Bächler Rudolf 1. VI. 23 (StA.)	München I	1. Juni 33
		StA.	1 Okt. 29
173	Körbel Max 16. XI. 23 (StA.)	München I	16. Juni 33
		StA.	1. Okt. 29
174	Merget Richard 1. VI. 24 (StA.)	Kaiserslautern	1. Mai 33
		StA.	1. Okt. 29
175	Holzinger Ernst Dr. 1. II. 25 (StA.)	München I	1. Juli 33
		StA.	1. Okt. 29
176	Knoblach Franz Dr. 1. V. 25	Frankenthal	1. Mai 33
		StA.	1. Okt. 29
177	Denzler Max 16. V. 25 (StA.)	München I	1. Juni 32
		StA.	1. Okt. 29
178	Auer Cornelius 1. VI. 25 (StA.)	Nürnberg-Fürth	1. Sept. 33
		StA.	1. Okt. 29
179	Hebauer Otto 1. V. 26 (StA.)	Bamberg	1. Okt. 33
		StA.	1. Okt. 29
180	Ries Ernst 1. I. 20	Kempten	1. Dez. 29
181	Schwiening Walter 1. VIII. 22 (StA.)	München I	1. Juli 33
		StA.	1. Dez. 29

182	Dümmler Ludwig 1. XII. 19 (StA.)	Schweinfurt	1. Jan. 30
183	Rosmann Max Dr. 1. V. 19	Augsburg	1. Febr. 30
184	Müller Emil Dr. 16. XII. 26	Zweibrücken	1. Sept. 33
		StA.	1. März 30
185	Lohrer Theodor 1. V. 25	Nürnberg-Fürth	1. Sept. 33
		StA.	1. Juni 30
186	Peetz Ludwig Dr. 1. VIII. 25	Zweibrücken	1. Juni 33
		StA.	1. Juli 30
187	Schröder Karl Dr. 16. XII. 26 (StA.)	Nürnberg-Fürth	1. Nov. 33
		StA.	1. Juli 30
188	Hudezeck Jakob 1. VII. 19	München I	1. Sept. 30
189	Scheppler Paul Dr. 1. IX. 19	München I	1. Sept. 30
190	Müller Oskar 16. XI. 19	Weiden	1. Sept. 30
191	Oeller Anton 1. V. 20	Schweinfurt	1. Sept. 30
192	Hettrich Oskar 1. V. 20	Schweinfurt	1. Sept. 30
193	Weis August 16. IX. 24 (StA.)	Frankenthal	1. Mai 33
		StA.	1. Sept. 30
194	Röhrig Karl Dr. 1. II. 25 (StA.)	Frankenthal	1. Juni 33
		StA.	1. Sept. 30
195	Schmidt Andr. Dr. 1. V. 26 (StA.)	Memmingen	1. Sept. 33
		StA.	1. Sept. 30
196	Wehrmann Albert 1. VI. 25 (StA.)	Bayreuth	1. Sept. 33
		StA.	1. Okt. 30
197	Hagendorn Gustav 1. V. 26 (StA.)	Traunstein	1. Sept. 33
		StA.	1. Nov. 30
198	Hartmann Mich. 1. XI. 25	Augsburg	1. Sept. 30
199	Sohler Max 1. XII. 19	München I	1. Okt. 30
200	Biebl Eugen 1. III. 25 (StA.)	Regensburg	1. Nov. 33
		StA.	1. Okt. 30
201	Schmid Frz. Xaver 16. V. 20	Bamberg	1. Jan. 31
202	Lichti Gustav 1. IV. 25 (StA.)	Frankenthal	1. Nov. 33
		StA.	1. Jan. 33
203	Dinges Karl 1. I. 26 (StA.)	Kaiserslautern	1. Okt. 33
		StA.	1. Jan. 31
204	Eckstein Werner 15. II. 27 (StA.)	Deggendorf	1. Mai 33
		StA.	1. Jan. 31
205	Leonhard Adolf 16. VII. 19	München I	1. Febr. 31
206	Betz Karl 1. VIII. 19	Bamberg	1. Febr. 31
207	Keller Otto 1. V. 20	Kempten	1. Febr. 31
208	Mattil Friedr. Dr. 16. XII. 26 (StA.)	Frankenthal	1. Nov. 33
		StA.	1. Febr. 31
209	André Wilhelm 1. IV. 20	Hof	1. März 31
210	Binner August Dr. 16. IV. 20	Nürnberg-Fürth	1. März 31
211	Heidner Christoph Dr. 16. IX. 20	Nürnberg-Fürth	1. März 31
212	Neuner Johann 1. I. 25 (StA.)	Eichstätt	1. Nov. 33
		StA.	1. März 31
213	Konrad Anton Dr. 1. XII. 19	München I	1. April 31

214 Heyl Karl Dr. 1. IV. 21 Coburg 1. April 31
215 Gerle Albert 16. XII. 26 (StA.) Frankenthal 1. Okt. 33
StA. 1. April 31
216 Steinhäuser Herm. Dr. 16. VIII. 20 Traunstein 1. Mai 31
217 Reber Adolf 16. XII. 26 (StA.) Frankenthal 1. Okt. 33
StA. 1. Mai 31
218 Geiger Hermann 1. IV. 19 Regensburg 1. Sept. 31
219 Söller Alfred 16. III. 20 Nürnberg-Fürth 1. Sept. 31
220 Eder Josef 1. XI. 20 Aschaffenburg 1. Sept. 31
221 Roesel Heinr. Dr. 1. VII. 26 (StA.) Amberg 1. Nov. 33
StA. 1. Sept. 31
222 Sommerrock Hans Dr. 1. III. 27 (StA.) Frankenthal 1. Nov. 33
StA. 1. Sept. 31
223 Rothballer Stanislaus 1. II. 20 München II 1. Okt. 31
224 Seyb Robert 1. II. 22 Hof 1. Jan. 32
225 Mantel Ernst 16. XI. 25 (StA.) München I 1. Sept. 33
StA. 1. März 32
226 Hundsberger Josef 16. XI. 19 Augsburg 1. April 32
227 Trautner Theodor 1. V. 20 Bamberg 1. April 32
228 Schunk Karl 16. V. 20 München I 1. April 32
229 Pfeiffer Richard 16. V. 20 Landau 1. April 32
230 Ritter Hans 1. VI. 20 Augsburg 1. April 32
231 Savaète Eugen Dr. 1. XII. 20 Frankenthal 1. April 32
232 Gebert Johann 1. VIII. 22 Amberg 1. April 32
233 Hunglinger Ludwig 1. VI. 20 München I 1. Mai 32
234 Geßner Otto Dr. 16. VI. 23 (StA.) Ansbach 16. Mai 32
235 Loschert Severin 1. IV. 19 Bamberg 1. Juni 32
236 Bosch Wilhelm 1. V. 19 (StA.) Augsburg 1. Juli 32
237 Englert Josef 1. II. 20 Nürnberg-Fürth 1. Sept. 32
238 Nißl Karl 1. II. 21 Passau 1. Sept. 32
239 Knothe Hermann Dr. 16. VI. 22 Aschaffenburg 1. Okt. 32
240 Förtsch Hans Dr. 16. I. 23 Nürnberg-Fürth 1. Okt. 32
241 Eichinger Karl Dr. 16. XI. 25 Weiden 1. Okt. 32
242 Grießhammer Karl Dr. 1. XI. 20 Bayreuth 1. Jan. 33
243 Malterer Josef 1. V. 19 Regensburg 1. April 33
244 Reiger Heinrich 1. V. 20 Ansbach 1. April 33
245 Schorer Friedr. 16. IX. 20 Memmingen 1. April 33
246 Zimmermann Franz 1. I. 23 Amberg 16. April 33
247 Paul Josef 1. IV. 20 München I 1. Mai 33
248 Axthalb Ferdinand, Ritter und
Edler von 1. VI. 20 Ansbach 1. Mai 33
249 Kiefer Joseph 16. IV. 22 Schweinfurt 1. Mai 33
250 Rauh Robert 1. VII. 25 Nürnberg-Fürth 1. Mai 33
251 Oechsner Richard 1. I. 20 München I 1. Juni 33
252 Fuchs Andreas 1. IV. 21 (StA.) München I 1. Juni 33
253 Brandmüller Aug. 16. IV. 21 München I 1. Juni 33
254 Schörry Friedrich 1. IV. 22 (StA.) München II 1. Juni 33
255 Lipp Adalbert 1. XI. 23 Deggendorf 1. Juni 33
256 Siebner Max 1. I. 20 Landau 1. Juni 33
257 Deinlein Hans Dr. 1. I. 20 Regensburg 1. Juli 33

258	Fellmann Heinrich Dr. 1. III. 26	Nürnberg-Fürth	1. Juli 33
259	Kausen Joseph Dr. 1. VII. 27	München I	1. Sept. 33
260	Leipfinger Johann Dr. 1. II. 23	Eichstätt	1. Sept. 33
261	Weiß Hans 1. XI. 20 StA.	Hof	1. Okt. 33
262	Zahn Wilhelm 16. V. 21 StA.	Zweibrücken	1. Okt. 33
263	Wertsch Konrad 1. VI. 19	Würzburg	1. Nov. 33
264	Düll Hans Dr. 1. X. 19	Nürnberg-Fürth	1. Nov. 33
265	Wissel Gottfried 1. X. 19	München I	1. Nov. 33
266	Simon Wilhelm 15. II. 22	München II	1. Nov. 33
267	Brecheler Karl Dr. 1. I. 26	Eichstätt	1. Nov. 33

Handelsrichter

bei den Kammern für Handelssachen an nachbezeichneten Landgerichten:

Ansbach.

Samhammer Georg, Kaufmann.
Ohr Leonhard, Kaufmann.
Hüttinger Karl, Kaufmann.
Denzlinger Jos., Kaufmann.
Eichhorn Gottfried, Zigarrenfabrikant.
Hürner Karl, Kommerzienrat.

Aschaffenburg.

Schmitt-Prym Wilh., Geh. Kom.-R., Fabrikbesitzer.
Büttner Anton, Kaufmann.
Kiechle Emil, Bankdirektor.
Backhaus Wilhelm, Geschäftsführer.
Reinhardt Georg, Direktor.
Vordemfelde August, Kom.-R.

Augsburg.

Rennebaum Heinrich, Kom.-R.
Schmid Friedr., Kom.-R., Bankier.
Moser Friedr., Kom.-R., Fabrikdirektor.
Mezger Ernst, Generaldirektor.
Kolb Albert, Fabrikant.
Ammon Adolf, Kom.-R.
Geyer Heinr., Fabrikdirektor.
Müller Leopold, Kaufmann.
Berz Matthias, Kom.-R., Großhändler.
Hauser Michael, Kaufmann.
Böck Matthias, Kaufmann.
Kroemer Heinrich, Kaufmann.
Bosch, Rudolf, Kaufmann.
Nill Hugo, Kaufmann.

Bamberg.

Metzner Theodor, Fabrikant.
Zimmermann Jak., Kaufmann.
Vöhringer Wilhelm, Kaufmann.
Schindler Paul, Kaufmann.
Krügel Josef, Kaufmann.
Gerlach Josef, Kaufmann.
Gerst Gustav, Kaufmann.
Strömsdörfer Eugen, Kaufmann.

Bayreuth.

Koch Wilh., Geh. Kom.-R., Fabrikbesitzer.
Meyer Sigmund Paul, Kom.-R., Fabrikbesitzer.
Amos Georg, Großkaufmann.
Wurster Erich Dr., Fabrikdir.
Köbler Erich, Spinnereidirektor.
Weiß Karl, Ingenieur.

Coburg.

Ronniger Kurt, Kaufmann.
Ryssel Ernst, Holzwarenfabrik.
Brose Max, Fabrikbesitzer.
Jacob Albert, Kaufmann.
Müller Fritz, Verleger.
Rohlfs Konrad, Fabrikbesitzer

Frankenthal.

Förster Karl, Kom.-R., Fabrikdirektor.
Geil Georg, Fabrikdirektor.
Rübsamen Wilhelm, Weinkommissionär u. Weingutsbes. in Bad Dürkheim.
Jaschke Hermann, Brauereidirektor.
Eisele Franz, Bankdirektor in Speyer.
Bender Kurt, Kaufmann in Mannheim.

Fürth (LG. Nürnberg-Fürth).

Braun Friedr., Kom.-R., Kaufmann.
Ley Daniel, Großkaufmann.
Löhner Karl, Großhändler.
Böschel Konr., Kaufmann.
Eckart Jakob, Kom.-R., Kaufm.
Seeling Otto Dr, Generaldirektor.

Hof.

Meyer Heinrich, Kaufmann.
Borger Karl, Kaufmann.
Münch Herm., Speditionsgeschäftsinhaber.
Rammensee Hermann, Fabrikdirektor.
Wunnerlich Hermann Edgar, Fabrikdirektor.
Fischer Christian, Großhändler.
Gebhardt Werner, Großhändler.
Hick Ernst, Kaufmann.
Schmid Siegfried, Fabrikbesitzer.
Strößner Adolf, Fabrikbesitzer.
Wilser Kurt, Bankdirektor.
Wuttig Eduard, Fabrikdirektor.

Kempten.

Schnetzer Otto, Kom.-R., Großhändler.
Kremser Erwin, Fabrikant.
Elhardt Oskar, Kom.-R., Kaufm.
Ott Herm., Fabrikbes.
Buhmann Anton, Bankier.
Anhegger Karl, Kaufmann.

Landshut.

Kohlndorfer Ludwig, Kom.-R., Kaufmann.
Magin Otto, Bankdirektor und Kommerzienrat.
Hutter Friedr., Kom.-Rat, Mühlendirektor.
Reßl Karl, Kaufmann.
Berger Albert, Fabrikdirektor.
Wittmann Hugo, Brauereidirektor u. Kommerzienrat.

Ludwigshafen (Ldg. Frankenthal).

Reimann Albert Dr., Fabrikant.
Clemm Wilhelm Dr., Fabrikdir. in Mannheim.
Feil Fritz Dr., Brauereidirektor.
Müller Richard, Geschäftsführer.
Hagenauer Jakob, Direktor in Heidelberg.
Tölke Walter Dr., Bankdirektor.

Memmingen.

Frank Eugen, Fabrikbes.
Sayle Albert, Brauereidirektor.
Haußmann Friedr., Fabrikbes.
Wagner Edgar, Bankier.
Wegmann Hans, Kaufmann.
Nagler Anton, Fabrikdirektor.

München I.

Schnetzer Wilh., Großhändler,
Oldenbourg Wilhelm, Kom.-R., Buchdruckereibesitzer.
Flüggen Karl, Großhändler, Kom.-R.
Münzing Walter, Kom.-R., Bankier.
Jordan Otto, Kaufmann und Kom.-R.
Deiglmayr Eduard, Kom.-R., Architekt.
Zechbauer Max, Kom.-R., Großhändler.
Hammon Ludw., Kom.-R., Bankdirektor a. D.
Meyer Alfred, Kom.-R., Kunstmühlbesitzer.
Anderl Karl, Gesellschaftsdirektor und Landesbaurat.
Drausnick Friedrich, Bankdirektor a. D. u. Kom.-R.
Langkammerer Karl, Fabrikbesitzer u. Kommerzienrat.
Hausmann Heinr., Kaufmann.
Denzel Georg, Großhändler.
Braun August, Kaufmann.
Leuze Guido, Großhändler und Kom.-R.
Pfaeffle Otto, Generaldirektor.
Mayer Georg Emil, Buchdruckereibesitzer.
Schönherr Max., Kaufmann.
Cammerloher, Ritter v. Otto, Kaufmann.
Giehrl Franz, Buchdruckereibesitzer.
Weidert Fritz, Gesellschaftsdirektor.
Aumer Hermann, Direktor und Konsul.
Proebst Sigm. Dr., Kom.-R., Direktor.
Deckel Friedr. Dr., Kom.-R., Fabrikbesitzer.
Würth Eberhard, Großhändler.
Frankl Michael, Kaufmann.
Brunhuber Konr., Fabrikbesitzer, Kom.-R.
Ringelmann Adolf, Direktor.
Schmidbaur Albert, Kaufmann.
Ackermann Paul Theod., Buchhändler.
Pfaelzer Paul, Fabrikdirektor.
Amann Max, Verlagsdirektor.
Eder Wilhelm, Kaufmann.
Faulhaber Karl, Kaufmann.
Färber Max, Kaufmann.
Geyer Julius, Generaldirektor a. D. u. Kom.-Rat.
Janich Edmund, Fabrikdirektor in Grünwald.
Krauß Hans Georg, Fabrikdirektor u. Landesbaurat.
Lawaczeck Franz Dr., Gesellschaftsdirektor in Pöcking.
Meckel Georg, Kaufmann.
Oberhummer Hugo, Kaufmann u. Kom.-Rat.
Renner Rudolf, Fabrikdirektor.
Rothdauscher Alfons, Kaufmann.
Schleifer Fritz, Großhändler.
Schweigart Karl, Bankdirektor
Träger Hermann, Fabrikbes.
Ziegler Franz, Kaufmann.

Nürnberg-Fürth.

Popp Hans, Kom.-R., Großkaufmann.
Eckart Wilhelm, Kaufmann.
Schlager Georg, Direktor.
Falkenstörfer Andreas, Kaufm.
Schlenk August, Hopfengroßhändler.
Scheuerle Achill, Kaufmann.
Hügelschäffer Karl, Drogeriebes.
Kreutzer Rudolf Dr., Fabrikbes.
Kreiner Herm., Großkaufmann.
Möckel Jean, Kaufmann.
Menikheim Hans, Geschäftsführer.

Walb Karl, Kaufmann.
Franke Ernst, Fabrikdirektor.
Huegle Max, Direktor.
Thoma Ernst, Fabrikdirektor.
Angermann Hans, Großkaufmann.
Teufel Karl, Kom.-R., Geschäftsführer.
Plank Karl, Fabrikbesitzer.
Schreyer Heinr., Großhändler.
Schaller Fritz, Fabrikdirektor.
Heim Karl, Drogeriebesitzer.
Braun Otto, Fabrikbesitzer.
Maisch Konr., Fabrikant.
Steinfort Herm., Direktor.
Hahn Heinr., Zeitungsverleger.
Berge Otto, Kaufmann.
Fälker Wilhelm, Brauereidirekt.
Maser Friedrich, Kaufmann.
Karlicek Franz, Fabrikdirektor.
Schuh Johannes, Geschäftsführer.
Ulrich Franz jun., Kaufmann.
Kösters Hans, Kaufmann.
Weiersmüller Eugen, Geschäftsführer.
Haas Eduard, Fabrikdirektor.
Pittroff Hugo Wilhelm, Mehlgroßhändler.
Staudt Adolf, Direktor.

Passau.

Grüneis Ferd., Kaufmann.
Lacher Aug., Gesellschaftsdirekt. u. Regierungsbaumeister.
Reiter Adolf, Kaufmann.
Gerhardinger Franz, Kom.-R. u. Brauereidir.
Schneider Ottmar, Kaufmann.
Müller Erich, Kaufmann.
Barnerssoi Max, Kaufmann.
Freislederer Rupert, Mühlenbes.

Regensburg.

Christlieb Otto, Fabrikdirektor.
Eckert Ludwig, Großkaufmann.
Hackl Theodor, Kaufmann.
Fiedler Hans, Fabrikbesitzer.
Hoffmann Lothar, Brauereidirektor.
Ludwig Albert, Großkaufmann.

Schweinfurt.

Barthel Hermann, Kom.-R., Fabrikant.
Widmann, Franz, Fabrikant.
Georg Wilhelm, Fabrikdirektor.
Kaiser Heinz, Fabrikdirektor.
Flessa Max, Bankier.
Gutjahr Wilhelm, Kaufmann.

Würzburg.

Völk Georg, Kom.-Rat, Großkaufmann.
Leonhardt Rud., Kom.-R., Fabrikdirektor.
Holl Franz, Bankdirektor.
Hünnerkopf Paul, Großkaufm.
Koch Karl, Kaufmann.
Bolza Hans Dr., Dipl.-Ingenieur.
Noell Friedr. Dr., Kom.-R., Fabrikbesitzer.
Seyboth Wilhelm, Kaufmann.
Rummel Dr. Max, Kaufmann.
Ott Fritz, Weingroßhändler u. Konsul.
Kremer Paul, Kaufmann.
Steinmetz Hanns, Kaufmann.

e) **Staatsanwaltschaft.** Oberstaatsanwälte.
(Amtsbezeichnung seit 1. III. 1930.)

	Name	Landgericht	LG.-Rats-Ernenn.	I. StA. bezw. OStA.-Ern.
1	Jaenicke Edmund Dr. (Gruppe A 1a)	München I (Dienstaufs.)	1. X. 18 Rg. 1. I. 10	1. XII. 29
2	Gänßler Otto	Landshut	1. I. 26 Rg. 1. XII. 19	1. IX. 30
3	Merzbacher Otto	Deggendorf	1. IV. 27 Rg. 1. IV. 20	1. X. 30
4	Schaffert Karl	Frankenthal	1. XII. 27 Rg. 16. IV. 20	1. I. 31
5	Hergenröder Ignaz	Nürnberg-Fürth	1. XI 27 Rg. 16. V. 20	1. III. 31
6	Hellmer Herm. Dr.	Kaiserslautern	16. VIII 24 Rg. 1. V. 20	1. IV. 31
7	Klotz Bernhard	Coburg	16. VII. 24 Rg. 1. V. 20	1. IV. 31
8	Göpfert August	Bamberg	1. IV. 27 Rg. 1. IV. 20	1. V. 31
9	Fritsch Oskar	Bayreuth	1. IV. 27 Rg. 1. V. 20	1. V. 31
10	Weiß Johann	Schweinfurt	1. I. 28 Rg. 1. V. 20	1. IX. 31
11	Giuliani Rudolf	Landau	1. VI. 25 Rg. 1. V. 20	1. X. 31
12	Pflügl Robert	Passau	OAR. 1. IX. 27 Rg. 1. V. 20	1. IV. 32
13	Müller Erhard	Nürnberg-Fürth	1. IV. 28 Rg. 1. V. 20	1. IV. 32
14	Dietrich Wilhelm Dr.	Zweibrücken	16. V. 28 Rg. 1. V. 20	1. IV. 32
15	Krampf Michael	Hof	1. I. 28 Rg. 1. V. 20	1. IV. 32
16	Schiller Hans	Traunstein	1. V. 28 Rg. 1. V. 20	1. VI. 32
17	Wintersberger Karl	München II	16. IV. 27 Rg. 1. I. 20	1. IX. 32
18	Marnet Eugen	Regensburg	1. IX. 28 Rg. 1. V. 20	1. X. 32
19	Stumpf Gottfried	Memmingen	1. IV. 29 Rg. 1. V. 20	1. I. 33
20	Gill Michael	Amberg	OAR 1. XII. 26 Rg. 1. VI. 20	1. I. 33
21	Hahn Hermann	Würzburg	1. V. 25 Rg. 16. IX. 20	1. IV. 33

Name	Landgericht	LG.-Rats-Ernenn.	I.StA.- bezw. OStA.-Ern.
22 Weber Nikolaus	Eichstätt	16. XI. 24 Rg. 16. V. 20	1. V. 33
23 Happel Leopold	Aschaffenburg	1. I. 29 Rg. 1. VI. 20	1. V. 33
24 Henle Eugen	Augsburg	1. I. 29 Rg. 16. V. 20	1. VI. 33
25 Schleip Josef Dr.	Ansbach	1. I. 31 Rg. 1. XII. 20	1. VI. 33
26 Benzinger Karl	München I	1. VI. 29 Rg. 1. X. 21	1. IX. 33
27 Arnold Raimund Dr.	Weiden	1. VIII. 29 Rg. 1. VIII. 22	1. IX. 33
28 Köhler Alfred Dr.	München I	1. IX. 30 Rg. 16. IX. 24	1. X. 33
29 Helmer Otto	Kempten	OAR. 1. II. 29 Rg. 16. IV. 22	1. IX. 33

Erste Staatsanwälte:

(Amtsbez. seit 1. III. 1930).

Bemerk.: Das eingeklammerte Datum betrifft die Ernennung zum AR. bzw. zum III. StA. (nun AGRat bzw. II. StA.)

1 Kahn Meier (1. I. 20 StA.)	Aschaffenburg	1. Mai 28
2 Weinberger Karl (1. II. 20 StA.)	Würzburg	1. April 29
3 Falckenberg Rob. Dr. (15. II. 27 StA.)	Nürnberg-Fürth	1. Juli 30
4 Aidelsburger Anton (1. V. 25 StA.)	München I	1. Aug. 30
5 Alwens Wilh. Dr. (1. XII. 25 StA.)	Nürnberg-Fürth	1. Okt. 30
6 Hartinger Josef (1. XI. 25 StA.)	München II	1. Jan. 31
7 Rost Gregor Dr. (16. XII. 26 StA.)	Regensburg, Abt. Straubing (Geschl.)	1. März 31
8 Bergler Erich Dr. (16. XII. 25 StA.)	Nürnberg-Fürth	1. April 31
9 Roth Alfred Dr. (1. VII. 25 StA.)	Nürnberg-Fürth	1. Sept. 31
10 Hempel Martin (1. I. 26 StA.)	München I	"
11 Brendel Rudolf Dr. (1. I. 26 StA.)	Memmingen	"
12 Ring Josef Dr. (16. XII. 26 StA.)	München I	1. Okt. 31
13 Schreglmann Philipp (16. XII. 25 StA.)	Würzburg	1. Febr. 32
14 Schellhorn Heinz Dr. (1. VIII. 25 StA.)	München I	1. April 32
15 Brändl Franz Dr. (16. VIII. 25 StA.)	München I	"
16 Beckh Viktor Dr. (1. I. 26 StA.)	Nürnberg-Fürth	"
17 Knoell Hermann (1. IV. 26 StA.)	Deggendorf	"
18 Müller Alfons Dr. (1. V. 26 StA.)	Augsburg	"
19 Gehrig Oskar Dr. (16. XII. 26 StA.)	Schweinfurt	"
20 Schüppert Gregor (16. XII. 26 StA.)	Schweinfurt	"
21 Müller Eduard Dr. (16. XII. 26 StA.)	Bayreuth	"
22 Hartrich Karl (16. XII. 26 StA.)	Ansbach	1. Mai 32
23 Flierle Robert (1. IV. 26 StA.)	München I	1. Juni 32
24 Kollmar Otto Dr. (16. XII. 26 StA.)	München I	"

25	Hoeber Alfred (16. XII. 26 StA.)	Nürnberg-Fürth	1. Juli 32
26	Schramm Walter Dr. (16.XII.26 StA.)	Weiden	"
27	Oehrlein Georg Dr. (15. II. 27 StA.)	Kaiserslautern	1. Sept. 32
28	Kastner Ludwig Dr. (1. VI. 29)	Würzburg	"
29	Fick Georg Dr. (16. XI. 25 StA.)	München I	1. Okt. 32
30	Hock Franz (1. V. 26 StA.)	München I	"
31	Schwarz Hans (16. XII. 26 StA.)	Regensburg	"
32	Keltsch Adolf Dr. (1. I. 26 StA.)	München I	1. Jan. 33
33	Pöhlmann Heinrich Dr. (1. IV. 26 StA.)	Augsburg	"
34	Philberth Joseph (16. XII. 26 StA.)	Nürnberg-Fürth	"
35	Paulus Adolf Dr. (16. XII. 26 StA.)	Coburg	"
36	Frank Hans Dr. (16. XII. 26 StA.)	Amberg	1. Febr. 33
37	Bauernfeind Leo Dr. (16. XII. 26 StA.)	Bamberg	1. April 33
38	Kollmar Rudolf Dr. (16. XII. 26 StA.)	Nürnberg-Fürth	"
39	Völcker Karl (1. I. 26 StA.)	Landshut	1. Mai 33
40	Hechtel Hans Dr. (1. XII. 26 StA.)	München II	"
41	Lenz Ernst Dr. (16. XII. 26 StA.)	Nürnberg-Fürth	"
42	Stadter Heinrich (16. XII. 26 StA.)	Nürnberg-Fürth	"
43	Kornbrust Franz Dr. (1. X. 27)	Zweibrücken	"
44	Schröder Barthol. (1. X. 29 StA.)	München I	"
45	Adlhoch Karl (1. X. 29)	Hof	"
46	Zoller Hugo Dr. (1. X. 29 StA.)	Frankenthal	"
47	Zwink Anton Dr. (1. III. 30)	Landau	"
48	Stepp Walter Dr. (1. I. 26 StA.)	München I	1. Juni 33
49	Dotterweich Wilh. Dr. (16.XII.26 StA.)	München I	"
50	Endres Karl (16. XII. 26 StA.)	Bamberg	"
51	Boller Hermann (1. X. 27 StA.)	Coburg	"
52	Schmitt Hermann Dr. (1. V. 28 StA.) (beurlaubt zur Reichsanwaltschaft)	München I	"
53	Grobe Ludwig Dr. (1. XII. 28 StA.)	Kaiserslautern	"
54	Maginot Georg Dr. (1. IX. 30)	Zweibrücken	"
55	Sauermann Karl Dr. (1. II. 31)	Eichstätt	"
56	Rausch Hans Dr. (1. II. 26 StA.)	Nürnberg-Fürth	16. Juni 33
57	Krieger Albert Dr. (16. XII. 26 StA.)	München I	1. Juli 33
58	Mayrhofer Bruno Dr. (16. XII. 26 StA.)	Augsburg	"
59	Schwingenschlögl Michael (1. IV. 27 StA.)	Kempten	"
60	Schmitt Fritz Dr. (16. XII. 26 StA.)	Bayreuth	1. Sept. 33
61	Seufert Georg Dr. (1. III. 27 StA.)	München I	"
62	Friedrich Georg Dr. (16. IV. 27 StA.)	Traunstein	"
63	Rothaug Oswald Dr. (1. VI. 27 StA.)	Nürnberg-Fürth	"
64	Seifert Hans Dr. (1. X. 27 StA.)	Nürnberg-Fürth	"
65	Leopold Hans (1. X. 27 StA.)	Passau	"
66	Kempf Wilhelm Dr. (1. IX. 30)	Zweibrücken	"
67	Geropp Philipp Dr. (16. VIII. 27 StA.)	Frankenthal	1. Okt. 33
68	Ruder Ludwig Dr. (1. X. 27 StA.	Regensburg	"
69	Seibel Friedrich (1. X. 27 StA.)	Amberg	"
70	Joetze Werner (1. XI. 27 StA.)	Frankenthal	"
71	Steinhauser Xaver (1. X. 30)	Kempten	"
72	Hauenstein Fritz Dr. (1. IV. 27 StA.)	München I	1. Nov. 33
73	Vogelgsang Herm. Dr. (16. V. 27 StA.)	München I	"
74	Voll Gustav Dr. (1. VI. 28 StA. Rg. 1. X. 27)	Traunstein	"
75	Decker Max von (1. XI. 27 StA.)	Regensburg, Abt. Straubing	"
76	Buchner Otto Dr. (1. XII. 27 StA.)	München I	"

77	Denzler Leonhard (1. XII. 27 StA.)	Nürnberg-Fürth	1. Nov. 33
78	Steffen Ernst Dr. (1. I. 28 StA.)	München I	„
79	Müller Theodor (1. III. 28 StA.)	Passau	„
80	Eschrich Hellmut (1. V. 28 StA.)	Nürnberg-Fürth	„
81	Kuhn Max Dr. (1. VI. 28 StA.)	München I	„
82	Helm Artur (1. II. 30 StA.)	München II	„
83	Zinser Georg Dr. (1. VII. 30)	München I	„
84	Quinat Moritz Dr. (1. IX. 30)	Augsburg	„

Zweite Staatsanwälte:

1	Fischer Wilhelm Dr.	Nürnberg-Fürth	1. Febr. 33
2	Hartmann Erwin Dr.	München I	„
3	Prechtel Georg Dr.	München I	1. April 33
4	Krebs Georg Adolf	München I	„
5	Keßler Heinrich	Frankenthal	„
6	Augsberger Fritz Dr.	Ansbach	1. Mai 33
7	Wannieck Eckehardt Dr.	Landshut	„
8	Angerbauer Ludwig	Augsburg	„
9	Seiler Karl Dr.	Bamberg	„
10	Arnold Ernst Dr.	Coburg	„
11	Held Friedrich	Landshut	„
12	Sichler Karl	Deggendorf	„
13	Streicher Friedrich	Kaiserslautern	„
14	Müller Hans	München I	„
15	Maaß Dr. Gustav (mit dem Dienstsitz in Fürth)	Nürnberg-Fürth	„
16	Buchenberger Eduard Dr.	Aschaffenburg	„
17	Eyermann Erich	Bayreuth	„
18	Koch Walter	München I	„
19	Härtl Georg Dr.	München I	„
20	Leis Eugen	Hof	„
21	Kimmerl Max Dr.	Aschaffenburg	„
22	Schmid Josef Dr.	Traunstein	„
23	Molz Ludwig Dr.	Hof	„
24	Köbler Josef	Kempten	1. Juni 33
25	Groth Heinz	München I	„
26	Niederreuther Karl Dr.	Landau	„
27	Kuchtner Eberhard	München I	„
28	Schmidt Wilhelm Dr.	Nürnberg-Fürth	„
29	Ehrenspeck Emil Dr.	Frankenthal	„
30	Will Hermann Dr.	München II	„
31	Koch Erich Dr. (m. d. Dienstsitz in Ludwigshafen a. Rh.) — Geschl. d. AAnw. —	Frankenthal	„
32	Heintz Karl Dr.	München I	1. Juni 33
33	Preißler Eduard Dr.	Passau	„
34	Nöthiger Rudolf Dr.	Augsburg	„
35	Hösl Christian Dr.	Amberg	„
36	Baumann Karl Hans Dr.	Würzburg	„
37	Gall Josef	Regensburg	„
38	Girstenbreu Wilhelm	Würzburg	„
39	Fäustle Karl	Deggendorf	„
40	Rauh Wolfgang Dr.	Memmingen	„
41	Westner Anton Dr.	Weiden	„
42	Prücklmeier Anton Dr.	Frankenthal	„

43	Schlindwein Karl Dr.	München I	16. Juni 33
44	Gernet August	München I	"
45	Heigl Anton	München II	"
46	Freihalter Ulrich	Passau	"
47	Hirsch Hans Dr.	Regensburg	1. Juli 33
48	Rosenberger Ludwig	Würzburg	"
49	Süß Otto	Weiden	"
50	Schnabel Max Dr.	München I	1. Aug. 33
51	Freudenberger Georg Dr.	Traunstein	1. Sept. 33
52	Gerstlauer Ulrich	Eichstätt	16. Sept. 33
53	Reichhold Walter Dr.	Landau	1. Nov. 33
54	Scheidig Heinrich Dr.	Nürnberg-Fürth	"
55	Sand Hermann	München II	"
56	Trauth Hermann Dr.	Nürnberg-Fürth	"
57	Bächle Wilhelm Dr.	Augsburg	"
58	Fraunhofer Joseph	München I	"
59	Jung Hermann Dr.	Nürnberg-Fürth	"
60	Gerber Ernst	München I	"
61	Ankenbrand Otto Dr.	Schweinfurt	"
62	Müller Artur Dr.	Kaiserslautern	"
63	Hilsenbeck Klaus	Bamberg	"
64	Prechtl Karl Dr.	Ansbach	"
65	Selgrad Karl Ludwig Dr.	Zweibrücken	"
66	Lechner Kurt	Frankenthal (m. d. Dienstsitz in Ludwigshafen a. Rh.)	"
67	Stahl Alfred Dr.	Nürnberg-Fürth	"
68	Hammer Georg	Nürnberg-Fürth	"
69	Leupold Hermann Dr.	Zweibrücken	"

V. Liste.

Amtsgerichte.

a) Präsidenten.

(Der Vorstand des Amtsgerichts München)

1 Singer Albert, AR. in Auerbach 1. IX. 94; desgl. in Neuulm 1. VII. 95; LGR. in Schweinfurt 16. IX. 00; desgl. in Augsburg 15. II. 02; OAR. in München 1. VII. 06; LGR. in München I 1. VII. 10; stellv.Dir. in München I 1. V. 12; LGDir. das. 1. I. 20; Präs. des AG. München 1. IV. 24.

b) Amtsgerichtsdirektoren und Amtsgerichtsräte a. O.

1. Amtsgerichtsdirektoren als dienstaufsichtführende Richter nach Gr. A 1 d der BesOrd.

1 Frauenknecht Oskar, III. StA. in Regensburg 1. VII. 98; AR. in Nürnberg 16. XII. 99; II. StA. in Bamberg 1. III. 01; LGR. in Schweinfurt 16. XI. 05; desgl. in Nürnberg 1. II. 10; T. u. Rg. e. OLGR. 22. XII. 15; I. StA. in Eichstätt 1. VI. 18; AGDir. in Bayreuth 16. X. 19; dienstaufsichtl. AGDir. mit T. u. R. e. Amtsg.-Präsidenten in Würzburg 1. IV. 29.

2 Dexheimer Karl, AR. in Ludwigshafen 1. II. 99; T. u. Rg. e. OAR. 1. XI. 05; OAR. in Ludwigshafen 17. IV. 06; T. u. Rg. e.

AGR. 23. XII. 16; AGR. in Ludwigshafen 1. III. 20; Amtsbez. AGDir. 1. V. 24; dienstaufsichtf. AGDir. mit T. u. R. e. Amtsg.-Präsidenten in Ludwigshafen 1. IV. 29.

3 Meilhaus Friedrich Dr., III. StA. in Regensburg 16. XII. 99 (Rg. 16. XI. 99); AR. in Tölz 1. I. 01; II. StA. in Eichstätt 16. I. 05; desgl. in Weiden 1. II. 09; LGR. in Memmingen 1. XI. 10; T. u. Rg. e. OLGR. 25. III. 18; vers. LG. Augsburg 1. I 19; stellv. Dir. in Augsburg 1. IV. 25; LGDir. das. 1. XII. 28; dienstaufsichtf. AGDir. in Augsburg 1. VII. 31.

4 Drechsel Karl, AR. in Fürth 1. XII. 00; II. StA. das. 1. IV. 07; LGR. in Nürnberg 1. VIII. 12; desgl. in Fürth 1. II. 13; T. u. R. e. OLGR. 15. VII. 19; StA. am OLG. Nürnberg 1. V. 24; LGDir. in Nürnberg 1. II. 28; dienstaufsichtf. AGDir. in Fürth 1. IX. 31.

5 Obermaier Anton, AR. in Nürnberg 15. II. 02; II. StA. in Aschaffenburg 1. V. 12; LGR. in Coburg 1. IV. 21; T. u. R. e. OLGR. 1. XII. 21; I. StA. in Bamberg 16. VII. 24; dienstaufsichtf. AGDir. in Bamberg 1. VII. 30; Gr. A 1d 1. IV. 32.

6 Distler Georg, AR. in Fürth 1. VI. 09; T. u. R. e. OAR. 1. I. 21; LGR. in Nürnberg 16. VI. 21; AGRat mit der Amtsbez. AGDir. 1. VI. 28; dienstaufsichtf. AGDir. in Nürnberg 1. IX. 32.

7 Schöller Alfred, AR. in Erding 16. IV. 00; desgl. in Starnberg 1. IV. 03; T. u. R. e. OAR. 21. XII. 12; OAR. in Weißenhorn 1. II. 16; desgl. in Reichenhall 1. III. 21; T. u. R. e. AGR. 1. V. 22; dienstaufsichtf. AGDir. in Regensburg 1. IV. 29; Gr. A 1d 1. X. 32.

2. Amtsgerichtsdirektor als dienstaufsichtführender Richter nach Gr. A 2a der BesOrd. und Amtsgerichtsdirektoren als Abteilungsvorstände nach Gr. A 2a der BesOrd.

8 Mandel Michael, AR. in Marktheidenfeld 16. V. 98; desgl. in Würzburg 1. X. 01; LGR. in Frankenthal 16. IV. 04; desgl. in Würzburg 1. VII. 10; T. u. R. e. OLGR. 1. VIII. 15; AGR. in Würzburg 1. IV. 25.

9 Dimroth Gustav, III. StA. in München II 1. VII. 98; AR. in München I 16. XI. 99; II. StA. in München I 16. VI. 01; OAR. in Starnberg 1. VII. 05; LGR. in München I 1. I. 12; T. u. Rg. e. OLGR. 22. XII. 15; AGR. in München 1. VII. 19; Amtsbez. AGDir. 1. V. 24.

10 Bubb Franz, AR. in Thiersheim 16. V. 98; desgl. in Ochsenfurt 15. II. 00; OAR. in Pottenstein 16. VII. 05; LGR. in Weiden 1. VIII. 12; T. u. R. e. OLGR. 22. XII. 15; stellv. Dir. in Weiden 1. XI. 20; Landger.-Dir. das. 1. VI. 25; AGRat in Würzburg 1. I. 28; AGDir. das. 1. IV. 30.

11 Jacob Rudolf, AR. in Ludwigshafen 1. III. 99; T. u. Rg. e. OAR. 1. XI. 05; LGR. in Nürnberg 17. IV. 06; OAR. in Landstuhl 1. VIII. 13; T. u. Rg. e. AGR. 22. XII. 15; dienstaufsichtf. AGDir. in Kaiserslautern 1. III. 19.

12 Sauer Friedrich, AR. in Kitzingen 1. V. 99; II. StA. in Memmingen 15. II. 02; LGR. in Neuburg a. D. 1. III. 07; desgl. in Würzburg 1. VI. 09; T. u. R. e. OLGR. 23. XII 16; AGR. in Würzburg 1. V. 25; AGDir. das. 1. VIII. 30.

13 Aufseß Freih. von u. zu Eckart, AR. in Uffenheim 1. VII. 99; desgleichen in Bayreuth 1. V. 03; OAR. in Scheinfeld 1. X. 07; desgleichen in Berchtesgaden 1. XII. 09; T. u. Rg. e. AGR. 5. IV. 17; AGDir. in München 1. IV. 29.

14 Rupprecht Karl, III. StA. in München II 16. XI. 99; AR. in München 1. VI. 01; II. StA. in München I 1. IV. 05; LGR. das. 1. II. 13; T. u. R. e. OLGR. 25. III. 18; OAR. m. T. u. Rg. e. AGR. in München 16. X. 19; AGR. das. 1. V. 20; Amtsbez. AGDir. 1. V. 24.
15 Maier August, III. StA. in Frankenthal 16. VII. 00; AR. in Dürkheim 1. VI. 01; desgl. in Augsburg 1. IV. 05; II. StA. in Augsburg 1. X. 06; LGR. das. 1. VI. 18; T. u. R. e. OLGR. 15. VII. 19; OAR. mit T. u. R. e. AGR. in Augsburg 1. X. 21; AGDir. das. 1. XI. 30.
16 Bub Friedrich, III. StA. in Nürnberg 1. IX. 00; AR. das. 1. III. 02; II. StA. in Hof 1. X. 09; LGR. in Augsburg 1. VI. 16; T. u. Rg. e. OLGR. 1. I. 20; stellv. Dir. in Fürth 1. XI. 27; AGDir. in Fürth 1. V. 31.
17 Simon Franz, AR. in Markt-Oberdorf 1 I. 01; desgl. in Augsburg 16. VI. 05; T. u. R. e. OAR. 19. III. 13; LGR. in Augsburg 1. X. 14; T. u. R. e. OLGR. 16. XII. 22; stellv. Dir. in Augsburg 1. X. 29; AGDir. daselbst 1. VII. 32.
18 Fronmüller Georg, AR. in Weiler 1. I. 01; desgl. in Donauwörth 16. XII. 05; desgl. in Landsberg 16. I. 06; desgl. in Nürnberg 1. VI. 06; T. u. Rg. e. OAR. 19. III. 13; OAR. in Nürnberg 1. IV. 20; T. u. Rg. e. AGR. 16. XII. 22; AGDir. in Nürnberg 1. I. 31.
19 Schmidt Franz, III. StA. in München I 1. XII. 08; AR. in München 1. V. 10; II. StA. München I 1. VI. 19; LGR. München I 1. IV. 24; T. u. Rg. e. OLGR. 1. I. 25; AGRat mit Amtsbez. AGDir. AG. München 1. IV. 26.
20 Germann Valentin, AR. in Ludwigshafen 1. V. 03; T. u. Rg. e. OAR. 22. XII. 15; OAR. das. 1. IV. 20; T. u. Rg. e. AGR. 1. I. 26; AGDir. das. 1. VI. 29.
21 Schüler Hermann, III. StA. München I unter Verw. im StMin. der Justiz 1. IX. 19 (DA. 1. V. 16); Amtsrichter AG. München unter Fortverw. im StMin. der Justiz 15. II. 20; AR. in München 1. IV. 21; II. StA. im StMin. der Justiz 1. X. 23; LGR. im StMin. der Justiz 16. IV. 27; T. u. R. e. ORR. 1. X. 29; OStA. am OLG. München 1. VI. 30; AGDir. am AG. München 1. VII. 33.
22 Bems Emil Dr., III. StA. in Landshut 1. IX. 12; AR. das. 1. X. 19; II. StA. das. 1. V. 20; LGR. das. 1. I. 24; AGDir. in Nürnberg 1. VI. 30.
23 Link Hans, AR. in Gunzenhausen 1. I. 08; T. u. R. e. OAR. 1. V. 20; LGR. in Nürnberg 16. XI. 21; AGDir. (Abt.Vorst.) in Nürnberg 1. IX. 32.

3. Amtsgerichtsdirektoren als dienstaufsichtführende Richter nach Gr. A 2b der BesOrd. und Amtsgerichtsdirektoren als Abteilungsvorstände nach Gr. A 2b der BesOrd.

24 Zunhammer August, AR. in Altötting 16. XI. 97; II. StA. in Deggendorf 1. X. 01; LGR. das. 16. IV. 04; desgl. in Weiden 1. X. 04; T. u. Rg. e. OLGR. 1. VIII. 15; AGDir. in Schweinfurt 1. X. 20.
25 Stoer Friedrich, AR. in Werneck 1. VI. 98; desgl. in Ansbach 16. VIII. 99; LGR. in Fürth 1. IV. 05; desgl. in Ansbach 1. IV. 07; OAR. das. 1. II. 09; T. u. Rg. e. AGR. 22. XII. 15; AGDir. das. 1. VI. 18.

26 Marggraf Hermann, AR. in Wolfratshausen 16. III. 97; OAR. in Cham 1. IX. 04; desgl. in Wolfratshausen 1. XI. 04; T. u. Rg. e. AGR. 27. VII. 16; AGDir. in Weilheim 1. II. 25.

27 Stölzle Gottfried Dr., AR. in Nürnberg 16. V. 97; desgl. in Kempten 1. VII. 99; T. u. Rg. e. OAR. 18. XI. 04; OAR. das. 1. X. 05; T. u. Rg. e. AGR. 23. XII. 16; AGDir. das. 1. XI. 23.

28 Sommer Emil, AR. in Landsberg 1. VII. 99; OAR. in Griesbach I. X. 07; T. u. Rg. e. AGR. 5. IV. 17; versetzt AG. Eichstätt 1. II. 20; AGDir. in Ingolstadt 1. I. 30.

29 Netzsch Georg, AR. in Fürth 1. I. 00; II. StA. in Aschaffenburg 1. II. 07; OAR. in Reichenhall 1. V. 12; T. u. Rg. e. AGR. 25. III. 18; LGR. m. T. u. R. e. OLGR. in Augsburg 1. XI. 18; stellv. Dir. das. 1. I. 22; AGDir. in Aschaffenburg 1. IV. 25.

30 Kolb Friedrich, III. StA. in Straubing 16. XII. 00; AR. in Passau 16. V. 04; II. StA. in Frankenthal 16. XI. 06; LGR. das. 1. I. 13; T. u. R. e. OLGR. 15. VII. 19; stellv. Dir. in Frankenthal 1. X. 21; AGDir. das. 1. XII. 25.

31 Meisinger Joseph, AR. in Straubing 1. I. 00; OAR. in Friedberg 1. II. 10; T. u. Rg. e. AGR. 1. IV. 20; AGDir. in Landau i. d. Pf. 1. VI. 30.

32 Speth Rudolf, AR. in Osterhofen 1. V. 00; T. u. Rg. e. OAR. 21. XII. 12; OAR. in Pfarrkirchen 1. II. 13; T. u. Rg. e. AGR. 1. V. 22; vers. AG. Dingolfing 1. VII. 27; AGDir. in Amberg 1. I. 29.

33 Hauth Jakob, AR. in Stadtsteinach 1. I. 01; desgl. in Hammelburg 1. VI. 02; desgl. in Würzburg 15. II. 04; desgl. in Neuburg a. D. 1. III. 07; T. u. R. e. OAR. 19. III. 13; LGR. in Weiden 1. V. 16; OAR. in Brückenau 1. V 22; T. u. R. e. AGR. 16. XII. 22; vers. an das AG. Bamberg 1. XI. 27; AGDir. (Abt. Vorst.) AG. Bamberg 1. V. 33.

34 Valta Hermann von, AR. in Garmisch 1. II. 01; II. StA. in Passau 1. VI. 13; OAR. in Garmisch 1. IV. 20; T. u. Rg. e. AGR. 16 XII. 22; AGDir. in Garmisch 1. IV. 32.

35 Will Gustav, AR. in Landsberg 1. V. 01; T. u. Rg. e. OAR. 24. XII. 13; OAR. in Thiersheim 1. I. 16; desgl. in Arnstein 16. V. 20; T. u. Rg. e. AGR. 16. XII. 23; AGDir. in Zweibrücken 1. III. 31.

36 Ferling Alfred, AR. in Kelheim 1. IX. 02; desgl. in Bamberg 1. X. 06; II. StA. in Neuburg a. D. 15. II. 14; LGR. in Neuburg a. D. 1. VI. 20; desgl. in Coburg 1. IV. 21; T. u. Rg. e. OLGR. 16. XII. 23; AGDir. in Bayreuth 1. V. 29.

37 Jäcklein Johann, AR. in Gräfenberg 15. II. 02; desgl. in Waldsassen 16 VI. 04; desgl. in Windsheim 1. XI. 04; desgl. in Ebersberg 1. VI. 06; T. u. R. e. OAR. 7. IV. 14; OAR. in Weiler Lindenberg 1. II. 17; T. u. R. e. AGR. 1. I. 25; AGDir. in Landshut 1. V. 33.

38 Bozenmayer Emil, AR. in Illertissen 1. V. 02; desgl. in Lauingen 1. XI. 02; desgl. in Donauwörth 1. III. 05; desgl. in Lauingen 1. V. 05; desgl. in Kempten 16. IV. 06; desgl. in Weilheim 16. IX. 07; desgl. in Kaufbeuren 1. VI. 12; T. u. R. e. OAR. 1. VIII. 15; OAR. in Kaufbeuren 1. IV. 20; T. u. R. e. AGR. 1. I. 26; vers. an das AG. Neuulm 1. XII. 26; AGDir. in Traunstein 1. VII. 33.

39 Petri Richard, AR. in Annweiler 1. III. 03; desgl. in Landstuhl 1. VII. 03; T. u. R. e. OAR. 22. XII. 15; OAR. in Landstuhl 1. IV. 20; LGR. in Kaiserslautern 16. IX. 24; T. u. R. e. OLGR. 1. I. 26; AGDir. (Abt. Vorst.) in Kaiserslautern 1. X. 32.

40 Fumian Edmund, AR. in Vilsbiburg 1. IV. 04; desgl. in Straubing 1. XII. 07; T. u. Rg. e. OAR. 27. VII. 16; II. StA. in Straubing 1. IV. 19; LGR. das. 1. VII. 25; I. StA. das. 1. II. 26; AGDir. daselbst 16. III. 28.
41 Taubenberger Georg, AR. in Vilshofen 1. XII. 03; desgl. in Dachau 1. III. 10; T. u. R. e. OAR. 27. VII. 16; LGR. in Traunstein 1. IX. 20; T. u. R. e. OLGR. 1. VII. 26; AGDir. in Rosenheim 1. XI. 30.
42 Horn Hermann Dr., AR. in Rockenhausen 1.III.04; T. u. R. e. OAR. 27.VII.16; OAR. in Rockenhausen 1.IV.21; desgl. in Bamberg 16. X. 21; T. u. R. e. AGR 1. VII. 26; AGDir. (Abt.-Vorst.) in Bamberg 1.X.33.
43 Weber Joseph, AR. in Rotthalmünster 16. IV. 04; desgl. in Laufen 16. VII. 09; T. u. R. e. OAR. 27. VII. 16; OAR. in Selb 16. V. 20; T. u. R. e. AGR. 1. VII. 26; LGR. mit T. u. R. e. OLGR. in Landshut 1. I. 27; AGDir. in Hof 1. II. 32; vers. AG. Erlangen 1. VII 33.
44 Müller Julius, AR. in Gemünden 16. I. 05; desgl. in Schweinfurt 1. IX. 08; T. u. Rg. e. OAR. 23. XII. 16; OAR. in Schweinfurt 1. IV. 21; LGR. das. 1. V. 24; T. u. Rg. e. OLGR. 1. I. 27; AGDir. in Neustadt a. d. Haardt 1. IX. 30.
45 Hofbauer Ludwig, AR. in Pirmasens 16. I. 05; desgl. in Ochsenfurt 1. X. 05; desgl. in Forchheim 1. VII. 09; T. u. R. e. OAR. 23. XII. 16; versetzt AG. Nürnberg 16. V. 20; OAR. in Nürnberg 1. IV. 22; T. u. R. e. AGR. 1. I. 27; AGDir. in Kronach 1. III. 32.
46 Zahn Karl, III. StA. in Schweinfurt 1. IV. 06; AR. in Pirmasens 1. III. 10; T. u. R. e. OAR. 21. XII. 17; OAR. in Pirmasens 1. IV. 21; T. u. R. e. AGR. 1. I. 28; AGDir. in Pirmasens 1. III. 32.
47 Schmitgen Karl Dr., AR. in Pirmasens 1. VII. 13; desgl. in Ludwigshafen 1. X. 18; II. StA. in Frankenthal 1. V. 21; LGR. das. 1. VIII. 25; AGDir. in Speyer 1. III. 32.
48 Kleinheinz Joseph, AR. in Nürnberg 1. V. 15; II. StA. in Amberg 16. IX. 20; OAR. in Neuburg a. d. Donau 16. III. 28; AGDir. daselbst 1. X. 32.
49 Hoening Ludwig, LGSekr. in Nürnberg 1. II. 07; AR. in Vilshofen 1. VI. 10; II. StA. in Nürnberg 16. III. 20; LGR. in Nürnberg 16. XI. 24; AGDir. in Hof 1. VII. 33.
50 Geiger August, AAnw. in Ohrdruf 1. XI. 05; AR. in Liebenstein 1. IV. 09; desgl. in Coburg 1. IV. 14; Tit. AGRat 7. IV. 20; AGDir. in Coburg 1. X. 33.
51 Guth Franz, AAnw. in Tegernsee 1. X. 12; AR. in Bamberg 1. V. 15; II. StA. in Hof 16. X. 21; LGR. in Hof 1. V. 24; desgl. in Regensburg 1. VIII. 28; AGDir. (Abt.-Vorst.) in Regensburg 1. XI. 33.
52 Gernert Hans, AR. in Pottenstein 1. IX. 10; desgl. in Regenstauf 1. VI. 12; LGR. in Zweibrücken 16. XII. 21; AGDir. in Passau 1. XI. 33.

c) Dienstaufsichtführende Oberamtsrichter.

Mit dem Titel und Rang eines Amtsgerichtsrats ä. O.

T. u. R. e. AGR. ä. O.:

1	Schmidt Heinr.	94 XI	(1. VIII. 15)	Lauf	1. Jan. 01
2	Stadler Frz. Xav.	98 X	(23. XII. 16)	Wertingen	17. April 06
				Rg.	1. Okt. 05

Nr.	Name		Amtsgericht	
3	Feiertag Karl 99 VI	(21.XII.17)	Winnweiler	1. Mai 08
	(zugleich AGR. AG. Rockenhausen)			
4	Amberger Mich. 99 XI	(15. VII. 19)	Eggenfelden	1. April 09
5	Yberle Ludwig 99 XI	(1. IV. 20)	Friedberg	1. Dez. 09
6	Bayerlein Adam 00 I	„	Tegernsee	1. Jan. 10
7	Ratz Edmund 99 XI	(1. I. 21)	Beilngries	1. Aug. 12
			Rg.	12. März 11
8	Meyer Georg Alb. 00 I	„	Uffenheim	16. März 13
			Rg.	12. März 11
9	Vogler August 00 I	„	Waldkirchen	1. Mai 13
			Rg.	12. März 11
10	Peter Heinrich 00 I	(1. XII. 21)	Eltmann	16. Juli 12
			LGR.	1. Jan. 12
11	Strigl Jos. 00 I	„	Nabburg	16. Mai 12
			Rg.	1. Jan. 12
12	Bayerl Alois 00 II	„	Stadtsteinach	1. Juli 13
			Rg.	1. Jan. 12
13	Härtlein Eduard 00 VII	(16. XII. 22)	Neumarkt i. Opf.	1. Nov. 13
			Rg.	21. Dez. 12
14	Motzel Oskar 01 II	„	Dillingen	1. April 15
			Rg.	22. Juli 13
15	Schineis Karl 01 V	(16. XII. 23)	Burghausen	1. Mai 15
			Rg.	24. Dez. 13
16	Simon Kuno 01 V	„	Burglengenfeld	1. Jan. 19
			Rg.	24. Dez. 13
17	Jäger Ernst Dr. 01 VI StA.	„	Pfaffenhofen	1. April 20
			Rg.	24. Dez. 13
18	Meßenzehl Jakob 01 XI	„	Erding	1. April 19
			Rg.	24. Dez. 13
19	Hauer Hans 01 XI	„	Gerolzhofen	1. Okt. 18
			Rg.	24. Dez. 13
20	Leikert Friedr. 02 II	(1. VII. 24)	Aub	16. April 17
			Rg.	7. April 14
21	Fleischmann Georg 00 I	(1. I. 25)	Mellrichstadt	1. Juni 12
			Rg.	1. Jan. 12
22	Kiendl August 02 II	„	Starnberg	1. April 19
			Rg.	7. April 14
23	Seyboth Johann 02 III	(1. I. 26)	Neustadt a. d. Aisch	1. Juli 19
			Rg.	1. Aug. 15
24	Eichenlaub Wilhelm 02 III	„	Bergzabern	1. Febr. 20
			Rg.	1. Aug. 15
25	Zerrmeyer Franz 02 IV	„	Miesbach	1. April 19
			Rg.	1. Aug. 15
26	Schatte Ludwig Frhr. v. 02 IV	„	Günzburg	16. Mai 17
			Rg.	1. Aug. 15
27	Schmitt Heinrich 02 VII	„	Rockenhausen	16. Mai 17
	(zugleich AGR. AG. Winnweiler)		Rg.	1. Aug. 15

Nr.	Name		Ort		
28	Born Eugen 02 IX	(1. I. 26)	Homburg	1. Jan. 18	Rg. 22. Dez. 15
29	Remmler Ignaz 02 XI	„	Höchstadt a. d. Aisch	1. April 20	Rg. 22. Dez. 15
30	Hofmann Johann 02 XI	„	Abensberg	1. April 20	Rg. 22. Dez. 15
31	Reitzenstein Hnr. Frh. v. 03 III	„	Ebermannstadt	1. April 20	Rg. 22. Dez. 15
32	Riesch Ludwig 03 III	„	Otterberg	1. Jan. 20	Rg. 22. Dez. 15
33	Nehb Johannes 03 III	„	Wolfstein	1. April 20	Rg. 22. Dez. 15
34	Jaecklein Gottfried 03 IV	„	Weismain	1. April 20	Rg. 22. Dez. 15
35	Brucker Heinrich 03 VII	(1. VII. 26)	Kissingen	1. April 21	Rg. 27. Juli 16
36	Fakler Hans 03 X	„	Eichstätt	1. April 21	Rg. 27. Juli 16
37	Englert Joseph 04 II	„	Brückenau	1. Jan. 21	Rg. 27. Juli 16
38	Schopp Benno 04 V	„	Illertissen	1. April 21	Rg. 27. Juli 16
39	Henrich Friedrich 04 IV	(1. I. 27)	Grünstadt	1. April 21	Rg. 27. Juli 16
40	Roethe Max 04 X	„	Markterlbach	1. April 21	Rg. 23. Dez. 16
41	Seubert Franz 04 XI	„	Freising	1. April 21	Rg. 23. Dez. 16
42	Sack Friedrich 04 XII	„	Bischofsheim	1. Mai 21	Rg. 23. Dez. 16
43	Schnizlein Wilhelm 05 I	„	Heilsbronn	1. April 22	Rg. 23. Dez. 16
44	Simon Heinrich Dr. 05 I	„	St. Ingbert	1. April 20	Rg. 23. Dez. 16
45	Kaestel Otto 05 I	„	Kirchheimbolanden	1. Juli 22	Rg. 23. Dez. 16
46	Schmitt Anton 05 III	„	Fürstenfeldbruck	1. April 22	Rg. 23. Dez. 16
47	Sauer Karl 03 II	(1. VII. 27)	Greding	1. Aug. 20	Rg. 22. Dez. 15
48	Schaller Ernst 05 X	„	Berneck	1. April 22	Rg. 5. April 17
49	Scheuring Kaspar 05 X	„	Scheinfeld	1. April 21	Rg. 5. April 17
50	Pillmayr Eugen 99 XI	(1. I. 28)	Oberviechtach	1. April 19	Rg. 21. Dez. 17

51	Reuter Anton 02 IX	(1. I. 28)	Trostberg	16. Mai 20	Rg. 21. Dez. 17
52	Braun Ernst 06 IV	„	Monheim	1. Mai 22	Rg. 21. Dez. 17
53	Moll Friedrich 06 IV	„	Wasserburg	16. Jan. 22	Rg. 21. Dez. 17
54	Orth Karl 06 V	„	Dürkheim	1. April 22	Rg. 21. Dez. 17

Übrige dienstaufsichtführende Oberamtsrichter:

55	Baldauf Xaver 1. VI. 06	Prien	1. April 22	Rg. 25. März 18
56	Thoma Julius 16. XI. 06	Schrobenhausen	1. Mai 24	Rg. 31. Dez. 18
57	Käb Lorenz Dr. 1. XII. 06	Volkach	1. Okt. 24	Rg. 31. Dez. 18
58	Heurung Anton Dr. 1. I. 05	Bogen	1. Sept. 23	Rg. 15. Juli 19
59	Stamer Josef Dr. 1. I. 07	Annweiler	16. Sept. 24	Rg. 15. Juli 19
60	Wimmer Christian 1. I. 07	Höchstädt a. D.	1. April 24	Rg. 15. Juli 19
61	Hilpmann Friedrich 1. I. 07	Sulzbach	1. April 25	Rg. 15. Juli 19
62	Ordolff Albert 1. II. 07	Wassertrüding.	16. Nov. 24	Rg. 15. Juli 19
63	Wolfring Hugo 1. III. 07	Sonthofen OAR.	1. Jan. 26	Rg. 15. Juli 19
64	Brückner Georg 1. III. 07	Karlstadt	16. Mai 23	Rg. 15. Juli 19
65	Wießner Johann 1. III. 07	Wegscheid	1. Juni 25	Rg. 15. Juli 19
66	Surrer Joseph 1. III. 07	Weißenhorn	1. März 26	Rg. 15. Juli 19
67	Süßenguth Joseph 1. IV. 07	Hersbruck	16. Nov. 23	Rg. 1. Jan. 20
68	Wich Joseph 1. VI. 07	Markt-Oberdorf	1. Nov. 26	Rg. 1. April 20
69	List Karl 1. X. 07	Vilseck	16. Aug. 24	Rg. 1. April 20
70	Walther Karl Dr. 1. X. 07	Blieskastel	1. April 21	Rg. 1. April 20
71	Schwarz Ludwig 1. XII. 07	Laufen	1. Febr. 25	Rg. 1. April 20

72	Müller Eduard 1. II. 08	Simbach	1. Febr. 25
		Rg.	1. Mai 20
73	Hornstein Hans 1. IV. 08	Feuchtwangen	16. Nov. 25
		Rg.	1. Mai 20
74	Anselmann Georg 1. V. 08	Dingolfing	1. Jan. 25
		Rg.	1. Mai 20
75	Hensolt Theodor 16. VIII. 12	Herzogenaurach	1. Sept. 30
		LGR.	16. Nov. 23
		II. StA.	1. Mai 20
76	Hertle Anton 1. VII. 08	Tirschenreuth	1. Dez. 24
		Rg.	1. Jan. 21
77	Diemer Xaver 1. V. 09	Donauwörth	1. April 27
		Rg.	1. Jan. 21
78	Kollmann Alois 1. VII. 09	Landau a. d. Isar	1. Juli 27
		Rg.	1. April 21
79	Keßler Franz 1. IV. 13	Immenstadt	1. Aug. 21
80	Marx Theodor 20. VII. 07	Landstuhl	16. März 26
		Rg.	1. Dez. 21
81	Glück Ernst 1. V. 10	Rodach	1. Okt. 25
		Rg.	1. Mai 22
82	Schlereth Gregor 1. VI. 10	Burgau	1. Juli 27
		Rg.	1. Aug. 22
83	Lößl Hubert 16. VI. 11	Moosburg	16. Nov. 25
		Rg.	16. Dez. 22
84	Hartung Isidor 1. X. 11	Schwabmünchen	1. März 26
		Rg.	16. Dez. 22
85	Hittenkofer Julius 1. IV. 12	Altdorf	1. Jan. 26
		Rg.	16. Dez. 22
86	Oberbauer Franz Xaver 1. IV. 12	Altötting	1. Febr. 26
		Rg.	16. Dez. 22
87	Buhl Georg 1. IV. 12	Wunsiedel	1. Juli 27
		Rg.	16. Dez. 22
88	Armbruster Ernst 16. V. 12	Kusel	16. Nov. 26
		Rg.	16. Dez. 22
89	Müller Paul 1. VIII. 12	Parsberg	1. Juli 26
		Rg.	16. Dez. 22
90	Koller Hans 16. XI. 12	Buchloe	1. Juli 27
		Rg.	16. Dez. 22
91	Flach Rudolf 1. IV. 19 StA.	Reichenhall	1. April 29
		II. StA.	1. April 23
92	Geigel Karl 1. I. 13	Miltenberg	1. Juli 27
		Rg.	1. Juli 23
93	Ehrhardt Franz Jak. 1. II. 13	Pegnitz	1. Jan. 27
		Rg.	1. Juli 23
94	Schlick Julius 1. IV. 13	Viechtach	1. Juni 26
		Rg.	1. Juli 23

95 Schwaab Joseph 1. VII. 13 — Neunburg vorm Wald — 1. Juli 26
Rg. 16. Dez. 23
96 Schneid Franz Xaver 1. VII. 13 — Kaufbeuren — 1. April 28
LGR. 1. April 27
Rg. 16. Dez. 23
97 Gebhard Ernst 1. VI. 19 StA. — Weiden — 1. Okt. 29
II. StA. 1. Mai 24
98 Zimmermann Karl 1. VI. 14 — Gunzenhausen — 16. Juni 24
99 Reiher Heinrich 1. VIII. 13 — Vohenstrauß — 16. Aug. 26
Rg. 1. Juli 24
100 Haug Paul 1. VII. 14 — Mainburg — 1. Dez. 26
Rg. 1. Jan. 25
101 Bolz Heinrich 1. XII. 14 — Türkheim — 1. Juli 27
Rg. 1. Juli 25
102 Hader Georg 1. V. 15 — Kelheim — 1. Jan. 27
Rg. 1. Jan. 26
103 Kollmayr Franz 1. VII. 15 — Dettelbach — 1. Juli 27
Rg. 1. Jan. 26
104 Schneider Ludwig 16. V. 12 — Nördlingen — 1. Juli 27
Rg. 1. Juli 26
105 Butterhof Hans 1. IX. 15 — Aichach — 1. Jan. 27
Rg. 1. Juli 26
106 Esper Erich 1. II. 16 — Hilpoltstein — 1. April 28
Rg. 1. Jan. 27
107 Kirchbaur Rudolf 1. II. 16 — Öttingen — 1. Febr. 32
Rg. 1. Jan. 27
108 Habersack Jakob 1. III. 16 — Schongau — 1. Juli 27
Rg. 1. Jan. 27
109 Forster Felix 1. IV. 16 — Pfarrkirchen — 1. Sept. 27
Rg. 1. Jan. 27
110 Feldbaum Emil 1. II. 15 — Selb — 1. April 27
111 Koeppel Hermann 16. IX. 16 — Obernburg — 1. Juli 27
112 Hefele Otto 16. IX. 16 — Mühldorf — 1. Dez. 28
Rg. 1. Juli 27
113 Wagner Oswald 1. IV. 19 — Lichtenfels — 1. Juli 27
114 Heuber Otto 1. VII. 19 — Hemau — „
115 Eberle Eberhard 1. V. 19 — Hengersberg — 1. Aug. 27
116 Hartmann Friedrich 16. IX. 20 — Kemnath — „
117 Horix Kurt Frhr. von 1. V. 19 — Vilsbiburg — 1. Okt. 27
118 Henneck Ludwig 1. X. 18 — Landsberg — 1. Dez. 27
119 Kastner Emil 1. VI. 19 — Waldfischbach — 1. Jan. 28
120 Meyer Lorenz 1. II. 21 — Dachau — „
121 Hofmann Heinrich 1. X. 19 — Haßfurt — 1. Febr. 28
122 Desing Alois 1. IV. 21 — Regenstauf — 1. Mai 28
123 Zwerenz Ferdinand 1. X. 18 — Mindelheim — 1. Jan. 30
Rg. 1. Juli 28
124 Weigl Alfred 16. VII. 19 — Alzenau — 1. Sept. 31
Rg 1. Juli 28
125 Jacobi Erich 1. I. 18 (DA.) — Neustadt b. Cob. — 1. Dez. 28

126	Bettinger Jakob 15. II. 19	Griesbach	1. Jan. 29
127	Kempf Franz 1. XII. 19	Aibling	1. Febr. 29
128	Sturm Adalbert 1. IV. 20 StA.	Tölz	1. Mai 33
			II. StA. 1. Mai 29
129	Traßl Joseph 1. IV. 19	Waldsassen	1. Juni 29
130	Börner Ludwig Dr. 1. VIII. 19	Kulmbach	"
131	Thoma Alfred 16. XI. 19 StA.	Hammelburg	1. Sept. 31
			II. StA. 1. Juni 29
132	Binder Fritz 16. V. 20 StA.	Deggendorf	1. Mai 33
			II. StA. 1. Juni 29
133	Aimer Matthias 1. I. 20	Weißenburg	1. Juli 29
134	Regl Georg 1. VII. 19	Münchberg	1. Okt. 29
135	Sievert Ernst 1. VIII. 20	Forchheim	"
136	Hasenöder Josef Dr. 1. V. 23 StA.	Weiler-Lindenberg	1. Juni 33
			II. StA. 1. Okt. 29
137	Strebel Wilhelm Dr. 1. V. 24 StA.	Berchtesgaden	1. Juni 32
			LGR. 1. April 32
			II. StA. 1. Okt. 29
138	Kelber Gustav Dr. 1. IV. 19	Mitterfels	1. Jan. 30
139	Reiner Georg 16. V. 23	Freyung	1. Febr. 30
140	Kimmerle Max 1. I. 19 StA.	Lindau	1. März 30
141	Meßerer Richard Dr. 20. II. 20 StA.	Wolfratshausen	1. Nov. 33
			StA. 1. März 30
142	Rohmeder Max Dr. 1. VII. 25 StA.	Edenkoben	1. Okt. 33
			LGR. 1. Juli 33
			I. StA. 1. Juni 30
143	Hirn Georg Dr. 16. XI. 20	Kötzting	1. Juli 30
144	Grüber Julius 1 IV. 21	Rothenburg ob der Tauber	"
145	Drexler Anton 1. VI. 21	Arnstorf	"
146	Benedicter Alfons Dr. 1. X. 21	Hofheim	"
147	Wintrich Joseph Dr. 1. I. 23 StA.	Ebersberg	1. Nov. 33
			StA. 1. Juli 30
148	Laubmann Christian 1. VII. 25	Königshofen	1. Juli 30
149	Bader Karl Dr. 1. IV. 19	Geisenfeld	1. Aug. 30
150	Lauter Richard Dr. 1. VI. 25	Pottenstein	"
151	Bauner Franz 1. V. 19	Neustadt a. d. Saale	1. Sept. 30
152	Brey Adam 1. XI. 20	Rehau	"
153	Gehrlein Willibald Dr. 1. VI. 27	Dorfen	1. Nov. 33
			I. StA. 1. Sept. 30
154	Goetz Edmund 1. IV. 19	Riedenburg	1. Okt. 30
155	Müller August 1. II. 20	Neustadt a. d. W.N.	1. Nov. 30
156	Memmer August 1. VI. 20	Dahn	"
157	Hierlmeier Ludwig 1. XI. 25 StA.	Schwabach	1. Nov. 33
			I. StA. 1. Dez. 30
158	Engel Philipp 16. XII. 26 StA.	Füssen	1. Nov. 33
			I. StA. 1. Jan. 31
159	Gräbner Kaspar 16. V. 20	Wörth	1. März 31
160	Micheler Max Jos. 1. IV. 19	Osterhofen	1. April 31
161	Lutz Hermann 16. XII. 24	Furth im Wald	"
162	Klarmann Hans 16. X. 21	Schwandorf	1. Sept. 31
163	Bauer Karl Dr. 16. XII. 26 StA.	Neu-Ulm	"

164	Glück Anton Dr. 1. I. 27 (StA.)	Naila	1. Okt. 33 I. StA. 1. Sept. 31
165	Kennerknecht Max 1. X. 19	Germersheim	1. Okt. 31
166	Schanz Georg 16. XI. 24	Neumarkt a.d. Rott	„
167	Hetzel Hermann 1. IX. 25	Neukirchen	„
168	Scheppler Franz Dr. 16 XII. 21	Gemünden	1. Nov. 31
169	Bauer Joseph Dr. 1. X. 22	Arnstein	1. April 32
170	Knör Max Dr. 1. V. 23	Krumbach	„
171	Mitterer Joseph 16. XI. 25	Kipfenberg	„
172	Salfner Ottmar 1. XI. 25	Ludwigsstadt	1. Mai 32
173	Lunz Hans 1. V. 20 StA.	Hollfeld	16. Mai 32
174	Strobl Joseph Dr. 1. IV. 24	Waldmünchen	„
175	Stillrich Hans 1. VII. 25	Mallersdorf	1. Juli 32
176	Weid Lorenz 16. I. 22	Marktheidenfeld	1. Okt. 32
177	Bierling Hans 1. III. 27	Roding	„
178	Regula Hans 16. V. 20	Kandel	1. Nov. 32
179	Wachter Benedikt 1. V. 26	Zusmarshausen	„
180	Brößler Hans 1. II. 25	Obermoschel	1. Jan. 33
181	Loew Franz 1. VIII. 20	Roth	1. Mai 33
182	Holzbauer Karl 1. V. 21	Cham	„
183	Rebhan Joseph 1. IV. 25	Regen	„
184	Gatterbauer Karl Dr. 1. VI. 25	Rottenburg	„
185	Mayer Max Dr. 1. I. 26	Münnerstadt	„
186	Romeis Joseph Dr. 15. II. 27 StA.	Waldmohr	„
187	Poiger Karl Dr. 1. X. 27	Eschenbach	„
188	Royackers Richard 1. XI. 27	Lohr	„
189	Vetter Anton Dr. 16. III. 28	Rotthalmünster	„
190	Jung Paul 1. VI. 22	Ochsenfurt	16. Mai 33
191	Werner Johann 1. X. 22	Vilshofen	1. Juni 33
192	Wagner Hans 1. X. 29	Kirchenlamitz	1 Juli 33
193	Hammerschmidt Alb. 1. V. 20 StA.	Haag	1. Sept. 33
194	Dynnebier Dr. Johannes 1. XI. 20	Windsheim	„
195	Sauter Hans 1. VI. 21	Ebern	„
196	Hensold Hans Dr. 1. VII. 26	Dinkelsbühl	„
197	Mulzer Joseph Dr. 1. IX. 30	Schöllkrippen	„
198	Reuter Rudolf 1. IV. 21 StA.	Staffelstein	1. Okt. 33
199	Gegenfurtner Oswin 15. II. 27 StA.	Obergünzburg	„
200	Reber Erich Dr. 1. I 28	Auerbach	„
201	Mayer Alfons Dr. 1. II. 31	Nittenau	„
202	Fensterer Otto 1. XII. 28	Grafenau	1. Nov. 33
203	Emmert Ernst Dr. 1. IX. 31.	Heidenheim	„

d) Amtsgerichtsräte.

Mit dem Titel und Rang eines Amtsgerichtsrats ä. O.

		T. u. R. e. AGR. ä. O.:		
1	Kößler Baptist 96 XII	(27. VII. 16)	München	OAR. 1. April 05 Rg. 1. März 04
2	Stangl Kosmas 99 VII	(5. IV. 17)	Würzburg	OAR. 1. Okt. 07
3	Hoffmann Ludw. Dr. 99 XI	(21. XII 17)	Landshut	OAR. 1. Febr. 11 LGR. 16. Juli 08

4	Wedermann Konr. 98 XII	(21. XII. 17)	Nürnberg	OAR. 1. Okt. 08
5	Baunach Joseph 99 XI	(15. VII. 19)	Aschaffenbg.	OAR. 1. Juli 09
6	Kirchner Friedrich 99 V	(16. XII. 22)	Starnberg	OAR. 1. April 20 Rg. 12. März 11
7	Griebe Frz. Gg. 00 VII	„	Schweinfurt	OAR. 1. Dez. 14 Rg. 21. Dez. 12
8	Paulus Georg 00 XI	„	Fürth	OAR. 1. April 20 Rg. 21. Dez. 12
9	Fuchs Heinrich 01 I	„	Fürth	OAR. 1. April 20 Rg. 19. März 13
10	Zahler Friedr. 01 VII	(16. XII. 23)	Würzburg	OAR. 1. April 20 Rg. 24. Dez. 13
11	Hahn Karl 01 VIII	„	Rosenheim	„
12	Mändl Peter Dr. 02 I	(1. VII. 24)	Augsburg	OAR. 1. April 20 Rg. 7. April 14
13	Baer Ernst 02 II	(1. I. 25)	Fürth	OAR. 1. April 20 Rg. 7. April 14
14	Medicus Karl 01 V	(1. I. 26)	Weismain	OAR. 1. April 20 Rg. 24. Dez. 13
15	Heinlein Joseph 00 IX	(1. VII. 26)	Neu-Ulm	OAR. 1. April 20 Rg. 21. Dez. 12
16	Blanck Ernst 03 VII	„	Roth	OAR. 1. April 21 Rg. 27. Juli 16
17	Wüst August 04 V	„	Zweibrücken	OAR. 1. Juni 21 Rg. 27. Juli 16
18	Spengelin Friedr. 04 XI (StA.)	(1. I. 27)	Kempten	OAR. 1. April 21 Rg. 23. Dez. 16
19	Fischer Friedrich 04 XI	„	Ingolstadt	„
20	Freundlich Artur Dr. 05 I	„	Augsburg	„
21	Ade Martin 05 II	„	Straubing	OAR. 1. April 22 Rg. 23. Dez. 16
22	Sackerer Ludwig 05 IV	„	Freising	„
23	Hecker Friedrich 05 V	„	Augsburg	„
24	Schmidtill Georg 05 VI	(1. VII. 27)	Krumbach	OAR. 1. April 22 Rg. 5. April 17
25	Wolff Friedrich 05 VI	„	Neustadt a. d. Haardt	OAR. 1. April 22 Rg. 5. April 17
26	Hottner Ludwig 05 VII	„	München	OAR. 1. April 21 Rg. 5. April 17
27	Wohlfart Hans 05 X	„	Kempten	OAR. 1. April 22 Rg. 5. April 17
28	Trendel August Dr. 05 X	(1. VII. 27)	Regensbg.	OAR. 1. Jan. 22 Rg. 5. April 17
29	Lehmann Christian 05 XI	„	Neustadt a. d. Haardt	OAR. 1. April 22 Rg. 5. April 17

Nr.	Name		Ort		
30	Leonrod Friedr. Frhr. v. 05 XI	(1. VII. 27)	München	OAR.	1. April 21
				Rg.	5. April 17
31	Brückner Kaspar 04 XI	(1. I. 28)	Straubing	OAR.	1. Juni 21
				Rg.	21. Dez. 17
32	Laturner Gottfried 06 II	„	Traunstein	OAR.	1. April 22
				Rg.	21. Dez. 17
33	Heßelberger Joseph 06 IV	„	Nürnberg	OAR.	1. April 21
				Rg.	21. Dez. 17
34	Miller Max 06 IV	„	Rosenheim	OAR.	1. April 22
				Rg.	21. Dez. 17

Übrige Amtsgerichtsräte:

Nr.	Name	Ort		
35	Apel Viktor 1. II. 04	Lichtenfels	OAR.	1. April 20
			Rg.	19. Juli 15
36	Schmauß Gottfried 1. VI. 06	Augsburg	OAR.	1. April 21
			Rg.	25. März 18
37	Eckenweber Otto 1. VI. 06	Memmingen	OAR.	1. Apr. 21
			Rg.	25. März 18
38	Kriener Wilhelm Dr. 1. VIII. 06	München		„
39	Breitling Ludwig 1. IX. 06	„	OAR.	1. Juli 23
			Rg.	25. März 18
40	Gollwitz Friedrich 1. X. 06	Münchberg	OAR.	1. Mai 24
			Rg.	31. Dez. 18
41	Rottler Emil 1. I. 08	Nürnberg	OAR.	1. Juni 22
			II. StA.	23. Juni 19
42	Michel Martin 1. I. 07	Simbach	OAR.	1. Juni 25
			Rg.	15. Juli 19
43	Hämmel Ernst 1. I. 07	Amberg	OAR.	1. Aug. 25
			Rg.	15. Juli 19
44	Ritter Ludwig 1. II. 07	München		„
45	Deybeck Heinrich 1. II. 07	München		„
46	Hauser Paul 21. II. 07	Obergünzburg	OAR.	1. Sept. 25
			Rg.	15. Juli 19
47	Schultes Walter von 1. II. 07	Coburg	OAR.	1. Dez. 19
48	Barth Karl 1. IV. 07	Greding	OAR.	1. Mai 26
			Rg.	1. Jan. 20
49	Zottmayr August 1. X. 07	Ingolstadt	OAR.	16. März 27
			Rg.	1 April 20
50	Kaufmann Albert 16. X. 07	München	OAR.	1. April 22
			Rg.	1. April 20
51	Filberich Joseph 1. II. 08	Dinkelsbühl	OAR	15. Febr. 27
			Rg.	1. Mai 20
52	Höh Adam 1. III. 08	Waldfischbach	OAR.	1. April 27
			Rg.	1. Mai 20

Nr.	Name	Ort		
53	Kahl Ludwig 1. VI. 08 (StA.)	München	OAR.	1. April 27
			Rg.	1. Jan. 21
54	Kreißle Gustav 1. X. 08	Augsburg	OAR.	16. April 27
			Rg.	1. Jan. 21
55	Dasch Joseph 16. VII. 09	Fürth	OAR.	1. Juli 27
			Rg.	16. Juni 21
56	Panzer Adolf 1. X. 09	München	OAR.	1. Juli 27
			Rg.	1. Dez. 21
57	Strohm Ferdinand 1. XII. 09	Aschaffenbg.	OAR.	1. Juli 27
			Rg.	16. Jan. 22
58	Giulini Karl 1. I. 10	München	OAR.	1. Juli 27
			Rg.	16. Jan. 22
59	Sailer Leopold 1. IV. 10	München	OAR.	1. Juli 27
			Rg.	1. Mai 22
60	Weegmann Ferdinand 1. VI. 10	Ebersberg	OAR.	1. Juli 27
			Rg.	1. Juni 22
61	Dietz Karl 1. VII. 10	München	OAR.	1. Juli 27
			Rg.	1. Okt. 22
62	Eck Josef 1. V. 11	Erlangen	OAR.	1. Nov. 24
			Rg.	1. Okt. 22
63	Steigelmann Karl Dr. 16. V. 12	Neustadt a. d. Haardt	LGR.	16. Okt. 22
			AGR.	1. Juni 30
64	Castell Otto Frhr. v. 1. VI. 11	Eichstätt	OAR.	1. Juli 27
			Rg.	1. Dez. 22
65	Gelbert Karl 16. VI. 11	Ludwigshafen a. Rhein	OAR.	1. Juli 27
			Rg.	16. Dez. 22
66	Masser Wilhelm Dr. 1. VIII. 11 (StA.)	München	OAR.	1. Aug. 27
			Rg.	16. Dez. 22
67	Wittstatt Ernst 1. IV. 12	München	OAR.	1. Juli 27
			Rg.	16. Dez. 22
68	Durner Otto 1. VII. 12	Augsburg		„
69	Gögelein Friedrich 1. VIII. 12	Kempten		„
70	Binstadt Robert 1. VIII. 12	Schweinfurt		16. Dez. 24
			Rg.	16. Dez 22
71	Mihling Otto 1. II. 13	München	OAR.	1. Juli 27
			Rg.	1. Juli 23
72	Weinkauf Gustav 16. III. 13 (zugleich AGR. AG. Rockenhausen)	Winnweiler		„
73	Muggenthaler Ferdinand 1. VI. 13	Landshut	OAR.	1. Juli 27
			Rg.	16. Dez. 23
74	Volkhart Hugo 1. VI. 13	Fürth		„
75	Kammerer Ernst 1. VI. 13	Freising		„
76	Stock Hans 1. VIII. 13	Ingolstadt	OAR.	1. Aug. 27
			Rg.	1. Juli 24

Nr.	Name	Amtsgericht		
77	Bienenfeld Heinrich 1. IX. 13	München	OAR.	1. Juli 27
			Rg.	1. Juli 24
78	Rechenauer Hans 1. XI. 13	Straubing		„
79	Berger Jakob 1. I. 14	Deggendorf	OAR.	1. Aug. 27
			Rg.	1. Juli 24
80	Heß Kurt 1. V. 15	Pirmasens	OAR.	1. Okt. 29
			I. StA.	16. Juli 24
81	Lell Franz 1. III. 14	Straubing	OAR.	1. Juli 27
			Rg.	1. Jan. 25
82	Mayer Ludwig 1. IV. 14	Bamberg	OAR.	1. Aug. 27
			Rg.	1. Jan. 25
83	Eichner Eduard 1. VII. 14	Fürth		„
84	Hörst Karl 1. VII. 14	Amberg		„
85	Remy Otto 16. VIII. 14	Vohenstrauß	OAR.	1. Sept. 27
			Rg.	1. Juli 25
86	Schäler Joseph Dr. 15. II. 15 (StA.)	München	OAR.	1. Nov. 27
			Rg.	1. Jan. 26
87	Günther Siegfried 1. IV. 15	Würzburg	OAR.	1. Aug. 27
			Rg.	1. Jan. 26
88	Schlechter Ludwig 1. IV. 15	Rosenheim	OAR.	1. Aug. 27
			Rg.	1. Jan. 26
89	Eichhorn Johann 1. V. 15	Bamberg	OAR.	1. Juli 27
			Rg.	1. Jan. 26
90	Dirlam Bruno 1. V. 15	Donauwörth	OAR.	1. Aug. 27
			Rg.	1. Jan. 26
91	Kienle Alfons Dr. 1. V. 15	Garmisch		„
92	Meinel Otto 16. VIII. 15	Kempten	OAR.	1. Nov. 27
			Rg.	1. Juli 26
93	Albert Otto 1. X. 15	Türkheim	OAR.	1. Febr. 28
			Rg.	1. Juli 26
94	Lippert Hugo Dr. 1. XI. 15	Würzburg	OAR.	1. Aug. 27
			Rg.	1. Juli 26
95	Leonpacher Bernhard 1. I. 16	Traunstein		„
96	Herold Karl Dr. 1. VI. 18	Nürnberg (ArbGer.)	OAR.	1. Juli 27
97	Haunsperger Karl 1. XI. 18	Ingolstadt		„
98	Kanzler Otto 1. I. 19	Neunburg vorm Wald		„
99	Reusing Karl 1. IV. 19	Nabburg		„
100	Dodel Joseph 1. V. 19	Burgau		„
101	Graf Theodor 1. V. 19	München		„
102	Reismüller Hermann 15. II. 19	Hilpoltstein	OAR.	1. Aug 27
103	Naegele Otto Dr. 1. V. 19	München	OAR.	1. Nov. 27
104	Günther Friedrich 1. VI. 13	Otterberg	OAR.	1. Jan. 28
105	Fürst Albert 1. VI. 18	Friedberg		„
106	Wolf Ottmar 1. VI. 18	Speyer		„
107	Obermaier Franz Xav. 1. VII. 19	Miesbach		„
108	Därr Adolf 1. VII. 19	Nürnberg		„
109	Neumayer Joseph 1. VIII. 19	Waldsassen		„
110	Rath Georg 1. X. 20	Würzburg	OAR.	1. Febr. 28

111	Vogelhuber Friedrich 16. X. 19		Erlangen	OAR.	16. März 28
112	Rath Karl 16. X. 19		Hersbruck	OAR.	1. April 28
113	Wolf Michael 1. X. 18		Neuburg a. d. D.	OAR.	1. März 31
				Rg.	1. Juli 28

(Bei den Amtsgerichtsräten, die in ein früheres Prüfungsjahr eingereiht wurden, ist dieses in Klammer beigesetzt)

		T. u. R. e. OAR.			
114	Wanderer Hub.	(1. V. 22)	Zusmarshausen		1 Aug. 12
				StA.	1. Mai 10
115	Haug Joseph	(1. I. 27)	Fürstenfeldbruck		1. Mai 16
116	Lehner Joseph	(1. VII. 27)	Miesbach		1. Okt. 16
117	Bader Joseph	"	Würzburg		"
118	Anhäußer Otto	(1. VII. 28)	Augsburg		1. Okt. 18
119	Dauberschmidt Fritz (1908)	"	Eggenfelden		"
120	Wirth Karl	"	Mindelheim		1. Nov. 18
121	Müller Edmund Martin	"	München (ArbGer.)		"
122	Haneberg Max	"	Regensburg		1. April 19
123	Rose Hans (1914)		Coburg		1. Dez. 18
					1. Aug. 17
124	Schumann Ludw.		Heilsbronn		1. April 19
125	Hinterleitner Richard		Schweinfurt		1. Mai 19
126	Eggert Franz Dr.		Immenstadt		16. April 22
				StA.	1. Juni 19
127	Maurer Karl Ludw. (1908)		Ludwigshafen a. Rhein		1. Juni 19
128	Knör Hans Dr.		München		1. Juni 19
129	Trümmer Ernst (1912)		München		15. Febr. 20
				StA.	1. Juni 19
130	Eckhardt Friedrich (1914)		München		1. Nov. 25
				StA.	1. Juli 19
131	Arnholdt Hans		Würzburg		1. Aug. 19
132	Straßer Ferdinand		Münchberg		16. Aug. 19
133	Geiger Martin		Coburg		1. Okt. 19
134	Renner Otto (1908)		Neustadt a. d. Haardt		"
135	Krieger Ferd.		Ludwigshafen a. Rhein		"
136	Pollner Karl		München		"
137	Köhler Heinr. (1909)		Neustadt a.d. Haardt		"
138	Kellerer Max Dr.		Vilsbiburg		16. Okt. 19
139	Donaubauer Jos.		München		16. Nov. 19
140	Donaubauer Rud.		Altötting		"
141	Wagner Otto		München		"
142	Wiedemann Max		München		"
143	Sailer Joseph (1909)		Laufen		1. Dez. 19
144	Hertel Christian		Weilheim		1. Jan. 20
145	Walz Hans (1909)		Würzburg		"
146	Feurer Jakob		Schrobenhausen		"
147	Waldmann Daniel Dr. (1910)		Nürnberg		"
148	Schneider Oskar		Neustadt a. d. Haardt		"
149	Knappich Sigmund Dr.		München		1. Febr. 20
150	Greiner Franz Dr.		Nürnberg		16. März 20
151	Bordollo Otto Dr.		Ludwigshafen a. Rhein		1. April 20

152	Dünckel Karl Dr.	Pirmasens	1. April 20
153	Heid Rudolf	München	"
154	Wagner Wilhelm	Ludwigshafen a. Rhein	1. April 22
		StA.	1. April 20
155	Gabler Ludwig (1910)	Nürnberg	16. April 20
156	Blesch Johann	Bamberg	1. Mai 20
157	Fürst Friedrich (1909)	Augsburg	"
158	Schlitt Wilhelm (1910)	München	"
159	Schmidt Ludwig	"	"
160	Loschge Heinrich	"	"
161	Münch Alexander Dr.	"	"
162	Schmidt Friedr. Dr.	"	1. Okt. 23
		StA.	1. Mai 20
163	Lang Fritz Dr.	Traunstein	16. Mai 20
164	Schmidt Adolf Dr. (1908)	München	"
165	Sagmeister Max Eman. Dr.	München	"
166	Schellhaaß Otto	Kaiserslautern	1. April 21
		StA.	16. Mai 20
167	Klinger August	Fürstenfeldbruck	1. Juni 20
168	Schreiber Karl	Homburg	"
169	Besold Fritz Dr. (1911)	München	"
170	Kruis Konrad (1910)	"	"
171	Krauß Karl	Bayreuth	16. Juni 20
172	Fichter Eduard Dr.	Kaiserslautern	16. Juli 20
173	Lintner Friedr. (1908)	Landshut	1. Sept. 20
174	Simon Otto	Freising	"
175	Loesch Ernst Dr.	Weißenburg	16. Sept. 20
176	Hahn Hugo	Roth	"
177	Lipps Hans	Landau i. d. Pf.	"
178	Mummenhoff Oskar	Forchheim	"
179	Scharnagl Karl	Regensburg	1. Okt. 20
180	Seyboth Wilhelm (1910)	Augsburg	1. Nov. 20
181	Klebel Ludw.	Feuchtwangen	16. Nov. 20
182	Hörger Georg (1913)	München	1. Mai 23
		StA.	1. Dez. 20
183	Petz Wilhelm	Mühldorf	1. Jan. 21
184	Witt Joseph (1910)	Altötting	1. März 21
185	Khann Anton	Passau	16. April 21
186	Maas Karl	Kaiserslautern	1. Mai 21
187	Schanck Karl	St. Ingbert	1. Juni 26
188	Schwarz Otto (1912)	Landsberg	1. Okt. 21
189	Bomhard Otto	Kulmbach	16. Okt. 21
190	Schmitt Valentin (1911)	Bamberg	16. Nov. 21
191	Reck Konrad (1911)	Lichtenfels	1. Dez. 21
192	Frank Julius Dr.	Schweinfurt	16. Dez. 21
193	Pehl Georg (zugleich AGR. AG. Winnweiler)	Rockenhausen	1. April 22
194	Herrmann Rudolf	Augsburg	1. Sept. 22
195	Geißendörffer Friedrich	Dorfen	16. Sept. 22
196	Braun Fritz Dr.	Speyer	16. Okt. 22

197	Ehrensberger Rudolf (1911)	Mühldorf	1. Dez. 22
198	Gaßner Hans	Ochsenfurt	1. Jan. 23
199	Uschold Hans (1915)	Ludwigshafen a. Rhein	1. Aug. 25
		StA.	1. Febr. 23
200	Guggumos Michael (1917)	München	16. April 26
		StA.	1. Febr. 23
201	Forler Otto	Zweibrücken	1. Juni 23
202	Baumeister Adolf Dr. (1912)	Kempten	1. Juli 23
203	Reitmair Michael Dr. (1911)	München	1. Aug. 23
204	Holzer Georg Dr. (1911)	Neumarkt i. d. OPf.	1. Sept. 23
205	Mitterlechner Franz (1911)	Burghausen	"
206	Oswald Karl Dr. (1914)	München	1. Nov. 25
		StA.	1. Okt. 23
207	Kaiser Joseph (1918)	München	16. April 26
		StA.	1. Nov. 23
208	Baumgärtner Hermann	Weißenhorn	16. Nov. 23
209	Müller Rudolf (1912)	Buchloe	16. Dez. 23
210	Welsch Theodor Dr. (1913)	Lauterecken	1. Mai 24
211	Bruch Hermann Dr. (1914)	Pirmasens	1. Dez. 25
		StA.	1. Mai 24
212	Regnault Alexander Dr.	Edenkoben	16. Juni 24
213	Ohler Gustav (1914)	Wolfstein	"
214	Krennrich Otto Dr.	Kaiserslautern	1. Juli 24
215	Endres Alfons	Straubing	16. Juli 24
216	Richter Anton	Pfarrkirchen	1. Dez. 24
217	Boos Valentin (1911)	Pirmasens	16. Dez. 24
218	Weingarth Emil	Kaiserslautern	"
219	Straßer Wilhelm (1912)	München (ArbGer.)	1. Jan. 25
220	Hüttinger Wilhelm	Oberviechtach	1. Jan. 25
221	Krug Albert (1915)	Ludwigsstadt	1. Febr. 25
222	Rosner Karl Dr.	München	1. April 25
223	Lenert Rudolf Dr.	Memmingen	1. Mai 25
224	Gießen Friedrich (1914)	Ludwigshafen a. Rhein	"
225	Roth Otto (1912)	Rosenheim	1. Juni 25
226	Lutz Joseph Dr.	Wolfratshausen	"
227	Karch Georg	Grünstadt	1. Juli 25
228	Nehmeier Georg	Kempten	16. Juli 25
229	Kalbskopf Karl Dr. (1912)	Nürnberg (ArbGer.)	"
230	Becker Nikolaus (1918)	Kirchheimboland.	1. Aug. 25
231	Wronker Werner (1919)	Augsburg	16. Sept. 25
232	Beisel Heinrich	Nürnberg	1. Nov. 25
233	Mayr Richard (1912)	Reichenhall	16. Nov. 25
234	Weber Ludwig Dr.	Tölz	"
235	Mangel Ludwig	Schongau	"
236	Limmer Moritz Dr.	Karlstadt	1. Dez. 25
237	Renkel Wilhelm (1911)	Aichach	16. Dez. 25
238	Spranger Karl	Markt Oberdorf	"
239	Fellmann Oskar (1911)	Würzburg	1. Jan. 26
240	Hafner Otto Dr. (1912)	Landshut	"
241	Bieber Georg	Würzburg	"
242	Essel Hans Dr. (1913)	Dachau	"
243	Falk Karl	Regen	1. Jan. 26

Nr.	Name	Ort	Datum
244	Schwarz Wilhelm Dr.	Schwandorf	1. Febr. 26
245	Söldner Adolf	Obernburg	1. März 26
246	Loechler Richard	Eschenbach	"
247	Sponsel Julius	Nürnberg (ArbGer.)	"
248	Hofherr Franz	Abensberg	"
249	Mußgiller Anton	Rosenheim	1. Mai 26
250	Yblagger Max (1913)	Kemnath	"
251	Hirsch Hans Dr. (1917)	Gerolzhofen	"
252	Strobel Eduard	München	1. Juni 26
253	Lorenz Karl (1916)	Viechtach	1. Juni 26
254	Faber Hans Dr. (1916)	Rothenburg ob der Tauber	1. Juli 26
255	Berz Karl (1914)	Jllertissen	"
256	Kremer Joseph (1914)	Schweinfurt	16. Aug. 26
257	Prell Ludwig (1915)	Bayreuth	1. Okt. 26
258	Gürthofer Adalbert	Weilheim	"
259	Fischer Hermann	Wunsiedel	16. Okt. 26
260	Tischler Arnulf (1913)	München	"
261	Rieb Ludwig (1918)	Dürkheim	1. Dez. 26
262	Brütting Anton (1914)	Augsburg	"
263	Bohrer Wilhelm (1915)	Arnstorf	"
264	Stadter Leonhard (1914)	Öttingen	"
265	Klett Joseph (1916)	Bischofsheim	"
266	Eppelein Otto (1917)	Passau	1. Mai 27
		StA.	16. Dez. 26
267	Waltz Franz (1922)	Kaiserslautern	1. Nov. 30
		StA.	16. Dez. 26
268	Hellmuth Leo Dr. (1923)	Kronach	1. Juni 29
		StA.	16. Dez. 26
269	Hofmann Friedrich	Nürnberg	1. Febr. 29
		StA.	16. Dez. 26
270	Laukenmann Jakob Dr.	Ludwigshafen a. Rhein	1. Juni 29
		StA.	16. Dez. 26
271	Hartmann Rudolf	Augsburg	1. Mai 29
		StA.	16. Dez. 26
272	Gamringer Willibald Dr. (1918)	Wörth a. d. Donau	1. Jan. 30
		Rg.	1. Jan. 27
273	Heldrich Friedrich Dr.	München	16. April 29
		StA.	1. Jan. 27
274	Ratz Paul Dr.	Nürnberg	1. Juni 29
		StA.	15. Febr. 27
275	Dexheimer Hermann Dr. (1922)	Kaufbeuren	1. Dez. 28
		StA.	1. März 27
276	Knoeckel Günther Dr. (1923)	Edenkoben	1. Jan. 29
		StA.	1. März 27
277	Munzinger Karl Dr.	Ludwigshafen a. Rhein	1. März 29
		StA.	16. März 27
278	Heldmann Anton von Dr.	Füssen	1. April 27
279	Meier Franz Dr. (1919)	Eltmann	"

280	Gundel Richard (1921)	Tirschenreuth		1. Jan. 29
			StA.	1. April 27
281	Zwinger Joseph	Tegernsee		16. Mai 27
282	Grimm Chlodwig	Höchstädt a. d. Donau		1. Juni 27
283	Seubelt Karl Dr. (1908)	Starnberg		1. Aug. 27
284	Rauh Hans Dr.	Nördlingen		1. Febr. 30
			StA.	1. Okt. 27
285	Möhring John (1920)	Lauf		1. Nov. 27
286	Weiß Karl	Wasserburg		„
287	Groß Walter	Erding		1. Febr. 30
			StA.	1. Dez. 27
288	Theobald Fritz	Coburg		1. Dez. 27
289	Stroebele Paul (1921)	München		1. Jan. 28
290	Hoffmann Wilhelm	Hengersberg		16. Juni 30
			StA.	1. Febr. 28
291	Silberschmidt Benno Dr.	Ingolstadt		1. Okt. 30
			StA.	1. Febr. 28
292	Keller Heinrich	Pirmasens		1. Okt. 29
			StA.	1. Febr. 28
293	Kempf Hans	Hofheim		16. März 28
294	Joanni Karl	Altdorf		1. Juli 30
			StA.	16. März 28
295	Geiger Theodor Dr. (1922)	Forchheim		16. März 28
296	Matheis Karl Dr.	Landau i. d. Pf.		1. Jan. 30
			StA.	1. April 28
297	Barth Heinrich	München		1. Juni 30
			StA.	1. Juni 29
			Rg.	1. April 28
298	Fensterer Rudolf (1922)	Neustadt a.d.Saale		1. Mai 28
299	Schmucker Hans	München		1. Juni 30
			StA.	1. Mai 28
300	Lichtenberger Gustav Dr.	München (ArbGer.)		1. Okt. 30
			StA.	1. Mai 28
301	Hack Albert Dr.	Ludwigshafen a. Rhein		„
302	Wachter Ludwig Dr.	Nürnberg		1. Okt. 30
			StA.	1. Juli 28
303	Bohm Werner Dr.	München		1. Jan. 31
			StA.	1. Aug. 28
304	Neumaier Alois Dr.	Nürnberg		1. Sept. 30
			StA.	1. Aug. 28
305	Großer Ernst Dr.	München		„
306	Spiegel Armin Dr.	Würzburg		1. Aug. 30
			StA.	1. Aug. 28
307	Retsch Georg Dr.	Nürnberg		1. Sept. 30
			StA.	1. Aug. 28
308	Haffner Hermann Dr.	Ludwigshafen a. Rhein		1. Jan. 31
			StA.	1. Aug. 28

309	Weisbrod Otto Dr.	Ludwigshafen a. Rhein		1. Febr. 31
			StA.	1. Sept. 28
310	Plößl Albert (1921)	Schrobenhausen		1. Nov. 28
311	Wölzl Robert Dr.	München		1. Dez. 28
312	Petschner Georg Dr. (1922)	Uffenheim		"
313	Winkler Karl Dr. (1923)	Obermoschel		"
314	Brückner Wilhelm	Augsburg		1. Febr. 31
			StA.	1. Dez. 28
315	Haas Wilhelm Dr.	Aibling		"
316	Holzer Heinrich (1922)	Dingolfing		1. Jan. 29
317	Fröhlich Joh. Bapt. (1922)	Landau a. d. Isar		"
318	Haberdasch Alb. Dr.	Neuburg a. d. Donau		"
319	Kobler Franz Dr.	München		1. Febr. 31
			StA.	1. April 29
			Rg.	1. Jan. 29
320	Seifert Friedrich Dr.	Hof		1. März 31
			StA.	1. Jan. 29
321	Kollmann Wilhelm (1914)	Haßfurt		1. Febr. 29
322	Eisert Georg Dr.	Nürnberg		1. März 31
			StA.	1. Febr. 29
323	Reiß Thomas Dr.	"		"
324	Weidinger Karl Dr.	München		1. April 31
			StA.	1. Febr. 29
325	Hegele Johann	Augsburg		1. März 31
			StA.	1. Febr. 29
326	Hirt Ernst Dr. (1923)	Nürnberg		1. März 29
327	Schnabl Adolf Dr.	Sonthofen		1. Mai 31
			StA.	1. Juli 29
			Rg.	16. März 29
328	Krenzer Gustav	München		1. Mai 31
			StA.	16. März 29
329	Roemer Walter	"		1. Sept. 31
			StA.	16. März 29
330	Malzer Heinrich	Schwabach		1. April 31
			StA.	1. April 29
331	Hahn Fritz Dr. (1927)	Nürnberg		1. Febr. 31
			StA.	1. April 29
332	Bechert Karl Dr.	Nürnberg		1. März 31
			StA.	1. April 29
333	Stephanus Heinrich Dr. (1923)	Berchtesgaden		1. April 29
334	Keidel Theodor	München (ArbGer.)		1. Okt. 31
			StA.	1. April 29
335	Schoch Hermann Dr.	München		"
336	Fleischmann Joseph Dr.	München		1. April 32
			StA.	16. April 29
337	Kuffer Ludwig	Landshut		1. Juli 31
			StA.	1. Mai 29
338	Elsässer Sigmund Dr.	Erding		1. Jan. 32
			StA.	1. Mai 29

Nr.	Name	Ort		Datum
339	Herrgen Rudolf	Nürnberg		1. Sept. 31
			StA.	1. Mai 29
340	Schmucker Max	Landshut		1. Juni 29
341	Weißerth Georg Dr.	Kronach		1. Mai 31
			StA.	1. Juni 29
342	Metz Hans Dr.	Fürth		1 Sept. 31
			StA.	1. Juli 29
343	Beierlein Karl	Pirmasens		1. Mai 31
			StA.	1. Juli 29
344	Hauck Fritz Dr.	Aschaffenburg		1. Sept. 31
			StA.	1. Juli 29
345	Meyer Franz Dr. (1923)	Trostberg		1. Juli 29
346	Pemsel Heinrich Dr. (1922)	Regensburg		1. Aug. 29
347	Rudolph Werner Dr.	Bamberg		1. Okt. 29
348	Herold Kurt Dr.	Hof		1. Sept. 31
			StA.	1. Okt. 29
349	Hagen Fritz Dr.	Pirmasens		„
350	Sauter Hans Dr.	Neustadt a. d. Aisch		1. Nov. 31
			StA.	1. Okt. 29
351	Beßler Johann Bapt. Dr.	Nördlingen		1. April 32
			StA.	1. Okt. 29
352	Tischbein Oskar	Dahn		1. Dez. 29
353	Keiler Karl Dr. (1923)	Germersheim		„
354	Reindl Anton	Eichstätt		1. Jan. 30
355	Lintz Emil Dr. (1925)	Ludwigshafen a. Rhein		1. Sept. 30
			StA.	1. Jan. 30
356	Simon Ludwig (1928)	Nürnberg		1. März 32
			StA.	1. Febr. 30
357	Bayr Erasmus Dr.	München		1. Juni 32
			StA	1. Febr. 30
358	Haßelberger Hans	Rothenburg ob der Tauber		1. April 32
			StA.	1. März 30
359	Berr Sigmund	Passau		1. April 32
			StA.	1. März 30
360	Engert Georg Dr.	Nürnberg		1. April 32
			StA.	1. März 30
361	Then Alois	Kissingen		1. März 32
			StA.	1. April 30
362	Bezold Otto	München		1. Juni 32
			StA.	1. Mai 30
363	Gelbert Karl	München		1. Okt. 32
			StA.	1. Mai 30
364	Rösch Walther Dr.	München		1. Mai 32
			StA.	1. Mai 30
365	Wagner Karl (1924)	Kusel		1. Juni 30
366	Reubold Hans Dr.	Hof		1. April 32
			StA.	1 Juni 30

367	Grüb Joseph Dr.	Nürnberg	1. Juli 32
		StA.	1. Juni 30
368	Krumbacher Albert Dr.	München	1. Juni 32
		StA.	16. Juni 30
369	Ettmüller Max	Weiler-Lindenberg	1. Juli 30
370	Schneider Vinzenz Dr.	Marktheidenfeld	„
371	Kram Oskar	Miltenberg	1. Mai 32
		StA.	1. Juli 30
372	Pfab Rudolf Dr.	Cham	16. April 32
		StA.	1. Juli 30
373	Büttner Heinrich Dr.	Nürnberg	1. Juli 32
		StA.	1. Juli 30
374	Brügel Bernhard (1928)	Burglengenfeld	16. Mai 32
		StA.	1. Juli 30
375	Knapp Ludwig Dr.	Regensburg	1. Juli 32
		StA.	1. Juli 30
376	Heindle Hans Dr. (1925)	Beilngries	1. Aug. 30
377	Baumeister Ludwig Dr.	Wertingen	„
378	Leikert Friedrich	Nürnberg	1. Mai 32
		StA.	1. Aug. 30
379	Bexen Karl Dr. (1924)	Rotthalmünster	1. Sept. 33
380	Pfister Karl Dr.	Geisenfeld	„
381	Kugler Eugen	Lindau	„
382	Graml Lorenz Dr. (1925)	Berneck	„
383	Kaiser Ludwig Dr.	Münnerstadt	„
384	Erhard Albert Dr.	Naila	„
385	Heiler Hans Dr. (1928)	Kandel (zugleich Bergzabern u. Germersheim)	1. Nov. 32
		StA.	1. Sept. 30
386	Graf Ludwig Dr.	München	1. Sept. 32
		StA.	1. Sept. 30
387	Oppel Werner	Nürnberg	1. Okt. 32
		StA.	1. Sept. 30
388	Beutner Richard Dr.	Kronach	1. Okt. 30
389	Bachmayer Theodor Dr.	Aschaffenburg	1. Okt. 32
		StA.	1. Okt. 30
390	Deisenhofer August Dr.	Nürnberg	1. Sept. 32
		StA.	1. Okt. 30
391	Griffel Anton Dr.	Passau	1. Sept. 32
		StA.	1. Okt. 30
392	Mühlhaus Hermann Dr.	Regensburg	1. Okt. 32
		StA.	1. Okt. 30
393	Multerer Alois Dr. (1925)	Eggenfelden	1. Nov. 30
394	Voegeli Fritz Dr.	Landau i. d. Pfalz	„
395	Munzinger Hermann Dr.	Frankenthal	„
396	Foell Heinz	Speyer	1. Dez. 30
397	Schönberger Vitus	Landsberg	„
398	Samhaber Wendt	Wolfratshausen	1. Jan. 31
399	Trabert Karl Dr.	Nürnberg	„
400	Eckerle Karl Dr.	Kempten	„

401	Paulus Adolf	Aschaffenburg	1. Okt. 32
		StA.	1. Jan. 31
402	Unger Georg	Staffelstein	1. Sept. 32
		StA.	1. Jan. 31
403	Höhn Alfred Dr.	Aschaffenburg	1. Febr. 31
404	Oegg Ludwig	Weilheim	„
405	Aumüller Gustav Dr.	Alzenau	1. Mai 33
		StA.	1. Febr. 31
406	Fleischmann Ludwig Dr.	Memmingen	1. Okt. 32
		StA.	1. Febr. 31
407	Volkheimer Otto	Erlangen	1. Sept. 32
		StA.	1. Febr. 31
408	Brem Walter	Schwabach	1. Okt. 32
		StA.	1. Febr. 31
409	Schleich Botho Dr.	Weißenburg	1. Jan. 33
		StA.	1. Febr. 31
410	Hauth Theodor	Nürnberg	1. Okt. 32
		StA.	1. Febr. 31
411	Kasper Gustav	Garmisch	1. Mai 33
		StA.	1. Febr. 31
412	Brimer Anton Dr.	Obernburg	1. März 31
413	Mengele Karl Dr.	Osterhofen	„
414	Wachter Leo Dr.	Schwabach	„
415	Schmid Otto	Kelheim	„
416	Paulus Rudolf Dr.	München	1. Okt. 32
		StA.	1. März 31
417	Lacherbauer Karl Dr.	München	1. Juni 33
		StA.	1. März 31
418	Buff Hermann Dr.	Nürnberg	1. Mai 33
		StA.	1. März 31
419	Hopfenmüller Hugo Dr.	Ansbach	1. Jan. 33
		StA.	1. März 31
420	Lang Fritz Dr.	Ludwigshafen a. Rh.	1. Mai 33
		StA	1. März 31
421	Krumbholtz Karl	Bayreuth	1. April 31
422	Mattinger Wilhelm Dr.	Grünstadt	„
423	Frauenknecht Gustav Dr.	Weilheim	„
424	Jacob Otto	Aibling	„
425	Hellmann Karl Friedr. Dr.	Dürkheim	1. Mai 33
		StA.	1. April 31
426	Deml Karl (1929)	Weißenburg	1. Jan. 33
		StA.	1. Mai 31
427	Iftner Oskar Dr.	Regensburg	1. April 33
		StA.	1. Mai 31
428	Eldracher Anton	Hammelburg	1. Juni 33
		StA.	1. Mai 31
429	Wachinger Walter (1925)	München	1. Juni 31

430	Thomas Albert Dr.	München	1. April 33
		StA.	1. Juni 31
431	Derks Hermann Dr.	Brückenau	1. Mai 33
		St.A.	1. Juli 31
432	Giel Ulrich (1926)	Grafenau	1. Sept. 31
433	Lippold Ludwig Dr.	Stadtsteinach	"
434	Meister Heinrich Dr.	Waldkirchen	"
435	Mork Heinrich (1927)	Regenstauf	"
436	Stoffels Hermann Dr.	Höchstadt a. d. A.	1. Mai 33
		StA.	1. Sept. 31
437	Gaßert Karl	Zweibrücken	1. Nov. 32
		StA.	1. Sept. 31
438	Guntz Eduard Dr.	Dachau	1. Mai 33
		StA.	1. Sept. 31
439	Bezzel Erich Dr.	München	1. Juni 33
		StA.	1. Sept. 31
440	Augustin Georg Dr.	Kaiserslautern	1. Mai 33
		StA.	1. Sept. 31
441	Brehm Rudolf	Selb	1. Okt. 31
442	Hagen Robert Dr.	Hof	"
443	Thanner Anton	Moosburg	"
444	Trabert Rudolf Dr.	Nürnberg	1. Mai 33
		StA.	1. Mai 31
445	Seither Karl Dr.	Speyer	1. Dez. 31
446	Frey Otto	Hof	1. Jan. 32
447	Stößer Edmund	Ebern	"
448	Zapf Karl Dr.	München	1. Juni 33
		StA.	1. Jan. 32
449	Stettner Robert Dr.	Nürnberg	1. Juni 33
		StA.	1. Jan. 32
450	Maurer Otto	Riedenburg	1. Febr. 32
451	Neubig Otto Dr.	Landau a. d. Isar	"
452	Heinrich Artur	Hemau	"
453	Teicher Hans Kurt	Nürnberg	1. Juni 33
		StA.	1. Febr. 32
454	Möhl Wolfgang Dr.	"	"
455	Scherübl Franz	München	1. Sept. 33
		StA.	1. Febr. 32
456	Schuster Heinz	Prien	1. Sept. 33
		StA.	1. Febr. 32
457	Steinecker Julius Dr.	Rottenburg	1. März 32
458	Fischer Friedrich	Passau	1. Juni 33
		StA.	1. März 32
459	Wießner Erwin Dr.	Nürnberg	"
460	Schäfling Helmut	Frankenthal	"
461	Friedrich Johann Willy Dr.	Kissingen	"
462	Ochsenreiter Anton Dr.	Mallersdorf	1. April 32
463	Schlund Georg Dr.	Gemünden	"
464	Ruttmann Karl Dr.	Bamberg	"
465	Thüring Fridolin (1927)	Parsberg	"
466	Reh Albin Dr.	Wegscheid	"

467	Moest Karl Dr.	Monheim	1. April 32
468	Scharvogel Wilhelm Dr.	Furth i. Wald	„
469	Schinagl Walter	Griesbach	„
470	Limmer Siegfried	Passau	1. Juni 33
		StA.	1. April 32
471	Lankes Marzellus	Regensburg	„
472	Stürmer Georg Dr.	Bamberg	16. Juni 33
		StA.	1. April 32
473	Bäumler Georg	München	„
474	Mangold Herm. Dr.	Kitzingen	1. Juli 33
		StA.	1. April 32
475	Nolten Horst Dr.	München	16. Juni 33
		StA.	1. April 32
476	Mugler Hans Dr.	Nürnberg	1. Sept. 33
		Rg.	1. April 32
477	Ströbert August	Windsheim	„
478	Karch Walter Dr.	Tölz	1. Okt. 33
		StA.	1. April 32
479	Bruckmayer August	Neukirchen	1. Mai 32
480	Bäumler Jos. Dr.	Amberg	„
481	Steigmeier Leonhard Dr.	Fürth	1. Juli 33
		StA.	1. Mai 32
482	Geiger Hans	Dingolfing	16. Mai 32
483	Herrmann Gotthilf Dr.	Coburg	1. Sept. 33
		StA.	1. Juni 32
484	Gschwändler Ludwig Dr.	Mallersdorf	1. Juli 32
485	Pfeiffer Adolf Dr.	Lauf	„
486	Fraas Hans	Sulzbach	1. Sept. 33
		StA.	1. Juli 32
487	Weber Hans Dr.	Kitzingen	1. Okt. 33
		StA.	1. Juli 32
488	Hartung Karl	Weiden	16. Juli 32
489	Beyer Heinrich	Schwabmünchen	1. Sept 32
490	Schnellbögl Wolfgang Dr.	Passau	1. Sept. 33
		StA.	1. Sept. 32
491	Kohler Fritz	Aichach	„
492	Hausmann Karl Dr.	Erlangen	1. Okt. 33
		StA.	1. Sept. 32
493	Schinzel Friedrich	Reichenhall	1. Okt. 33
		StA.	1. Sept. 32
494	Aumer Joseph	Günzburg	„
495	Bischoff Albert	Nürnberg	1. Nov. 33
		StA.	1. Sept. 32
496	Pöhlmann Heinrich	Landstuhl	1. Nov. 33
		StA	1. Sept. 32
497	Eder Hugo Dr.	Vilsbiburg	1. Nov. 33
		StA.	1. Sept. 32
498	Englert Kurt (1926)	Nürnberg	1. Okt. 32
499	Wilhelm Alfred	München	1. Sept. 33
		StA.	1. Okt. 32

500	Neumann Hans	Scheinfeld	1. Okt. 32
501	Klinger Friedrich Dr.	Kötzting	„
502	Spindler Richard Dr.	Wunsiedel	„
503	Gratzl Heinrich	Dillingen	„
504	Weishaupt Ludwig	München	1. Nov. 33
		StA.	1. Okt. 32
505	Spindler Otto	Pirmasens	1. Okt. 33
		StA.	1. Okt. 32
506	Rittel Andreas Dr.	München	1. Nov. 33
		StA.	1. Okt. 32
507	Voith v. Voithenberg Hans Frhrr. Dr.	Coburg	1. Nov. 33
		StA.	1. Okt. 32
508	Wendel Wilhelm	München	1. Nov. 33
		StA.	1. Okt. 32
509	Bleifuß Elmar Dr.	Nürnberg	1. Nov. 33
		StA.	1. Okt. 32
510	Lippert Ernst Dr.	München	1. Nov. 33
		StA.	1. Okt. 32
511	Forstmaier Alfred	Bergzabern	1. Nov. 32
512	Kolb Gerhard Dr.	Landau i. d. Pf.	1. Okt. 33
		StA.	1. Nov. 32
513	Fleischmann Philipp Dr.	Aschaffenburg	1. Jan. 33
514	Meindel Fritz Dr.	Kusel	„
515	Weber Franz	Bayreuth	„
516	Weinerth Kurt Dr.	Waldmohr	„
517	Hachtel Fritz	Vilshofen	„
518	Spiegel Adolf Dr.	Landsberg	1. Nov. 33
		StA.	1. Jan. 33
519	Baum Karl	Traunstein	„
520	Mayer Joseph Dr.	Neuburg a. d. D.	„
521	Wagner Hermann	Grafenau	„
522	Bernsdorf Georg Dr.	Erlangen	„
523	Feldl Karl	Deggendorf	„
524	Krauß Fritz Dr.	Ansbach	„
525	Eßig Gottfried Dr.	Pfaffenhofen	1. Febr. 33
526	Braun Karl	Weiden	„
527	Pöll Wolfgang Felix	Traunstein	„
528	Armbruster Hermenegild (1931)	München	1. Nov. 33
		StA.	1. Febr. 33
529	Riedel Hermann Dr.	Bayreuth	„
530	Bartz Hans Dr.	Frankenthal	1. April 33
531	Herrmann Gottfried	Hof	„
532	Rothhaas Adolf	Landstuhl	„
533	Rottler Bernhard Dr.	Ansbach	„
534	Zoller Max	Passau	„
535	Meder Theodor Dr.	Garmisch	1. Nov. 33
		StA.	1. April 33
536	Blanck Walter	Augsburg	„
537	Eschenbach Rudolf Dr.	Amberg	16. April 33
538	Eder Eugen	Mitterfels	1. Mai 33
539	Reinwald Ignaz	Kandel	„
540	Lehner Josef	Regen	„

541	Spieß Ernst	Coburg	1. Mai 33
542	Rasberger Anton	Vilshofen	„
543	Schaum Ludwig Dr.	Viechtach	„
544	Weidenslaufer Theodor Dr.	Lohr	„
545	Zehelein Ferdinand Dr.	Königshofen	„
546	Schneider Willibald Dr.	Annweiler	16. Mai 33
547	Mies Karl	Haag	1. Juni 33
548	Bogendörfer Eugen Dr.	Frankenthal	„
549	Schreiber Ludwig Dr.	Schweinfurt	„
550	Mittelbach Richard Dr.	Naila	„
551	Straßner Robert	Regensburg	„
552	Teufl Max Leo Dr.	Ludwigshafen a. Rh.	„
553	Ostermeier Robert Dr.	Gunzenhausen	16. Juni 33
554	Ganßer Karl Dr.	Augsburg	1. Juli 33
555	Schönberger Emmeram	Neustadt a. d. WN.	„
556	Schmidt Sigismund Dr.	Regensburg	„
557	Auer Heinrich Dr.	Ebersberg	„
558	Dittmann Ottmar	München	„
559	Reiter Anton Dr.	Mainburg	1. Sept. 33
560	Kornbrust Leonhard Dr.	Memmingen	„
561	Kolb Karl Dr.	Cham	„
562	Semmler Jakob	Kirchheimbolanden	„
563	Fuchs Karl Dr.	Selb	1. Okt. 33
564	Hofmann Siegfried Dr.	Nürnberg	„
565	Bruckner Karl Dr.	Neumarkt Opf.	„
566	Wambold Wilhelm	Freyung	„
567	Michl Georg Dr.	Gunzenhausen	„
568	No sch Karl	Deggendorf	„
569	Menger Georg Dr.	Mellrichstadt	„
570	Borst Kurt	Neustadt b. Cob.	„
571	Becker Karl	Pirmasens	„
572	Sambeth Fritz Dr.	Dillingen	1. Nov. 33
573	Heinritz Otto Dr.	Miltenberg	„

e) Amtsanwälte im Hauptamte.

1	Dusold Johann	Grafenau (Regen)	1. Okt. 12 AGSekr. 15. Febr. 01
2	Feuerbach Anselm	Lindau (Weiler-Lindenberg)	15. Febr. 19
3	Zapp Fritz	Grünstadt	1. Juni 23
4	Schönecker Paul	Aichach (Schrobenhausen)	1. Okt. 32
5	Vogtherr Ernst Dr.	Dürkheim	1. Nov. 32
6	Straus Bernhard	Pfaffenhofen (Dachau und Geisenfeld)	1. April 33
7	Seibel Julius (Geschl.)	Neustadt a. d. Haardt (Edenkoben)	„
8	Endreß Otto Dr.	Ebersberg (Wasserburg)	„
9	Degen Wilhelm	Neustadt a. d. Haardt (Edenkoben)	16. Mai 33
10	Becher Ludwig Dr. (Geschl.)	Pirmasens (Waldfischbach)	1. Juni 33
11	Mann Heinrich Dr.	Germersheim	„
12	Schmitt Josef Dr.	Kronach	„
13	Schulz Kurt	Rosenheim (Prien)	„
14	Knobloch Walter	Schwabach (Roth)	„

15	Lang Albin	Pirmasens (Waldfischbach)	1. Juni 33
16	Wiedenmann Franz	Wolfstein (Lauterecken und Otterberg)	16. Juni 33
17	Hölzle Eduard	Neumarkt a. d. Rott (Vilsbiburg und Eggenfelden)	1. Juli 33
18	Schlör Wilhelm Dr.	Erding	„
19	Schmitt Walter Dr.	Speyer	„
20	Güllich Gustav	Haßfurt (Hofheim u. Eltmann)	„
21	Bauer Max Dr.	Tölz (Tegernsee)	„
22	Glück Eduard	Neuburg a. d. D.	1. Sept. 33
23	Holz Adam	StA. Frankenthal	„
24	Haus Heinrich	Ingolstadt	„
25	Utz Max Dr.	Gemünden (Karlstadt u. Lohr)	„
26	Mathieu Richard	Kandel	„
27	Gasteiger Anton Dr.	StA. Amberg	„
28	Hornung Wilhelm	StA. München I	„
29	Ringhof Heinrich	StA. München I	„
30	Fösel Ernst Dr.	StA. Nüruberg-Fürth	„
31	Bleier Josef Dr.	StA. Nürnberg-Fürth	„
32	Streicher Jakob Dr.	Schwandorf (Nabburg und Neunburg vorm Wald)	„
33	Weckler Karl Dr.	Reichenhall (Berchtesgaden)	1. Okt. 33
34	Hienstorfer Albert Dr.	Dingolfing (Landau a. d. Isar und Mallersdorf)	„
35	Geiger Adam Dr.	Kirchheimbolanden (Winnweiler)	„
36	Mühlfeld Martin	Donauwörth (Monheim und Wertingen)	„
37	Ruppert Max Dr.	Vilshofen	„
38	Rott Franz Xaver	StA. Landau	„
39	Ammersbach Rupert Dr.	StA. Zweibrücken	„
40	Erber Peter Dr.	Lauf (Hersbruck)	„
41	Romatzeck Wilhelm	Neustadt a. d. Saale (Königshofen, Mellrichstadt u. Münnerstadt)	„
42	Geyer Michael	Forchheim (Ebermannstadt u. Höchstadt a. d. Aisch)	„
43	Kühner Fritz	StA. Schweinfurt	1. Nov. 33
44	Deisenhofer Alfred	StA. Traunstein	„
45	Schmidt Viktor Dr.	Obermoschel (Rockenhausen)	„
46	Weitmann Ludwig	StA. Kempten	„
47	Fröhlich Joseph Wolfg.	StA. Landshut	„
48	Stoll Hans Dr.	StA. Frankenthal (mit dem Dienstsitz in Ludwigshafen a. Rh.)	„
49	Junginger Oskar	StA. Regensburg	„
50	Kastenbauer Joseph Dr.	Landsberg (Schongau)	„
51	Schadler Alfred Dr.	StA. Kaiserslautern	„
52	Weninger Rudolf	Erlangen (Herzogenaurach)	„

f) Gerichtsassessoren.

(Geordnet nach dem Prüfungsjahre)

1	Probst Erich	StA Schweinfurt	1. Nov. 33
2	Preiß Hermann	StA. Bayreuth (mit dem Dienstsitz in Kulmbach)	1. Okt. 33
3	Zoepf Bernhard	StA. Eichstätt	1. Sept. 33

4	Herold Hans Dr.	StA. Würzburg	1. Sept. 33
5	Strenge von Ernst	StA. Bamberg	1. Nov. 33
6	Kuntz Benno	AG. Ludwigshafen	1. Juni 33
7	Wieser Hans	AG. Germersheim	1. Juni 33
8	Roeder Hans Fritz Dr.	AG. Erlangen	1. Okt. 33
9	Gerner Erich Dr.	AG. Starnberg	1. Nov. 33
10	Bold Georg M.	AG. Neuulm	1. Juni 33
11	Preißler Friedrich	StA. München I	„
12	Ferner Othmar Dr.	„	16. Juni 33
13	Feueregger Eugen Dr. (mit dem Dienstsitz in Weißenburg)	StA. Eichstätt	6. Juni 33
14	Fischer Hans	AG. München	1. Juli 33
15	Wolz Paul	AG. Bamberg	1. Sept. 33
16	Hoch Leo Dr.	AG. Kronach	16. Juni 33
17	Hußlein Otto Ludwig	StA. Memmingen	„
18	Kraus Wilhelm Dr.	AG. Weiden	„
19	Stelzle Hermann	StA. München I	„
20	Fuchs Franz	AG. Pirmasens	1. Okt. 33
21	Kreitmair Jakob Dr.	AG. Aschaffenburg	9. Okt. 33
22	Habersack Hans	AG. Mainburg	1. Okt. 33
23	Linn Werner	StA. München II	„
24	Maier Fritz	AG. Aschaffenburg	„
25	Carnier Hermann Dr.	GenStA. bei dem Obersten Landesger.	16. Okt. 33
26	Ackermann Hans	AG. Fürstenfeldbruck	1. Nov. 33
27	Kirchdorfer Hermann	GefAnst. Amberg	„
28	Wegert Kurt Dr.	Gef.- u. Festungshaftanst. Landsberg	„
29	Brat-Reimann Alexander	StA. Aschaffenburg	„
30	Häußler Arthur Dr.	AG. Günzburg	„

V. Liste. A.

Hauptamtliche Richter der Arbeitsgerichte München und Nürnberg

1	Müller Georg Dr., Amtsgerichtsdirektor	Nürnberg (Dienstaufsicht)	1. Juli 27
2	Lieb Franz Dr., Amtsgerichtsdirektor	München (Dienstaufsicht)	1. Jan. 29
3	Gift Hugo, Amtsgerichtsrat ä. O.	München	1. Juli 27
4	Herold Karl Dr., Amtsgerichtsrat	Nürnberg	„
5	Gröber Max Dr., Amtsgerichtsrat	München	„
6	Müller Edm. Martin, Amtsgerichtsrat	München	1. März 29 1. Nov. 18
7	Straßer Wilhelm, Amtsgerichtsrat	München	1. Sept. 33 1. Jan. 25
8	Kalbskopf Karl Dr. (1912)	Nürnberg	1. Jan. 32 16. Juli 25
9	Sponsel Julius, Amtsgerichtsrat	Nürnberg	1. Juli 30 1. März 26
10	Lichtenberger Gustav Dr., Amtsger.-Rat	München	1. Okt. 30 StA. 1. Mai 28
11	Keidel Theodor, Amtsgerichtsrat	München	1. Okt. 31 StA. 1. April 29

VI. Liste.

Notare.

(Geordnet nach dem Dienstalter)

1	Wittmann Franz Xaver, JR.	Nürnberg II	1. Sept. 95
2	Hubbauer Otto, JR.	Landsberg II	9. Juni 97
3	Krafft Wilhelm, JR.	Viechtach	26. Okt. 97
4	Brenner Werner, JR.	Garmisch	1. Jan. 98
5	Graf Eugen, JR.	Landau a. I.	1. April 98
6	Bauschinger Emil, JR.	Landshut I	1. April 99
7	Morgott Johann, JR.	Eggenfelden	16. Okt. 99
8	Vogler Franz, JR.	Kronach	1. Nov. 99
9	Selzer Julius, JR.	Annweiler	15. Febr. 00
10	Popp Ludwig Dr., JR.	Kulmbach	"
11	Wunderl Karl, JR.	Würzburg III	"
12	Mauter Aquilin, Geh. JR.	Würzburg V	1. März 00
13	Wöckel Friedrich, JR.	Memmingen I	1. Mai 00
14	Thiel Friedrich, Geh. JR.	Nürnberg III	16. Okt. 00
15	Brunner Hans, JR.	Gunzenhausen	"
16	Goller Georg, JR.	Deggendorf	1. Juni 21
		DA.	16. Okt. 00
17	Eixenberger Franz, JR.	Ingolstadt II	1. Nov. 00
18	Marschall Franz, JR.	München IV	16. Nov. 00
19	Mohr Ulrich, JR.	Neu-Ulm	1. Jan. 01
20	Hartig Karl Michael, JR.	Kissingen	"
21	Förster Emil, JR.	München XI	"
22	Schroder Franz, JR.	Regensburg II	1. Mai 01
23	Mayer Ferdinand, JR.	Osterhofen	16. Nov. 01
24	Engert Franz, JR.	Würzburg IV	16. April 02
25	Brügel Karl, JR.	Weilheim	1. Mai 02
26	Graßmann Ludwig, JR.	Lindau	1. Okt. 02
27	Ficht Wilhelm, JR.	Bayreuth I	1. Nov. 02
28	Sommer Julius, JR.	Rosenheim I	16. Dez. 02
29	Grimm Artur, JR.	Passau III	"
30	Baum Georg, JR.	Blieskastel	1. Jan. 03
31	Kraft Bernhard, JR.	Marktheidenfeld II	"
32	Richter Julius, Geh. JR.	München XVI	1. April 03
33	Scharberg Johann, JR.	Immenstadt	1. Juli 03
34	Haun Georg, JR.	Vilsbiburg	1. Okt. 03
35	Metzger Gottlieb, JR.	Weißenburg	1. Okt. 03
36	Schieder Heinrich, Geh. JR.	Kempten I	1. März 04
37	Steinbach Ludwig, JR.	Schweinfurt I	16. Juli 04
38	Schad Karl Dr., Geh. JR.	München V	"
39	Erdl Andreas, JR.	Dillingen	16. Aug. 04
40	Gundelwein Friedrich, JR.	Landau i. Pf. III	1. Nov. 04
41	Walter Hugo Dr., JR.	Augsburg II	1. Jan. 05
42	Hebendanz Joseph, JR.	Höchstadt a. A.	25. Jan. 05
43	Goß Joseph, JR.	Rottenburg	1. Juni 05
44	Gebhard Hermann, JR.	Lauf	"
45	Götzelmann Ferdinand, JR.	Ansbach II	"
46	Schätz Georg, JR.	Uffenheim	1. Dez. 05
47	Stadlbaur Wilhelm, JR.	Mühldorf	16. Jan. 06
48	Reiß Frz. Xav., JR.	Weiler-Lindenberg	16. März 06

49	Reichl Jakob, JR.	Vilshofen	25. Mai 06
50	Roth Eugen, JR.	Frankenthal I	"
51	Löhe Hans Dr., JR.	Fürth II	25. Juni 06
52	Bourier Adolf, JR.	Fürstenfeldbruck	30. Juli 06
53	Kapfhamer Moritz, JR.	Schongau	30. Aug. 06
54	Kistenfeger Friedrich Joseph, JR.	München III	30. Dez. 06
55	Kronberger Karl Dr., JR.	München IX	"
56	Acher Andreas, JR.	Markt Oberdorf	1. Okt. 07
57	Helfrich Ludwig, Geh. JR.	Ludwigshafen II	30. Dez. 07
58	Hippler Heinrich, JR.	München VII	30. Mai 08
59	Löffl Karl, JR.	Prien	30. Juni 08
60	Spatze Wilhelm, JR.	Schwabach	"
61	Hilz Franz Xaver, JR.	München XIII	"
62	Dorfmüller Theodor, JR.	Aschaffenburg I	30. Sept. 08
63	Heß Heinrich, JR.	München II	30. Sept. 08
64	Feichtinger Eugen Dr., JR.	Eichstätt	30. Nov. 08
65	Mayer Ferdinand, JR.	Fürth I	"
66	Jacob Franz, JR.	Schrobenhausen	16. Juni 09
67	Rid Max, JR.	Sonthofen	21. Juli 09
68	Schmitt Franz, JR.	Hollfeld	30. Juli 09
69	Hagenburger Adam, JR.	Neustadt a. H. III	1. Okt. 09
70	Haselberger Joseph, JR.	Erding	16. Nov. 09
71	Reichold Karl JR.	Pfaffenhofen	30. Nov. 09
72	Barthelmä Karl, JR.	St. Ingbert	1. Jan. 10
73	Sailer Ludwig, JR.	Landshut II	16. Jan. 10
74	Wolffing Jakob Dr., JR.	Pirmasens III	1. März 10
75	Leiling Otto, JR.	Pirmasens I	16. April 10
76	Linder Otto, JR.	Augsburg III	30. Mai 10
77	Adelmann Franz, JR.	Tegernsee	1. Nov. 10
78	Bickert Armin Dr., JR.	Traunstein	"
79	Schmitt Gottfried, JR.	Würzburg I	1. Juli 11
80	Schröppel Leonhard, JR.	Alzenau	1. Aug. 11
81	Herbst Joseph, JR.	Riedenburg	1. Nov. 11
82	Keller Georg, JR.	Haßloch	1. Jan. 12
83	Kolb Otto, JR.	Aichach	1. April 12
84	Becker Wilhelm Dr., JR.	Ludwigshafen I	"
85	Ehrlicher Alfred	Coburg II	1. Juli 33 / 23. April 12
86	Wagner Emil, JR.	Türkheim	31. Mai 12
87	Keppel Hans JR.	Nürnberg IV	1. Juni 12
88	Schleifer Franz Xaver, JR.	Weismain	"
89	Eckart Theodor, JR.	Neumarkt a. R.	16. Juli 12
90	Schul Joseph, JR.	Kitzingen	"
91	Pfirmann Ludwig, JR.	Kaiserslautern II	"
92	Rieger Heinrich, JR.	Gräfenberg	31. Juli 12
93	Winkler Franz, JR.	Herzogenaurach	"
94	Horn Karl, JR.	Freising II	1. Aug. 12
95	Keim Julius Dr., JR.	München VI	16. Nov. 12
96	Wiesinger Hermann, JR.	München I	31. Mai 13
97	Wachs Karl, JR.	Hersbruck	1. Juni 13
98	Reinfurt Karl, JR.	Nürnberg VI	30. Juni 1913
99	Dresely Johann, JR.	München X	31. Okt. 13
100	Trau Karl	München XV	16. Dez. 13
101	Becker Friedrich, JR.	Landau i. Pf. IV	"
102	Versch Adam, JR.	Regensburg IV	1. Febr. 14

103	Gabel Alfons, JR.	Vohenstrauß	28. Febr. 14
104	Ebert Lorenz, JR.	Obernburg	16. März 14
105	Stiegler Hans, JR.	Starnberg	1. Okt. 18
		DA.	1. Aug. 14
106	Mendel Anton, JR.	Zweibrücken III	31. Dez. 14
		DA.	1. Aug. 14
107	Dauser August, JR.	Rosenheim II	1. Okt. 18
		DA.	1. Aug. 14
108	Roth Heinrich, JR.	Berchtesgaden	1. Okt. 18
		DA.	1. Aug. 14
109	Vogel Heinrich, JR.	Miesbach	1. Okt. 18
		DA.	1. Aug. 14
110	Kastner Lorenz, JR.	Wolfratshausen	16. März 19
		DA.	10. Aug. 14
111	Aubele Max, JR.	München VIII	1. Mai 15
		DA.	10. Aug. 14
112	Reindl Andreas, JR.	Pfarrkirchen	16. Aug. 14
113	Reichold Theodor, JR.	Erlangen	1. Okt. 14
114	Uhl August, JR.	Parsberg	16. März 19
		DA.	1. Jan. 15
115	Budenbender Julius	Frankenthal II	16. März 19
		DA.	1. Jan. 15
116	Silbernagel Otto, JR.	Kaiserslautern III	1. Juni 20
		DA.	1. Jan. 15
117	Hußel Friedrich Dr., JR.	Nürnberg I	16. März 19
		DA.	1. Jan. 15
118	Schmidbauer Arn. Dr., JR.	Hof II	1. Aug. 19
		DA.	1. Febr. 15
119	Fischer Franz	Pegnitz	16. März 19
		DA.	31. Mai 15
120	Sirl Otto	Wasserburg	1. Febr. 17
		DA.	31. Mai 15
121	Delto Karl	Speyer III	16. März 19
		DA.	31. Mai 15
122	Zimmermann Heinrich	Amberg II	1. Jan. 19
		DA.	31. Mai 15
123	Schöpperl Karl	Regensburg I	31. Mai 15
124	Bühler Franz	Rheinzabern	16. März 19
		DA.	31. Mai 15
125	Bilabel Gustav	Forchheim	16. März 19
		DA.	31. Mai 15
126	Brunner Heinrich	Dettelbach	16. März 19
		DA.	31. Mai 15
127	Gabler Franz Xaver	Kaufbeuren	16. März 19
		DA.	1. Jan. 16
128	Keyl Julius	Bayreuth II	16. März 19
		DA.	1. Jan. 16

Nr.	Name	Ort	Datum
129	Paur Heinrich	Dorfen	16. März 19
		DA.	1. Sept. 17
130	Burger Friedrich	Dinkelsbühl	16. März 19
		DA.	1. Sept. 17
131	Striffler Karl	Arnstein	16. März 19
		DA.	1. Sept. 17
132	Wülfert Friedrich	Buchloe	16. März 19
		DA.	1. Sept. 17
133	Weinmiller August	Haag	1. Sept. 17
134	Kestler Simon	Kelheim	1. Juli 19
135	Gutmann Alfred Dr.	Aschaffenburg II	16. Juli 19
136	Todt Ernst Dr.	Bamberg I	16. Aug. 19
137	Fischer Franz	Krumbach I	31. Jan. 20
138	Schott Johann Nep.	Donauwörth	1. Juni 20
139	Demeter Hans	Dachau	30. Juni 20
140	Decker Otto	Augsburg I	31. Juli 20
141	Glonner Karl	München XVII	1. Aug. 20
142	Götz Peter	Straubing II	1. Okt. 20
143	Gérard Adolf Dr.	Ludwigshafen III	1. Nov. 20
144	Hubbauer Ludwig Dr.	Landsberg I	1. Dez. 20
145	Partheymüller Johann	Neustadt a. S.	1. Febr. 21
146	Hoffmann Wilhelm	Nürnberg V	16. April 21
147	Breith Gustav Dr.	Neustadt a. H. I	1. Juli 21
148	Liebhart Engelbert	Kirchenlamitz	16. Juli 21
149	Prinz Eugen	Kastl	1. Aug. 21
150	Trauth Ludwig	Lauterecken	1. Dez. 21
151	Krempelhuber von Max	Sulzbach	1. Febr. 22
152	Fleischmann Joseph	Stadtsteinach	"
153	Vogel Friedrich	Mainburg	1. Okt. 22
154	Wüst Albert	Grünstadt I	"
155	Krell Bernhard	Ansbach I	16. Jan. 24
156	Auanger Otto	Burgau	1. Febr. 24
157	Aufhauser Georg Dr.	Dingolfing	"
158	Traitteur Ritter von Karl	Bamberg II	"
159	Michel Hermann	Miltenberg	1. Juni 24
160	Edel Alfred Dr.	Abensberg	1. Febr. 25
161	Rettinger Max	Friedberg	1. April 25
162	Vorbrugg Friedrich	Hammelburg	"
163	Preußner Oskar Dr.	Tölz	1. Mai 28
		AR.	1. Juni 25
164	Lammerz Oskar Dr.	Nördlingen	1. Nov. 27
		AR.	1. Juni 25
165	Aigster Hans	Weiden	1. Juli 25
166	Vache Julius Dr.	Laufen	1. Aug. 25
167	Eßlinger Franz Michael	Reichenhall	1. Dez. 25
168	Janker Theodor	Straubing I	1. Febr. 26
169	Widmann Otto	Landstuhl II	"
170	Melzer Paul	Neustadt b. Cob.	"
171	Mannhart Max	Mallersdorf	"
172	Hüther Edmund	Zweibrücken II	"
173	Weiß Georg Dr.	Trostberg	1. März 26
174	Pfeiffer Karl Dr.	Münchberg	1. Mai 26
175	Stöckhert Emil	Pappenheim	"

176	Reheis Claus	Edenkoben II	1. Juni 26
177	Weidenbach Kurt von	Augsburg IV	1. Juli 26
178	Bader Samuel Dr.	Burghausen	„
179	Fuchs Max	Füssen	„
180	Leibrock Ludwig Dr.	Edenkoben I	„
181	Edel Joseph Dr.	Neuburg a. D.	16. Okt. 26
182	Bügler Otto	Homburg	1. März 27
183	Nobis Hans Dr.	München XIV	„
184	Rück Wilhelm	Hemau	1. Mai 27
185	Hilpert Julius	Gerolzhofen	16. Mai 27
186	Stühler Albert Dr.	Passau I	„
187	Schödel Gottlob	Wunsiedel	„
188	Gradwohl Peter	Moosburg	„
189	Daimer Richard Dr.	Rothenburg o. d. T.	1. Juni 27
190	Lang Wilhelm	Regen	1. Sept. 27
191	Sommer Franz	Hof I	„
192	Mehler Alfred	Aibling	1. Dez. 27
193	Rüdinger Richard	Geisenfeld	„
194	Schieck Helmut	Ebersberg	1. Jan. 28
195	Schellerer Hans Dr.	Kempten II	1. Jan. 28
196	Schuch Max Dr.	Wörth a. D.	1. Febr. 28
197	Kremer Theodor Dr.	Berneck	1. Mai 28
198	Hieber Hans	München XII	1. Juni 28
199	Siegel Julius Dr.	Speyer II	1. Aug. 28
200	Wirth Erich Dr.	Werneck	1. Sept. 28
201	Scheidler Michael	Altötting	„
202	Seidl Hans Dr.	Simbach	„
203	Bauer Paul	Nabburg	1. Okt. 28
204	Forster Hans Dr.	Burglengenfeld	1. Nov. 28
205	Ramer Hans Dr.	Windsheim	1. Dez. 28
206	Biebinger Ernst	Dahn	1. Jan 29
207	Kienle Bernhard Dr.	Schwabmünchen	„
208	Mayer Erwin Dr.	Dürkheim I	„
209	Keim Viktor Dr.	Rotthalmünster	1. März 29
210	Scherm Georg Dr.	Kemnath	1. Juni 29
211	Altstötter Ludwig Dr.	Bamberg III	„
212	Schöll Joseph	Wassertrüdingen	1. Juli 29
213	Dittmar Georg Dr.	Obermoschel	„
214	Binapfl Willib. Dr.	Ebern	1. Nov. 29
215	Reiß Wilhelm Dr.	Schwandorf	„
216	Sitzmann Franz Dr.	Heilsbronn	„
217	Bitterauf Otto Dr.	Cham	1. Dez. 29
218	Geupel Theodor Dr.	Staffelstein	„
219	Vogt Felix Dr.	Ochsenfurt	1. Jan. 30
220	Schulze Hans Dr.	Zusmarshausen	„
221	Schmitt Anton Dr.	Amberg I	„
222	Saueressig Peter	Furth i. W.	1. Mai 30
223	Ortner Rudolf Dr.	Günzburg	„
224	Wunderer Wilhelm Dr.	Neumarkt i. Opf.	„
225	Frucht Konrad Friedrich	Wertingen	1. Juni 30
226	Biersack Max	Kusel II	„
227	Reitzenstein Rudolf Dr.	Weißenhorn	1. Juli 30
228	Weber Oskar Dr.	Waldmohr	„
229	Meiler Albert Dr.	Lichtenfels	1. Aug. 30
230	Bott Norbert Dr.	Mitterfels	1. Sept. 30
231	Steiner Willy	Tittmoning	„

232	Reiser Ernst Dr.	Bischofsheim	1. Okt. 30
233	Illinger Artur Dr.	Neustadt a. W.N.	"
234	Grimm Fritz Dr.	Herrieden	"
235	Brust Otto Dr.	Brückenau	1. Nov. 30
236	Oeller Erich Dr.	Waldkirchen	"
237	Oberacher Hans Dr.	Roding	1. Jan. 31
238	Modell Hans	Ottobeuren	"
239	Sommer Hans Walter Dr.	Volkach	"
240	Müller Wilhelm	Obergünzburg	1. Febr. 31
241	Heyer Otto Dr.	Eltmann	"
242	Späth Franz Dr.	Wegscheid	"
243	Steudel Hermann Dr.	Ellingen	"
244	Becker Ernst Dr.	Cadolzburg	1. März 31
245	Vocke Bernhard Dr.	Vilseck	"
246	Breitenbach Bruno Dr.	Hengersberg	1. April 31
247	Merk Ernst Dr.	Bogen	"
248	Steeb Wilhelm Dr.	Neustadt a. d. A.	1. Mai 31
249	Haunsperger Hans Dr.	Rain	"
250	Weynantz Rudolf Dr.	Gemünden	"
251	Feyock Georg Jakob Dr.	Feuchtwangen	"
252	Oswald Josef Dr.	Aub	1. Juni 31
253	Höfler Christian Dr.	Göllheim	1. Juli 31
254	Kößler Thomas	Öttingen	"
255	Luppert Otmar	Oberviechtach	"
256	Kroder Armin	Königshofen	1. August 31
257	Beyer Wilhelm Dr.	Dürkheim II	16. August 31
258	Kramer Fritz Dr.	Mutterstadt	1. Sept. 31
259	Hahn Helmut Dr.	Arnstorf	"
260	Knaus Eugen	Neukirchen hl. Bl.	1. Nov. 31
261	Krafft Fred Dr.	Waldmünchen	"
262	Eberhardt Cornelius Dr.	Höchstädt a. D.	1. Dez. 31
263	Heimer Lothar	Klingenberg	1. März 32
264	Nürnberger Ernst Dr.	Winnweiler	1. April 32
265	Uhlemayr Gunter	Kipfenberg	"
266	Memmel Hermann	Rockenhausen	"
267	Hupfauer Wilhelm	Monheim	"
268	Ries Johann Karl Dr.	Babenhausen	1. Mai 32
269	Bauer Hans Dr.	Greding	"
270	Frey Gustav	Otterberg	"
271	Marshall Hans	Kandel I	"
272	Innerlohner Joseph Hermann	Freising I	1. Juni 32
273	Mittenzwei Ludwig	Griesbach	"
274	Dänner Walter Dr.	Scheinfeld	1. Juli 32
275	Müller Kurt Dr.	Haßfurt	"
276	Brandl Franz Dr.	Illertissen	"
277	Eichhorn Anton Dr.	Ludwigsstadt	"
278	Mayr Franz	Altdorf	1. Okt. 32
279	Engelbrecht Adolf Dr.	Markt Erlbach	1. Nov. 32
280	Lutter Michael Dr.	Tirschenreuth	1. Dez. 32
281	Saller Friedrich Dr.	Germersheim	1. Jan. 33
282	Enders Paul	Waldsassen	"
283	Burkhardt Fritz Dr.	Münnerstadt	"
284	Rieger Fritz Dr.	Mellrichstadt	1. Febr. 33
285	Schneider Hans Dr.	Eschenbach	16. April 33
286	Scheidle Walter Dr.	Mindelheim	1. Mai 33
287	Schropp Otto Dr.	Beilngries	"

288	Geh Joseph Dr.	Kötzting	16. Mai 33
289	Bombard von Hans	Coburg I	1. Juli 33
290	Rosenbauer Herm. Dr.	Bergzabern I	1. Aug. 33
291	Geiling Friedrich	Nittenau	„
292	Dengler Fritz Dr.	Grafenau	„
293	Thallmair Heribert Dr.	Roth	„
294	Thürauf Hermann Dr.	Lohr	„
295	Bühler Hans Georg Dr.	Neunburg v. W.	1. Sept. 33
296	Rupp Joseph	Karlstadt	1. Okt. 33
297	Bauer Albert	Naila	„
298	Eidloth Georg	Hofheim	1. Nov. 33
299	Joetze Ludwig	Lauingen	„
300	Herrmann Hans	Waldfischbach	„
301	Kögerl Josef	Freyung	„

DA. = Dienstalter.

VII. Liste.

A. Strafanstaltsbeamte:

1. Aichach (Zuchthaus und Gefangenenanstalt). (Oberbayern).

Direktor:	Reitzenstein Hermann Freih. von, Dr.
Regierungsrat:	Hennermann Iwan
Kath. Pfarrer:	Kraus Martin
Prot. Pfarrer:	Stark Ernst
Medizinalrat I. Kl.:	Schemmel Ludwig Dr.
Hauptlehrerin:	Dimpfl Anni

2. Bernau (Gefangenenanstalt). (Oberbayern).

Direktor:	Loos Michael
Regierungsrat:	Weber Joseph Dr.
Kath. Oberpfarrer:	Müller Michael
Oberlehrer:	— — —

3. Landsberg (Gefangenenanstalt u. Festungshaftanstalt) (Oberbayern).

Oberregierungsrat:	Dreer Wilhelm v.
Regierungsrat:	Schlager Markus
Kath. Pfarrer:	Morgenschweis Karl
Medizinalrat I. Kl.:	Dusch Hermann Dr.
Lehrer:	Schmuck Oskar

4. Straubing (Zuchthaus). (Niederbayern).

Oberregierungsrat:	Wirthmann Michael
Regierungsräte:	Dicknether Hermann, Mayr Hans Dr.
Kath. Pfarrer:	Weinzierl Heinrich
Medizinalrat I. Kl.:	Trunk Hans Dr.
Oberlehrer:	Oestreicher Ludwig

5. Zweibrücken (Gefangenenanstalt). (Pfalz).

Direktor:	Bauer Martin
Regierungsrat:	Hauck Adolf Dr.
Kath. Oberpfarrer:	Roth Ferdinand
Prot. Pfarrer:	Bickel Friedrich.
Medizinalrat I. Kl.:	Grüber Georg Dr.
Oberlehrer:	Mayer Wilhelm

6. Amberg (Gefangenenanstalt). (Oberpfalz).

Oberregierungsrat: Haggenmiller Eugen
Regierungsrat: Bachmair Ludwig (Tit. u. Rg.: Direktor)
Kath. Pfarrer: Wein Benedikt
Strafanstaltsarzt: — — —
Oberlehrer: Scherübl Michael

7. Ebrach (Zuchthaus). (Oberfranken).

Direktor: Engert Georg
Regierungsrat: Luttenberger Otto
Prot. Oberpfarrer: Reinhold Wilhelm
Strafanstaltsarzt: Schmelz Walter Dr.
Hauptlehrer: Opel Johann

8. St. Georgen-Bayreuth (Gefangenenanstalt). (Oberfranken).

Oberregierungsrat: Harder Alfred
Regierungsrat: Häge Hans
Prot. Oberpfarrer: Endres Otto
Strafanstaltsarzt: Ficht Wilhelm Dr.
Oberlehrer: Feistle Max

9. Nürnberg (Gefangenenanstalt und Bayerisches Obsorgeamt in Nürnberg). (Mittelfranken).

Oberregierungsrat: Kahl Otto
Direktor: Paulus Karl
Regierungsrat: — — —
Prot. Oberpfarrer: Popp August
Kath. Oberpfarrer: Kaul Johann
Medizinalrat I. Kl.: Singer Alfons Dr.
Oberlehrer: Burkel Hans

10. Kaisheim (Zuchthaus). (Schwaben).

Oberregierungsrat: Liebwein Max
Regierungsrat: Wirth Adolf
Medizinalrat I. Kl.: Plattner Karl Dr.
Oberlehrer: Mikus Ludwig

11. Niederschönenfeld (Gefangenenanstalt). (Schwaben).

Direktor: Badum Otmar
Kath. Pfarrer: Kohl Karl
Oberlehrer: Gensberger Johann

B. Gefängnisbeamte:

1. München, Strafvollstreckungsgefängnis.

Direktor: Koch Robert Dr.
Regierungsrat: Schrötter Kurt
Medizinalrat I. Kl.: Geißendörfer Leonhard Dr.

2. Nürnberg, Gerichtsgefängnisse.

Oberregierungsrat: Hopp Karl
Kath. Pfarrer: Kinle Karl

VIII. Liste (Anhang).

Assessoren.

Verzeichnis der mit Erfolg geprüften Referendare (Assessoren).

* in ein früheres Konkursjahr eingereiht.

1930.

A.

Amann Alfred
Anselmann Ant. Dr.
Aub Hans Dr.
Augustin Georg

B.

Bäumler Georg
Bauer Albert
Bauer Bruno Dr.
Bauer Heinrich
Bauer Hermann
Baumgarten Alfr. Dr.
Bayer Oskar
Becher Ludwig Dr.
Bechinger Joseph
Bechtel Werner Dr.
Becker Gerda
Becker Karl
Beger Paul
Behr Stefan Dr.
Berner Georg Dr.
Besold Anton Dr.
Betz Rudolf
Bezzel Erich Dr.
Biedenbach Albert
Biermann Fritz Dr.
Birkner Joseph Dr.
Bitter Margareta
Bittner Hans
Blaß Franz Dr.
Blumenthal Max Dr.
Bochmann Kurt von Dr.
Boettcher Carl Dr.
Borst Kurt
Braun Erich Dr.
Braun Georg
Braun Hans Dr.
Brauneiser Alois
Brenner Peter Paul Dr.
Breun Eduard
Bruckner Karl Dr.
Bühler Hans Gg. Dr.
Bühler Joseph
Buhmann Walter

C.

Colbatzky Friedrich Harald

D.

Degen Wilhelm
Deml Karl*
Dengler Fritz Dr.
Döbereiner Hans
Dorfmüller Friedr.
Dorn Philipp
Drumm Adolf Dr.
DünckelmeyerJul.Dr.

E.

Eckstein Rudolf
Eichhorn Georg I Dr.
Eichhorn Georg II Dr.
Endres Karl
Endreß Otto Dr.
Engelhardt Eberhard
Ernst Adolf Dr.

F.

Fahrenhorst Horst Dr.
Farnbacher Ludw. Heinr. Dr.
Feneberg Herm. Dr.*
Fiedler Paul Dr.
Fischer Friedrich
Flörchinger Ant. Dr.
Fraas Hans
Franckenstein Heinr. Frhr. von und zu Dr.
Frey Adalbert
Friederich Hans
Friedrich Joh. Wilhelm Dr.
Friedrich Karl
Frisch Walter Dr.
Fritsch Heinrich
Fritz Philipp
Fuchs Hans Dr.

G.

Gassert Karl
Gasteiger Anton
Geiger Adam
Gick Karl Dr.
Gmeiner Joseph
Goeringer Hugo Dr.
Goßmann Wilhelm
Gramich Max
Graser Franz Ludwig
Graßmann Hans Dr.
Griesheim Kurt von Dr.
Grießinger Oskar Dr.
Gschwend Karl Dr.
Günder Heinrich Dr.
Günther Gustav
Gugenheim Fritz
Guntz Eduard Dr.

H.

Haag Kurt
Hagendorn Paul
Haidn Karl Dr.
Hasse Hans
Heidenreich Johann
Hein Hans
Heinemann Hilmar
Heinritz Otto Dr.
Held Joseph Dr.*
Helfrich Heinrich
Heppel Sebastian
Herrmann Gotthilf Dr.
Herrmann Hans
Herrmann Max
Herzing Wilhelm
Herzog Paul Helmut Dr.

Hienstorfer Albert Dr.
Hönig Oskar
Hofmann Baptist Dr.
Hofmann Philipp Dr.
Hofmann Siegfr. Dr.
Hofmeister August
Holzberger Leonhard Dr.
Holzner Anton
Hornstein Luitpold Frhr. von Dr.
Hubmann Paul
Huther Ludwig
Hutt Friedrich

I. J.

Jacoby Max Dr.
Jaeger Andreas Dr.
Jaeger Ernst Dr.
Jaeger Friedrich
Joetze Ludwig

K.

Kaeferlein Alfred Dr.
Kämpf Alfred
Kasper Gustav
Keller Franz
Kemmeter Wilh. Dr.
Kerber Ernst Dr.
Kern Erhard
Kerscher Franz
Keßler Emil
Kieborz Julius Dr.
Kippes Joseph Dr.
Kirch Ernst
Klarner Karl Dr.
Klug Walther
Knapp Walter Dr.
Koch Hans Dr.
Koch Otto
Kögerl Joseph
Kohl Franz Dr.
Köhler Joseph Dr.
Kohler Fritz
Kolb Karl Dr.
Koller Joseph
Korn Hellmuth Dr.
Korn Walter Dr.
Kornbrust Leonh. Dr.
Kränzlein Richard
Krais Otto
Kram Hans
Kremerskothen Hermann
Kreß Johann

L.

Lang Hermann Dr.
Langenmayr Arnold
Lankes Marzellus
Laue Wolfgang Dr.
Lauterbach Ernst Dr.
Lederle Werner Dr.
Lehnert Hans
Leitmeyer Karl Dr.
Lettenbauer Ludwig
Leuchs Gustav
Lieberich Heinr. Dr.
Limmer Siegfried
Linzmair Michael
Lippert Frz. Xav. Dr.
Littig Wilhelm
Löffler Adolf Dr.
Lotter Michael
Ludwig Hanns

M.

Maar Oskar
Mangold Hermann Dr.
Mann Fritz Dr.
Matt Wilhelm Dr.
Mayr Hans Dr.
Meder Theodor Dr.
Meisner Michael
Menger Georg Dr.
Meßmer Joseph Dr.
Metzner Georg
Meuschel Hans
Meyer Bernhard
Michl Georg Dr.
Miedel Karl
Möhl Wolfgang Dr.
Mohrnheim Alfred Dr.
Morgenroth Jak. Dr.
Mühlfeld Martin
Müller Gerhard
Müller Karl
Mugler Hans Dr.

N.

Nerreter Paul
Nerz Emil Dr.
Neusinger Heinrich Dr.
Nitzke Fritz Dr.
Noesch Karl
Nolten Horst Dr.
Nusch Wilhelm

O.

Oppenheimer Fritz
Orth Hermann Dr.

P.

Panzer Franz
Pauker Hans Dr.
Paulus Theodor Dr.
Pfaff Theodor Dr.
Piloty Ferdinand
Pölcher Fritz
Pollinger Sebastian
Püls Alfons
Purucker Wilhelm

R.

Rambeck Johann Dr.
Ranke Hans Georg
Raps Joseph Dr.
Rath Heinz
Reichhold Walter
Reis Walter Dr.
Reiter Karl Dr.
Reitter Richard Dr.
Renner Ludwig Dr.
Renner Rudolf Dr.
Reuß Friedrich Dr.
Richter Karl Heinz Dr.
Riegel Konrad
Rieß Hans
Rinecker Anton Dr.
Ritter Hans Dr.
Ritterspach Theodor
Röhrl Karl
Röschert Kilian
Roeser Joseph
Roetzer Andreas Dr.
Rosenberg Paul Dr.
Rudolph Karl Dr.
Ruf Andreas
Rupp Joseph
Ruppert Max Dr.

S.

Sachs Heinrich Dr.
Saiber Johanna Dr.
Saiber Rudolf Georg Dr.
Sambeth Fritz Dr.
Schäffling Helmut
Scharner Friedrich
Schauer Hermann Dr.
Schaumlöffel Artur
Scheerer Karl Dr.
Scheidle Walter Dr.*
Schleicher Theodor Dr.
Schmalzl Hans Dr.
Schmid Georg

Schmid Karl
Schmidt Richard Dr.*
Schmidt Viktor Dr.
Schmidt Walter Dr.
Schmied Ludwig
Schmitt Fritz
Schmitt Carl
Schneider Hans Dr.
Schneider Joseph Dr.
Schnellbögl Wolfg.
Schollwoeck Otto
Schöndorf Anton Dr.
Schreiber Ludwig*
Schuberth Margar. Dr.
Schulmann Fritz Dr.
Schulz Hans
SchwanhäußerWern. Dr.
Schwarz Hans Dr.
Schweiger Rudolf Dr.
Schweigert Hans Dr.
Schweykart Herm.
Seebauer Joseph
Sefrin Anton Dr.
Seibel Julius
Seiermann Max Dr.
Seitz Walter Dr.
Semmler Jakob
Sievers Wilhelm Dr.
Singer Georg Dr.
Sitzmann Eugen
Sölch Heinrich
Sohn Norbert
Spindler Otto
Stadler Franz Dr.
Stamminger Berth. Dr
Staubitzer Karl
Steigerwald Artur Dr.
Steigmeier Leonhard Dr.
Stein Kurt Dr.
Steinhauser Paul Dr.
Steinmayr Hans Dr.
Stellwaag Ernst Dr.
Stern Siegfried Dr.
Stettner Robert Dr.
Stock Hanns Ant. Dr.
Stöckel Eugen
Streicher Jakob Dr.
Ströbert August
Stürmer Georg Dr.
Stumm Hans Dr.

T.

Tempel Karl Friedr. Dr.
Thallmair Heribert Dr.
Thomas Albert
Thümmler Karl
Toussaint Alfred
Traber Franz
Trabert Rudolf Dr.
Treidel Ernst
Trendtel Günther

U.

Ulrich Paul Dr.
Unger Fritz Dr.
Urlichs Paul
Utz Hans Dr.

V.

Veit Wilhelm
Vogtherr Ernst

W.

Wagner Andreas Dr.
Wagner Walter
Waltzfelder Jakob Dr.
Weber Friedrich
Weber Hans
Weckler Karl
Wegert Erwin
Wegler Karl Dr.
Weidenkopf Andreas Rudolf
Weidinger Hans Dr.
Weinmann Karl Hans Dr.
Weishaupt Ludwig
Weiß Friedrich Dr.
Weißenberger Heribert Dr.
Wenninger Jos. Dr.
Wenz Friedrich Dr.
Wenz Helmut Dr.
Wenz Hermann von Dr.
Widmann Franz
Wießner Erwin Dr.
Wimmer Franz
Winkler Heinrich
Wirsching Heinz August Dr.
Wirth Wilhelm
Wolf Anton Dr.
Wolff Oskar
Wurzschmitt Max

Z.

Zagelmeier Fritz Dr.
Zapf Karl Dr.
Zeißler Georg Dr.
Zenglein Heinrich Dr.
Zerkiebel Max Dr.
Ziegler Kurt
Zinner Max
Zirngibl Otto Dr.

1931.

A.

Adam Sigmund
Adler Paul Dr.
Ament Heinrich Dr.
Ammersbach Rupert Dr
Angerbauer Ludwig
Arnold Ernst Dr.
Aschenauer Franz Dr.
Augsberger Fritz Dr.
Aumer Josef

B.

Baalß Wolfgang
Balzer Gottfried Dr.
Baßler Alois
Bauer Max Paul Dr.
Baum Karl
Baumann Georg Dr
Bechtel Oskar Dr.
Behr Mich. Nikol. Dr.
Bellmann Richard Dr.
Berghofer Josef Dr.
Berneker Erich Dr.
Bernsdorf Georg Dr.
Bibra Frhr. von Wilhelm

Bickel Rudolf Dr.
Biebl Johann Dr.
Biemüller Gottfried
Biffar Christian
Biller Albert Dr.
Billmann Andreas Dr.
Bischoff Albert
Blanck Walter
Bleier Josef Dr
Bleifuß Elmar Dr.
Bobinger Albert
Böhm Ludwig
Braun Kurt Dr.
Braunsberger Georg
Bubb Georg
Burlein Otto Dr.

D.

Dittmann Ottmar*
Doll Anton
Dresel Georg

E.

Eberhard Otto
Eberle Arnulf Dr.
Eble Eduard Dr.
Eckert Hugo
Eder Hugo Dr.
Eichhorn Hans
Eichhorn Josef
Eppig Theodor Dr.
Erber Peter
Erlanger Herbert Dr.
Erlenwein Gustav Dr.

F.

Feldl Carl
Ferckel Jakob
Feyock Wilhelm Dr.
Fischer Cölestin Dr.
Fischer Friedrich Dr.
Fleckenstein Oskar Dr.
Fösel Ernst
Foltz Hermann
Frank Ottilie Luise Dr.
Fried Stefan
Fries Hans
Fries Josef I Dr.
Fries Josef II Dr.
Frisch Walter Dr.
Fröhlich Jos. Wolfg.
Froelich Heinrich Dr.
Funk Otto

G.

Galster Karl Dr.
Geier Georg Dr.
Gerlach Ludwig Dr
Germer Ernst Dr.
Gerster Honor
Geyer Michael
Geyer Wilhelm Dr.
Gmelch Karl
Götzmann Paul Dr,
Gran Hans
Grauberger Hildegard
Greineder Friedr. Dr.
Grießemer Otto
Grimmeiß Erich Dr.
Groß Fritz Dr.
Gruber Max
Grünfeld Isidor Dr.
Gudemann Theodor Ludw. Dr.
Güllich Gustav
Günther Gustav I
Gutbrod Wilhelm
Gutting Theodor

H.

Haderlein Andreas
Harbauer Franz
Härtl Adolf Dr.
Haertl Walter
Häußler Konrad
Hahn Kurt Dr.
Hartl Franz
Hartmann Georg
Hartmann Walter Dr.
Haselmayer Anton
Haßlocher Alban
Hausmann Karl
Hautz Karl
Heilmeier Georg Dr.
Heinemann Herbert
Heirich Manfred Dr.
Held Friedrich
Herbig Paul
Herold Erich
Herold Georg Dr.
Herold Hans Dr.
Hertle Josef
Heß Otto
Heurung Oskar
Hien Hans
Hiernickel Georg Dr.
Hilger Gustav Dr.
Hilpert Johann Dr.
Hiltner Hermann Dr
Hirschauer Heinrich
Hirschmann Wilhelm
Höglmeier Ludwig
Hofmann Walter Dr.
Hohmann Ernst
Honsell Robert
Hornung Wilhelm
Hueber Alois Dr.
Hüfner Johannes
Hüttinger Robert Dr.
Hußlein Otto Ludwig

J.

Jacobi Ludw. Friedr. Dr.
Jedelhauser Louis Dr.
Jegg Joseph
Junginger Oskar

K.

Kämpf Hermann
Kahn Fritz I Dr.
Karch Walter Dr.
Kastenbauer Josef Dr.
Kaufmann Erwin
Kaup Friedrich
Kellner Josef
Kempfler Fritz Dr.
Kerth Friedrich
Klingseisen Ludwig
Knobloch Walter
König Frieda
Köppel Kurt Dr.
Koerber Heinrich Dr.
Kolb Gerhard Dr.
Kopp Eugen Dr.
Korzendorfer Adolf
Kottenhahn Rolf Dr.
Kowall Hermann
Kraemer Emil
Kramer Kurt
Krasser Johann Dr.
Krauß Fritz Dr.
Krauß Wilhelm
Kreppner Leonh. Dr.
Kugistatter Adolf Dr.
Kuhn Walter Dr.
Kuhnlein August
Kuntz Erwin Dr.

L.

Lang Albin
Lang Hans Dr.
Lederer Karl

Lehmann Siegfr. Dr.
Lehner Guido
Leuckart Werner Frhr. von Weißdorf
Leuthner Irma
Leuthner Robert
Liebhaber Hubert
Liedig Franz
Linder Robert Dr.
Lindner Georg Dr.
Lippert Ernst Dr.
List Andreas Dr.
Löhlein Roland Dr.
Loesch Max Dr.

M.

Maier Hanns Dr.
Maier Walter
Manchot Karl Rob. Dr.
Mangold Theodor
Mann Heinrich Dr.
Marshall Hermann
Maurer Adam Dr.
Mayer Josef Dr.
Mayer Ludwig Dr.
Mayer Rupert
Meier Georg Dr.
Merk Wilhelm Dr.*
Merkel Rudolf Dr.
Messerer Hermann
Messingschlager Hans
Miller Albrecht Dr.
Mohr Hans Dr.
Müller Artur
Müller Ludwig
Müller Richard Dr.
Mürl Wilhelm Dr.

N.

Nägle Max
Neder Hans
Niederreuther Max
Nonweiler Richard

O.

Oeser Richard Dr.
Osthelder Franz Dr.

P.

Panz Wilhelm
Pfister Wilhelm Dr.
Platz Klaus
Plöchl Joseph
Pöhlmann Heinrich
Pollmann Karl Dr.
Preiß Hermann
Prestel Edmund Dr.

R.

Rau Karl
Rauch Eduard Dr.
Rech Eugen*
Rech Oswald Dr.
Reck Theob. Frhr. v. Dr.*
Reh Andreas
Reichmann Kurt
Retzer Hans*
Reuß Hans
Rheinheimer Walter Dr.
Richter Fritz Dr.
Riedel Hermann Dr.
Riedl Otto Dr.
Riedmann Franz
Riegel Konrad
Rienhardt Rolf
Riffel Hans
Rinecker Lorenz Rudolf
Ringel Friedrich
Ringhof Heinrich
Rittel Andreas Dr.
Roder Ludwig Dr.
Roeder Ludwig
Rösler Armand
Rolland Hans Dr.
Romatzeck Wilhelm
Roßbacher Hubert
Roßmann Heinrich
Roth Heinz Dr.
Rothgangel Walter Dr.
Rott Franz Xav.
Ruckdeschel Georg
Rückel Otto
Rüth Ernst
Rummel Rudolf
Rupprecht Hermann Dr.

S.

Sachs Manfred Dr.
Saukel Egid
Sauter Karl Dr.
Schadler Alfred Dr.
Schalkhaußer Friedr. Dr.
Schatz Josef
Schaudig Otto
Scherer Otto
Scherghuber Martin
Scherübl Franz
Scheuring Hans Joachim Dr.
Schiedermair Hilde
Schinzel Friedrich Dr.
Schlamp Friedrich
Schlee Georg Dr.
Schleifer Josef
Schlemmer Konrad
Schlimbach Jos. Albr. Dr.
Schlör Wilhelm Dr.
Schmid Anton
Schmid Johann
Schmidt Friedrich Mich.
Schmidt Hans Otto Dr.
Schmidt Hugo Dr.
Schmidt Karl Siegfr. Dr.
Schmitt Josef Dr,
Schmitt Walter Dr.
Schnabel Max
Schneider Erich Dr.
Schoch Erhard
Schropp Anton
Schreiber Rudolf
Schub Josef
Schuldenzucker Alfred
Schulz Kurt
Schulz Wilhelm Dr.
Schumacher Theodor
Schuster Heinz
Schwalbe Rudolf Dr.
Schwappacher Paul
Sdrembeck Karl
Seiberth Robert
Seidl Erwin Dr.
Seiler Karl Dr.
Seißer Rudolf Dr.
Seitz Josef
Seitz Martin Dr.
Senft Anton
Seuffert Jörn Herm. Dr.
Seybold Karl Dr.
Sichler Karl
Siebenlist Ernst Dr.
Siebert Fritz

Söller Karl
Sörgel Heinrich Dr.
Spiegel Adolf
Spillecke Otto Dr.
Spuler Otto Dr.
Stabel Peter
Stählin Rudolf
Stein Heinrich Dr.
Steiner Lothar
Steininger Gertrud
Steinruck Ferdinand
Stengel Albert Karl Frhr. v.
Stengel Ludwig
Stoll Hans Dr.
Storch Rudolf
Straub Josef
Streicher Friedrich
Strenge Ernst von
Strobel Hans Dr.
Strößenreuther Otto
Stumfall Balthasar

T.

Tannstein Hermann von Dr.
Then Max
Thomma Alois Dr.
Tucher Hans Chr. Frhr. von Dr.

U.

Ulrich Kuno

V.

Vogler Hanns
Voith von Voithenberg Hans, Frhr. Dr.

W.

Wagner Hermann
Walter Helmuth Dr.
Wambold Wilhelm*
Wand Hermann Dr.
Wannieck Eckehardt Dr.
Wappes Otto Dr.
Waßer Richard
Weber Gregor Dr.
Weintz Adolf Dr.
Weitmann Ludwig
Wendel Wilhelm
Werner Kurt Dr.
Wertheimer Rudolf
Westermayer Adolf Dr.
Wiedemann Viktor Dr.
Wiedenmann Franz
Wiesmeier Artur Dr.
Wiesmeier Walter
Wilhelm Alfred*
Willenbacher Alfred
Woeber Franz Dr.
Wörle Martin
Wolf Kurt Dr.

Z.

Zehrer Franz Dr.
Zernetschky Fritz Dr.
Zimmermann Alfred
Zinsmeister Karl Dr.
Zoepf Bernhard
Zott Joseph
Zrenner Hans Dr.
Zwanzger Georg

1932.

A.

Ackermann Karl Dr.
Ade Karl
Alfertshofer Alfons
Alletag Hermann
Allgay r Alois
Armbruster Hermengild*
Auernhammer Albert Dr.

B.

Bär Gottfried
Bauer Max
Baumann Carl Hans
Baur Max
Bayerlein Ernst Dr.
Beck Max Dr.
Behringer Alfred Dr.
Beil Josef Dr.
Beinhardt Karl Dr.
Bentz Adam
Bergmeier Walter
Betz Anton Dr.
Betz Michael Dr.
Bibra Otto Frhr. von
Bing Adolf Dr.
Blaumeier Joseph
Blenk Karl Dr.
Blum Julius
Bogner Eduard
Bold Georg M.
Bott Anton Dr.
Bourier Sebastian Dr.
Brecht Walter Dr.
Brenner Walter Dr.
Brenneis Wolfram
Breunig Ludwig
Brust Friedrich Dr.
Buchenberger Eduard

D.

Dannbeck Sigmund
Danner Joseph Dr.
Diehl Julius Dr.
Dorn Alfons
Drumm Ernst

E.

Ege Anton
Egloffstein Pet. Paul, Freih. von u. zu
Ehrenspeck Emil Dr.
Eichenlaub Albert
Eisfelder Joseph
Endter Ludwig
Engelhardt Hans Dr.
Ernst Richard
Eyermann Erich

F.

Fäustle Karl
Fendrich Walter
Feueregger Eugen Dr.
Fischer Hans
Fischer Hans I
Fischer Karl Dr.
Fischer Rudolf Dr.
Fischer Wilhelm Dr.
Foerst Hans Karl
Freihalter Ulrich
Freudenberger Georg Dr.
Frey Max Dr.
Friedl Hans
Frisch Wilhelm

Frobenius Wilh. Dr.
Fuchs Franz
Fuchsberger Heinrich Dr.
Funk Georg Dr.

G.

Gahm Karl
Gall Joseph
Gaschott Walter
Geib Fritz
Gerner Erich
Gernet Aug. Wolfg.
Geyer Anton Dr.
Gillitzer Ludwig Dr.
Girstenbreu Wilhelm
Glock Otto Dr.
Goppel Alfons
Graf Ludwig
Groth Heinz
Gruno Eduard*
Günther Kurt
Gutenkunst Ewald
Gutleben Robert Dr.

H.

Haas Joseph
Habermann Franz
Habersack Hans
Härtl Georg Dr.
Hahn Oskar Dr.
v. Harnier Freih. von Regendorf Ad.
Hartmann Erwin Dr.
Hartmann Ludwig
Hasemann Richard
Haslinger Karl
Hastreiter Hans
Heberlein Kurt
Heckel Wilhelm
Heigl Anton
Heigl Otto Dr.
Heintz Karl Robert
Hellingrath Karl Max Frdr. Ferd. von*
Helmschrott Joh. Dr.
Herbig Gustav
Herbolsheimer Karl Dr.
Hergenröther Werner
Herrmann Georg
Hiebsch Emil Dr.
Hirsch Hans Dr.
Hoch Leo Dr.
Höfler Heribert
Hoellring Günth. Dr.
Hölzle Eduard*
Hörnes Oskar Dr.
Hörtreiter Karl
Hösl Christian Dr.
Hoffmann Winfr. Dr.
Hohner Heinz Dr.
Holzer Ludwig Dr.
Holzer Siegfried Dr.
Hotz Rudolf Dr.
von Hoven August

J.

Jacobsen Hans Dr.
Jaroß Willibald
Illig Ludwig

K.

Kammerl Eduard Dr.
Kartini Fritz
Kayser Walter*
Kempe Richard Dr.
Keßler Heinrich
Keßler Karl
Kießling Waldem. Dr.
Kimmerl Max Dr.
Kittel Heinz
Kitzinger Philipp
Kleber Hans
Kleinmann Karl
Klüpfel Julius Dr.
Knoblach Max Dr.
Koch Erich Dr.
Koch Walter
Köbler Joseph
König Karl
Kolb Karl Adolf
Koob Joseph
Koob Karl Dr.
Kraus Wilhelm Dr.
Krayer Joseph Dr.
Krebs Georg Adolf
Kreitmair Jakob Dr.
Krutsch Hermann
Kuchtner Eberhard
Kümmelmann Gregor Dr.
Kümmelschuh Fritz Dr.
Kuhn Siegfried
Kulzinger Adolf Dr.
Kuntz Benno

L.

Lederer Konrad
Lehner Max
Leis Eugen
Lenhard Moritz
Levy Ludwig
Linden Wilhelm, Frhr. v.
Linn Werner
Linsmayer Richard Dr.
Löwenherz Walther
Loewentritt Siegfried Dr.
Luther Heinz Dr.
Lutz Albert

M.

Maaß Gustav Dr.
Maier Friedrich Aug.
Maier Hans
Mauck Hans Dr.
Maul Hanns Dr.
Mayer Matthias Dr.
Meindl Karl
Menke Joseph
Mohrenwitz Justin Dr.
Molz Ludwig Dr.
Moser Artur Dr.
Müller Adolf Dr.
Müller Hans
Müller Wilhelm
Münch Ludwig

N.

Nehmeyer Erwin Dr.
Niederreuther Karl
Nippgen Hans Dr.
Nöthiger Rudolf
Nüßlein Hans

P.

Panzer Heinz
Paul Ludwig Dr.
Pfeiffer Ludwig
Pfeuffer Adolf
Pfrang Rudolf
Pichl Joseph
Pixis Hans
Ponsel Ernst
Popp Hans
Popp Wilhelm Dr.
Prager Franz Dr.
Pranz Kurt Dr.

Prechtel Georg Dr.
Preißler Eduard Karl Dr.
Preißler Friedrich
Prücklmeier Anton Dr.
Pürner Karl

R.

Ramdohr Wilken von
Rau Otto Dr.
Rauh Wolfgang Dr.
Rebholz August
Rehm Lutz
Reichold Hans
Reiter Alois
Renner Ludwig
Rheinheimer Walter Dr.
Rieger Karl Dr.
Ringseisen Alois
Ritter Otto Dr.
Röckl Ottmar
Röder Hans Fritz Dr.
Rößner Wilhelm Dr.
Rosenberger Ludwig
Rosenwald Heinz Dr.
Rothstein Burkard Dr.
Ruby Robert

S.

Saalheimer Manfred Dr.
Sachs Eugen Dr.
Salberg Hermann
Saljé Ludwig
Schäfer Wilhelm
Scheidle Erich Dr.*
Schild Alexander
Scheuer Wilhelm Dr.
Schimmer Otto Dr.
Schirpfer Ludwig
Schlindwein Karl Dr.
Schmaedel Hans von
Schmid Hans
Schmid Jos. Dr.
Schmidinger Franz
Schmidt Friedr. Dr.
Schmidt Wilhelm Dr.
Schmitt Gottfried Dr.
Schmitt Hans Dr.
Schmitt Valentin
Schneider Edmund
Schönecker Ludwig
Schreiner Otto Dr.
Schuberth Hans Dr.
Schultz Pirmin Jakob
Sedelmair Arsenius
Seidenspinner Anton Dr.
Seis Martin
Seuffert Walter
Siebenlist Ernst Dr.
Simon Georg
Sippel Walter
Sorg Richard
Speicher Philipp
Spiegl Hans
Stadter Pankraz
Stähler Friedrich
Staimmer Franz
Steinle Richard Dr.
Stelzer Alfred
Stelzle Hermann
Stich Ludwig
Stiegler Ernst
Stock Kurt Dr.
Stolleis Erich Dr.
Stolz Joseph
Strauß Hermann Dr.
Süß Otto

T.

Tausch Albert Dr.
Teichmann Werner Dr.
Tenbörg Erwin
Thom Oskar Dr.
Thomé Herbert Dr.
Troßmann Hans

V.

Vietinghoff Kurt von
Voll Gustav

W.

Wachsmann Alfred Dr.
Wachter Alfons
Wagner Hans
Wagner Heinz
Walter Fritz
Walter Konrad
Walter Otto Dr.
Weidenmann Adolf Dr.
Weil Ernst Dr.
Weil Julius Dr.
Weisbach Arnold
Weninger Rudolf
Westner Anton Dr.
Wicklmayr Karl
Wieser Hans
Will Hermann Dr.
Wirthensohn Heinr.
Wittmann Joseph Dr.
Wittmann Joseph Dr. II
Wöscher Adolf
Wolf Hans
Wolff Heinz
Wolpert Ernst
Wolz Paul
Wüstendörfer Georg

Z.

Ziegelhoefer Hanns Adolf Dr.*
Zimmermann Fritz Dr.
Ziolkowsky Reinhard Dr.

1933.

A.

Ackermann Hans
Albrecht Wilhelm Dr.
Alteneder Karl
Altinger Karl
Ankenbrand Otto Dr.
Aub Richard
Aufseß Hans Max Frhr. von und zu
Axthelm Rolf von Dr.

B.

Bächle Wilhelm Dr.
Bärmann Johannes
Bäuml Joseph
Barthelmeß Horst Dr.
Bastian Karl
Bauer Hans
Bauer Karl Dr.

Bauer Rudolf
Bayerle Georg
Becker Emil
Beierwaltes Joseph
Beigel Felix
Bengl Wilhelm Dr.
Berg Hans Dr.
Berg Max Dr.
Bergmann Joseph Dr.
Besold Otto Dr.
Betz Joseph Dr.
Betz Lorenz Dr.
Beuschlein Werner Dr.
Bickel Kurt
Bitzer Albert Dr.
Blatt Heinz
Bloedel Rudolf Dr.
Blümlein Walter
Bodem Oskar Dr.
Böhm Karl Dr.
Böhme Hermann Dr.
Böll Karl
Brandl Theodor
Brandt Franz Dr.
Brat-Reimann Alexander
Brechtel Theodor
Brömse Karl August
Bruner Eduard Dr.
Büechl Felix Dr.
Bücklein Georg
Büttner Robert Dr.
Burckhardt Julius Dr.
Burnhauser Ignaz Dr.

C.

Camerer Rudolf Dr.
Carnier Hermann Dr.
Caspary Hans A.
Graf zu Castell-Castell Luitpold Dr.
Cullmann Willy
Czeguhn Dominikus

D.

Dachauer Simon Dr.
Dahl Otto
Dahlem Walter
Daßler Adolf Dr.
Deger Otto
Degmair Hans
Dellian Eduard
Diem Wolf
Dietl Ludwig
Diepold Eugen
Diewald Karl
Dobmeier Hans
Dormitzer Hildegard Dr.
Drexler Karl Dr.
Drieß Kurt
Dudenhöffer Otto
Dunckern Anton

E.

Eckart Paul Dr.
Edlinger Joseph von Dr.
Ehrnsperger Max
Eigner Ludwig Heinz Dr.
Einberger Fritz Dr.
Elhardt Georg
Emrich Hans Dr.
Erbelding Pius
Ernst Hans Dr.
Ernst Leo
Eser Wilhelm Dr.

F.

Fahrmbacher Georg
Faßbender Karl Dr.
Federkiel Fritz Dr.
Feineis Hans
Ferner Othmar Dr.
Fischer Harald Dr.
Fischer Luise
Fischer Otto Dr.
Fischer Theodor Dr.
Fließ Theodor
Foag Anton
Frank Edmund
Fraunhofer Joseph
Freitag Franz
Freudenthal Kurt Dr.
Freundorfer Karl
Friedrich Kurt Dr.
Friedl Max
Frisch Wilhelm Dr.
Frobenius Adolf
Frohmader Walter Dr.
Fuld Edgar

G.

Gerber Ernst
Gerhard Wolfgang
Gernbeck Fritz Dr.
Gerstlauer Ulrich
Gesler Waldemar Dr.
Geyer Franz Dr
Geyer Georg
Gichtel Hermann Dr.
Gill Franz
Gillardon Herbert
Godron Karl Heinz
Goßner Sebastian
Gradl Johann Dr.
Graßmann Karl
Grehn Eugen
Griebel Alexander Dr.
Grießinger Bruno Dr.
Grießmann Walter
Groh Eugen
Güllich Hans
Gutmann Hans

H.

Haas Albrecht Dr.
Haas Alfred Dr.
Habel Friedrich
Häupler Karl Dr.
Häußler Arthur Dr.
Hagen Rudolf Dr.
Hahn Hans Dr.
Haid Georg
Hammer Georg
Handel Heinrich
Hartmann Hans Jak.
Hartmann Karl Dr.
Hassenstein Karl
Haßmann Heinz Dr.
Heiden Heinr. an der Dr.
Heim Albert
Heintz Fritz
Heinzel Heinz
Heinzl Anton Dr.
Heiserer Ulrich Dr.
Heizer Albert
Helbig Oskar Dr.
Helfrich Hans Joachim Dr.
Herdeg Hermann Dr.
Herrnreiter Ferdinand
Herrnreiter Joseph
Hertel Gottfried Dr.
Hesselberger Heinz Dr.
Hilsenbeck Klaus
Hochfeld Rolf Dr.
Hoechstetter Max
Hoffmann Bernhard

Hohenacker Erwin Dr.
Hohenbleicher Jos.
Hollwich Adolf Dr.
Honold Hilde
Huber Joseph Dr.
Huber Sebastian
Hummel Herbert Dr.
Hundt Ludwig

I. J.

Jaeth Fritz
Janzen Wolfram
Jessenberger Ernst Dr.*
Jobst Hans
Jung Hermann Dr.
Junkenitz Andreas

K.

Kaiser Bernhard
Kaltenegger Alfred
Kaltenhäuser Anton
Kann Lothar Dr.
Keller Wolfgang
Kießel Georg Dr.
Kießling Kurt
Kinskofer Oskar Dr.
Kirch August
Kirchdorfer Hermann
Kirmeier Erich Dr.
Kissinger Charlotte
Klein Ludwig
Kleinhenz Alois
Klieber Wilhelm
Kneidl Joseph
Knott Adolf Dr.
Koch Valentin Dr.
Köberlin Theodor Dr.
König Otto
Königer Alfons
Körbitz Friedrich Dr.
Kollmann Fritz
Konrad Heinrich
Kotzschmar Georg Dr.
Krapp Philipp Dr.
Kraus Martin Dr.
Krauß Fritz
Krehbiel Fritz Dr.
Kreier Franz
Kreuzer Karl Dr.
Krieger Hermann
Krug Peter
Kuchtner Edeltraud
Kuegle Friedrich A. Dr.
Kügle Ludwig Dr.
Kühn Fritz Dr.
Kugler Michael Dr.
Kuhn Valentin
Kurz Karl
Kurzendorfer Ludwig Dr.

L.

Landmann Heinz Dr.
Lauer Adolf Dr.
Lechner Hans Dr.
Lechner Kurt
Ledermann Wilh.*
Leidel Fritz
Lersch Herbert Dr.
Leupold Hermann Dr.
Leuze Wilhelm Dr.
Lindner Wilhelm Dr.
Linn Walter Dr.
Lippert Karl
Löcker Max Dr.
Luber Franz Wilhelm
Luckhaupt Willibald
Lüst Fritz

M.

Mahl Ernst
Maier Lothar
Mair Martin
Manasse Richard Dr.
Mannß Klara
Mansmann Alfons
Margraf Hanns
Marschall Ernst
Martin Oskar
Marx Otto
Masson Christoph Dr.
Mayer Paul
Mayerhofer Edgar Dr.
Metz Hans Dr.
Meyer Friedrich
Meyer Rudolf
Miederer Martin Dr.
Mößlang Angelo
Model Artur Dr.
Moser Franz Dr.
Mühlbauer Karl
Müller Artur Dr.
Müller Ernst
Müller Wilhelm
Münich Alfred Dr.
Muzell Hermann Dr.

N.

Naßhan Adolf
Nattermann Oskar
Neubert Alexander Dr.
Neubauer Theodor

O.

Oberhauser Martin
Oberwallner Franz Dr.
Oeschey Rudolf
Oppenheimer Rudolf
Ostermann v. Roth Ernst L.
Ostermaier Hermann Dr.
Ostler Fritz Dr.

P.

Pechtold Fritz
Pfeiffer Karl
Pfeiffer Ludwig Dr.
Pfister Franz Jos. Dr.
Pointner Franz
Prechtl Karl
Preisenberger Peter Dr.
Promesberger Hans

R.

Rathmayer Otto
Reber Albert
Reder Hans Dr.
Reger Hans
Rehm Franz
Reiland Max Dr.
Reiß Karl Dr.*
Reitberger Leonhard
Rexroth Ernst Dr.
Riedl Artur H. Dr.
Rink Otto Dr.
Rödl Ludwig Dr.
Rohleder Karl Friedr. Dr.
Rohn Otto
Rosenthal Leo Dr.
Roth Heinrich Dr.
Rottner Otto Dr.
Ruckdeschel Gustav Dr.
Rucker Erich Dr.

Rudersdorf Kurt
Rümelin Liselotte Dr.
Rüth Friedrich
Ruppenthal Walter

S.

Salomon Karl
Sand Hermann
Schäfer Wilhelm Dr.
Schedel Karl Dr.
Scheidig Heinrich Dr.
Scheler Albin
Schick Hugo Dr.
Schiffmann Franz Dr.
Schiller Joseph Dr.
Schimmel Alfred
Schlickenrieder Heinrich
Schmid Georg
Schmidt Gottlieb Dr.
Schmitt Kurt
Schneider Adolf Dr.
Schneller Franz
Schnitzer Felix
Schobert Heinrich
Schönhuber Wilhelm
Schönl Hans
Schott Walter Dr.
Schott v. Schottenstein Conrad Frhr.
Schreiber Theodor
Schriefer Edmund
Schuhbauer Clemens Dr.
Schuler Adolf Dr.
Schuster Martin
Schwankhart Franz
Schwarz Herbert
Schwarz Max
Schweyer Walter Dr.
Schwindl Joseph
Seefelder Otto Dr.
Segl Helmut Dr.
Selgrad Karl Ludwig Dr.
Senft Hermann
Seuberling Hans
Seufert Joseph
Seyfried Heinrich
Sierp Kurt
Silberstein Erich
Sirtl Michael
Sommerich Karl
Sonn Max Dr.
Späth Heinrich
Speidel Edmund
Spiegel Erich
Spies Kurt Dr.
Spindler Gustav Dr.
Spranger Anton
Stadelmann Fritz Dr.
Staehler Hellmut
Stahl Alfred Dr.
Steiger Wilhelm Dr.
Steininger Wolfgang Dr.
Steinkohl Alois Dr.
Steinle Richard Dr.
Stieber Erich
Stöhr Hans Dr.
Stoffel Karl Dr.
Stoepler Hermann Dr.
Stoll Wilhelm
Straßer Anton
Stützel Karl Dr.
Swoboda Franz

T.

Tannstein Kurt v. Dr.
Thoma Richard Dr.
Trammer Eugen
Trauth Hermann Dr.
Trisl Ludwig
Troetsch Friedr. K. Dr.
Türk Anton

U.

Ulmer Hermann

V.

Vogel Gottfried
Vogt Albert*
Volk Richard
Vollmuth Michael

W.

Wackerbauer Hans Dr.
Wagner Otto Dr.
Wangemann Lorenz
Watz Ludwig
Weber Friedrich
Wegert Kurt Dr.
Weh Albert Dr.
Weihrauch Jos. Dr.
Weinheimer Hermann
Weiß Franz Dr.
Weiß Georg Dr.
Weißenberger Paul
Weyland Werner
van Wien Dietrich
Wild Joseph
Wimmer Max
Windorfer Karl Dr.
Winkler Hans
Winkler Ulrich
Wonhas Paul Dr.
Wurzer Andreas

Z.

Zeitlmann Rupert
Zeller Hans Dr.
Zelt Max Dr.
Ziegler Eduard
Zimpelmann Albert Dr.

IX. Notariatskammern.

I. Notariatskammer München:

1. Geheimer Justizrat Dr. Karl Schad in München, Vorsitzender; 2. Geheimer Justizrat Julius Richter in München, stellvertretender Vorsitzender; 3. Justizrat Adolf Bourier in Fürstenfeldbruck, Schriftführer; 4. Justizrat Heinrich Heß in München, stellvertretender Schriftführer; 5. Justizrat Emil Bauschinger in Landshut; 6. Justizrat Hans Scharberg in Immenstadt; 7. Geheimer Justizrat Heinrich Schieder in Kempten; 8. Justizrat Otto Linder in Augsburg; 9. Justizrat Dr. Armin Bickert in Traunstein; 10. Justizrat Hermann Wiesinger in München; 11. Notar Johann Nepomuk Schott in Donauwörth; 12. Notar Dr. Otto Decker in Augsburg; 13. Notar Dr. Oskar Preußner in Bad Tölz; 14. Notar Dr. Samuel Bader in Burghausen; 15. Notar Dr. Joseph Edel in Neuburg a. d. Donau.

II. Notariatskammer Zweibrücken:

1. Geheimer Justizrat Ludwig Helfrich in Ludwigshafen, Vorsitzender; 2. Justizrat Dr. Wilhelm Becker in Ludwigshafen, stellvertretender Vorsitzender; 3. Justizrat Ludwig Pfirmann in Kaiserslautern, Schriftführer; 4. Justizrat Eugen Roth in Frankenthal, stellvertretender Schriftführer; 5. Justizrat Anton Mendel in Zweibrücken; 6. Justizrat Otto Silbernagel in Kaiserslautern; 7. Notar Dr. Ludwig Leibrock in Edenkoben; 8. Notar Dr. Georg Dittmar in Obermoschel; 9. Notar Dr. Oskar Weber in Waldmohr.

III. Notariatskammer Bamberg:

1. Geheimer Justizrat Aquilin Mauter in Würzburg, Vorsitzender; 2. Justizrat Gottfried Schmitt in Würzburg, stellvertretender Vorsitzender; 3. Justizrat Joseph Schul in Kitzingen, Schriftführer; 4. Justizrat Ludwig Steinbach in Schweinfurt, stellvertretender Schriftführer; 5. Justizrat Dr. Ludwig Popp in Kulmbach; 6. Justizrat Franz Engert in Würzburg; 7. Notar Dr. Karl Pfeiffer in Münchberg; 8. Notar Dr. Felix Vogt in Ochsenfurt; 9. Notar Dr. Otto Heyer in Eltmann.

IV. Notariatskammer Nürnberg:

1. Justizrat Theodor Reichold in Erlangen, Vorsitzender; 2. Notar Wilhelm Hoffmann in Nürnberg, stellvertretender Vorsitzender; 3. Justizrat Karl Wachs in Hersbruck, Schriftführer; 4. Justizrat Ferdinand Mayer in Fürth, stellvertretender Schriftführer; 5. Justizrat Hans Brunner in Gunzenhausen; 6. Justizrat Wilhelm Spatze in Schwabach; 7. Notar Karl Schöpperl in Regensburg; 8. Notar Dr. Richard Daimer in Rothenburg ob der Tauber; 9. — — —

D. Übersicht der Gerichte und der Notare und Rechtsanwälte Bayerns.

I. Das Oberste Landesgericht in München

a: Umfaßt 4 OLG.; 26 LG.; 240 AG.

b: RAnw.: I. bloß beim Obersten LG. zugelassene RAnw.: Obermeyer Mor. Dr. Geh. JR.

II. beim Obersten LG., beim OLG. München und bei den LG. München I und II zugelassene RAnw.: Bloch Eduard Dr. Geh. JR., Dispeker Siegfr. Dr. Geh. JR., Eisenberger Karl Dr. Geh. JR., Foerst Wilh. Geh. JR., Fränkel Emil Dr. JR., Frankenburger Hrch. Dr. Geh. JR., Friedlaender Max Dr., Gaab Max JR., Gaenßler Max Dr. JR., Gebhardt Heinrich JR., Großer Franz JR., Harburger Isidor Dr. Geh. Hofrat JR., Herzfelder Felix Dr. Geh. JR., Kitzinger Wilhelm Dr. JR., Kuhn Max Dr. Geh. JR., Mayer Bernhard Dr. Geh. JR., Mayr Roderich Geh. JR., Nützel Georg Dr. JR., Panzer Karl Dr. JR., Schlelein Nikolaus JR., Schramm Christof Dr. JR., Schwaiger Georg JR., Werner Karl Dr. JR., Zezschwitz Willibald von JR., Zimmermann Wilh. Dr. Geh. JR.

II. Die Oberlandesgerichte.

Augsburg aufgehoben u. mit dem Bezirke des Oberlandesger. München vereinigt s. 1. April 1932. StA. v. 17. Febr. 1932 Nr. 39. RAnw.: s. Landger. Augsburg.

1. **Bamberg.** (1 576 934 E.) **a:** Umfaßt 7 LG., nämlich Aschaffenburg, Bamberg, Bayreuth, Coburg, Hof, Schweinfurt und Würzburg.

   b: RAnw.: I. beim OLG. u. LG. Bamberg zugelassene RAnw.: Aron Albert JR., Awrach Paul JR., Bettmann Bernhard JR., Dehler Thomas Dr., Gahn Karl Dr. JR., Gengler Gabriel Dr., Hennemann Theodor Dr., Höflein Moses JR., Liedel Fritz Dr., Löw Ludwig, Morgenroth Mart. Dr., Müller Georg, Oster Ludwig Dr., Ramer Wilh. JR., Reissig Don., Röder Joseph, Röschert Kilian, Scheick J. B. Dr. Geh. JR., Scheick Karl Dr., Schmitt Jos. Dr. Geh. JR., Wald Sigmund, Weegmann Luitpold, Wehrl Fritz Dr., Weidner Joseph, Zihr Georg JR.

   II. bloß beim OLG. Bamberg zugelassene RAnw.: Eichhorn Georg Dr., Neder Hans, Schmitt Gottfried Dr.

2. **München.** (3 375 165 E.) **a:** Umfaßt 10 LG., nämlich Augsburg. Deggendorf, Eichstätt, Kempten, Landshut, Memmingen, München I, München II, Passau, Traunstein. **b:** RAnw.; I. die bei dem Obersten LG. unter b: II angeführten RAnw.

Anmerkung: Die Einwohnerzahl der Oberb. Ger.Bez., Landg.Bez. und Amtsger.Bez. entspricht der Volkszählung vom 16. Juni 1933 (Sonderabdruck aus der Zeitschrift des Bayer. Statistischen Landesamts. Heft 4. Jahrgang 1933).

II. beim OLG. München und bei den LG. München I und II zugelassene RAnw.:

Abitz-Schultze Thaddäus Dr.
Adam Friedrich JR.
Adam Joseph
Adler Paul Dr.
Adler Siegfried JR.
Aichinger Romuald
Aldinger Heinrich
Amann Alfred
Amann Max
Ament Heinr. Dr.
Ambrunn Leop. Dr.
Angerer Erhard JR.
Angerer Richard
Arnold Max Dr.
Arnold Rudolf Dr. JR.
Aub Hans Dr.
Bacharach Alfr. Dr.
Bäcker Franz JR.
Baer Julius Dr.
Baierlacher Hans
Ballin Fritz Dr. JR.
Bandorf Robert Dr.
Bary Erwin v.
Bauderer Fritz Dr.
Bauer Alfred JR.
Bauer Fritz Dr.
Bauer (I) Max Dr.
Bauer (II) Max Dr.
Bauer Max Wolfgang
Baumann Hans Dr. JR.
Bayer Alexander Dr.
Bayer Andreas
Bayer Franz JR.
Bayerlein Ernst Dr.
Bechert Rudolf Dr.
Beck Simon Dr.
Becker Gerda
Beckh Alexander Dr.
Beisler Karl Dr.
Bencker Wilh.
Berchtold Karl JR.
Berchtold (II) Karl
Berg Ernst Dr.
Berg Ferdinand
Berghammer Sebastian Dr.
Bergmann Joseph Dr.
Berneker Erich Dr.
Bernstein Hans Dr.
Berolzheimer Franz Dr.
Berolzheimer Rich.
Besold Anton Dr.
Betz Hans Dr.
Bibra Otto Frhr. von
Beutner Eduard Dr.
Bischoff Otto Geh. JR.
Bloch Alfred Dr. JR.
Bloch Hans Dr.
Blumenstein Karl Dr. JR.
Böhm Gustav Dr.
Böhm Theobald Dr.
Böttcher Karl Dr.
Bogner Eduard
Brandmeier Karl
Braunsberger Fritz Dr.
Breitenmoser Hans
Brinz Arnold
Brücklmayr Joseph JR.
Brunner Frz.
Buchberger Hubert JR.
Buchner Heribert
Buckeley August Dr.
Büschelberger Karl Dr.
Buff Heinr. Dr.
Buhmann Walter
Bullacher Karl Dr.
Burger Heinr.
Burger Joh. JR.
Burlein Otto Dr.
Camerer Rudolf Dr.
Caspary Hanns Dr.
Christ Hs. Dr.
Colbatzky Friedr. Harald
Crebert Heinr. Dr.
Dahn Hans
Danner Josef Dr.
Deibel Heinrich Dr.
Deisenhofer Alfred
Deisinger Siegfried Dr.
Denninger Eduard
Deppisch August Dr.
Diemer Joseph Zeno Dr.
Diepold Hugo
Dieß Wilh. Dr.
Dietrich Karl
Diewald Ludwig
Dispeker Fritz Dr.
Dillmann Alex. Dr., Herzogl. Anh. Hofrat
Dinkelsbühler Alex. JR.
Döbereiner Hans
Doll Anton
Dorn Alfons Dr.
Dreher Heinrich Dr.
Drißl Leo
Drumm Alfr.
Drumm Ernst
Dümmler Hans Wilhelm Dr.
Dütsch Joseph Dr.

Durst Karl Dr.
Ebel Hans Dr.
Eble Eduard Dr.
Eckert Johannes
Egloffstein Frhr. v. Peter Paul
Ehrensberger Fritz Dr.
Ehrl Mich. JR.
Eichhorn Georg Dr.
Eichner Joseph Dr.
Eilbott Jos. Dr.
Einberger Fritz Dr.
Einstein Oskar Dr.
Eisenberger Max Dr.
Ellinger Max Dr. JR.
Endras Theodor Dr.
Endter Ludwig
Endter Theodor Dr.
Engel Albert Dr.
Ehrhard Wilhelm Dr.
Erhardt Kurt Dr.
Erlanger Theod. Dr.
Ernst Leo Dr.
Ertl Hans
Eßlinger Wilh. Dr. JR.
Feldheim Otto Dr.
Ferber Karl Jos. Dr.
Feuchtwanger Max Dr. JR.
Feuchtwanger Siegbert Dr.
Feust Karl Dr.
Fiedler Heinr. Dr.
Fiedler Paul Dr.
Fischer Joseph Dr.
Fischer Rudolf Dr.
Fleischmann Justin Dr.
Floßmann Wilh. Dr. JR.
Foerst Hans Karl
Fohr August
Forchheimer Fritz Dr.
Fraaß Otto Dr. JR.
Fraja Rudolf
Francke Friedr. Dr.
Frank Franz JR.
Frank Hans Dr.
Frank Heinrich
Frank Karl
Frank Ottilie Dr.
Franz Otto JR.
Frauendorfer Max Dr.
Frei Leopold Dr.
Freudenreich Fritz
Frey Adalbert
Friedenreich Martin Dr.
Friedl Max Dr.
Friedrich Otto Dr.
Fries Karl (in Haar, Kolonie Waldlust)
Frieß Alfred Dr.
Frisch Walter Dr.
Fritsch Heinrich
Fröhlich Hans
Gaab Karl
Gademann Otto Dr.
Gardé Maxim. Dr.
Gaubatz Gg. Dr. JR.
Gedon Lorenz
Geigel Reinh. Dr.
Gerbig E. JR. (Unterhaching)
Gerbl Otto Dr.
Germer Johannes Dr.
Gern Artur Dr.
Gernbeck Gg. Dr. JR.
Gerner Frz. JR.
Gerstle Hermann
Gerstle Oskar Dr.
Geyer Wilhelm Dr.
Giegold Karl Dr.
Glaser Alex. Dr.
Glonner Fritz JR.
Gmeiner Wolfgang
Görigk Franz JR.
Göring Emil JR.
Goes Georg JR.
Götz Anton Dr.
Götz Georg Dr.
Goetz Karl
Goldmann Ludwig Dr. JR.
Goldschmidt Albert JR.
Goldschmidt Jakob Dr. JR.
Goldschmit Friedrich Dr. JR.
Gombart Rudolf
Goßner Sebastian
Gottscho Ernst
Gottwald Otto Dr.
Gräf Lorenz
Grätz Arnulf Dr.
Graf Hans JR.
Gramich Max
Greif Hans Dr.
Greineder Fritz Dr.
Greiner Oskar Dr.
Grießmann Walter
Grimmeiß Erich Dr.
Grimmeiß Hans Dr. JR.
Groß Ignaz JR.
Gruno Eduard
Gundelwein Felix
Gutleben Robert Dr.
Gutmann Stephan
Haas Alfred Dr.
Habermann Philipp Frhr. v.
Haertl Walter
Hainz Fritz

Hajek Ant. Heinrich JR.
Hammann Fritz Dr. JR.
Hammer Franz
Hardt Karl
v. Harnier Frhr. v. Regendorf Adolf
Hartmann Walter Dr.
Hartmüller Karl
Haselmayer Anton
Hasinger Hermann
Hauck Christian
Haun Friedr. Dr.
Haus Franz Dr.
Hauschild Alfred
Hausen Ferd. Dr.Frhr. v., JR.
Haymann Ludwig Dr.
Heberlein Franz JR.
Heckelmann Seb. Dr.
Hecker Ludw. JR.
Hegenauer Albert Dr.
Heidemann Anton Dr.
Heilbronner Jul. Dr. JR.
Hecker Peter
Heilmannseder Adolf
Heilmeier Georg Dr.
Heim Heinrich
Heim Paul JR.
Heins Valentin
Heinzel Heinz
Heirich Manfred Dr.
Heisinger Ludwig Dr.
Held Oskar Dr.
Hellmaier Friedr.
Hemmer Klem. Dr. JR.
Hemmeter Walter
Herele Hubert Dr.
Hermann Max Dr.
Hertkorn Hans Dr.
Hetterich Wilhelm
Hiemer Hanns
Hilpert Johann Dr.
Hiltner Hermann Dr.
Hindelang Hans Dr.
Hirschberg Max Dr.
Höfter Max Dr.
Hoellring Günther Dr.
Hoffmann Bernhard
Hoffmann Karl
Hofmann Ldw.
Hofmann Phil. Dr.
Holl Alfr. Dr.
Hollfelder Lorenz Dr.
Holstein v. Helmut Dr.
Holzer Siegfried (I) Dr.
Holzer Siegfried (II) Dr.
Homberger Konrad Dr.
Hommelsheim Jos. Hub. Dr.
Honold Hilde
Hornstein Luitp. Dr. Frh. v.
Horstmann Wilhelm Dr.
Huber Josef Dr.
Hueber Aloys Dr.
Jacobi Herb. Dr. JR.
Jacoby Alfred Dr.
Jacoby Hugo Dr.
Jacoby Karl
Jacoby Siegfr. Dr.
Jetzlsperger Albert
Jung Edgar Dr.
Kämpf Alfred
Kärcher Friedrich Wilhelm
Kahn Ferdin. Dr.
Kahn Fritz Dr.
Kahn Maximilian JR.
Kahn Willy Dr.
Karpf Alfred Dr.
Karpf Rudolf
Karpfhammer Hans Dr.
Kartini Fritz Dr.
Kastor Heinr. JR.
Katz Ignaz Dr.
Kaup Friedrich
Keller Jos.
Kennerknecht Leo
Ketzer Georg Dr.
Kiendl Wilhelm
Kießling Waldemar Dr.
Kilchert Wilh.
Klein August
Klopfer Fritz
Knirlberger August Dr.
Koblenzer Sally JR.
Köck Heinrich Dr. JR.
König Frieda
Königsberger Felix Dr. JR.
Kohl Horst
Kohl Karl JR.
Kohlhepp Jos.
Kollmann Franz Dr. JR.
Kollmann Fritz
Kopp Eugen Dr.
Kramel Angelo
Kratzer Sebastian Dr.
Krauß Georg
Krauß Philipp Dr.
Krettner Ant. Dr. JR.
Krippner Christian
Kronacher Aug. Dr.
Kronenberger Adam Dr.
Krück Fritz Anton Dr.
Kügle Joseph Dr
Kühlmann Gust.

Kühlmann Hermann
Kümmelschuh Friedrich Dr.
Kuglstatter Adolf Dr.
Kuhn Siegfried
Kuhn Thom.
Kunkel Paul
Kurzmann Ludw. Dr.
Kussius Ferd. JR.
Landecker Emil Dr. JR.
Laturner Rudolf JR.
Lechner Ludw.
Leeb Joseph Dr. JR.
Lehner Albert Dr. JR.
Lehner Guido
Lehnert Hans
Leibrecht Otto Dr.
Leitmeyer Karl Dr.
Leitschuh Christian
Lemle Leo Dr.
Lermann Paul
Lersch Herbert Dr.
Levinger Wilhelm JR.
Levy Ludwig Dr.
Liebig Just. Frhr. v. JR.
Liebl Karl
Liedig Franz
Limmer Jos. Dr.
Limpach Karl
Linder Robert Dr.
Lingg Anton
Linmaier Joseph Dr.
Linsmayer Richard Dr.
Lippert Franz Xaver Dr.
Löhlein Roland Dr.
Löffler Adolf Dr.
Loewenfeld Jul. Rob.
Löwenstein Karl Dr.
Loritz Alfred
Luber Wilhelm JR.
Lueb Theodor
Mahla Albert JR.
Mainer Otto Dr.
Maisel Hermann
Malchus Friedrich Frhr. v. JR.
Manchot Karl Rob. Dr.
Mannß Klara
Manz Konr.
Maron Oskar Dr.
Mauck Hans Dr.
Mauerer Bernhard
Maurmeier Karl
Mayer Adolf Dr.
Mayer Arth. Dr.
Mayer Heinr.
Mayer Ludw. Dr.
Mayer Max
Mayer Robert Dr.
Mayr Franz
Mayr Robert Roderich Dr.
Meindl Karl
Melcher Ludwig Dr.
Meßerer Hermann
Meyer Benno Dr. JR.
Meyer Eugen Dr. JR.
Meyer Heinz Dr.
Meyer Otto Dr.
Micelli Dominikus Dr.
Miez Alfred Dr.
Miller Max Dr.
Miller Simon
Miller v. Walter Dr.
Mittelmeier Philipp Dr.
Moeller Karl Dr.
Mößmer Ferd. Dr. Geh. JR.
Mößmer Ferd. Dr.
Mößmer Werner Dr.
Montag Georg Achillo
Mosbacher David JR.
Mosbacher Kurt Dr.
Moser Adolf Dr.
Motzet Wilhelm Dr.
Mühlbauer Karl Dr.
Müller Adolf Dr.
Müller Gustav JR.
Müller Johannes Dr.
Müller Joseph Dr.
Müller Karl JR.
Müller Werner Dr.
Neithardt Hermann Dr.
Neithardt Wilh. Dr.
Nerz Emil Dr.
Neßlauer Jos. Dr.
Neu Sigmund JR.
Neuburger Wilhelm JR.
Neuburger Zacharias Dr.
Nicklas Otto
Nockher Ludwig Dr.
Noell Kurt
Nußer Max Dr.
Oberländer Ernst Dr. JR.
Oestreich Karl Dr. JR.
Oettinger Karl Heinz Dr.
Oppenheimer Albert
Oppenheimer Leo JR.
Ostler Fritz Dr.
Ott Rudolf JR.
Otto Maria Dr.
Panholzer Joseph Dr.
Panzer Heinz
Parcus Alfred
Parcus Hermann
Paur Heinrich

Perlmutter Alfred
Pertzsch Richard
Pestalozza Anton Dr. Graf v.
Petzl Walter Dr.
Pfaff Theodor Dr.
Pfister Franz Jos. Dr.
Philipp Rudolf Dr.
Pixis Hans
Pixis Rudolf JR.
Pletsch Heinrich Dr.
Popp Jos. JR.
Pospischil Karl JR.
Pospischil Sigmund JR.
Prager Max Dr. JR.
Prechtl Anton Dr.
Preindl Hermann
Pröpstl Siegfried Dr.
Raab Otto
Raff Hermann Dr. JR.
Ramdohr von Wilken
Rampfl Martin
Rau Meinhold JR.
Redlich Heinrich Dr.
Regensteiner Ludw. Dr.
Regnault Werner Dr.
Rehlingen Rudolf Frhr. v.
Rehm Alban Dr.
Reis Fritz Dr.
Reisinger Max
Reiter Walther Maria Dr.
Rembold Otto
Rennebaum Ernst
Reschreiter Max Dr.
Reubold Wilhelm
Reuter Otto Dr.
Riedl Otto Dr.
Riederer Max Frhr. v. Paar
Riezler Emanuel Dr.
Rigauer Frz. JR.
Rinck Paul Dr.
Ritter Hans Dr.
Ritter Karl
Ritzinger Joseph
Roder Lorenz
Roder Ludwig Dr.
Roedel Aug. Wilh. Dr.
Röhrl Karl
Römer Alwin Dr.
Rosenbusch Julius JR.
Rostowsky E. Dr.
Roth Heinz Dr.
Rothschild Hugo JR.
Rotthat Georg
Rottner Otto Dr.
Rucker Alois
Rudelsberger Hs. JR.
Rüth Ernst
Rusch Joseph
Rutz Ottm. Dr.
Saljé Ludwig
Sauter Fritz Dr.
Scanzoni v. Lichtenfels Gust. v. Dr.
Schäfer Wilhelm
Schanderl Jos. JR.
Schedel v. Greiffenstein Max
Schefbeck Otto
Schelosky Paul Dr.
Schepp Fritz JR.
Schifferl Osk. JR.
Schiffmann Franz Dr.
Schild Alexander
Schimmer Otto Dr.
Schlampp August
Schlemmer Konrad
Schlereth Ernst Dr.
Schlesinger Mor. Dr. JR.
Schmid Hans
Schmid Herbert Dr.
Schmid Ludwig Dr.
Schmidhammer Otto
Schmidt Eugen
Schmidt Hans Otto Dr.
Schmitt Edith Dr.
Schmitt Eugen Dr.
Schmitt Leopold Dr.
Schmitt Richard
Schmittberger Andr. JR.
Schnaier Joseph Dr.
Schneider Fritz
Schneider Hans Dr.
Schneider Karl JR.
Schnell Friedr. JR.
Schollwöck Otto Wilh.
Schramm Karl Dr.
Schrauth Felix
Schreiner Otto Dr.
Schriefer Adolf
Schröder Ernst Dr.
Schrötter Rupert
Schub Josef
Schub Mich. Dr.
Schubert Hans
Schuberth Hans Dr.
Schuberth Margarete Dr.
Schülein Adolf
Schülein Benno
Schütz Rudolf Dr.
Schulmann Fritz Dr.
Schulz Udo Dr. JR.
Schuster Heinrich Dr.
Schuster Joseph Ludwig

Schwab Eduard Dr. JR.
Schwarz Felix JR.
Schwarz Herbert
Schwarz Max Joseph Dr.
Schweykart Hermann
Schwink Walter Dr.
Sedlmayr Frz. J. Dr.
Seidenberger Ernst Dr. JR.
Seiderer Fritz Dr.
Seidl Ferdin. Dr.
Seidl Rud. Dr.
Seiler Paul
Seitz Josef
Seligmann Reinhold Dr.
Settele Benedikt Dr.
Setzepfandt Gustav Dr.
Seuffert Jörn Dr.
Seuffert Walter
Siegel Julius Dr.
Siegel Mich. Dr.
Silbermann Emil Dr. JR.
Silberschmidt Hans
Simon Roman Eugen
Sinn Joseph Dr.
Sippel Walter
Sölch Max
Sonnenthal Karl
Sorg Richard
Späth Jos. Dr.
Spaett Edmund Dr.
Spengruber Fritz
Spiegl Hans
Spies Albert Dr.
Spillecke Otto Dr.
Spitzweg Richard
Spranger Georg JR.
Stadler Franz Dr. (in Pasing)
Stägmeyr Franz
Staubitzer Karl
Staudt Fritz Karl
Stautner Frz. Dr.
Stegmüller Leopold
Steichele Hans Dr.
Steiner Lothar
Steinharter Siegm. Dr. JR.
Steininger Gertrud
Steinmeier Kurt Dr.
Steitz Ludwig
Stemmer Karl Dr. JR.
Stengl Karl Albert Frhr. v.
Steppacher Walter Dr.
Sterr Georg
Stieber Erich
Stiefel Erwin
Stock Hans Anton Dr.
Stoeckle Alfons Dr.
Stolz Ferdin. Dr.
Stolz Josef Dr.
Stolz Valentin Dr.
Strobl Christ. Dr. JR.
Ströbl Joseph Dr.
Stumfall Balthasar
Tannstein v. Herbert Dr.
Tannstein Kurt von Dr.
Taub Hans Dr.
Tauber Fritz Dr.
Teichmann Werner Dr.
Teutsch Robert JR.
Thaler Paul Dr.
Theilhaber Robert Dr.
Thielo Karl Dr.
Thoma (I) Frdr. Dr.
Thoma (II) Friedrich Dr. JR.
Thomma Alois Dr.
Thorsen Richard
Toussaint Alfred
Traber Franz Dr.
Trendel Ludwig
Troll Karl
Trutter Erich Dr.
Ufer Fritz Dr.
Ulrich Kuno Dr.
Ulrich Stefan Dr.
Ulrich Wolfgang Dr.
Ungerer August Dr.
Unterpieringer Hs.
Urban Jos. Dr.
Veit Adolf Dr. JR.
Vietinghoff von Kurt Dr.
Vogel Fritz Dr.
Vogel Helmut
Vogl August JR.
Vogl Karl
Volk Max
Wagner Heinz Dr.
Wallerstein Ernst Dr.
Waltz Wilhelm Dr.
Warmuth Jos. Dr. JR.
Wassermann Rud. Dr.
Weber Adolf JR.
Weber Hans
Weidenkopf Andreas Dr.
Weil Hans JR.
Weil Jos. Dr.
Weil Leo JR.
Weiler David Dr.
Wein Max Dr.
Weinberger Adolf
Weinmann Leop. Dr.
Weis Ludw. Dr. JR.
Weishäupl Jos. Dr.
Weiß Emil Dr.

Weiß Günther Dr.
Weiß Karl Dr.
Weiß Ludwig
Weiß Max Dr.
Weißbart Jak. Dr.
Weizenbeck Rudolf v. Dr.
Welden August, Frhr. v.
Wenninger Josef Dr.
Westermayer Adolf Dr.
Wetzler Robert
Wichmann Hans Georg Dr.
Wiedemann Viktor Dr.
Wien van Siegbert Dr.
Wiesinger Hermann
Wießner Gottfried
Will Karl
Wille Siegfr. Dr.
Wimmer Alfons Dr.
Wimmer August
Wingerter Richard
Winkelmann Alfred Dr.
Winkelmann Rudolf Dr.
Winkler Heinrich
Winter Fritz Dr.
Winterl Jos.
Winterstein Alfred Dr.
Wirthensohn Heinrich
Woeber Franz Dr.
Wohnlich Herm.
Wolf Kurt Dr.
Wolf Richard Alexander Dr.
Wreesmann Ferdinand JR.
Würfel Georg Dr.
Wüstendörfer Georg
Zabuesnig Karl Dr. v.
Zacherl Friedrich
Zeiler Ludwig
Zeilmann Hans JR.
Zeilmann Hans
Zerling Arnold Dr.
Ziegelhoefer Hanns Adolf Dr.
Zimmermann Georg Dr.
Zimmermann Ludwig Dr.
Zirngibl Otto Dr.
Zottmaier Fritz Dr.
Zwipf Wilhelm Dr.

III. bloß beim OLG. München zugelassene RAnw.:

Biffar Fritz Dr.
Dyckhoff Eduard Dr.
Neuburger Fritz Siegfr. Dr.
Rosenberg Alfred Dr.
Stern Adolf JR.
Vogel Karl JR.
Winter Frz. Dr.

IV. beim OLG. München u. LG. München I zugelassene RAnw.: Schwarz Eduard Dr. JR., Wein Herm. Dr. JR.

V. beim OLG. München u. LG. München II zugelassene RAnw.: Seidl Friedrich, Thelemann Wilhelm v.

3. Nürnberg. (1 748 090 E.) **a:** Umfaßt 5 LG., nämlich Amberg, Ansbach, Nürnberg-Fürth, Regensburg, Weiden.

b: RAnw.: I. beim OLG. Nürnberg, bei dem LG. Nürnberg-Fürth und der abgezweigten Kammer f. Handelssachen in Fürth zugelassene RAnw.:

Arnold Ant. Dr.
Augsberger Christian JR.
Babel Ludwig
Bärmann Wilh. Dr.
Bäumler Ludw
Baier Karl
Baumeister Georg Dr.
Bergmann Frz. Dr.
Bergold Bernh. JR.
Bergold Friedr. Dr.
Berlin Walter
Bernheim Max JR.
Beumelburg Paul
Bing Rud. JR.
Bloch Otto Dr.
Blum Fritz Dr.
Breitschaft Franz Dr.
Breitschaft Willi Dr.
Cahn Hugo Dr. Prof., Geh. JR.
Cnopf Karl Dr.
Cromwell Philipp
Däuwel Karl
Dorfmüller Friedrich
Dormitzer Karl Dr. JR.
Dormitzer Siegm. Dr. Geh. JR.
Dorn Philipp
Effert Hermann Dr.
Ehrenbacher Edg. Dr. JR.
Eismann Bernhard Dr.
Endreß Werner Dr.
Erlanger Mich. Dr. JR.
Eucker Ernst Dr.
Feilchenfeld Ernst
Franz Ludwig
Freudenreich Semi Dr.
Friedmann Max Dr.

Fries Hans
Fröschmann Gg. Dr.
Funk Otto Dr.
Gallinger Jos. Dr. JR.
Geiershöfer K. Dr. JR.
Gerngroß Frdr. Ludw. Dr.
Gick Karl Dr.
Giegold Karl Dr.
Goeringer Hugo Dr.
Goldstein Just. Dr. JR.
Groß Osk. Geh. JR.
Gundersheimer Hermann Dr.
Hack Wolfgang Dr.
Haßfürther Franz Dr.
Heidenheimer Leo Dr.
Heilmeier Matthäus
Heinemann Rud. Dr.
Herrmann Heinz
Herrmann Willy Dr.
Herz Richard Dr.
Heydenreich Franz
Hiller Friedr.
Hirschauer Heinrich
Honig Leop. Dr. JR.
Hütter Georg
Hundsrisser Wilhelm JR.
Jacoby Max Dr.
Josephthal Fritz
Jung Richard
Kahn Gustav Dr.
Karpf David
Kaufmann D. Dr. JR.
Kauper Joseph Dr.
Kelber Karl Dr.
Kießkalt Max Dr.
Knipser Friedr. Dr.
Kohn Max Dr. JR.
Krakenberger Paul Dr.
Kroher Herm. Dr.
Kühn Christian Dr. JR.
Kullmann Erwin
Kullmann Heinr.
Landau Hans JR.
Landenberger Leop. Dr.
Landgraf Konrad Dr.
Lang Georg Dr.
Ledermann Ludw. Dr.
Levor Jul. Dr.
Loeb Wilh. Dr.
Löwenthal Alfons Dr.
Lorch Max Dr.
Lotter Karl Dr.
Lust Herm. JR.
Matt Wilhelm Dr.
Marx Hans Dr.
Mayer Karl Dr.
Mayerhofer Willy
Mehl Kurt Dr.
Merkel Karl JR.
Michel Kurt
Michelsohn Justin Dr.
Miederer Andreas Dr.
Mohr (II) Richard Dr.
Müller Hermann
Müller (II) Joseph Dr.
Nattenheimer Kurt Dr.
Nerreter Paul Dr.
Noack Rudolf JR.
Nürnberger Julius
Obermeier Fritz Dr.
Oehl Eduard Dr.
Orth Hermann Dr.
Orthal Heinrich Dr. JR.
Ostner Ludwig Dr.
Praun W. v. Dr. JR.
Regelsberger Walter
Rosenberg Otto Dr.
Rothstein Norbert Dr.
Rudersdorf Helmut Dr.
Scheiblhuber Frdr.
Schilling Theodor
Schloß Siegfr. Dr. JR.
Schmid Josef Dr.
Schmied Ludwig Dr.
Schmitz Fritz Dr.
Schmitt Gustav Dr. JR.
Schneider Adolf Dr.
Schwarz Alfred Dr.
Schwarz Hans Dr.
Sienz Hans Dr.
Silberschmidt Hanns Dr.
Sinauer Jul. Dr.
Stauder Karl Dr. Geh. JR.
Stauder Rudolf Dr.
Stein Otto Dr.
Stern Bernhard
Stern Max
Stiegler Hans Dr.
Strebelow Hans Dr.
Streicher Jakob Dr.
Stritzke Otto Dr.
Strobel Friedrich
Sulzbacher Paul Dr.
Teutsch Hans Dr.
Thalmann Emil Dr.
Thorwart Karl Dr.
Uhlfelder Berth. Dr. JR.
Versen Rudolf Dr.
Vollhardt Ferd. JR.
Vorchheimer Isidor Dr.
Wassertrüdinger Max Dr.
Weber Wilh. Dr.

Wegler Karl Dr.
Weinberger Leo Dr.
Weisgerber Joseph Dr.
Wertheimer Moritz
Westhoff Emil Dr.
Wurzer Georg Dr.
Ziegler Kurt
Zilcher Ferdinand Dr.
Zilcher Oskar JR.
Zimmermann Hans

II. bei dem OLG. Nürnberg und dem LG. Nürnberg-Fürth zugelassene RAnw.:

Barth Friedr.
Bauer Bruno Dr.
Friedrich Josef Dr.
Goldmann Karl JR.
Hirschmann Friedr. Dr.
Keil Georg Dr.
Kern Hans
Klein Otto Dr.
Klenner Franz
Köhler Josef Dr.
Lebrecht Artur Dr.
Sammetreuther Max Dr.
Stiegler Ernst Dr.
Tittus Josef
Toepfer Christian Dr.
Vogel Hans

III. bloß beim OLG. Nürnberg zugelassene RAnw.:

Butzengeiger Karl
Drexler Karl JR.
Helm Kurt Dr.
Lenk Helmut Dr.
Leonhardy Rich. Dr.
Reif Kurt
Rudolph Eugen Dr.

4. **Zweibrücken.** (984 456 E.) **a:** Umfaßt 4 LG., nämlich Frankenthal, Kaiserslautern, Landau i. Pf. und Zweibrücken.
b: RAnw.: I. beim OLG. und LG. Zweibrücken zugelassene RAnw.: Berdel Christian JR., Biffar Friedrich JR., Hessert Eugen Geh. JR., Hörnig Ludwig Dr., Kahn Berthold JR., Klein Heinrich Dr., Krieger Ernst Dr., Kurtz Johannes JR., Mühlhäuser Karl Dr., Rau Friedrich, Rau Heinrich Dr. JR., Rau Richard, Rohrbacher Adolf, Rothgang Alexander, Schuler Max, Trier Otto Geh. JR., Wolf Fritz JR., Zapf Albert Dr. JR., Zöller Ludwig.
II. bloß beim OLG. Zweibrücken zugelassene RAnw.: Schumacher Theodor, Trier Adolf.

III. Landgerichte. *)

1. **Amberg.** (191 193 E.) **a:** LArbG. Nürnberg-Fürth; zum OLG. Nürnberg; umfaßt 9 AG., nämlich Amberg, Cham, Furth i. W., Nabburg, Neunburg v. W., Parsberg, Schwandorf, Sulzbach, Waldmünchen.
b: RAnw.: Ammer Ludwig JR. in Parsberg, Birkl Sebastian, Blaß Franz Dr., Breibeck Max Dr., Diem Alois JR., Eichhorn Paul in Nabburg, Gmeiner Josef, Gradl Josef Dr. in Cham, Hahn Oskar, Hahn Oskar Dr., Hanauer Jakob in Nabburg, Höcht Joh. Bapt., Hösl Michael JR. in Cham, Krug Peter, Leitl Johann JR., Leitl Karl Dr., Schatz Josef, Schießl Jos., Schlegel Karl Dr. in Sulzbach, Seiß Hans Dr., Steininger Jos. Dr. JR., Strohmayer Franz JR. in Neunburg v. W., Wirsching Michael Dr., Wittmann Hans in Schwandorf.

*) Strafkammern sind bei jedem Landgerichte gebildet; Schwurgerichte treten bei jedem Landgerichte zusammen.

2. **Ansbach.** (188 906 E.) **a:** LArbG. Nürnberg-Fürth; zum OLG. Nürnberg; umfaßt 9 AG., nämlich Ansbach, Dinkelsbühl, Feuchtwangen, Gunzenhausen, Heidenheim, Heilsbronn, Rothenburg o. T., Uffenheim, Wassertrüdingen.
b: RAnw.: Amrhein Mich. in Gunzenhausen, Bayer Adolf JR., Bayer Oskar Adolf Dr., Blaha Heinrich Dr., Ebert Konr. Dr., Eichhorn Franz Dr., Frankenburger Isaak JR., Frauenholz Otto JR. in Rothenburg o. d. T., Hartwig Reinh. JR., Kalbskopf Karl in Feuchtwangen, Kolb Walter Dr., Kündinger Alb. in Gunzenhausen, Lang Hermann Dr., Paschwitz Ritter u. Edler v. Dr. Ernst in Gunzenhausen, Pfister Hans JR., Pfister Hans, Schönecker Ludwig Dr., Stadler Wilhelm, Stigler Kurt Dr., Wasser Karl, Zeuschel Friedr. in Rothenburg o. d. T.

3. **Aschaffenburg.** (226 765 E.) **a:** LArbG. Würzburg; zum OLG. Bamberg; umfaßt 7 AG., nämlich Alzenau, Aschaffenburg, Lohr, Marktheidenfeld, Miltenberg, Obernburg, Schöllkrippen.
b: RAnw.: Arnold Rob. Dr., Baum Justin, Büttner Robert Dr., Dilg Friedrich, Ege Anton, Feineis Ludw. in Marktheidenfeld, Fuchs Karl, Henn August Dr., Koch Fritz Dr., Köhl Franz Dr., Leeb Hermann Dr., Leeb Ignaz JR., Macke Karl, Maier Walter, Miller Oskar JR. in Lohr, Probst Oskar Dr. in Lohr, Rosenthal Ernst Dr., Schmid Karl, Schneider Anton Dr. in Miltenberg, Schreier Georg Dr. in Miltenberg, Schwarzmann Alb. Dr., Seidel Franz W., Vogler Franz, Walter Anton in Alzenau, Weidenmann Adolf Dr., Weigand Karl Dr. in Lohr, Weyer Engelbert Dr. in Marktheidenfeld, Zirkel Gottfried Dr.

4. **Augsburg.** (539 503 E.) **a:** Zugl. LArbG.; zum OLG. München; umfaßt 15 AG., nämlich Aichach, Augsburg, Burgau, Dillingen, Donauwörth, Friedberg, Höchstädt a. d. Donau, Landsberg, Neuburg a. d. Donau, Nördlingen, Öttingen, Schwabmünchen, Schrobenhausen, Wertingen, Zusmarshausen.
b: RAnw.: I. bei dem LG. Augsburg und dem OLG. München zugelassene RAnw.: Adler Siegfried Dr., Aubele Alois, Bennighoff Rudolf Dr., Böhm Gustav Dr. JR., Böhm Ludw. Dr. JR., Deiler Ad. JR., Dorfmüller W. JR., Dreifuß Ludwig, Edelmann Hans Dr., Fischer Robert Dr., Fraunholz Anton Dr., Gunz Eugen JR., Hämmerle Rud. JR., Hohenberger Georg Dr. v., Hohner Georg JR., Holzhauser Rud., Kiener Ed. JR., Kleininger Andreas Dr., Kreß Gottfried, Löffel Benno, Löffler Adolf JR., Luchs Artur, Oehler Arnold Geh. JR., Ort Joseph Dr., Reinhold Franz JR., Reisert Eugen, Reisert Fr. Dr., Rieser Leopold, Roßteuscher Phil. Dr., Rottenhöfer Frd. JR., Sand Hermann Geh. JR., Scherer Herm. Dr., Schiele Anton, Schrüffer Alex. Dr., Schultze Frz. Ritter v., Simmet Eugen JR., Spörl Johann Dr., Strauß Eugen Dr. JR., Teutsch Art. Dr. JR., Weiß Otto, Weißenhorn Alois Dr., Wiedemann Karl Dr., Witzler Theod. JR.

II. bloß beim LG. Augsburg zugelassene RAnw.: Auerbach Hans, Barth Adolf Dr., Barthelmeß Horst Dr., Bernhard Ludwig, Betz Eugen, Bourier Sebastian Dr., Deutschenbaur Rich. Dr., Fischer Luise, Frey Jos. Dr., Frey Max Dr., Geislhöringer August Dr., Grauberger Hildegard, Haas Paul, Heichlinger Rudolf Dr., Honold Karl, Hüttinger Robert Dr., Kaeferlein Erich Dr., Knoblach Max Dr., Lauber Theodor JR., Lettenbauer Ludwig Dr., Merkel Hans, Merkel Konrad, Miller Albert v. Dr., Munk Anton Rich., Prestel Edmund Dr., Regnier

Ferdin. Dr., Reich Kurt Dr., Rösler Armand, Roßbacher Hubert, Scheidle Erich Dr., Schlee Georg Dr., Sörgel Werner Dr., Steinle Richard Dr., Strobel Hans Dr., Stummer Jul. Dr., Tausch Albert Dr., Weinkamm Otto, Willenbacher Alfred, Wolf Anton Dr., Wolz Eduard.

III. beim LG. Augsburg weiter zugelassene RAnw.: Börner Karl JR. in Neuburg a. d. D., Brohm Heinr. Dr. in Donauwörth, Daimer Ernst in Donauwörth, Drexel Konrad in Donauwörth, Engelmayer Josef u. Graf Leonhard in Neuburg a. d. D., Hofmann Alois Ludwig in Wertingen, Kast Ludwig in Schwabmünchen, Laun Karl JR. in Nördlingen, Löbisch Albert in Neuburg a. d. D., Meyding Eugen in Landsberg, Müller Richd. JR. in Dillingen, Prochownik Jul. JR. in Donauwörth, Racke Karl in Dillingen (Wohnsitz Lauingen), Schmid Jos. JR. in Schrobenhausen, Schmidt Georg in Nördlingen, Schwarzkopf Heinrich in Nördlingen, Sigl Hans in Schwabmünchen, Stahl Richd. in Nördlingen, Stanglmayr Joseph in Aichach, Steinheimer Karl JR. in Friedberg, Wellner Benedikt in Aichach.

5. **Bamberg.** (251452 E.) **a:** Zugl. LArbG.; zum OLG. Bamberg; umfaßt 9 AG., näml. Bamberg, Ebermannstadt, Ebern, Eltmann, Forchheim, Haßfurt, Höchstadt a. A., Hofheim, Staffelstein.

b: RAnw.: I. die beim OLG. Bamberg unter b: I. angeführten RAnw.

II. bloß beim LG. Bamberg zugelassene RAnw.: Barnickel Hans, Bott Anton Dr., Hutt Friedrich Dr., Kuhn Friedrich, Kuhn Valentin, Maier Hanns Dr., Messingschlager Hans, Metzner Georg, Nüßlein Hans, Richter Fritz Dr., Rößner Wilh. Dr., Schmitt Fritz Dr., Schmitt Hans Dr., Schrüfer Hans Dr., Siebenlist Ernst Dr., Sitzmann Eugen Dr., Wachtel Ernst Dr., Walter Konrad, Wassermann Albert Dr. JR., Weiß Max, Wölfel Hans.

III. beim LG. Bamberg weiter zugelassene RAnw.: Bauer Christian JR. in Forchheim, Behringer Adalbert in Ebermannstadt, Dannhäuser Norbert JR. in Haßfurt, Pretscher Gottfried in Forchheim, Rieß Heinrich Dr. JR. in Forchheim.

6. **Bayreuth.** (176724 E.) **a:** LArbG. Bamberg, zum OLG. Bamberg; umfaßt 7 AG., nämlich Bayreuth, Berneck, Hollfeld, Kulmbach, Pegnitz, Pottenstein, Stadtsteinach.

b: RAnw.: Barnickel Georg, Becher Max Dr. in Pegnitz, Bibra A. Frhr. v. JR., Brunner Wilhelm JR., Büdel Richard in Kulmbach, Dreßler Hermann in Kulmbach, Finger Lothar in Stadtsteinach, Fluch Karl in Kulmbach, Forster Robert Dr., Frölich Ludwig JR., Greifenstein Friedrich Dr., Herzstein Richard Dr., Hoeptel Christian, Kelch Wilhelm, Klein Bertold JR., Krauß Hans, Langheinrich Christ. Dr. Ritt. v. JR., Lieberich Friedr. JR. in Kulmbach, Merckel Gustav, Meyer Fritz Dr., Schneider Hugo, Spitzenpfeil Aug., Stoll Aug. Dr., Storch Rudolf, Thoma Gust., Wirth Wilhelm.

7. **Coburg.** (185042 E.) **a:** LArbG. Bamberg, zum OLG. Bamberg; umfaßt 7 AG., nämlich Coburg, Kronach, Lichtenfels, Ludwigsstadt, Neustadt b. Cbg., Rodach, Weismain.

b: RAnw.: Bär II Martin Dr., Bär I Mor. Dr. JR., Beck Leo Dr., Böhm Lorenz JR. in Kronach, Brunner Otto JR. in Kronach, Forkel Herbert Dr., Heß Kurt Dr., Hirsch Kuno JR., Jüngling

Alois JR. in Lichtenfels, Leuckart v. Weißdorf Frhr. Werner, Müller Artur, Ponsel Ernst, Reinlein Hans Dr., Scheler Albin, Schmidt Friedr. JR. in Lichtenfels, Schmidt Otto Dr., Stammberger Karl, Stoll Werner Dr., Weckert Albert Dr. in Kronach, Weiß Paul Dr., Wiegand Karl Dr., Wittmann Julian Dr. in Weismain, Wolff Oskar, Würstlein Georg in Lichtenfels.

8. **Deggendorf.** (169 988 E.) **a:** LArbG. München; zum OLG. München; umfaßt 7 AG., nämlich Arnstorf, Deggendorf, Grafenau, Hengersberg, Osterhofen, Regen, Viechtach.

b: RAnw.: Adler Paul Dr., Albrecht Karl Dr. JR., Blaimer Hans in Osterhofen, Brandl Friedr. JR., Eckart Paul JR. in Viechtach, Eder Gg. JR., Einwag Michael in Regen, Esper Friedrich JR. in Regen Heindl Rudolf Dr., Lettenbauer Herm. JR., Oertel Hans, Riedl Artur H. Dr., Rosner Hans, Seehuber Gustav Dr., Senft Georg, Staudinger Anton in Osterhofen, Wiesmeier Walter, Zehrer Franz Dr.

9. **Eichstätt.** (169 262 E.) **a:** LArbG. Augsburg; zum OLG. München; umfaßt 7 AG., nämlich Beilngries, Eichstätt, Greding, Ingolstadt, Kipfenberg, Monheim, Weißenburg i. B.

b: RAnw.: Geislinger Franz in Weißenburg (Wohnsitz in Ellingen), Hänlein Salom. JR., Heldwein Mich. JR., Koch Otto in Ingolstadt, Morhard Mich. JR., Reinwald Frdr. JR., Rosenbusch Willy in Ingolstadt, Schmidt Artur JR. in Weißenburg, Schwab Josef in Ingolstadt, Seis Martin, Strauß Alois in Beilngries, Wagner Rich. JR. in Weißenburg.

10. **Frankenthal.** (381 324 E.) **a:** Zugl. LArbG.; zum OLG. Zweibrücken; umfaßt 6 AG., nämlich Dürkheim, Frankenthal, Grünstadt, Ludwigshafen a. Rh., Neustadt a. H., Speyer.

b: RAnw.: I. beim LG. und AG. Frankenthal und b. d. Kammern für H.S. in Ludwigshafen a. Rh. zugelassene RAnw.: Koch Karl JR., Mann Richard Dr. JR., Schweikert Karl Geh. JR.

II. beim LG. Frankenthal und b. d. Kammern für H.S. in Ludwigshafen a. Rh. zugelassene RAnw.: Baumann Wilhelm JR., Biffar Christian, Blum Robert Dr., Bordollo Kurt in Grünstadt, Girisch Eduard JR. in Neustadt a. d. H., Heintz Oskar, Henking Heinrich (Wohnsitz Ludwigshafen a. Rh.), Kämmerling Theodor Dr., Koch Philipp, Liebhaber Hubert (Wohnsitz Eppstein b. Frankenthal), Mayer Heinrich Dr., Müller Richard, Nachmann Ludwig Dr., Osthelder Franz Dr., Samuel Siegfried Dr., Scheuer Willibald Dr., Schreiner Emil, Straub Josef, Weisbrod Wilhelm.

III. beim LG. Frankenthal, beim AG. Ludwigshafen a. Rh. und b. d. Kammern f. H.S. daselbst zugelassene RAnw.: s. die beim AG. Ludwigshafen a. Rh. unter c: I. vorgetragenen, mit * bezeichneten RAnw.

IV. beim LG. Frankenthal weiter zugelassene R.-Anw.: Barth Georg in Dürkheim, Blum Eugen in Dürkheim, Bohlender Eugen Dr. in Speyer, Heppes Jul. Dr. in Neustadt a. d. H., Horn Heinrich JR. in Neustadt a. d. H., Kalter Alfons Dr. in Grünstadt, Krauß Emil Dr. in Neustadt a. d. H., Merl Artur in Speyer, Schickendantz Otto JR. in Neustadt a. d. H., Sinsheimer Ludwig JR. in Grünstadt, Vollmer Hermann Dr. JR. n Speyer, Weil Ludwig Dr. in Speyer.

Fürth aufgehoben seit 1. April 1932; wegen der Aufteilung des Bezirks u. der Bildung einer Kammer f. Handelssachen in Fürth s. StA. v. 17. Febr. 1932 Nr. 39.

RAnw. mit dem Wohnsitz in Fürth: zugelassen beim LG. Nürnberg-Fürth und bei der abgezweigten Kammer f. Handelssachen in Fürth. Die mit einem * bezeichneten Rechtsanwälte sind auch beim OLG. Nürnberg zugelassen. Arnstein Ernst*, Baburger W. Dr. JR.*, Berlin Otto JR.*, Escher Ernst Dr.*, Fischer Frz. JR.*, Fuchs Hs. Dr.*, Haimerl Hs.*, Helbig Oskar Dr., Höllerer Heinrich*, Koch Gustav JR.*, Kowall Hermann, Kraßer Johann Dr.*, Krauß Wilhelm, Kuhn Hermann Dr.*, Linhardt Ernst Dr.*, Neubürger A. Dr.*, Paulus Hans JR.*, Paulus Theodor Dr.*, Pickel Karl Dr.*, Prager Jul. Dr. JR.*, Riegel Konrad*, Rückert Friedrich*, Sahlmann Paul Dr.*, Schopflocher Ernst Dr.*, Schultheiß Georg Dr.*, Stahl Leo Dr.*, Stein Jul. Dr. JR.*, Wagner Andreas Dr., Winter Friedrich Dr.*, Zimmermann Fritz Dr.

11. **Hof.** (217 403 E.) **a:** LArbG. Bamberg; zum OLG. Bamberg; umfaßt 7 AG., nämlich Hof, Kirchenlamitz, Münchberg, Naila, Rehau, Selb, Wunsiedel.

b: RAnw.: Auer Hugo Dr., Augustin Gust., Bauer Karl Dr., Baumann Frdr. JR., Beyer Siegfried Dr., Birkel Ludwig JR., Durst Friedr. JR., Durst Hans, Ernst Adolf Dr., Feiler Max Dr., Feustel Valentin, Heinisch Max Dr., Henneberg Ferdinand Dr., Huß Johann JR., Kottenhahn Rolf Dr., Ruckdeschel Gustav Dr., Sachs Eugen Dr., Schad v. Mittelbiberach Eitel Albrecht Dr., Ströbel Franz, Ströbel Karl JR., Thümmler Karl, Weinauer Oskar Dr., Wurzer Andreas.

c: bei dem Landgerichte Hof weiter zugelassene RAnw.: Durst Karl in Naila, Etzel Fritz Dr. in Wunsiedel, Feßl Hans in Selb, Friedmann Leonh. in Rehau, Gundermann Heinr. in Münchberg, Kolb Walter in Selb, Schmidt Gustav JR. in Selb, Senninger Richd. Dr. in Münchberg, Tröger Joh. JR. in Wunsiedel, Winter Hans Dr. in Wunsiedel (Wohnsitz Markt-Redwitz).

12. **Kaiserslautern.** (218618 E.) **a:** LArbG. Zweibrücken; zum OLG. Zweibrücken; umfaßt 9 AG., nämlich Kaiserslautern, Kirchheimbolanden, Kusel, Lauterecken, Obermoschel, Otterberg, Rockenhausen, Winnweiler, Wolfstein.

b: RAnw.: Ballreich Hans Dr., Bartels Friedr. in Lauterecken, Blüthe Leo Dr. JR., Braun Ludwig Dr. JR., Eberhard Otto, Götz Otto JR. in Kusel, Hammann Rudolf Dr., Henn Balthasar, Henn Fritz, Hoffmann W. Dr., Hoffmeister Hans Dr., Kehr Erich Dr., Kissel Karl, Klieber Wilhelm, Lenhard Moritz, Mahl Ernst, Münch Ludwig, Mungenast Alfons, Neumayer Frdr., Paucker Hans Dr., Reber Karl Dr., Ruby Karl Dr., Schaumlöffel Albert Dr., Scherrer Karl JR. in Kirchheimbolanden, Schmidt Philipp, Seibert Paul, Tuteur Paul Dr., Tuteur Rob. Dr., Welck Ernst Dr., Werle Heinrich, Werner Kurt, Wertheimer E. Dr. JR.

13. **Kempten.** (245574 E.) **a:** LArbG. Augsburg; zum OLG. München; umfaßt 10 AG., nämlich Füssen, Immenstadt, Kaufbeuren, Kempten, Lindau, Markt-Oberdorf, Obergünzburg, Schongau, Sonthofen, Weiler-Lindenberg.

b: RAnw.: Abt Franz in Kaufbeuren, Blenk Karl Dr., Böck Hugo v. JR., Breher Ludw., Bresele Ulrich Dr. in Sonthofen, Dolles Karl in Kaufbeuren, **Ferstl** Theodor in Schongau, Fischer

Gustav JR. in Immenstadt, Forster Jos., Fuchsberger Heinr. Dr., Göller Helmut Dr. in Weiler-Lindenberg, Gschwend Karl Dr., Hundt Franz in Füssen, Kemmeter G. Dr. JR., Kemmeter Georg, König Ludwig Dr., Moegele Alois Dr., Mühldorfer Thaddäus JR. in Weiler-Lindenberg, Nördlinger Max JR. in Lindau, Pittner Franz Dr., Prölß Gustav Dr. in Lindau, Probst Guido Dr. in Immenstadt, Rohrer Richard Dr., Schmid Kaspar, Schnelle Hans, Schobacher Ernst, Schwarzenberger Franz Xaver JR., Simon Philipp Dr., Spengler Ludwig, Straßer Albert Dr., Straßer August Dr. Geh. JR., Strefler Ludwig JR., Thiem Otto Dr., Ultsch Ferdinand Dr. in Lindau, Vaas Leonh. in Immenstadt, Vogl Richard, Wagner Anton in Füssen, Wagner Paul Dr., Winkle Daniel, Zimmermann Albert Dr. JR. in Kaufbeuren.

14. Landau i. Pf. (174 797 E.) **a:** LArbG. Frankenthal; zum OLG. Zweibrücken; umfaßt 6 AG., nämlich Annweiler, Bergzabern, Edenkoben, Germersheim, Kandel, Landau i. Pf.

b: RAnw.: Bilabel Heinr. JR., Eichinger Jos., Ernst Richard Dr. (Wohnsitz Godramstein), Geib Fritz, Gutting Theodor, Hauck Karl JR., Höffner Theodor, Hoffmann Paul Dr., Kämpf Hermann, Kaufmann Erwin Dr., Kennel v. Erwin Dr. in Bergzabern, Kern Joseph Dr., Klug Adam JR., Lutz Albert, Platz Klaus, Roebel Franz JR. in Germersheim, Schmidberger Max Dr. JR., Schönhöffer Al. Dr., Sieben Ernst, Steigelmann Wilhelm Dr., Unruh Heinr., Vogt Oskar in Bergzabern, Wingerter Gustav JR. in Edenkoben, Wöscher Adolf.

15. Landshut. (265 197 E.) **a:** LArbG. München; zum OLG. München; umfaßt 10 AG., nämlich Dingolfing, Eggenfelden, Landau a. d. Isar, Landshut, Mainburg, Mallersdorf, Moosburg, Neumarkt a. R., Rottenburg, Vilsbiburg.

b: RAnw.: Amon Georg Dr. in Dingolfing, Birkner Jos. Dr., Böckl Ludwig in Eggenfelden, Bücherl Frz. X., Buchert Adalbert, Deiglmayr Karl JR., Denk Jakob, Dobel Ludwig Eugen JR. in Mainburg, Eiermann Georg in Vilsbiburg, Gagg Walter, Hartmair Josef in Moosburg, Haas Josef, Lankes Josef in Moosburg, Lindner Georg Dr. in Vilsbiburg, Lorenz Hubert in Landau a. d. Isar, Marquard Otto Dr. in Vilsbiburg, Mühldorfer Albert Dr., Oswald Ludw. Dr. in Neumarkt a. d. Rott, Sailer Josef Dr., Sauter Ernst in Mainburg, Schloder Jos., Schmid Georg, Schmittmüller Max Dr., Schneider Otto in Landau a. d. Isar, Schweiger Rudolf Dr., Seeanner Max in Vilsbiburg, Spuler Otto Dr., Stanglmair Herm. JR., Stögmayer Anton in Eggenfelden, Weinberger Frz., Wicklmayr Karl, Wölfl Kaspar Geh. JR.

16. Memmingen. (209 424 E.) **a:** LArbG. Augsburg; zum OLG. München; umfaßt 9 AG., nämlich Buchloe, Günzburg a. D., Illertissen, Krumbach, Memmingen, Mindelheim, Neu-Ulm, Türkheim, Weißenhorn.

b: RAnw.: Atzberger Ludwig JR. in Günzburg a. D., Breun Eduard Dr., Durst Richard, Finck Ludwig in Krumbach, Gmeinder Adalbert in Günzburg, Graf Fritz, Grimmeiß Leo Dr. in Neu-Ulm, Haußmann Otto, Hiebsch Emil Dr., Holzhauser Ernst, Kraus Friedrich, Lauber Otto Dr., Leeb Ludwig, Miller Robert Dr., Münzhuber Jos. in Mindelheim, Rackl Herm. Dr. in Neu-Ulm, Rauh Wilhelm, Rauschmayr Jos. Dr., Schwarz Wilhelm, Sdrembek Karl, Singer Ernst in Krumbach, Streibl Rudolf in Neu-Ulm, Vogl Hans Dr. in Günzburg, Wonhas Paul.

17. München I. (816132 E.) **a:** LArbG. München; zum OLG. München; umfaßt 1 AG., nämlich München.

b: RAnw.: I. die beim Obersten LG. unter b: II und die beim OLG. München unter b: II und IV angeführten RAnw.

II. beim LG. München I und II zugelassene RAnw.:

Eisenhart Hans
Fürnrohr Aug. Dr.
Hack Leo
Held Wilhelm
Lösch Alexander
Notthafft Frhr. v. Weißenstein Ernst
Pfisterhammer Hans
Roth Hermann Dr.
Schmitt Friedrich Dr.
Schmitt Heinrich
Schülein Benno
Stempel Karl Dr.
Stengel Emil
Stürzer Friedrich
Wagerer Wilhelm
Weitpert Konrad Dr.
Wimmer Bernh. Dr.

III. bloß beim LG. München I zugelassene RAnw.: Behr Hans, Bergmeier Walter, Gentes Julius Dr., Kayser Oskar Dr. JR., Pröbst Karl, Steininger Hermann Dr.

18. München II. (419199 E.) **a:** LArbG. München; zum OLG. München; umfaßt 16 AG., nämlich Dachau, Dorfen, Ebersberg, Erding, Freising, Fürstenfeldbruck, Garmisch, Geisenfeld, Haag, Miesbach, Pfaffenhofen, Starnberg, Tegernsee, Tölz, Weilheim, Wolfratshausen.

b: RAnw.: I. die beim Obersten LG. unter b: II, beim OLG. München unter b: II und V und beim LG. München I unter b: II angeführten RAnw.

II. bloß beim LG. München II zugelassene RAnw.: Baumgärtner Friedr., Biber Wilh. Dr., Grünewald Max Dr., Held Robert, Hoffmann Bernhard, Pauer Rudolf Dr. Ritter u. Edler v., Weber Otto Dr.

III. beim LG. München II weiter zugelassene RAnw.: Bauer Heinrich JR. in Tegernsee, Bauer Joseph in Fürstenfeldbruck, Bauer Max in Weilheim, Bayerwaltes Max Dr. in Starnberg, Burger Johann in Ebersberg, Emmersleben Fritz in Garmisch, Fürtsch Karl in Freising, Globerger Anton in Miesbach, Hacker Anton JR. in Haag, Hirschberger Karl in Garmisch, Hundsdorfer Wolfgang in Freising, Kann Albert Dr. JR. in Tegernsee, Kern Christoph JR. in Garmisch, Kraus Karl in Weilheim, Kreutzer Rudolf Dr. in Dorfen, Kugler Otto, Justizrat in Freising, Leiter Max in Dachau, Lochner Alfred Dr. in Freising, Mahr Richard JR. in Fürstenfeldbruck, Mayer Joseph Dr. in Weilheim, Meyer Wilhelm JR. in Freising, Mühlbauer Karl in Pfaffenhofen, Ramlmayr Ludwig in Ebersberg, Schneider Ernst JR. in Pfaffenhofen, Schneider Kuno H. F. in Garmisch, Schönherr Joseph Dr. in Erding, Schwaiblmair Arthur in Wolfratshausen, Schweizer Peter JR. in Starnberg, Staudinger August in Tölz, Völkl Franz in Weilheim, Vogg Engelbert in Fürstenfeldbruck, Wengner Fritz in Geisenfeld, Zimmermann Bruno in Tegernsee.

Neuburg a. D. aufgehoben seit 1. April 1932; wegen der Aufteilung des Bezirks s. StA. v. 17. Febr. 1932 Nr. 39. RAnw. s. Amtsg. Neuburg a. d. Donau.

19. Nürnberg-Fürth. (804850 E.) **a:** Zugl. LArbG.; zum OLG. Nürnberg; umfaßt 14 AG., nämlich Altdorf, Erlangen, Fürth,

Hersbruck, Herzogenaurach, Hilpoltstein, Lauf, Markt Erlbach, Neumarkt Opf., Neustadt a. d. Aisch, Nürnberg, Roth, Schwabach, Windsheim.

b: RAnw.: I. die beim OLG. Nürnberg unter I u. II angeführten RAnw.

II. ferner beim LG. Nürnberg-Fürth zugelassene RAnw.: (Die mit einem * bezeichneten Rechtsanwälte sind auch bei der abgezweigten Kammer für Handelssachen in Fürth zugelassen.) Bär Gottfried*, Bibra Frhr. v. Wilhelm*, Biemüller Gottfried*, Billmann Andreas Dr.*, Böhm Georg*, Brenneis Wolfram*, Daum Bruno Dr.*, Engelhardt Eberhard, Frisch Walter Dr.*, Funk Georg Dr.*, Gärtner Gottfried, Grampp Gustav JR., Graser Franz, Greune Karl Dr.*, Groh Eugen*, Günther Gustav*, Günther Gustav I, Heberlein Kurt*, Hering Erich Dr., Hirschmann Wilhelm, Hofmann Konrad Dr., Jaeger Friedr.*, Kahr Emil Dr., Kempter Fritz, Körber Heinr. Dr.*, Kolb Karl Adolf*, Kränzlein Richard*, Kühn Fritz Dr.*, Kuhnlein Aug. Dr.*, Kunze Walter, Lederer Karl*, Loesch Max Dr.*, Mayer Fritz Dr., Meier Georg Dr.*, Meyer Bernhard*, Möbus Otto*, Müller Karl*, Nehmeyer Erwin Dr.*, Patutschnick Heinrich*, Rath Heinrich, Rau Otto Dr.*, Reif Hans Dr., Reuß Hans Dr.*, Rosenblatt Heinrich Dr.*, Rothgangel Walther Dr.*, Rupp Eberhard*, Schmidt Friedr. Dr.*, Schmidt Mich. Fritz Dr., Schmidt Walter Dr., Schreiber Rudolf*, Schwalbe Rudolf Dr.*, Speicher Philipp, Stromer von Reichenbach Freih. Emil, Thieme Hans, Tucher Hans Christoph Freih. von Dr.*, Weiß Fritz, Wochinger Hans Dr., Wolfart Karl, Wolpert Ernst*, Zagelmeier Fritz Dr.*, Zernetschky Fritz Dr.*

III. beim LG. Nürnberg-Fürth weiter zugelassene RAnw.: Siehe Bem. in ( ) unter II. Bründl Eduard in Hersbruck, Dolwezel Ferd. Dr. in Erlangen*, Gampert Wilh. in Schwabach, Grimm Otto in Roth, Hacker Hans Friedrich JR. in Neumarkt i. d. OPf., Hoefer Albr. in Neustadt a. d. Aisch*, Hoffmann Karl in Lauf, Joanni Paul Dr. in Erlangen*, Kleber Josef in Neumarkt i. d. OPf., Kügle Xaver in Roth, Meßerer Ludw. Dr. in Erlangen*, Meyer Rud. Dr. in Windsheim*, Müller Karl in Erlangen*, Opfermann Rud. Dr. in Erlangen*, Pfeiffer Albrecht Dr. in Erlangen*, Pierner Georg Geh. JR. in Hersbruck, Reichert Joseph in Neumarkt i. d. OPf., Römer Georg in Lauf, Schenck Friedrich in Altdorf*, Schnabel Jul. in Erlangen*, Thoma Hans Dr. in Neumarkt i. d. OPf., Veith Hans Dr. in Neustadt a. d. Aisch*, Zeh Karl Friedrich JR. in Altdorf.

20. Passau. (225864 E.) **a:** LArbG. München; zum OLG. München; umfaßt 9 AG., nämlich Freyung, Griesbach, Passau, Pfarrkirchen, Rotthalmünster, Simbach, Vilshofen, Waldkirchen, Wegscheid.

b: RAnw.: Absmayer Max in Griesbach (Wohnsitz Karpfham), Beck Friedr. Dr., Brandl Joseph Dr., Diewald Karl JR., Eibl Joseph Dr., Fischer Hans JR., Glas Adalbert in Vilshofen, Graf Eduard Dr., Haidn Karl Dr. in Waldkirchen, Hammon Hans Dr., Heizer Jos. JR., Heubes Viktor Dr., Hörtreiter Karl, Jäger Rolf Dr., Kurländer Franz JR. in Pfarrkirchen, Maul Hanns Dr., Ringelmann Franz in Waldkirchen, Scherghuber Martin, Scheuerecker Jos., Schmidtmüller Jul., Schwaebel Karl Dr., Schwaiger Rupert Dr., Seitz Max, Senninger Ludwig, Simon Karl in Vilshofen, Warns Maximilian Dr. JR.

21. Regensburg. (368 166 E.) **a:** LArbG. Nürnberg-Fürth; zum OLG. Nürnberg; umfaßt 15 AG., nämlich Abensberg, Bogen, Burglengenfeld, Hemau, Kelheim, Kötzting, Mitterfels, Neukirchen, Nittenau, Regensburg, Regenstauf, Riedenburg, Roding, Straubing, Wörth.

b: RAnw.: Artmann Joseph, Bloch Adolf Dr. JR., Brauneiser Alois, Dirnberger Hans, Ederer Lorenz, Flierl Joseph Dr., Goppel Alfons, Heiß Alfons, Held Josef Dr., Heunisch Mich. JR., Keiter Engelhardt, Kellner Josef, Knaus Frdr., Kobler Hans Dr., Kremerskothen Herm., Lehmann Justin Dr., Mattmer Franz Dr., Michel Karl Dr., Miedel Karl, Öttinger Fr. Dr., Oswald Rudolf Dr., Popp Theodor Dr., Renner Ludwig Dr., Riehl Josef, Rid Heinrich, Schlegl Armin Dr., Schmalzl Hans Dr., Schmid Anton, Schmidt Christian, Seiermann Max Dr., Seitz Georg Dr. JR., Soiderer Peter, Solleder Max Dr., Spreti Josef Graf von, Taucher Hermann, Weber Franz, Weiner Siegfried, Wormbs Konrad.

c: bei dem LG. Regensburg weiter zugelassene Rechtsanwälte: Gähler Franz v., Gerhard Hr. Dr. JR., Höchtl Fritz Dr., Hofmann Rudolf, Hümmer Heinrich, Kellner Hans Dr., Pfannenstiel H. Geh. JR., Pfeiffer Siegfried Dr., Prager Alfons JR., Ruland Norb. JR., Schriefer Jos., Straßl Hans JR., Traeger Bruno Dr., Wenninger Ludw. JR., Wiesmeier Artur Dr., sämtlich in Straubing; ferner Fischer Franz in Kötzting, Kölbig Anton in Abensberg, Medicus Karl Dr. in Burglengenfeld, Regler Martin Dr. in Abensberg, Schreiner Albin Dr. in Burglengenfeld, Zimmerer Alexius in Kötzting.

22. Schweinfurt. (221 116 E.) **a:** LArbG. Würzburg; zum OLG. Bamberg; umfaßt 10 AG., nämlich Bischofsheim, Gerolzhofen, Hammelburg, Kissingen, Königshofen, Mellrichstadt, Münnerstadt, Neustadt a. S., Schweinfurt, Volkach.

b: RAnw.: Ankermüller Wilhelm Dr., Brandis Felix, Braun Georg, Brehm Paul, Buhlheller Hans JR. in Kissingen, Drescher Karl JR., Heurung Oskar, Hommel M. Dr. JR., Jüllich Ferd. JR., Kraus Karl Dr., Kuhn August Dr. in Neustadt a. d. S., Lang Gg., Mauer Franz in Neustadt a. d. S., Müller Friedrich, Pfeiffer Emil in Kissingen, Raithel Konr. Dr., Rudolph Karl Georg Dr., Schmitt Ludwig JR. in Neustadt a. d. S., Schwappacher Paul, Seufert Ludwig Dr., Silberstein Heinrich Dr., Sippel Willy Dr., Steinruck Ferdin., Straub Anton Gg. Dr., Stumpf Rudolph Dr., Werner Joseph JR., Wörle Martin.

Straubing aufgehoben seit 1. April 1932; wegen der Aufteilung des Bezirks u. der Bildung einer Strafkammer bei dem Amtsger. Straubing s. StA. v. 17. Febr. 1932 Nr. 39. RAnw. siehe Amtsg. Straubing.

23. Traunstein. (315 022 E.) **a:** LArbG. München; zum OLG. München; umfaßt 12 AG., nämlich Aibling, Altötting, Berchtesgaden, Burghausen, Laufen, Mühldorf, Prien, Reichenhall, Rosenheim, Traunstein, Trostberg, Wasserburg.

b: RAnw.: Ahammer Karl JR., Bergtold Rudolf Dr., Börger Karl JR. in Reichenhall, Bomhard Theod. JR., Brantl Max Dr. in Prien, Burnhauser Jos. JR. in Reichenhall, Drexl Max in Rosenheim (Wohnsitz in Brannenburg), Edelmann Christof, Frey Valentin in Aibling, Grottenmüller Heinrich in Trostberg, Heizer Alb. JR. in Altötting, Jordan Seb. Dr., Kollmann Karl Dr. in Berchtesgaden, Langenmayr Arnold, Lutz Karl JR. in Altötting, Mackert Gustav in Rosenheim, Mayer Ludw. in Rosenheim, Merkenschlager

Karl, Müller Ludwig JR. in Mühldorf, Pfahler Philipp JR. in Reichenhall, v. d. Pfordten G. Geh. JR., v. d. Pfordten German Dr., Plate Hermann Dr., Rothhaas Otto JR. in Wasserburg, Ruckdeschel Otto Dr., Rumpf Joh. Bapt. JR. in Aibling, Scheuer Joseph JR. in Rosenheim, Schlumberger H. JR., Schmidt Frdr. JR., Schnappinger Pankraz, Seibert Rudolf Dr., Steger Wilhelm, Steinmayr Hans Dr., Walter Willi Dr. in Reichenhall, Windisch Hans JR., Wochinger Karl JR. in Laufen, Zeitler Franz Joseph.

24. Weiden. (194 975 E.) **a:** LArbG. Nürnberg-Fürth; zum OLG. Nürnberg; umfaßt 10 AG., nämlich Auerbach, Eschenbach, Kemnath, Neustadt a. WN., Oberviechtach, Tirschenreuth, Vilseck, Vohenstrauß, Waldsassen, Weiden.

b: RAnw.: Behringer Alfred Dr., Fertig Josef in Tirschenreuth, Gabel Anton Dr., Gailer Heinrich Dr., Lindner Simon Dr., Linsmeier Hans, Ludwig Hanns, Maierhöfer Alois Dr., Mertenbaur Hans, Mohr Vinzenz in Waldsassen, Nagel Georg, Nehmann Andr., Pfleger Fr. J. Dr. JR., Schenkl Hans in Neustadt a. WN., Tettenborn Joseph v. JR. in Vohenstrauß, Wanninger Joseph, Wening Heinr.

25. Würzburg. (298 432 E.) **a:** Zugl. LArbG.; zum OLG. Bamberg; umfaßt 10 AG., nämlich Arnstein, Aub, Brückenau, Dettelbach, Gemünden, Karlstadt, Kitzingen, Ochsenfurt, Scheinfeld, Würzburg.

b: RAnw.: Adler Jul. Dr., Ambach Hrm. Dr., Baumeister Julius, Baumeister Ludwig Dr., Behr Ernst Dr., Berninger Otto Dr., Bonn Georg Dr., Breunig Ludwig, Buckel Rudolf in Scheinfeld, Döhling Ernst, Dotzel Hanns, Ebert Ludwig Dr., Englert Gottfried JR. in Gemünden, Godron Heinrich JR. in Kitzingen, Goller Friedr. JR., Goßmann Wilhelm, Haas Gerson Dr. JR., Hamburger Max Dr., Hartig Walter Dr., Haubach Joseph Dr., Heinlein Eduard Valentin, Hörnes Oskar Dr., Hofmann Alfred, Hohmann Ernst, Kamm Hans JR. in Gemünden, Keil Heinrich Dr., Keller Anton JR., Kittel Heinz, Klee Hans Dr., Klemmert Adam Dr. JR., Koch Karl Dr. in Gemünden, Koob Josef Dr., Krämer Franz Dr. in Ochsenfurt, Kriener Oskar, Kunz Hubert Dr., Lang Hans Dr., Link Anton, Lippert Karl Dr., Maar Oskar, Manigold Walter, Mayer Erich Dr., Meisner Michl, Meißner Christ. JR., Meister Eduard JR. in Kitzingen, Meixner Karl, Müller Anton, Müller Richard, Nebel Ignaz Dr. in Karlstadt, Oeser Richd. Dr., Oppenheimer Arnold JR., Pappenheimer Willy Dr., Pels-Leusden Fritz Dr., Pfister Aug. in Kitzingen, Pfriem Fritz, Pohl Art. Dr. JR., Popp Wilhelm Dr., Reder Hans Dr., Reinhard August, Richter Wilhelm in Ochsenfurt, Risch Hans JR., Risch Otto, Rosenthal K. Dr. JR., Rösser Seb., Rothstein Burkard Dr., Saiber Johanna Dr., Saiber Rudolf Georg Dr., Scharner Friedrich, Scheuring Bonifaz Dr. in Ochsenfurt, Schlereth Ludwig Dr., Schloß David, Schmitt Johann, Schraud Wilhelm, Schütz Ludwig, Schultz Pirmin, Seufert Michael, Staudt Alois, Steigerwald Arthur Dr., Stein Ludwig Dr., Stern Bruno Dr. JR., Stern Salomon, Süßer Adolf JR., Thaler Jos. Dr. JR., Then Ferdinand Dr., Then J. B. Dr. JR., Ulrich Alfred, Vocke Karl Friedrich Dr., Volk Richard, Wegert Erwin, Weichsel Alfred, Wurzschmitt Max, Zapf Wilm Hugo Dr., Zeitler Philipp Dr.

26. **Zweibrücken.** (209 717 E.) **a:** Zugl. LArbG.; zum OLG. Zweibrücken; umfaßt 9 AG., nämlich (Blieskastel), Dahn, (Homburg), (St. Ingbert), Landstuhl, Pirmasens, Waldfischbach, Waldmohr, Zweibrücken.

b: RAnw.: I. die beim OLG. Zweibrücken unter b: I angeführten RAnw.

II. bloß beim LG. Zweibrücken zugelassene RAnw.: Brügel Richard, Herzog Helmut Dr., Kling Adolf, Rau Karl.

III. beim LG. Zweibrücken weiter zugelassene RAnw.: Abele Albert Dr. in Landstuhl, Brunner Ludw. in Pirmasens, Hauck Julius in Pirmasens, Heußler Wilh. JR. in Pirmasens, Keßel Wilh. Dr. in Pirmasens, Levy Albert in Pirmasens, Lindemann Emil in Pirmasens, Mantel Aug. in Waldfischbach, Maurer Wilh. JR. in Landstuhl, Müller Ludwig in Pirmasens, Pres Fritz in Pirmasens, Wannemacher Franz in Waldfischbach.

IV. Amtsgerichte.[1] [2] [3]

Mit Bezirken von über 100000 Einwohnern: München, Nürnberg, Augsburg, Ludwigshafen, Würzburg, Regensburg, Bamberg, Fürth.

Mit einem Bezirk von über 75000—100000 Einwohnern: Kaiserslautern, Aschaffenburg, Schweinfurt, Pirmasens.

Mit Bezirken von über 40000—75000 Einwohnern: Amberg, Ansbach, Bayreuth, Coburg, Erlangen, Frankenthal, Hof, Ingolstadt, Kempten, Kronach, Landau i. d. Pf., Landshut, Memmingen, Neustadt a. d. Haardt, Passau, Rosenheim, Speyer, Straubing, Traunstein, Weilheim, Wunsiedel. Zweibrücken.

1. **Abensberg** (NB.; 15378 E.). **a:** ArbG., SchöffG., GrJugG. u. LG. Regensburg; LArbG. Nürnberg-Fürth; OLG. Nürnberg; BzA. Kelheim; FA. Neustadt a. D.; LFA. München.
b: Not.: Edel Alfred Dr.
c: RAnw.: Kölbig Anton Wilh.*, Regler Martin Dr.*, Stark Nikolaus.

2. **Aibling** (OB.; 28286 E.). **a:** ArbG., SchöffG. u. GrJugG. Rosenheim; LG. Traunstein; LArbG. u. OLG. München; BzA. u. FA. Aibling; LFA. München
b: Not.: Mehler Alfred.
c: RAnw.: Frey Valentin*, Pellkofer Wilhelm Dr., Rumpf J. B. JR.*

---

[1]) Ein kleines Jugendgericht besteht bei jedem Amtsgericht. Bei jedem Amtsgericht wird für dessen Bezirk ein Anerbengericht gebildet (VO. v. 28. Okt. 1933, GVBl. 1933 S. 433).

[2]) Soweit bei den einzelnen Amtsgerichten sich ein Vermerk über die Amtsanwaltschaft nicht findet, werden die amtsanwaltschaftl. Geschäfte durch einen am Sitze des Amtsgerichts befindlichen Amtsanwalt (im Haupt- oder Nebenamte) besorgt.

An Orten, die zugleich Sitz eines Landgerichts sind, werden die amtsanwaltschaftlichen Geschäfte des Amtsgerichts durch die Staatsanwaltschaft des Landgerichts — in München durch die StA. am LG. I — wahrgenommen.

[3]) Die mit * bezeichneten Rechtsanwälte sind auch bei dem Landgerichte zugelassen, zu dessen Bezirk das Amtsgericht gehört.

3. **Aichach** (OB.; 29 710 E.). **a:** ArbG., SchöffG., GrJugG., LG., LArbG. Augsburg; OLG. München; BzA. u. FA. Aichach; LFA. München
b: Not.: Kolb Otto JR.
c: RAnw.: Fischer Cölestin Dr., Schirpfer Ludwig, Stanglmayr Joseph*, Wellner Benedikt*, Zott Josef.

4. **Altdorf** (MFr.; 18 038 E.). **a:** ArbG., SchöffG., GrJugG., LG., LArbG. Nürnberg-Fürth; OLG. Nürnberg; BzA. Nürnberg; FA. Nürnberg-Ost; LFA. Nürnberg.
b: Not.: Mayr Franz.
c: RAnw.: Schenck Friedr.*, Zeh Karl Fr. JR.*

5. **Altötting** (OB.; 30 527 E.) zugl. ArbG. **a:** SchöffG., GrJugG. u. LG. Traunstein; LArbG. u. OLG. München; BzA. Altötting; FA. Burghausen; LFA. München.
b: Not.: Scheidler Michael.
c: RAnw.: Gmach Joseph Dr., Heizer Albert JR.*, Lutz Karl JR.*

6. **Alzenau** (UF.; 20 533 E.) **a:** ArbG., SchöffG., GrJugG. u. LG. Aschaffenburg; LArbG. Würzburg; OLG. Bamberg; BzA. Alzenau; LandFA. Aschaffenburg; LFA. Würzburg.
b: Not.: Schröppel Leonh. JR.
c: RAnw.: Bauer Josef, Walter Anton*.

7. **Amberg** (OPf.; 54 186 E.) zugl. ArbG. **a:** SchöffG., GrJugG. u. LG. Amberg; LArbG. Nürnberg-Fürth; OLG. Nürnberg; UnmG., BzA. u. FA. Amberg; LFA. Nürnberg.
b: Not.: I: Schmitt Anton Dr.; II: Zimmermann Heinrich.
c: RAnw.: (s. beim LG. Amberg).

Amorbach (UFr.) aufgehoben seit 1. Mai 1932; wegen der Aufteilung des Bezirks s. StA. v. 18. März 1932 Nr. 65.

8. **Annweiler** (Pf.; 18 495 E.). **a:** AA. durch StA. Landau i. d. Pf.; ArbG., SchöffG., GrJugG. u. LG. Landau i. d. Pf.; LArbG. Frankenthal; OLG.Zweibrücken; BzA. Bergzabern; FA. Landau i. d. Pf.; LFA. Würzburg.
b: Not.: Selzer Julius JR.
c: RAnw.: Stoffel Karl Dr.

9. **Ansbach** (MFr.; 54 543 E.) zugl. ArbG. **a:** SchöffG., GrJugG. u. LG. Ansbach; LArbG. Nürnberg-Fürth; OLG. Nürnberg; UnmG., BzA. Ansbach u. Feuchtwangen[1]); FA. Ansbach; LFA. Nürnberg.
b: Not.: I: Krell Bernhard; II: Götzelmann Ferdinand JR.
c: RAnw.: (siehe beim LG. Ansbach).

10. **Arnstein** (UFr.; 12585 E.). **a:** ArbG. Karlstadt, SchöffG., GrJugG., LG. u. LArbG. Würzburg; OLG. Bamberg; BzA. Karlstadt; FA. Karlstadt u. Würzburg[2]); LFA. Würzburg.
b: Not.: Striffler Karl.
c: RAnw.: Röther Hugo.

11. **Arnstorf** (NB.; 16 687 E.). ArbG. Landau a. d. Isar; **a:** Schöff.-G., GrJugG. u. LG. Deggendorf; LArbG. u. OLG. München; BzA. u. FA. Eggenfelden; LFA. München.
b: Not.: Hahn Helmut Dr.
c: RAnw.: Lutz Burkard, Meyer Friedrich Dr.

12. **Aschaffenburg** (UFr.; 81 651 E.) zugl. ArbG. **a:** SchöffG., GrJugG. u. LG. Aschaffenburg; LArbG. Würzburg; OLG.

---

[1]) Örtliche Zuständigkeit s. StA. 6. II. 1931 Nr. 30 S. 9.
[2]) Örtliche Zuständigkeit s. StA. 18. VII. 1929 Nr. 163 S. 11.

Bamberg; UnmG., BzA. u. StadtFA. Aschaffenburg; LFA. Würzburg.
b: Not.: I: Dorfmüller Theodor JR.; II: Gutmann Alfred Dr.
c: RAnw.: (siehe beim LG. Aschaffenburg).

13. Aub (UFr.; 11 673 E.). **a**: ArbG. Ochsenfurt; SchöffG., GrJugG., LG. u. LArbG. Würzburg; OLG. Bamberg; BzA. Ochsenfurt; FA. Röttingen; LFA. Würzburg.
b: Not.: Oswald Joseph Dr.
c: RAnw.: — — —

14. Auerbach (OPf.; 10 713 E.) zugl. ArbG. **a**: SchöffG., GrJugG. u. LG. Weiden; LArbG. Nürnberg-Fürth; OLG. Nürnberg; BzA. Eschenbach; FA. Pegnitz; LFA. Nürnberg.
b: Not.: Verweser: Notar in Vilseck.
c: RAnw.: Herbolsheimer Karl Dr.

15. Augsburg (Schw.; 206 361 E.) zugl. ArbG. **a**: SchöffG., GrJugG., LG., LArbG. Augsburg; OLG. München; UnmG., BzA. u. FA. I. u. II Augsburg[1]); LFA. München.
b: Not.: I: Decker Otto; II: Walter Hugo Dr. JR.; III: Linder Otto JR.; IV: Weidenbach Kurt von; V: —.
c: RAnw.: Kraussold Heinrich, Schultz Leonhard (s. a. LG. Augsburg).

Babenhausen (Schw.) aufgehoben seit 1. Jan. 1933; wegen der Aufteilung des Bezirks s. StA. v. 1./2. Nov. 1932 Nr. 253 S. 11.
b: Not.: Ries Johann Karl Dr.

16. Bamberg (OFr.; 111 304 E.) zugl. ArbG. **a**: SchöffG., GrJugG., LG., LArbG. u. OLG. Bamberg; UnmG., BzA. Bamberg; StFA. u. LandFA. Bamberg; LFA. Nürnberg.
b: Not.: I: Todt Ernst Dr., II: Traitteur Karl Ritter von, III: Altstötter Ludwig Dr.
c: RAnw.: (siehe beim OLG. u. LG. Bamberg).

Baunach (UFr.) aufgehoben seit 1. Jan. 1932; wegen d. Aufteilung des Bezirks s. StA. v. 26. Nov. 1931 Nr. 274 S. 9.
b: Not.: Verweser: Notar in Ebern.

17. Bayreuth (OFr.; 67 397 E.) zugl. ArbG. **a**: SchöffG., GrJugG. u. LG. Bayreuth; LArbG. u. OLG. Bamberg; UnmG., BzA. u. FA. Bayreuth; LFA. Nürnberg.
b: Not.: I: Ficht Wilhelm JR., II: Keyl Julius.
c: RAnw.: (siehe beim LG. Bayreuth).

18. Beilngries (OPf.; 14 008 E.) **a**: ArbG., SchöffG., GrJugG. u. LG. Eichstätt; LArbG. Augsburg; OLG. München; BzA. u. FA. Beilngries; LFA. Nürnberg.
b: Not.: Schropp Otto Dr.
c: RAnw.: Strauß Alois*, Wolff Eberhard.

***Bellheim** (bloß Sitz e. Notariats). **a**: LG. Landau i. d. Pf.; OLG. Zweibrücken.
b: Not.: Verweser: Notar in Germersheim.

19. Berchtesgaden (OB.; 14 277 E.). **a**: AA. durch AA. Reichenhall; ArbG. Reichenhall; SchöffG., GrJugG. u. LG. Traunstein; LArbG. u. OLG. München; BzA. u. FA. Berchtesgaden; LFA. München.
b: Not.: Roth Heinrich JR.
c: RAnw.: Droßbach Gebhard, Kollmann Karl Dr.*, Seidenböck Anton JR.

---

[1]) Wegen der Zuständigkeit der Finanzämter in Augsburg s. JMB. v. 13. Okt. 1916 (JMBl. 57; FMBl. 163).

20. **Bergzabern** (Pf.; 22 116 E.) **a:** ArbG., SchöffG., GrJugG. u. LG. Landau i. d. Pf.; LArbG. Frankenthal; OLG. Zweibrücken; BzA. u. FA. Bergzabern; LFA. Würzburg.
b: Not.: I: Rosenbauer Hermann Dr., II: — — —
c: RAnw.: Kennel Erwin v. Dr.*, Nusch Wilhelm, Vogt Oskar.*.

21. **Berneck** (OFr.; 16237 E.) AA. durch AA. Kulmbach; **a:** ArbG., SchöffG., GrJugG. u. LG. Bayreuth; LArbG. u. OLG. Bamberg; BzA. u. FA. Bayreuth, Kulmbach u. Münchberg[1]); LFA. Nürnberg.
b: Not.: Kremer Theodor Dr.
c: RAnw.: Fleckenstein Oskar Dr.

***Billigheim** (bloß Sitz e. Not.). **a:** LG. Landau i. d. Pf.; OLG. Zweibrücken.
b: Not.: Verweser: Notariat Landau i. d. Pf. III.

22. **Bischofsheim** (UFr.; 9343 E.). **a:** ArbG. Neustadt a. d. Saale; SchöffG., GrJugG. u. LG. Schweinfurt; LArbG. Würzburg; OLG. Bamberg; BzA. u. FA. Neustadt a. d. Saale; LFA. Würzburg.
b: Not.: Reiser Ernst Dr.
c: RAnw.: Hergenröther Werner, Merkel Rudolf Dr.

23. **Blieskastel** (Pf.) — z. Zt. unter der Verwaltung der Regierung des Saarstaats —; früher LG. u. OLG. Zweibrücken.

24. **Bogen** (NB.; 13 303 E.). **a:** AA. durch StA. bei der detach. Strafkammer Straubing; ArbG., SchöffG., GrJugG. u. detach. Strafkammer Straubing; LG. Regensburg; LArbG. Nürnberg-Fürth; OLG. Nürnberg; BzA. Bogen; FA. Mitterfels; LFA. München.
b: Not.: Merk Ernst Dr.
c: RAnw.: — — —

25. **Brückenau** (UFr.; 13 994 E.) zugl. ArbG. **a:** SchöffG., Gr.-JugG., LG. u. LArbG. Würzburg; OLG. Bamberg; BzA. u. FA. Brückenau; LFA. Würzburg.
b: Not.: Brust Otto Dr.
c: RAnw.: Halbritter Joseph Dr., Hein Hans.

26. **Buchloe** (Schw.; 12906 E.) **a:** ArbG. Mindelheim; SchöffG., GrJugG. u. LG. Memmingen; LArbG. Augsburg; OLG. München; BzA. u. FA. Kaufbeuren; LFA. München.
b: Not.: Wülfert Friedrich.
c: RAnw.: Spaett Georg.

27. **Burgau** (Schw.; 15 545 E.) **a:** ArbG., SchöffG., GrJugG., LG. u. LArbG. Augsburg; OLG. München; BzA. Günzburg; FA. Burgau; LFA. München.
b: Not.: Auanger Otto.
c: RAnw.: Bechinger Josef.

Burgebrach (OFr.) aufgehoben seit 1. Jan. 1932; wegen der Aufteilung d. Bezirks s. StA. v. 26. Nov. 1931 Nr. 274 S. 9.
b: Not.: Verweser: Notariat Bamberg I.

28. **Burghausen** (OB.; 14 687 E.). **a:** ArbG. Altötting; SchöffG., GrJugG. u. LG. Traunstein; LArbG. u. OLG. München; BzA. Altötting; FA. Burghausen; LFA. München.

---

[1]) Örtliche Zuständigkeit s. StA. 22. IX. 29 Nr. 219 S. 19 bzw. StA. 20. III. 29 Nr. 66 S. 13, StA. 15. X. 30 Nr. 238 S. 9 u. StA. 7. VII. 31 Nr. 153 S. 11.

b: Not.: Bader Samuel Dr.
c: RAnw.: Kalb Georg Dr., Remmler Albert Dr.

29. **Burglengenfeld** (OPf.; 20914 E.) zugl. ArbG. **a:** AA. durch StA. Regensburg; SchöffG., GrJugG. u. LG. Regensburg; LArbG. Nürnberg-Fürth; OLG. Nürnberg; BzA. u. FA. Burglengenfeld; LFA. Nürnberg.
b: Not.: Forster Hans Dr.
c: RAnw.: Medicus Karl Dr.*, Schreiner Albin Dr.*

Cadolzburg (MFr.) aufgehoben seit 1. III. 1931; wegen der Aufteilung des Bezirks s. StA. v. 6. II. 31 Nr. 30 S. 9; GVBl. 1931 Nr. 4 S. 25.
b: Not.: Becker Ernst Dr.
c: RAnw.: — — —

30. **Cham** (OPf.; 20513 E.) zugl. ArbG. **a:** SchöffG., GrJugG. u. LG. Amberg; LArbG. Nürnberg-Fürth; OLG. Nürnberg; BzA. u. FA. Cham; LFA. Nürnberg.
b: Not.: Bitterauf Otto Dr.
c: RAnw.: Gradl Jos. Dr.*, Hösl Mich. JR.*, Hösl Rudolf Dr. Kerscher Franz, Trendtel Günther, Wittmann Josef Dr.

31. **Coburg** (OFr.; 56761 E.) zugl. ArbG. **a:** SchöffG., GrJugG. u. LG. Coburg; LArbG. u. OLG. Bamberg; UnmG., BzA. u. FA. Coburg; LFA. Nürnberg.
b: NotVerw.: I: Bomhard von Hans; II: Ehrlicher Alfred; III: Hirsch Kuno JR.; IV: — — —; V: Baer I Moritz Dr. JR., VI: Ehrlicher Alfred; VII: — — —; VIII: Baer II Martin Dr., sämtl. RAnw. u. Notare.
c: RAnw.: (s. beim LG. Coburg).

32. **Dachau** (OB.; 33405 E.) zugl. ArbG. **a:** AA. durch AA. Pfaffenhofen; SchöffG. u. GrJugG. München-Land; LG. München II; LArbG. u. OLG. München; BzA. u. FA. Dachau; LFA. München.
b: Not.: Demeter Hans.
c: RAnw.: Franck Otto, Graßmann Hans Dr., Leiter Max*, von der Pfordten German, Schwalber Joseph Dr.

33. **Dahn** (Pf.; 14493 E.) **a:** AA. durch StA. Zweibrücken; ArbG., SchöffG. u. GrJugG. Pirmasens; LG., LAG. u. OLG. Zweibrücken; BzA. Pirmasens; FA. Dahn; LFA. Würzburg.
b: Not.: Biebinger Ernst.
c: RAnw.: Brenner Peter Paul Dr., Walter Fritz.

34. **Deggendorf** (NB.; 32923 E.) zugl. ArbG. **a:** SchöffG., Gr.-JugG., LG. Deggendorf; LArbG. u. OLG. München; UnmG., BzA. u. FA. Deggendorf; LFA. München.
b: Not.: Goller Georg JR.
c: RAnw.: (siehe beim LG. Deggendorf).

35.* **Deidesheim** (bloß Sitz e. Notariats). **a:** LG. Frankenthal; OLG. Zweibrücken.
b: Not.: — — —

35. **Dettelbach** (UFr.; 10478 E.). **a:** AA. durch StA. Würzburg; ArbG., SchöffG., GrJugG., LG. u. LArbG. Würzburg; OLG. Bamberg; BzA. Kitzingen; FA. Dettelbach; LFA. Würzburg.
b: Not.: Brunner Heinrich.
c: RAnw.: — — —

36. **Dillingen** (Schw.; 32452 E.) zugl. ArbG. **a:** SchöffG., GrJugG. Neuburg a. d. D.; LG. u. LArbG. Augsburg; OLG. München; UnmG., BzA. u. FA. Dillingen; LFA. München.
b: Not.: Erdl Andreas JR.

c: RAnw.: Eggensberger Franz Xaver Dr., Müller Richard JR.*, Racke Karl* (Wohnsitz Lauingen), Rech Oswald Dr., Sauter Karl.

37. Dingolfing (NB.; 24685 E.) **a:** ArbG., SchöffG., GrJugG. u. LG. Landshut; LArbG. u. OLG. München; BzA. u. FA. Dingolfing; LFA. München.
b: Not.: Aufhauser Georg Dr.
c: RAnw.: Amon Georg Dr.*, Krayer Joseph Dr., Obermayer Franz Xav. JR., Rohleder Rarl, Seebauer Josef, Zehetbauer Joseph.

38. Dinkelsbühl (MFr.; 17400 E.) zugl. ArbG. **a:** SchöffG., GrJugG. u. LG. Ansbach; LArbG. Nürnberg-Fürth; OLG. Nürnberg; UnmG., BzA. u. FA. Dinkelsbühl; LFA. Nürnberg.
b: Not.: Burger Friedrich.
c: RAnw.: Gäbhard Erich Dr., Kuhn Walter Dr., Lauterbach Ernst Dr.

39.* Dirmstein (bloß Sitz e. Not.). **a:** LG. Frankenthal; OLG. Zweibrücken.
b: Not.: Verweser: Notariat Frankenthal I.

39. Donauwörth (Schw.; 21988 E.) zugl. ArbG. **a:** SchöffG., GrJugG. Neuburg a. D.; LG. u. LArbG. Augsburg; OLG. München; UnmG., BzA. u. FA. Donauwörth; LFA. München.
b: Not.: I: Schott Johann; II: — — —
c: RAnw.: Brohm Heinr. Dr.*, Daimer Ernst*, Drexel Konrad*, Loibl Josef, Prochownik Jul. JR.*

40. Dorfen (OB.; 15341 E.) **a:** ArbG. Erding; SchöffG. u. GrJugG. München-Land; LG. München II; LArbG. u. OLG. München; BzA. u. FA. Erding; LFA. München.
b: Not.: Paur Heinrich.
c: RAnw.: Alfertshofer Alfons, Kreutzer Rudolf Dr.*

41. Dürkheim (Pf.; 32696 E.) **a:** ArbG. Neustadt a. d. Haardt; SchöffG., GrJugG., LG. u. LArbG. Frankenthal; OLG. Zweibrücken; BzA. Neustadt a. d. Haardt[1]); FA. Dürkheim; LFA. Würzburg.
b: Not.: I: Mayer Erwin Dr.; II: Beyer Wilhelm Dr.
c: RAnw.: Barth Georg*, Blum Eugen*, Emrich Hans Dr., Ferckel Jakob, Haag Kurt (Wohnsitz Wachenheim), Schimmel Alfred.

42. Ebermannstadt (OFr.; 13011 E.). **a:** AA. durch AA. Forchheim; ArbG. Forchheim; SchöffG., GrJugG., LG., LArbG. u. OLG. Bamberg; BzA. Ebermannstadt; FA. Forchheim; LFA. Nürnberg.
b: Not.: Verweser: Notar in Forchheim.
c: RAnw.: Behringer Adalbert*.

43. Ebern (UFr.; 20072 E.). **a:** ArbG., SchöffG., GrJugG., LG., LArbG. u. OLG. Bamberg; BzA. u. FA. Ebern; LFA. Würzburg.
b: Not.: Binapfl Willibald Dr.
c: RAnw.: Eisfelder Josef, Fleischmann Paul, Germer Ernst Dr.

44. Ebersberg (OB.; 28876 E.) zugl. ArbG. **a:** SchöffG. u. GrJugG. München-Land; LG. München II; LArbG. u. OLG. München; BzA. u. FA. Ebersberg; LFA. München.
b: Not.: Schieck Helmut.
c: RAnw.: Burger Johann*, Raudmayr L.*, Scharf Helmut Dr.

---

[1]) Örtliche Zuständigkeit s. StA. v. 30. 1. 31 Nr. 24 S. 9.

45. **Edenkoben** (Pf.; 26641 E.). **a:** AA. durch AA. Neustadt a. H.; ArbG., SchöffG., GrJugG. u. LG. Landau i. Pf.; LArbG. Frankenthal; OLG. Zweibrücken; BzA. Landau i. Pf.; FA. Edenkoben; LFA. Würzburg.
b: Not.: I: Leibrock Ludwig Dr., II: Reheis Claus.
c: RAnw.: Kirchmer Willy, Raps Josef Karl Dr., Stamminger Berthold Dr., Wingerter Gustav JR.*.

46. **Eggenfelden** (NB.; 25634 E.). **a:** AA. durch AA. Neumarkt a. d. Rott; ArbG. Neumarkt a. d. Rott; SchöffG., GrJugG. u. LG. Landshut; LArbG. u. OLG. München; BzA. u. FA. Eggenfelden; LFA. München.
b: Not.: Morgott Johann JR.
c: RAnw.: Böckl Ludw.*, Stögmayer Anton*, Zeis Karl Dr.

47. **Eichstätt** (MFr.; 23161 E.) zugl. ArbG. **a:** SchöffG., GrJugG. u. LG. Eichstätt; LArbG. Augsburg; OLG. München; UnmG., BzA. u. FA. Eichstätt; LFA. Nürnberg.
b: Not.: Feichtinger Eugen Dr. JR.
c: RAnw.: (siehe beim LG. Eichstätt).
Ellingen (MFr.) aufgehoben seit 1. Jan. 1932; wegen d. Aufteilung des Bezirks s. StA. v. 26. Nov. 1931 Nr. 274 S. 9.
Wegen der örtlichen Zuständigkeit der Finanzämter s. StA. v. 28./29. Dez. 1931 Nr. 300.
b: Not.: Steudel Hermann Dr.

48. **Eltmann** (UFr.; 17374 E.). **a:** AA. durch AA. Haßfurt; ArbG. Haßfurt; SchöffG., GrJugG., LG., LArbG. u. OLG. Bamberg; BzA. Haßfurt; FA. Zeil; LFA. Würzburg.
b: Not.: Heyer Otto Dr.
c: RAnw.: Söller Karl, Zinner Max.
Erbendorf (OPf.) aufgehoben s. 1. X. 1929; wegen der Aufteilung des Bezirks s. StA. 1. IX. 29 Nr. 201 S. 19; wegen der bezirksamtlichen Zuständigkeit s. StA. v. 9. XII. 30 Nr. 284 S. 11.

49. **Erding** (OB.; 30250 E.) zugl. ArbG. **a:** SchöffG. u. GrJugG. München-Land; LG. München II; LArbG. u. OLG. München; BzA. u. FA. Erding; LFA. München.
b: Not.: I: Haselberger Josef JR., II: — — —
c: RAnw.: Dörfler Fritz Dr., Reck Theob. Frhr. v. Dr., Schönherr Jos. Dr.*.

50. **Erlangen** (MFr.; 57042 E.) zugl. ArbG., SchöffG. u. GrJugG. **a:** LG. u. LArbG. Nürnberg-Fürth; OLG. Nürnberg; UnmG., BzA. u. FA. Erlangen; LFA. Nürnberg.
b: Not.: Reichold Theodor JR.
c: RAnw.: Dolwezel Ferdin. Dr.*, Hahn Gustav, Joanni Paul Dr.*, Klarner Karl Dr., Kränzlein Emil Dr., Messerer Ludw. Dr.*, Müller Karl*, Opfermann Rudolf Dr.*, Panzer Franz, Pfeiffer Albrecht Dr.*, Schmidt Heinrich Dr. JR., Schnabel Julius*.

51. **Eschenbach** (OPf.; 14945 E.) zugl. ArbG. **a:** SchöffG., GrJugG. u. LG. Weiden; LArbG. Nürnberg-Fürth; OLG. Nürnberg; BzA. Eschenbach; FA. Kemnath-Stadt; LFA. Nürnberg.
b: Not.: Schneider Hans Dr.
c: RAnw.: Fischer Karl Dr., Stöckel Eugen.

52. **Feuchtwangen** (MFr.; 14156 E.). **a:** ArbG. Dinkelsbühl; SchöffG., GrJugG. u. LG. Ansbach; LArbG. Nürnberg-Fürth; OLG. Nürnberg; BzA. u. FA. Feuchtwangen; LFA. Nürnberg.

b: Not.: Feyock Georg Jakob Dr.
c: RAnw.: Kalbskopf Karl*, Zwanzger Georg.

53. Forchheim (OFr.; 27889 E.) zugl. ArbG. **a:** SchöffG., Gr. JugG., LG., LArbG. u. OLG. Bamberg; UnmG., BzA. u. FA. Forchheim; LFA. Nürnberg.
b: Not.: Bilabel Gustav.
c: RAnw.: Bauer Christian JR.*, Einwag Hans Dr., Kümmelmann Gregor Dr., Pretscher Gottfried*, Rieß Heinrich Dr. JR.*, Rohnfelder Lorenz Dr., Wambsganz Friedrich.

54. Frankenthal (Pf.; 55941 E.) zugl. ArbG. einschl. d. Gem-Bez. Eisenberg, Ramsen, Stauf, Kerzenheim, Lautersheim, Rodenbach. **a:** SchöffG., GrJugG., LG. u. LArbG. Frankenthal; OLG. Zweibrücken; UnmG., BzA. u. FA. Frankenthal; LFA. Würzburg.
b: Not.: I: Roth Eug. JR., II: Budenbender Julius.
c: RAnw.: (siehe beim LG. Frankenthal b: I.).

55.*Freinsheim (bloß Sitz e. Not.). **a:** LG. Frankenthal, OLG. Zweibrücken.
b: Not.-Verweser: Humbert Karl, Notar JR. in Dürkheim (Not. II) mit dem Sitze in Freinsheim.

55. Freising (OB.; 32789 E.). **a:** AA. durch StA. München II; zugl. ArbG., SchöffG. u. GrJugG.; LG. München II; LArbG. u. OLG. München; UnmG., BzA. u. FA. Freising; LFA. München.
b: Not.: I: Innerlohner Joseph Hermann, II: Horn Karl JR.
c: RAnw.: Fürtsch Karl*, Hundsdorfer Wolfgang*, Kugler Otto, JR.*, Lehner Max, Lochner Alfred Dr.*, Meyer Wilhelm JR.*, Rebholz August.

56. Freyung (NB.; 18629 E.) zugl. ArbG. **a:** SchöffG., GrJugG. u. LG. Passau; LArbG. u. OLG. München; BzA. u. FA. Wolfstein; LFA. München.
b: Not.: Kögerl Josef.
c: RAnw.: Moosbauer Hans.

57. Friedberg (OB.; 20992 E.). **a:** AA. durch StA. Augsburg; ArbG., SchöffG., GrJugG., LG. u. LArbG. Augsburg; OLG. München; BzA. u. FA. Friedberg; LFA. München.
b: Not.: Rettinger Max.
c: RAnw.: Hohenbleicher Josef, Schropp Anton, Steinheimer Karl JR.*.

58. Fürstenfeldbruck (OB.; 35914 E.) zugl. ArbG. **a:** SchöffG. u. GrJugG. München-Land; LG. München II; LArbG. u. OLG. München; BzA. u. FA. Fürstenfeldbruck; LFA. München.
b: Not.: Bourier Adolf, JR.
c: RAnw.: Bauer Joseph*, Heidenreich Hans, Mahr Richard JR.*, Pfister Wilh. Dr., Vogg Engelbert*.

59. Fürth (MFr.; 108520 E.) zugl. ArbG. **a:** SchöffG., GrJugG. Fürth; LG. u. LArbG. Nürnberg-Fürth; OLG. Nürnberg; Unm. G., BzA. u. FA. Fürth; LFA. Nürnberg.
b: Not.: I: Mayer Ferdinand JR.; II: Löhe Hans Dr. JR.
c: RAnw.: (siehe beim LG. Fürth).

60. Füssen (Schw.; 22972 E.). **a:** ArbG. Kaufbeuren u. Kempten[1]); SchöffG., GrJugG. u. LG. Kempten; LArbG. Augsburg; OLG. München; BzA. u. FA. Füssen; LFA. München.

---

[1]) Örtl. Zuständigkeit s. StA. 16. III. 32 Nr. 63. GVBl. Nr. 14 S. 169.

b: Not.: Fuchs Max.
c: RAnw.: Hoffmann Winfrid Dr., Hundt Franz*, Schreiber Anton, Wagner Anton.*

61. **Furth i. W.** (OPf.; 10387 E.). a: ArbG. Cham; SchöffG., GrJugG. u. LG. Amberg; LArbG. Nürnberg-Fürth; OLG. Nürnberg; BzA. u. FA. Cham; LFA. Nürnberg.
b: Not.: Saueressig Peter.
c: RAnw.: Braun Erich Dr., Clos Karl.

62. **Garmisch** (OB.; 28 737 E.) zugl. ArbG. a: AA. durch AA. Weilheim; SchöffG. u. GrJugG. Weilheim; LG. München II; LArbG. u. OLG. München; BzA. u. FA. Garmisch; LFA. München.
b: Not.: Brenner Werner JR.
c: RAnw.: Brenner Walter Dr., Emmersleben Fritz*, Hirschberger Karl*, Kern Christoph JR.*, Roesen Karl Dr., Schneider Kuno*.

63. **Geisenfeld** (OB.; 19 502 E.). a: AA. durch AA. Pfaffenhofen; ArbG. Pfaffenhofen; SchöffG., GrJugG. München-Land; LG. München II; LArbG. u. OLG. München; BzA. u. FA. Pfaffenhofen; LFA. München.
b: Not.: Rüdinger Richard.
c: RAnw.: Sedelmair Arsenius, Wengner Fritz.*

64. **Gemünden** (UFr.; 16 136 E.). a: ArbG. Karlstadt; SchöffG., GrJugG., LG. u. LArbG. Würzburg; OLG. Bamberg; BzA. Gemünden; FA. Lohr; LFA. Würzburg.
b: Not.: Weynantz Rudolf Dr.
c: RAnw.: Englert Gottfried JR.*, Kamm Hans JR.*, Koch Karl Dr.*, Morgenroth Jakob Dr., Utz Hans Dr.

65. **Germersheim** (Pf.; 27 579 E.). a: ArbG., SchöffG., GrJugG. u. LG. Landau i. Pf.; LArbG. Frankenthal; OLG. Zweibrücken; BzA. u. FA. Germersheim; LFA. Würzburg.
b: Not.: Saller Friedrich Dr.
c: RAnw.: Foltz Hermann, Roebel Franz JR.*, Schmidt Friedrich.

66. **Gerolzhofen** (UFr.; 15 689 E.). a: AA. durch StA. Schweinfurt; ArbG., SchöffG., GrJugG. u. LG. Schweinfurt; LArbG. Würzburg; OLG. Bamberg; BzA. u. FA. Gerolzhofen; LFA. Würzburg.
b: Not.: Hilpert Julius.
c: RAnw.: Haderlein Ernst, Keim Karl Dr.

67.* **Göllheim** (bloß Sitz e. Not.). a: LG. Kaiserslautern; OLG. Zweibrücken.
b: Not.: Höfler Christian Dr.

Gräfenberg (OFr.) aufgehoben seit 1. Jan. 1932; wegen d. Aufteilung des Bezirks s. StA. v. 26. Nov. 1931 Nr. 274 S. 9.
Wegen der örtlichen Zuständigkeit der Finanzämter s. StA. v. 28./29. Dez. 1931 Nr. 300.
b: Not.: Rieger Heinrich JR.

67. **Grafenau** (NB.; 22 648 E.). a: ArbG. Regen; SchöffG., Gr. JugG. u. LG. Deggendorf; LArbG. u. OLG. München; BzA. Grafenau, FA. Schönberg; LFA. München.
b: Not.: Dengler Fritz Dr.
c: RAnw.: Eisenbrand Oskar Dr., Niedermayer H. JR.

68. **Greding** (MFr.; 10496 E.). a: ArbG., SchöffG., GrJugG. u. LG. Eichstätt; LArbG. Augsburg; OLG. München; BzA.

Hilpoltstein; FA. Eichstätt u. Hilpoltstein[1]); LFA. München.
b: Not.: Bauer Hans Dr.
c: RAnw.: Taucher Phil.

69. **Griesbach** (NB.; 15 672 E.). **a:** ArbG. Pfarrkirchen; SchöffG., GrJugG. u. LG. Passau; LArbG. u. OLG. München; BzA. u. FA. Griesbach; LFA. München.
b: Not.: Mittenzwei Ludwig.
c: RAnw.: Absmayer Max (Wohnsitz Karpfham)*.

70. **Grünstadt** (Pf.; 26 302 E.). **a:** ArbG., SchöffG., GrJugG., LG. u. LArbG. Frankenthal; OLG. Zweibrücken; BzA. Frankenthal; FA. Grünstadt; LFA. Würzburg.
b: Not.: I: Wüst Albert, II: — — —
c: RAnw.: Bordollo Kurt*, Kalter Alf. Dr.*, Kirch Ernst, Sinsheimer Ludwig JR.*.

71. **Günzburg a. D.** (Schw.; 22 896 E.). **a:** ArbG. Neu-Ulm; SchöffG., GrJugG. u. LG. Memmingen; LArbG. Augsburg; OLG. München; UnmG., BzA. u. FA. Günzburg a. D.; LFA. München.
b: Not.: Ortner Rudolf Dr.
c: RAnw.: Atzberger Ludwig JR.*, Gmeinder Adalbert*, Unger Fritz Dr., Vogl Hans Dr.*.

72. **Gunzenhausen** (MFr.; 22 099 E.) zugl. ArbG. **a:** SchöffG. GrJugG. u. LG. Ansbach; LArbG. Nürnberg-Fürth; OLG. Nürnberg; BzA. Feuchtwangen u. Gunzenhausen[2]); FA. Gunzenhausen; LFA. Nürnberg.
b: Not.: Brunner Hans JR.
c: RAnw.: Amrhein Michael*, Blaumeier Josef, Kündinger Alb.*, Paschwitz Dr. Ritter und Edler v. Ernst*.

73. **Haag** (OB.; 17 470 E.). **a:** ArbG. Erding; SchöffG. u. GrJugG. München-Land; LG. München II; LArbG. u. OLG. München; BzA. u. FA. Wasserburg; LFA. München.
b: Not.: Weinmiller August.
c: RAnw.: Fries Josef Dr., Hacker Anton JR.*

74. **Hammelburg** (UFr.; 19899 E.). **a:** ArbG. Kissingen; SchöffG., GrJugG. u. LG. Schweinfurt; LArbG. Würzburg; OLG. Bamberg; BzA. u. FA. Hammelburg; LFA. Würzburg.
b: Not.: Vorbrugg Friedrich.
c: RAnw.: Brust Friedrich Dr., Fick Philipp JR., Rüth Raimund, Schmitt Aegid.

75. **Haßfurt** (UFr.; 14 636 E) zugl. ArbG. **a:** SchöffG., GrJugG., LG., LArbG. u. OLG. Bamberg; BzA. u. FA. Haßfurt; LFA. Würzburg.
b: Not.: Müller Kurt.
c: RAnw.: Dannhäuser Norbert JR.*, Kram Hans, Popp Hans, Weber Rudolf.

76.* **Haßloch** (bloß Sitz e. Not.). **a:** LG. Frankenthal; OLG. Zweibrücken.
b: Not.: Keller Georg JR.

76. **Heidenheim Mfr.** (MFr.; 11 742 E.). **a:** ArbG. Gunzenhausen; SchöffG., GrJugG. u. LG. Ansbach; LArbG. Nürnberg-Fürth; OLG. Nürnberg; BzA. u. FA. Gunzenhausen; LFA. Nürnberg.

---

[1]) Örtliche Zuständigkeit s. StA. 21. II. 29 Nr. 44 S. 13.
[2]) Örtliche Zuständigkeit s. StA. 6. II. 31 Nr. 30 S. 9.

b: Not.: Verweser: Notar in Gunzenhausen.
c: RAnw.: — — —

77. **Heilsbronn** (MFr.; 14825 E.). **a:** AA. durch StA. Ansbach; ArbG., SchöffG., GrJugG. u. LG. Ansbach; LArbG. Nürnberg-Fürth; OLG. Nürnberg; BzA. u. FA. Ansbach; LFA. Nürnberg.
b: Not.: Sitzmann Franz Dr.
c: RAnw.: — — —

78. **Hemau** (OPf.; 15986 E.). **a:** ArbG., SchöffG., GrJugG. u. LG. Regensburg; LArbG. Nürnberg-Fürth; OLG. Nürnberg; BzA. Parsberg; FA. Regensburg-Land; LFA. Nürnberg.
b: Not.: Rück Wilhelm.
c: RAnw.: Mayer Matthias Dr.

79. **Hengersberg** (NB.; 20300 E.). **a:** AA. durch StA. Deggendorf; ArbG., SchöffG., GrJugG. u. LG. Deggendorf; LArbG. u. OLG. München; BzA. u. FA. Deggendorf; LFA. München.
b: Not.: Breitenbach Bruno Dr.
c: RAnw.: Biebl Johann Dr., Haderlein Andreas.

Herrieden (MFr.) aufgehoben seit 1. III. 1931; wegen der Aufteilung des Bezirks s. StA. v. 6. II. 31 S. 30 Nr. 9, GVBl. 1931 Nr. 4 S. 25; wegen der finanzamtl. Zuständigkeit s. StA. v. 20. II. 31 Nr. 42 S. 9.
b: Not.: Grimm Fritz Dr.

80. **Hersbruck** (MFr.; 22923 E.). **a:** AA. durch AA. Lauf; ArbG. Lauf; SchöffG., GrJugG., LG. u. LArbG. Nürnberg-Fürth; OLG. Nürnberg; BzA. u. FA. Hersbruck; LFA. Nürnberg.
b: Not.: Wachs Karl JR.
c: RAnw.: Bründl Eduard*, Neusinger Heinr. Dr., Panzer Friedr. Dr., Pierner Georg Geh. JR.*

81. **Herzogenaurach** (OFr.; 12933 E.). **a:** AA. durch AA. Erlangen; ArbG., SchöffG. u. GrJugG. Erlangen; LG. u. LArbG. Nürnberg-Fürth; OLG. Nürnberg; BzA. Höchstadt a. A. u. Fürth[1]); FA. Erlangen; LFA. Nürnberg.
b: Not.: Winkler Frz. JR.
c: RAnw.: Böhm Karl Dr., Drumm Adolf Dr.

82. **Hilpoltstein** (MFr.; 13982 E.). **a:** ArbG., SchöffG. u. GrJugG. Schwabach; LG., LArbG. Nürnberg-Fürth; OLG. Nürnberg; BzA. u. FA. Hilpoltstein; LFA. Nürnberg.
b: Not.: — — —
c: RAnw.: Seitz Ludwig Dr.

83. **Höchstadt a. d. Aisch** (OFr.; 16098 E.). **a:** AA. durch AA. Forchheim; ArbG. Forchheim; SchöffG., GrJugG., LG., LArbG. u. OLG. Bamberg; BzA. u. FA. Höchstadt a. A.; LFA. Nürnberg.
b: Not.: Hebendanz Jos. JR.
c: RAnw.: Biedenbach Alb., Dresel Georg Dr., Gabler Otto Dr.

84. **Höchstädt a. d. Donau** (Schw.; 13443 E.). **a:** ArbG. Dillingen; SchöffG., GrJugG. Neuburg a. D.; LG. u. LArbG. Augsburg; OLG. München; BzA. u. FA. Dillingen; LFA. München.
b: Not.: Eberhardt Cornelius Dr.
c: RAnw.: — — —

---

[1]) Örtliche Zuständigkeit s. StA. 18. VII. 31 Nr. 163 S. 9.

85. Hof (OFr.; 69883 E.) zugl. ArbG. **a:** SchöffG., GrJugG. u. LG. Hof; LArbG. u. OLG. Bamberg; UnmG., BzA. u. FA. Hof; LFA. Nürnberg.
b: Not.: I: Sommer Franz, II: Schmidbauer Arnold Dr. JR.
c: RAnw.: (siehe beim LG. Hof).

86. Hofheim (UFr.; 15355 E.). **a:** AA. durch AA. Haßfurt; ArbG. Haßfurt; SchöffG., GrJugG., LG., LArbG. u. OLG. Bamberg; BzA. Hofheim; FA. Zeil; LFA. Würzburg.
b: Not.: Eidloth Georg.
c: RAnw.: Mühlfriedel Otmar, Saukel Egid, Wedel Max Dr.

87. Hollfeld (OFr.; 12539 E.). **a:** ArbG., SchöffG., GrJugG. u. LG. Bayreuth; LArbG. u. OLG. Bamberg; BzA. Ebermannstadt; FA. Bayreuth; LFA. Nürnberg.
b: Not.: Schmitt Franz JR.
c: RAnw.: Brandner Friedr. Dr.

88. Homburg (Pf.) — z. Zt. zum Teil unter der Verwaltung der Regierung des Saarstaats —; früher LG. u. OLG. Zweibrücken.

88.* Hornbach (bloß Sitz eines Notariats). **a:** LG. u. OLG. Zweibrücken.
b: Not.: Verweser: Notariat Zweibrücken II.

89. Illertissen (Schw.; 22885 E.). **a:** ArbG., SchöffG., GrJugG. u. LG. Memmingen; LArbG. Augsburg; OLG. München; BzA. u. FA. Illertissen; LFA. München.
b: Not.: Brandl Franz Dr.
c: RAnw.: Jegg Joseph Dr., Kempter Rudolf, Schmidt Hugo Dr.

90. Immenstadt (Schw.; 22280 E.) zugl. ArbG. **a:** AA. durch StA. Kempten; SchöffG., GrJugG. u. LG. Kempten; LArbG. Augsburg; OLG. München; BzA. Sonthofen; FA. Immenstadt; LFA. München.
b: Not.: Scharberg Joh. JR.
c: RAnw.: Fischer Gust. JR.*, Häußler Konr. Dr., Probst Guido Dr.*, Vaas Leonh.*

91. St. Ingbert (Pf.) (z. Zt. unter der Verwaltung der Regierung des Saarstaats); früher LG. u. OLG. Zweibrücken.

92. Ingolstadt (OB.; 58973 E.) zugl. ArbG., SchöffG. u. GrJugG. **a:** LG. Eichstätt; LArbG. Augsburg; OLG. München; UnmG., BzA. u. FA. Ingolstadt; LFA. München.
b: Not.: I: — — —, II: Eixenberger Frz. JR.
c: RAnw.: Betz Joseph Dr., Friedrich Hans, Höhl Heinz Dr., Huß Willy Dr., Jedelhauser Louis Dr., Koch Otto*, Nadler August, Obermeier Rudolf, Rosenbusch W.*, Schwab Josef JR.*.

93. Kaiserslautern (Pf.; 86329 E.) zugl. ArbG. **a:** SchöffG., GrJugG. u. LG. Kaiserslautern; LArbG. u. OLG. Zweibrücken; UnmG., BzA. u. FA. Kaiserslautern; LFA. Würzburg.
b: Not.: I: — — — II: Pfirmann Ludwig JR., III: Silbernagel Otto JR.
c: RAnw.: (siehe beim LG. Kaiserslautern).

94. Kandel (Pf.; 33165 E.). **a:** ArbG., SchöffG., GrJugG. u. LG. Landau i. Pf.; LArbG. Frankenthal; OLG. Zweibrücken; BzA. Germersheim; FA. Kandel; LFA. Würzburg.
b: Not.: I: Marshall Hans; II: — — —.
c: RAnw.: Habersberger Stephan, Seiberth Robert Dr., Veit Wilhelm.

95. **Karlstadt** (UFr.; 18957 E.) zugl. ArbG. **a:** AA. durch AA. Gemünden; SchöffG., GrJugG., LG. u. LArbG. Würzburg; OLG. Bamberg; BzA. u. FA. Karlstadt; LFA. Würzburg.
b: Not.: Rupp Joseph
c: RAnw.: Kohlmaier Karl, Nebel Ignaz Dr.
Kastl (OPf.) aufgehoben seit 1. Nov. 1930; wegen d. Aufteilung des Bezirks s. StA. v. 1. Okt. 1930 Nr. 226 S. 9.
b: Not.: Prinz Eugen.

96. **Kaufbeuren** (Schw.; 21393 E.) zugl. ArbG. **a:** SchöffG., Gr. JugG. u. LG. Kempten; LArbG. Augsburg; OLG. München; UnmG., BzA. u. FA. Kaufbeuren; LFA. München.
b: Not.: Gabler Franz Xaver
c: RAnw.: Abt Franz*, Dolles Karl*, Zimmermann Alb. Dr. JR*.

97. **Kelheim** (NB.; 20015 E.). **a:** ArbG., SchöffG., GrJugG. u. LG. Regensburg; LArbG. Nürnberg-Fürth; OLG. Nürnberg; BzA. u. FA. Kelheim; LFA. München.
b: Not.: Kestler Simon.
c: RAnw.: Lotter Michael, Pfaffenberger Franz, Rath Jos. JR.

98. **Kemnath** (OPf.; 16541 E.) zugl. ArbG. **a:** SchöffG., GrJugG. u. LG. Weiden; LArbG. Nürnberg-Fürth; OLG. Nürnberg; BzA. Kemnath u. FA. Kemnath-Stadt, Weiden u. Waldsassen[1]); LFA. Nürnberg.
b: Not.: Scherm Georg Dr.
c: RAnw.: Reh Andreas.

99. **Kempten** (Schw.; 66048 E.) zugl. ArbG. **a:** SchöffG., GrJugG. u. LG. Kempten; LArbG. Augsburg; OLG. München; UnmG., BzA. u. FA. Kempten; LFA. München.
b: Not.: I: Schieder Heinrich Geh. JR.; II: Schellerer Hans Dr.
c: RAnw.: (siehe LG. Kempten).

100. **Kipfenberg** (MFr.; 10900 E.). **a:** ArbG., SchöffG., GrJugG. u. LG. Eichstätt; LArbG. Augsburg; OLG. München; BzA. Eichstätt; FA. Beilngries u. Eichstätt[2]); LFA. Nürnberg.
b: Not.: Uhlemayr Gunter.
c: RAnw.: — — —.

101. **Kirchenlamitz** (OFr.; 15013 E.). **a:** ArbG., SchöffG., GrJugG. u. LG. Hof; LArbG. u. OLG. Bamberg; BzA. u. FA. Wunsiedel; LFA. Nürnberg.
b: Not.: Betz Rudolf.
c: RAnw.: Koch Hans Dr.

102. **Kirchheimbolanden** (Pf.; 29459 E.) zugl. ArbG. ohne die bei Frankenthal genannten Gemeinden. **a:** SchöffG., GrJugG. u. LG. Kaiserslautern; LArbG. u. OLG. Zweibrücken; BzA. u. FA. Kirchheimbolanden; LFA. Würzburg.
b: Not.: I: Urlichs Paul II: — — —
c: RAnw.: Lindemer Otto, Scherrer Karl JR.*

103. **Kissingen** (UFr.; 23829 E.) zugl. ArbG. **a:** AA. durch StA. Schweinfurt; SchöffG., GrJugG. u. LG. Schweinfurt; LArbG. Würzburg; OLG. Bamberg; UnmG., BzA. u. FA. Kissingen; LFA. Würzburg.
b: Not.: Hartig Karl Michael JR.

---

[1]) Örtliche Zuständigkeit s. StA. 31. VIII. 30 Nr. 200.
[2]) Örtliche Zuständigkeit s. StA. 1. XII. 28 Nr. 279 S. 19.

c: RAnw.: Buhlheller Hans JR.*, Endres Karl, Nägle Max, Nagel Hanns Josef Dr., Pfeiffer Emil*, Reiher Martin.

104. Kitzingen (UFr.; 28507 E.) zugl. ArbG. **a:** AA. durch StA. Würzburg; SchöffG., GrJugG., LG. u. LArbG. Würzburg; OLG. Bamberg; UnmG., BzA. u. FA. Kitzingen; LFA. Würzburg.
b: Not.: Schul Josef JR.
c: RAnw.: Amrhein Max, Godron Heinr. JR.*, Meister Eduard JR.*, Pfister August*, Wirzberger Anton.

Klingenberg (UFr.) aufgehoben seit 1. Febr. 1932; wegen d. Aufteilung des Bezirks s. StA. v. 26. Nov. 1931 Nr. 274 S. 9.
b: Not.: Heimer Lothar.

105. Königshofen (UFr.; 15370 E.). **a:** AA. durch AA. Neustadt a. d. S.; ArbG. Neustadt a. d. S.; SchöffG., GrJugG. u. LG. Schweinfurt; LArbG. Würzburg; OLG. Bamberg; BzA. Königshofen; FA. Neustadt a. d. Saale; LFA. Würzburg.
b: Not.: Kroder Armin.
c: RAnw.: Fink Ludwig, Niederreuther Max, Winkelmann Heinr. Dr.

106. Kötzting (NB.; 16287 E.) zugl. ArbG. **a:** SchöffG., GrJugG. u. detach. Strafkammer Straubing; LG. Regensburg; LArbG. Nürnberg-Fürth; OLG. Nürnberg; BzA. u. FA. Kötzting; LFA. München.
b: Not.: Geh Josef Dr.
c: RAnw.: Fischer Franz*, Zimmerer Alexius*.

107. Kronach (OFr.; 44025 E.) zugl. ArbG., SchöffG. u. GrJugG. **a:** LG. Coburg; LArbG. u. OLG. Bamberg; BzA. u. FA. Kronach; LFA. Nürnberg.
b: Not.: Vogler Franz JR.
c: RAnw.: Böhm Lorenz JR.*, Böhm Ludwig, Brunner Otto JR.*, Joseph Rud., Packer Aug. Dr., Weckert Alb. Dr.*.

108. Krumbach (Schw.; 25908 E.) zugl. ArbG. **a:** SchöffG., GrJugG. u. LG. Memmingen; LArbG. Augsburg; OLG. München; BzA. u. FA. Krumbach; LFA. München.
b: Not.: I: Fischer Franz; II: — — —.
c: RAnw.: Finck Ludwig*, Meßmer Josef Dr., Singer Ernst*.

109. Kulmbach (OFr.; 36914 E.) zugl. ArbG. **a:** SchöffG., GrJugG. u. LG. Bayreuth; LArbG. u. OLG. Bamberg; UnmG., BzA. u. FA. Kulmbach; LFA. Nürnberg.
b: Not.: Popp Ludwig Dr. JR
c: RAnw.: Büdel Rich.*, Dreßler Herm.*, Fluch Karl*, Kößler Fritz Dr., Lieberich Friedr. JR.*, Weißkopf Heinr. Dr.

110. Kusel (Pf.; 26667 E.) zugl. ArbG. **a:** AA. durch StA. Kaiserslautern; SchöffG., GrJugG. u. LG. Kaiserslautern; LArbG. u. OLG. Zweibrücken; BzA. u. FA. Kusel; LFA. Würzburg.
b: Not.: I: — — —, II: Biersack Max.
c: RAnw.: Götz Otto JR.*, Scherer Otto, Schlosser Ludwig.

111. Landau a. d. Isar (NB.; 25516 E.) zugl. ArbG. **a:** AA. durch AA. Dingolfing; SchöffG., GrJugG. u. LG. Landshut; LArbG. u. OLG. München; BzA. u. FA. Landau a. I.; LFA. München.
b: Not.: Graf Eugen JR.
c: RAnw.: Betz Anton Dr., Lorenz Hubert*, Schneider Otto*.

112. Landau i. d. Pf. (Pf.; 46801 E.) zugl. ArbG. **a:** SchöffG., GrJugG. u. LG. Landau i. Pf.; LArbG. Frankenthal; OLG.

Zweibrücken; UnmG., BzA. u. FA. Landau i. Pf.; LFA. Würzburg.
b: Not.: I: — — —, II: — — —, III: Gundelwein Friedrich JR., IV: Becker Friedrich JR.
c: RAnw.: Eidmann Ludwig Dr. (siehe auch beim LG. Landau).

113. Landsberg (OB.; 35642 E.) zugl. ArbG., SchöffG. u. GrJugG. **a:** LG. u. LArbG. Augsburg; OLG. München; UnmG., BzA. u. FA. Landsberg; LFA. München.
b: Not.: I: Hubbauer Ludwig Dr., II: Hubbauer Otto JR.
c: RAnw.: Höglauer Alfred Dr., Meyding Eugen*, Rankl Ulrich Dr.

114. Landshut (NB.; 58099 E.) zugl. ArbG. **a:** SchöffG., GrJugG. u. LG. Landshut; LArbG. u. OLG. München; UnmG., BzA. u. FA. Landshut; LFA. München.
b: Not.: I: Bauschinger Emil JR., II: Sailer Ludwig JR.
c: RAnw.: (siehe beim LG. Landshut).

115. Landstuhl (Pf.; 30154 E.) zugl. ArbG. **a:** AA. durch StA. Zweibrücken; SchöffG., GrJugG., LG., LArbG. u. OLG. Zweibrücken; BzA. Kaiserslautern mit Außensitz in Landstuhl; FA. Landstuhl; LFA. Würzburg.
b: Not.: I: — — —, II: Widmann Otto.
c: RAnw.: Abele Albert Dr.*, Ernst Josef, Maurer Wilhelm JR.*.

116. Lauf (MFr.; 29460 E.) zugl. ArbG. **a:** SchöffG., GrJugG., LG., LArbG. Nürnberg-Fürth; OLG. Nürnberg; BzA. Lauf; FA. Hersbruck; LFA. Nürnberg.
b: Not.: Gebhard Hermann JR.
c: RAnw.: Hoffmann Karl*, Lindner Georg Dr., Römer Gg.*

117. Laufen (OB.; 27601 E.). **a:** ArbG. Reichenhall; SchöffG., GrJugG. u. LG. Traunstein; LArbG. u. OLG. München; BzA. u. FA. Laufen; LFA. München.
b: Not.: Vache Julius Dr.
c: RAnw.: Behmer Felix Dr. (Wohnsitz Freilassing), Ebersperger Max, Wochinger Karl JR.*.

Lauingen (Schw.) aufgehoben seit 1. Mai 1932; wegen der Aufteilung des Bezirks s. StA. v. 18. März 1932 Nr. 65.
b: Not.: Joetze Ludwig.

118. Lauterecken (Pf.; 10557 E.). **a:** AA. durch AA. Wolfstein; ArbG. Kusel; SchöffG., GrJugG. u. LG. Kaiserslautern; LArbG. u. OLG. Zweibrücken; BzA. Kusel; FA. Lauterecken; LFA. Würzburg.
b: Not.: Trauth Ludwig.
c: RAnw.: Bartels Friedrich*, Schreiner Oskar.

119. Lichtenfels (OFr.; 26372 E.) zugl. ArbG. **a:** SchöffG., GrJugG. u. LG. Coburg; LArbG. u. OLG. Bamberg; BzA. u. FA. Lichtenfels; LFA. Nürnberg.
b: Not.: Meiler Albert Dr.
c: RAnw.: Hofmann Baptist Dr., Jüngling Alois JR.*, Jüngling Max Dr., Schmidt Frdr. JR.*, Würstlein Georg*.

120. Lindau (Schw.; 21460 E.) zugl. ArbG. **a:** SchöffG., GrJugG. u. LG. Kempten; LArbG. Augsburg; OLG. München; UnmG., BzA. u. FA. Lindau; LFA. München.
b: Not.: Graßmann Ludwig JR.
c: RAnw.: Eberth Franz Dr., Nördlinger Max JR.*, Prölß Gustav Dr.*, Rinecker Anton Dr., Stock Kurt Dr.

121. Lohr (UFr.; 24474 E.) zugl. ArbG. **a:** AA. durch AA. Gemünden; SchöffG., GrJugG. u. LG. Aschaffenburg; LArbG. Würzburg; OLG. Bamberg; BzA. u. FA. Lohr; LFA. Würzburg.
b: Not.: Thürauf Hermann Dr.
c: RAnw.: Miller Albrecht Dr., Miller Oskar JR.*, Probst Oskar Dr.*, Schneebacher Theodor Dr., Weigand Karl Dr.*.

122. Ludwigshafen a. Rh. (Pf.; 151756 E.) mit Kammer für Handelssachen, zugl. ArbG., SchöffenG. u. GrJugG. **a:** LG. u. LArbG. Frankenthal; OLG. Zweibrücken; UnmG., BzA. u. FA. Ludwigshafen; LFA. Würzburg.
b: Not.: I: Becker Wilhelm Dr. JR., II: Helfrich Ludwig Geh. JR., III: Gérard Adolf Dr.
c: RAnw.: I. bei den Kammern f. Handelssachen in Ludwigshafen und beim AG. Ludwigshafen zugelassene RAnw.: Acker Karl Dr.*, Beaufort Adolf*, Bittermann Wilh., Böckler Fritz Dr., Braun Ludwig, Brunk Heinr. JR., Buchwald Stefan Dr. von*, Cornely Cornelius*, Dahmer Hans*, Edel Emil Dr.*, Endres Seb. Dr.*, Erlenwein Gust. Dr.*, Fendrich Jos. JR.*, Fendrich Walter*, Fichter Hans Dr.*, Flicker Karl*, Flörchinger Anton Dr.*, Frick Waldem. Dr.*, Friedrich Kurt Dr.*, Grünewald Max Jos. Dr.*, Haße Hans Dr.*, Heim Adolf Dr.*, Herz Emil Dr.*, Hoven Aug. v.*, Hoven Werner v. Dr.*, Kahn Leopold Dr.*, Klußmann Hans Dr., Krieger Karl Dr.*, Kuhn Wilhelm Hans Dr. (in Mannheim)*, Lauth Rudolf Dr.*, Leuthner Irma*, Mayer Moritz Dr. JR. (in Heidelberg)*, Müller Richard Dr. JR.*, Neumond Ludwig Dr.*, Nippgen Hans Dr.*, Nordschild Sigmund Dr. JR.*, Osthelder Franz (II) Dr.*, Rech Eugen Dr.*, Reinhardt Herbert Dr., Renner Rudolf Dr.*, Rothschild Fritz Dr.*, Runck Helmuth*, Saelzler Albert*, Scheib Karl JR.*, Schuldenzucker Alfred*, Schultz Leonhard*, Schulz Gustav Dr.*, Strauß H. Dr. JR.*, Then Max*, Wagner Hans JR., Wagner Walter (Wohnsitz: Mutterstadt)*, Weber Friedrich Dr.*, Weinmann Hans Dr.*, Wolff Heinz*, Zang Heinrich Dr.*.
II. b. d. Kammern für Handelssachen in Ludwigshafen weiter zugelassene RAnw.: s. die beim LG. Frankenthal unter b I u. II aufgeführten Rechtsanwälte.
III. bloß beim AG. Ludwigshafen zugelassene RAnw.: Barlet Kurt Dr. JR., Eyerich Heinz Dr., Pfister Josef, Schuff Friedrich JR., Spatz Albert Dr.

123. Ludwigsstadt (OFr.; 16889 E.). **a:** ArbG., SchöffG. u. Gr. JugG. Kronach; LG. Coburg; LArbG. u. OLG. Bamberg; BzA. u. FA. Kronach; LFA. Nürnberg.
b: Not.: Eichhorn Anton Dr.
c: RAnw.: Kleine Theodor.

124. Mainburg (NB.; 18208 E.). **a:** ArbG. Freising; SchöffG., GrJugG. u. LG. Landshut; LArbG. u. OLG. München; BzA. Mainburg; FA. Neustadt a. D.; LFA. München.
b: Not.: Vogel Friedrich.
c: RAnw.: Dobel Ludw. E. JR.*, Sauter Ernst*, Senft Anton.

125. Mallersdorf (NB.; 25338 E.). **a:** AA. durch AA. Dingolfing; ArbG., SchöffG., GrJugG. u. LG. Landshut; LArbG. u. OLG. München; BzA. u. FA. Mallersdorf; LFA. München.
b: Not.: Mannhart Max.
c: RAnw.: Lehner Michael Dr., Kutz Wilhelm.

Marktbreit (UFr.) aufgehoben seit 1. Juli 1932, StA. v. 18. März 1932 Nr. 65; wegen der Aufteilung d. Bezirks s. StA. v. 16. Juni 1932 Nr. 136 S. 9; wegen Änderung d. finanzamtl. Zuständigkeit s. StA. v. 30. Juli 1932 Nr. 174.
b: Not.: Verweser: Notar in Ochsenfurt.

126. Markt-Erlbach (MF.; 13020 E.). **a:** ArbG., SchöffG. u. Gr. JugG. Fürth; LG. u. LArbG. Nürnberg-Fürth; OLG. Nürnberg; BzA. Neustadt a. A.; FA. Fürth u. Neustadt a. A.[1]; LFA. Nürnberg.
b: Not.: Engelbrecht Adolf Dr.
c: RAnw.: — — —.

127. Marktheidenfeld (UFr.; 25352 E.). **a:** ArbG. Lohr; SchöffG., GrJugG. u. LG. Aschaffenburg; LArbG. Würzburg; OLG. Bamberg; BzA. Marktheidenfeld; FA. Lengfurt; LFA. Würzburg.
b: Not.: I: — — —, II: Kraft Bernhard JR.
c: RAnw.: Feineis Ludw.*, Klüpfel Julius Dr., Möller Adolf Dr., Weyer Engelbert Dr.*.

128. Markt-Oberdorf (Schw.; 14783 E.). **a:** AA. durch AA. Füssen; ArbG. Kaufbeuren; SchöffG., GrJugG. u. LG. Kempten; LArbG. Augsburg; OLG. München; BzA. u. FA. Markt-Oberdorf; LFA. München.
b: Not.: Acher Andreas JR.
c: RAnw.: Höfler Heribert.

129. Mellrichstadt (UFr.; 14487 E.). **a:** AA. durch AA. Neustadt a. d. Saale; ArbG. Neustadt a. d. Saale; SchöffG., GrJugG. u. LG. Schweinfurt; LArbG. Würzburg; OLG. Bamberg; BzA. Mellrichstadt; FA. Neustadt a. d. Saale; LFA. Würzburg.
b: Not.: Rieger Fritz Dr.,
c: RAnw.: Breitenbach Lothar Dr., Fischer Heinr. Dr., Ledermann Wilhelm.

130. Memmingen (Schw.; 50235 E.) zugl. ArbG. **a:** SchöffG., GrJugG. u. LG. Memmingen; LArbG. Augsburg; OLG. München; UnmG., BzA. u. FA. Memmingen; LFA. München.
b: Not.: I: Wöckel Friedr. JR., II: — — —.
c: RAnw.: (siehe beim LG. Memmingen).

131. Miesbach (OB.; 31072 E.) zugl. ArbG. **a:** SchöffG. u. GrJugG. München-Land; LG. München II; LArbG. u. OLG. München; BzA. u. FA. Miesbach; LFA. München.
b: Not.: Vogel Heinrich JR.
c: RAnw.: Beil Josef Dr., Biller Albert Dr., Friederich Hans, Globerger Anton*, Griesbeck Norb.

132. Miltenberg (UFr.; 29028 E.) zugl. ArbG. **a:** SchöffG., GrJugG. u. LG. Aschaffenburg; LArbG. Würzburg; OLG. Bamberg; BzA. Miltenberg; FA. Amorbach; LFA. Würzburg.
b: Not.: Michel Hermann.
c: RAnw.: Schneider Anton Dr.*, Schreier Georg Dr.*, Schulz Wilhelm Dr.,

133. Mindelheim (Schw.; 19473 E.) zugl. ArbG. **a:** AA. durch StA. Memmingen; SchöffG., GrJugG. u. LG. Memmingen; LArbG. Augsburg; OLG. München; BzA. u. FA. Mindelheim; LFA. München.
b: Not.: Scheidle Walter Dr.
c: RAnw.: Mangold Engelbert, Münzhuber Jos.*.

---

[1] Örtliche Zuständigkeit s. StA. 3. I. 29 Nr. 2 S. 11.

134. Mitterfels (NB.; 19260 E.). **a:** ArbG., SchöffG., GrJugG. u. detach. Strafkammer Straubing; LG. Regensburg; LArbG. Nürnberg-Fürth; OLG. Nürnberg; BzA. Bogen; FA. Mitterfels; LFA. München.
b: Not.: Bott Norbert Dr.
c: RAnw.: — — —

135. Monheim (Schw.; 15500 E.). **a:** AA. durch AA. Donauwörth; ArbG. Weißenburg; SchöffG., GrJugG. u. LG. Eichstätt; LArbG. Augsburg; OLG. München; BzA. u. FA. Donauwörth; LFA. München.
b: Not.: Hupfauer Wilhelm.
c: RAnw.: — — —

136. Moosburg (OB.; 19675 E.). **a:** AA. durch StA. Landshut; ArbG., SchöffG., GrJugG. u. LG. Landshut; LArbG. u. OLG. München; BzA. u. FA. Freising; LFA. München.
b: Not.: Gradwohl Peter.
c: RAnw.: Hartmair Joseph*, Lankes Joseph*.

137. Mühldorf (OB.; 26788 E.). **a:** ArbG. Altötting; SchöffG., Gr. JugG. u. LG. Traunstein; LArbG. u. OLG. München; BzA. u. FA. Mühldorf; LFA. München.
b: Not.: Stadlbaur Wilhelm JR.
c: RAnw.: Hardt Xaver (in Kraiburg), Kramer Kurt, Mayer Karl Dr., Müller Ludwig JR.*, Troetsch Friedrich Dr.

138. Münchberg (OFr.; 28356 E.). **a:** ArbG., SchöffG., GrJugG. u. LG. Hof; LArbG. u. OLG. Bamberg; BzA. u. FA. Münchberg; LFA. Nürnberg.
b: Not.: Pfeiffer Karl Dr.
c: RAnw.: Erbar Wolfgang Dr., Gundermann H.*, Senninger Richard*, Sorger Gerh.

139. München (OB.; 816132 E.) zugl. ArbG. **a:** SchöffG., GrJugG. u. LG. München I; LArbG. u. OLG. München; Polizeidir., UnmG. u. BzA. München; Zentralfinanzamt München u. Finanzämter München-Nord, Ost, Süd und West u. München-Justizpalast[1]), ferner LandFA. München; LFA. München.
b: Not.: I: Wiesinger Hermann JR.; II: Heß Heinrich JR., III: Kistenfeger Friedrich Joseph JR., IV: Marschall Franz JR., V: Schad Karl Dr. Geh. JR., VI: Keim Julius Dr. JR., VII: Hippler Heinrich JR., VIII: Aubele Max JR., IX: Kronberger Karl Dr. JR., X: Dresely Joh. JR., XI: Förster Emil JR.; XII: Hieber Hans; XIII: Hilz Franz Xaver JR.; XIV: Nobis Hans Dr.; XV: Trau Karl; XVI: Richter Jul. Geh. JR.; XVII: Glonner Karl.
c: RAnw.: Reinach Heinr. Dr. (s. auch OLG. u. LG. München I u. II).

140. Münnerstadt (UFr.; 16702 E.). **a:** AA. durch AA. Neustadt a. d. Saale; ArbG. Neustadt a. d. Saale; SchöffG., GrJugG. u.

---

[1]) Wegen der Ausscheidung der Verwaltungszweige der sechs Finanzämter in München s. Bek. v. 10. April 1911 (FMBl. 282) § 1, geändert durch Bek. v. 27. Sept. 1912 (FMBl. 209), v. 15. Jan. 1919 (GVBl. 17) u. v. 31. Okt. 1919 (GVBl. 743) Nr. I. 1 sowie Bek. v. 30. April 1927 (Staatsanz. Nr. 220), Bek. v. 29. Sept. 1927 (Staatsanz. Nr. 225) u. Bek. (Staatsanz. 1929 Nr. 300 S. 17). VO. des Reichsministers der Finanzen (Staatsanz. 1933 Nr. 5 S. 12). Das Finanzamt München-Land ist zuständig für den Landbezirk des AG. München.

LG. Schweinfurt; LArbG. Würzburg; OLG. Bamberg; BzA. Kissingen; FA. Münnerstadt; LFA. Würzburg.
b: Not.: Burkhardt Fritz Dr.
c: RAnw.: Fritz Philipp.

140.* **Mutterstadt** (Pf.) (bloß Sitz eines Notariats). a: LG. Frankenthal; OLG. Zweibrücken.
b: Not.: Kramer Fritz Dr.

141. **Nabburg** (Opf.; 19268 E.). a: AA. durch AA. Schwandorf; ArbG. Schwandorf; SchöffG., GrJugG. u. LG. Amberg; LArbG. Nürnberg-Fürth; OLG. Nürnberg; BzA. u. FA. Nabburg; LFA. Nürnberg.
b: Not.: Bauer Paul.
c: RAnw.: Eichhorn Paul*, Hanauer Jakob*.

142. **Naila** (OFr.; 28397 E.). a: ArbG., SchöffG., GrJugG. u. LG. Hof; LArbG. u. OLG. Bamberg; BzA. Naila; FA. Lichtenberg; LFA. Nürnberg.
b: Not.: Bauer Albert.
c: RAnw.: Durst Karl*, Fey Max Dr., Zeißler Georg Dr.

143. **Neuburg a. d. Donau** (Schw.; 39925 E.)[1]) zugl. ArbG. a: SchöffG., GrJugG. Neuburg a. d. D.; LG. u. LArbG. Augsburg; OLG. München; UnmG., BzA. u. FA. Neuburg a. d. D.; LFA. München.
b: Not.: Edel Joseph Dr.
c: RAnw.: Börner Karl JR.*, Engelmayer Jos.*, Graf Leonhard*, Kinskofer Oskar Dr., Löbisch Albert*.

144. **Neukirchen** (NB.; 12620 E.). a: ArbG. Kötzting; SchöffG., GrJugG. u. detach. Strafkammer Straubing; LG. Regensburg; LArbG. Nürnberg-Fürth; OLG. Nürnberg; BzA. u. FA. Kötzting; LFA. München.
b: Not.: Knaus Eugen.
c: RAnw.: — — —

145. **Neumarkt i. d. OPf.** (OPf.; 30990 E.) zugl. ArbG. a: SchöffG., GrJugG., LG. u. LArbG. Nürnberg-Fürth; OLG. Nürnberg; UnmG., BzA. u. FA. Neumarkt i. d. OPf.; LFA. Nürnberg.
b: Not.: Wunderer Wilhelm Dr.
c: RAnw.: Hacker Hans JR.*, Kleber Joseph*, Reichert Joseph*, Schwankhart Franz, Thoma Hans Dr.*, Weidner Georg.

146. **Neumarkt a. d. Rott** (OB.; 15819 E.) zugl. ArbG. a: SchöffG., GrJugG. u. LG. Landshut; LArbG. u. OLG. München; BzA. u. FA. Mühldorf; LFA. München.
b: Not.: Eckart Theodor JR.
c: RAnw.: Oswald Ludw. Dr.*.

147. **Neunburg v. Wald** (OPf.; 15426 E.) zugl. ArbG. a: AA. durch AA. Schwandorf; SchöffG., GrJugG. u. LG. Amberg; LArbG. Nürnberg-Fürth; OLG. Nürnberg; BzA. u. FA. Neunburg v. W.; LFA. Nürnberg.
b: Not.: Bühler Hans Georg Dr.
c: RAnw.: Altmann Hans Dr., Strohmayer Franz JR.*

148. **Neustadt a. d. Aisch** (MFr.; 17360 E.) zugl. ArbG. a: SchöffG. u. GrJugG. Fürth; LG. u. LArbG. Nürnberg-Fürth; OLG. Nürnberg; BzA. u. FA. Neustadt a. d. A.; LFA. Nürnberg.
b: Not.: Steeb Wilhelm Dr.

---

[1]) Wegen Änderung der Grenzen d. Amtsger. Rain u. Neuburg a. d. Donau s. StA. v. 26. III. 31 Nr. 70 S. 11.

c: RAnw.: Beyer Andreas Dr., Höfer Albrecht*, Veith Hans Dr.*

149. **Neustadt b. Coburg** (OFr.; 20258 E.). **a:** AA. durch StA. Coburg; ArbG., SchöffG., GrJugG. u. LG. Coburg; LArbG. u. OLG. Bamberg; UnmG., Neustadt b. Cbg.; BzA. u. FA. Coburg; LFA. Nürnberg.
b: Not.: Melzer Paul.
c: RAnw.: Pechtold Fritz, Wündisch Konrad.

150. **Neustadt a. d. Haardt** (Pf.; 62467 E.) zugl. ArbG., SchöffG. u. GrJugG. **a:** LG. u. LArbG. Frankenthal; OLG. Zweibrücken; UnmG., BzA. u. FA. Neustadt a. d. H.; LFA. Würzburg.
b: Not.: I: Breith Gustav Dr., II: — — —, III: Hagenburger Adam JR.
c: RAnw.: Bomhard Ernst v., Girisch Eduard JR.*, Hahn Josef Dr. (Wohnsitz Haßloch), Helmling Ad., Heppes Julius Dr.*, Horn Heinrich JR.*, Krauß Emil Dr.*, Rolland Hans Dr., Schaeffer Otto, Schickendantz Otto JR.*, Seitz Walter Dr., Stolleis Erich Dr., Völker Leonhard Dr., Wand Hermann Dr., Zimmermann Alfred.

151. **Neustadt a. d. Saale** (UFr.; 12473 E.) zugl. ArbG. **a:** SchöffG., GrJugG. u. LG. Schweinfurt; LArbG. Würzburg; OLG. Bamberg; BzA. u. FA. Neustadt a. d. S.; LFA. Würzburg.
b: Not.: Partheymüller Hans.
c: RAnw.: Krais Otto, Kuhn August Dr.*, Mauer Franz*, Schleicher Theo Dr., Schmitt Ludwig JR.*

152. **Neustadt a. d. Waldnaab** (OPf.; 24169 E.). **a:** AA. durch AA. Weiden; ArbG., SchöffG., GrJugG. u. LG. Weiden; LArbG. Nürnberg-Fürth; OLG. Nürnberg; BzA. Neustadt a. d. WN.; FA. Weiden; LFA. Nürnberg.
b: Not.: Illinger Artur Dr.
c: RAnw.: Schenkl Hans*.

153. **Neu-Ulm** (Schw.; 23265 E.) zugl. ArbG. **a:** SchöffG., GrJugG. u. LG. Memmingen; LArbG. Augsburg; OLG. München; UnmG., BzA. u. FA. Neu-Ulm; LFA. München.
b: Not.: Mohr Ulrich JR.
c: RAnw.: Eberle Arnulf Dr., Engelhart Ludw., Grimmeis Leo Dr.*, Hertle Jos. (Wohnsitz Nersingen), Rackl Herm.*, Streibl Rudolf.*

154. **Nittenau** (OPf.; 11196 E.). **a:** ArbG. Schwandorf; SchöffG., GrJugG. u. LG. Regensburg; LArbG. Nürnberg-Fürth; OLG. Nürnberg; BzA. Roding; FA. Neunburg v. Wald u. Regensburg-Land[1]); LFA. Nürnberg.
b: Not.: Geiling Friedrich.
c: RAnw.: — — —

155. **Nördlingen** (Schw.; 23615 E.) zugl. ArbG. **a:** SchöffG., GrJugG. Neuburg a. d. D.; LG. u. LArbG. Augsburg; OLG. München; UnmG., BzA. u. FA. Nördlingen; LFA. München.
b: Not.: Lammerz Oskar Dr.
c: RAnw.: Laun Karl, JR.*, Linden Wilh. Frhr. von, Schmidt Gg.*, Schwarzkopf Heinrich*, Stahl Richard*.

Nordhalben (OFr.) aufgehoben seit 1. X. 1929; wegen der Aufteilung des Bezirks s. StA. 1. IX. 29 Nr. 201 S. 19; wegen der bezirksamtl. Zuständigkeit s. StA. v. 20. V. 31 Nr. 114 S. 9.

---

[1]) Örtliche Zuständigkeit s. StA. 1. XII. 28 Nr. 279 S. 19.

156. Nürnberg (MFr.; 417812 E.) zugl. ArbG. **a:** SchöffG., Gr. JugG. Nürnberg; LG. u. LArbG. Nürnberg-Fürth; OLG. Nürnberg; UnmG. u. BzA. Nürnberg; FA. Nürnberg-Augustinerstraße, Nürnberg-Nord, Ost u. West[1]); LFA. Nürnberg.
b: Not.: I: Hußel Friedrich Dr. JR., II: Wittmann Franz Xav. JR., III: Thiel Friedrich Geh. JR., IV: Keppel Hans JR., V: Hoffmann Wilhelm, VI: Reinfurt Karl JR.
c: RAnw.: (siehe beim OLG. Nürnberg u. LG. Nürnberg-Fürth).

157. Obergünzburg (Schw.; 11255 E.). **a:** ArbG. Kaufbeuren; SchöffG., GrJugG. u. LG. Kempten; LArbG. Augsburg; OLG. München; BzA. u. FA. Markt-Oberdorf; LFA. München.
b: Not.: Müller Wilhelm.
c: RAnw.: — — —

158. Obermoschel (Pf.; 15452 E.). **a:** ArbG. Rockenhausen; SchöffG., GrJugG. u. LG. Kaiserslautern, LArbG. u. OLG. Zweibrücken; BzA. Rockenhausen; FA. Obermoschel; LFA. Würzburg.
b: Not.: Dittmar Georg Dr.
c: RAnw.: Eckstein Rudolf, Hönig Oskar.

159. Obernburg (UFr.; 34017 E.) zugl. ArbG. **a:** SchöffG., GrJugG. u. LG. Aschaffenburg; LArbG. Würzburg; OLG. Bamberg; BzA. Obernburg; LandFA. Aschaffenburg; LFA. Würzburg.
b: Not.: Ebert Lorenz JR.
c: RAnw.: Kerber Ernst Dr., Kreß Johann, Reinmann Rudolf Dr.

160. Oberviechtach (OPf.; 14329 E.). **a:** ArbG. Schwandorf; SchöffG., GrJugG. u. LG. Weiden; LArbG. Nürnberg-Fürth; OLG. Nürnberg; BzA. Oberviechtach; FA. Neunburg v. W.; LFA. Nürnberg.
b: Not.: Luppert Otmar.
c: RAnw.: Decker Maxim. Dr.

161. Ochsenfurt (UFr.; 21461 E.) zugl. ArbG. **a:** AA. durch StA. Würzburg; SchöffG., GrJugG., LG. u. LArbG. Würzburg; OLG. Bamberg; BzA. u. FA. Ochsenfurt; LFA. Würzburg.
b: Not.: Vogt Felix Dr.
c: RAnw.: Haas Ludwig Dr., Jaroß Willibald, Krämer Franz Raps Karl, Dr.*, Richter Wilhelm*, Scheuring Bonifaz Dr.*

162. Oettingen (Schw.; 14980 E.). **a:** ArbG. Nördlingen; SchöffG., GrJugG. Neuburg a. d. D.; LG. u. LArbG. Augsburg; OLG. München; BzA. u. FA. Nördlingen; LFA. München.
b: Not.: Kößler Thomas.
c: RAnw.: Müller Gerhard.

163. Osterhofen (NB.; 17335 E.). **a:** ArbG. Vilshofen; SchöffG., GrJugG. u. LG. Deggendorf; LArbG. u. OLG. München; BzA. u. FA. Vilshofen; LFA. München.
b: Not.: Mayer Ferdinand JR.
c: RAnw.: Blaimer Hans*, Staudinger Anton*.

164. Otterberg (Pf.; 16561 E.). **a:** AA. durch AA. Wolfstein; ArbG., SchöffG., GrJugG. u. LG. Kaiserslautern; LArbG. u. OLG. Zweibrücken; BzA. u. FA. Kaiserslautern; LFA. Würzburg.

---

[1]) Wegen der sachlichen u. örtlichen Zuständigkeit der vier Finanzämter Nürnberg s. Bek. v. 10. April 1911 (FMBl. 282) § 1, ergänzt nach GVBl. 1919, 743 sowie Bek. v. 26. März 1928 (StA. Nr. 72 S. 10) und Bek. v. 16. Febr. 1933 (StA. Nr. 59 S. 9).

b: Not.: Frey Gustav.
c: RAnw.: Schmitt Karl Wilh.

Ottobeuren (Schw.) aufgehoben seit 1. III. 1931; wegen der Aufteilung des Bezirks s. StA. v. 6. II. 31 Nr. 30 S. 9; GVBl. 1931 Nr. 4 S. 25.
b: Not.: Modell Hans.
c: RAnw.: — — —

Pappenheim (MFr.) aufgehoben seit 1. I. 1933; wegen der Aufteilung des Bezirks s. StA. v. 1./2. XI. 1932 Nr. 253 S. 11.
b: Not.: Stöckhert Emil.

165. **Parsberg** (OPf.; 17014 E.) zugl. ArbG. **a:** SchöffG., Gr. JugG. u. LG. Amberg; LArbG. Nürnberg-Fürth; OLG. Nürnberg; BzA. Parsberg; FA. Neumarkt i. d. Opf.; LFA. Nürnberg.
b: Not.: Uhl August JR.
c: RAnw.: Ammer Ludwig JR.*, Betz Michael Dr.

166. **Passau** (NB.; 68485 E.) zugl. ArbG. **a:** SchöffG., GrJugG. u. LG. Passau; LArbG. u. OLG. München; UnmG., BzA. u. FA. Passau; LFA. München.
b: Not.: I: Stühler Albert Dr.; II: — — —; III: Grimm Artur JR.
c: RAnw.: (siehe beim LG. Passau).

167. **Pegnitz** (OFr.; 12369 E.) zugl. ArbG. **a:** SchöffG., GrJugG. u. LG. Bayreuth; LArbG. u. OLG. Bamberg; BzA. u. FA. Pegnitz; LFA. Nürnberg.
b: Not.: Fischer Franz.
c: RAnw.: Becher Max Dr.*

168. **Pfaffenhofen** (OB.; 19242 E.) zugl. ArbG.[1]). **a:** SchöffG. GrJugG. München-Land; LG. München II; LArbG. u. OLG. München; BzA. u. FA. Pfaffenhofen; LFA. München.
b: Not.: Reichold Karl JR.
c: RAnw.: Demmelmeier Hans, Mühlbauer Karl*, Schneider Ernst JR.*, Wolf Georg.

169. **Pfarrkirchen** (NB.; 20933 E.) zugl. ArbG. **a:** SchöffG., GrJugG. u. LG. Passau; LArbG. u. OLG. München; BzA. u. FA. Pfarrkirchen; LFA. München.
b: Not.: Reindl Andreas JR.
c: RAnw.: Krug Georg Dr., Kurländer Franz JR.*, Widmann Franz JR., Widmann Franz.

170. **Pirmasens** (Pf.; 75950 E.) zugl. ArbG., SchöffG. u. GrJugG. **a:** LG., LArbG. u. OLG. Zweibrücken; UnmG., BzA. u. FA. Pirmasens; LFA. Würzburg.
b: Not.: I: Leiling Otto JR., II: — — —, III: Wolffing Jakob Dr. JR.
c: RAnw.: Brunner Ludw.*, Feyock Wilh. Dr., Hartmuth Albert Dr., Hauck Julius*, Heußler Wilh. JR.*, Kessel Wilhelm Dr.*, Koemmerling Friedr., Levy Albert JR.*, Lindemann Emil*, Maurer Adam Dr., Müller Ludwig*, Nonweiler Richard, Pfalzgraf Rudolf Dr., Pres Friedrich*, Schwerdtfeger Richard Dr.

171. **Pottenstein** (OFr.; 14291 E.). **a:** ArbG. Pegnitz; SchöffG., GrJugG. u. LG. Bayreuth; LArbG. u. OLG. Bamberg; BzA. Pegnitz; FA. Pottenstein; LFA. Nürnberg.

---

[1]) Örtl. Zuständigkeit d. Bez. d. Angestelltenkammer s. StA v. 16. III. 32 Nr. 63.

b: Not.: Verweser: Notar in Pegnitz.
c: RAnw.: Herzing Wilhelm.

172. **Prien** (OB.; 17907 E.). **a:** AA. durch AA. Rosenheim; ArbG. SchöffG. u. GrJugG. Rosenheim; LG. Traunstein; LArbG. u. OLG. München; BzA. u. FA. Rosenheim; LFA. München.
b: Not.: Löffl Karl JR.
c: RAnw.: Brantl Maxim. Dr.*, Dellian Eduard, Fuchs Friedr. Dr..

Rain (Schw.)[1]) aufgehoben seit 1. Juli 1932. StA. v. 18. März 1932 Nr. 65; wegen der Aufteilung des Bezirks s. StA. v. 16. Juni 1932 Nr. 136 S. 9.
b: Not.: Haunsperger Hans Dr.

173. **Regen** (NB.; 34031 E.) zugl. ArbG. **a:** AA. durch AA. Grafenau; SchöffG., GrJugG. u. LG. Deggendorf; LArbG. u. OLG. München; BzA. Regen; FA. Zwiesel; LFA. München.
b: Not.: Lang Wilhelm.
c: RAnw.: Einwag Michael*, Esper Friedrich JR.*, Waßer Richard.

174. **Regensburg** (OPf.; 115376 E.) zugl. ArbG. **a:** SchöffG., GrJugG. u. LG. Regensburg; LArbG. Nürnberg-Fürth; OLG. Nürnberg; UnmG., BzA. Regensburg; FA. Regensburg-Stadt u. FA. Regensburg-Land[2]); LFA. Nürnberg.
b: Not.: I: Schöpperl Karl, II: Schroder Franz JR., III: ——— IV: Versch Adam JR.
c: RAnw.: (s. beim LG. Regensburg).

175. **Regenstauf** (OPf.; 16914 E.). **a:** AA. durch StA. Regensburg; ArbG., SchöffG., GrJugG. u. LG. Regensburg; LArbG. Nürnberg-Fürth; OLG. Nürnberg; BzA. Regensburg; FA. Regensburg-Land; LFA. Nürnberg.
b: Not.: Verweser: Notar in Stadtamhof.
c: RAnw.: — — —

176. **Rehau** (OFr.; 11282 E.). **a:** AA. durch StA. Hof; ArbG., SchöffG., GrJugG. u. LG. Hof; LArbG. u. OLG. Bamberg; BzA. Rehau; FA. Hof; LFA. Nürnberg.
b: Not.: Verweser: Notariat Hof I.
c: RAnw.: Barthel Chran. Dr., Friedmann Leonh.*, Schenk Karl.

177. **Reichenhall** (OB.; 14649 E.) zugl. ArbG. **a:** SchöffG., GrJugG. u. LG. Traunstein; LArbG. u. OLG. München; BzA. u. FA. Berchtesgaden; LFA. München.
b: Not.: Eßlinger Franz Michael.
c: RAnw.: Bickel Kurt, Börger Karl JR.*, Burnhauser J. Dr. JR.*, Pfahler Philipp JR.*, Scherbauer Karl Dr., Walter Willi Dr.*, Weißauer Adolf Dr.

177.* **Rheinzabern** (Pf.) (bloß Sitz eines Notariats). **a:** LG. Landau i. d. Pf., OLG. Zweibrücken.
b: Not.: Bühler Franz.

178. **Riedenburg** (OPf.; 15589 E.) zugl. ArbG. **a:** SchöffG., GrJugG. u. LG. Regensburg; LArbG. Nürnberg-Fürth; OLG. Nürnberg; BzA. u. FA. Riedenburg; LFA. Nürnberg.

---

[1]) Wegen der Änderung der Grenzen der Amtsger. Rain u. Neuburg a. d. Donau s. StA. v. 26. III. 31 Nr. 70 S. 11; GVBl. 1931 Nr. 8 S. 64.

[2]) Wegen der Zuständigkeit der Finanzämter in Regensburg s. B. v. 23. Mai 1928 (StA. Nr. 120 S. 10).

b: Not.: Herbst Joseph JR.
c: RAnw.: Singer Georg Dr.

179. Rockenhausen (Pf.; 9845 E.) zugl. ArbG. **a:** AA. durch AA. Obermoschel; SchöffG., GrJugG. u. LG. Kaiserslautern; LArbG. u. OLG. Zweibrücken; BzA. Rockenhausen; FA. Obermoschel; LFA. Würzburg.
b: Not.: Memmel Hermann.
c: RAnw.: Becker Karl.

180. Rodach (OFr.; 7923 E.). **a:** AA. durch StA. Coburg; ArbG., SchöffG., GrJugG. u. LG. Coburg; LArbG. u. OLG. Bamberg; UnmG. Rodach; BzA. u. FA. Coburg; LFA. Nürnberg.
b: Not.: Verweser: Notar in Neustadt b. Cob.
c: RAnw.: — — —

181. Roding (OPf.; 14652 E.). **a:** ArbG. Cham; SchöffG., GrJugG. u. LG. Regensburg; LArbG. Nürnberg-Fürth; OLG. Nürnberg; BzA. Roding; FA. Cham u. Regensburg-Land[1]); LFA. Nürnberg.
b: Not.: Oberacher Hans Dr.
c: RAnw.: Bentz Adam.

182. Rosenheim (OB.; 50563 E.) zugl. ArbG., SchöffG. u. GrJugG. **a:** LG. Traunstein; LArbG. u. OLG. München; UnmG., BzA. u. FA. Rosenheim; LFA. München.
b: Not.: I: Sommer Julius JR.; II: Dauser August JR.
c: RAnw.: Adam Sigmund, Drexl Max* (in Brannenburg), Hauch Karl, Kimmel Fritz in Schloßberg b. Rosenheim, Mackert Gustav*, Mayer Ludwig*, Naters Edgar Dr., Scheck Friedr. Dr. in Schloßberg b. Rosenheim, Scheuer Joseph JR.*, Weihrauch Josef Dr., Zerkiebel Max Dr., Zinsmeister Karl Dr.

183. Roth (MFr.; 18525 E.). **a:** ArbG., SchöffG. u. GrJugG. Schwabach; LG. u. LArbG. Nürnberg-Fürth; OLG. Nürnberg; BzA. u. FA. Schwabach; LFA. Nürnberg.
b: Not.: Thallmair Heribert Dr.
c: RAnw.: Grimm Otto*, Kügle Xaver*.

184. Rothenburg ob der Tauber (MFr.; 27843 E.) zugl. ArbG. **a:** SchöffG., GrJugG. u. LG. Ansbach; LArbG. Nürnberg-Fürth; OLG. Nürnberg; UnmG., BzA. u. FA. Rothenburg o.d.T.; LFA. Nürnberg.
b: Not.: Daimer Richard Dr.
c: RAnw.: Frauenholz Otto JR.*, Friedrich Otto Dr., Zeuschel Friedrich*.

185. Rottenburg (NB.; 19619 E.). **a:** AA. durch StA. Landshut; ArbG., SchöffG., GrJugG. u. LG. Landshut; LArbG. u. OLG. München; BzA. Rottenburg; FA. Mallersdorf; LFA. München.
b: Not.: Goß Joseph JR.
c: RAnw.: Reichenberger Georg, Wild Josef.

186. Rotthalmünster (NB.; 18003 E.). **a:** ArbG. Simbach; Schöff.-G., GrJugG. u. LG. Passau; LArbG. u. OLG. München; BzA. u. FA. Griesbach; LFA. München.
b: Not.: Keim Viktor Dr.
c: RAnw.: Obermayr Friedr., Retzer Hans.

187. Scheinfeld (MFr.; 17675 E.). **a:** ArbG. Kitzingen; SchöffG., GrJugG., LG. u. LArbG. Würzburg; OLG. Bamberg; BzA·

[1]) Örtliche Zuständigkeit s. StA. 1. XII. 28 Nr. 279 S. 19.

Scheinfeld; FA. Kitzingen u. Neustadt a. d. A.[1]); LFA. Nürnberg.
b: Not.: Dänner Walter Dr.
c: RAnw.: Buckel Rud.*, Herold Erich.

Scheßlitz (OFr.) aufgehoben seit 1. Jan. 1932; wegen Aufteilung des Bezirks s. StA. v. 26. Nov. 1931 Nr. 274 S. 9.
b: Not.: Verweser: Notariat Bamberg II.

188. **Schöllkrippen** (UFr.; 11710 E.). **a:** ArbG., SchöffG., GrJugG. u. LG. Aschaffenburg; LArbG. Würzburg; OLG. Bamberg; BzA. Alzenau; LandFA. Aschaffenburg; LFA. Würzburg.
b: Not.: Verweser: stellv. Notar Schropp Otto Dr.
c: RAnw.: Salomon Karl.

189. **Schongau** (OB.; 23157 E.). **a:** AA. durch AA. Landsberg; ArbG. Kaufbeuren; SchöffG., GrJugG. u. LG. Kempten; LArbG. Augsburg; OLG. München; BzA. u. FA. Schongau; LFA. München.
b: Not.: Kapfhamer Moritz JR.
c: RAnw.: Ferstl Theodor*, Keltsch Josef Dr.

190. **Schrobenhausen** (OB.; 22652 E.) zugl. ArbG. **a:** AA. durch AA. Aichach; SchöffG., GrJugG. Neuburg a. d. D.; LG. u. LArbG. Augsburg; OLG. München; BzA. u. FA. Schrobenhausen; LFA. München.
b: Not.: Jacob Franz JR.
c: RAnw.: Bauer Hermann Dr., Kitzinger Philipp, Schmid Jos. JR.*, Seitz Martin Dr.

191. **Schwabach** (MFr.; 28361 E.) zugl. ArbG., SchöffG. u. Gr. JugG. **a:** LG., LArbG. Nürnberg-Fürth; OLG. Nürnberg; UnmG., BzA. u. FA. Schwabach; LFA. Nürnberg.
b: Not.: Spatze Wilhelm JR.
c: RAnw.: Gampert Wilhelm*, Hechtel Emil, Weintz Adolf Dr.

192. **Schwabmünchen** (Schw.; 24658 E.). **a:** ArbG., SchöffG., GrJugG., LG. u. LArbG. Augsburg; OLG. München; BzA. u. FA. Schwabmünchen; LFA. München.
b: Not.: Kienle Bernhard Dr.
c: RAnw.: Kast Ludwig*, Roetzer Andreas Dr., Sigl Hans*.

193. **Schwandorf** (OPf.; 17691 E.) zugl. ArbG. **a:** SchöffG., Gr. JugG. u. LG. Amberg; LArbG. Nürnberg-Fürth; OLG. Nürnberg; UnmG. Schwandorf; BzA. u. FA. Burglengenfeld; LFA. Nürnberg.
b: Not.: Reiß Wilhelm Dr.
c: RAnw.: Auhofer Seb., Ruhland Alois Dr., Wittmann Hans*.

194. **Schweinfurt** (UFr.; 80894 E.) zugl. ArbG. **a:** SchöffG., Gr. JugG. u. LG. Schweinfurt; LArbG. Würzburg; OLG. Bamberg; UnmG., BzA. u. FA. Schweinfurt; LFA. Würzburg.
b: Not.: I: Steinbach Ludwig JR., II: — — —
c: RAnw.: (siehe beim LG. Schweinfurt).

195. **Selb** (OFr.; 23268 E.) zugl. ArbG. **a:** SchöffG., GrJugG. u. LG. Hof; LArbG. u. OLG. Bamberg; UnmG. Selb; BzA. Rehau; FA. Selb; LFA. Nürnberg.
b: Not.: Bittner Hans Dr.
c: RAnw.: Eichinger Friedrich, Feßl Hans*, Kolb Walter,* Schmidt Gustav JR.*, Teetzmann Max.

---

[1]) Örtliche Zuständigkeit s. StA. 26. I. 29 Nr. 22 S. 17.

Seßlach (OFr.) aufgehoben seit 1. X. 1929; wegen der Aufteilung des Bezirks s. StA. 1. IX. 1929 Nr. 201 S. 19.

196. **Simbach** (NB.; 20990 E.) zugl. ArbG. **a:** SchöffG., GrJugG. u. LG. Passau; LArbG. u. OLG. München; BzA. Pfarrkirchen; FA. Simbach; LFA. München.
b: Not.: Seidl Hans Dr.
c: RAnw.: Gerngroß Johann JR., Haindl Hans Dr.

Sonnefeld (OFr.) aufgehoben seit 1. X. 1929; wegen der Aufteilung des Bezirks s. StA. 1. IX. 1929 Nr. 201 S. 19.

197. **Sonthofen** (Schw.; 19089 E.). **a:** AA. durch StA. Kempten; ArbG. Immenstadt; SchöffG., GrJugG. u. LG. Kempten; LArbG. Augsburg; OLG. München; BzA. Sonthofen; FA. Immenstadt; LFA. München.
b: Not.: Rid Max JR.
c: RAnw.: Bresele Ulrich Dr.*, Hörchner Friedr.

198. **Speyer** (Pf.; 52162 E.) zugl. ArbG., SchöffG. u. GrJugG. **a:** LG. u. LArbG. Frankenthal; OLG. Zweibrücken; UnmG., BzA. u. FA. Speyer; LFA. Würzburg.
b: Not.: I: — — —, II: Siegel Julius Dr., III: Delto Karl.
c: RAnw.: Bohlender Eugen Dr.*, Flickinger Adolf Dr., Gouthier Otto Dr., Groß Fritz Dr., Merl Artur*, Michel Ludwig, Stilz Richard Dr., Vollmer Herm. Dr. JR.*, Weil Ludwig Dr.*

Stadtamhof (OPf.) aufgehoben seit 1. Juli 1932; wegen der Aufteilung des Bezirks s. StA. v. 18. März 1932 Nr. 65.
b: Not.: — — —

199. **Stadtsteinach** (OFr.; 16977 E.). **a:** ArbG. Kulmbach; SchöffG., GrJugG. u. LG. Bayreuth; LArbG. u. OLG. Bamberg; BzA. u. FA. Stadtsteinach; LFA. Nürnberg.
b: Not.: Fleischmann Joseph.
c: RAnw.: Finger Lothar*, Hüfner Johannes.

200. **Staffelstein** (OFr.; 15713 E.). **a:** AA. durch StA. Bamberg; ArbG., SchöffG., GrJugG., LG., LArbG. u. OLG. Bamberg; BzA. Staffelstein; FA. Bamberg-Land u. Lichtenfels[1]); LFA. Nürnberg.
b: Not.: Geupel Theodor Dr.
c: RAnw.: Losgar Joseph Dr., Stadter Pankraz.

201. **Starnberg** (OB.; 28492 E.). **a:** AA. durch StA. München II; ArbG. München; SchöffG. u. GrJugG. München-Land; LG. München II; LArbG. u. OLG. München; BzA. u. FA. Starnberg; LFA. München.
b: Not.: Stiegler Hans JR.
c: RAnw.: Alletag Hermann, Bary Sigm. v. Dr., Bayerwaltes Max Dr.*, Knözinger Max Dr., Schweizer Pet. JR.*

202. **Straubing** (NB.; 48374 E.) zugl. ArbG. **a:** detach. Strafkammer für d. Bezirk der Amtsg. Straubing, Bogen, Kötzting, Mitterfels u. Neukirchen, SchöffG. u. GrJugG. Straubing; LG. Regensburg; LArbG. Nürnberg-Fürth; OLG. Nürnberg; UnmG., BzA. u. FA. Straubing; LFA. München.
b: Not.: I: Janker Theodor; II: Götz Peter.
c: RAnw.: Beinhardt Karl Dr., Gähler Franz v.*, Gerhard Hr. Dr. JR.*, Höchtl Fritz Dr.*, Hofmann Rudolf*, Hümmer Heinrich*, Kellner Hans Dr.*, Pfannenstiel H. Geh. JR.*, Pfeiffer Siegfried Dr.*, Pichl Josef, Prager Alfons JR.*, Ruland Norb. JR.*, Schriefer Jos.*, Staimmer Franz, Straßl Hans

---

[1]) Örtliche Zuständigkeit s. StA. v. 7. I. 1929 Nr. 5 S. 13.

JR.*, Traeger Bruno Dr.*, Wenninger Ludw., JR.*, Wiesmeier Artur Dr.*

203. Sulzbach (OPf.; 21651 E.). **a:** AA. durch StA. Amberg; ArbG., SchöffG., GrJugG. u. LG. Amberg; LArbG. Nürnberg-Fürth; OLG. Nürnberg; BzA. Sulzbach; FA. Amberg; LFA. Nürnberg.
b: Not.: v. Krempelhuber Max.
c: RAnw.: Krauß Otto Heinr., Schlegel Karl Dr.*

204. Tegernsee (OB.; 12563 E.). **a:** AA. durch AA. Tölz; ArbG. Tölz; SchöffG. u. GrJugG. München-Land; LG. München II; LArbG. u. OLG. München; BzA. u. FA. Miesbach; LFA. München.
b: Not.: Adelmann Franz JR.
c: RAnw.: Bauer Heinrich JR.*, Bauer Heinrich, Kann Albert Dr. JR.*, Wimmer Josef, Zimmermann Bruno*.

Thiersheim (OFr.) aufgehoben seit 1. Juli 1932 StA. v. 18. März 1932 Nr. 65; wegen der Aufteilung des Bezirks s. StA. v. 16. Juni 1932 Nr. 136 S. 9.
b: Not.: Verweser: — — —

Thurnau (OFr.) aufgehoben seit 1. X. 1929; wegen der Aufteilung des Bezirks s. StA. 1. IX. 1929 Nr. 201 S. 19.

205. Tirschenreuth (OPf.; 17023 E.) zugl. ArbG. **a:** SchöffG., GrJugG. u. LG. Weiden; LArbG. Nürnberg-Fürth; OLG. Nürnberg; BzA. u. FA. Tirschenreuth; LFA. Nürnberg.
b: Not.: Lutter Michael Dr.
c: RAnw.: Fertig Joseph*, Galster Karl Dr.

Tittmoning (OB.); aufgehoben seit 1. I. 1931; wegen der Aufteilung des Bezirks s. StA. v. 16. XII. 30 Nr. 290 S. 9; GVBl. 1930 S. 395.
b: Not.: Steiner Willy.

206. Tölz (OB.; 22394 E.) zugl. ArbG. **a:** SchöffG. u. GrJugG. München-Land; LG. München II; LArbG. u. OLG. München; BzA. u. FA. Tölz; LFA. München.
b: Not.: Preußner Oskar Dr.
c: RAnw.: Elbert Helmut, Holzner Anton, Kühnlein Karl Friedrich, Staudinger August JR.*

207. Traunstein (OB.; 47559 E.) zugl. ArbG. **a:** SchöffG., GrJugG. u. LG. Traunstein; LArbG. u. OLG. München; UnmG., BzA. u. FA. Traunstein; LFA. München.
b: Not.: Bickert Armin Dr. JR.
c: RAnw.: (s. beim LG. Traunstein).

208. Trostberg (OB.; 20103 E.) zugl. ArbG. **a:** AA. durch StA. Traunstein; SchöffG., GrJugG. u. LG. Traunstein; LArbG. u. OLG. München; BzA. u. FA. Traunstein; LFA. München.
b: Not.: Weiß Georg Dr.
c: RAnw.: Grottenmüller Heinrich*, Michel Albert Dr.

209. Türkheim (Schw.; 18521 E.). **a:** ArbG. Mindelheim; SchöffG., GrJugG. u. LG. Memmingen; LArbG. Augsburg; OLG. München; BzA. u. FA. Mindelheim; LFA. München.
b: Not.: Wagner Emil JR.
c: RAnw.: Kuën Theodor Dr., Reiner Klemens.

210. Uffenheim (MFr.; 14530 E.) zugl. ArbG. **a:** AA. durch AA. Rothenburg ob d. Tauber; SchöffG., GrJugG. u. LG. Ansbach; LArbG. Nürnberg-Fürth; OLG. Nürnberg; BzA. u. FA. Uffenheim; LFA. Nürnberg.

b: Not.: Schätz Georg JR.
c: RAnw.: Kreppner Leonhard Dr.

211. **Viechtach** (NB.; 26064 E.). a: ArbG. Regen; SchöffG., Gr.JugG. u. LG. Deggendorf; LArbG. u. OLG. München; BzA. u. FA. Viechtach; LFA. München.
b: Not.: Krafft Wilh., JR.
c: RAnw.: Eckart Paul JR.*, Rieß Hans, Ringel Friedrich.

212. **Vilsbiburg** (NB.; 32604 E.). a: AA. durch AA. Neumarkt a. d. Rott; ArbG., SchöffG., GrJugG. u. LG. Landshut; LArbG. u. OLG. München; BzA. u. FA. Vilsbiburg; LFA. München.
b: Not.: Haun Georg JR.
c: RAnw.: Eiermann Georg*, Lindner Georg Dr.,*, Marquard Otto Dr.,*, Reiter Alois Dr., Seeanner Max*, Wackerbauer Hans Dr.

213. **Vilseck** (OPf.; 10802 E.). a: AA. durch StA. Weiden; ArbG. Amberg; SchöffG., GrJugG. u. LG. Weiden; LArbG. Nürnberg-Fürth; OLG. Nürnberg; BzA. u. FA. Amberg; LFA. Nürnberg.
b: Not.: Vocke Bernhard Dr.
c: RAnw.: — — —

214. **Vilshofen** (NB.; 29831 E.) zugl. ArbG. a: SchöffG., GrJugG. u. LG. Passau; LArbG. u. OLG. München; BzA. u. FA. Vilshofen; LFA. München.
b: Not.: Reichl Jakob JR.
c: RAnw.: Drexel Andreas, Glas Adalbert*, Glock Otto Dr., Habermann Franz, Simon Karl*, Spranger Anton.

215. **Vohenstrauß** (OPf.; 23053 E.). a: ArbG., SchöffG., GrJugG. u. LG. Weiden; LArbG. Nürnberg-Fürth; OLG. Nürnberg; BzA. u. FA. Vohenstrauß; LFA. Nürnberg.
b: Not.: Gabel Alfons JR.
c: RAnw.: Müller Richard Dr., Pigerl Leopold, Tettenborn Jos. v. JR.*

216. **Volkach** (UFr.; 12430 E.). a: ArbG., SchöffG., GrJugG. u. LG. Schweinfurt; LArbG. Würzburg; OLG. Bamberg; BzA. Gerolzhofen; FA. Würzburg u. Gerolzhofen[1]); LFA. Würzburg.
b: Not.: Sommer Hans Dr.
c: RAnw.: Heiden an der Heinr. Dr., Hiernickel Georg Dr.

217. **Waldfischbach** (Pf.; 16651 E.). a: AA. durch AA. Pirmasens; ArbG., SchöffG. u. GrJugG. Pirmasens; LG., LArbG. u. OLG. Zweibrücken; BzA. u. FA. Pirmasens; LFA. München.
b: Not.: Herrmann Hans.
c: RAnw.: Mantel August*, Wannemacher Franz*.

218. **Waldkirchen** (NB.; 14863 E.). a: ArbG. Freyung; SchöffG., GrJugG. u. LG. Passau; LArbG. u. OLG. München; BzA. u. FA. Wolfstein; LFA. München.
b: Not.: Oeller Erich Dr.
c: RAnw.: Haidn Karl Dr.*, Ringelmann Franz*.

219. **Waldmohr** (Pf.; 17845 E.[2])). a: AA. durch StA. Zweibrücken; ArbG., SchöffG., GrJugG., LG., LArbG. u. OLG. Zweibrücken; BzA. Kusel mit Außensitz in Waldmohr; FA. Landstuhl; LFA. Würzburg.
b: Not.: Weber Oskar Dr.
c: RAnw.: Kraemer Emil.

---

[1]) Örtliche Zuständigkeit s. StA. v. 21. VIII. 1929 Nr. 191 S. 11.
[2]) z. Zt. zum Teil unter der Verwaltung der Regierung des Saarstaats.

220. Waldmünchen (OPf.; 15057 E.). **a:** ArbG. Cham; SchöffG., GrJugG. u. LG. Amberg; LArbG. Nürnberg-Fürth; OLG. Nürnberg; BzA. u. FA. Waldmünchen; LFA. Nürnberg.
b: Not.: Krafft Fred Dr.
c: RAnw.: Schmid Hans.

221. Waldsassen (OPf.; 27846 E.). **a:** ArbG. Tirschenreuth; SchöffG., GrJugG. u. LG. Weiden; LArbG. Nürnberg-Fürth; OLG. Nürnberg; BzA. Tirschenreuth; FA. Waldsassen; LFA. Nürnberg.
b: Not.: Enders Paul.
c: RAnw.: Mohr Vinzenz*.

222. Wasserburg (OB.; 22075 E.). **a:** AA. durch AA. Ebersberg; ArbG., SchöffG. u. GrJugG. Rosenheim; LG. Traunstein; LArbG. u. OLG. München; BzA. u. FA. Wasserburg; LFA. München.
b: Not.: Sirl Otto.
c: RAnw.: Flemisch Joh. Gg., Rothaas Otto JR.*, Schmitz Otto Dr.

223. Wassertrüdingen (MFr.; 11768 E.). **a:** ArbG. Gunzenhausen; SchöffG., GrJugG. u. LG. Ansbach; LArbG. Nürnberg-Fürth; OLG. Nürnberg; BzA. Dinkelsbühl; FA. Gunzenhausen; LFA. Nürnberg.
b: Not.: Schöll Joseph.
c: RAnw.: Huther Ludwig.

224. Wegscheid (NB.; 18458 E.). **a:** ArbG., SchöffG., GrJugG. u. LG. Passau; LArbG. u. OLG. München; BzA. Wegscheid; FA. Passau; LFA. München.
b: Not.: Späth Franz Dr.
c: RAnw.: Maier Rud.

225. Weiden (OPf.; 35554 E.) zugl. ArbG. **a:** SchöffG., GrJugG. u. LG. Weiden; LArbG. Nürnberg-Fürth; OLG. Nürnberg; UnmG. Weiden; BzA. Neustadt a. d. WN., FA. Weiden; LFA. Nürnberg.
b: Not.: Aigster Hans.
c: RAnw.: (siehe beim LG. Weiden).

Weidenberg (OFr.); aufgehoben seit 1. III. 1931; wegen der Aufteilung des Bezirks s. StA. v. 6. II. 31 Nr. 30 S. 9; GVBl. 1931 Nr. 4 S. 25.
b: Not.: Verweser: Die zwei Notare in Bayreuth abwechslungsweise.

226. Weiler-Lindenberg (Schw.; 23137 E.). **a:** AA. durch AA. Lindau; ArbG. Lindau; SchöffG., GrJugG. u. LG. Kempten; LArbG. Augsburg; OLG. München; BzA. u. FA. Lindau; LFA. München.
b: Not.: Reiß Franz Xaver JR.
c: RAnw.: Baldauf Lothar (in Lindenberg), Diehl Josef Dr. (in Lindenberg), Göller Helmut Dr.* (in Lindenberg), Mühldorfer Thadd. JR.*

227. Weilheim (OB.; 42067 E.) zugl. ArbG., SchöffG. u. GrJugG. **a:** LG. München II; LArbG. u. OLG. München; BzA. u. FA. Weilheim; LFA. München.
b: Not.: Brügel Karl JR.
c: RAnw.: Bauer Max*, Harbauer Franz, Kraus Karl*, Maier Joseph Dr.*, Mohrnheim Alfred Dr., Völkl Franz*.

228. Weismain (OFr.; 12814 E.). **a:** ArbG. Lichtenfels; SchöffG. u. GrJugG. Kronach; LG. Coburg; LArbG. u. OLG. Bamberg; BzA. Lichtenfels; FA. Lichtenfels; LFA. Nürnberg.
b: Not.: Schleifer Frz. Xav. JR.
c: RAnw.: Wittmann Julian Dr. (Wohnsitz Burgkundstadt)*.

229. Weißenburg i. B. (MFr.; 36224 E.) zugl. ArbG. **a:** SchöffG., GrJugG. u. LG. Eichstätt; LArbG. Augsburg; OLG. München; UnmG., BzA. u. FA. Weißenburg i. B.; LFA. Nürnberg.
b: Not.: Metzger Gottlieb JR.
c: RAnw.: Geislinger Franz* (Wohnsitz Ellingen), Pilland Alb., Ranzenberger Wilh. Dr., Schmidt Artur JR.*, Schmidt Dr. Karl Siegfried, Wagner Rich. JR.*

230. Weißenhorn (Schw.; 13335 E.). **a:** ArbG. Neu-Ulm; SchöffG., GrJugG. u. LG. Memmingen; LArbG. Augsburg; OLG. München; BzA. u. FA. Neu-Ulm; LFA. München.
b: Not.: Reitzenstein Rudolf Dr.
c: RAnw.: Berckholtz Walter Dr., Wagner Hans.

Werneck (UFr.) aufgehoben seit 1. I. 1933; wegen der Aufteilung des Bezirks s. StA. v. 1./2. XI. 1932 Nr. 253 S. 11.
b: Not.: Wirth Erich Dr.

231. Wertingen (Schw.; 20599 E.). **a:** AA. durch AA. Donauwörth; ArbG., SchöffG., GrJugG., LG. u. LArbG. Augsburg; OLG. München; BzA. u. FA. Wertingen; LFA. München.
b: Not.: Frucht Konrad Friedrich.
c: RAnw.: Hofmann Alois L.*, König Otto, Steinle Karl.

232. Windsheim (MFr.; 15884 E.). **a:** AA. durch AA. Rothenburg o. d. T.; ArbG. Neustadt a. d. Aisch; SchöffG. u. GrJugG. Fürth; LG. u. LArbG. Nürnberg-Fürth; OLG. Nürnberg; BzA. Uffenheim; FA. Windsheim; LFA. Nürnberg.
b: Not.: Ramer Hans Dr.
c: RAnw.: Dünckelmeyer Julius Dr., Meyer Rudolf Dr.*

233. Winnweiler (Pf.; 11810 E.). **a:** AA. durch AA. Kirchheimbolanden; ArbG. Rockenhausen; SchöffG., GrJugG. u. LG. Kaiserslautern; LArbG. u. OLG. Zweibrücken; BzA. Rockenhausen; FA. Kaiserslautern; LFA. Würzburg.
b: Not.: Nürnberger Ernst Dr.
c: RAnw.: Stabel Peter.

234. Wörth (OPf.; 12302 E.). **a:** ArbG., SchöffG., GrJugG. u. LG. Regensburg; LArbG. Nürnberg-Fürth; OLG. Nürnberg; BzA. Regensburg; FA. Regensburg-Land; LFA. Nürnberg.
b: Not.: Schuch Max Dr.
c: RAnw.: — — —

235. Wolfratshausen (OB.; 21085 E.). **a:** ArbG. München; SchöffG. u. GrJugG. München-Land; LG. München II; LArbG. u. OLG. München; BzA. u. FA. Wolfratshausen; LFA. München.
b: Not.: Kastner Lorenz JR.
c: RAnw.: Schwaiblmair Arthur*.

236. Wolfstein (Pf.; 11938 E.). **a:** ArbG., SchöffG., GrJugG. u. LG. Kaiserslautern; LArbG. u. OLG. Zweibrücken; BzA. Kusel; FA. Lauterecken; LFA. Würzburg.
b: Not.: Verweser: Saller Joseph Dr. (stellv. Notar).
c: RAnw.: — — —

237. Würzburg (UFr.; 146966 E.) zugl. ArbG. **a:** SchöffG., GrJugG., LG. u. LArbG. Würzburg; OLG. Bamberg; UnmG., BzA. u. Stadt-FA. l. u. r. d. M. Würzburg; LFA. Würzburg.

b: Not.: I: Schmitt Gottfried JR.; II: — — —; III: Wunderl K. JR., IV: Engert Frz. JR., V: Mauter Aquilin Geh. JR.
c: RAnw.: (siehe beim LG. Würzburg).

238. Wunsiedel (OFr.; 41204 E.) zugl. ArbG. **a:** SchöffG., Gr. JugG. u. LG. Hof; LArbG. u. OLG. Bamberg; BzA. u. FA. Wunsiedel; UnmG. Markt-Redwitz; LFA. Nürnberg.
b: Not.: Schödel Gottlob.
c: RAnw.: Bickel Georg, Etzel Fritz Dr.*, Hahn Kurt Dr., König Otto, Seißer Rudolf Dr., Seyfried Richard, Tröger Joh. JR.*, Winter Hans (in Markt-Redwitz)*.

***Zell** (Notariat unbesetzt).

239. Zusmarshausen (Schw.; 16941 E.). **a:** ArbG., SchöffG., GrJugG., LG. u. LArbG. Augsburg; OLG. München; BzA. Augsburg u. Wertingen[1]; FA. Zusmarshausen; LFA. München.
b: Not.: Schulze Hans Dr.
c: RAnw.: — — —

240. Zweibrücken (Pf.; 54624 E.) zugl. ArbG. **a:** SchöffG., Gr. JugG., LG., LArbG. u. OLG. Zweibrücken; UnmG., BzA. u. FA. Zweibrücken; LFA. Würzburg.
b: Not.: I: — — —, II: Hüther Edmund, III: Mendel Anton JR.
c: RAnw.: (siehe beim OLG. u. LG. Zweibrücken).

V. Anwaltskammern.[2])

I. Vorstand der Anwaltskammer München:

Die Rechtsanwälte:

1. Dr. Ferdinand Mößmer in München, Vorsitzender,
2. Justizrat Dr. Max Gaenßler in München, stellv. Vorsitzender,
3. Dr. Oskar Greiner in München, Schriftführer,
4. Dr. Werner Regnault in München, stellv. Schriftführer,
5. Justizrat Heinrich Bauer in Tegernsee,
6. Justizrat Friedrich Brandl in Deggendorf,
7. Justizrat Hubert Buchberger in München,
8. Dr. Reinhard Geigel in München,
9. Justizrat Josef Heizer in Passau,
10. Dr. Alfred Holl in München,
11. Dr. Lorenz Hollfelder in München,
12. Georg Krauß II in München,
13. Justizrat Otto Kugler in Freising.
14. Justizrat Otto Scheuer in Rosenheim,
15. Hanns Schubert in München,
16. Dr. Rudolf Seibert in Traunstein,
17. Dr. Fritz Tauber in München,
18. Dr. Karl Thielo in München,
19. Geheimer Justizrat Kaspar Wölfl in Landshut,
20. Justizrat Hans Zeilmann in München.

---

[1]) Örtliche Zuständigkeit s. StA. 22. IX. 1929 Nr. 219 S. 19.

[2]) S. Bek. d. StMin. d. Justiz v. 29. Juli 1933 Nr. VII 41376 u. StA. v. 1. VIII. 1933 Nr. 175.

II. Vorstand der Anwaltskammer Zweibrücken:

Die Rechtsanwälte:

1. Dr. Rudolf Hammann in Neustadt a. d. Haardt, Vorsitzender,
2. Dr. Erich Stolleis in Neustadt a. d. Haardt, stellv. Vorsitzender,
3. Heinrich Werle in Kaiserslautern, Schriftführer,
4. Dr. Wilhelm Steigelmann in Landau i. d. Pf., stellv. Schriftführer,
5. Justizrat Karl Koch in Frankenthal,
6. Dr. Adam Maurer in Pirmasens,
7. Dr. Karl Mühlhäuser in Zweibrücken,
8. Justizrat Dr. Hermann Vollmer in Speyer,
9. Dr. Karl Hans Weinmann in Ludwigshafen a. Rhein.

III. Vorstand der Anwaltskammer Bamberg:

Die Rechtsanwälte:

1. Georg Metzner in Bamberg, Vorsitzender,
2. Dr. August Stoll in Bayreuth, stellv. Vorsitzender,
3. Oskar Kriener in Würzburg, Schriftführer,
4. Justizrat Wilhelm Ramer in Bamberg, stellv. Schriftführer,
5. Justizrat Otto Brunner in Kronach,
6. Karl Fluch in Kulmbach,
7. Dr. Heinrich Keil in Würzburg,
8. Kilian Röschert in Bamberg,
9. Dr. Wilhelm Rößner in Bamberg,
10. Dr. Otto Schmidt in Coburg,
11. Dr. Fritz Schmitt in Bamberg,
12. Franz Ströbel in Hof,
13. Dr. Rudolph Stumpf in Schweinfurt,
14. Dr. Gottfried Zirkel in Aschaffenburg.

IV. Vorstand der Anwaltskammer Nürnberg:

Die Rechtsanwälte:

1. Justizrat Dr. Christian Kühn in Nürnberg, Vorsitzender,
2. Geheimer Justizrat Georg Pierner in Hersbruck, stellv. Vorsitzender,
3. Dr. Konrad Landgraf in Nürnberg, Schriftführer,
4. Dr. Bruno Bauer in Nürnberg, stellv. Schriftführer,
5. — — —
6. Carl Daeuwel in Nürnberg,
7. Justizrat Alois Diem in Amberg,
8. Dr. Ernst Eucker in Nürnberg,
9. Justizrat Reinhard Hartwig in Ansbach,
10. Justizrat Gustav Koch in Fürth,
11. Dr. Karl Mayer I in Nürnberg,
12. Kurt Michel in Nürnberg,
13. Dr. Josef Müller II in Nürnberg,
14. Dr. Alfred Schwarz I in Nürnberg,
15. Justizrat Dr. Georg Seitz in Regensburg,
16. Dr. Karl Thorwart in Nürnberg.

V. Vorstand der Anwaltskammer Augsburg:

Die Rechtsanwälte:

1. Justizrat Dr. Ludwig Böhm II in Augsburg, Vorsitzender,
2. Justizrat Franz Reinhold in Augsburg, stellv. Vorsitzender,
3. Dr. Karl Wiedemann in Augsburg, Schriftführer,
4. Dr. Hans Edelmann in Augsburg, stellv. Schriftführer,
5. Justizrat Ludwig Atzberger in Günzburg,
6. Justizrat Theodor Lauber in Augsburg,
7. Justizrat Michael Morhard in Eichstätt,
8. Geheimer Justizrat Arnold Oehler in Augsburg,
9. Dr. Wilhelm Rau in Memmingen,
10. Geheimer Justizrat Hermann Sand in Augsburg,
11. Justizrat Eugen Simmet in Augsburg,
12. Geheimer Justizrat Dr. August Straßer in Kempten,
13. Justizrat Dr. Albert Zimmermann in Kaufbeuren.

Alphabetisches Verzeichnis der in den Listen I—VII aufgeführten Justizbeamten.

Bem. Die römische Zahl bedeutet die Hauptliste, der kleine lateinische Buchstabe die Unterabteilung darin und die arabische Zahl die Reihenfolge innerhalb einer Liste.

Seeberger L. IV c 41.
Seelos IV d 136.
Seibel Fr. IV e I 69.
Seibel Jul. V e 7.
Seibert Fr. IV c 47.
Seibert Gg. I n 6.
Seibert V. I s 3.
Seidl H. VI 202.
Seidl Osk. IV b 45.
Seifert Fr. V d 320.
Seifert H. IV e I 64.
Seiler IV e II 9.
Seither V d 445.
Selgrad IV e II 65.
Sellner III b 1.
Selzer VI 9.
Semmler V d 562.
Seubelt V d 283.
Seubert V c 41.
Seufert IV e I 61.
Seuffert IV b 44.
Seyb IV d 224.
Seyboth J. V c 23.
Seyboth W. V d 180.
Sichler IV e II 12.
Siebner IV d 256.
Siegel J. VI 199.
Siegel K. III a 1.
Sievert V c 135.
Silbernagel VI 116.
Silberschmidt B. V d 291.
Simmerding IV b 1.
Simon Fr. V b 17.
Simon H. V c 44.
Simon K. V c 16.
Simon L. V d 356.
Simon O. V d 174.
Simon Wilh. IV d 266.
Singer Alb. V a 1.
Singer Alf. VII A IX 6.
Sirl O. VI 120.
Sitzmann VI 216.
Sohler IV d 199.
Söldner V d 245.
Söller IV d 219.
Sommer A. IV c 27.
Sommer E. V b 28.
Sommer Franz VI 191.
Sommer Hans VI 239.
Sommer Jul. VI 28.
Sommerrock IV d 222.
Sotier III d I 2.
Spach A. IV b 57.
Spangenberger I b 1.
Sparrer IV c 76.
Späth Ad. IV c 22.
Späth Frz. VI 242.
Spätt II c 19.
Spatze VI 60.
Spengelin V d 18.
Speth R. V b 32.
Spetzler III c 33.
Spiegel A. V d 306.
Spiegel Ad. V d 518.
Spieß E. V d 541.
Spindler O. V d 505.
Spindler Rich. V d 502.
Sponsel Jul. V d 247.
Spranger V d 238.
Sprick I e 7.
Stadlbaur W. VI 47.
Stadler F. X. V c 2.
Stadter H. IV e 42.
Stadter L. V d 261.
Stahl Alfr. IV e II 67.
Stahl Gg. IV c 62.
Stamer V c 59.
Stammler IV d 106.
Stangl Chr. IV d 163.
Stangl Jos. IV c 6.
Stangl Kosmas V d 2.
Stark E. VII A I 4.
Staeb VI 248.
Steffen E. IV e I 78.
Steigelmann K. V d 63.
Steigmeier V d 481.
Steinbach L. VI 37.
Steinecker J. V d 457.
Steiner A. III b 9.
Steiner W. VI 231.
Steinert H. IV b 22.
Steinfels IV d 86.
Steinhäuser IV d 216.
Steinhauser IV e I 71.
Stelzle V f 19.
Stenglein L. II b 2.
Stephanus V d 333.
Stepp H. III c 50.
Stepp W. IV e I 48.
Stettner V d 449.
Steudel VI 243.
Stiegler VI 105.
Stillrich V c 175.
Stock V d 76.
Stöckhert VI 175.
Stoffels V d 436.
Stoffedt IV c 77.
Stoiber IV d 80.
Stoll Hans V e 48.
Stoll Herm. IV a 24.
Stölzle V b 27.
Stoer V b 25.
Stößer V d 447.
Straimer IV c 55.
Straßer Ferd. V d 132.
Straßer Wilh. V A 7.
Straßer W. V d 219.
Straßner V d 551.
Straus B. V e 6.
Strauß Fr. I g 1.
Strebel V c 137.
Streicher Frdr. IV e II 13.
Streicher Jac. V e 32.
Strenge Ernst v. IV a 21.
Strenge E. v. V f 5.
Striffler VI 131.
Strigl Jos. V c 11.
Strobel V d 252.
Stroebele V d 289.
Ströbert V d 477.
Strobl V c 174.
Strohm V d 57.
Stühler VI 186.
Stummer Joh. IV a 3.
Stumpf IV e 19
Sturm A. V c 128.
Stürmer V d 472.
Summa IV d 7.
Surrer J. V c 66.
Süß IV e II 49.
Süßenguth V c 67.

Taubenberger V b 41.
Teicher E. IV d 110.
Teicher Heinr. IV a 19.
Teicher H. K. V d 453.
Teufl V d 552.
Thallmair VI 293.
Thanner V d 443.
Then A. V d 361.
Then W. IV b 73.
Theobald V d 288.
Thiel VI 14.
Thoma A. V c 131.
Thoma Jul. V c 56.
Thomas Alb. V d 430.
Thomas Fr. IV d 170.
Thürauf VI 294.
Thüring F. V d 465.
Tischbein V d 352.
Tischler A. V d 260.
Tischler J. IV d 77.

Alphabetisches Sachregister (allgemeines).

S. auch das Gesetzesregister S. 130, die alphabetische Zusammenstellung von Verwaltungsvorschriften S. 152, das alphabetische Verzeichnis der Justizbeamten S. 397.

Rechts- und Staatswissenschaftliche Werke

Mit einem Anhang:

Schulbücher und Schöne Literatur

aus dem Verlage von

H. W. Müller, München und Berlin.

Die Preise verstehen sich in Reichsmark; sie sind entsprechend der 4. NotVO. vom 8. Dez. 1931 ermäßigt.

Altmann, F., Geh. Reg.-Rat, Ärztliche Ehrengerichte und ärztliche Standesorganisation in Preußen. Zum prakt. Handgebrauch erläutert. 8⁰. (IX, 218 S.) 1900. 300 gr — **Kart.** 1.80

Altmann, Dr. Paul, Landrichter, Zwangsversteigerung u. die Zwangsverwaltung, das Reichsgesetz vom 24. März 1897 (Fassung vom 20. Mai 1898). Mit Erläuterungen. Ausgabe für Preußen. 8⁰. (VIII, 415 S.) 770 gr. — Geb. 4.50

Basch, Julius, Justizrat, Rechtsanwalt u. Notar, Handelsgesetzbuch vom 10. Mai 1897 und Deutsche Wechselordnung, nebst Einführungs- u. Nebengesetzen. (Ausgabe ohne Seerecht.) Erläutert durch die Rechtsprechg. des Reichsgerichts u. des vormaligen Reichs-Oberhandelsgerichts. 10., verbess. u. vermehrte Aufl., besorgt von Walter Basch, Rechtsanw. Kl. 8⁰. (488 S.). 1931. 400 gr. Geb. 4.50

Behrend, Dr., Landgerichtsrat, Jugendwohlfahrtsgesetz v. 9. Juli 1922. Kommentar. 8⁰. (VIII, 489 S.) 1925. 600 gr. — Geb. 13.—

Beier, Dr. O., Die Protokollführung bei Gericht. 8⁰. (IV, 127 S.) 1928 190 gr. — Geh. 3.10

Beutner, Dr. Wilh., Rechtsanwalt u. Notar. Das Schuldenwesen der Gemeinden nach dem preuß. Gesetz über die Aufnahme von Anleihen u. Darlehen durch

Gemeinden u. Gem.-Verbände vom 29. V. 1931. 8°. (111 S.) 1931. 140 gr. kart. 2.40

Biberstein, v., A. M., Juristische Daten. Nach Rechtsgebieten — unter Beifügung eines besonderen biographischen Abschnitts — chronologisch zusammengestellt. 3., verbesserte und vermehrte Auflage. gr. 8°. (IV. 147 S.) 1901. 210 gr. Geh. 1.80

Biermann, Dr. J., ord. Professor, Bürgerliches Recht. 1. Band: Allg. Lehren und Personenrecht. gr. 8°. (VIII, 538 S.) 1908. 955 gr Geh. 9.—

Birkmeyer, Dr. Karl, ord. Professor, Deutsches Strafprozeßrecht mit eingehender Bezugnahme auf die preußischen und bayerischen Ausführungsbestimmungen und unter Berücksichtigung des österreich. Strafprozeßrechtes. Lex. 8°. (XVIII, 879 u. 51 S.) 1898. 1800 gr Geh. 13.50

Bornhak, Dr. C., Prof., Die preußische Verfassung v. 30. Nov. 1920. M. Erl. (82 S.) 1921. 85 gr Kart. 1.—

Christiani, E., Amtsgerichtsrat, Wie hat der Schiedsmann sein Amt zu führen? Eine gemeinverständliche Anleitung. Mit Beispielen für alle beim Schiedsmann vorkommenden Protokolle, Vermerke und sonstigen Niederschriften, Formularen, vollständigem Sachregister und einem Abdruck der Schiedsmannsordnung. 6. vermehrte und verbesserte Auflage kl. 8°. (160 S.) 1925. 240 gr Kart. 2.70

Dalcke, Dr. A., weil. Ober-Staatsanwalt, Geh. Oberjustizrat, Strafrecht und Strafprozeß. Eine Sammlung der wichtigsten das Strafrecht und das Strafverfahren betr. Gesetze. Zum Handgebrauch für den Preuß. Praktiker erläutert v. AGRat P. Dalcke u. OberStA. Dr. E. Fuhrmann. 24. neubearb Aufl. 8°. (X. 1217 S.) 1932. Ergänzt auf den Stand vom 1. Jan. 1934. 1050 gr. Geb. 15.50

Daude, Dr, P., Geh. Reg.-Rat u. Universitätsrichter, Das Aufgebotsverfahren nach Reichsrecht u. Preuß. Landesrecht. 5. Aufl. (XI, 232 S.) 1930. 470 gr. geb. 9.40

— Das Entmündigungsverfahren gegen Geisteskranke und Geistesschwache, Verschwender und Trunksüchtige. Nach der Reichs-Zivilprozeßordnung und dem Bürgerlichen Gesetzbuch für das Deutsche Reich bearbeitet. 2. Auflage. gr. 8°. (VI, 151 S.) 1899. 350 gr. Geb. 1.80

Daude, Dr. P., Das Feld- und Forstpolizeigesetz v. 1. April 1880. Mit Erläuterungen. 6. Aufl., bearbeitet von Dr. E. Daude, Amtsgerichtsdirektor. 8° (VIII, 181 S.) 1926. 310 gr. geb. 5.40

— Strafgesetzbuch für das Deutsche Reich vom 15. Mai 1871. Mit den Entscheidungen des Reichsgerichts. 17. neubearbeitete Aufl. von Amtsgerichtsdirektor Dr. E. Daude. kl. 8°. (VII, 594 S.) 1930. Ergänzt bis 1. Jan. 1934. 500 gr. Geb. 6.70

— Strafprozeßordnung für das Deutsche Reich und das Gerichtsverfassungsgesetz. Mit den Entscheidungen des Reichsgerichts. 13. Aufl., bearb. von Dr. Emil Daude, Amtsgerichtsdirektor kl. 8°. (VIII, 445 S.) 1928. Ergänzt bis Juni 1933. 390 gr. Ganzl. geb. 6.70

Dernburg, Heinrich, System des Römischen Rechts. Der Pandekten achte, umgearbeitete Auflage bearb von Dr. Paul Sokolowski, ord. Professor an der Universität Königsberg i. Pr. 2 Teile. Lex. 8°. (XXX, 1110 S.) Berlin 1910/12. Vergriffen.

Erler, J., Oberlandesgerichtsrat, Ehescheidungsrecht und Ehescheidungsprozeß einschließlich der Nichtigkeitserklärung der Ehe im Deutschen Reich. Zweite, völlig umgearbeitete Aufl. des gleichnamigen preußisch-deutschrechtlichen Buches. gr. 8°. (VIII, 249 S.) 1900. 440 gr. Geb. 4.50

Ernst, W., u. Krohne, M., Gerichtsreferendare, Die Zivilprozeßordnung. In Frage- u. Antwortform dargest. gr. 8°. (XVI, 411 S.) 1904. 770 gr. Geb. 2.70

Erythropel, Dr. H., Minist.-Rat im Preuß. Finanzministerium, Geh. Oberfinanzrat, Das Preußische Besoldungsgesetz. Kommentar. Mit Gehaltstafeln. 5., völlig umgearb. Aufl. Besorgt von Ministerialrat O. König. 8°. (X, 554 S.) 1932. 550 gr. Geb. 14.80

Francke, H. AmtsgRat. Das Jugendgerichtsgesez v. 16. 2. 23. 2. Aufl. 8°. (133 S.) 1926. 245 gr. Kart. 4.–

Friedlaender, Dr. A. Rechtsanwalt u. **Kraemer, Dr. W.**, Reichsgerichts-Anwalt, Kommentar zur Preuß. Gebührenordnung für Rechtsanwälte. Lex. 8°. (IV 172 S.) 1928. 330 gr. geb. 6.70

Friedlaender, Dr. A. u. M., Deutsches Gerichtskostengesetz. Großer Kommentar. Lex. 8° (XXXIII, 621 S.) 1928. 1250 gr. geb 26.50

Friedlaender, Dr. A., Komm. z. Bayer. Verordnung, die Gebühren der Rechtsanwälte in den Angel. der Rechtspflege betr. (Rechtspflegeverordnung). 8°. (IV, 107 S.) 1930. 175 gr. Steif geh. 6.10

Genzmer, St, Oberverwaltungsgerichtsrat, Die Landgemeindeordnung für die 7 östlichen Provinzen der Monarchie v. 3. Juli 1891. Erläut. 6. Aufl In Vorber.

Gierke, Dr. Otto, Geh. Justizrat, Professor, Vereine ohne Rechtsfähigkeit nach dem neuen Rechte. 2., erg. Aufl. gr. 8°. (52 S.) 1902. 100 gr Geh. 1.—

Göroke, Amtsgerichtsrat, Preußisches Fischereigesetz vom 11. Mai 1916 nebst der Fischerei-Ordnung vom 29. März 1917 und den sonstigen fischereigesetzlichen Vorschriften für Preußen. Mit Nachtrag, enthält: Abänderung v. 16. 3. 18 der Fisch.-Ordng. v. 29. 3. 17, Ausführ.-Anweisung v. 16. 3. 1918 zum Fischereigesetz. kl. 8°. (VIII, 311 S.) 1918. 360 gr Kart. 3.60

— Die Preußische Jagdordnung v. 15. 7. 1907 nebst der Ausführungsanweisung u. d. sonstigen jagdgesetzlichen Bestimmungen. Zum praktischen Gebrauch erläutert. 5. Aufl. des Dr. P. Kohli'schen Werkes „Die Preuß. Jagdgesetze". 8°. (VIII, 245 S.) 1920. 325 gr Mit Ergänzung Kart. 4.—

Heck, Dr. Ph., Privatdoz., D. Recht d. großen Haverei. Lex. 8°. (XXXV, 889 S.) 1889. 1450 gr. Geh. 18.—

Heffter, Dr. A. W., ord. Professor, Le droit international de l'Europe. Traduit par Jules Bergson. Quatrième édition française, augmentée et annotée par F. Heinr. Geffcken, ancien Ministre-résident et Professeur de droit public. gr. 8°. (XV, 576 S.) 1883. 815 gr Geh. 11.70

Hellwig, Dr. A., Landgerichts-Direktor, Die bedingte Aussetzung der Strafvollstreckung in Preußen. Erlaß

v. 2. 8. 20 u. **Allg. Verfügung v. 19. 10. 20. 8°. (52 S.) 1921.** 65 gr Geh. —.50

Hellwig Dr. A., LGDirektor, Die bedingte Aussetzung der Strafvollstreckung in Preußen und im Reich nach den am 1. Juni 1922 gelt. Bestimmungen. 8°. (47 S.) 1922. Kart. —.80

— Das Geldstrafengesetz v. 6. Febr. 1924 m. Begr. u. AusfBest. 3. Aufl. 8°. (XII, 187 S.) 1924 265 gr. 5.40

Hesse, A., Reichsgerichtsrat, **Deutsches Vormundschaftsrecht unter besonderer Berücksichtigung der in den bedeutenderen Bundesstaaten ergangenen Ausführungsbestimmungen. gr. 8°. (VIII, 363 S.) 1900.** 715 gr Vergriffen.

Ihering, Rudolf von, Briefe und Erinnerungen. 1852 bis **1868.** 8°. (106 **S.) 1907.** 170 gr **Geh.** 1.80

Luks, Wald., Justizrat, Das Anfechtungsgesetz v. **21. 7. 79 und die §§ 29 ff. der Konkursordnung v. 10. 2. 77. Erläutert. Zweite vermehrte Aufl. 8° (IV, 71 S.) 1902.** 90 gr **Geh.** —.90

Lux, Dr. Walter, Rechtsanwalt, Schulung für die juristische Praxis. Ein induktives Lehrbuch. 3. Aufl. Lex. 8°. Abt. I (357 S.) 1932 Steif geheftet 9.80
Abt. II (250 S.) 1932 Geh. 7.—
Abt. III (224 S.) 1933 Geh. 6.40
Abt. IV (195 S.) 1933 Geh. 5.40
Schlußabt. V erscheint Frühjahr 1934.

Magunna, P., aufsichtsf. Richter, **Der aufsichtführende Richter bei den Preuß. Amtsgerichten, seine Rechte und seine Pflichten. Eine systematische Darstellung der für den aufsichtführenden Amtsrichter wissenswerten Vorschriften der Justizaufsicht und Justizverwaltung. 3., verbesserte Aufl. gr. 8°.** (XII, 250 S.) 1902. 550 gr Geh. 1.80

Müller, W., Amtsgerichtsrat, Deutsches Bau- und Nachbarrecht, unter besonderer Berücksichtigung der Preuß. Landesgesetzgeb. 2., umgearb. Aufl. gr. 8° (VIII, 143 S.) 1903. 340 gr Kart. 2.70

Petrażycki, Leo v., ord. Professor a. d. Univ. Petersburg, Aktienwesen und Spekulation. Eine ökonomische und **rechtspsychologische Untersuchung. 8°. (IV, 226 S.) 1906.** 455 gr Geb. 4.—

Petrażycki, Leo v., ord. Prof. a. d. Univ. Petersburg, Die Fruchtverteilung beim Wechsel der Nutzungsberechtigten. Vom Standpunkt des positiven Rechtes und der Gesetzgebung. Drei zivilrechtliche Abhandl. 1892. gr. 8°. (XI, 268 S.) 650 gr 5.—

— Die Lehre vom Einkommen. Vom Standpunkt des gemeinen Zivilrechts unter Berücksichtigung des Entwurfs eines bürgerlichen Gesetzbuches für das Deutsche Reich. 2 Bände.

I. Band: Grundbegriff. gr. 8°. (XII, 344 S.) 1893. 515 gr 6.70

II. Band: Einkommensersatz. 1. Grundlegung; 2. Zinsen; 3. Arbeitseinkommen, Honorar, Unternehmergewinn; Anhang: Entwurf (II), Zivilpolitik und politische Ökonomie. gr. 8°. (XVI, 628 S.) 1895. 910 gr 11.20

— Über die Motive des Handelns und über das Wesen der Moral und des Rechts. Aus dem Russischen ins Deutsche übertragen von P. Balsen. 8°. (64 S.) 1907. 100 gr 1.30

Rehbein, Dr. H., weil. Reichsgerichtsrat, Wechselordnung und Wechselstempelsteuergesetz mit Kommentar in Anmerkungen und einer Darstellung des Wechselprozesses. 8., verbesserte Aufl., bearbeitet von Dr. Mansfeld, Reichsgerichtsrat. gr. 8°. (VI, 234 S.) 1908. 470 gr Geb. 2.20

Reincke, O., Reichsgerichtsrat a. D., Die Zivilprozeßordnung. Erläuterte 6., auf Grund der Nov. vom 1. 6. 09. neubearb. Auflage von R. Wienstein, Kammergerichtsrat. Lex. 8°. VIII, 918 S.) 1910. 2200 gr Hfrz. geb. 5.40

Ritter, Dr. Carl, Vice-Präsident, Das Handelsgesetzbuch mit Ausschluß des Seerechts. Erläutert. gr. 8°. 2. Aufl. Lex. 8°. (914 S.) 1750 gr. Geh. 28.—, geb. 30.50

Ergänzungsband, enth. das Aktienrecht, folgt im Frühjahr 1933.

Samter, M. K., Amtsgerichtsrat, Kommentar zum Reichsgesetz betreffend die Abzahlungsgeschäfte v. 16. Mai 1894. 2. A. 8°. (108 S.) 1927. 200 gr Geb. 4.—

Schäfer, Dr. L., Minist.-Rat u. **Hellwig, Dr. A.,** LGDir., Straftilgungsges. u. Straftilgungsverordnung. Mit einer Samml. aller f. d. Strafregister bedeutsamen Vorschr., Erlasse u. Verfüg. 8°. (503 S.) 1926. Mit Änderungen von 1930. 610 gr. Geb. 14.40

Sellner, G., Senatspräsident, Handausgabe der Zivilprozessordnung mit Nebengesetzen. Mit den Entscheidungen des Reichsgerichtes und der Oberlandesgerichte. 8° (1021 S.) 1928. 920 gr. geb. 16.60

Senst, J., Oberlandesgerichtsrat, Handbuch für Konkursrichter. 4. Aufl. nach dem Tode des Verfassers durchgesehen von Dr. A. W. Müller, Senatspräsident in Stettin. Gr. 8° (301 S.) 1928. 560 gr. geb. 12.60

— Die Verwaltung von Konkursen nach der Reichs-Konkursordnung. 9. Aufl. Für die Praxis bearbeitet nach dem Tode des Verfassers durchgesehen von Dr. A. W Müller, Senatspräsident i. Stettin. gr. 8° (VIII, 452 S.) 1928. 750 gr. gebd. 16.20

Striemer, Albert, Rechtsanwalt, Anleitung zur Anfertigung der wissenschaftlichen Arbeit für die erste juristische Prüfung in Preußen. 4. verm. Aufl. 8°. (VIII, 120 S.) 1908. Vergriffen.

Taschenwörterbuch zum Corpus juris civilis, den Institutionen des Gajus und anderen römischen Rechtsquellen. 4/5. Aufl. kl. 8°. (IV, 172 S.) 1923. 180 gr Kart. 2.10

Vache, J., Notar, Praktische Anleitung zur Umstellung von Aktiengesellschaften, Gesellschaften m. b. H., auf Grund der Goldbilanz VO. 8°. (50 S.) 1924. 50 gr Geh. 1.30

— Interessenfragen bei der Umstellung von Kapitalgesellschaften m. Berücksichtigung der 5. Durchf. VO. zur Goldbilanz-VO. 8° (40 S.) 1925. 45 gr Geh. 1.30

Walter-Joachim-Friedlaender, Die Deutsche Gebührenordnung für Rechtsanwälte vom 7. Juli 1879 (Fassung v. 20. 5. 98) nebst allen späteren Novellen und den Gebührenvorschriften der Länder. 9. Auflage, neubearbeitet von Landgerichtsrat Dr. Adolf Friedlaender und Rechtsanwalt Dr. Max Friedlaende. Lex. 8° (864 S.) 1932. 1550 gr Geb. 32.—

Wellstein, Gg., Oberlandesgerichtsrat, Das Reichsgesetz über die Angelegenheiten der freiwilligen Gerichtsbarkeit vom 17. Mai 1898 in der Fassung vom 20. Mai 1898. Mit Erläuterungen. 2. Aufl. gr. 8°. (VIII, 434 S.) 1906. 790 gr Geb. 3.60

— Das Preuß. Gesetz über die freiwillige Gerichtsbarkeit vom 21. September 1899 mit Erläuterungen. 8°. (VI, 236 S.) 1900. 400 gr Geb. 1.80

Willenbücher, weil. Geh. Justizrat, Oberlandesgerichtsrat a. D. Reichs-Grundbuchordnung vom 24. März 1897 mit Anmerkungen und Sachregister.

4., vermehrte Aufl. bearbeitet von OLGR. G. Krause

a) Ausg. f. d. Reich. 8°. (VIII, 134 S.) 1921. 210 gr Kart. 1.60

b) Ausg. f. Preußen. 8°. (VIII, 283 S.) 1921. 365 gr Kart. 3.—

— Konkursordnung nebst Anfechtungsgesetz, erläutert. 3., neubearb. Aufl. von Dr. F. Günther, Landrichter. gr. 8°. (VI. 408 S.) 1909. 675 gr Geh. 3.60

— Das Kostenfestsetzungsverfahren und die Deutsche Gebührenordnung für Rechtsanwälte nebst den landesgesetzlichen Vorschriften in Preußen, Bayern, Sachsen, Württemberg, Baden u. Hessen. Mit Erläut. 11., völlig neubearb. Aufl. von OLGR. Fischer und RA. Dr. W. Kraemer. Gr. 8° (VIII, 582 S. u. 16 S. Tabellen). 1931. 1000 gr. Geb. 21.—

— Zivilprozeß- und Zwangsvollstreckungsverfahren. Ein Grundriß mit zahlreichen Beispielen. 3., neubearbeitete Auflage von Dr. A. Nöldeke, Oberlandesgerichtsrat in Hamburg. Mit Anhang: Gesetz vom 22. Mai 1910. gr. 8°. (XII, 448 S.) 1900. 750 gr Geb. 5.40

Zapf-Siegert, Das Biersteuergesetz vom 26 Juli 1918 mit Durchführungsbestimmungen, Nebengesetzen u. Erläuterungen. 3. Aufl. bearb. v. MinRat Siegert. 8⁰ (VI, 429 S.) 1931 500 gr Geb. 15.—

Zelter, G., Landgerichtsrat, Die statutarischen Gütererbrechte der Übergangszeit in Preußen. gr. 8⁰. (VII, 75 S.) 1901. 240 gr Kart. 2.70

Anhang:

Schulbücher.

Egal, B., (B. v. d. Lage), Manuel de la Conversation. Französische Erzählung zur Übung in der Umgangssprache für den Schulgebrauch und zum Selbstunterricht. Neunte, verb. und verm. Auflage. 8⁰. (VIII, 104 S.) 1908. 180 gr Kart. —.72

Günther, F., u. F. Boehm, Rechenbuch für höhere Lehranstalten. 20. Aufl. 8⁰. (X, 204 S.) 1925. 240 gr Geh. 1.80

Hoborn, W., Studienrat, Rechenbuch f. höhere Schulen. 1. Heft: Sexta. 3. Aufl. 8⁰. (101 S.) 1931. 150 gr Geh. 1.44

— — — 2. Heft: Quinta. 3. Aufl. 8⁰. (92 S.) 1931. 140 gr Geh. 1.35

— — — 3. Heft: Quarta. 3. Aufl. 8⁰. (104 S.) 1933. 135 gr Geh. 1.62

— — Heft 1—3 in einem Band gebunden. 400 gr 4.40

— — Ergebnisse zu Heft 1 —.90; Heft 2 —.90; Heft 3 —.72.

Koehne, Dr. E., Professor am Falk-Realgymnasium Berlin, Repetitionstafeln für den zoologischen Unterricht an höheren Lehranstalten.

I. Heft. (Wirbeltiere.) 8. Aufl. 1909. 4⁰. (5 Blatt nebst Text). 100 gr —.72

II. Heft. (Wirbellose Tiere.) 7. Aufl. 1909. 4⁰. (6 Blatt nebst Text). 115 gr —.90

Lage, B. v. d., Manual of Conversation. Exercises for Conversation for the use of schools and private lessons. (Übersetzung des „Manuel de la Conversation" par B. Egal.) 4., verbess. Aufl. 8⁰. (94 S.) 1901. 135 gr Vergriffen.

Lange, Dr. J., Prof., Direktor d. Königstädt. Realgymnasiums in Berlin, Synthetische Geometrie der Kegelschnitte nebst Übungsaufgaben für die Prima höherer Lehranstalten. Mit 55 Figuren im Text. Vierte, verbesserte Auflage. gr. 8°. (68 S.) 1921. 85 gr 1,08

Lüdke, K., Studienrat, Regeln und Beispiele zu den Rechenaufgaben in Sexta, Quinta und Quarta. 8°. (16 S.) 1925. (Ergänzung zu Günther-Böhm, Rechenbuch). geh. —.36

Petzold, Dr. H., OberstudDir., Einführung in die Chemie für den Anfangsunterricht an höheren Lehranstalten. 8° (121 S.) 1928. 225 gr. kart. 1.80

Rüdorff, Dr. Fr., Anleitung zur chemischen Analyse nebst einem Anhang: Quantitative Übungen, besonders für den Unterricht an höheren Lehranstalten. 15., verbesserte Auflage. 8°. (86 S.) 1928. 105 gr Kart. —.90

— 's Grundriß der Chemie für den Unterricht an höheren Lehranstalten. Völlig neu bearbeitet von Dr. Robert Lüpke, Oberlehrer am Dorotheenstädtischen Realgymnasium zu Berlin.

Ausg. A. Mit 274 Holzschnitten und 1 Tafel. 16., verbesserte Aufl. von H. Böttger, Professor am Dorotheenstädt. Realgymnasium in Berlin. Lex. 8°. (XII, 608 S.) 1924. 950 gr. Geb. 6.30

Ausg. A, I. Teil: Anorganische Chemie. Mit zahlreichen Holzschnitten u. 1 Tafel. Lex. 8°. (XII, 530 S.) 845 gr Geb. 5.40

Ausg. A, II. Teil: Organische Chemie Lex. 8°. (90 S.) 215 gr Kart. 1.35

Ausg. B. Mit zahlreichen in den Text gedruckten Holzschnitten und einer Spektraltafel. Bearbeitet von Dr. Hermann Petzold, Oberstudiendirektor in Berlin-Schöneberg. 19. Aufl. 8°. (X, 344 S.) 1930 540 gr Geb. 4.76

Ausg. B, I. Teil: Anorganische Chemie. Mit zahlreichen Abbildungen u. 1 Spektraltafel. 8°. (IX, 272 S.) 450 gr Geb. 4.32

Ausg. B, II. Teil: Organische Chemie. 8° (X, 74 S.) 185 gr Kart. 1.16

Rüdorff, Dr. Fr., Kurzer Leitfaden der Geologie für den Unterricht an höheren Lehranstalten. Mit 43 Abbild. u. einer geolog. Übersichtskarte. 10. neubearb. Aufl. von Dr. K. Hucke, Studienrat in Templin. 8°. (41 S.) 1925. 70 gr Geh. 1.25

— Grundriß der Mineralogie für den Unterricht an höher. Lehranstalten. Mit 70 Textabbildungen. 10. neubearb. Auflage von Dr. K. Schulz. 8°. (IV, 142 S.) 1925. 185 gr Geh. 2.70

— Grundriß der Mineralogie und Geologie. Für den Unterricht an höher. Lehranstalten. Mit zahlreichen Holzschnitten und einer geologischen Übersichtskarte von Mittel-Europa. 9. umgearbeitete Auflage von Oberlehrer Dr. Karl Schulz. 8°. (IV, 119 S.) 1915. 350 gr Geb. 1.62

Stavenhagen, Dr. A., Wölbling, Dr. H., u. Dr. Winter, Anleitung zum analyt. Unterricht in Anlehnung an die von Prof. Dr. Finkener f. d. Laboratoriumsunterricht eingeführten Methoden. 8°. (IV, 89 S.) 1906. 205 gr Vergriffen.

Wüllenweber, Dr. H., Prof., Übungsbuch zum Übersetzen ins Französische für höhere Lehranstalten. 6. Aufl. 8°. (173 S.) 1920. 305 gr Geb. 1.35

Schöne Literatur.

Beckendorff, v., Elisabeth, Goldene Worte aus der neueren deutschen Literatur gesammelt. Zweite vermehrte Auflage. Mit 5 Vollbildern in Holzschnitt. kl. 8°. (VII, 342 S.) Im. Hpgt. Vergriffen.

Natur und Herz. Ein Album, sinniger Betrachtung gewidmet. Mit 15 Kupfer-Radierungen von W. Georgy und O. Schulz. 3. vermehrte Auflage. gr. 8°. (128 S.) 920 gr Geb. 1.80

Verena, Sophie, Gedankenvoll. Aussprüche von Dichtern und Denkern. Mit Illustrationen. 3. Aufl 12°. (VII, 232 S.) 1919. 245 gr Geb. 1.80

— Von allen Zweigen. Neuere lyrische Dichtungen Mit 16 Vollbildern. 4. Auflage. 12°. (VIII, 208 S.) 1919. 275 gr Geb. 1.80

Sachregister

(Die Zahlen bezeichnen die Seitenzahl)

Stand vom 1. Dezember 1933.

Die Preise sind in Reichsmark angegeben und entsprechend der 4. NotVO. vom 8. Dez. 1931 ermäßigt.

Rechts- und Staatswissenschaftliche Werke

aus dem Verlage von

J. Schweitzer Verlag
(Arthur Sellier)

München, Berlin und Leipzig.

Abgeschlossen nach dem Stand vom 1. Dezember 1933.

Adelmann, K., Die Kraftloserklärung abhanden gekommener od. vernichteter Urkunden i. Aufgebotsverfahren nach Reichsrecht u. bayer. Landesrecht. 8°. (143 S. u. 2 Tab.) 1914. 1.80

Affolter, A., Naturgesetze u. Rechtsgesetze. gr. 8°. (62 S.) 1904. 1.60

Allfeld, Ph., Die Strafgesetzgebung des Deutschen Reichs. Slg. aller Reichsgesetze strafrechtl. u. strafprozess. Inh. m. e. Gesamtreg. 3. A. Gr. 8°. (1036 S.) 1926. Geb. 20.70

Altstötter, J., u. Ammon, W. von, Das Gerichtsvollzieherwesen in Bayern. Vorschriftensammlung mit Inh.-Verz., Sachregister u. einer Einführung in die einfachsten Begriffe des Wechselrechts. 3. Auflage. 8°. (401 S.) 1933. Kart. 8.—

Andrassy, Graf J., Interessen-Solidarität d. Deutschtums u. Ungartums. gr. 8°. (33 S.) 1916. 1.—

Arnold, A., Die Aufschlußpflicht von Vorstand u. Aufsichtsrat gegenüber d. Generalvers. nach deutschem Aktienrecht. 8°. (80 S.) 1907. 2.10

Arnold A., Entschädigungspflicht des Staates für Eingriffe in das private Flußeigentum nach bayer. Recht. Gr. 8°. (36 S.) 1931. 1.80

Balcoïano, C., Handelspolitische Bestrebungen Englands zur Erschließung der unteren Donau. E. Beitrag z. rumänischen Eisenbahn- u. Wasserstraßenpolitik. 8°. (87 S. mit 4 Taf.) 1913. 2.70

Baligand, A. von, Der Ehevertrag. Preisschrift. 8°. (161 S.) 1906. 4.—

Barthelmeß, R., Gesetz, betr. die Berufsvormundschaft vom 23. II. 1908. M. Erläut. 8°. (146 S.) 1908. Kart. 1.80

Beamtenfortbildung. Vorträge gehalten während der Fortbildungskurse f. höh. bayer. Staatsverwaltungsbeamte. Herausgeg. im Auftrage des Staatsministeriums des Innern. 1. Heft Gr. 8° (288 S.) 1928. 3.10

— — 2. Heft Gr. 8°. (183 S.) 1930 4.50

Becher, H., Die Ausführungsgesetze zum BGB. 2 Bde. u. I. Ergänzungsbd. gr. 8°. (215 Bog.) 1901. 29.— geb. 34.—

— — II. Ergänzungsband. 2 Bde. gr. 8°. (153 Bog.) 1911. 36.—, geb. 39.—

— — Die gesamten Materialien zu den das BGB. und seine Nebengesetze betreffenden bayerischen Gesetzen u. Verordnungen nebst d. einschläg. Ministerialerlassen. gr. 8°. 8 Abt. i. 9 Bänden. 1898 bis 1901. Geb. 55.—

Beer, R., Die juristische Natur der Kontingente. 8°. (87 S.) 1927. Geh. 3.60

Beermann, Fr., Die Praxis der Vertretungsverträge. 8° (56 S.) 1929. Geh. 2.70

Bergauer, J., Aufsatzlehrbuch für Polizeibeamte und Anwärter. 8°. (89 S.) 1928. steif. geh. 1.80

Berolzheimer, H., Die akzessorische Natur der Teilnahme. 8°. (60 S.) 1909. 1.60

Beyerle, K., Das Haus Wittelsbach und der Freistaat Bayern. Rechtsgrundlagen für die Auseinandersetzung zwischen Staat und Dynastie. Teil I. Lex 8°. (276 S.) 1922. 5.40

— — Die Rechtsansprüche des Hauses Wittelsbach. Lex. 8°. (106 S.) 1922. 1.80

Bloch, A., Höchstpreisüberschreitung u. Überteuerung i. Privatrecht. gr. 8°. (70 S.) 1918. 2.40

Böckel, F., Der Treuhänder f. d. feindl. Vermögen. gr. 8°. (118 S.) 1919. 3.60

— — Wirkungen d. Krieges auf Rechtsverhältn. d. Elektrizitäts- u. Gaswerke. gr. 8°. (107 S.) 1918. 2.70

Böhm, W., Über Aktionärschutz nach deutschem, englischem und französischem Recht. 8°. (122 S.) 1910. 2.70

Bonschab, Fr., Hypothekenbankgesetz v. 13. VII. 1899. 8°. (77 S.) 1900. Geb. 1.60

— — Gesetz, betr. die gemeinsamen Rechte der Besitzer von Schuldverschreibungen vom 4. XII. 1899. 8°. (47 S.) 1900. Geb. —.90

Bosenick, A., Neudeutsche gemischte Bankwirtschaft. Erster Band. Grundlegende Tatsachen: Die entwicklungsgeschichtliche Analyse der großen Aktienbanken in Berlin. gr. 8°. (376 S.) 1912. 10.—

Brumby, Wie schützt sich der Hypothekengläubiger nach dem Aufwertungsgesetz? 8°. (66 S.) 1925. geh. 2.—

Buch, Gg., Der Notweg. Seine Geschichte u. seine Stellung im heut. Recht. gr. 8°. (101 S.) 1919. 3.60

Cahn, H., Die Ansprüche des angestellten Erfinders im vorl. Entw. e. PatentG. 8°. (64 S.) 1913. 1.—

Calker, F. van, Einführung in die Politik. 8°. (188 S.) 1927. Geb. 5.80

— — Strafrecht. Grundriß zu Vorlesungen und Leitfaden zum Studium. 4. Aufl. Lex. 8°. (199 S.) 1933. Geb. 7.40

Danner, A., Kaufmann oder Kameralist in den werbenden Gemeindebetrieben vorab der mittleren und kleineren Städte? gr. 8°. (31 S.) 1913. 1.—

Decker, L., Die Vorteilsanrechnung beim Erfüllungsanspruch. gr. 8°. (75 S.) 1907. 1.60

Deumer, Rob., Industrielle Genossenschaften. gr. 8° (24 S.) 1920. —.90

Deutsche und Oesterreichische Organisation der inneren Verwaltung. 8°. (45 S.) 1927. Geh. 1.30

Dispeker, S., Die Praxis der Zwangsversteigerung u. der Zwangsverwaltung. gr. 8°. (116 S.) 1905. Geb. 2.70

Dochow, F., Auswärt. Verwaltg. gr. 8°. (18 S.) 1916. —.50

Dollacker, E., Leitfaden des bayer. Polizeirechts. 2. Aufl. 8°. (84 S.) 1927. kart. 2.70

Doering, Hz. W. L., Staat und Kirche in Bayern. System des bayer. Staatskirchenrechts. 1. Band Lfg. 1. Gr. 8° (187 S) 1928. Geh. 5.—

Doernberger, K., Die Besonderheiten der Seeversicherung. gr. 8°. (66 S.) 1911. 1.80

Eggen van Terlan, J. L., Der Unterricht des internationalen Privatrechts in Deutschland. (Sonderdr. aus BlInternPrivR 1929, Nr. 1). Kl. 8°. (25 S) 1929. —.50

Eichner, E., Die Rechtsgrundlagen der Präventivpolizei, insbes. der Präventivpolizeihaft, nach der bay. Rechtsentwicklung. gr. 8°. (111 S.) 1927. Geh. 5.40

Elsas, M., Zurück zur Goldwährung. 8°. (16 S.) 21. —.30

Engelmann, Th., Religiöse Kindererziehung. S. bei Staudingers Kommentar zum BGB. Bd IV.

Englert, F. v., Sammlung von Vorschriften für Standesbeamte im rechtsrhein. Bayern. 2. neub. Aufl. von Standesamts-Direktor S. Schorr. Ausg. für rechtsrh Bayern. Hoch 4°. (157 S.) 1922. Kart. 3.10 Ausg. für Pfalz (173 S.) 1923. Vergriffen.

Entwurf e. Jugendgerichtsgesetzes u. Entwurf e. Ges. üb. beschränkte Auskunft a. d. Strafregister u. Tilgung v. Strafvermerken nebst Begründungen. Veröff. a. Anordnung d. Reichsjustizministeriums. Reichs-Fol. (136 S.) 1920. Geh. 1.30, geb. 2.10

Entwurf eines Gesetzes zur Änderung des Gerichtsverf-Gesetzes u. Entwurf e. Ges. üb. d. Rechtsgang i. Strafsachen nebst Begründung. Veröff. a. Anord. d. RJustizministeriums. Reichs-Fol. (89 S.) 1920. Geh. 2.70, geb. 3.70

Entwürfe zu einem Deutschen Strafgesetzbuch, Veröffentl. a. Anordnung d. RJustizministeriums. Reichs-Folio. 1921.
I. Teil: Entwurf d. Strafrechtskommission. (1913). (100 S.). 2.10
II. Teil: Entwurf v. 1919. (94 S.). 2.10
III. Teil: Denkschrift zu d. Entwurf von 1919. (439 S.). 8.40
I/III geb. 15.40

Enzensberger, E., Die Herabsetzung d. Grundkapitals bei Aktienges. u. d. Aktieneinziehung. gr. 8°. (84 S.) 1911. 1.60

Eßlen, J., Das Gesetz des abnehmenden Bodenertrages seit J. von Liebig. Lex. 8°. (298 S.) 1905. 7.20

Festschrift zur Feier des fünfzigjährigen Bestehens des Bayerischen Verwaltungsgerichtshofs 1. Okt. 1879 bis 1. Okt. 1929 Gr. 8° (212 S., 1 Tab.) 1929. Steif brosch. 7.20

Fischer, K. H., Das bayerische Feuerbestattungsrecht. 8°. (83 S.). 1913. Kart. 1.—

Friedlaender, Adolf und Friedlaender, Max, Kommentar z. Rechtsanwaltsordnung vom 1. VII. 1878 3., völlig neu bearb. Aufl. Gr. 8°. (684 S.) 1930. geb. 29.20

Fromherz, P., Haftpflichtrecht. Grundriß der außervertraglichen Haftpflicht. 8°. (343 S. m. 4 Taf.) 1913. vergriffen.

Fromm, L., Das Zubehör in der Zwangsversteigerung eines Grundstückes. gr. 8°. (102 S.) 1908. 1.80

Fürnrohr, A., Bilanzbewertung u. Steuerpflicht. gr. 8°. (66 S.) 1919. 1.80

Geigel, R., Die Trennung von Staat und Kirche in Frankreich. gr. 8°. (98 S.) 1908. 2.10

Geiger, Th., Das uneheliche Kind u. seine Mutter im Recht d. neuen Staates. gr. 8°. (340 S.) 1920. 5.40

— **M. und Heß, W.,** Das Vorzugsrentenverfahren nach dem Anleiheablösungsgesetz v. 17. Juli 1925 TA. mit Anmerkungen. 8°. (145 S.) 1926. geh. 2.70

Gerlach, Ferd., Zehn Lösungen aus dem bürgerlichen Recht der Bayer. Staatsprüfungs-Aufg. 1920—1926. 8°. (92 S.) 1931 2.30
Texte der Aufgaben 8°. (44 S.) —.90

— Zehn Lösungen aus dem Strafprozeßrecht der Bayer. Staatsprüfungs-Aufg. 1921—1926. 8°. (101 S.) 1931 2.70
Texte der Aufgaben 8°. (72 S.) 1.30

Girisch, E., H. Hellmuth u. H. Pachelbel, Handwörterbuch des Bayer. Staatskirchenrechts. 2., vollst. durchgearb. u. verm. A. 8°. (534 S.) 1914. Geb. 5.40

Grebe, Die wichtigsten Sonderbestimmungen des MilStrGB. 8°. (27 S.) 1928. Geh. —.60

Griebel, A., Die Zuwachssteuer-Mustersatzung vom 6. Febr. 1926. Mit Einleitung, Erläuterungen u. Inhaltsverzeichnis. Vergriffen.

Grill, L. A., Leichen- und Begräbnispolizei in Bayern nebst Dienstanweisung für die Leichenschauer. 3. umgearbeitete Auflage. 8°. (137 S.) 1925. Kart. 4.—

Grosch, A., Strafgesetzbuch m. e. Anh. v. wichtigen Bestimmungen d. GVG. und der StPO. z. Gebrauch f. Polizei-, Sicherheits- u. Kriminalbeamte. 11. A. neubearb. v. Dr. W. Petters. 8°. (273 S.) 1933. Geb. 4.20

Groß, H., Die Erforschung des Sachverhalts strafbarer Handlungen. Ein Leitfaden f. Beamte d. Polizei- u. Sicherheitsdienstes. 6. A., bearb. v. Erwein v. Höpler. Mit zahlr. Abb. im Text. 8°. (244 S.) 1921. Geb. 2.50

— — Handbuch für Untersuchungsrichter als System der Kriminalistik. 7. umgearb. A. Von Generalstaatsanw. Dr. E. v. Höpler, Wien. 2 Bde. Gr. 8°. (1197 S.) 1922. Geb. 15.—

Gruber, W., Das Recht der pfälzischen Pfarrpfründestiftung beider Konfessionen. gr. 8°. (199 S.) 1913. 4.50

Grueber, E., Einführung in die Rechtswissenschaft. 7. Auflage. 8°. (263 S.) 1928. Kart. 4.50

Güldenstein, Fr., Das Aktienbezugsrecht. gr. 8°. (104 S.) 1914. 2.50

Handausgaben, Schweitzers braune: Siehe S. 22 ff.

Harster-Cassimir, Wassergesetz. Bayer. 2. Aufl. In Vorbereitung.

Haselberger, J., Das Stimmrecht des Aktionärs. 8°. (74 S.) 1906. 1.80

Hauser, V., Der Versorgungsanspruch d. Kriegsbeschädigten u. Kriegshinterbliebenen u. d. Zulässigkeit d. Rechtswegs. gr. 8°. (71 S.) 1917. —.90

Haussmann, Fr., Das Recht der Unternehmenzusammenfassungen 2. Teil: Die Praxis des Rechts der Unternehmenzusammenfassungen. Lex. 8°. (476 S.) 1932. Geh. 18.—, geb. 19.50

Held, H., Das preußisch-deutsche Problem. Gr. 8°. (86. S.) 1929. 1.10

Helfferich, K., Die Politik der Erfüllung. gr. 8°. (103 S.) 1922. 1.30

Hellmann, Fr., Grundriß des deutschen Urheber- und Erfinderrechts für Studierende. 8°. (82 S.) 1909. Kart. —.90

Helmreich, K. Grundriß des Bayer. Verwaltungsrechts Gr. 8° (247 S.) 1928. Kart. 7.20

Helmreich-Scheis-Steinhauser, Münchener Baupolizeirecht. 8°. (550 S.) 1927. Geb. 16.—

Herckenrath, C. R. C., Die ökonomischen Bedingungen des sozialen Lebens. I. Teil. Bedürfnis, Genuß und Wert. 8°. (192 S.) 1912. 4.—

Herzfelder, F., Stimmrecht und Interessenkollision bei den Personenverbänden des deutschen Reichsprivatrechts. gr. 8°. (175 S.) 1927. Geh. 9.—

Heß, W., Die Fürsorgegesetze im Reiche und in Bayern. 2. Auflage mit 3 Nachträgen. 1932. 8°. Geh. 4.—

Hintner, O., Das Treuhandwesen in der deutschen Volkswirtschaft. Lex 8°. (182 S.) 1926. Geh. 7.20

Hirschmann, O., Das internationale Prisenrecht nach den Beschlüssen der II. Haager Friedens- und der Londoner Seekriegsrechts-Konferenz. 8°. (164 S.) 1912. 4.—

Hoffmann, L., Das Recht des Adels und der Fideikommisse in Bayern. 8°. (271 S.) 1896. Geb. —.90

Hofmiller, O., Sammlung feuerpolizeilicher Vorschriften für Baupolizei und Feuerschau in Bayern. 2. verbesserte Auflage. Gr. 8°. (381 S.) 1933. Kart. 4.—

Homberger L., Das Recht der entstehenden Aktiengesellschaft. gr. 8°. (51 S.) 1906. 1.30

Hübel, P., Gesetzes-Materialien und Schrifttum zur Reichsverfassung 1919. gr. 8°. (26 S.) 1927. Geh. —.90

Hueck, A., Der Sukzessivlieferungsvertrag. gr. 8°. (204 S.) 1918. 4.50

Hümmer, H., Das Forstrügeverfahren i. rechtsrh. Bayern. 8°. (110 S.) 1908. Kart. —.90

Jaeger, E., Reichszivilgesetze. Eine Sammlung d. wichtigsten Reichsges. über Bürgerl. Recht u. Rechtspflege. 8. Aufl. Lex. 8°. (1567 S.) 1931. Ergänzt bis Juli 1933. Geb. 15.—

Jaehner, Th., Der Mythos vom Recht und seine empirischen Grundlagen. 8°. (219 S.) 1933. 10.—

Jaenisch, E., Die bayer. Bierbrauereien während des Kriegs u. nach dem Krieg. Gr. 8°. (252 S.) 1922. 5.40

Juller, M., Die polizeil. Untersuchung von Kraftfahrzeugunfällen. Mit zahlr. Abb. 8° (72 S.) 29. Geh. 2.50

Jung, E., J., Föderalismus aus Weltanschauung. Lex. 8°. (71 S.) 1931. 2.50

Kahn, R., Rechtsbegriffe d. Kriegswirtschaft. gr. 8°. (165 S.) 1918. 3.60

— — Deutsches und englisches Recht des schiedsrichterlichen Verfahrens. (Abgedruckt aus „Journal of comparitive Legislation Vol. XII. 1930. 8°. (42 S.) 1930 1.80

Kalb, W., Das Juristenlatein. Versuch einer Charakteristik auf Grundlage der Digesten. 2. A. gr. 8°. (90 S.) 1888. 1.80

Karger W., Kommentar zum Aufwertungsgesetz. Mit besonderer Berücksichtigung der für Banken wichtigen Bestimmungen. 8°. (221 S.) 1925. geb 8.—

Keidel, Fr., Handbuch des Verfahrens der Gerichte in Angelegenheiten der freiwilligen Gerichtsbarkeit für Bayern. gr. 8°. (415 S.) 1903. Geb. 2.70

— — Bürgerl. Gesetzbuch (Kl. Staud.) s. Schw. Handkom.

Kisch, W., Fälle a. d. bürgerl. Recht. 7./8. A. 8°. (195 S.) 1932. Kart. 4.40

— — Handbuch d. Privatversicherungsrechts. 2. Bd. Die Lehre v. d. Versicherungsgefahr. Lex. 8°. (628 S.) 1920. 11.70

— — — 3. Bd. Die Lehre v. d. Versicherungsinteresse. Lex 8°. (655 S.) 1922. 12.10

Kloß, R., Die Rechtsprech. i. Reichssteuersachen. 8°. I. Bd. 1920: enth. die zurückliegenden Jahre bis m. 1919. (250 S.) 1920. Geb. 1.30

— Die Rechtsprech. und Schrifttum i. Reichssteuersachen. 8°. Bd. II. (250 S.) 1921; Bd. III (287 S.) 1922; Bd. IV (252 S.) 1923. Geb. einzeln je 1.30

Bd. V (167 S) 1924 Geb. 2.20

Bd. VI (132 S.) 1925. Geb. 2.70

Bd. VII (185 S.) 1926. Geb. 6.30

Bd. VIII (188 S.) 1927. Geb. 6.30

Bd. IX (210 S.) 1928 Geb. 6.70

Bd. X (2?0 S.) 1929 Geb. 7.60

Bd. I—X zusammen 32.—

(Erscheint nicht weiter)

Kober, K., Erbbaurecht s. Staudingers Kommentar.

Kolb, G., Die nervös Kriegsbeschädigten vor Gericht u. i. Strafvollzug. gr. 8°. (82 S.) 1919. 1.80

Kößler, H., Handb. f. d. Praxis d. Ger. sowie f. d. Anwalts- u. Notariatsdienst. 4. Aufl. 8°. (VIII, 1070 S.) 1927/1928. Geb. 19.—

Kreß, H., Besitz u. Recht. 4°. (388 S.) 1909. 8.10

Kriener, W., Zehn Lösungen aus dem Grundbuchrecht der Staatsprüfungsaufgaben seit 1919. Kl. 8°. (95 S.) 1930. 2.70

— — Fünf Aufgaben der Prüfungen für den mittleren Justizstaatsdienst mit Lösungen aus dem Grundbuch-, Familien-, Erb- und Vollstreckungsrecht. 8°. (91 S.) 1933. 2.60

Kronacher, A., Der Werklieferungsvertrag nach § 381 Abs. 2 HGB. 8°. (71 S.) 1906. 1.60

Kronstein, Hch., Die abhängige juristische Person. Lex. 8° (149 S.) 1931. 7.60

Kubiè, W. K., Der Orient-Export. kl. 8° (140 S.) 1918. 3.10

Kunke, M., Die Kapitulationen d. Türkei, deren Aufhebung u. d. neuen deutsch-türk. Rechtsverträge. 8°. (193 S.) 1918. 5.40

Kurz, J., § 193. Beleidigung und berechtigte Interessen. Eine Sammlg. von 40 strafrechtlichen Fällen n. d. Spruchpraxis des BayObLG. gr. 8°. (28 S.) 1909. —.50

Lederer, C., Metallgeld oder Zeichengeld. Erörterungen zur „staatl. Theorie des Geldes" unter bes. Berücks. d. Geldwertproblems. gr. 8°. (53 S.) 1923. 1.20

Lehmann H., Weiß B., Unger A., Strafprozeßordnung nebst Einf.-Gesetz u. Gerichtsverfassungsgesetz. Insbesondere für die Beamten u Behörden des Polizei- und Sicherheitsdienstes. 8° (235 S.) 1928. Geb. 4.50

Leo, M., Deutsches Seehandelsrecht Buch IV, (HGB. Seehandel, in der Fassung des Ges. vom 10. V. 1897 und des Abänderungsgesetzes vom 2. VI. 1902) nebst einem Anhang, enthaltend die Nebenges. Mit Ges. v. 30 V. 1908. 8°. (427 S.) 1902. Geb. 4.—

Leonhard, R., Agrarpolitik und Agrarreform in Spanien unter Carl III. Lex. 8°. (339 S.) 1909. 6.70

Lizius, M., Handbuch der Reichssteuerverwaltung. Gr. 8°. (159 S.) 1933. Geb. 4.50

Löhr, J., Das Deutsche Bankwesen. gr. 8°. (178 S.) 1921. Geb. 3.—

Loewenfeld, Ph., Pensionskassen und Arbeitsvertrag (I. Teil). 8°. (111 S.) 1911. 2.50

Loewenstein, K., Minderheitsregierung in Großbritannien. Lex. 8°. (75 S.) 1925. Geb. 2.70

Löwenstein, V., Gemeinverständl. Führer durch das Aufwertungsgesetz n. d. neuen Durchf.Best. 8°. (58 S.) 1926. kart. 2.20

Luetgebrune, W., Die Stellung des Rechtsanwalts im neuen Staat. 8°. (10 S.) 1933. —.60

Mandel, Ed., Die primäre Baulast a. d. Pfründegebäuden in Altbayern. 8°. (99 S.) 1908. 2.50

Maenner, K., Das Sachenrecht nach dem BGB. und der GBO. 2. A. gr. 8°. (557 S.) 1906. Geb. 6.30

Marquard, O., Die öffentlichen Wassergenossenschaften des neuen bayerischen Wasserrechts. gr. 8°. (81 S.) 1910. 1.80

Marton, G., Verschuldensprinzip — Verursachungsprinzip. 8°. (53 S.) 1926. 1.80

Marx, A., Firmenrechtliche Grundbegriffe. 8°. (235 S.) 1912. 4.50

Matthiolius, K., Der Rechtsschutz geograph. Herkunftsangaben. 8°. (80 S.) 1929. Kart. 3.10

Mattil, Friedr., Zehn Lösungen aus dem Strafrecht der Staatsprüfungsaufgaben 1926—1929. 8°. (141 S.) 1930. 3.60

Maunz, Th., Hauptprobleme des öffentlichen Sachenrechts. Eine Studie zur Methodik und Dogmatik des deutschen Verwaltungsrechts. Gr. 8° (332 S.) 9.—

Mayer, Bernh., Das Privatrecht d. Krieges i. materieller u. formeller Beziehung. Lex. 8°. (290 S.) 1915. Brosch. 3.60, geb. 4.50

Mayer, H., Die Untreue im Zusammenhang der Vermögensverbrechen. Gr. 8°. (358 S.) 1926. Geh. 9.—

Meikel, G., Das bürgerliche Gesetzbuch nebst EG. mit Wiedergabe d. verwiesenen Paragraphen u. ausführl. Sachreg. gr. 8°. (614 S.) 1900. Geb. 1.80

— **-Imhof, W.,** Kommentar zur Grundbuchordnung mit bes. Berücks. Bayerns. 3. Aufl. Lex. 8°. (729 S.) 1932. Geb. 34.30

Meisner, Chr., Das in Bayern geltende Nachbarrecht. 3. Aufl. Gr. 8°. (606 S.) 1923. Geb. 8.50

— — Das Viehgewährschaftsrecht. 3. Aufl. 8°. (301 S.)

— — D. Eigentumsvorbeh. Gr. 8°. (82 S.) 1932. Geh. 2.80

1927. Geb. 9.—

— — und **H. Stern,** Das in Preussen geltende Nachbarrecht. Gr. 8°. (637 S.) 1927. geb. 17.—

— — Oie Hager Friedenskonf. I. Bd. Eas Rriedensgr. 8°. (74 S.) 1906. 2.70

Meurer, C., Die Haager Friedenskonf. I. Bd. Das Friedensrecht d. Haager Konferenz. gr. 8° (702 S.) 1907. 13.50

— — II. Bd.: Das Kriegsrecht der Haager Konferenz. gr. 8°. (702 S.) 1907. 23.40

— — Luftschiffahrtsrecht. gr. 8°. (45 S.) 1909. 1.30

Meyer zu Schwabedissen, Fr., Arbeitslosigkeit und Wirtschaftspolitik. Kl. 8°. (44 S.) 1931. kart. 1.30

Moser, F., Die Wuchergrundgeschäfte im StGB. 8°. (31 S.) 1909. —.70

Moufang, W., Die gegenwärtige Lage des deutschen Buchwesens. gr. 8°. (62 S.) 1921. 1.30

Muehlon, W., Die rechtliche Stellung der Kirche auf dem Gebiete des bayerischen Volksschulwesens. 8°. (63 S.) 1904. 1.60

Müller, E., Das Deutsche Urheber- und Verlagsrecht. I. Band: 1. Teil: Urheberrechtsgesetz an Werken der Literatur und Tonkunst. 2. Teil: Die internationalen Urheberrechtsbeziehungen des Deutschen Reichs. 3. Teil: Verlagsrechtsgesetz. 8°. (433 S.) 1901. 3.60, geb. 4.50

— — II. Band: 1. Teil: Urheberrechtsgesetz an Werken der bildenden Künste und der Photographie. 2. Teil: Die internationalen Urheberrechtsbeziehungen des Deutschen Reichs betr. den Schutz der Werke der bildenden Künste u. der Photographie. 8°. (340 S.) 1907. 2.70, geb. 3.60

Die Bände sind einzeln käuflich.

Müller, G. u. G. Meikel, Das Bürgerliche Recht des Deutschen Reichs. Systematisch dargestellt und durch Beispiele erläutert. 2. A. Lex. 8°. (1881 S.) 2 Bde. 1904. 4.50 geb. 7.20

Müller, E., u. Schmidt, G., Das Vereinsges. m. d. Vollzugsvorschr. d. Bundesst. 8°. (411 S.) 1909. Geb. 4.50

Nagata, K., Das Grundbuch und die Rollen des gewerblichen Rechtsschutzes im deutschen u. japan. Recht. Gr. 8°. (137 S.) 1929. 3.60

Naegele, O., Die Wasserversorgung i. Bayern unter Zugrundelegung d. neuen bayer. Wassergesetzes. 8°. (111 S.) 1908. 2.50

Nationalsozialistischer Juristenkalender, 1. Jahrgang 1934. Herausgeg. vom Bunde nationalsozialistischer Deutscher Juristen. Mit Terminkalender. Geb. ca. 1.—

Nawiasky, Hs., Bayer. Verfassungsrecht. Gr. 8°. (581 S.) 1923. Geh. 7.50, geb. 9.50

Neuburger, F., Beiträge zur Lehre von den Realgewerbegerechtigkeiten nach bayerischem Landeszivilrecht 8°. (37 S.) 1913. —.90

Neumeyer, K., Historische und dogmatische Darstellung des strafbaren Bankerotts. Gekrönte Preisschrift. Lex. 8°. (202 S.) 1891. 3.60

— — — Die gemeinrechtliche Entwickelung des internationalen Privat- und Strafrechts bis Bartolus. Erstes Stück: Die Geltung der Stammesrechte in Italien. gr. 8°. (320 S.) 1901. 7.20

— — — — Zweites Stück: Die gemeinrechtliche Entwicklung bis zur Mitte des 13. Jahrhunderts. gr. 8°. (160 S.) 1916. 5.80

— — Internationales Privatrecht. 2. Aufl. Lex. 8°. (39 S.) 1930. 1.80

— — Internationales Verwaltungsrecht. Innere Verwaltung. I. Bd. Lex. 8°. (568 S) 1910. 14.40

— — — Innere Verwaltung. II. Bd. Lex. 8°. (749 S.) 1922. 18.90

— — — Innere Verwaltung. III. Bd. 1. Abt. Lex. 8°. (305 S.) 1926. Geh. 13.50

— — — Innere Verwaltung. III. Bd. 2. Abt. Lex. 8°. (396 S.) 1930 24.30

Oberbergpolizeilichen Vorschriften, Die, für Bayern. TA. mit Anm. und Sachreg. 4. Aufl. 8°. (71 S.) 1927. Geh. 1.10

Osteuropa-Institut in Breslau: Quell. u. Stud. s. Römer.

Pesl, L. D., Das Dumping. gr 8°. (147 S.) 1921. 3.30

Pestalozza, A. Graf von, Der Begriff der Mentalreservation i. S. des § 116 BGB. 8°. (65 S.) 1904 1.60

Petzl, C., Die Behandlung der literarisch-musikalischen Werke nach geltendem Recht 8°. (61 S.) 1911. 1.40

Pfordten, Th. von der, Staat u. Recht bei Schopenhauer. gr. 8°. (16 S.). 1916. —.50

— — Die Behandlung des Nachlasses von Ausländern. M. bes. Rücks. a. d. bayer. Verhältnisse. 8°. (63 S.) 1904. 1.—

— — An die deutsche Nation zum 9. November 1933. Fünf Aufsätze, eingeleitet von Staatsminister Dr. Hans Frank. 8°. (74 S.) 1933. 2.40

Pichl, J. u. Zöller, R., Lösungen zu den bayer. jurist. Universitäts-Schlußprüfungs-Aufgaben von 1921 bis 1930/31 mit Ausnahme der öffentlichrechtl. Aufgaben. 8°. (104 S.) 1932. Geh. 3.—

Pickel, K., Die Staatsaufsicht üb. d. Selbstverwaltungsverbände d. Weißen i. Deutsch-Südwest- u. Deutsch-Ostafrika vor d. Weltkrieg. gr. 8°. (87 S.) 1916. 2.50

Pieper, P., Ehescheidung oder Zwangsehe? gr. 8°. (15 S.) 1921. —.20

Pirner, Chr., Die Stellung des Polizeioffiziers in der Polizeiverwalt. u. seine Ausbild 8°. (48 S.) 1926. 1.30

Polzer, W., Gaunerwörterbuch. gr. 8°. (108 S.) 22. 1.40

— — Handbuch f. d. praktischen Kriminalpolizeidienst. Ein Lehrbuch. gr. 8°. (273 S.) 1922. Geb. 2.80

— — Prakt. Leitfaden f. kriminalistische Tatbestands-Aufnahmen. 3. A. 8°. (136 S.) 1921. Geh. 1.40

Prager, Fr., Schiedsrecht. 8°. (191 S.) 1931. 5.—

Reddemann, Brandbekämpfung auf dem Lande. 6. Aufl. kl. 8°. (85 S.) 1931. 1.—

— Organisation der Brandbekämpfung. 3. Aufl. kl. 8°. (119 S.) 1929. Geh. 1.30

Rehm, H., Die Bilanzen der Aktiengesellschaften, Gesellschaften m. b. H., Kommanditgesellschaften auf Aktien, eingetr. Genossenschaften, Versicherungsvereine auf Gegenseitigkeit, Hypotheken- und Notenbanken und Handelsgesellschaften überhaupt nach deutschem u. österreichischem Handels-, Steuer-Verwaltungs- u. Strafrecht. Vergriffen.

— — Modernes Fürstenrecht. gr. 8°. (488 S.) 1904, 11 20, geb. 12.60

— — Prädikat- und Titelrecht der deutschen Standesherren. Lex. 8°. (367 S.) 1905. 10 30

— — Oldenburg. Thronanw. Lex 8°. (74 S.) 1905. 1.80

Reichsgerichtsentscheidungen in kurzen Auszügen. Herausgegeben vom Deutschen Richterbund.

Zivilsachen: Bd. 76—100 je —.80
Bd. 101—130 je 1.—
Bd. 131—139 je 2.—

Gesamtregister zu Bd. 83—119 (235 S.) 6.—
„ zu Bd 120—130 (59 S.) 1 80
Serienpreis: Bd. 76—139 mit 2 Reg. 66.—
Bd. 81—139 mit 2 Reg. 59.—
Bd 91—139 mit 2 Reg. 52.—
Bd. 101—139 mit 2 Reg. 45.—
Bd. 111—139 mit 2 Reg. 36.—
Strafsachen: Bd. 45—55 je —.80
Bd. 56—60 je 1.—
Bd. 61—66 je 2.—
Gesamtregister zu Bd. 45—60 (106 S.) 3.70
Serienpreis: Bd. 45—66 mit Register. 25.—

Reindl, M., Kommentar zum Bayer. Beamtengesetz. Gr. 8°. (1319 S.) 1914. Vergriffen.

Reus, A., Polizei- u. Selbstverwaltung insbes. im Rahmen d. Bayer. Gemeinderechts. 8° (111 S.) 1929. Geh. 3.20

Riezler, E., Deutsches Urheber- und Erfinderrecht. Eine systematische Darstellung. I. Abt. Allgem. Teil. Besonderer Teil: Urheberrecht an Schriftwerken und Tonwerken; Urheberrecht an Kunstwerken und Photographien; Geschmacksmusterrecht. Lex. 8°. (506 S.). 1909. 7.20

— — Das Rechtsgefühl, Rechtspsychologische Betrachtungen. 8°. (164 S.) 1921. 1.80

Römer, M. von, Die Verfassungsreform Litauens vom J. 1928. (Aus Quellen u. Studien des Osteuropainstituts Breslau, Abt. Recht. Neue Folge: 7. Heft) Gr. 8°. (41 S.) 1930. 2,10

Rosenberg, R., Verjährung und gesetzliche Befristung nach dem bürgerl. Recht. 8°. (150 S.) 1904. 2 70

Rosenthal, A., Die Unterlassungsklage. Lex 8°. (87 S.) 1916 2.—

Rosenthal, K., Die Sachlegitimation. Preisschrift. 8°. (82 S.) 1903. 1.80

Rottmann, H., Verwaltung und Verwaltungsgerichtsbarkeit. (SA. aus „Annalen des Deutschen Reiches 1930“.) Lex. 8°. (77 S.) 1931. 2.70

Samer, M., Prakt. Führer durch das bayer Gemeindewahlrecht. 8° (37 S.) 1929. Geh. 1.—

Sauer, K., Das deutsche Eheschließungs- und Ehescheidungsrecht. gr. 8°. (789 S.) 1909. Geb. 14.40

— — Testamente und Erbverträge in Bayern nebst einer kurzen Darstellung des gesetzlichen Erbrechtes, des Pflichtteilsrechtes u. Nachlaßverfahrens sowie einem Anhang, enth. Muster f. Testamente u. Erbverträge. gr. 8°. (459 S.) 1903. Geb. 5.40

Schad, K., Kommentar zum Gesetz das Nachlaßwesen betr. vom 9. VIII. 1902. Nebst den §§ 86—99 FGG. gr. 8°. (369 S.) 1904. Geb. 3.60

Schanz, H., Die Zwangshypothek. Forschungen zu ihrer Geschichte u. Theorie I. Heft. Die gerichtl. Hypothek des franz. Rechts in ihrer geschichtl. Entwicklung u. Verbreitung. 8°. (240 S.) 1910. 5.80

— II. Heft, Die Zwangshypothek des deutschen Rechts in ihrer gesetzlichen Entwicklung u. Verbreitung. 8°. (22 S.) 1931. 7.—

Schelhorn, R. von, Die Allgemeine Dienstordnung für die bayer. Staatsbehörden. 8°. (160 S.) 1933. Kart. 4.50

Scheurl, Frh. von, E., Staatsgedanken des Reichsfreiherrn Karl vom Stein. 8°. (19 S.) 1931. 1.—

Scheppler, F., Alimentationspflicht der Ehegatten. 8°. (51 S.) 1909. 1.—

— P., Die Prozeßführung der im ordentlichen gesetzlichen Güterstand lebenden Ehefrau. 8°. (60 S.) 1909. 1.30

Schiedermair, J., Die strafrechtlichen Nebengesetze Bayerns. Erläutert. gr. 8°. (949 S.) 1912. Geb. 3.60

Schmid, Jos., Die Lohntheorie der christl. Gewerkschaften. (SA. aus „Annalen des Deutschen Reichs" 1931). Gr. 8°. (54 S.) 1931. 2.—

Schmidt, Chr., Anleitung z. anwaltschaftlichen Geschäfts- und Buchführung. 8°. (20 S.) 1921. 0.20

Schmidt, E., Das Verbrechen als Ausdrucksform sozialer Entmutigung. Gr. 8°. (83 S.) 1931. 3.—

Schnabl A., Zehn Lösungen aus dem bürgerl. Recht der Staatsprüfungsaufgaben 1927/32 nebst Anleileitung zur Bearbeitung von Staatsprüfungsaufgaben. 8°. (109 S.) 1933. 2.60

Schneickert, H., Signalementslehre. Handb. d. Personenbeschreibg. f. Polizeibehörden, Polizei- und Gendarmerieschulen. Mit zahlr. Illustrat. 2. Aufl. 8°. (166 S.) 1922. Geb. 2.70

Schröter, K., Rücktritt vom Kartell. 8°. (116 S.) 1927. 4.50

Schulte, Fr., Die Sozialisierung d. bayer. Hypothekenbanken. gr. 8°. (24 S.) 1919. —.90

Schultz, H., Der Betrug i. Immobilienverkehr i. s. zivilrechtl. Bedeutg. n. d. Rechtspr. d. RG. 2. neub. Aufl. gr. 8°. (115 S.) 1923. 2.—

Schuntner, A., Die Vorabentscheidung über den Grund des Anspruchs. 8°. (104 S.) 1913. 1.80

Schwab, S., Grundriß des materiellen Liegenschaftsrechts des BGB. unter Berücks. d. bayer Ausführungs- u Übergangsvorschr. 8°. (88 S.) 1905. 1.80

Schweitzers Hand- und Textausgaben: S. S. 22 ff., 26 ff.

Schweitzers Handkommentare. Siehe S. 22

Schweitzers Terminkalender f. bayer. Juristen. 1934. 70. Jahrg. Geb. 5.—

Schweitzers Zettelausgabe Nr. 19, enth. die Änderungen des GenG., BGB., HGB., GmbHG., ScheckG., WechselstG., GVG., ZPO durch Gesetze vom 16. 12. 1929, 25. 3. 1930, 28. 3 19 0, 27. 3. 1930. —.90

— Nr. 20, enth. Änderungen der ZPO., des GKG., der RAGebO. durch Gesetz v. 25. 7. 1930. —.30

— Nr 21, enth. die Änderungen des HGB. und des VersAufsGes. durch die VO v. 13. IX 1931. —.80

— Nr. 22, enth. die wichtigsten strafrechtlichen Notverordnungen und Gesetze aus 1933. —.80

— Nr. 23, enth. Änderungen der ZPO., des ArbGer.-Ges.: GKG. und der StPO. durch die VO. vom 17. IV. 1933. —.40

Schwerin, Cl. Frhr. von, Schuld und Haftung im geltenden Recht. 8°. (43 S.) 1911 1.30

Schworm, Fr., Die bayerische Textilindustrie und ihre Entwicklung seit 1875. Mit zahlr. statist. Tabellen. gr. 8°. (239 S.) 1904. 5.40

Seidlmayer, H., Das schwurgerichtl. Verfahren im Lichte des Reichsgerichtes. 2. umgearb. A. gr. 8°. (179 S.) 1914. 3.60

Silberschmidt, W., Das deutsche Arbeitsrecht. Einltg.: Das allgem Arbeitsrecht. Gr 8°. (47 S.) 1923. —.70

— — — I. Band, I. Teil: Das deutsche Arbeitsrecht im weiteren Sinne. Gr. 8°. (351 S.) 1926. 6 70

— — — I. Bd., II. Teil: Das deutsche Arbeitsrecht im eng. Sinne. 1. Stück. Gr. 8°. (197 S.) 1929. 5.—

Sperlich, O., Das Recht der Gemeindebetriebe. (SA. aus „Annalen des Deutschen Reichs" 1931. Gr. 8° (100 S.) 1931. 4.—

Staatsprüfungsaufgaben für den höheren Justiz- und Verwaltungsdienst in Bayern.

Die Jahrg 1880—84, 1896—98, sind vergriffen,
1885—1895, 1899 je —.80
1900—1905 (Sammelband, nur Zivilr. u. Strafr. betr.) 5.—
1906—1908 je 1.—
1909—1913, 1916—1918, (1919 (I), 1919 (II) je —.80
1920 (I), 1920 (II), 1920 III), 1921 (I), 1921 (II), 1922 (I) je 1.—
1922 (II), 1923 (I), 1923 (II), 3 Hefte in einem Bande 4.00
1924 (I), 1924 (II), 1925 (I), 1925 (II) 1926 (I), 1926 (II) je 1.30
1927 (I), 1927 (II), 1928 (I) je 1.50
1928 (II), 1929, 1930, 1931, 1932, 1933 je 2.—
Serienpreis: 1900—1933 (43 Hefte) 41.—
„ 1919 (I)—1933 (26 Hefte) 30.—

Stahl, L., Die sogenannte clausula rebus sic stantibus im BGB. 8°. (87 S.) 1909. 2.—

Staudingers Kommentar zum Bürgerlichen Gesetzbuch und dem Einführungsgesetz. 7.—8. Aufl. (Vollendet im Dezember 1914).

Bd. I—VII m. 3 Erg.-Bd In Kunstleder. Geb. 100.—
Von d. 7.-8. Aufl. können noch einz. abgegeb. werden:
Erg.-Bd. zu Bd. III: Erbbaurecht, von Dr. K. Kober. 2. A. Lex. 8°. (140 S.) 1922. Geb. 3.20

Erg.-Bd. zu Bd IV: Das RGes. über die religiöse Kindererziehung v. 15 7. 21. Von Dr. Th. Engelmann. Lex. 8°. (139 S) 1922. Kart. 3.—

Gesamtnachtrag, von E. Riezler, F. Keidel, K. Kober, Th. Engelmann und F. Herzfelder. Lex. 8°. (486 S.) 1922. Geh. 6.—, geb. 8.—

Staudingers Kommentar zum Bürgerlichen Gesetzbuch und dem Einführungsgesetz. 9. neubearb. Aufl.

Bd. I (Einleitung, Allgemeiner Teil). (Lfg. 2 und 4 des Ges.-Werkes). Erl. von Dr. E. Riezler Lex. 8°. (921 S) 1925 In Halbleder geb. RM 36.90

Bd. II (Recht der Schuldverhältnisse). Teil 1, §§ 241 432 (Lfg. 14, 20, 26, 27 des Ges.-Werkes) Erl. von Dr. A. Werner. Lex. 8°. (1032 S.) 1930. In Halbleder geb. RM 45.—

Bd. II Teil 2: §§ 433—630 (Lfg. 15, 18, 21 des Ges.-Werkes). Erl. von Dr. K. Kober, und Dr. H. Nipperdey, Lex. 8°. (1132 S.) 1928. In Halbleder geb. RM 37.80

Bd. II Teil 3: §§ 631—853 (Lfg. 22, 23 u. 25 des Ges.-Werkes) Erl. von Dr. K. Kober u. Dr. Geiler. Lex 8°. (1088 S) 1929. In Halbleder geb. 45.90

Bd. III (Sachenrecht) (Lfg. 1, 3, 5—7 des Ges.-Werkes). Erl. von Dr. K. Kober. Lex. 8°. VIII (1580 S.) 2 Teile. 1926. In Halbled geb. RM. 66.10

Bd. IV (Familienrecht). (Lfg. 8, 9, 11, 12 des Ges-Werkes). Erl. von Dr. Th. Engelmann, hrgg. von F. Keidel Lex. 8°. VIII, (1755 S.) 1926. 2 Teile. In Halbleder geb. 70.20

Bd. V (Erbrecht) (Lfg. 10, 13, 16, 17 des Ges.-Werkes). Erl. v. Dr. F. Herzfelder. Lex. 8°. IX, (1154 S.) 1928. In Halbleder geb. RM 46 80

Bd. VI (Einführungsges). Teil 1: Art. 1—6, 32—218 (Lfg. 19 u. 24 des Ges.-Werkes) Erl. von Dr. F. Keidel. Lex 8°. (628 S.) 1929. In Halbleder geb. 29.30

Bd. VI. Teil 2. Art. 7—31 (Lfg. 28, 29 des Ges.-Werkes). Intern. Privatrecht, erl. v. Dr. L. Raape. Lex. 8°. (866 S.) (Einzeln zu haben). In Halbl. geb. 41.40

Bd. VII. (Alphabet. Gesamtregister.) (Lfg. 30 des Gesamt-Werkes). Von F. Keidel. Lex. 8°. (296 S.) In Halbleder geb. 14.40
Gesamtpreis: 7 Bände in 12 Teilbänden mit zusammen 10180 S. In Halbleder geb. 433.80

Steiner, A., Gesetz über die Zwangsversteigerung u. die Zwangsverwaltung v. 24. 3. 97. Mit besonderer Berücksichtigung der bayer. Ausf.Best. u. mit Beispielen. 4. neub. Aufl. Lex. 8°. (615 S.) 1929. Geb. 30.60

Steinhauser, A. u. L., Deutsches Elektrizitätsrecht. Gr. 8°. (172 S.) 1928. Geb. 6.30

Steinlein, A., Die Form d. Kriegserklärung. gr. 8°. (144 S.) 1917. 2.70

Stenger, Herm., Das bayer. Gemeindevermögensrecht. Systemat. Darstellung unt. bes. Berücks. d. rechtsrhein. Verhältnisse. gr. 8°. (427 S.) 1918. 2.70

Stern, E., Der Höchstpreis. Eine syst. Untersuchg. auf Grund der Erfahrungen der deutschen Kriegswirtschaft. Gr. 8°. (313 S.) 1923. 9.—

Stöhr, Karl F., Der Baukredit. gr. 8°. (172 S.) 1921. 3.20

Stoiber, H., Die Strafvollstreckung. Ein Handb. f. bayer. Strafvollstreckungsbehörden. 12°. (226 S.) 1930. geb. 4.80

Stölzle, H., Der deutsche Rechtsfriede? Ein Beitrag z. Frage d. Güteverfahrens. gr. 8°. (64 S.) 1917. 1.80

Strauß, E., Das Fundrecht d. BGB. 8°. (78 S.) 1908. 1.80

Streber, R., Wille und Interesse des Geschäftsherrn bei der Geschäftsführung ohne Auftrag. (§§ 677 bis 687 des BGB.). 8°. (59 S.) 1907. 1.40

Süß, G., Abtretung künftiger Ansprüche. 8°. (88 S.) 1910. 2.50

Tartaruga, U., Münzverbrechen und ihre Bekämpfung kl 8°. (53 S.) 1926. Geh. 1.40

Teschemacher, H., Der Berufsstand im Lichte der Staatslehre und die Rechtsstellung der berufsständischen Organisation im Rahmen des Art. 165 RV. 8°. (99 S.). 1933. 3.—

Textausgaben, Schweitzers blaue, S. S. 26 ff.

Universitäts-Schlußprüfungs-Aufgaben, Juristische in Bayern. Jahrg. 1921—29. kl. 8° (108 S.) 1929. Geh. 2.20

Universitäts-Schlußprüfungs-Aufgaben, Juristische in Bayern. Jahrgang 1929/30. (8 S.) 1930. —.30
— — Jahrgang 1930/31 (9 S.) 1931. —.30
— — Sommerhalbjahr 1931 (7 S.) 1931. —.30
— — Winterhalbjahr 1931/32 (11 S.) 1932. —.30
— — Sommerhalbjahr 1932 (11 S.) 1932. —.30
— — Winterhalbjahr 1932/33 (15 S.) 1933. —.30
— — Sommerhalbjahr 1933 (7 S.) 1933. —.25

Vervier, Hch., Der Rechtswechsel im öffentl. Recht u. seine Einwirkg. auf gleichwertige öffentl.-rechtl. Normen. Gr. 8°. (197 S.) 1923. 5.40

Wassermann, R., Die Steuererklärung nach dem neuen bayer. Gewerbesteuergesetz. Gr. 8° (25 S.) 1927. 1.30

Wegelin, W., Tauschsozialismus und Freigeld. 8°. (126 S.) 1921. 3.10

Weigand, Gesetz über Schußwaffen u. Munition vom 12. 4. 1928 unter besonderer Berücksichtigung der bayer. Verhältnisse. kl. 8° (48 S.) 1928. Geh. —.70

Weiß, Chr., Verjährung und gesetzliche Befristung. Preisschrift. 8°. (155 S.) 1905. 3.20

Weisbecker, W., Die Grundschuld in ihren Beziehungen zur persönl. Forderung. gr. 8° (48 S.) 1922. —.90

Weißenhorn, A., Bankdepotges. § 8 m. bes. Berücks. d. kaufm. Zurückbehaltungsr. 8°. (83 S.) 1913. 1.80

Weishäupl, Mich., Zwei Großhandelskartelle der Textilbranche. 8°. (65 S.) 1924. 2.70

Weitpert K. und W. Richter, Die Rechtsverfolgung der Unterhaltsansprüche unehelicher Kinder im Ausland. Gr. 8°. (176 S.) 1929. 9.—

Weyl, R., System der Verschuldensbegriffe im BGB. Lex. 8°. (676 S.) 1905. 10.80

Wilhelm, Osk., Der Einfluß d. Krieges auf Privatverträge. gr. 8°. (56 S.) 1916. 1.30

Wonhas, W.. Das Bayer. Forstgesetz. Kommentar. Mit den Vollzugsvorschriften, dem Aufforstungsgesetz u. dem Pfälz. Forststrafgesetz. 8°. (545 S.) 1931. Geb. 27.—

Zahn, F., Die Statistik in Deutschland nach ihrem heut. Stand. In Verbindung mit hervorragenden deutschen Statistikern Georg von Mayr zu seinem

70. Geburtstage (am 12. II. 1911) als Ehrengabe dargebracht gr. 8°. 2 Bde. (849 u. 1031 S.). 1911. 30.—

Zahn, F., Wirkung der deutschen Sozialversicherung. Mit Nachtrag, Die Sozialversicherung und der gegenwärtige Krieg. Lex. 8°. (116 S.) 1915. 2.70

— — Stadt u. Land, Bayern u. d. Reich i. d. Kriegsernährungswirtschaft. 8°. (21 S.) 1918. 0.50

Zehnter, J., Versicherungsvertragsgesetz. 8°. (320 S.) 1909. Geb. 4.50

Zeller, A., R. Wassermann und A. Mayer, Die Geldentwertung als Kredit-, Kalkulations- und Besteuerungsproblem. 8°. (104 S.) 1921. —.90

Ziegler, G., Sammlung in der Praxis oft angewandter Verwaltungsgesetze nebst Verordnungen für Bayern. 5. Aufl. 1927. Bd. I: Reichsgesetze u. VO. (798 S.) Bd. II: Bayer. Gesetze u. VO. Gr. 8°. (1067 S.) m. Nachtrag 1928 (118 S.) Geb. 33.30 Nachtrag einzeln 2.10

Zimmermann, H., Formularbuch für bayerische Notariate. 8°. (125 S.) 1910. Kart. 2.70

Zizek, Meinen Kritikern (Sonderdruck a. Allg. Statist. Archiv. Bd. XIV.) Lex. 8°. (48 S.) 1924 1.—

Schweitzers Handkommentare:

Bürgerliches Gesetzbuch, (Kleiner Staudinger) auf Grund v. J. v. Staudingers Kommentar bearb. v. *F. Keidel*, ObLGRat. 3 Auflage (1231 S.) 1931. geb 18.90

Verfassung des Deutschen Reichs. Erläutert v. *L. Gebhard*, Reg.-Rat I. Kl. (622 S.) 1932. Geb. 24.70

Schweitzers (braune) Handausgaben:

Angestellten-Versicherungsgesetz. Erläutert v. Senatspräs. *K. Meinel*. München. 3. A. (598 S.) 1926. geb. 14.80

Aufenthalts- u. Freizügigkeitsgesetz. Mit Vollz.-Vorschr. u. den einschläg. Gesetzen (z. B: Zigeunergesetz). Von MinRat *Dr. Gg. Ziegler*, München. 4. Aufl. (210 S.) 1930 Geb. 6.90

Ausführungsgesetz, Bayer., zum Bürgerl. Gesetzbuch. Mit den einschl. Verordnungen. Erl. von Landg.-Dir. *H. Steinert*, Kempten. (216 S.) 1930. geb. 7.90

Bauordnung, die bayer., v. *G. Heilmann-K. Weinisch.* Bez.-Amtm., Schweinfurt. 3. Aufl. (708 S.) 1931. Geb. 12.60

Beamtenbesoldungsgesetz, Bayer. 2. Auflage bearb. v. MinRat. *A. Legat* München (455 S.) 1928. Geb. 8.10

Berggesetz, Bayer. 3. Aufl bearb. v. ORR. *L. Nothaas* u. RR. *H. Miesbach* (988 S.) 1927. Geb. 25.60

Bürgerliches Gesetzbuch, (Kleiner Staudinger) auf Grund von J. von Staudingers Kommentar bearb. v. *F. Keidel.* s. Schweitzers Handkommentare.

Erbschaftsteuergesetz, Erläuterungsbuch mit sämtl. einschläg. Gesetzen u. Verordnungen nach dem Stand vom 1. Juli 1924. Von *Dr. F. W. R. Zimmermann*, Kammerpräs. a. D. in Braunschweig und RegRat *D. Ludewig* in Braunschweig. 4. Aufl. (681 S.) 1925. Mit Nachtrag 1926. Geb. 13.50

Ertragssteuergesetze, Die bayer., Bd. I: Grund- u. Haussteuergesetz. M.d.Vollz.-Vorschr. Erl v. Reg.-Rat *Dr. H Berolzheimer*, Speyer. (110 S.) 1922. Mit Nachtrag 1931. (28 S.) 3.60

Bd. II: Gewerbsteuergesetz. Mit Vollzugsvorschr. Erl. von RA. *Dr R. Wassermann*, München. 2. Aufl. (293 S.) 1927 geb. 7.60

Bd. III: Hausiersteuergesetz. Mit d. einschl. Gesetzen u. den Vollzugsvorschr. Erl. von RegR. *L. Jacob*, Pegnitz. 2. Aufl. (239 S.) 1923. 4.10

Fischereigesetz, Bayer., vom 15. VIII. 08 mit der Landesfischereiordg v. 23. III. 09 u. allen Vollz.-Vorschr von *J. Bleyer*, Staatsrat im Bayer. Staatsmin. d. Äuß. 3. Aufl (310 S.) 1925. Geb. 10.80

Flurbereinigungsgesetz, Bayer, M. d. Vollz.-Vorschr. Erl. v. MinRat. *Dr. Gg. Seubelt* in München. (404 S) 1923. Mit Nachtrag. Kart. 6.30

Fürsorgepflicht-VO. Mit sämtl. einschläg. Bestimmungen u. dem bayer Fürsorgegesetz. Erl. von MRat *Baumann* u. RegRat. *W. Heß*, München. In Vorbereitung (S. a. oben unt. *Heß*, Fürsorgepflicht).

Gemeindeordnung, Bayer. Erl. von Geh.-Rat Prof. *Dr. W. Laforet*, Würzburg, Staatsrat *v. Jan*, München u. RR. *M. Schattenfroh*, München. Kl. 8°. 2 Bände. (1612 S.) 1927/31. Geb. 37.80

Gemeindeordnung, Bayer., Die wahlrechtlichen Bestimmungen der. Erl. v. Staatsrat *H. v. Jan*, Münch. 8°. (283 S.) kart. 4.40

Gerichtsbarkeit, Gesetz über freiw. Erl. v. OberstLGR. *F. Keidel*. 3. A. (491 S.) 1925. geb. 10.—

Geschlechtskrankheiten, Gesetz zur Bekämpfung der. Erläutert von *Dr. A. Hellwig*, Landgerichtsdirektor in Potsdam. (500 S.) 1928 geb. 10.30

Gewerbesteuergesetz: S. Ertragssteuergesetze.

Grundstücksmiete. Vom I. rechtsk. Bürgermeister *Dr. F. Kiefersauer*. 4. Aufl. (538 S.) 1932. Mit 1. Nachtrag. 1932. (91 S.) Geb. 21.50
1. Nachtrag. 1932. (91 S.) einzeln Geb. 3.—

Grund- u. Haussteuergesetz S. Ertragssteuergesetze.

Handelsgesetzbuch f. d. Deutsche Reich v. 10. V. 1897. Erläutert v. Justizrat Rechtsanwalt *Dr. Hch. Frankenburger* in München. 5. Aufl. (711 S.) 1921. geb. 4.50

Hausiersteuergesetz: S. Ertragssteuergesetze.

Jagdgesetz, Bayer. Mit allen einschl. Bestimmungen. Erl. v. Landg.-Dir. *Dr. A. Behr*. 2. A. (526 S.) 1928 geb. 10.—

Jugendwohlfahrtsgesetz u. d. **Bayer. Jugendamtsgesetz** mit den Vollz.Best. u. ergänz. Gesetzen u. Verw.VO. Mit Nachtrag 1933 Erl. v. Sen.-Präs. *J. Schiedermair*, Münch (480 S.) 1926. geb. 12.—.

Kartellverordnung, Die. Mit den einschläg. Vorschr. Erl. v. *Dir. Dr. Haußmann*, Rechtsanw. u. *Dr. Holländer*, Rechtsanwalt in Berlin. (164 S.) 1925 Geb. 5.80

Kirchengemeindeordnung, Bayer. v. 24. IX. 1912 mit den Vollz.-Vorschr. Erläut. von Bez.-Amts-Ass. *Dr. Langheinrich* in Bad Kissingen. (597 S.) 1913. geb. 5.—

Konkursantrag-Pflicht-Gesetz s. Vergleichsordnung.

Konkursordnung mit den einschlägigen Gesetzen. 3. Aufl. bearb. von Staatsrat *J. Bleyer* im bayer. Staatsmin. des Äußern. (655 S.) 1928. geb. 18.90

Kraftfahrrecht. Kraftfahrzeugverkehrsges. u. -verkehrsordnung. Mit den Vollz.-Vorschr. d Reichs u Bayerns. Erl. von *W von Hellingrath* u. *A. Michel †*. I Teil. 5. Aufl bearb. v. W. v Hellingrath. (265 S.) 1930. steif brosch. RM 5.40, geb. RM 6.30

Kraftfahrrecht, Kraftfahrzeugverkehrsges. u.-verkehrsordnung. II. Teil: Vollzugsvorschriften (290 S.) 1928 steif brosch. 4.30

Landessteuergesetz, Das bayer. Vollzugsgesetz zum, m. Erl., d. Landessteuerges. d. Mustersatz. f. d. Zuwachssteuer u. Grundwertabg. u. d. sonst. einschl. Erl. u. VollzV. Hrg. *v. Dr. P. Hammer*, MinDir. i. Staatsm. d. Finanzen. (204 S.) 1922. kart. 2 70

Ödlandgesetz, Bayer. Mit den Ausführungsbest. Erl. von Min.-Rat *Dr. Otto Woerner* i. Bay. Landw.-Minist. (266 S.) 1925. geb. 5 90

Polizeistrafgesetzbuch, Bayer. und der Übertretungsabschnitt des StGB. Mit den Vollzugsvorschr. Erl. v. Sen.-Präs. *J. Schiedermair*. 2. Aufl. (382 S.) 1931. geb. 10.80

Reichspressegesetz von *Dr. von Schwarze*, Weil. Geh.Rat, Generalstaatsanwalt u. Kammergerichtsrat *Dr. H. Appelius*. 5. Aufl. bearb. von Amtsgerichtsrat *Dr. Erich Wulffen*. (281 S.) 1914. geb. 4.50

Reichs- und Staatsangehörigkeitsgesetz v. 22. VII. 13 unter bes. Berücksichtigung der bayer. Verhältnisse. Erläutert von MinRat *Jakob Woeber*, in München. 5. Aufl. bearb. v. OReg.-Rat *K. A. Fischer*, Pfaffenhofen. (272 S.). 1932. geb. 8.20

Reichsversorgungs-Verfahrensgesetz. Mit Ausf.-Best. v. Erl. *Dr. Th. v. Olshausen*, Präs. d. Dir. d. RVAnst. f. Angestellte unt. Mitw. v. Senatspräs. *Dr. Th Schulte-Holthausen* i. RVers.-Amt. 3. A. (308 S.) 1928. Mit Nachträgen 1930/31 geb. 8.10, Nachträge allein —.40

Scheckgesetz, v. 11. März 1908. Erl. v. *Dr. H. Lessing*, Bankdirektor, Berlin. 2. Aufl. (574 S.) 1926 geb. 14.—

Schulaufsichtsgesetz, Das bayerische, vom 1. 8. 21 Mit Erl. u. einem Anhang v. *L. Braun*, OberregRat. in Augsburg. (287 S.) 1925. geb. 7.30.

Schulbedarfgesetz, das Bayer. Von Oberreg.-Rat *L. Braun*, Augsburg. (598 S.) 1931. geb. 13.—

Unterstützungswohnsitz- und Bayer. Armengesetz. Mit sämtl. Ausf.-Best. u. allen einschläg. Ges. Erl. v. Geh.R., Reg.-Direktor *W. Pöll*. 2. Aufl. (430 S.) 1921. geb. 4.50 S. a. Fürsorgepflicht.

Verfassungsurkunde, Bayer. Mit den einschlägigen Gesetzen, dem Konkordat u. d. Verträgen mit den evang.-prot. Kirchen Erl. v. RegRat Dr. *J. Kratzer*, München. (374 S.) 1925. geb. 8.10

Vergleichsordnung vom 5. Juli 1927. Erl. v. Geh. JR. *Dr. H. Cahn* I, Nürnberg (502 S.) 1927. Mit Nachtrag 1930. (Konkursantragspflichtges.) Geb. 13.—, Nachtrag allein —.90

Viehseuchengesetz v 26. VI 09 mit den bayer. Ausf.-Best. von *Walter Freiherr v. Stengel*, ORegRat u. OAmtm. i. Garmisch. 2. Aufl. (396 S.) 1922. geb. 6.30

Wettbewerbsgesetz v. 7. VI. 09. 2. A. bearb. von *Dr. J. Kahn*, Justizrat, Syndikus d. Handelsk. in München u. *Dr. Chr. Weiss*, Rechtsrat. (420 S.) 1909. geb. 5.40

Schweitzers (blaue) Textausgaben:

Ansiedlungsgesetz, Bayer. Erl. von Rechtsanwalt *Dr. Fürnrohr*, München. 17. geb. 2.70

Bauforderungsgesetz vom 1. VI. 09 nebst einem Anhang die einschläg. Bestimmungen der GewO. u. d. ZwVG. enthaltend. Erläutert von Rechtsanwalt *Dr. Herbert Jacobi* in München. 10. geb. 1.80

Beamtengesetz, Bayer., mit sämtl. einschl. Gesetzen u. Vorschriften. TA. mit Sachreg. von RegRat *Metz*. München. 1931. Geb. 5.50

Betriebsrätegesetz mit sämtl. Vorschriften. Erl. von Rechtsanwalt *Dr. F. Koch*, Berlin. 20. kart. 1.30

Bürgerl. Gesetzbuch nebst Einführungsgesetz mit Abdruck der zitierten Gesetzesstellen 3. Aufl. 26. geb. 3.50

Gaststättengesetz v. 28. IV. 1930, Gesetz über den Kleinhandel mit Bier v. 27. VIII. 1931 mit Erläuterungen und den Vollzugsvorschriften. Von Oberreg.-Rat *Dr. F. Steinbach*, Mindelheim. 1931. Kart. 3.60

Gebrauchsmusterschutzgesetz vom 1. VI. 1891. Erläutert von *Dr. L. Wertheimer*, Rechtsanwalt in Frankfurt a. M. 13. geb. 2.50

Genossenschaftsgesetz v. 1. V. 89. In der Fassung v. 10. V. 97. Erl. v. *Fr. Bonschab*, Direktor d. Bayer. Landwirtschaftsbank. 3. A. von *Dr. R. Deumer*. 20. kart. 2.70

Gewerbeordnung mit Nebenges. u. Ausführungsbest. M. Anm. u. ausf. Sachreg. v. ObRgRat *Dr. F. Steinbach*. 23. Ausg. f. Preußen. 2. Aufl. geb. 4.— Ausg. für Bayern. 3. Aufl. 1930. geb. 12.10

Gewerbsteuergesetz, vom 9. Juli 1926 i. d. Fassung vom 10. Aug. 1926. Mit Einleitung, Vollzugsvorschriften u. Sachverzeichnis. Von Regierungsrat *Dr. K. A. Häuser*, München 26. Kart. 3.60

Handelsgesetzbuch m. Seerecht. M. Einl. u. Reg. 2. A. 27. geb 2.—

Jugendgerichtsgesetz v. 16. II. 1923 nebst Jugendwohlfahrtsges. u d. Vollzugsvorschr. Preussens u. Bayerns. Erl. v. Amtsricht. *Dr. R. Messerer*, Münch. 26. geb. 3.60

Kapitalabfindungsgesetz. Mit den Vollzugsvorschriften. Erl. v. *Dr. Koppmann*. RegRat. München. 17 Geb. 1 80

Kindererziehung, religiöse, RG. v. 15. Juli 21. Erl. von ObLGRat *Th. von der Pfordten*. 22. kart. —.50

Konkursordnung, Anfechtungsges., Geschäftsaufsichts-VO. u Zwangsversteigerungsges. Mit 28 Nebenges. 2. Aufl. TA. m Verweisgn. u. ausführl. Sachreg. bearb. v. Sen.-Präs. *J. Schiedermair*, München. 24. Geb. 2.70

Landeswahlgesetz. Bayer. Erl. von Staatsrat *H von Jan*. 3. Aufl. 1932 kart. 3.—

Lotteriespielgesetz v. 11. X. 12. nebst Staatsvertrag zwischen Bayern, Württemberg u. Baden einerseits u. Preußen andererseits zur Regelung d Lotterieverhältnisse. Erläutert v. *Dr. Friedrich Goldschmit*, Rechtsanwalt in München. 13. geb. 2.70

Reichspräsidentenwahl-Gesetz v. 4. V. 20 mit Wahlordnung. Erl. v. Staatsr. *H. von Jan*, Münch. 22. krt. 0.70

Reichsversorgungsgesetz mit allen sonst. Best. Erl. v. Min.-Rat *A. Kerschensteiner*, Berlin. 21. Kart. 2.30

Reichswahlgesetz. Erl. von Staatsrat *H. von Jan*, 3. neubearb. Aufl. München. 28. kart. 2.10

Reichswirtschaftsrat, Der vorläufige. Von Min.-Rat *Dr. Schäffer*, Berlin. 20. kart. 2.90

Rennwett- u. Lotteriegesetz. Mit AusfBest. d. Reichs, von Preußen, Bayern, Sachsen, Württemberg, Baden. Erl. von *O. Kollmann*, Min.-Rat im Bay. Landw.-Minist. 22. Kart. 1.70

Strafgesetzbuch für das Deutsche Reich nebst Einführungsgesetz u. ergänzenden Gesetzen. TA. mit Anm. u. Sachreg Hrsg. v. *Dr. Fr. Doerr*, OLGR., Professor in München. 4. Aufl 27. geb 4.—

Strafprozeßordnung u. Gerichtsverfassungsgesetz. Mit Verweisungen Von Oberstaatsanwalt *R. Kallenbach*, 24. geb. 2.70

Telegraphenwegegesetz mit Ausführungsbestimmungen und Nebengesetzen. TA. mit Anm. von Oberpostassessor *M. Hotz* in München. 10. geb. 2.20

Urheber- und Verlagsrecht. Eine Sammlung der einschlägigen Gesetze, Verordnungen und internation. Abkommen. Mit Sachregister von Rechtsanwalt *Dr. H. Kirchberger* in Leipzig. 11. geb. 1.40

Verfassungsurkunde, Bayer., mit sämtlichen einschlägigen Bestimmungen. Erl. von Staatsrat *H von Jan*. 27. Geb. 4.50

Verfassung, die deutsche von 1919. Erl. von Prof. *Dr. Bornhak*, Berlin. 2. durchges. Aufl. 21. kart. 1.—

Volksentscheid, Reichsges. über den, m. d. einschläg. Bestimm. d. Reichsstimmordn. Erl. v. Staatsrat *H. v. Jan*. 2 Aufl 26. 1.90

Volksschullehrer- und Schulbedarfgesetz, Bayer. Erläutert. 3. Aufl. 20. kart. 1.30

Volksschulwesen, Bayer. Die neuen Erlasse über das. Mit Verweisungen 20. kart. 0.60

Wechselrecht, Erläutert von AGRat Dr. P. Schäfer. Im Druck.

Zivilprozeßordnung mit verschied Ergänzungsges. Von Sen.-Präsident *J. Schiedermair*. 29. 5. Aufl. im Druck.

Zwangsabtretungsgesetz, das bayer., erl. von *Dr. W. Laforet*, UnivProf. in Würzburg. 10. Vergriffen.

Dazu Abänderungsgesetz von *Dr. G. Ziegler*. München 1918. —.90

Zeitschriften.

Annalen des Deutschen Reichs für Gesetzgebung, Verwaltung und Volkswirtschaft. Staatswissenschaftl. Zeitschrift u. Materialiensammlung. Begründet von *Georg Hirth* und *Max von Seydel*. Herausg. von *Ant. Dyroff* Gegr 1867 (Jährlich 4 Hefte) ca 30.— Zuletzt erschien Jahrgang 1931. Erscheinen bis auf Weiteres eingestellt.

Blätter für internationales Privatrecht, herausgeg. von *Justizr. Prof. Dr. L. Wertheimer*, Frankfurt a. M. Jahrgang 1—6 (1926 bis 1931), zusammen 25.— Erscheinen ab 1932 eingestellt.

Gemeinde- und Verwaltungszeitung, bayerische. Zeitschrift f. alle Angelegenheiten d. bayer. Staats- u. Selbstverwaltung. Begründ. von *Dr. Th v. Hauck*, weil. Oberstaatsanwalt a. Verwaltungsgerichtshof. Hrsg. v. *Dr. Gg. Ziegler*. MR. i Staatsm. f. Landw. u. Arb. unt. ständ. Mitw. *K. Meinel*, Senatspräs., *Dr. P. Hammer*, MinDir., *J. Schiedermair*, Sen.-Präsident, Geh.-Rat. Prof. *Dr. Laforet*, MinR. *Dr. M. Geiger* im Staatsmin. d. Innern, Bürgermeister *Dr. Bohl*, *Dr. F. Kiefersauer*, I. Bgrmstr. in Mindelheim u. Ober-Bgrmstr. *R. Knorr*. Gegr. 1891. Jährl. 36 Numm. in Quartformat, viertelj. 4.—
Alphabet. Register zu Jhrg. 1—12. 1.20
— — zu Jhrg. 13—29. 1.50
Über ältere Jahrgänge bitten wir Angebot einzuhol.

Kritische Vierteljahresschrift für Gesetzgebung und Rechtswissenschaft, herausgeg. von *K. Wenger E. Beling, A. Dyroff, R. von Frank, W. Kisch*, Professoren d. Münch. Juristen-Fakultät. Jährl. 4 Hefte. ca. 30.—

Leipziger Zeitschrift für Deutsches Recht. Gegr. von *Düringer, Jaeger, Könige*. Herausg. v. Oberlandesger.-Rat *H. Schuler* in München, unt. ständ. Mitwirk. v. *L. Ebermayer, F. Exner, M. Hachenburg, A Hagens, E. Jaeger, O. Klimmer, H. Könige, R. Mansfeld, O. Strecker* Gegr. 1907. Viertelj. 6 Heft. Viertelj. 5.—

Zeitschrift für Rechtspflege in Bayern. Herausg. von Sen.-Präs. *J. Schiedermair* in München. Monatlich 2 Nummern in Quartform. Gegr. 1905. Vierteljährl. 4.—

Register.

(Die Zahlen bedeuten die Seiten).

Aus Schweitzers Terminkalender
für die bayerischen Juristen 1934.

Die Organisation der Justizbeamtenschaft.

1. JMB. v. 20. Juni 1933 über die Organisation d. Justizbeamtenschaft (JMBl. 31).

I. Der Herr Reichskanzler hat an den mit der Gleichschaltung der Justiz und der Justizorganisationen betrauten Reichsjustizkommissar Dr. Frank unter dem 30. Mai folgenden Brief geschrieben:

„Berlin, 30. Mai 1933.

Lieber Parteigenosse!

Ich freue mich, von Ihnen die Meldung erhalten zu haben, daß der Aufbau einer geschlossenen Front zur Neugestaltung eines deutschen Rechtes durch Anschluß des

Deutschen Richterbundes e. V. Leipzig,
Richtervereins beim Reichsfinanzhof München,
Preußischen Richtervereines e. V. Berlin,
Vereines Sächsischer Richter und Staatsanwälte e. V. Leipzig,
Bayerischen Richtervereines e. V. München,
Bundes Deutscher Rechtspfleger e. V. Berlin,
Deutschen Notarvereins e. V. Berlin,
Deutschen Anwaltvereines e. V. Berlin,
Verbandes wissenschaftlicher höherer Finanzbeamter Berlin,
Bundes Akademischer Volkswirte e. V. Berlin,
Institutes der Wirtschaftsprüfer Berlin,
Reichsverbandes der Deutschen Volkswirte (RDV.) Berlin,

Verbandes Deutscher Diplomkaufleute e. V. Berlin,

Reichsverbandes leitender Angestellter (Vela) Berlin

an den Bund Nationalsozialistischer Deutscher Juristen erfolgt ist. Zu diesem Erfolg der Bewegung möchte ich Sie aufrichtig beglückwünschen und die von Ihnen als notwendig erkannten Maßnahmen zur Bildung einer geschlossenen Rechtsfront bestätigen.

Der Bund Nationalsozialistischer Deutscher Juristen ist unter Ihrer Führung zur Durchführung der großen in der Zukunft zu lösenden Aufgaben der Schaffung eines deutschen Rechtes und der Neugestaltung der deutschen Rechtsordnung berufen.

Alle mit Recht verwurzelten Berufsstände und Amtsträger werden daher in der Front des deutschen Rechtes, des Bundes Nationalsozialistischer Deutscher Juristen, als Standesgruppe in den kommenden ständischen Aufbau übergeführt werden können. Ihre Ihnen diesbezüglich bereits erteilten Vollmachten bestätige ich hiermit vollinhaltlich.

Mit deutschem Gruß!

gez. Adolf Hitler."

II. Demnach sind die Mitglieder der in dieser schriftlichen Verfügung des Herrn Reichskanzlers dem Juristenbund als ständischer Organisation eingegliederten Organisationen künftig organisiert im Nationalsozialistischen Deutschen Juristenbund, der bestimmt ist, die ständische Organisation aller mit dem Recht zusammenhängenden Berufsstände im kommenden ständischen Aufbau zu bilden.

III. Es besteht demnach für die Richter, Staatsanwälte, Amtsanwälte, Rechtspfleger, Notare, Assessoren und Referendare keinerlei Veranlassung über die Zugehörigkeit zum Nationalsozialistischen Deutschen Juristenbund hinaus noch irgendwelchen

Fachschaften, Beamtengruppen oder dergl. anzugehören.

IV. Der Führer der Justizbeamtenschaft, der Herr Preußische Justizminister Kerrl, hat dem Herrn Reichsjustizminister Dr. Gürtner gegenüber selbst ausdrücklich betont, daß die Justizbeamtenfachgrupe innerhalb des Deutschen Beamtenbundes ausschließlich bestimmt wäre, die beamtenrechtlichen Interessen der Gesamtbeamtenschaft gegenüber der Staatsregierung zu vertreten. Der Nationalsozialistische Deutsche Juristenbund bildet darüber hinaus die ständische und soziale Heimat der Berufsstände des Rechts. Ihm anzugehören ist Recht und nationale Pflicht aller Berufsgliederungen des deutschen Rechts.

2. JMB. v. 4. Juli 1933 über die Organisation d. Justizbeamtenschaft (JMBl. 36).

I. Die bayerischen Richter, Staatsanwälte und Amtsanwälte sowie die dem Verband der Bayerischen Rechtspfleger angehörenden Rechtspfleger gehören entsprechend der vom Führer in seiner Verfügung vom 30. Mai 1933 gegebenen Anweisung organisatorisch dem Nationalsozialistischen Deutschen Juristenbund in den betreffenden Fachgruppen — Deutsche Rechtsfront — an.

II. Sämtliche übrigen bayerischen Justizbeamten können sich in der Fachgruppe Justiz des Deutschen Beamtenbundes organisieren.

III. Im übrigen ist nach der Verfügung des Führers vom 30. Mai 1933 für die Fragen des ständischen Aufbaues der Justiz ausschließlich die Reichsleitung der Rechtsabteilung der NSDAP. beziehungsweise die Reichsführung des Nationalsozialistischen Deutschen Juristenbundes zuständig.

IV. Die sachliche Wahrnehmung der mit dem Beamtenverhältnis als solchem zusammenhängenden Berufsfragen wird in der gleichen Weise dem Beamtenbund anvertraut bleiben können wie bisher.

3. JMB. v. 16. Sept. 1933 über die Organisation d. Justizbeamtenschaft (JMBl. 71).

Zwischen dem Führer des Bundes Nationalsozialistischer Deutscher Juristen e. V., München, einerseits und dem stellvertretenden Reichskommissar für Beamtenorganisationen Neef andererseits wurde am 14. September 1933 zur endgültigen Bereinigung aller Zweifelsfragen über die Organisationen der Justizbeamtenschaft folgende

Vereinbarung

getroffen:

1. Beamte, die rechts- oder staatswissenschaftlich vorgebildet sind, müssen auf Grund der Verfügung des Führers der N.S.D.A.P., Reichskanzler Adolf Hitler, vom 11. Oktober 1928 und 30. Mai 1933, in den Bund Nationalsozialistischer Deutscher Juristen (B.N.S.D.J.) eingegliedert werden.
2. Beamte, die Mitglieder des B.N.S.D.J. oder der diesem korporativ angeschlossenen Vereine und Fachverbände sind, können gleichzeitig Mitglieder der N.S.B.A.-Fachschaften werden, wenn sie Parteimitglieder sind und Mitglieder des Deutschen Beamtenbundes, soweit sie der N.S.D.A.P. nicht angehören. Ein Zwang darf nicht ausgeübt werden.
3. Für die unter Ziffer 2 bezeichneten Personen besteht keine Verpflichtung zu irgendwelchen Beitragsleistungen an die N.S.B.A.-Fachschaften oder an den Deutschen Beamtenbund.
4. Zu den öffentlichen Veranstaltungen des B.N.S.D.J., der Fachschaften der N.S.B.A. oder des Deutschen Beamtenbundes werden jeweils die Amtswalter der Organisationen eingeladen.
5. Versammlungen des B.N.S.D.J., zu denen mindestens acht Tage vorher eingeladen ist, gehen jeder anderen Veranstaltung vor.

gez.: Dr. Hans Frank

gez.: Neef.

4. JMB. v. 19. Sept. 1933 über die Organisation der Beamten der Strafanstalten „Gerichtsgefängnisse“ (StAnz. Nr. 217).

Die Beamten der Strafanstalten und Gerichtsgefängnisse sind Träger staatshoheitlicher Tätigkeit in unmittelbarster und ausgeprägtester Form. Die Art des Dienstes dieser Beamten erfordert daher straffe Disziplin und Ordnung in ihren Reihen. Mit der befehlsmäßigen Gliederung der Strafvollzugsbeamtenschaft ist die Einwirkung irgendwelcher nichtamtlicher Einflüsse unverträglich. Ich verbiete daher jede Zellenbildung innerhalb der Strafvollzugsbeamtenschaft. Jede Tätigkeit von Fach- und Beamtenausschüssen im Bereich des Strafvollzugs ist insgesamt verboten. Den Beamten des Aufsichts- und Werkdienstes ist in Übereinstimmung mit der für die uniformierte Staatspolizei getroffenen Regelung die Zugehörigkeit zu Beamten- und Fachverbänden untersagt. Zugelassen ist lediglich die Mitgliedschaft bei folgenden dem nationalsozialistischen Beamtenbund angegliederten Verbänden, nämlich dem Landesverband der bayerischen Strafvollzugs-, Werk- und Erziehungsbeamten sowie dem Verbande der Beamten der Gerichtsgefängnisse Bayerns.

Dr. Hans Frank.

www.ingramcontent.com/pod-product-compliance
Lightning Source LLC
LaVergne TN
LVHW092113300926
849161LV00002B/121
9783112684337